MATEMÁTICA

GERAÇÃO ALPHA

9

CARLOS N. C. DE OLIVEIRA

Licenciado em Matemática pelo Instituto de Matemática e Estatística (IME) da Universidade de São Paulo (USP).

Especialista em Educação Matemática pelo Centro Universitário Fundação Santo André (FSA).

Mestre em Educação Matemática pela Pontifícia Universidade Católica de São Paulo (PUC-SP).

Professor e coordenador de ensino de Matemática.

FELIPE FUGITA

Licenciado em Matemática pelo IME-USP.

Professor de Matemática.

São Paulo, 5ª edição, 2023

sm

Geração Alpha Matemática 9

Direção editorial André Monteiro
Gerência editorial Lia Monguilhott Bezerra
Edição executiva Isabella Semaan
Colaboração técnico-pedagógica: Ivail Muniz Junior, Millyane M. Moura Moreira, Raíta Moreira Nascimento Lopes, Solange Hassan Ahmad Ali Fernandes
Edição: Amanda da Rocha Ribeiro, Cármen Matricardi, Carolina Maria Toledo, Cecília Tiemi Ikedo, Diana Maia, Eduardo Chavante, Felipe Alves O. Lima, Luana Fernandes de Souza
Suporte editorial: Camila Alves Batista, Fernanda de Araújo Fortunato
Coordenação de preparação e revisão Cláudia Rodrigues do Espírito Santo
Preparação: Ana Paula Perestrelo, Maria Angélica Lau P. Soares
Revisão: Helena Alves Costa, Izilda de Oliveira Pereira
Apoio de equipe: Maria Clara Loureiro
Coordenação de *design* Gilciane Munhoz
***Design*:** Camila N. Ueki, Lissa Sakajiri, Paula Maestro
Coordenação de arte Vitor Trevelin
Edição de arte: Clayton Renê Pires Soares
Assistência de arte: Viviane Ayumi Yonamine
Assistência de produção: Júlia Stacciarini Teixeira
Coordenação de iconografia Josiane Laurentino
Pesquisa iconográfica: Fabio Yoshihito Matsuura
Tratamento de imagem: Marcelo Casaro
Capa Megalo | identidade, comunicação e design
Ilustração da capa: Thiago Limón
Projeto gráfico Megalo | identidade, comunicação e design; Camila N. Ueki, Lissa Sakajiri, Paula Maestro
Ilustrações que acompanham o projeto Laura Nunes
Cartografia João Miguel A. Moreira
Editoração eletrônica Setup Bureau Editoração Eletrônica
Pré-impressão Américo Jesus
Fabricação Alexander Maeda
Impressão Gráfica Santa Marta

Dados Internacionais de Catalogação na Publicação (CIP)
(Câmara Brasileira do Livro, SP, Brasil)

Oliveira, Carlos N. C. de
Geração alpha matemática, 9 / Carlos N. C. de Oliveira, Felipe Fugita. -- 5. ed. -- São Paulo : Edições SM, 2023.

ISBN 978-85-418-3093-5 (aluno)
ISBN 978-85-418-3089-8 (professor)

1. Matemática (Ensino fundamental) I. Fugita, Felipe. II. Título.

23-154476 CDD-372.7

Índices para catálogo sistemático:
1. Matemática : Ensino fundamental 372.7

Cibele Maria Dias — Bibliotecária — CRB-8/9427

5ª edição, 2023
3ª impressão, agosto 2024

SM Educação
Avenida Paulista, 1842 – 18º andar, cj. 185, 186 e 187 – Condomínio Cetenco Plaza
Bela Vista 01310-945 São Paulo SP Brasil
Tel. 11 2111-7400
atendimento@grupo-sm.com
www.grupo-sm.com/br

Caro aluno, seja bem-vindo à sua plataforma do conhecimento!

A partir de agora, está à sua disposição uma plataforma que reúne, em um só lugar, recursos educacionais digitais que complementam os livros impressos e foram desenvolvidos especialmente para auxiliar você em seus estudos. Veja como é fácil e rápido acessar os recursos deste projeto.

1 Faça a ativação dos códigos dos seus livros.

Se você NÃO tem cadastro na plataforma:

- acesse o endereço <**login.smaprendizagem.com**>;
- na parte inferior da tela, clique em "Registre-se" e depois no botão "Alunos";
- escolha o país;
- preencha o formulário com os dados do tutor, do aluno e de acesso.

O seu tutor receberá um *e-mail* para validação da conta. Atenção: sem essa validação, não é possível acessar a plataforma.

Se você JÁ tem cadastro na plataforma:

- em seu computador, acesse a plataforma pelo endereço <**login.smaprendizagem.com**>;
- em seguida, você visualizará os livros que já estão ativados em seu perfil. Clique no botão "Códigos ou licenças", insira o código abaixo e clique no botão "Validar".

Este é o seu código de ativação! →

DCT89-TKCBR-AAC1P

2 Acesse os recursos

usando um computador.

No seu navegador de internet, digite o endereço <**login.smaprendizagem.com**> e acesse sua conta. Você visualizará todos os livros que tem cadastrados. Para escolher um livro, basta clicar na sua capa.

usando um dispositivo móvel.

Instale o aplicativo **SM Aprendizagem**, que está disponível gratuitamente na loja de aplicativos do dispositivo. Utilize o mesmo *login* e a mesma senha que você cadastrou na plataforma.

Geração Alpha Matemática 9º Ano. - Ensino Fundamental: Anos Finais - Livro Digital do Aluno - 5ª Edição 2024

Importante! Não se esqueça de sempre cadastrar seus livros da SM em seu perfil. Assim, você garante a visualização dos seus conteúdos, seja no computador, seja no dispositivo móvel. Em caso de dúvida, entre em contato com nosso canal de atendimento pelo **telefone 0800 72 54876** ou pelo ***e-mail* atendimento@grupo-sm.com**.

BRA215306_866

sm

APRESENTAÇÃO

OLÁ, ESTUDANTE!

Ser jovem no século XXI significa estar em contato constante com múltiplas linguagens, com uma imensa quantidade de informações e com inúmeras ferramentas tecnológicas. Isso ocorre em um cenário mundial que apresenta grandes desafios nos níveis social, econômico e ambiental.

Diante dessa realidade, esta coleção foi cuidadosamente pensada para ajudar você a enfrentar esses desafios com autonomia e espírito crítico.

Atendendo a esse propósito, os textos, as imagens e as atividades propostos configuram oportunidades para você refletir sobre o que aprende, expressar suas ideias e desenvolver habilidades de comunicação nas mais diversas situações de interação em sociedade.

Também são explorados aspectos dos Objetivos de Desenvolvimento Sustentável (ODS) – pensados e estruturados pela Organização das Nações Unidas (ONU) – vinculados a aspectos próprios da área de Matemática e suas Tecnologias. Com isso, esperamos contribuir para que você compartilhe dos conhecimentos construídos pela Matemática e os utilize para fazer escolhas responsáveis e transformadoras em sua vida.

Desejamos que esta coleção contribua para que você se torne um cidadão atuante na sociedade do século XXI, capaz de questionar a realidade em que vive e de buscar respostas e soluções para superar obstáculos presentes e os que estão por vir.

Equipe editorial

CONHEÇA SEU LIVRO

Abertura da unidade

Primeiras ideias

Algumas questões vão incentivar você a contar o que sabe sobre o assunto.

Nesta unidade, eu vou...

Nesta trilha, você conhece os objetivos de aprendizagem da unidade. Eles estão organizados por capítulos e seções e podem ser utilizados como um guia para seus estudos.

Leitura da imagem

Uma imagem vai instigar sua curiosidade! As questões propostas permitem a le tura da imagem e a relação com alguns dos assuntos que serão abordados na unidade.

Cidadania global

É nesse boxe que começam as reflexões sobre um dos ODS. Ao percorrer a unidade, você terá contato com outras informações que ampliarão seu repertório acerca do que foi visto inicialmente.

Capítulos

Textos, imagens e esquemas apresentam o conteúdo.

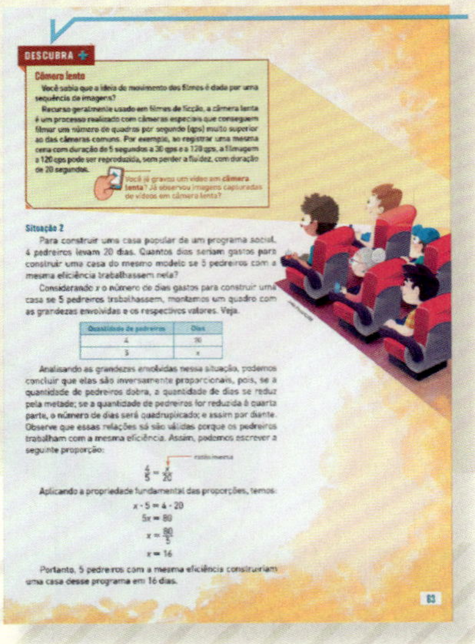

Descubra +

Nesse boxe, você vai encontrar curiosidades relacionadas ao assunto abordado na teoria.

Atividades e Mais atividades

As atividades vão ajudar você a desenvolver diferentes habilidades e competências. A seção *Atividades* vem após a apresentação de alguns conteúdos. No final de cada capítulo, há a seção *Mais atividades*. Elas estão agrupadas em dois conjuntos: *Retomar e compreender* e *Aplicar*.

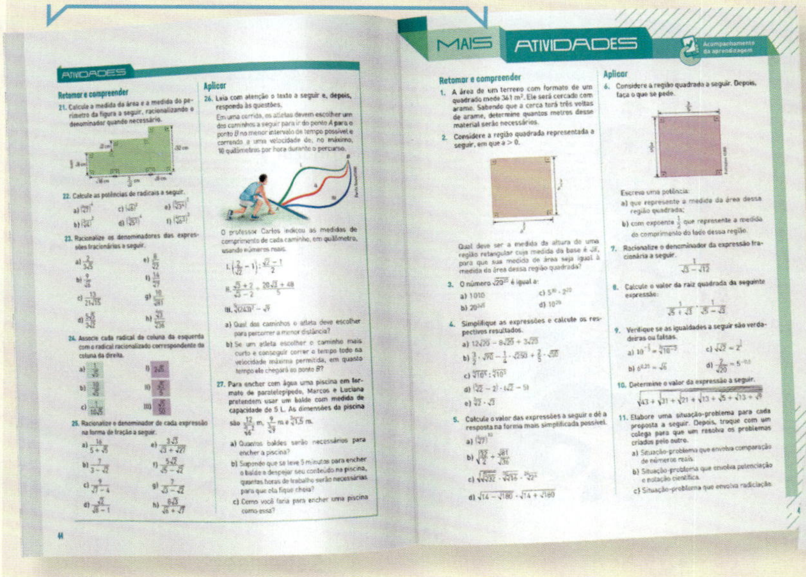

Laboratório de Matemática

Nessa seção, você vai realizar atividades investigativas. Com os colegas, vai levantar hipóteses, desenvolver um trabalho investigativo ou de experimentação e elaborar conclusões para aprender mais o assunto que está sendo estudado.

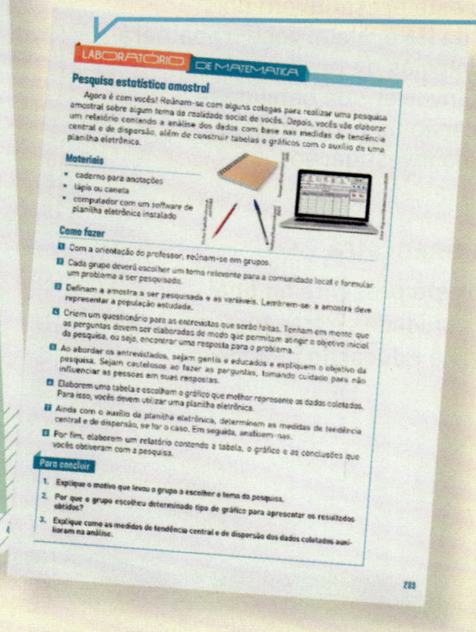

Boxes

Para explorar

Oferecem indicações de livros, *sites*, entre outros, relacionados ao assunto.

Outros boxes

Esses boxes retomam, complementam e ampliam o assunto estudado.

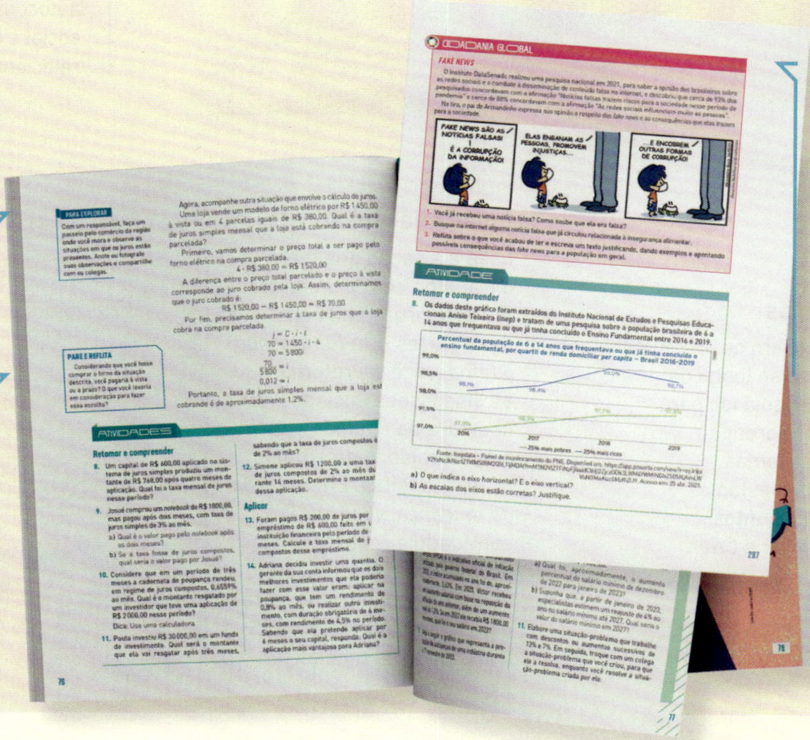

Cidadania global

Traz informações e questões relacionadas a um ou mais aspectos do ODS apresentado na abertura da unidade para que você possa refletir sobre o seu tema e se posicionar.

Fechamento da unidade

Resolvendo problemas

Nessa seção, você vai desenvolver diferentes estratégias de resolução de problemas. Além disso, vai trabalhar com habilidades de leitura, representação de informações e tomada de decisões.

Investigar

Essa seção está presente em dois momentos do livro. Nela, você trabalhará com metodologias de pesquisa e poderá desenvolver sua habilidade de comunicação ao compartilhar os resultados da investigação.

Educação financeira

Essa seção está presente no final de algumas unidades e traz temas relacionados à Educação financeira.

Saber ser

O selo *Saber ser* indica momentos oportunos para o desenvolvimento de competências socioemocionais: tomada de decisão responsável, autogestão, autoconsciência, consciência social e habilidades de relacionamento.

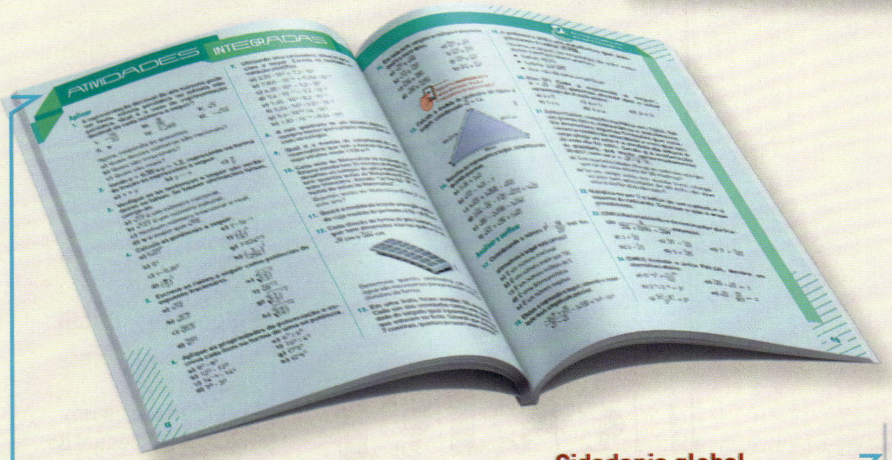

Atividades integradas

Essas atividades englobam os assuntos desenvolvidos ao longo da unidade. São uma oportunidade para você analisar o quanto aprendeu e para refletir sobre os temas estudados. As atividades estão organizadas em três conjuntos: *Aplicar*, *Analisar e verificar* e *Criar*.

Cidadania global

Essa é a seção que fecha o trabalho com a unidade. Ela está organizada em duas partes. Em *Retomando o tema*, você vai retomar as discussões iniciadas na abertura da unidade e terá a oportunidade de ampliar reflexões feitas. Em *Geração da mudança*, você será convidado a realizar uma proposta de intervenção que busque contribuir para o desenvolvimento do ODS trabalhado na unidade.

No final do livro, você também vai encontrar...

Interação

Essa seção propõe um projeto coletivo. Além de gerar um produto, que será destinado à comunidade escolar, possibilita desenvolver a competência do trabalho em equipe.

Prepare-se!

Nessa seção, há dois blocos de questões com formato semelhante ao de provas e exames oficiais como Enem, Saeb e Pisa para você verificar seus conhecimentos.

Respostas

Nessa seção, apresentamos as repostas das atividades. Ao final dela, destacamos as siglas dos exames oficiais que foram utilizados no livro.

GERAÇÃO ALPHA DIGITAL

O livro digital oferece uma série de recursos para interação e aprendizagem. Aventure-se!
No livro impresso, esses recursos estão marcados com os ícones apresentados a seguir.

Atividades interativas e mapa de ideias

Esse ícone indica que, no livro digital, você encontrará propostas que compõem um ciclo avaliativo ao longo de toda a unidade. No início da unidade, poderá verificar seus conhecimentos prévios por meio de atividades interativas. Do mesmo modo, ao final dos capítulos, encontrará conjuntos de atividades interativas para realizar o acompanhamento de sua aprendizagem. Já ao final da unidade, você encontrará uma proposta para estabelecer conexões entre os assuntos abordados. Por fim, terá a oportunidade de realizar uma autoavaliação.

Conhecimentos prévios

Autoavaliação

Acompanhamento da aprendizagem

Recursos digitais

Esse ícone indica que, no livro digital, você encontrará galerias de imagens, áudios, animações, vídeos, simuladores, entre outros. Quando aparecer uma chamada como esta, acesse o recurso e faça a atividade que se pede.

O QUE SÃO OS

OBJETIVOS DE DESENVOLVIMENTO SUSTENTÁVEL

Em 2015, representantes dos Estados-membros da Organização das Nações Unidas (ONU) se reuniram durante a Cúpula das Nações Unidas sobre o Desenvolvimento Sustentável e adotaram uma agenda socioambiental mundial composta de 17 Objetivos de Desenvolvimento Sustentável (ODS).

Os ODS constituem desafios e metas para erradicar a pobreza, diminuir as desigualdades sociais e proteger o meio ambiente, incorporando uma ampla variedade de tópicos das áreas econômica, social e ambiental. Trata-se de temas humanitários atrelados à sustentabilidade que devem nortear políticas públicas nacionais e internacionais até o ano de 2030.

Nesta coleção, você trabalhará com diferentes aspectos dos ODS e perceberá que, juntos e também como indivíduos, todos podemos contribuir para que esses objetivos sejam alcançados. Conheça aqui cada um dos 17 objetivos e suas metas gerais.

1 ERRADICAÇÃO DA POBREZA

Erradicar a pobreza em todas as formas e em todos os lugares

2 FOME ZERO E AGRICULTURA SUSTENTÁVEL

Erradicar a fome, alcançar a segurança alimentar, melhorar a nutrição e promover a agricultura sustentável

11 CIDADES E COMUNIDADES SUSTENTÁVEIS

Tornar as cidades e comunidades mais inclusivas, seguras, resilientes e sustentáveis

10 REDUÇÃO DAS DESIGUALDADES

Reduzir as desigualdades no interior dos países e entre países

9 INDÚSTRIA, INOVAÇÃO E INFRAESTRUTURA

Construir infraestruturas resilientes, promover a industrialização inclusiva e sustentável e fomentar a inovação

12 CONSUMO E PRODUÇÃO RESPONSÁVEIS

Garantir padrões de consumo e de produção sustentáveis

13 AÇÃO CONTRA A MUDANÇA GLOBAL DO CLIMA

Adotar medidas urgentes para combater as alterações climáticas e os seus impactos

14 VIDA NA ÁGUA

Conservar e usar de forma sustentável os oceanos, mares e os recursos marinhos para o desenvolvimento sustentável

3 SAÚDE E BEM-ESTAR

Garantir o acesso à saúde de qualidade e promover o bem-estar para todos, em todas as idades

4 EDUCAÇÃO DE QUALIDADE

Garantir o acesso à educação inclusiva, de qualidade e equitativa, e promover oportunidades de aprendizagem ao longo da vida para todos

5 IGUALDADE DE GÊNERO

Alcançar a igualdade de gênero e empoderar todas as mulheres e meninas

6 ÁGUA POTÁVEL E SANEAMENTO

Garantir a disponibilidade e a gestão sustentável da água potável e do saneamento para todos

7 ENERGIA LIMPA E ACESSÍVEL

Garantir o acesso a fontes de energia fiáveis, sustentáveis e modernas para todos

8 TRABALHO DECENTE E CRESCIMENTO ECONÔMICO

Promover o crescimento econômico inclusivo e sustentável, o emprego pleno e produtivo e o trabalho digno para todos

15 VIDA TERRESTRE

Proteger, restaurar e promover o uso sustentável dos ecossistemas terrestres, gerir de forma sustentável as florestas, combater a desertificação, travar e reverter a degradação dos solos e travar a perda da biodiversidade

16 PAZ, JUSTIÇA E INSTITUIÇÕES EFICAZES

Promover sociedades pacíficas e inclusivas para o desenvolvimento sustentável, proporcionar o acesso à justiça para todos e construir instituições eficazes, responsáveis e inclusivas a todos os níveis

17 PARCERIAS E MEIOS DE IMPLEMENTAÇÃO

Reforçar os meios de implementação e revitalizar a parceria global para o desenvolvimento sustentável

NAÇÕES UNIDAS BRASIL. Objetivos de Desenvolvimento Sustentável. Disponível em: https://brasil.un.org/pt-br/sdgs. Acesso em: 2 maio 2023.

SUMÁRIO

UNIDADE 4

PRODUTOS NOTÁVEIS, FATORAÇÃO E EQUAÇÕES 137

UNIDADE 5

GEOMETRIA 195

UNIDADE 6

FUNÇÕES 231

UNIDADE 7

UNIDADE 8

UNIDADE 1

CONJUNTOS NUMÉRICOS, POTENCIAÇÃO E RADICIAÇÃO

PRIMEIRAS IDEIAS

1. O número −5 é um número natural? É um número inteiro? É um número racional?
2. Os números π e $\sqrt{2}$ pertencem a que conjunto numérico?
3. Fábio disse a um amigo: “Todo número natural é um número inteiro. E todo número inteiro é um número racional. Então, todo número natural é um número racional”. A afirmação dele está correta?
4. Em uma reta numérica, quantos números racionais existem entre 0 e 1?

Conhecimentos prévios

Nesta unidade, eu vou...

CAPÍTULO 1 Conjuntos numéricos

- Reconhecer os conjuntos dos números naturais, inteiros, racionais, irracionais e reais e suas representações na reta numérica.
- Construir o conceito de números reais, a partir de seus subconjuntos numéricos, para localizar números reais na reta numérica.

CAPÍTULO 2 Potenciação e radiciação

- Efetuar potenciação de números reais com expoente inteiro e com expoente fracionário.
- Resolver problemas que envolvem números reais, inclusive com números em notação científica.
- Reconhecer e aplicar as propriedades da potenciação e da radiciação com números reais.
- Efetuar radiciação e operar com radicais.
- Racionalizar denominadores.
- Reconhecer como pode ocorrer a propagação de *fake news* e compreender a importância de checar informações recebidas na internet.

EDUCAÇÃO FINANCEIRA

- Refletir sobre a ideia de empréstimo e compreender o conceito de juro para auxiliar na tomada de decisões quanto a comprar à vista ou a prazo.

CIDADANIA GLOBAL

- Compreender a importância da internet no desenvolvimento tecnológico das cidades.

VioletaStoimenova/iStock/Getty Images

LEITURA DA IMAGEM

1. Em que ambiente as pessoas da foto estão? O que elas estão fazendo?
2. Qual é a importância do uso do relógio inteligente nessa situação?
3. O relógio inteligente é um dos equipamentos que faz parte da Internet das Coisas. Você já ouviu falar em Internet das Coisas? Se sim, sabe como essa tecnologia funciona?

CIDADANIA GLOBAL

11 CIDADES E COMUNIDADES SUSTENTÁVEIS

Os avanços tecnológicos mudaram a vida das pessoas. Dispositivos eletrônicos denominados "inteligentes" são equipamentos que ficam conectados à internet e têm a capacidade de transmitir dados a outros equipamentos, monitorar comportamentos e indicar soluções ambientais, de saúde, de mobilidade, de saneamento, de segurança, de consumo, etc.

Na área da saúde, por exemplo, a Inteligência Artificial e a Internet das Coisas permitem que alguns dados sobre a saúde das pessoas sejam coletados de modo autônomo e contínuo. Esse processo permite que o estado de saúde dos pacientes seja monitorado a distância e que algumas consultas médicas sejam realizadas remotamente, por meio da telemedicina.

- É possível viver em um mundo sem internet?
- Como a internet pode ajudar a tornar as cidades e as comunidades mais sustentáveis?

Ao longo desta unidade, reflita sobre esses questionamentos!

Que benefícios a Internet das Coisas pode trazer às **cidades inteligentes**?

Os relógios inteligentes possuem diversas funcionalidades, como monitorar sinais vitais, atender ligações, tirar e armazenar fotos, registrar percursos com o GPS, realizar pagamentos e, claro, mostrar as horas.

CAPÍTULO

1 CONJUNTOS NUMÉRICOS

CONJUNTO DOS NÚMEROS IRRACIONAIS

As rodas-gigantes atraem os olhares e a atenção das pessoas em diversos lugares dentro e fora do Brasil. Instalada em parques de diversões ou compondo a paisagem de pontos turísticos, essas construções se modernizam e oferecem serviços que vão além de um simples passeio dentro da cabine.

O formato da roda-gigante lembra uma circunferência. E, quando estudamos essa figura geométrica, temos contato com um número irracional. Neste capítulo, daremos continuidade ao estudo do conjunto dos números irracionais, representado por $\mathbb{I}$, para aprofundar algumas ideias relacionadas ao conjunto dos números reais, representado por $\mathbb{R}$.

▼ Roda-gigante Big Wheel em Balneário Camboriú (SC), 2022.

Brastock Images/iStock/Getty Images

Observe os números a seguir.

- 1,10100100010000...
- $\sqrt{3} = 1{,}73205080756...$

A representação decimal de cada um desses números tem infinitas casas decimais e é não periódica, ou seja, não tem um período que se repete. Números como esses são chamados de **números irracionais**.

Agora, vamos estudar dois importantes números irracionais: o π e o número $\sqrt{2}$.

O número π

O contorno das moedas brasileiras lembra uma circunferência. No quadro a seguir, é possível ver a medida do comprimento da circunferência e a do diâmetro das moedas de real.

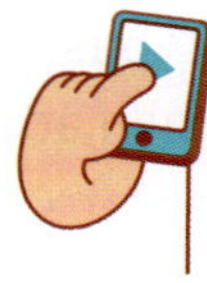

Você conhece algumas **cédulas e moedas** utilizadas no Brasil antes do real?

Relação entre a medida do comprimento da circunferência e a do diâmetro das moedas de real

Moeda	Medida aproximada do comprimento (C) da circunferência (em mm)	Medida do comprimento do diâmetro (d) (em mm)	$\frac{C}{d}$
	84,82	27	Aproximadamente 3,14
	72,26	23	Aproximadamente 3,14
	78,54	25	Aproximadamente 3,14
	62,83	20	Aproximadamente 3,14
	69,12	22	Aproximadamente 3,14

Fotos: Banco Central/Reprodução: Dotta/The Next/ID/BR

Observando o quadro, o que você percebe nos valores da última coluna? A razão entre a medida do comprimento e a medida do diâmetro é aproximadamente 3,14. Esse valor corresponde ao número π.

O número π é obtido pela divisão da medida do comprimento de uma circunferência pela medida de seu diâmetro, na mesma unidade de medida.

Ele é um número irracional, pois tem infinitas casas decimais e não tem um período que se repete.

$$\pi = 3{,}141592653...$$

MEDIDA DO COMPRIMENTO DA CIRCUNFERÊNCIA

Conhecendo o número π, é possível determinar a medida do comprimento C de uma circunferência a partir da medida de seu diâmetro (d) ou da medida de seu raio (r).

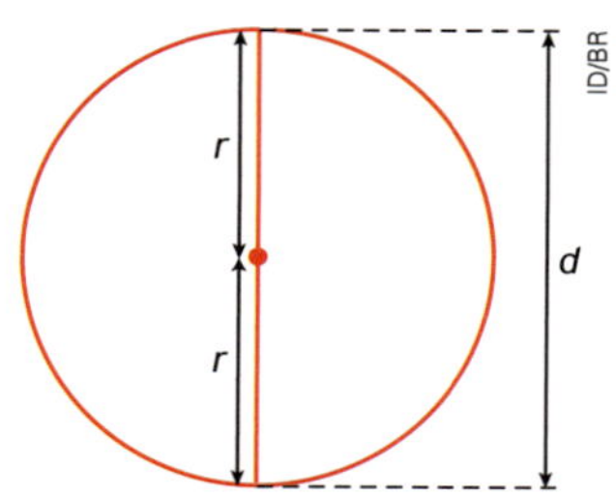

$C = \pi \cdot d$ ou $C = \pi \cdot 2r$

O número $\sqrt{2}$

Podemos calcular o valor aproximado de $\sqrt{2}$ fazendo tentativas e aproximações sucessivas de números racionais. Para isso, buscamos um número positivo que, elevado ao quadrado, seja próximo a 2. Acompanhe a seguir.

1º passo: Encontrar um número racional que, elevado ao quadrado, seja próximo de 2.

$1^2 = 1$ (menor que 2)
$2^2 = 4$ (maior que 2)
→ $\sqrt{2}$ está entre 1 e 2.

2º passo: Encontrar um número racional com uma casa decimal que, elevado ao quadrado, seja próximo de 2.

$1{,}1^2 = 1{,}21$ (menor que 2)
$1{,}2^2 = 1{,}44$ (menor que 2)
$1{,}3^2 = 1{,}69$ (menor que 2)
$1{,}4^2 = 1{,}96$ (menor que 2)
$1{,}5^2 = 2{,}25$ (maior que 2)
→ $\sqrt{2}$ está entre 1,4 e 1,5.

3º passo: Encontrar um número racional com duas casas decimais que, elevado ao quadrado, seja próximo de 2.

$1{,}41^2 = 1{,}9881$ (menor que 2)
$1{,}42^2 = 2{,}0164$ (maior que 2)
→ $\sqrt{2}$ está entre 1,41 e 1,42.

4º passo: Encontrar um número racional com três casas decimais que, elevado ao quadrado, seja próximo de 2.

$1{,}411^2 = 1{,}990921$ (menor que 2)
$1{,}412^2 = 1{,}993744$ (menor que 2)
$1{,}413^2 = 1{,}996569$ (menor que 2)
$1{,}414^2 = 1{,}999396$ (menor que 2)
$1{,}415^2 = 2{,}002225$ (maior que 2)
→ $\sqrt{2}$ está entre 1,414 e 1,415.

5º passo: Encontrar um número racional com quatro casas decimais que, elevado ao quadrado, seja próximo de 2.

$1{,}4141^2 = 1{,}99967881$ (menor que 2)
$1{,}4142^2 = 1{,}99996164$ (menor que 2)
$1{,}4143^2 = 2{,}00024449$ (maior que 2)
→ $\sqrt{2}$ está entre 1,4142 e 1,4143.

Prosseguimos desse modo até encontrar a aproximação de $\sqrt{2}$ com o número de casas decimais que desejamos.

$$\sqrt{2} = 1{,}414213562...$$

Na forma decimal, o número $\sqrt{2}$ tem infinitas casas decimais sem que haja um grupo de algarismos que se repete infinitas vezes. Logo, $\sqrt{2}$ é um número irracional.

Calculadora e raízes aproximadas

A calculadora também fornece aproximações de números irracionais.

Exemplo

Para calcular o valor de $\sqrt{75}$ em algumas calculadoras, digitamos:

Em outras calculadoras, digitamos:

Nos dois casos, os oito primeiros números que aparecem no visor são:

Logo, a aproximação de $\sqrt{75}$ com sete casas decimais é 8,6602540. Essa aproximação pode ser arredondada para 8,7, que tem apenas uma casa decimal. Note que esse valor é aproximado, pois representamos apenas uma parte das infinitas casas decimais.

Representação de números irracionais na reta numérica

Os números irracionais podem ser representados na reta numérica levando em conta seus valores aproximados. Por exemplo, para representar o número irracional π, podemos considerar o valor aproximado 3,14.

Também é possível representar números irracionais por meio de construções geométricas.

Por que o **número irracional** $\sqrt{2}$ é incomensurável?

Exemplo

Por volta de 500 a.C., os gregos já sabiam que a medida da diagonal de um quadrado de lado 1 é $\sqrt{2}$.

Vamos representar o número irracional $\sqrt{2}$ na reta real. Para isso, considere o quadrado de lado de comprimento 1.

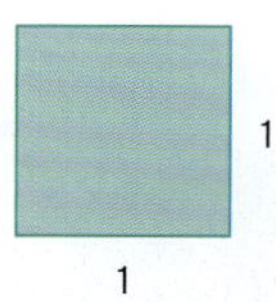

Agora, para encontrar a localização de $\sqrt{2}$ na reta numérica, basta transportar a medida da diagonal do quadrado para a reta numérica. Para isso, podemos usar um compasso. Observe a representação a seguir.

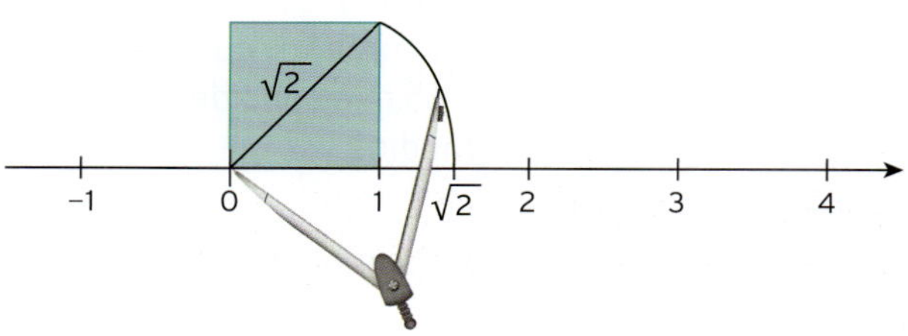

Ilustrações: ID/BR

ATIVIDADES

Retomar e compreender

1. Considere os números a seguir.

$\sqrt{25}$	-5	$\sqrt{5}$
$\frac{1}{5}$	0,5	$\frac{\pi}{5}$

Indique quais desses números são:

a) naturais;
b) inteiros;
c) racionais;
d) irracionais.

2. Considere as seguintes características:

I. Número racional positivo e não inteiro.
II. Dízima periódica negativa.
III. Número inteiro positivo.
IV. Número irracional não positivo.
V. Número natural maior que 0,7.
VI. Número irracional positivo.
VII. Número racional negativo e não inteiro.

Com base nessas características, classifique os números dos itens a seguir.

a) $\sqrt{13}$
b) 1
c) 0,123123
d) π
e) $-52{,}031\overline{3}$
f) $-2{,}9111$
g) $\sqrt{9}$
h) 508 934

Aplicar

3. Determine o resultado de $\sqrt{2{,}25}$. Esse número é racional ou irracional?

4. Encontre o valor aproximado, com duas casas decimais, de cada raiz quadrada dos itens a seguir. Depois, utilizando uma calculadora, confira se os valores obtidos são aproximações dessas raízes.

a) $\sqrt{12}$
b) $\sqrt{38}$
c) $\sqrt{97}$
d) $\sqrt{112}$

Utilize a **calculadora** para verificar os resultados dessa atividade.

5. Considere $\pi = 3{,}14$ e responda às questões a seguir.

a) Qual é a medida do comprimento da circunferência cujo diâmetro mede 5,4 m?
b) Qual é a medida do comprimento da circunferência cujo raio mede 18 cm?
c) Qual é a medida do raio de uma circunferência cujo comprimento mede 62,8 cm?

6. Sabendo que o diâmetro das rodas de uma bicicleta mede 66 cm e considerando $\pi = 3{,}14$, calcule:

a) a medida, em centímetro, de uma volta completa de uma das rodas;
b) a medida da distância, em centímetro, que um ciclista percorre quando as rodas dão 10 voltas completas.

7. Escreva entre quais números inteiros está localizado cada um dos números irracionais.

a) $\sqrt{12}$
b) $-\sqrt{3}$
c) $\sqrt{5}$
d) $\sqrt{20}$
e) $-\sqrt{6}$
f) $\sqrt{39}$

8. Os pontos *A*, *B*, *C* e *D* estão destacados em uma reta real dividida em partes iguais.

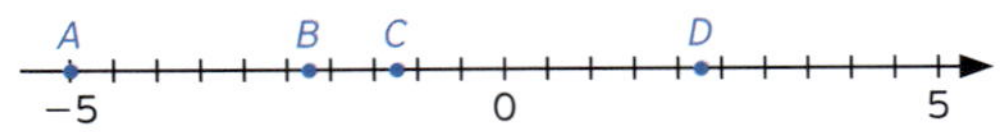

ID/BR

Qual desses pontos representa adequadamente o número $-\sqrt{5}$ nessa reta real?

a) *A*
b) *B*
c) *C*
d) *D*

9. A roda-gigante localizada em Balneário Camboriú (SC) possui uma vista privilegiada para o mar e para os altos prédios construídos na orla da Praia Central. Dependendo do fluxo de visitantes, o passeio de um giro tem a duração de 15 a 20 minutos.

Fernando Podolski/iStock/Getty Images

▲ **Roda-gigante em Balneário Camboriú (SC). Foto de 2021.**

Representando geometricamente a roda-gigante por uma circunferência de diâmetro medindo 65 m e considerando $\pi = 3{,}14$, determine a medida:

a) do raio;
b) do comprimento da circunferência.

CONJUNTO DOS NÚMEROS REAIS

Você já deve ter reparado que a rua onde você mora fica em um bairro. Esse bairro pertence a um município, que faz parte de um estado. Esse e outros estados formam o Brasil, um país situado na América do Sul, que é parte da América. A América é um dos continentes do planeta Terra. Observe que os limites geográficos dão ideia de conjunto.

Fotos: Image Landsat/Copernicus/NASA; ADVTP/Shutterstock.com/ID/BR; Matheus Silva/iStock/Getty Images

▲ **Destaque do Museu de Arte de São Paulo (Masp), localizado na avenida Paulista, em São Paulo (SP). A imagem do planeta Terra é de 2015. Foto da avenida Paulista, 2022. Foto do Masp, 2021.**

Na Matemática, o conjunto dos números reais engloba todos os conjuntos que vimos até agora: naturais, inteiros, racionais e irracionais. Veja o quadro a seguir.

Conjunto dos números naturais ($\mathbb{N}$)	$\mathbb{N} = \{0, 1, 2, 3, 4, 5, 6, 7, ...\}$
Conjunto dos números inteiros ($\mathbb{Z}$)	$\mathbb{Z} = \{..., -4, -3, -2, -1, 0, 1, 2, 3, 4, 5, ...\}$
Conjunto dos números racionais ($\mathbb{Q}$)	$\mathbb{Q} = \left\{\frac{a}{b} \mid a \in \mathbb{Z} \text{ e } b \in \mathbb{Z}^*\right\}$
Conjunto dos números irracionais ($\mathbb{I}$)	É todo número cuja representação decimal tenha infinitas casas decimais não periódicas.

Vimos que o conjunto dos números naturais está contido no conjunto dos números inteiros e que o conjunto dos números inteiros está contido no conjunto dos números racionais ($\mathbb{N} \subset \mathbb{Z} \subset \mathbb{Q}$).

SÍMBOLO ⊂

O símbolo ⊂ representa a relação "está contido em".

Unindo o conjunto dos números racionais com o conjunto dos números irracionais, obtemos o **conjunto dos números reais**, que indicamos por $\mathbb{R}$.

Os conjuntos $\mathbb{N}$, $\mathbb{Z}$, $\mathbb{Q}$ e $\mathbb{I}$ têm infinitos elementos. O conjunto dos números reais contém todos os elementos desses conjuntos, ou seja, qualquer número natural, inteiro, racional ou irracional é um número real.

Números reais: representação na reta numérica

Todos os números racionais não preenchem completamente cada ponto de uma reta numérica, pois sobram pontos sem números correspondentes. Ao incluir os números irracionais na reta, todos os pontos são preenchidos.

Isso significa que, para cada número real, há um ponto correspondente na reta numérica e, da mesma maneira, para cada ponto da reta, há um número real correspondente.

Veja a seguir alguns números reais representados na reta numérica.

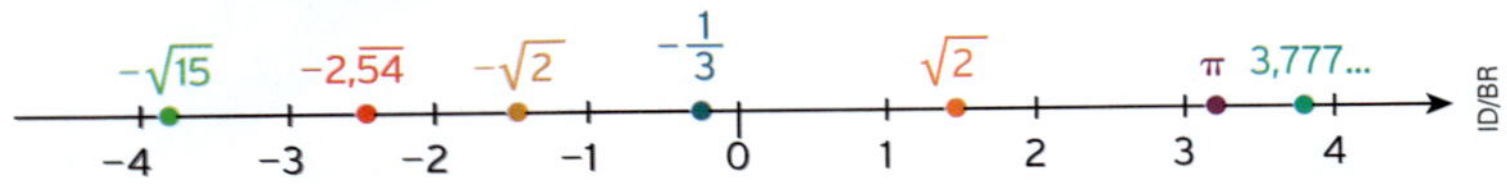

Você já sabe como localizar os números racionais na reta numérica. Agora, vamos localizar os números irracionais na reta.

Os números irracionais podem ser representados na reta numérica considerando seus valores aproximados. Por exemplo, para representar o número irracional **π**, podemos considerar o valor aproximado 3,1.

Acompanhe como podemos fazer para representar $\sqrt{5}$, que é um número real, na reta numérica.

1º passo: Encontrar um número racional que, elevado ao quadrado, seja próximo de 5.

$1^2 = 1$ (menor que 5)
$2^2 = 4$ (menor que 5)
$3^2 = 9$ (maior que 5)
→ $\sqrt{5}$ está entre 2 e 3.

2º passo: Encontrar um número racional com uma casa decimal que, elevado ao quadrado, seja próximo de 5.

$2,1^2 = 4,41$ (menor que 5)
$2,2^2 = 4,84$ (menor que 5)
$2,3^2 = 5,29$ (maior que 5)
→ $\sqrt{5}$ está entre 2,2 e 2,3.

3º passo: Encontrar um número racional com duas casas decimais que, elevado ao quadrado, seja próximo de 5.

$2,21^2 = 4,8841$ (menor que 5)
$2,22^2 = 4,9284$ (menor que 5)
$2,23^2 = 4,9729$ (menor que 5)
$2,24^2 = 5,0176$ (maior que 5)
→ $\sqrt{5}$ está entre 2,23 e 2,24.

4º passo: Desenhar uma reta numérica e localizar nela o valor aproximado de $\sqrt{5}$. Como a aproximação de $\sqrt{5}$ está entre 2,23 e 2,24, podemos desenhar a reta numérica com intervalos de 0,01.

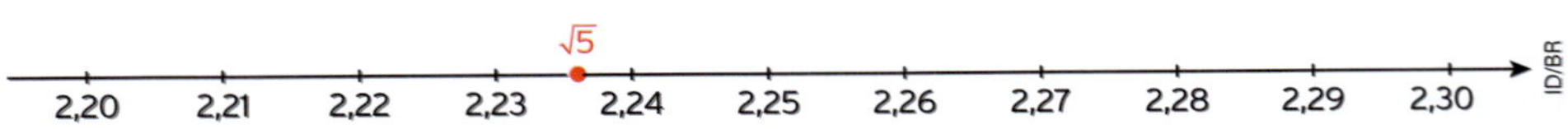

Comparação de números reais

Acompanhe como podemos comparar números reais.

Exemplos

A. Vamos comparar os números $\frac{1}{8}$ e $0{,}3\overline{14}$.

Para realizar a comparação, escrevemos os dois números usando a mesma representação.

Nesse caso, vamos apresentar a comparação na forma de fração, encontrando a fração geratriz do número $0{,}3\overline{14}$. Sendo x a fração geratriz da dízima $0{,}3\overline{14}$ ou 0,3141414..., temos:

$$x = 0{,}3141414...$$

Vamos multiplicar os dois membros dessa igualdade por 10 para obter no 2º membro uma dízima periódica simples:

$$10 \cdot x = 10 \cdot 0{,}3141414...$$
$$10x = 3{,}141414... \quad \text{(I)}$$

Agora, para obter outro número na forma decimal com o mesmo período (14), multiplicamos os dois membros dessa igualdade por 100:

$$100 \cdot 10x = 100 \cdot 3{,}141414...$$
$$1000x = 314{,}141414... \quad \text{(II)}$$

Subtraindo a equação I da II, obtemos:

$$\begin{array}{r} 1000x = 314{,}141414... \\ -\quad 10x = \quad 3{,}141414... \\ \hline 990x = 311 \end{array}$$
$$x = \frac{311}{990}$$

Portanto, $0{,}3\overline{14} = \frac{311}{990}$.

Agora, comparamos as frações $\frac{1}{8}$ e $\frac{311}{990}$.

Como essas frações não têm o mesmo denominador, podemos encontrar frações equivalentes a elas que tenham o mesmo denominador para fazer a comparação:

$$\frac{1}{8} = \frac{495}{3\,960} \text{ e } \frac{311}{990} = \frac{1\,244}{3\,960}$$

Como $\frac{495}{3\,960} < \frac{1\,244}{3\,960}$, então $\frac{1}{8} < \frac{311}{990}$.

Logo, $\frac{1}{8} < 0{,}3\overline{14}$.

B. Vamos comparar os números $-\sqrt{45}$ e $-6{,}848$.

Com o auxílio de uma calculadora, representamos $-\sqrt{45}$ com aproximação decimal. Escolhemos uma aproximação com três casas decimais. Assim: $-\sqrt{45} \simeq -6{,}708$

Ao comparar $-6{,}708$ e $-6{,}848$, concluímos que: $-\sqrt{45} > -6{,}848$.

Outra maneira de comparar números reais é por meio da representação em uma reta numérica.

Como os números reais são representados na reta numérica em ordem crescente, da esquerda para a direita, e a e b são números reais, temos $a < b$.

OPERAÇÕES COM NÚMEROS REAIS

No conjunto dos números reais, a adição, a subtração, a multiplicação e a divisão (com divisor diferente de zero) de dois números reais são sempre possíveis e têm como resultado um número real.

Além disso, as propriedades da adição e da multiplicação já estudadas no conjunto dos números racionais também valem para os números reais.

Assim, se a, b e c são números reais, temos:

- $(a + b) \in \mathbb{R}$

  Propriedade comutativa da adição: $a + b = b + a$

  Propriedade associativa da adição: $(a + b) + c = a + (b + c)$

  Existência do elemento oposto da adição: $a + (-a) = 0$

  Existência do elemento neutro da adição: $a + 0 = a$

- $(a - b) \in \mathbb{R}$
- $(a \cdot b) \in \mathbb{R}$

  Propriedade comutativa da multiplicação: $a \cdot b = b \cdot a$

  Propriedade associativa da multiplicação: $(a \cdot b) \cdot c = a \cdot (b \cdot c)$

  Propriedade distributiva da multiplicação: $a \cdot (b + c) = a \cdot b + a \cdot c$

  Existência do elemento inverso da multiplicação: $a \cdot \frac{1}{a} = 1$, com $a \neq 0$

  Existência do elemento neutro da multiplicação: $a \cdot 1 = a$

- $(a : b) \in \mathbb{R}$, com $b \neq 0$

ATIVIDADES

Retomar e compreender

10. Observe os números a seguir.

$\sqrt{7}$	$3{,}25\overline{65}$	2	$\sqrt{13}$	$-\frac{365}{5874}$	$\frac{27}{3}$	1	$\frac{\sqrt{2}}{2}$	$1{,}3\overline{45}$

a) Quais desses números são naturais?

b) Quais desses números são racionais?

c) Quais desses números são irracionais?

d) Quais desses números são reais?

11. Localize os números a seguir em uma reta numérica.

$\sqrt{7}$	$-\sqrt{3}$	$-\sqrt{2}$	π	1,618...	2,718...

MAIS ATIVIDADES

Acompanhamento da aprendizagem

Retomar e compreender

1. Observe os números a seguir.

-15	$\sqrt{53}$	$(\sqrt{7})^{\frac{5}{4}}$
$1\,001$	$\sqrt{169}$	$\sqrt{20}$

Quais desses números pertencem ao conjunto:

a) dos números naturais?

b) dos números inteiros?

c) dos números racionais?

d) dos números irracionais?

e) dos números reais?

2. $\sqrt{30}$ está entre quais números naturais?

3. Complete o esquema a seguir.

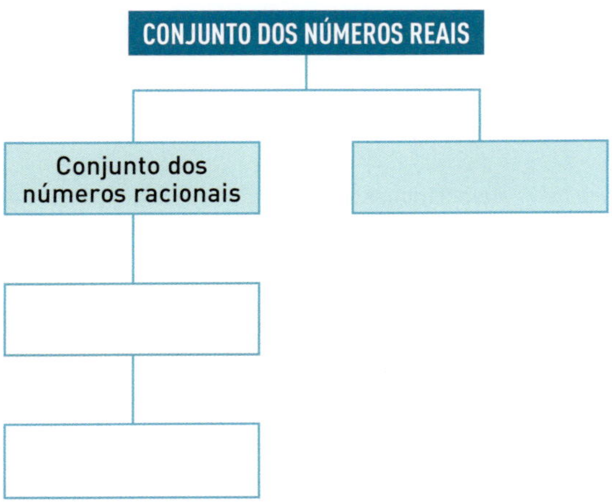

4. Verifique se as afirmações a seguir são verdadeiras. Se existirem afirmações falsas, corrija-as.

a) Todo número real é natural.

b) Todo número racional é real.

c) Existem números irracionais que não são reais.

d) Existem números reais que não são racionais.

5. Responda às questões.

a) A soma de dois números inteiros consecutivos é 47. Quais são esses números?

b) Qual é a soma de dois números opostos?

c) De um número inteiro subtraiu-se o oposto de 47 e o resultado foi -18. Qual é esse número?

Aplicar

6. Em cada item a seguir, substitua ★ por um número inteiro de modo que cada igualdade seja verdadeira.

a) $13 - (-★) + 4 = 23$

b) $10 - 4 + 16 - ★ = 15$

c) $32 - ★ + 121 - 25 = 64$

7. O número $\sqrt{150}$ é compreendido entre:

a) 13 e 14.

b) 10 e 11.

c) 12 e 13.

d) 11 e 12.

8. Determine a medida do raio de uma região circular que tem 9 420 m de medida de comprimento. Use $\pi = 3,14$.

9. Fernanda caminha diariamente em torno de uma praça circular de 40 m de medida de raio. Se ela der 20 voltas completas, qual será, aproximadamente, a distância que ela percorrerá? (Use $\pi = 3,14$.)

10. Substitua ■ pelos símbolos $<$ ou $>$ para comparar os números.

a) $\sqrt{3}$ ■ 2

b) $2\sqrt{2}$ ■ $(\sqrt{4})^2$

c) $-\frac{\sqrt{3}}{2}$ ■ $\sqrt{10}$

d) $-\sqrt{35}$ ■ $-\sqrt{25}$

e) $\sqrt{4+5}$ ■ $\sqrt{8}$

f) $\sqrt{81}$ ■ $\frac{\sqrt{5}}{3}$

11. Verifique se as sentenças a seguir são verdadeiras ou falsas. Se houver afirmações falsas, corrija-as.

a) $\frac{2}{3} < \frac{7}{6}$

b) $0,\overline{4} < \frac{3}{9}$

c) $\frac{7}{99} = 0,\overline{07}$

d) $9,\overline{2} = \frac{92}{9}$

e) $\frac{1}{4} < \frac{7}{9} < \frac{5}{3}$

f) $\frac{13}{11} = 1,\overline{18} \cdot \frac{8}{7}$

12. O número 1,73 é maior, menor ou igual a $\sqrt{3}$? Para responder a essa pergunta, utilize uma calculadora e determine o valor aproximado de $\sqrt{3}$ com três casas decimais.

13. Organize os números a seguir em ordem decrescente.

$\sqrt{6}$	$1,15$	$\frac{3}{2}$
$3,\overline{62}$	π	$1,1$

CAPÍTULO

2 POTENCIAÇÃO E RADICIAÇÃO

POTENCIAÇÃO

Leia o trecho da seguinte notícia:

Plataforma *web* detecta *fake news* em português de forma automática

Na atual era de *fake news* tem sido cada vez mais desafiador distinguir notícias falsas ou falsificadas das reais.

Uma plataforma *web* criada por pesquisadores ligados ao Centro de Ciências Matemáticas Aplicadas à Indústria (CeMEAI) [da USP] pode facilitar essa tarefa.

Por meio de uma combinação de modelos estatísticos e técnicas de aprendizado de máquina, a plataforma é capaz de predizer a probabilidade de um texto ser *fake*.

Resultados preliminares indicaram que o sistema foi capaz de detectar notícias falsas com 96% de precisão.

Elton Alisson. Plataforma *web* detecta *fake news* em português de forma automática. *Agência Fapesp*, 23 fev. 2022. Disponível em: https://agencia.fapesp.br/plataforma-web-detecta-ifake-news-i-em-portugues-de-forma-automatica/38004/. Acesso em: 12 jun. 2023.

CIDADANIA GLOBAL

PROPAGAÇÃO DE *FAKE NEWS*

A internet pode ser um ambiente mentiroso. Imagine que Marcelo recebeu uma *fake news* por um aplicativo de mensagens. Sem checar a veracidade dessa notícia, ele a compartilhou com 3 amigos. Cada um desses amigos, por sua vez, também compartilhou a notícia falsa com mais 3 pessoas e assim sucessivamente.

1. Seguindo esse padrão, quantas pessoas terão recebido a notícia falsa, após o quinto envio?
2. Como é possível checar informações recebidas e, assim, evitar a propagação de notícias falsas?

João Picoli/ID/BR

Essa situação mostra um caso de potenciação que já estudamos: potenciação cuja base e cujo expoente são números naturais. Vamos rever algumas situações e ampliar nosso estudo de potenciação para os números reais.

TERMOS DA POTENCIAÇÃO

$5^2 = 25$

expoente: 2; base: 5; potência: 25

Potência com expoente natural

Vamos estudar os três casos de potência com expoente natural: expoente 1, expoente zero e expoente maior que 1.

Potência com expoente 1

Potências cuja base é um número real e o expoente é 1 têm resultado igual à própria base.

$$a^1 = a, \text{ com } a \in \mathbb{R}$$

Exemplos

A. $4^1 = 4$

B. $(\sqrt{3})^1 = \sqrt{3}$

C. $\left(\frac{2}{9}\right)^1 = \frac{2}{9}$

D. $(3,6)^1 = 3,6$

Potência com expoente zero

Potências cuja base é um número real diferente de zero e o expoente é zero têm resultado igual a 1.

$$a^0 = 1, \text{ com } a \in \mathbb{R}^*$$

Exemplos

A. $35^0 = 1$

B. $(\sqrt{5})^0 = 1$

C. $\left(\frac{2}{9}\right)^0 = 1$

D. $(84,85)^0 = 1$

Potência com expoente natural maior que 1

Potências cuja base é um número real e o expoente é um número natural maior que 1 têm resultado igual ao produto dessa base por ela mesma tantas vezes quanto indicar o expoente.

$$a^n = \underbrace{a \cdot a \cdot a \cdot a \cdot \ldots \cdot a \cdot a \cdot a}_{n \text{ vezes}}, \text{ com } a \in \mathbb{R},\ n \in \mathbb{N} \text{ e } n > 1$$

Potência de base real positiva

Toda potência de base real positiva e expoente natural é um número positivo.

Exemplos

A. $6^4 = 6 \cdot 6 \cdot 6 \cdot 6 = 1296$

B. $(9,1)^2 = 9,1 \cdot 9,1 = 82,81$

C. $\left(\frac{2}{5}\right)^3 = \frac{2}{5} \cdot \frac{2}{5} \cdot \frac{2}{5} = \frac{8}{125}$

D. $(1,5)^2 = 1,5 \cdot 1,5 = 2,25$

Potência de base real negativa

Toda potência de base real negativa e expoente natural ímpar é um número negativo.

Exemplo

$(-5{,}3)^3 = (-5{,}3) \cdot (-5{,}3) \cdot (-5{,}3) = -148{,}877$

Toda potência de base real negativa e expoente natural par é um número positivo.

Exemplo

$\left(-\frac{1}{2}\right)^4 = \left(-\frac{1}{2}\right) \cdot \left(-\frac{1}{2}\right) \cdot \left(-\frac{1}{2}\right) \cdot \left(-\frac{1}{2}\right) = \frac{1}{32}$

Potência com expoente inteiro negativo

Toda potência de base real diferente de zero e expoente inteiro negativo é dada por $a^{-n} = \left(\frac{1}{a}\right)^n$.

Exemplos

A. $4^{-3} = \left(\frac{1}{4}\right)^3 = \frac{1}{4} \cdot \frac{1}{4} \cdot \frac{1}{4} = \frac{1}{64}$

B. $\left(\frac{1}{3}\right)^{-2} = 3^2 = 3 \cdot 3 = 9$

PROPRIEDADES DA POTENCIAÇÃO

Para representar as propriedades de uma potência, considere que *a* e *b* são números reais não nulos e *m* e *n* são números inteiros.

Propriedade	Representação algébrica	Exemplos
Produto de potências de mesma base: mantemos a base e adicionamos os expoentes.	$a^m \cdot a^n = a^{m+n}$, com $a \in \mathbb{R}^*$ e m e $n \in \mathbb{Z}$	• $3^2 \cdot 3^3 = 3^{2+3} = 3^5$ • $\left(-\frac{2}{5}\right)^4 \cdot \left(-\frac{2}{5}\right)^2 = \left(-\frac{2}{5}\right)^{4+2} = \left(-\frac{2}{5}\right)^6$
Quociente de potências de mesma base: mantemos a base e subtraímos os expoentes.	$a^m : a^n = a^{m-n}$, com $a \in \mathbb{R}^*$ e m e $n \in \mathbb{Z}$	• $7^6 : 7^4 = 7^{6-4} = 7^2$ • $\left(\frac{3}{8}\right)^5 : \left(\frac{3}{8}\right)^7 = \left(\frac{3}{8}\right)^{5-7} = \left(\frac{3}{8}\right)^{-2}$
Potência de uma potência: mantemos a base e multiplicamos os expoentes.	$(a^m)^n = a^{m \cdot n}$, com $a \in \mathbb{R}^*$ e m e $n \in \mathbb{Z}$	• $[(3{,}1)^2]^4 = 3{,}1^{2 \cdot 4} = 3{,}1^8$ • $\left[\left(\frac{1}{6}\right)^3\right]^5 = \left(\frac{1}{6}\right)^{3 \cdot 5} = \left(\frac{1}{6}\right)^{15}$
Potência de um produto: elevamos cada fator da multiplicação ao expoente da potência.	$(a \cdot b)^m = a^m \cdot b^m$, com a e $b \in \mathbb{R}^*$ e $m \in \mathbb{Z}$	• $(4{,}5 \cdot 2{,}7)^4 = 4{,}5^4 \cdot 2{,}7^4$ • $\left[\left(-\frac{4}{9}\right) \cdot \frac{3}{7}\right]^9 = \left(-\frac{4}{9}\right)^9 \cdot \left(\frac{3}{7}\right)^9$
Potência de um quociente: elevamos o dividendo e o divisor ao expoente da potência.	$(a : b)^m = a^m : b^m$, com a e $b \in \mathbb{R}^*$ e $m \in \mathbb{Z}$	• $[(-6) : 5{,}9]^3 = (-6)^3 : 5{,}9^3$ • $\left(\frac{1}{2} : \frac{5}{9}\right)^7 = \left(\frac{1}{2}\right)^7 : \left(\frac{5}{9}\right)^7$

Danillo Souza/ID/BR

NOTAÇÃO CIENTÍFICA

Quando representamos um número por um produto de dois fatores, sendo um deles um número maior ou igual a 1 e menor que 10 e o outro uma potência de 10, dizemos que o número está escrito em **notação científica**.

Para efetuar adições ou subtrações com esses números, precisamos, primeiro, representá-los na mesma potência de 10. No caso das multiplicações ou das divisões, basta efetuar as operações.

Exemplos

A. $3{,}2 \cdot 10^5 + 5{,}2 \cdot 10^5 = (3{,}2 + 5{,}2) \cdot 10^5 = 8{,}4 \cdot 10^5$

B. $4{,}584 \cdot 10^3 - 2{,}541 \cdot 10^2$

Para deixar os dois números na mesma potência de 10, podemos transformar $2{,}541 \cdot 10^2$ em um número com potência de base 10 e expoente 3.

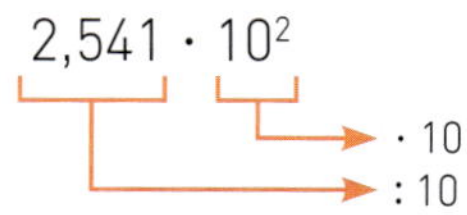

Portanto, $2{,}541 \cdot 10^2 = 0{,}2541 \cdot 10^3$.

Agora, podemos efetuar a subtração:

$4{,}584 \cdot 10^3 - 0{,}2541 \cdot 10^3 = (4{,}584 - 0{,}2541) \cdot 10^3 = 4{,}3299 \cdot 10^3$

C. $2{,}5 \cdot 10^7 \cdot 3{,}2 \cdot 10^3 = (2{,}5 \cdot 3{,}2) \cdot (10^7 \cdot 10^3) = 8 \cdot 10^{7+3} = 8 \cdot 10^{10}$

D. $8{,}54 \cdot 10^6 : (3{,}2 \cdot 10^{-2}) = (8{,}54 : 3{,}2) \cdot (10^6 : 10^{-2}) = 2{,}66875 \cdot 10^{6-(-2)} =$
$= 2{,}66875 \cdot 10^8$

ATIVIDADES

Retomar e compreender

1. Em cada caso, identifique a propriedade utilizada.

a) $\left(\frac{3}{4}\right)^2 = \frac{3^2}{4^2}$

b) $(5^3)^4 = 5^{3 \cdot 4}$

c) $7^2 : 7^5 = 7^{2-5}$

d) $8^3 \cdot 8^5 = 8^{3+5}$

e) $(2 \cdot 6)^2 = 2^2 \cdot 6^2$

Aplicar

2. Nos itens a seguir, aplique as propriedades da potenciação e dê o resultado na forma de uma única potência.

a) $4^6 \cdot 4^{-3}$

b) $(0{,}2)^{-2} : (0{,}2)^2$

c) $\left(\frac{1}{8}\right)^6 : \left(\frac{1}{8}\right)^7$

d) $(a^8)^2$

e) $2^7 \cdot 2^4 \cdot 2^2$

f) $b^m \cdot b^{m+2} \cdot b^{m+4}$

3. Reduza os casos a seguir a uma potência de base 3.

a) $\frac{1}{243}$

b) 9^5

c) $\left(\frac{1}{81}\right)^3$

d) 27^{-4}

4. Determine o valor das potências.

a) 3^{2^4}

b) $(3^2)^4$

5. Em cada caso, escreva a base da potência na forma de fração.

a) $(3^{-2})^3$

b) $(4^2)^{-2}$

c) $(5^1)^{-1}$

d) $(6^1)^{-4}$

e) $(14^6)^3$

f) $(23^{-5})^2$

6. Uma bactéria tem $5 \cdot 10^{-6}$ metro de medida de comprimento e um vírus, $5 \cdot 10^{-9}$ metro de medida de comprimento. Usando as propriedades de potenciação, determine qual desses organismos tem maior medida de comprimento.

TERMOS DA RADICIAÇÃO

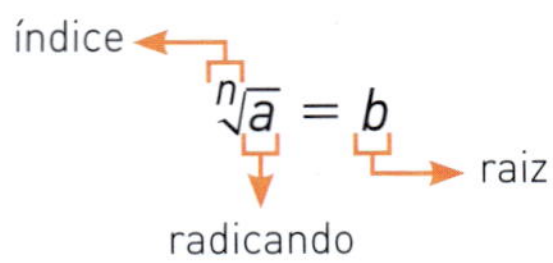

RADICIAÇÃO

Vamos ampliar o estudo de radiciação para os números reais.

Raiz quadrada

A raiz quadrada de um número real não negativo a é o número real que, elevado ao quadrado, é igual a a.

Raiz quadrada exata

Dizemos que a raiz quadrada de um número real é exata quando resulta em um número racional.

Exemplos

A. $\sqrt{0{,}49} = 0{,}7$, pois: $(0{,}7)^2 = 0{,}49$

B. $\sqrt{\frac{1}{25}} = \frac{1}{5}$, pois: $\left(\frac{1}{5}\right)^2 = \frac{1}{25}$

Raiz quadrada aproximada

Quando não existe raiz quadrada exata de um número real, usamos aproximações decimais com quantas casas quisermos.

Exemplos

A. $\sqrt{2} \simeq 1{,}41$ ou $\sqrt{2} \simeq 1{,}414$ ou $\sqrt{2} \simeq 1{,}4142$ ou $\sqrt{2} \simeq 1{,}41421$

B. $\sqrt{7} \simeq 2{,}6$ ou $\sqrt{7} \simeq 2{,}65$ ou $\sqrt{7} \simeq 2{,}646$ ou $\sqrt{7} \simeq 2{,}6458$

Raiz cúbica

A raiz cúbica de um número real a é o número real que, elevado ao cubo, é igual a a.

Exemplos

A. $\sqrt[3]{-27} = -3$, pois: $(-3)^3 = (-3) \cdot (-3) \cdot (-3) = -27$

B. $\sqrt[3]{0{,}008} = 0{,}2$, pois: $0{,}2^3 = 0{,}2 \cdot 0{,}2 \cdot 0{,}2 = 0{,}008$

Raiz enésima

A raiz enésima de um número real a é o número real b – de mesmo sinal que a – que, elevado ao índice natural n, maior ou igual a 2, é igual a a, ou seja:

> $\sqrt[n]{a} = b$ se, e somente se, $b^n = a$, em que a e b têm o mesmo sinal e $n \geqslant 2$

Exemplos

A. $\sqrt[4]{81} = 3$, pois: $3^4 = 3 \cdot 3 \cdot 3 \cdot 3 = 81$

B. $\sqrt[3]{-8} = -2$, pois: $(-2)^3 = (-2) \cdot (-2) \cdot (-2) = -8$

Para as raízes enésimas, vamos considerar dois casos: índice par e índice ímpar.

Índice par

Se o índice n for um número natural par, o radicando a não pode ser menor que zero, pois não existe número real que, elevado ao quadrado ou a qualquer outro expoente par, tenha como resultado um número real negativo. Assim, $\sqrt[n]{a}$ será positivo sempre que estiver definido.

Exemplos

A. $\sqrt[6]{-64}$ não é um número real, pois não existe número real que, elevado a 6, seja igual a -64.

B. $\sqrt[6]{64} = 2$, pois: $2^6 = 2 \cdot 2 \cdot 2 \cdot 2 \cdot 2 \cdot 2 = 64$

Índice ímpar

Se o índice n for um número natural ímpar, o radicando a pode ser menor que zero, pois um número real negativo elevado a um expoente ímpar tem como resultado um número real negativo. Assim, $\sqrt[n]{a}$ pode ser menor que zero.

Se a for um número real menor que zero, $\sqrt[n]{a}$ será um número real negativo.

Exemplo

$\sqrt[7]{-2\,187} = -3$, pois: $(-3)^7 = (-3) \cdot (-3) \cdot (-3) \cdot (-3) \cdot (-3) \cdot (-3) \cdot (-3) =$
$= -2\,187$

Se a for um número real maior que zero, $\sqrt[n]{a}$ será um número real positivo.

Exemplo

$\sqrt[5]{7\,776} = 6$, pois: $6^5 = 6 \cdot 6 \cdot 6 \cdot 6 \cdot 6 = 7\,776$

Potência com expoente fracionário

Toda potência de base real positiva e expoente de número racional pode ser escrita como uma raiz.

$$a^{\frac{m}{n}} = \sqrt[n]{a^m}, \text{ com } a \in \mathbb{R}_+^*, m \in \mathbb{Z}, n \in \mathbb{N} \text{ e } n \geqslant 2$$

Exemplos

A. $5^{\frac{3}{4}} = \sqrt[4]{5^3}$

B. $(-4)^{\frac{8}{7}} = \sqrt[7]{(-4)^8}$

ATIVIDADES

Retomar e compreender

7. Verifique se as igualdades a seguir são verdadeiras ou falsas.

a) $\sqrt{16} = \sqrt[5]{32}$

b) $\sqrt[5]{-1} = \sqrt[7]{1}$

c) $\sqrt[5]{-1} = \sqrt[9]{-1}$

d) $\sqrt[3]{-27} = \sqrt[4]{81}$

8. Quais raízes a seguir não estão definidas no conjunto dos números reais?

a) $\sqrt[6]{-15}$

b) $\sqrt[5]{8}$

c) $\sqrt[4]{444}$

Aplicar

9. Considere a expressão $\sqrt[x]{y} = z$, com y e $z \in \mathbb{R}$, $x \in \mathbb{N}$ e $x \geqslant 2$. Indique a alternativa falsa e corrija-a.

a) z terá valor negativo se x for ímpar e $y < 0$.

b) z terá valor positivo se x for par e $y < 0$.

10. Calcule:

a) $4^{\frac{1}{2}}$

b) $27^{\frac{1}{3}}$

c) $32^{\frac{1}{5}}$

Propriedades dos radicais

A fim de facilitar os cálculos, veremos a seguir algumas propriedades que envolvem as raízes enésimas de números reais.

1ª propriedade

Sendo *a* um número real e *n* um número natural ímpar maior que 2, temos:

$$\sqrt[n]{a^n} = a, \text{ com } a \in \mathbb{R}, n \in \mathbb{N} \text{ e } n \text{ ímpar maior que } 2$$

Sendo *a* um número real e *n* um número natural par não nulo, temos:

$$\sqrt[n]{a^n} = |a|, \text{ com } a \in \mathbb{R}, n \in \mathbb{N}^* \text{ e } n \text{ par}$$

Exemplos

A. $\sqrt[3]{343} = \sqrt[3]{7^3} = 7$

B. $\sqrt[3]{-729} = \sqrt[3]{(-9)^3} = -9$

C. $\sqrt[4]{1296} = \sqrt[4]{6^4} = 6$

D. $\sqrt{(-5)^2} = |-5| = 5$

2ª propriedade

Sendo *a* um número real não negativo, ao dividir o índice do radical e o expoente do radicando por um mesmo número natural maior que zero, o valor do radical não se altera.

$$\sqrt[n]{a^m} = \sqrt[n:p]{a^{m:p}}, \text{ com } a \in \mathbb{R}_+, m \in \mathbb{Z}, n \text{ e } p \in \mathbb{N}^*, n \geq 2 \text{ e } p \text{ divisor comum de } m \text{ e de } n$$

Exemplo

Considere os radicais $\sqrt[12]{8^{12}}$ e $\sqrt[6]{8^6}$.

Como vimos na primeira propriedade, $\sqrt[12]{8^{12}} = 8$ e $\sqrt[6]{8^6} = 8$. Logo, $\sqrt[12]{8^{12}} = \sqrt[6]{8^6}$.

Podemos dizer que $\sqrt[6]{8^6}$ é uma simplificação de $\sqrt[12]{8^{12}}$. Para fazer essa simplificação, dividimos o expoente do radicando e o índice do radical pelo mesmo número. Observe:

$$\sqrt[12]{8^{12}} = \sqrt[12:2]{8^{12:2}} = \sqrt[6]{8^6} = 8$$

Esse processo pode ser feito para qualquer radical $\sqrt[n]{a^m}$, em que *m* e *n* têm divisor comum diferente de 1 e *a* é um número real não negativo.

Também podemos escrever a 2ª propriedade da seguinte maneira:

Ao multiplicar o índice do radical e o expoente do radicando por um mesmo número natural maior que zero, o valor do radical não se altera.

$$\sqrt[n]{a^m} = \sqrt[n \cdot p]{a^{m \cdot p}}, \text{ com } a \in \mathbb{R}_+, m \in \mathbb{Z}, n \text{ e } p \in \mathbb{N}^* \text{ e } n \geq 2$$

Exemplo

$$\sqrt[7]{\frac{5}{4}} = \sqrt[7 \cdot 3]{\left(\frac{5}{4}\right)^{1 \cdot 3}} = \sqrt[21]{\left(\frac{5}{4}\right)^3}$$

3ª propriedade

Sendo a e b números reais não negativos e n um número natural maior ou igual a 2, temos:

$$\sqrt[n]{a \cdot b} = \sqrt[n]{a} \cdot \sqrt[n]{b}, \text{ com } a \text{ e } b \in \mathbb{R}_+, n \in \mathbb{N} \text{ e } n \geq 2$$

Exemplo

Vamos calcular o valor de $\sqrt{16 \cdot 4}$ e de $\sqrt{16} \cdot \sqrt{4}$.

$\sqrt{16 \cdot 4} = \sqrt{64} = 8$

$\sqrt{16} \cdot \sqrt{4} = 4 \cdot 2 = 8$

Assim, $\sqrt{16 \cdot 4} = \sqrt{16} \cdot \sqrt{4}$.

4ª propriedade

Sendo a e b números reais não negativos, com $b \neq 0$, e n um número natural maior ou igual a 2, temos:

$$\sqrt[n]{\frac{a}{b}} = \frac{\sqrt[n]{a}}{\sqrt[n]{b}}, \text{ com } a \text{ e } b \in \mathbb{R}_+, b \neq 0, n \in \mathbb{N} \text{ e } n \geq 2$$

Exemplo

Vamos calcular o valor de $\sqrt[4]{\frac{625}{256}}$ e de $\frac{\sqrt[4]{625}}{\sqrt[4]{256}}$.

$\sqrt[4]{\frac{625}{256}} = \sqrt[4]{\left(\frac{5}{4}\right)^4} = \frac{5}{4}$

$\frac{\sqrt[4]{625}}{\sqrt[4]{256}} = \frac{\sqrt[4]{5^4}}{\sqrt[4]{4^4}} = \frac{5}{4}$

Assim, $\sqrt[4]{\frac{625}{256}} = \frac{\sqrt[4]{625}}{\sqrt[4]{256}}$.

5ª propriedade

Sendo a um número real não negativo e n e p números naturais com n e p maiores ou iguais a 2, temos:

$$\sqrt[n]{\sqrt[p]{a}} = \sqrt[n \cdot p]{a}, \text{ com } a \in \mathbb{R}_+, n \text{ e } p \in \mathbb{N}, n \geq 2 \text{ e } p \geq 2$$

Exemplo

Vamos calcular o valor de $\sqrt[3]{\sqrt{\frac{1}{64}}}$ e de $\sqrt[6]{\frac{1}{64}}$.

$\sqrt[3]{\sqrt{\frac{1}{64}}} = \sqrt[3]{\frac{1}{8}} = \sqrt[3]{\left(\frac{1}{2}\right)^3} = \frac{1}{2}$

$\sqrt[6]{\frac{1}{64}} = \sqrt[6]{\left(\frac{1}{2}\right)^6} = \frac{1}{2}$

Assim, $\sqrt[3]{\sqrt{\frac{1}{64}}} = \sqrt[6]{\frac{1}{64}}$.

Comparação entre radicais

A comparação entre radicais pode ser imediata, nos casos em que os índices são iguais, ou pode requerer a manipulação dos radicais, nos casos em que os índices são diferentes. Vamos estudar esses dois casos.

Radicais com índices iguais

Quando os radicais têm mesmo índice, basta comparar os radicandos.

Exemplos

A. Vamos comparar os radicais $\sqrt{25}$ e $\sqrt{81}$.

Comparando os radicandos, temos $25 < 81$. Logo, $\sqrt{25} < \sqrt{81}$.

B. Vamos comparar os radicais $\sqrt[3]{10}$ e $\sqrt[3]{7}$.

Como $10 > 7$, então $\sqrt[3]{10} > \sqrt[3]{7}$.

Radicais com índices diferentes

Para comparar radicais com índices diferentes, é preciso reduzi-los ao mesmo índice e aplicar a regra anterior.

Exemplos

A. Vamos comparar os radicais $\sqrt[5]{3^2}$ e $\sqrt[3]{2}$.

Os índices desses radicais são 5 e 3. Podemos usar o mmc para reduzir os radicais ao mesmo índice.

Como $\text{mmc}(5, 3) = 15$, temos:

$$\sqrt[5]{3^2} = \sqrt[5 \cdot 3]{3^{2 \cdot 3}} = \sqrt[15]{3^6} = \sqrt[15]{729}$$

$$\sqrt[3]{2} = \sqrt[3 \cdot 5]{2^{1 \cdot 5}} = \sqrt[15]{2^5} = \sqrt[15]{32}$$

Agora que o índice dos radicais é o mesmo, podemos comparar os radicandos.

Como $729 > 32$, então $\sqrt[15]{729} > \sqrt[15]{32}$.

Portanto, $\sqrt[5]{3^2} > \sqrt[3]{2}$.

B. Vamos comparar os radicais $\sqrt[4]{2^3}$ e $\sqrt[6]{9^2}$.

$\text{mmc}(4, 6) = 12$

$$\sqrt[4]{2^3} = \sqrt[4 \cdot 3]{2^{3 \cdot 3}} = \sqrt[12]{2^9} = \sqrt[12]{512}$$

$$\sqrt[6]{9^2} = \sqrt[6 \cdot 2]{9^{2 \cdot 2}} = \sqrt[12]{9^4} = \sqrt[12]{6\,561}$$

Como $512 < 6561$, então $\sqrt[12]{512} < \sqrt[12]{6\,561}$.

Portanto, $\sqrt[4]{2^3} < \sqrt[6]{9^2}$.

C. Vamos escrever os números $\sqrt[3]{2}$, $\sqrt[5]{2}$ e $\sqrt[4]{2}$ em ordem crescente.

mmc(3, 5, 4) = 60

$\sqrt[3]{2} = \sqrt[60]{2^{20}}$, $\sqrt[5]{2} = \sqrt[60]{2^{12}}$ e $\sqrt[4]{2} = \sqrt[60]{2^{15}}$

Como $2^{12} < 2^{15} < 2^{20}$, então $\sqrt[60]{2^{12}} < \sqrt[60]{2^{15}} < \sqrt[60]{2^{20}}$.

Logo, $\sqrt[5]{2} < \sqrt[4]{2} < \sqrt[3]{2}$.

Simplificação de radicais

Em alguns casos, podemos escrever expressões mais simples para representar radicais. Quando reescrevemos um radical de maneira mais simples, estamos fazendo uma simplificação de radicais.

Índice do radical e expoentes do radicando com fator em comum

Quando o índice do radical e os expoentes de todos os fatores do radicando têm divisor comum diferente de 1, podemos dividir o índice do radical e todos os expoentes do radicando por esse divisor comum.

Exemplos

A. $\sqrt[9]{5^6} = \sqrt[9:3]{5^{6:3}} = \sqrt[3]{5^2}$

B. $\sqrt[12]{9^8} = \sqrt[12:4]{9^{8:4}} = \sqrt[3]{9^2}$

Um ou mais fatores do radicando com expoente igual ao índice do radical

Se um ou mais fatores do radicando têm expoente igual ao índice do radical, esses fatores podem ser extraídos da raiz.

Exemplos

A. Vamos simplificar $\sqrt{2^2 \cdot 3^2}$.

De acordo com a 3ª propriedade dos radicais, temos:

$$\sqrt{2^2 \cdot 3^2} = \sqrt{2^2} \cdot \sqrt{3^2}$$

De acordo com a 1ª propriedade dos radicais, temos:

$$\sqrt{2^2} \cdot \sqrt{3^2} = 2 \cdot 3 = 6$$

B. $\sqrt[3]{5^3 \cdot 6^2} = \sqrt[3]{5^3} \cdot \sqrt[3]{6^2} = 5\sqrt[3]{6^2}$

Em alguns casos, podemos decompor o radicando em fatores primos.

Exemplos

A. $\sqrt[4]{2401} = \sqrt[4]{7^4} = 7$

B. $\sqrt[3]{7000} = \sqrt[3]{2^3 \cdot 5^3 \cdot 7} = 2 \cdot 5 \cdot \sqrt[3]{7} = 10\sqrt[3]{7}$

Em outros casos, podemos decompor o radicando em um produto de potências de mesma base para poder extrair fatores desse mesmo radicando.

Exemplos

A. $\sqrt[5]{4^7} = \sqrt[5]{4^5 \cdot 4^2} = 4\sqrt[5]{4^2}$

B. $\sqrt[7]{2^9} = \sqrt[7]{2^7 \cdot 2^2} = 2\sqrt[7]{4}$

Radicais semelhantes

Dois ou mais radicais são semelhantes quando têm o mesmo índice e o mesmo radicando.

Exemplos

A. $\sqrt[3]{5}$, $-2\sqrt[3]{5}$ e $\frac{5\sqrt[3]{5}}{3}$ são radicais semelhantes.

B. $-\sqrt[4]{5}$ e $\sqrt[3]{5}$ não são radicais semelhantes, pois, apesar de terem o mesmo radicando, têm índices diferentes.

C. $\sqrt{2}$ e $\sqrt{14}$ não são radicais semelhantes, pois, apesar de terem o mesmo índice, têm radicandos diferentes.

Há casos em que, apesar de os radicais terem índices ou radicandos diferentes, é possível obter radicais semelhantes após algumas transformações.

Exemplos

A. Vamos verificar se $\sqrt[3]{72}$ e $\sqrt[3]{1125}$ são radicais semelhantes.

$$\sqrt[3]{72} = \sqrt[3]{2^3 \cdot 3^2} = \sqrt[3]{2^3} \cdot \sqrt[3]{3^2} = 2\sqrt[3]{3^2} = 2\sqrt[3]{9}$$

$$\sqrt[3]{1125} = \sqrt[3]{3^2 \cdot 5^3} = \sqrt[3]{3^2} \cdot \sqrt[3]{5^3} = 5\sqrt[3]{3^2} = 5\sqrt[3]{9}$$

Portanto, $\sqrt[3]{72}$ e $\sqrt[3]{1125}$ são radicais semelhantes.

B. Vamos verificar se 5 e $\sqrt[3]{8}$ são semelhantes.

Note que 5 pode ser expresso como radical:

$$5 = \sqrt[3]{5^3} = \sqrt[3]{125}$$

Logo, $\sqrt[3]{125}$ e $\sqrt[3]{8}$ não são radicais semelhantes, pois têm radicandos diferentes.

ATIVIDADES

Aplicar

11. Utilize as propriedades dos radicais para determinar o valor de cada expressão a seguir.

a) $\sqrt[5]{\sqrt[3]{27}}$

b) $\sqrt{64} \cdot \sqrt{4}$

c) $\left(\sqrt[5]{\sqrt{1024}} \cdot \frac{\sqrt[3]{3125}}{\sqrt[3]{25}}\right)^3$

12. Escreva os radicais representados em cada item em ordem crescente.

a) $\sqrt{7}$, $\sqrt{6}$, $\sqrt{19}$ e $\sqrt{3}$

b) $\sqrt[3]{9}$, $\sqrt[3]{5}$, $\sqrt[3]{2}$, $\sqrt[3]{10}$ e $\sqrt[3]{1}$

c) $\sqrt[3]{\frac{1}{8}}$, $\sqrt[3]{\frac{3}{5}}$, $\sqrt[3]{\frac{5}{9}}$ e $\sqrt[6]{0{,}81}$

d) $\sqrt[3]{2^2}$, $\sqrt[2]{3^3}$ e $\sqrt[6]{15}$

e) $\sqrt{9}$, $\sqrt{40}$ e $\sqrt[3]{9}$

13. Simplifique os seguintes radicais:

a) $\sqrt[8]{7^4}$

b) $\sqrt[4]{\frac{625}{10\,000}}$

c) $\sqrt[15]{(5{,}2)^5}$

d) $\sqrt[24]{8^4}$

e) $\sqrt[12]{27^5}$

f) $\sqrt[6]{\left(\frac{16}{25}\right)^2}$

14. Verifique se os radicais são semelhantes em cada item.

a) $\sqrt{300}$, $\sqrt{500}$, $\sqrt{700}$

b) $\sqrt[3]{1000}$, $\sqrt[3]{2000}$, $\sqrt[3]{5000}$, $\sqrt[3]{11\,000}$

c) $\sqrt[3]{125}$, $\sqrt{300}$, $\sqrt{324}$

d) $\sqrt{27}$, $\sqrt{108}$, $\sqrt{243}$

Adição e subtração de radicais

A adição e a subtração de radicais, quando o valor de cada um desses radicais é um número racional, são iguais à adição e à subtração desses números racionais.

Exemplos

A. $\sqrt{25} + \sqrt{16} = 5 + 4 = 9$

B. $\sqrt{100} - \sqrt[3]{216} = 10 - 6 = 4$

Na adição e na subtração de radicais, quando pelo menos um deles é um número irracional, devemos determinar radicais semelhantes em todos os termos para, então, adicioná-los e subtraí-los.

Quando não há radicais semelhantes, não é possível realizar a adição algébrica.

Exemplos

A. Vamos calcular $4\sqrt{11} + 3\sqrt{11}$.

Os dois radicais são semelhantes. Então, podemos efetuar as adições dos fatores externos e manter o mesmo radical.

$$4\sqrt{11} + 3\sqrt{11} = (4 + 3) \cdot \sqrt{11} = 7\sqrt{11}$$

B. Vamos calcular $\sqrt[3]{24} - \sqrt[3]{3} + \sqrt[3]{81}$.

Começamos simplificando para encontrar os radicais semelhantes:

$$\sqrt[3]{24} = \sqrt[3]{2^3 \cdot 3} = 2\sqrt[3]{3}$$

$$\sqrt[3]{81} = \sqrt[3]{3^3 \cdot 3} = 3\sqrt[3]{3}$$

Agora podemos efetuar as adições e as subtrações dos fatores externos, mantendo o mesmo radical.

$$\sqrt[3]{24} - \sqrt[3]{3} + \sqrt[3]{81} = 2\sqrt[3]{3} - \sqrt[3]{3} + 3\sqrt[3]{3} = (2 - 1 + 3) \cdot \sqrt[3]{3} = 4\sqrt[3]{3}$$

C. Vamos calcular $\sqrt[6]{3^8} - \sqrt{225} - \sqrt[3]{81} + \sqrt{169}$.

Simplificando os radicais e efetuando a adição algébrica, temos:

$\sqrt[6]{3^8} - \sqrt{225} - \sqrt[3]{81} + \sqrt{169} = \cancel{\sqrt[3]{3^4}} - \sqrt{15^2} - \cancel{\sqrt[3]{3^4}} + \sqrt{13^2} =$

$= -15 + 13 = -2$

D. Vamos calcular $\sqrt{2} + \sqrt{3} + \sqrt[3]{2}$.

Esses radicais não são semelhantes; portanto, não é possível realizar a adição algébrica.

Observação

A soma de dois radicais, em geral, é diferente da raiz da soma de seus radicandos.

$$\sqrt{a} + \sqrt{b} \neq \sqrt{a + b}$$

Por exemplo, $\sqrt{4} + \sqrt{9} \neq \sqrt{4 + 9}$, pois:

$\sqrt{4} + \sqrt{9} = 2 + 3 = 5$

$\sqrt{4 + 9} = \sqrt{13}$

Logo, como $5 \neq \sqrt{13}$, concluímos que $\sqrt{4} + \sqrt{9} \neq \sqrt{4 + 9}$.

Adição e subtração de radicais com a calculadora

Em alguns casos em que os radicais de uma expressão não são semelhantes, pode ser necessário determinar o valor aproximado da adição algébrica. Nessas situações, calculamos o valor aproximado de cada termo e efetuamos a adição.

Exemplo

Vamos calcular $\sqrt{3} + \sqrt{5}$ usando a calculadora.

Digitamos na calculadora [3] e, em seguida, [√]. No visor, vai aparecer, por exemplo: 1.7320508. Em seguida, digitamos [M+] para guardar esse número na memória da calculadora.

Depois, digitamos [+] [5] e, em seguida, [√]. No visor da calculadora, vai aparecer, por exemplo: 2.2360679.

Finalmente, digitamos [=] e, no visor, vai aparecer o resultado aproximado: 3.9681187.

Assim:

$$\sqrt{3} + \sqrt{5} \simeq 3{,}9681187$$

CALCULADORA CIENTÍFICA

Em grande parte das calculadoras comuns, é possível obter o valor numérico da raiz quadrada de um número. No entanto, para determinar a raiz enésima de um número, é necessário usar uma calculadora científica.

ATIVIDADES

Aplicar

15. Calcule o resultado das adições algébricas a seguir.

a) $\sqrt[3]{18} + 5\sqrt[3]{18} - 13\sqrt[3]{18}$

b) $\sqrt{18} - \sqrt{50} + \sqrt{32}$

c) $\sqrt[2]{54} + \sqrt[2]{24} - \sqrt[2]{96}$

d) $\sqrt{20} + \sqrt{45} - \sqrt{180}$

e) $\sqrt{300} - \sqrt[2]{27} - \sqrt{45}$

16. Calcule o resultado de cada adição e subtração utilizando uma calculadora. Aproxime as raízes até a segunda casa decimal.

a) $\sqrt{11} + \sqrt{13}$

b) $\sqrt{12} + \sqrt{6}$

c) $\sqrt{5} + \sqrt{7}$

d) $\sqrt{15} - \sqrt{19}$

17. Reescreva as igualdades a seguir, substituindo o símbolo ■ pelo valor que as torna verdadeiras.

a) $3\sqrt{7} + ■ - 4\sqrt{7} = 5\sqrt{7}$

b) $■ - 4\sqrt{2} = \sqrt{18}$

c) $\sqrt[3]{5} + \sqrt[3]{135} = ■$

18. Determine a medida do perímetro de cada figura representada a seguir.

a) paralelogramo

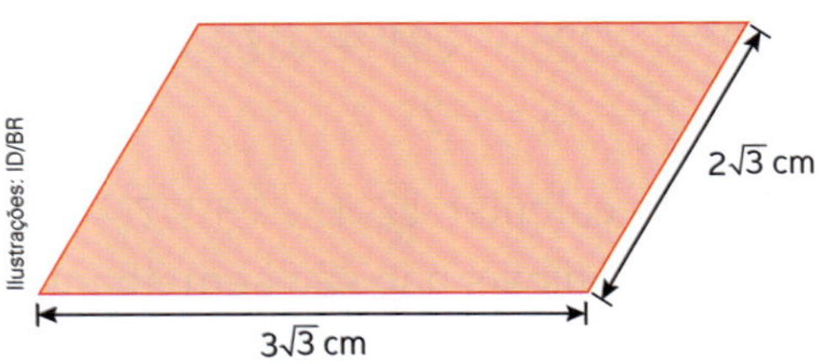

Ilustrações: ID/BR

b) hexágono regular

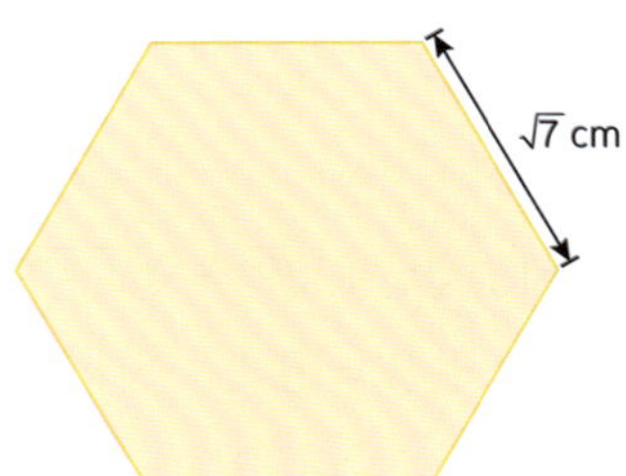

Multiplicação de radicais

Vamos estudar a multiplicação de radicais no caso em que os índices são iguais e no caso em que os índices são diferentes.

Radicais com índices iguais

De acordo com a 3ª propriedade dos radicais, temos:

$$\sqrt[n]{a \cdot b} = \sqrt[n]{a} \cdot \sqrt[n]{b}, \text{ com } a \text{ e } b \in \mathbb{R}_+, n \in \mathbb{N} \text{ e } n \geqslant 2$$

Assim, podemos escrever:

$$\boxed{\sqrt[n]{a} \cdot \sqrt[n]{b} = \sqrt[n]{a \cdot b}, \text{ com } a \text{ e } b \in \mathbb{R}_+, n \in \mathbb{N} \text{ e } n \geqslant 2}$$

Exemplos

A. $\sqrt[4]{343} \cdot \sqrt[4]{7} = \sqrt[4]{343 \cdot 7} = \sqrt[4]{2401} = \sqrt[4]{7^4} = 7$

B. $\sqrt[5]{3^2} \cdot \sqrt[5]{15} = \sqrt[5]{3^2 \cdot 15} = \sqrt[5]{135}$

Radicais com índices diferentes

Para multiplicar radicais com índices diferentes, basta expressá-los com índices iguais e efetuar a multiplicação.

Exemplos

A. Vamos calcular $\sqrt[3]{3^{-4}} \cdot \sqrt{3^3}$.

mmc(3, 2) = 6

$\sqrt[3]{3^{-4}} = \sqrt[3 \cdot 2]{3^{-4 \cdot 2}} = \sqrt[6]{3^{-8}}$

$\sqrt{3^3} = \sqrt[2 \cdot 3]{3^{3 \cdot 3}} = \sqrt[6]{3^9}$

$\sqrt[3]{3^{-4}} \cdot \sqrt{3^3} = \sqrt[6]{3^{-8}} \cdot \sqrt[6]{3^9} = \sqrt[6]{3^{-8} \cdot 3^9} = \sqrt[6]{3^{-8+9}} = \sqrt[6]{3^1}$

B. Vamos calcular $\sqrt[4]{2} \cdot \sqrt[3]{4}$.

mmc(4, 3) = 12

$\sqrt[4]{2} = \sqrt[4 \cdot 3]{2^{1 \cdot 3}} = \sqrt[12]{2^3}$

$\sqrt[3]{4} = \sqrt[3]{2^2} = \sqrt[3 \cdot 4]{2^{2 \cdot 4}} = \sqrt[12]{2^8}$

$\sqrt[4]{2} \cdot \sqrt[3]{4} = \sqrt[12]{2^3} \cdot \sqrt[12]{2^8} = \sqrt[12]{2^3 \cdot 2^8} = \sqrt[12]{2^{3+8}} = \sqrt[12]{2^{11}}$

C. Vamos calcular $\sqrt[6]{576} \cdot \sqrt{400} \cdot \sqrt{3}$.

Vamos decompor os radicandos em fatores primos e reduzir os radicais ao mesmo índice:

$\sqrt[6]{576} = \sqrt[6]{2^6 \cdot 3^2}$

$\sqrt{400} = \sqrt{20^2} = 20$

$\sqrt{3} = \sqrt[2 \cdot 3]{3^{1 \cdot 3}} = \sqrt[6]{3^3}$

Por fim, efetuamos a multiplicação, simplificando quando possível:

$\sqrt[6]{576} \cdot \sqrt{400} \cdot \sqrt{3} = \sqrt[6]{2^6 \cdot 3^2} \cdot 20 \cdot \sqrt[6]{3^3} = 20 \cdot \sqrt[6]{2^6 \cdot 3^2 \cdot 3^3} = 20 \cdot 2\sqrt[6]{3^5} =$

$= 40\sqrt[6]{243}$

Divisão de radicais

Vamos estudar a divisão de radicais no caso em que os índices são iguais e no caso em que os índices são diferentes.

Radicais com índices iguais

De acordo com a 4ª propriedade dos radicais, temos:

$$\sqrt[n]{\frac{a}{b}} = \frac{\sqrt[n]{a}}{\sqrt[n]{b}}, \text{ com } a \text{ e } b \in \mathbb{R}_+,\ b \neq 0,\ n \in \mathbb{N} \text{ e } n \geqslant 2$$

Assim, podemos escrever:

$$\frac{\sqrt[n]{a}}{\sqrt[n]{b}} = \sqrt[n]{\frac{a}{b}}, \text{ com } a \text{ e } b \in \mathbb{R}_+,\ b \neq 0,\ n \in \mathbb{N} \text{ e } n \geqslant 2$$

Exemplos

A. $\sqrt[3]{128} : \sqrt[3]{2} = \frac{\sqrt[3]{128}}{\sqrt[3]{2}} = \sqrt[3]{\frac{128}{2}} = \sqrt[3]{64} = \sqrt[3]{4^3} = 4$

B. $\sqrt{24} : \sqrt{6} = \frac{\sqrt{24}}{\sqrt{6}} = \sqrt{\frac{24}{6}} = \sqrt{4} = 2$

Radicais com índices diferentes

Para dividir radicais com índices diferentes, basta expressá-los com índices iguais e efetuar a divisão.

Exemplo

Vamos calcular $\sqrt[5]{7^4} : \sqrt[4]{7^3}$.

$\text{mmc}(5, 4) = 20$

$\sqrt[5]{7^4} = \sqrt[5 \cdot 4]{7^{4 \cdot 4}} = \sqrt[20]{7^{16}}$

$\sqrt[4]{7^3} = \sqrt[4 \cdot 5]{7^{3 \cdot 5}} = \sqrt[20]{7^{15}}$

$\sqrt[5]{7^4} : \sqrt[4]{7^3} = \sqrt[20]{7^{16}} : \sqrt[20]{7^{15}} = \sqrt[20]{7^{16} : 7^{15}} = \sqrt[20]{7^{16-15}} = \sqrt[20]{7}$

ATIVIDADES

Aplicar

19. Calcule o valor das expressões e simplifique-as sempre que possível.

a) $\frac{\sqrt{6}}{\sqrt{99}} \cdot \frac{\sqrt{22}}{\sqrt{12}}$

b) $\frac{1}{\sqrt{8}} \cdot \frac{\sqrt{24}}{\sqrt{27}}$

c) $2 \cdot \sqrt{\frac{12}{5}} \cdot \frac{\sqrt{30}}{6\sqrt{2}}$

d) $\frac{\sqrt[3]{7}}{\sqrt[6]{7}}$

e) $6 \cdot \frac{1}{\sqrt{54}} \cdot 3 \cdot \sqrt{\frac{27}{18}}$

f) $\sqrt[3]{2} \cdot \sqrt[4]{3^2}$

g) $\sqrt[5]{4} \cdot \sqrt[3]{3} \cdot \sqrt{2}$

h) $\sqrt{3} \cdot \sqrt[3]{8} : \sqrt{4}$

20. Qual das regiões retangulares representadas a seguir tem a maior medida de área?

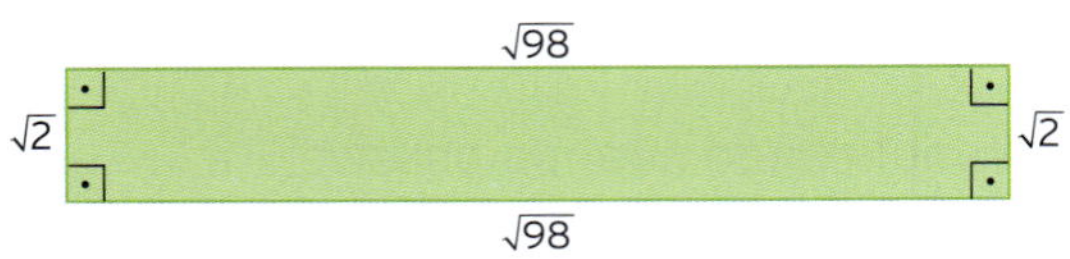

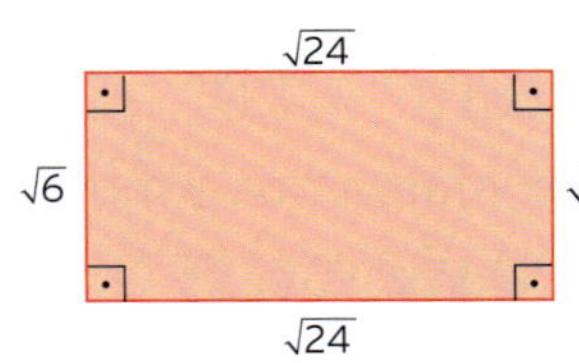

Ilustrações: ID/BR

Potência de radicais

Sendo a um número real não negativo, m um número inteiro e n um número natural, com $n \geqslant 2$, temos:

$$(\sqrt[n]{a})^m = \sqrt[n]{a^m}, \text{ com } a \in \mathbb{R}_+, m \in \mathbb{Z}, n \in \mathbb{N} \text{ e } n \geqslant 2$$

Exemplos

A. $\left(\sqrt[9]{4}\right)^4 = \sqrt[9]{4} \cdot \sqrt[9]{4} \cdot \sqrt[9]{4} \cdot \sqrt[9]{4} = \sqrt[9]{4 \cdot 4 \cdot 4 \cdot 4} = \sqrt[9]{4^4}$

B. $\left(\sqrt[4]{5}\right)^6 = \sqrt[4]{5^6} = \sqrt[4:2]{5^{6:2}} = \sqrt{5^3} = \sqrt{5^2 \cdot 5} = 5\sqrt{5}$

C. $\left(\sqrt[10]{2^3}\right)^5 = \sqrt[10]{2^{3 \cdot 5}} = \sqrt[10]{2^{15}} = \sqrt[10:5]{2^{15:5}} = \sqrt{2^3} = 2\sqrt{2}$

D. $\left(\sqrt[3]{5^2}\right)^{-3} = \sqrt[3]{(5^2)^{-3}} = \sqrt[3]{5^{-6}} = 5^{-2} = \frac{1}{5^2} = \frac{1}{25}$

E. $\left(\sqrt[12]{2^9}\right)^4 = \sqrt[12]{(2^9)^4} = \sqrt[12]{2^{36}} = 2^3 = 8$

Racionalização de denominadores

Racionalizar o denominador de uma expressão fracionária que contém um ou mais radicais em seu denominador é encontrar uma expressão equivalente a essa, mas sem radicais no denominador.

Denominador com radical de índice 2

Para eliminar o radical do denominador de uma fração, multiplicamos essa fração por outra cujo numerador e denominador são iguais ao radical do denominador da fração inicial, obtendo uma expressão equivalente.

Exemplos

A. Vamos racionalizar $\frac{\sqrt{3}}{\sqrt{7}}$.

$$\frac{\sqrt{3}}{\sqrt{7}} = \frac{\sqrt{3}}{\sqrt{7}} \cdot \frac{\sqrt{7}}{\sqrt{7}} = \frac{\sqrt{3} \cdot \sqrt{7}}{\sqrt{7} \cdot \sqrt{7}} = \frac{\sqrt{21}}{7}$$

B. Vamos racionalizar $\frac{6\sqrt{6}}{3\sqrt{3}}$.

$$\frac{6\sqrt{6}}{3\sqrt{3}} = \frac{6\sqrt{6}}{3\sqrt{3}} \cdot \frac{\sqrt{3}}{\sqrt{3}} = \frac{6\sqrt{6} \cdot \sqrt{3}}{3\sqrt{3} \cdot \sqrt{3}} = \frac{6\sqrt{18}}{3\sqrt{9}} = \frac{6\sqrt{2 \cdot 3^2}}{3 \cdot 3} = \frac{(6 \cdot 3) \cdot \sqrt{2}}{9} =$$

$$= \frac{18\sqrt{2}}{9} = 2\sqrt{2}$$

C. Vamos calcular $\sqrt{12{,}5} + \sqrt{64}$.

$$\sqrt{12{,}5} + \sqrt{64} = \sqrt{\frac{25}{2}} + 8 = \frac{\sqrt{25}}{\sqrt{2}} + 8 = \frac{5}{\sqrt{2}} + 8$$

Vamos racionalizar o denominador de $\frac{5}{\sqrt{2}}$.

$$\frac{5}{\sqrt{2}} = \frac{5}{\sqrt{2}} \cdot \frac{\sqrt{2}}{\sqrt{2}} = \frac{5 \cdot \sqrt{2}}{\sqrt{2} \cdot \sqrt{2}} = \frac{5\sqrt{2}}{2}$$

Portanto, $\sqrt{12{,}5} + \sqrt{64} = \frac{5\sqrt{2}}{2} + 8$.

Denominador com radical de índice maior que 2

Ao racionalizarmos um denominador em que aparece um radical de índice maior que 2, devemos multiplicar ambos os termos da expressão fracionária por um radical de mesmo índice e mesmo radicando, com um expoente tal que a soma dos expoentes dos radicandos do denominador seja igual ao índice.

Exemplos

A. Vamos racionalizar $\frac{2}{\sqrt[3]{4}}$.

Visto que o expoente do radicando é 1 e o índice do radical é 3, podemos multiplicar o numerador e o denominador por $\sqrt[3]{4^2}$ para que o denominador se torne racional.

$$\frac{2}{\sqrt[3]{4}} = \frac{2}{\sqrt[3]{4}} \cdot \frac{\sqrt[3]{4^2}}{\sqrt[3]{4^2}} = \frac{2\sqrt[3]{16}}{\sqrt[3]{4} \cdot \sqrt[3]{4^2}} = \frac{2\sqrt[3]{2^4}}{\sqrt[3]{4^3}} = \frac{2\sqrt[3]{2^3 \cdot 2}}{4} = \frac{2 \cdot 2\sqrt[3]{2}}{4} =$$

$$= \frac{4\sqrt[3]{2}}{4} = \sqrt[3]{2}$$

B. Vamos racionalizar $\frac{12}{\sqrt[5]{3^2}}$.

$$\frac{12}{\sqrt[5]{3^2}} = \frac{12}{\sqrt[5]{3^2}} \cdot \frac{\sqrt[5]{3^3}}{\sqrt[5]{3^3}} = \frac{12\sqrt[5]{3^3}}{\sqrt[5]{3^5}} = \frac{12\sqrt[5]{27}}{3} = 4\sqrt[5]{27}$$

C. Vamos racionalizar $\frac{\sqrt[5]{2}}{3\sqrt[4]{2}}$.

$$\frac{\sqrt[5]{2}}{3\sqrt[4]{2}} = \frac{\sqrt[5]{2}}{3\sqrt[4]{2}} \cdot \frac{\sqrt[4]{2^3}}{\sqrt[4]{2^3}} = \frac{\sqrt[5]{2} \cdot \sqrt[4]{2^3}}{3\sqrt[4]{2 \cdot 2^3}} = \frac{\sqrt[5 \cdot 4]{2^4} \cdot \sqrt[4 \cdot 5]{(2^3)^5}}{3\sqrt[4]{2^4}} =$$

$$= \frac{\sqrt[20]{2^4} \cdot \sqrt[20]{2^{15}}}{3 \cdot 2} = \frac{\sqrt[20]{2^{19}}}{6}$$

Denominador com adição ou subtração de dois termos

EXPRESSÃO CONJUGADA

Dada a expressão $a + b$, a expressão conjugada a ela é $a - b$.

Nos casos em que há uma adição ou uma subtração com pelo menos um radical no denominador, para racionalizá-lo temos de multiplicar essa adição ou subtração pela sua expressão conjugada e, em seguida, aplicar a propriedade distributiva da multiplicação.

Exemplos

A. Vamos racionalizar $\frac{2}{2 + \sqrt{5}}$.

$$\frac{2}{2+\sqrt{5}} = \frac{2}{2+\sqrt{5}} \cdot \frac{(2-\sqrt{5})}{(2-\sqrt{5})} = \frac{2 \cdot (2-\sqrt{5})}{(2+\sqrt{5}) \cdot (2-\sqrt{5})} =$$

$$= \frac{2 \cdot 2 - 2\sqrt{5}}{2 \cdot 2 - \cancel{2\sqrt{5}} + \cancel{2\sqrt{5}} - \sqrt{5} \cdot \sqrt{5}} = \frac{4 - 2\sqrt{5}}{4 - 5} = \frac{4 - 2\sqrt{5}}{-1} =$$

$$= -4 + 2\sqrt{5}$$

B. Vamos racionalizar $\frac{18}{\sqrt{10} - 2}$.

$$\frac{18}{\sqrt{10} - 2} = \frac{18}{\sqrt{10} - 2} \cdot \frac{(\sqrt{10} + 2)}{(\sqrt{10} + 2)} = \frac{18 \cdot (\sqrt{10} + 2)}{(\sqrt{10} - 2) \cdot (\sqrt{10} + 2)} =$$

$$= \frac{18\sqrt{10} + 18 \cdot 2}{\sqrt{10} \cdot \sqrt{10} + \cancel{2\sqrt{10}} - \cancel{2\sqrt{10}} - 2 \cdot 2} = \frac{18\sqrt{10} + 36}{10 - 4} =$$

$$= \frac{18\sqrt{10} + 36}{6} = 3\sqrt{10} + 6$$

C. Vamos racionalizar $\frac{5}{\sqrt{7} - \sqrt{2}}$.

$$\frac{5}{\sqrt{7} - \sqrt{2}} = \frac{5}{\sqrt{7} - \sqrt{2}} \cdot \frac{(\sqrt{7} + \sqrt{2})}{(\sqrt{7} + \sqrt{2})} = \frac{5 \cdot (\sqrt{7} + \sqrt{2})}{(\sqrt{7} - \sqrt{2}) \cdot (\sqrt{7} + \sqrt{2})} =$$

$$= \frac{5\sqrt{7} + 5\sqrt{2}}{\sqrt{7} \cdot \sqrt{7} + \sqrt{7} \cdot \sqrt{2} - \sqrt{2} \cdot \sqrt{7} - \sqrt{2} \cdot \sqrt{2}} =$$

$$= \frac{5\sqrt{7} + 5\sqrt{2}}{7 + \cancel{\sqrt{14}} - \cancel{\sqrt{14}} - 2} = \frac{5\sqrt{7} + 5\sqrt{2}}{5} = \sqrt{7} + \sqrt{2}$$

D. Vamos racionalizar $\frac{5}{\sqrt{15} + \sqrt{3}}$.

$$\frac{5}{\sqrt{15} + \sqrt{3}} = \frac{5}{\sqrt{15} + \sqrt{3}} \cdot \frac{(\sqrt{15} - \sqrt{3})}{(\sqrt{15} - \sqrt{3})} =$$

$$= \frac{5 \cdot (\sqrt{15} - \sqrt{3})}{(\sqrt{15} + \sqrt{3}) \cdot (\sqrt{15} - \sqrt{3})} =$$

$$= \frac{5\sqrt{15} - 5\sqrt{3}}{\sqrt{15} \cdot \sqrt{15} - \sqrt{15} \cdot \sqrt{3} + \sqrt{3} \cdot \sqrt{15} - \sqrt{3} \cdot \sqrt{3}} =$$

$$= \frac{5\sqrt{15} - 5\sqrt{3}}{15 - \cancel{\sqrt{45}} + \cancel{\sqrt{45}} - 3} = \frac{5\sqrt{15} - 5\sqrt{3}}{12}$$

E. Vamos racionalizar $\frac{\sqrt{2}}{2\sqrt{3} - 3\sqrt{2}}$.

$$\frac{\sqrt{2}}{2\sqrt{3} - 3\sqrt{2}} = \frac{\sqrt{2}}{2\sqrt{3} - 3\sqrt{2}} \cdot \frac{(2\sqrt{3} + 3\sqrt{2})}{(2\sqrt{3} + 3\sqrt{2})} =$$

$$= \frac{\sqrt{2} \cdot (2\sqrt{3} + 3\sqrt{2})}{(2\sqrt{3} - 3\sqrt{2}) \cdot (2\sqrt{3} + 3\sqrt{2})} =$$

$$= \frac{2 \cdot \sqrt{2} \cdot \sqrt{3} + 3 \cdot \sqrt{2} \cdot \sqrt{2}}{2\sqrt{3} \cdot 2\sqrt{3} + 2\sqrt{3} \cdot 3\sqrt{2} - 3\sqrt{2} \cdot 2\sqrt{3} - 3\sqrt{2} \cdot 3\sqrt{2}} =$$

$$= \frac{2\sqrt{6} + 3 \cdot 2}{(2 \cdot 2) \cdot \sqrt{3 \cdot 3} + (2 \cdot 3) \cdot \sqrt{3 \cdot 2} - (3 \cdot 2) \cdot \sqrt{2 \cdot 3} - (3 \cdot 3) \cdot \sqrt{2 \cdot 2}} =$$

$$= \frac{2\sqrt{6} + 6}{4 \cdot 3 + \cancel{6\sqrt{6}} - \cancel{6\sqrt{6}} - 9 \cdot 2} = \frac{2\sqrt{6} + 6}{12 - 18} = \frac{2\sqrt{6} + 6}{-6} = \frac{-\sqrt{6} - 3}{3}$$

ATIVIDADES

Retomar e compreender

21. Calcule a medida da área e a medida do perímetro da figura a seguir, racionalizando o denominador quando necessário.

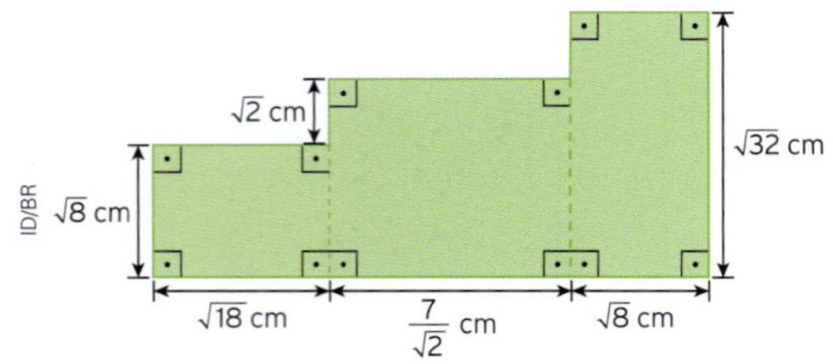

22. Calcule as potências de radicais a seguir.

a) $\left(\sqrt[6]{7}\right)^4$

b) $\left(\sqrt[3]{4}\right)^2$

c) $\left(\sqrt{6}\right)^3$

d) $\left(\sqrt[3]{5^2}\right)^4$

e) $\left(\sqrt[5]{3^4}\right)^2$

f) $\left(\sqrt[4]{6^3}\right)^3$

23. Racionalize os denominadores das expressões fracionárias a seguir.

a) $\dfrac{2}{3\sqrt{5}}$

b) $\dfrac{9}{\sqrt{6}}$

c) $\dfrac{13}{21\sqrt{15}}$

d) $\dfrac{5\sqrt{5}}{3\sqrt{2}}$

e) $\dfrac{8}{\sqrt[3]{2}}$

f) $\dfrac{14}{\sqrt[4]{7}}$

g) $\dfrac{10}{\sqrt[5]{81}}$

h) $\dfrac{\sqrt[4]{3}}{\sqrt[4]{36}}$

24. Associe cada radical da coluna da esquerda com o radical racionalizado correspondente da coluna da direita.

a) $\dfrac{1}{\sqrt{5}}$

b) $\dfrac{10}{\sqrt{5}}$

c) $\dfrac{1}{10\sqrt{5}}$

I) $2\sqrt{5}$

II) $\dfrac{\sqrt{5}}{5}$

III) $\dfrac{\sqrt{5}}{50}$

25. Racionalize o denominador de cada expressão na forma de fração a seguir.

a) $\dfrac{16}{5+\sqrt{5}}$

b) $\dfrac{7}{3-\sqrt{2}}$

c) $\dfrac{9}{\sqrt{7}-4}$

d) $\dfrac{\sqrt{2}}{\sqrt{8}-1}$

e) $\dfrac{3\sqrt{3}}{\sqrt{3}+\sqrt{27}}$

f) $\dfrac{5\sqrt{2}}{\sqrt{5}-\sqrt{2}}$

g) $\dfrac{7}{\sqrt{3}-\sqrt{2}}$

h) $\dfrac{8\sqrt{3}}{\sqrt{6}+\sqrt{7}}$

Aplicar

26. Leia com atenção o texto a seguir e, depois, responda às questões.

Em uma corrida, os atletas devem escolher um dos caminhos a seguir para ir do ponto *A* para o ponto *B* no menor intervalo de tempo possível e correndo a uma velocidade de, no máximo, 10 quilômetros por hora durante o percurso.

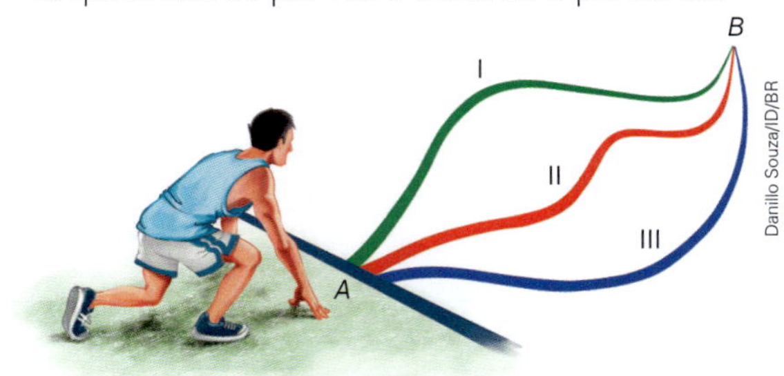

O professor Carlos indicou as medidas de comprimento de cada caminho, em quilômetro, usando números reais.

I. $\left(\dfrac{2}{\sqrt{2}}-1\right) : \dfrac{\sqrt{2}-1}{2}$

II. $\dfrac{\sqrt{3}+2}{\sqrt{3}-2}+\dfrac{20\sqrt{3}+48}{5}$

III. $\sqrt[5]{(243)^2}-\sqrt{9}$

a) Qual dos caminhos o atleta deve escolher para percorrer a menor distância?

b) Se um atleta escolher o caminho mais curto e conseguir correr o tempo todo na velocidade máxima permitida, em quanto tempo ele chegará ao ponto *B*?

27. Para encher com água uma piscina em formato de paralelepípedo, Marcos e Luciana pretendem usar um balde com medida de capacidade de 5 L. As dimensões da piscina são $\dfrac{12}{\sqrt[3]{6^2}}$ m, $\dfrac{9}{\sqrt[3]{9}}$ m e $\sqrt[3]{1{,}5}$ m.

a) Quantos baldes serão necessários para encher a piscina?

b) Supondo que se leve 5 minutos para encher o balde e despejar seu conteúdo na piscina, quantas horas de trabalho serão necessárias para que ela fique cheia?

c) Como você faria para encher uma piscina como essa?

MAIS ATIVIDADES

Acompanhamento da aprendizagem

Retomar e compreender

1. A área de um terreno com formato de um quadrado mede 361 m^2. Ele será cercado com arame. Sabendo que a cerca terá três voltas de arame, determine quantos metros desse material serão necessários.

2. Considere a região quadrada representada a seguir, em que $a > 0$.

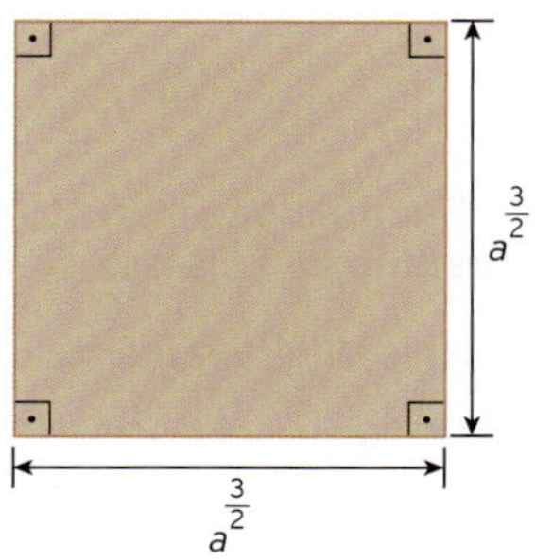

Qual deve ser a medida da altura de uma região retangular cuja medida da base é $\sqrt{a}$, para que sua medida de área seja igual à medida da área dessa região quadrada?

3. O número $\sqrt{20^{20}}$ é igual a:

a) 1 010

b) $20^{2\sqrt{5}}$

c) $5^{10} \cdot 2^{20}$

d) 10^{20}

4. Simplifique as expressões e calcule os respectivos resultados.

a) $12\sqrt{20} - 8\sqrt{20} + 3\sqrt{20}$

b) $\frac{3}{2} \cdot \sqrt{90} - \frac{1}{4} \cdot \sqrt{250} + \frac{2}{5} \cdot \sqrt{50}$

c) $\sqrt[6]{10^5} : \sqrt[4]{10^3}$

d) $\left(\sqrt[5]{2} - 2\right) \cdot (\sqrt{2} - 5)$

e) $\sqrt[3]{2} \cdot \sqrt{3}$

5. Calcule o valor das expressões a seguir e dê a resposta na forma mais simplificada possível.

a) $\left(\sqrt[5]{7}\right)^{10}$

b) $\sqrt{\frac{32}{2}} + \frac{\sqrt{81}}{\sqrt{36}}$

c) $\sqrt{\sqrt{\sqrt[3]{32}}} \cdot \sqrt[3]{\sqrt[4]{16}} \cdot \sqrt[24]{2^6}$

d) $\sqrt{14 - \sqrt{180}} \cdot \sqrt{14 + \sqrt{180}}$

Aplicar

6. Considere a região quadrada a seguir. Depois, faça o que se pede.

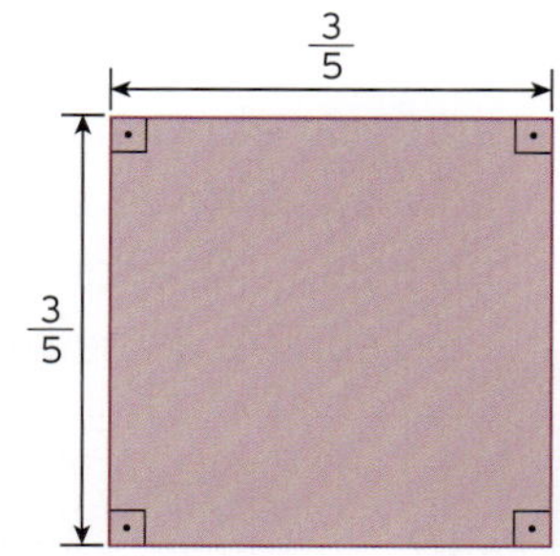

Ilustrações: ID/BR

Escreva uma potência:

a) que represente a medida da área dessa região quadrada;

b) com expoente $\frac{1}{2}$ que represente a medida do comprimento do lado dessa região.

7. Racionalize o denominador da expressão fracionária a seguir.

$$\frac{1}{\sqrt{3} - \sqrt{12}}$$

8. Calcule o valor da raiz quadrada da seguinte expressão:

$$\frac{1}{\sqrt{5} + \sqrt{3}} \cdot \frac{1}{\sqrt{5} - \sqrt{3}}$$

9. Verifique se as igualdades a seguir são verdadeiras ou falsas.

a) $10^{-\frac{2}{3}} = \sqrt[3]{10^{-2}}$

b) $6^{0,25} = \sqrt{6}$

c) $\sqrt{\sqrt{2}} = 2^{\frac{1}{4}}$

d) $\frac{2}{\sqrt{20}} = 5^{-0,5}$

10. Determine o valor da expressão a seguir.

$$\sqrt{43 + \sqrt{31 + \sqrt{21 + \sqrt{13 + \sqrt{5 + \sqrt{13 + \sqrt{9}}}}}}}$$

11. Elabore uma situação-problema para cada proposta a seguir. Depois, troque com um colega para que um resolva os problemas criados pelo outro.

a) Situação-problema que envolva comparação de números reais.

b) Situação-problema que envolva potenciação e notação científica.

c) Situação-problema que envolva radiciação.

EDUCAÇÃO FINANCEIRA

Pensando sobre empréstimos

Você já ouviu a expressão “preço que cabe no bolso”? Ela costuma ser utilizada para comparar o preço de um produto ou serviço ao poder aquisitivo de uma pessoa. Por exemplo, em situações em que as pessoas querem ou precisam comprar algo e não têm o dinheiro necessário para pagar à vista, ou seja, de uma só vez, no ato da compra, poderíamos afirmar que o produto desejado “não cabe no bolso”. Quando isso acontece, há duas opções: as pessoas economizam até conseguir o dinheiro necessário ou recorrem a um empréstimo.

Leandro Lassmar/ID/BR

Fluxo de pagamentos
Empréstimo na Loja das Bicicletas

Mês	Dívida inicial	Pagamento	Dívida final
0	R$ 1 000,00	R$ 0,00	R$ 1 000,00
1	R$ 1 000,00	R$ 500,00	R$ 500,00
2	R$ 500,00	R$ 500,00	R$ 0,00

Fluxo de pagamentos
Empréstimo na Bikes & Cia.

Mês	Dívida inicial	Pagamento	Dívida final
0	R$ 1 000,00	R$ 0,00	R$ 1 000,00
1	R$ 1 050,00	R$ 537,80	R$ 512,20
2	R$ 537,80	R$ 537,80	R$ 0,00

Quando alguém faz um empréstimo, além do valor do produto ou do serviço, é preciso pagar um valor a mais, cobrado pela instituição que emprestou o dinheiro, que pode ser a própria loja, um banco, uma administradora de cartões, etc. Esse valor é chamado de **juro**, que é a quantia que as pessoas pagam por usar um dinheiro que, a princípio, elas não têm, e corresponde à diferença entre o valor total emprestado e o valor que será pago à instituição. As taxas de juros no Brasil estão entre as mais altas do mundo.

O valor total do empréstimo, que é composto do valor solicitado mais os juros, é dividido em parcelas menores, que devem ser pagas de acordo com o tempo estabelecido pela instituição. Com o dinheiro em mãos, as pessoas compram o produto e vão pagando em parcelas ao longo do tempo. Essas parcelas são chamadas de **prestações**, e essas compras são chamadas de compras a prazo. Enquanto todas as parcelas não forem pagas, a pessoa que fez o empréstimo é considerada devedora, e a instituição que emprestou o dinheiro é chamada de credora.

Educação Financeira e Matemática Financeira são a mesma coisa?

Explorando o tema

1. Qual é a sua opinião sobre o fato de os credores cobrarem juros das pessoas que pedem dinheiro emprestado? Justifique sua resposta.
2. Comprar a prazo pagando juros pode ser vantajoso em alguma situação? Apresente situações em que pagar a prazo com juros pode ser uma boa saída ou um bom negócio.
3. Observe a situação ilustrada nesta seção.
   a) Se você tivesse os R$ 1 000,00, em qual das duas lojas compraria? Por quê?
   b) A loja Bikes & Cia. cobra uma taxa de 5% ao mês sobre o saldo devedor. Se o valor de cada prestação não fosse apresentado no cartaz, como você o encontraria?

ATIVIDADES INTEGRADAS

Aplicar

1. A representação decimal de um número pode ser finita, infinita periódica ou infinita não periódica. Qual é o caso de representação decimal de cada número a seguir?

I. $-\frac{70}{33}$ III. $\frac{8}{25}$ V. $\sqrt{3}$

II. π IV. $7{,}28\overline{5}$ VI. $-\sqrt{16}$

Agora, responda às questões.

a) Quais desses números são racionais?

b) Quais são irracionais?

c) Quais são reais?

2. Sendo $x = 0{,}\overline{30}$ e $y = 1{,}\overline{2}$, represente na forma de fração as expressões a seguir.

a) $x + y$ b) $y - x$ c) $\frac{x}{y}$

3. Verifique se as sentenças a seguir são verdadeiras ou falsas. Se houver afirmações falsas, corrija-as.

a) $\sqrt{17}$ é um número racional.

b) $\sqrt{121}$ é um número natural.

c) Nenhum número irracional é real.

d) π é maior que $\sqrt{10}$.

4. Calcule as potências a seguir.

a) $(\sqrt{2})^0$

b) 0^1

c) $(-0{,}3)^2$

d) $\left(\frac{\pi}{2}\right)^1$

e) $(-5)^{-3}$

f) $\left(\frac{1}{5}\right)^4$

g) $1\,024^{0,5}$

h) $\left(\frac{1}{256}\right)^{\frac{1}{4}}$

5. Escreva as raízes a seguir como potências de expoente fracionário.

a) $\sqrt{12}$

b) $\sqrt{2{,}7}$

c) $\sqrt[3]{0{,}5}$

d) $\sqrt[5]{7^3}$

e) $\sqrt[4]{\left(\frac{2}{3}\right)^3}$

f) $\sqrt[3]{8^{-1}}$

g) $\sqrt[4]{\left(\frac{1}{2}\right)^{-2}}$

h) $\sqrt[3]{\left(\frac{4}{9}\right)^{-4}}$

6. Aplique as propriedades da potenciação e escreva cada item na forma de uma só potência.

a) $8^2 \cdot 8^3$

b) $12^3 \cdot 12^5$

c) $14^{-6} \cdot 14^4$

d) $9^8 \cdot 3^2$

e) $6^7 : 6^9$

f) $16^4 : 4^3$

g) $(7^2)^6$

h) $(2^4)^3$

7. Utilizando uma calculadora, efetue as operações a seguir. Escreva os resultados em notação científica.

a) $3{,}25 \cdot 10^3 + 7{,}2 \cdot 10^3$

b) $7{,}821 \cdot 10^{-3} + 9{,}254 \cdot 10^{-2}$

c) $4{,}25 \cdot 10^5 - 1{,}2 \cdot 10^5$

d) $7{,}4 \cdot 10^{-1} - 3{,}2 \cdot 10^{-5}$

e) $1{,}45 \cdot 10^6 \cdot 8{,}2 \cdot 10^{-9}$

f) $5{,}24 \cdot 10^3 \cdot 3{,}21 \cdot 10^{-3}$

g) $5{,}6 \cdot 10^{13} : (4 \cdot 10^7)$

h) $1{,}03 \cdot 10^{-4} : (8{,}04 \cdot 10^7)$

8. A raiz quadrada de um número positivo é sempre menor que o próprio número? Discuta com os colegas.

9. Qual é a medida do comprimento de um reservatório que tem o formato de um cubo cujo volume mede $1\,728\ m^3$?

10. Cada aula de Matemática na escola em que Eliana estuda tem 50 minutos de duração. Ela desafiou os colegas de outra escola a descobrir quantas aulas de Matemática ela vai ter este trimestre, dizendo: "Já tive $4{,}2 \cdot 10^3$ minutos de aulas de Matemática".

Quantas aulas de Matemática Eliana já teve este ano?

11. Qual é a medida da área de uma região quadrada cuja medida do perímetro é $(16 + 8\sqrt{5})$ cm?

12. Cada divisão da forma de gelo ilustrada a seguir tem dimensões internas iguais a $\sqrt{4}$ cm, $\sqrt{9}$ cm e $\sqrt[3]{64}$ cm.

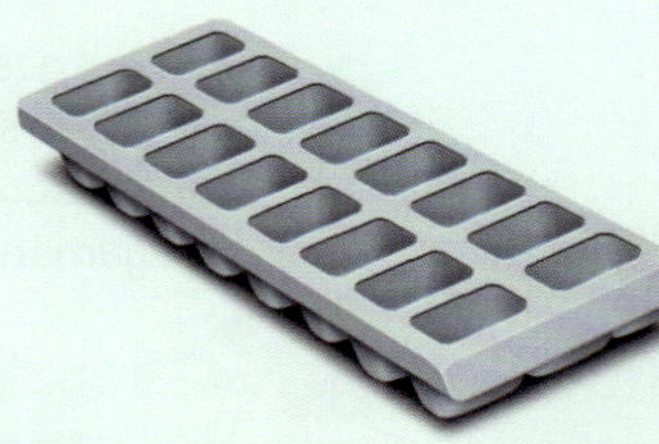

ID/BR

Determine quantos centímetros cúbicos de água são necessários para preencher todas as divisões da forma.

13. Em uma festa, foram servidas 128 coxinhas. Cada um dos convidados comeu uma quantidade do salgado igual à quantidade de pessoas que estavam na festa. Sabendo que sobraram 7 coxinhas, quantas pessoas havia na festa?

14. Em cada item, compare os radicais e determine qual é o maior deles.

a) $\sqrt{21}$ e $\sqrt{48}$

b) $\sqrt{12}$ e $\sqrt[3]{31}$

c) $\sqrt[3]{24}$ e $\sqrt[4]{80}$

d) $\sqrt{36}$ e $\sqrt[4]{256}$

e) $\sqrt[3]{7^2}$ e $\sqrt{9^5}$

f) $\sqrt[4]{4^3}$ e $\sqrt[5]{7^4}$

g) $\sqrt[6]{2^8}$ e $\sqrt[4]{4^5}$

h) $\sqrt[3]{16}$ e $\sqrt[4]{4^6}$

Veja uma **resolução** para essa atividade. Você a resolveria de outro modo?

15. Calcule a medida do perímetro da figura a seguir, considerando $\sqrt{2} \simeq 1,4$.

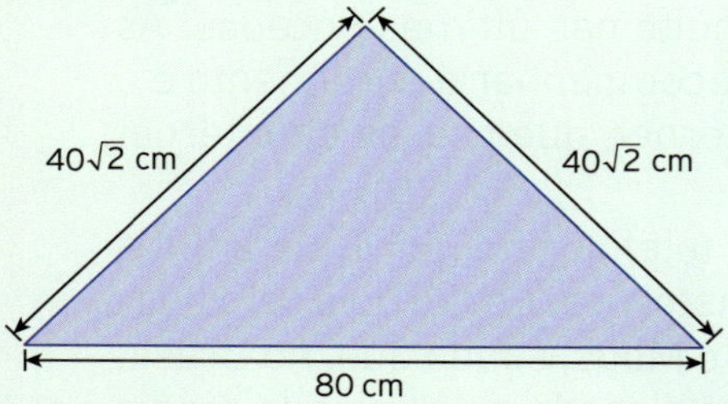

16. Resolva as expressões a seguir, simplificando quando possível.

a) $5\sqrt{8} + 2\sqrt{2}$

b) $\sqrt{12} - 9\sqrt{3} - 7$

c) $4\sqrt{45} + 3\sqrt{500} - \sqrt{245}$

d) $2\sqrt[3]{4} \cdot \sqrt[3]{6} - 7\sqrt[3]{2} \cdot 4\sqrt[3]{12} + 14\sqrt[3]{3}$

e) $\sqrt{80} - 2\sqrt{100} - 3\sqrt{360}$

f) $\sqrt{63} + \sqrt{28} + 2\sqrt{45}$

Analisar e verificar

17. Considerando o número $9^{\frac{1}{5}} \cdot \dfrac{10}{\sqrt[5]{3^2}}$, qual das afirmativas a seguir está correta?

a) É um número irracional.

b) É um número maior que 100.

c) É um número múltiplo de 5.

d) É uma dízima periódica.

e) É um número negativo.

18. Efetue a expressão a seguir, obtendo o resultado mais simplificado possível.

$$\frac{-2(\sqrt{7} + \sqrt{3})}{\sqrt{7} - \sqrt{3}} - 3\sqrt{100} + 19^0 \cdot 19^{21}$$

19. A professora pediu aos estudantes que simplificassem o radical $\sqrt{5\,988}$.

Observe, a seguir, as respostas de três estudantes e verifique quem acertou.

- Tomás: 88,25
- Isabela: $2\sqrt{1497}$
- Ana: não dá para simplificar.

20. (Etec-SP) Dada a expressão a seguir, $A = \sqrt{3} \cdot \sqrt{13}$, podemos afirmar que o valor aproximado de A está entre:

a) 6 e 7.

b) 5 e 6.

c) 4 e 5.

d) 3 e 4.

e) 2 e 3.

21. Galileu Galilei, nascido na Itália em 1564, foi um grande físico, matemático e astrônomo. Ele desenvolveu algumas fórmulas que relacionam a medida da velocidade v com que um corpo chega ao solo e a medida da altura h de onde ele foi solto. Sendo g a aceleração da gravidade, que mede aproximadamente 10 m/s², tem-se $v = \sqrt{2 \cdot g \cdot h}$.

a) Com que velocidade chega ao solo um corpo que cai de uma altura de 20 metros?

b) Se um corpo solto em queda livre chega ao solo com velocidade de 60 m/s, de que altura ele foi abandonado?

22. Multiplica-se por 2 o índice de um radical e o expoente do radicando. Explique o que é esse procedimento.

23. (CMRJ) Racionalizando o denominador da fração $\dfrac{5}{\sqrt[6]{16} + \sqrt[6]{196} + \sqrt[3]{49}}$, obtemos:

a) $3 + \sqrt[3]{2}$

b) $3 - \sqrt[3]{2}$

c) $\sqrt[3]{7} - \sqrt[3]{2}$

d) $5 + \sqrt[3]{5}$

e) $7 + \sqrt[3]{2}$

24. (CMRJ) Assinale a única FALSA, dentre as alternativas abaixo.

a) $(3^{-4})^5 = \left(\dfrac{1}{3}\right)^{20}$

b) $2^{-3} : 2^{-8} = 2^5$

c) $\dfrac{16^2 \cdot 8^3}{2^9} = 2^8$

d) $\sqrt[3]{8} : \sqrt{2} = 1$

e) $\sqrt{2} \cdot \sqrt{\dfrac{1}{2}} = 1$

CIDADANIA GLOBAL

UNIDADE 1

11 CIDADES E COMUNIDADES SUSTENTÁVEIS

Retomando o tema

As cidades inteligentes visam oferecer melhores serviços e condições de vida para sua população. Para que essa meta se torne realidade, é fundamental que haja desenvolvimento não só das soluções tecnológicas, como também das redes de comunicação, e que a internet seja capaz de absorver a transformação de diversos setores.

1. Pesquise vantagens e desvantagens do uso da Internet das Coisas.
2. Qual é a importância da participação governamental no desenvolvimento tecnológico global?

Geração da mudança

As transformações tecnológicas se aceleraram muito nas últimas décadas. As pessoas que nasceram há mais de 30 anos puderam acompanhar o surgimento e o aprimoramento de equipamentos eletrônicos e da internet, que passou da internet discada para a banda larga.

O uso de internet discada dependia de uma linha telefônica e, por isso, a linha ficava ocupada durante a conexão, o que causava transtornos. Em 2022, a velocidade média mundial da internet banda larga era de 60,76 Mbps, sendo que, no Brasil, essa média foi de 90 Mbps, mas na época da internet discada a velocidade média mundial era de 56 Kbps.

- Reúna-se com três colegas para entrevistar pelo menos duas pessoas que nasceram até 1990. Perguntem a elas como era a vida sem internet, sem computador e sem celular e peçam que expliquem quais eram os principais meios de comunicação e como realizavam pesquisas escolares. Depois, perguntem como foi o primeiro contato delas com computadores e celulares e como era usar a internet discada. Por fim, peçam que expliquem se conseguiriam viver novamente sem internet. Organizem e apresentem as respostas aos colegas.

Autoavaliação

Camila Anselmé/ID/BR

UNIDADE 2

RAZÃO, PROPORÇÃO E MATEMÁTICA FINANCEIRA

PRIMEIRAS IDEIAS

1. De que maneira uma razão entre dois números pode ser representada?
2. Considere as seguintes sequências: 6, 12, 18, 24 e 1, 2, 3, 4. Elas são proporcionais? Diretamente ou inversamente?
3. Que estratégia você utilizaria para determinar um valor desconhecido em uma proporção?

Conhecimentos prévios

Nesta unidade, eu vou...

CAPÍTULO 1 Razão e proporção

- Compreender o que é razão e proporção.
- Conhecer razões especiais e como utilizá-las.
- Compreender que os conceitos de razão e proporção podem nos ajudar a diminuir os impactos causados pela ação humana no meio ambiente.
- Entender a divisão em partes diretamente proporcionais ou inversamente proporcionais.
- Identificar se duas grandezas são diretamente proporcionais ou inversamente proporcionais.
- Utilizar a regra de três simples ou a regra de três composta para realizar o cálculo de proporções.

CAPÍTULO 2 Matemática financeira

- Reconhecer o uso de porcentagens em relações comerciais.
- Utilizar a calculadora para o cálculo de porcentagens.
- Compreender descontos e acréscimos sucessivos.
- Compreender a ideia de juro para resolver situações que envolvem compras a prazo, empréstimos e investimentos bancários.

EDUCAÇÃO FINANCEIRA

- Compreender o conceito de ancoragem aplicado ao contexto financeiro e sua influência na tomada de decisões.

CIDADANIA GLOBAL

- Refletir sobre os impactos das mudanças climáticas no planeta e determinar ações que devem ser tomadas para evitar esses impactos.

Ekaterina Anisimova/AFP

LEITURA DA IMAGEM

1. Que animal é apresentado na imagem? O que você sabe sobre os hábitos dele?
2. O que pode ter acontecido para esse bloco de gelo ter se soltado da geleira?
3. O que derrete mais rápido: um bloco de gelo ou uma geleira? Explique.

CIDADANIA GLOBAL

13 AÇÃO CONTRA A MUDANÇA GLOBAL DO CLIMA

Desde a Revolução Industrial, a atividade humana tem aumentado a emissão de gases na atmosfera, principalmente o dióxido de carbono (CO_2). Esses gases retêm parte do calor emitido pelo Sol na atmosfera, intensificando o efeito estufa, o que leva a mudanças climáticas que, ao longo dos anos, alteram os padrões de temperatura e clima do planeta.

Muitas das consequências das mudanças climáticas já estão acontecendo, como o aquecimento global, a desertificação, o derretimento de gelo, o aumento do nível do mar, as alterações no regime das chuvas e a redução da biodiversidade.

- Qual é o impacto que as mudanças climáticas podem causar em seu futuro?
- Quais ações devemos tomar agora para reverter as mudanças climáticas?

Ao longo desta unidade, reflita sobre esses questionamentos!

Quais são as consequências do processo de **aquecimento global**?

Uma das consequências da mudança climática é o derretimento de geleiras, que pode, em longo prazo, causar prejuízos ambientais à fauna e à flora dessa região. Canal Britânico, no arquipélago de Franz Josef Land. Foto de 2021.

CAPÍTULO

1 RAZÃO E PROPORÇÃO

RAZÃO

Plantas baixas, maquetes e miniaturas são recursos que muitos profissionais, como arquitetos, engenheiros, decoradores, *designers*, etc., utilizam em sua rotina.

Todos esses recursos preservam certas características originais do objeto ou da pessoa, porém em tamanho diferente do original, e, para que isso aconteça, é preciso utilizar uma razão.

O parque Tobu, no Japão, reúne miniaturas de lugares famosos do mundo todo.

Na fotografia apresentada, é possível ver a miniatura da basílica de São Pedro, cuja construção original fica no Vaticano. A miniatura tem 8,72 m de medida de comprimento por 5,44 m de medida de altura e é 25 vezes menor que a basílica real. Como você acha que os responsáveis pelo parque chegaram às medidas da miniatura?

Uma possibilidade é escolher, por exemplo, a medida de uma parte qualquer do objeto real e calcular a razão entre a medida desejada para a miniatura e a medida do objeto real. Nesse caso, a razão deve ser equivalente a $\frac{1}{25}$, pois todas as miniaturas do parque são 25 vezes menores que os objetos reais. Representamos essa razão da seguinte maneira:

$$\frac{\text{medida do comprimento da miniatura}}{\text{medida do comprimento do objeto real}} = \frac{1}{25}$$

▼ Equipe realiza a limpeza da miniatura da basílica de São Pedro no parque temático Tobu, na cidade de Nikko, no Japão. Foto de 2020.

Kunihiko Miura/The Yomiuri Shimbun/AFP

Quando comparamos duas medidas ou duas quantidades por meio de uma divisão, o quociente dessa divisão é chamado de razão.

A **razão entre dois números *a* e *b***, nessa ordem, com $b \neq 0$, é o quociente de *a* por *b*. Essa razão é indicada por $\frac{a}{b}$ ou **$a : b$** (lê-se: "razão de *a* para *b*" ou "*a* para *b*").

Podemos expressar uma razão na forma de fração, de número decimal ou de porcentagem.

Exemplo

Uma empresa tem 120 funcionários, dos quais 70 são mulheres. Qual é a razão que indica, nesta ordem, a quantidade de mulheres em relação ao total de funcionários da empresa?

Podemos representar a razão solicitada da seguinte maneira:

número de funcionárias mulheres → 70
número total de funcionários → 120

$$\frac{70}{120} = \frac{7}{12}$$

Logo, a razão entre a quantidade de mulheres e a quantidade total de funcionários da empresa, nessa ordem, é $\frac{70}{120}$ ou $\frac{7}{12}$.

Nesse contexto, a razão $\frac{7}{12}$ expressa que, de cada 12 funcionários dessa empresa, 7 são mulheres.

PARE E REFLITA

Considerando o exemplo dado, como você representaria a razão que indica a quantidade de mulheres em relação ao total de funcionários da empresa utilizando um número na forma decimal? E utilizando uma porcentagem?

Razões especiais

No cotidiano, algumas razões são muito utilizadas e, provavelmente, você já deve ter lido sobre elas ou ouvido falar delas em momentos diversos. Elas são conhecidas por nomes especiais, como escala, velocidade média, densidade demográfica e densidade de um corpo. A seguir, vamos estudá-las.

Escala

A escala usada em mapas, plantas e maquetes, entre outros recursos, pode ser escrita como a razão entre a medida do comprimento no desenho e a medida do comprimento real correspondente, ambos medidos na mesma unidade.

No mapa a seguir, a escala é 1 : 33 500 000 ou $\frac{1}{33\,500\,000}$.

OBSERVAÇÃO

1 km = 100 000 cm

Paquistão

Essa escala indica que cada centímetro da representação equivale a 335 quilômetros na paisagem real.

Fonte de pesquisa: *Atlas geográfico escolar*. Rio de Janeiro: IBGE, 2012. p. 47.

Exemplo

Tatiana recebeu a planta de seu apartamento e precisa calcular as medidas reais para planejar a decoração.

Para calcular as medidas reais do apartamento, ela precisa analisar a escala utilizada na planta. Observe que na planta está indicada uma escala de 1 : 100 (lê-se: "escala de 1 para 100"). Essa escala indica que 1 cm na planta corresponde a uma medida real de 100 cm. Assim, podemos calcular as medidas reais do apartamento do seguinte modo:

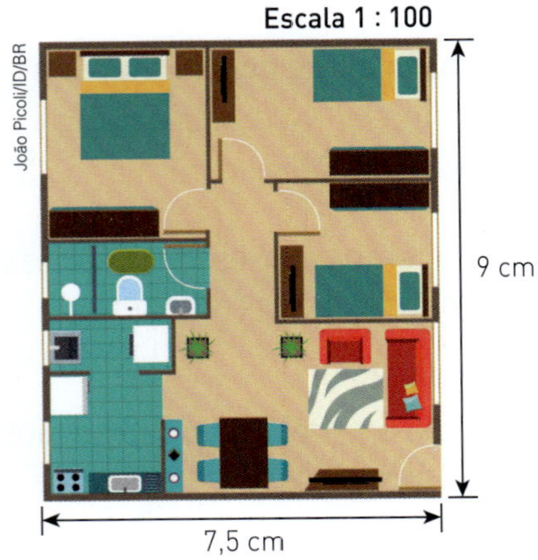

$$\frac{1}{100} = \frac{9}{?} \rightarrow \frac{1}{100} = \frac{9}{900} \quad (\cdot 9)$$

$$\frac{1}{100} = \frac{7,5}{?} \rightarrow \frac{1}{100} = \frac{7,5}{750} \quad (\cdot 7,5)$$

Portanto, as medidas reais do apartamento são 900 cm de comprimento e 750 cm de largura. Ou, como 100 cm equivalem a 1 m, podemos dizer que as medidas reais do apartamento são 9 m e 7,5 m.

Velocidade média

A velocidade de um corpo (carro, ônibus, bola, pessoa, etc.) pode variar durante um percurso, mas, conhecendo a distância percorrida e o tempo gasto para percorrê-la, podemos calcular a velocidade média desse corpo.

A razão entre a medida da distância percorrida por um corpo e o tempo que ele gasta para percorrê-la é chamada velocidade média.

Como as grandezas distância e tempo possuem naturezas diferentes, as unidades de medida devem sempre ser indicadas. Algumas unidades comuns de velocidade média são:

- km/h: quilômetro por hora
- m/s: metro por segundo

Exemplo

Pedro decidiu fazer uma viagem de carro em suas férias. No primeiro dia da viagem, ele percorreu 180 quilômetros em 3 horas.

Para calcular a medida da velocidade média nesse percurso, podemos fazer o seguinte cálculo:

$$\frac{\text{medida da distância percorrida}}{\text{tempo gasto}} = \frac{180 \text{ km}}{3 \text{ h}} = 60 \text{ km/h}$$

Logo, a medida de velocidade média nesse trajeto foi 60 km/h.

Observe, porém, que isso não significa que o carro tenha se locomovido a 60 km/h durante todo o percurso. Ele pode ter desempenhado velocidades maiores e menores em diferentes momentos, de modo que, em média, percorreu 60 quilômetros a cada hora.

Densidade demográfica

Para saber se um local é muito ou pouco povoado, não basta saber quantos habitantes vivem ali. É preciso relacionar a quantidade de habitantes com a medida da área ocupada por eles.

A razão entre a quantidade de habitantes de uma região e a medida da área dessa região é chamada densidade demográfica.

Exemplo

Segundo o Instituto Brasileiro de Geografia e Estatística (IBGE), em 2021, a população estimada do município de Curitiba, no Paraná, era 1 963 726 habitantes em uma área aproximada de 434,892 km^2. Vamos determinar a medida da densidade demográfica de Curitiba:

$$\frac{\text{quantidade de habitantes}}{\text{medida da área do município}} = \frac{1\,963\,726 \text{ habitantes}}{434{,}892 \text{ km}^2} \simeq 4\,515 \text{ hab./km}^2$$

símbolo de aproximadamente

Portanto, a medida da densidade demográfica do município de Curitiba é aproximadamente 4 515 habitantes por quilômetro quadrado.

Isso significa que, em uma região quadrada de 1 km de medida de lado, vivem, em média, 4 515 habitantes.

Densidade de um corpo

Você já percebeu que, quando colocados na água, alguns objetos afundam e outros não? A característica que faz com que alguns objetos afundem e outros flutuem está relacionada à densidade de seus corpos.

A densidade de um corpo é a razão entre as grandezas massa e volume do corpo, em certas condições de temperatura.

Quando um corpo possui uma medida de densidade maior que a de um líquido, ele afunda nesse líquido; e, quando a medida da densidade é menor, ele flutua sobre esse mesmo líquido.

Fotografias: Sérgio Dotta Jr./ID/BR

Em **A**, a boia cheia de ar flutua na água. Em **B**, a boia vazia afunda. Em **C**, o conjunto (boia + tijolo) flutua na água.

Exemplo

Para realizar um experimento com mercúrio líquido, um cientista precisava determinar a medida da densidade desse metal a certa temperatura. Para isso, ele colocou 40,5 g do metal em uma proveta e verificou que a medida do volume dessa amostra era 3 cm^3. Para calcular a medida da densidade do mercúrio líquido, podemos fazer o seguinte cálculo:

$$\frac{\text{medida da massa}}{\text{medida do volume}} = \frac{40{,}5 \text{ g}}{3 \text{ cm}^3} = 13{,}5 \text{ g/cm}^3$$

Portanto, a densidade do mercúrio líquido medida pelo cientista é 13,5 g/cm^3 (lê-se: "13,5 gramas por centímetro cúbico").

Qual combustível escolher na hora de abastecer o veículo: **etanol ou gasolina**?

CIDADANIA GLOBAL

CONSUMO DE COMBUSTÍVEL

Maderla/Shutterstock.com/ID/BR

Quando uma pessoa decide comprar um carro, um dos aspectos que, em geral, ela leva em consideração é se o carro é econômico. Mas, afinal, o que é um carro econômico? Um carro é considerado econômico quando seu consumo médio de combustível é mais baixo em relação ao consumo de outros carros da mesma categoria.

Para saber se um carro é ou não econômico, precisamos conhecer uma razão muito usada: o consumo médio. Em outras palavras, é necessário verificar quantos quilômetros um veículo percorre para cada litro de combustível consumido.

O consumo médio de um veículo pode sofrer alterações de acordo com o tipo de combustível utilizado (etanol, gasolina, *diesel*, etc.) e se o carro se desloca na estrada ou na cidade.

Por exemplo, determinado carro, com etanol, tem um consumo médio de 7,2 km/L na cidade e de 8,8 km/L na estrada e, com gasolina, o consumo médio desse veículo é 10,2 km/L na cidade e 12,6 km/L na estrada, de acordo com o Instituto Nacional de Metrologia, Qualidade e Tecnologia (Inmetro).

Observe que, para o carro utilizado como exemplo, apesar de o consumo médio ser menor quando o veículo está abastecido com gasolina, é preciso verificar se o preço pago por litro de gasolina compensa em relação ao preço pago pelo litro do etanol.

- Considerando os impactos ambientais, qual é importância de usar carros mais econômicos?

ATIVIDADES

Retomar e compreender

1. Dos 300 convidados de uma festa, 120 são homens e 180 são mulheres. Determine a razão de homens e de mulheres em relação ao total de convidados nessa festa usando números na forma de fração, na forma decimal e em porcentagem.

Aplicar

2. A prova mais rápida da natação é a de 50 metros nado livre. Qual foi a medida da velocidade média de um nadador que concluiu essa prova em 30 segundos?
3. Uma pequena escultura de bronze tem medida de massa igual a 4370 g e volume que mede 500 cm^3. Determine a medida da densidade dessa escultura.
4. Um município com 150 mil habitantes tem medida da densidade demográfica igual a 500 hab./km^2. Qual é a medida da área desse município?
5. O barco de pesca ilustrado a seguir foi desenhado em uma escala de 1 para 200 em relação ao barco real.

João Picoli/ID/BR

Com uma régua, meça o comprimento aproximado do barco desenhado e calcule, em metro, a medida de comprimento real.

6. Veja o mapa da divisão política do Brasil apresentado a seguir e faça o que se pede.

Brasil – Mapa político

João Miguel A. Moreira/ID/BR

Fonte de pesquisa: *Atlas geográfico escolar*. Rio de Janeiro: IBGE, 2012. p. 90.

Usando a escala indicada no mapa, calcule, aproximadamente, a medida da distância real, em linha reta, entre as cidades de Brasília e Salvador.

PROPORÇÃO

Se duas razões são equivalentes, elas formam uma proporção.

Quatro números não nulos, *a*, *b*, *c* e *d*, formam, nessa ordem, uma **proporção** quando $\frac{a}{b} = \frac{c}{d}$. Lê-se: "*a* está para *b* assim como *c* está para *d*".

O conceito de proporção é utilizado em diversas situações do nosso dia a dia e, muitas vezes, o usamos sem nem ao menos perceber.

Sequências diretamente ou inversamente proporcionais

Observe as sequências a seguir.

2, 6, 10, 12   1, 3, 5, 6

Dizemos que os números da primeira sequência são **diretamente proporcionais** aos números correspondentes da segunda sequência, pois, ao calcular as razões entre os números da primeira sequência e os números correspondentes na segunda sequência, obtemos uma igualdade.

$$\frac{2}{1} = \frac{6}{3} = \frac{10}{5} = \frac{12}{6} = 2$$

razão ou fator de proporcionalidade (*k*)

Os números não nulos da sequência $(a_1, a_2, ..., a_n)$ são **diretamente proporcionais** aos números não nulos correspondentes da sequência $(b_1, b_2, ..., b_n)$ quando $\frac{a_1}{b_1} = \frac{a_2}{b_2} = ... = \frac{a_n}{b_n} = k$, com $k \neq 0$.

Agora, considere as sequências a seguir.

1, 2, 3, 5   60, 30, 20, 12

Dizemos que os números da primeira sequência são **inversamente proporcionais** aos números correspondentes da segunda sequência, pois o quociente de cada número da primeira sequência pelo inverso de cada número correspondente na segunda sequência resulta sempre no mesmo número. Também podemos escrever as igualdades anteriores como igualdades de razões.

$$\frac{1}{\frac{1}{60}} = \frac{2}{\frac{1}{30}} = \frac{3}{\frac{1}{20}} = \frac{5}{\frac{1}{12}} = 60$$

razão ou fator de proporcionalidade (*k*)

Em relação a essas sequências, observe que também podemos escrever a seguinte relação:

$$1 \cdot 60 = 2 \cdot 30 = 3 \cdot 20 = 5 \cdot 12 = 60$$

Os números não nulos da sequência $(a_1, a_2, ..., a_n)$ são **inversamente proporcionais** aos números não nulos correspondentes da sequência $(b_1, b_2, ..., b_n)$ quando $\frac{a_1}{\frac{1}{b_1}} = \frac{a_2}{\frac{1}{b_2}} = ... = \frac{a_n}{\frac{1}{b_n}} = k$, com $k \neq 0$.

João Picoli/ID/BR

Divisão em partes proporcionais

Vamos analisar as situações a seguir.

Situação 1

Como solução para dividir a tarefa diária de cuidar do cachorro de estimação da família, que inclui limpar o quintal, alimentá-lo e passear com ele, um pai propôs que a quantidade de dias em que cada um de seus 4 filhos deverá ser o responsável por tratar do cachorro seja diretamente proporcional à idade deles.

Sabendo que eles têm 12, 14, 16 e 18 anos, vamos calcular por quantos dias cada um deles será responsável pelos cuidados com o cachorro no próximo mês e, para isso, vamos assumir que o mês tenha 30 dias.

Como a quantidade de dias em que cada um dos irmãos cuidará do cachorro deve ser diretamente proporcional à respectiva idade, podemos escrever a seguinte proporção:

$$\frac{x}{12} = \frac{y}{14} = \frac{w}{16} = \frac{z}{18}$$

em que x, y, z e w são as quantidades de dias em que cada um dos irmãos será responsável pelo cachorro.

Utilizando a 2ª propriedade das proporções, temos:

$$\frac{x + y + w + z}{12 + 14 + 16 + 18} = \frac{x}{12} = \frac{y}{14} = \frac{w}{16} = \frac{z}{18}$$

Como $x + y + w + z$ é igual a 30, pois representa a quantidade total de dias do mês, podemos determinar o fator de proporcionalidade k.

$$k = \frac{x + y + w + z}{12 + 14 + 16 + 18} = \frac{30}{60} = \frac{1}{2}$$

Agora, determinamos o valor de cada uma das incógnitas:

- $\frac{x}{12} = k \Rightarrow \frac{x}{12} = \frac{1}{2} \Rightarrow x = \frac{12}{2} \Rightarrow x = 6$
- $\frac{y}{14} = k \Rightarrow \frac{y}{14} = \frac{1}{2} \Rightarrow y = \frac{14}{2} \Rightarrow y = 7$
- $\frac{w}{16} = k \Rightarrow \frac{w}{16} = \frac{1}{2} \Rightarrow w = \frac{16}{2} \Rightarrow w = 8$
- $\frac{z}{18} = k \Rightarrow \frac{z}{18} = \frac{1}{2} \Rightarrow z = \frac{18}{2} \Rightarrow z = 9$

Portanto, as respectivas quantidades de dias em que cada irmão será responsável por cuidar do cachorro são 6 dias, 7 dias, 8 dias e 9 dias.

Dividir um número em partes diretamente proporcionais a outros números significa decompô-lo em parcelas proporcionais a esses números.

PROPRIEDADES DAS PROPORÇÕES

Dados quatro números, a, b, c e d, não nulos, de modo que eles formem a proporção $\frac{a}{b} = \frac{c}{d}$, temos:

- $a \cdot d = c \cdot b$ — propriedade fundamental das proporções
- 1ª propriedade: $\frac{a+b}{a} = \frac{c+d}{c}$; $\frac{a+b}{b} = \frac{c+d}{d}$; $\frac{a-b}{a} = \frac{c-d}{c}$; $\frac{a-b}{b} = \frac{c-d}{d}$
- 2ª propriedade: $\frac{a+c}{b+d} = \frac{a}{b} = \frac{c}{d}$; $\frac{a-c}{b-d} = \frac{a}{b} = \frac{c}{d}$

Situação 2

Em uma competição amadora de gastronomia, os competidores deveriam preparar a mesma sequência de pratos. Os quatro competidores que preparassem os pratos com o melhor sabor ganhariam um prêmio de R$ 8 900,00, que seria distribuído de maneira inversamente proporcional ao tempo que cada um deles gastou para preparar os pratos. Ou seja, dos quatro finalistas, o que preparasse os pratos em menor tempo ganharia mais, e o que preparasse em maior tempo ganharia menos.

Sabendo que os quatro competidores que chegaram à final da prova gastaram, respectivamente, 4 horas, 5 horas, 6 horas e 8 horas, vamos calcular quanto cada um deles recebeu como prêmio.

Sendo *a*, *b*, *c* e *d* os valores recebidos pelo primeiro, pelo segundo, pelo terceiro e pelo quarto colocados, respectivamente, e sabendo que o prêmio foi distribuído de maneira inversamente proporcional ao tempo que cada um deles utilizou para preparar a sequência de pratos, podemos escrever a seguinte proporção:

$$\frac{a}{\frac{1}{4}} = \frac{b}{\frac{1}{5}} = \frac{c}{\frac{1}{6}} = \frac{d}{\frac{1}{8}}$$

Utilizando a 2ª propriedade das proporções, temos:

$$\frac{a+b+c+d}{\frac{1}{4}+\frac{1}{5}+\frac{1}{6}+\frac{1}{8}} = \frac{a}{\frac{1}{4}} = \frac{b}{\frac{1}{5}} = \frac{c}{\frac{1}{6}} = \frac{d}{\frac{1}{8}}$$

Como $a + b + c + d$ é igual a 8 900, pois representa o valor total do prêmio, podemos determinar o fator de proporcionalidade k.

$$k = \frac{a+b+c+d}{\frac{1}{4}+\frac{1}{5}+\frac{1}{6}+\frac{1}{8}} = \frac{8\,900}{\frac{1}{4}+\frac{1}{5}+\frac{1}{6}+\frac{1}{8}} = \frac{8\,900}{\frac{30}{120}+\frac{24}{120}+\frac{20}{120}+\frac{15}{120}} =$$

$$= \frac{8\,900}{\frac{30+24+20+15}{120}} = \frac{8\,900}{\frac{89}{120}} = 12\,000$$

Agora, determinamos o valor de cada uma das incógnitas:

- $\frac{a}{\frac{1}{4}} = k \Rightarrow \frac{a}{\frac{1}{4}} = 12\,000 \Rightarrow a = 12\,000 \cdot \frac{1}{4} \Rightarrow a = 3\,000$
- $\frac{b}{\frac{1}{5}} = k \Rightarrow \frac{b}{\frac{1}{5}} = 12\,000 \Rightarrow b = 12\,000 \cdot \frac{1}{5} \Rightarrow b = 2\,400$
- $\frac{c}{\frac{1}{6}} = k \Rightarrow \frac{c}{\frac{1}{6}} = 12\,000 \Rightarrow c = 12\,000 \cdot \frac{1}{6} \Rightarrow c = 2\,000$
- $\frac{d}{\frac{1}{8}} = k \Rightarrow \frac{d}{\frac{1}{8}} = 12\,000 \Rightarrow d = 12\,000 \cdot \frac{1}{8} \Rightarrow d = 1\,500$

Assim, o primeiro colocado recebeu R$ 3 000,00; o segundo, R$ 2 400,00; o terceiro, R$ 2 000,00; e o quarto, R$ 1 500,00.

REGRA DE TRÊS

Algumas situações que envolvem grandezas diretamente proporcionais ou inversamente proporcionais podem ser resolvidas utilizando um método chamado **regra de três**. Esse método é utilizado para resolver problemas de proporcionalidade que envolvem quatro valores, dos quais três são conhecidos e um é desconhecido (incógnita).

Mas, antes de estudarmos como esse método funciona, vamos retomar o que são grandezas diretamente ou inversamente proporcionais.

Duas grandezas são **diretamente proporcionais** quando variam sempre na mesma razão. Ou seja, ao dobrarmos o valor de uma, o valor da outra também dobra; ao reduzirmos o valor de uma à quarta parte, o valor da outra também fica reduzido à quarta parte; e assim por diante.

Em contrapartida, duas grandezas são **inversamente proporcionais** quando variam na razão inversa uma da outra. Ou seja, ao dobrarmos o valor de uma, o valor da outra é reduzido pela metade; ao reduzirmos o valor de uma à terça parte, o valor da outra é triplicado; e assim por diante.

Regra de três simples

A regra de três simples é utilizada para resolver alguns problemas que envolvem duas grandezas diretamente ou inversamente proporcionais.

Acompanhe as situações a seguir.

Situação 1

Quando assistimos a um filme, para termos a ideia de movimento de maneira suave, ou seja, sem variações bruscas, é preciso que o filme tenha entre 30 e 60 imagens apresentadas por segundo.

Se o *trailer* de um filme é gravado com 48 imagens por segundo e tem 90 segundos de duração, quantas imagens ele tem no total?

Considerando x o número total de imagens em 90 segundos do *trailer*, construímos um quadro com as grandezas envolvidas e seus respectivos valores. Veja.

Duração do *trailer* (em segundo)	Quantidade de imagens
1	48
90	x

Analisando as grandezas envolvidas nessa situação, podemos concluir que elas são diretamente proporcionais, pois, se o tempo de duração do *trailer* dobra, a quantidade de imagens também dobra; se o tempo de duração triplica, a quantidade de imagens também triplica; e assim por diante. Assim, podemos escrever a seguinte proporção:

$$\frac{1}{90} = \frac{48}{x}$$

Aplicando a propriedade fundamental das proporções, temos:

$$x \cdot 1 = 90 \cdot 48$$

$$x = 4\,320$$

Portanto, esse *trailer* é composto de 4 320 imagens.

DESCUBRA +

Câmera lenta

Você sabia que a ideia de movimento dos filmes é dada por uma sequência de imagens?

Recurso geralmente usado em filmes de ficção, a câmera lenta é um processo realizado com câmeras especiais que conseguem filmar um número de quadros por segundo (qps) muito superior ao das câmeras comuns. Por exemplo, ao registrar uma mesma cena com duração de 5 segundos a 30 qps e a 120 qps, a filmagem a 120 qps pode ser reproduzida, sem perder a fluidez, com duração de 20 segundos.

Você já gravou um vídeo em **câmera lenta**? Já observou imagens capturadas de vídeos em câmera lenta?

João Picoli/ID/BR

Situação 2

Para construir uma casa popular de um programa social, 4 pedreiros levam 20 dias. Quantos dias seriam gastos para construir uma casa do mesmo modelo se 5 pedreiros com a mesma eficiência trabalhassem nela?

Considerando x o número de dias gastos para construir uma casa se 5 pedreiros trabalhassem, montamos um quadro com as grandezas envolvidas e os respectivos valores. Veja.

Quantidade de pedreiros	Dias
4	20
5	x

Analisando as grandezas envolvidas nessa situação, podemos concluir que elas são inversamente proporcionais, pois, se a quantidade de pedreiros dobra, a quantidade de dias se reduz pela metade; se a quantidade de pedreiros for reduzida à quarta parte, o número de dias será quadruplicado; e assim por diante. Observe que essas relações só são válidas porque os pedreiros trabalham com a mesma eficiência. Assim, podemos escrever a seguinte proporção:

razão inversa

$$\frac{4}{5} = \frac{x}{20}$$

Aplicando a propriedade fundamental das proporções, temos:

$$x \cdot 5 = 4 \cdot 20$$

$$5x = 80$$

$$x = \frac{80}{5}$$

$$x = 16$$

Portanto, 5 pedreiros com a mesma eficiência construiriam uma casa desse programa em 16 dias.

Regra de três composta

O procedimento da regra de três composta é utilizado em situações que apresentam três ou mais grandezas diretamente proporcionais ou inversamente proporcionais.

Acompanhe as situações a seguir.

Situação 1

Em uma fábrica de peças para carros, 5 máquinas produzem, em 4 dias, 200 portas de carro iguais. Quantas portas serão produzidas se 7 máquinas estiverem funcionando, no mesmo ritmo, em 10 dias?

Worawitj/Shutterstock.com/ID/BR

▲ **Estoque de portas de carros.**

Representando por x a quantidade de portas produzidas por 7 máquinas em 10 dias, podemos organizar um quadro. Veja.

Quantidade de máquinas	Número de dias	Quantidade de portas produzidas
5	4	200
7	10	x

Agora, precisamos comparar a grandeza quantidade de portas produzidas, na qual está o termo desconhecido, com as outras duas grandezas: a quantidade de máquinas e o número de dias.

- Quantidade de máquinas: a quantidade de máquinas funcionando é diretamente proporcional à quantidade de portas produzidas, pois, ao aumentar a quantidade de máquinas funcionando, a quantidade de portas produzidas aumenta na mesma razão.
- Número de dias: a quantidade de dias é diretamente proporcional à quantidade de portas produzidas, pois, ao aumentar a quantidade de dias, a quantidade de portas produzidas aumenta na mesma razão.

Observe como escrevemos uma igualdade entre essas grandezas e como solucionamos o problema.

diretamente proporcional à quantidade de portas produzidas

diretamente proporcional à quantidade de portas produzidas

$$\frac{5}{7} \cdot \frac{4}{10} = \frac{200}{x}$$

Simplificamos a fração $\frac{4}{10}$.

$$\frac{5}{7} \cdot \frac{2}{5} = \frac{200}{x}$$

Multiplicamos as frações.

$$\frac{10}{35} = \frac{200}{x}$$

Usamos a propriedade fundamental das proporções.

$$10 \cdot x = 35 \cdot 200$$

$$10x = 7\,000$$

$$x = \frac{7\,000}{10}$$

$$x = 700$$

Portanto, 7 máquinas trabalhando durante 10 dias no mesmo ritmo produzirão 700 portas de carro.

Situação 2

Uma pequena empresa tem 5 impressoras, que produzem 40 cópias em 2 minutos. Em quanto tempo 96 cópias seriam produzidas por 8 dessas impressoras?

Representando por x a quantidade de minutos que 8 impressoras levariam para produzir 96 cópias, podemos organizar um quadro. Veja.

Tempo (minuto)	Quantidade de cópias	Quantidade de impressoras
2	40	5
x	96	8

Agora, precisamos comparar a grandeza tempo, na qual está o termo desconhecido, com as outras duas grandezas: a quantidade de cópias e a quantidade de impressoras.

- Considerando a mesma quantidade de cópias, podemos concluir que o tempo e a quantidade de impressoras são grandezas inversamente proporcionais, pois, aumentando a quantidade de impressoras, o tempo para tirar as cópias diminui na mesma razão.
- Considerando a mesma quantidade de impressoras, podemos constatar que o tempo e a quantidade de cópias são grandezas diretamente proporcionais, pois, aumentando o tempo, a quantidade de cópias aumenta na mesma razão.

Assim, observe como podemos escrever uma igualdade entre essas grandezas.

diretamente proporcional ao tempo → $\frac{40}{96}$; inversamente proporcional ao tempo → $\frac{8}{5}$

$$\frac{40}{96} \cdot \frac{8}{5} = \frac{2}{x}$$

Observe que invertemos a razão correspondente à grandeza que é inversamente proporcional ao tempo. Ou seja, em vez de escrevermos $\frac{5}{8}$, escrevemos $\frac{8}{5}$.

Por fim, determinamos o valor de x:

$$\frac{40}{96} \cdot \frac{8}{5} = \frac{2}{x}$$

Simplificamos a fração $\frac{40}{96}$.

$$\frac{5}{12} \cdot \frac{8}{5} = \frac{2}{x}$$

Multiplicamos as frações.

$$\frac{40}{60} = \frac{2}{x}$$

Usamos a propriedade fundamental das proporções.

$$40 \cdot x = 2 \cdot 60$$

$$40x = 120$$

$$x = \frac{120}{40}$$

$$x = 3$$

Portanto, 8 impressoras produziriam 96 cópias em 3 minutos.

ATIVIDADES

Retomar e compreender

7. Para fazer 16 bombons, Carlos usou 1 lata de creme de leite e 500 gramas de chocolate em barra. Quanto ele usaria de creme de leite e de chocolate para fazer 48 desses bombons?

8. Nos Jogos Olímpicos de Tóquio 2020, Ana Marcela Cunha venceu uma prova aquática nadando com velocidade média de aproximadamente 5 km/h.
   a) Sabendo que a nadadora levou cerca de 2 h para concluir a prova, quantos quilômetros ela nadou?
   b) Se ela nadasse 12 km com essa velocidade média, quanto tempo levaria para concluir o percurso?

9. Uma torneira tem vazão de 15 litros por minuto e consegue encher um tanque em 12 horas. Quanto tempo uma torneira que tem vazão de 20 litros por minuto levaria para encher o mesmo tanque?

10. Uma fazenda tem estoque de ração suficiente para alimentar 220 vacas durante 45 dias. Caso o número de vacas fosse 450, a ração seria suficiente para quantos dias?

11. Um motorista, dirigindo a uma velocidade de 80 km/h, gasta 5 horas para ir de uma cidade a outra. Quantas horas esse motorista gastará para percorrer o mesmo trecho se ele aumentar a velocidade para 100 km/h?

12. Para pintar uma casa, foram contratados 4 pintores igualmente eficientes, que terminariam a obra em 30 dias. Depois de 5 dias, o encarregado decidiu agilizar o trabalho e contratou mais um pintor, com a mesma capacidade de trabalho dos outros. Quantos dias durou essa obra?

13. Por 5 dias de hospedagem em um hotel, 4 pessoas pagaram ao todo R$ 1 200,00. Quanto esse hotel cobrará de 6 pessoas por 10 dias de hospedagem, sabendo que o preço da diária por pessoa é sempre o mesmo?

14. Caminhando 10 horas diárias, durante 24 dias, um peregrino percorreu 720 km. Para percorrer 432 km, caminhando na mesma velocidade média por 8 horas diárias, quantos dias esse viajante levaria?

Guiziou Franck/Hemis/AFP

▲ **Pessoa caminhando nos arredores de Triacastela, rota espanhola de peregrinação a Santiago de Compostela. Foto de 2021.**

15. Oito lâmpadas iguais, acesas durante 4 horas diárias, consomem, em 30 dias, 48 kWh (quilowatt-hora). Quanto consumirão 6 lâmpadas iguais a essas, ficando acesas 3 horas por dia, durante 20 dias?

16. Dois alfaiates costuram 10 barras de calça em 20 minutos. Calcule quantas barras seriam costuradas por 3 alfaiates em 12 minutos. Considere que todos os alfaiates fazem o mesmo serviço no mesmo tempo.

17. Divida o número 140 em partes proporcionais aos números 2, 3 e 5.

18. Três amigos decidiram comprar um bilhete de um sorteio cujo prêmio é de R$ 96 000,00. Como eles não possuíam quantias iguais para a compra do bilhete, cada um contribuiu com o que podia. As quantias foram: R$ 8,00, R$ 10,00 e R$ 14,00. Sabendo que, caso sejam sorteados, eles dividirão o prêmio proporcionalmente à quantia com que cada um contribuiu para a compra do bilhete, calcule a parcela que cada um poderá receber.

19. Uma avó deixou de herança a quantia de R$ 636 000,00 para ser dividida entre seus cinco netos na razão inversa de suas idades, que eram 4, 6, 10, 12 e 16 anos. Quanto recebeu cada um deles?

MAIS ATIVIDADES

Acompanhamento da aprendizagem

Retomar e compreender

1. Verifique se os números das sequências a seguir são diretamente proporcionais ou inversamente proporcionais. Depois, determine os fatores de proporcionalidade.

   a) (1, 3) e (20, 60)

   b) (2, 3, 4) e (12, 8, 6)

2. A padaria de um supermercado produz 240 kg de pão com 200 kg de farinha.

   a) Quantos quilogramas de farinha são necessários para fazer 3 kg de pão?

   b) Quantos pães de 50 g podem ser feitos com 500 kg de farinha?

3. Para preparar determinado suco, misturam-se 2 copos de polpa de fruta para cada 10 copos de água. Mariana usou 36,5 copos de água para preparar o suco.

   a) A quantos copos com polpa corresponde essa quantidade de água?

   b) Quantos copos desse suco, completamente cheios, poderão ser servidos? Lembre-se: o suco pronto contém as quantidades de água e de polpa que foram utilizadas.

4. Uma máquina embala 20 caixas de biscoito por minuto. Se 3 dessas máquinas funcionarem 6 horas por dia, quantas caixas de biscoito serão embaladas por dia?

5. Seis lâmpadas iguais, acesas durante 5 horas diárias, têm um consumo mensal de 40 kWh (quilowatt-hora). Qual será o consumo mensal de 8 lâmpadas acesas 6 horas por dia?

6. A medida de massa de 80 cadernos universitários de 140 páginas é 72 kg. Qual é a medida de massa de 70 cadernos universitários com 120 páginas cada um?

7. Uma gráfica, utilizando uma impressora, produz 40 rótulos de determinado produto em 6 minutos. Devido à demanda, a gráfica precisa aumentar a produção de modo que os 40 rótulos sejam produzidos em 2 minutos. Quantas impressoras com a mesma eficiência que a utilizada na produção são necessárias para atender à nova demanda?

8. Uma empresa engarrafadora de água mineral consegue encher 3 mil garrafas em 5 dias, funcionando 6 horas por dia. O dono do negócio quer aumentar a produção para 4 mil garrafas em 4 dias com a mesma estrutura.

   a) Calcule quantas horas por dia a empresa deve funcionar para que o dono do negócio atinja seu objetivo.

   b) Dadas as mesmas condições, calcule quantas horas a empresa deve funcionar para engarrafar 4000 garrafas de água mineral em um dia.

9. Quinze operários igualmente eficientes constroem 3 lajes de um edifício em 8 dias. Quantos operários, com essa mesma capacidade de trabalho, serão necessários para construir as 12 lajes restantes do edifício em 20 dias?

10. A razão entre as medidas dos lados de dois quadrados é $\frac{4}{5}$, e o lado do quadrado menor mede 12 cm.

    a) Qual é a medida do lado do quadrado maior?

    b) Qual é a razão entre a medida do perímetro do quadrado menor e a medida do perímetro do quadrado maior?

    c) Qual é a razão entre a medida da área da região quadrada menor e a medida da área da região quadrada maior?

    d) Verifique se a razão entre as medidas dos perímetros e a razão entre as medidas das áreas formam uma proporção.

11. O dono de uma empresa resolveu distribuir uma gratificação de R$ 2280,00 entre seus três gerentes: Alberto, Beatriz e Cléber, de modo que o valor recebido fosse inversamente proporcional às faltas de cada um no decorrer do ano. Considerando que Alberto faltou 5 vezes, Beatriz faltou 4 vezes e Cléber faltou 2 vezes, quanto cada gerente receberá do bônus?

Aplicar

12. Cada cidadão brasileiro produz, em média, 387 kg de resíduos em um ano. Pesquise no *site* do IBGE a população de um município de seu estado e peça a um colega que calcule a produção de lixo daquele município em determinado número de anos. Depois, calcule a produção de lixo do município que seu colega pesquisou, na mesma quantidade de anos.

CAPÍTULO 2

MATEMÁTICA FINANCEIRA

PORCENTAGEM

Você já deve ter visto o símbolo de porcentagem (%) em notícias sobre economia, em folhetos de supermercados, em vitrines de lojas, na televisão, etc. Esse símbolo aparece em diversas situações cotidianas.

Por exemplo, você já foi a um restaurante e o garçom perguntou se ele poderia incluir o serviço? Você sabe o que isso significa? Para compreender essa e outras relações presentes em nosso dia a dia, é necessário entender as relações comerciais. Mas, antes, é preciso retomar o conceito de porcentagem.

Porcentagem ou **taxa percentual** é a razão entre um número x e 100, que indicamos como $\frac{x}{100}$ ou x%.

Agora, observe a imagem a seguir. O símbolo de porcentagem está sendo utilizado com que finalidade? Converse com os colegas e o professor.

▼ Anúncio de desconto em uma loja.

YULIA YASPE/SHUTTERSTOCK.COM/ID/BR

Situações que envolvem porcentagem

Vamos analisar algumas situações que envolvem o cálculo de porcentagem.

Situação 1

Uma vendedora de roupas recebe, além de seu salário fixo, 10% de comissão sobre o valor das peças que vende. Sabendo que, no mês passado, suas vendas totalizaram R$ 9 000,00, quanto foi sua comissão nesse mês?

Vamos resolver essa situação de três maneiras.

1ª maneira

Uma maneira de obter esse valor é calcular 10% de 9 000.

$$10\% \cdot 9\,000 = \frac{1\cancel{0}}{1\cancel{00}} \cdot 9\,00\cancel{0} = \frac{1}{1} \cdot 900 = 900$$

2ª maneira

Também podemos utilizar uma calculadora.

Para calcular 10% de 9 000 usando a calculadora, apertamos as seguintes teclas:

9 0 0 0 × 1 0 %

Aparecerá no visor:

900

João Picoli/ID/BR

3ª maneira

Sabemos que o valor total das vendas, R$ 9 000,00, corresponde a 100%. Assim, para determinar o valor de x, em real, que corresponde a 10%, podemos usar uma regra de três.

Valor (em real)	Porcentagem (%)
9 000	100
x	10

O valor e a porcentagem são grandezas proporcionais, então:

$$\frac{9\,000}{x} = \frac{100}{10}$$

$$x \cdot 100 = 9\,000 \cdot 10$$

$$100x = 90\,000$$

$$x = \frac{90\,000}{100}$$

$$x = 900$$

Portanto, o valor da comissão pelas vendas dessa vendedora no mês passado foi de R$ 900,00.

Situação 2

O quadro mostra o número de pessoas que se inscreveram e o número de pessoas que foram aprovadas para fazer três cursos de verão em certa instituição de gastronomia. Qual foi a taxa percentual de aprovação de cada curso?

Quantidade \ Curso	Curso A	Curso B	Curso C
Número de inscritos	68	75	44
Número de aprovados	35	28	36

A taxa percentual de aprovação de cada curso corresponde à porcentagem dos inscritos que foram aprovados.

- Curso A

  Sendo x a taxa percentual de aprovação do curso A, sabemos que $x\%$ de 68 é 35. Assim, para determinar o valor de x, temos:

$$x\% \cdot 68 = 35$$
$$\frac{x}{100} \cdot 68 = 35$$
$$x \cdot 68 = 35 \cdot 100$$
$$68x = 3\,500$$
$$x = \frac{3\,500}{68}$$
$$x \simeq 51{,}47$$

- Curso B

  Sendo y a taxa percentual de aprovação do curso B, sabemos que $y\%$ de 75 é 28. Assim, para determinar o valor de y, temos:

$$y\% \cdot 75 = 28$$
$$\frac{y}{100} \cdot 75 = 28$$
$$y \cdot 75 = 28 \cdot 100$$
$$75y = 2\,800$$
$$y = \frac{2\,800}{75}$$
$$y \simeq 37{,}33$$

- Curso C

  Sendo z a taxa percentual de aprovação do curso C, sabemos que $z\%$ de 44 é 36. Assim, para determinar o valor de z, temos:

$$z\% \cdot 44 = 36$$
$$\frac{z}{100} \cdot 44 = 36$$
$$z \cdot 44 = 36 \cdot 100$$
$$44z = 3\,600$$
$$z = \frac{3\,600}{44}$$
$$z \simeq 81{,}82$$

Portanto, as taxas de aprovação dos cursos A, B e C, respectivamente, foram de, aproximadamente, 51,47%, 37,33% e 81,82%.

Situação 3

Uma loja vende peças de reposição para quatro modelos de máquinas agrícolas (colheitadeiras e tratores). No entanto, um dos modelos para o qual essa loja fornece peças parou de ser fabricado. Para tentar reduzir o estoque de peças para esse modelo, a loja ofereceu um desconto de 10% nessas peças. Depois de um mês, mesmo com o desconto, ainda havia muitas peças no estoque. Então, o proprietário decidiu dar mais 15% de desconto. Sabendo que, inicialmente, cada uma dessas peças era vendida por R$ 1 750,00, depois desses dois descontos, por quanto cada uma dessas peças passou a ser vendida?

GERSON GERLOFF/PULSAR IMAGENS

▲ Colheitadeira descarregando arroz, em Restinga Seca (RS). Foto de 2021.

Inicialmente, devemos calcular o valor da peça após o primeiro desconto. Como o primeiro desconto foi de 10%, sabemos que o novo preço da peça corresponde a 90% do valor inicial, pois:

$$100\% - 10\% = 90\%$$

Assim, para descobrir o preço após o desconto de 10%, devemos calcular 90% de R$ 1 750,00.

$$90\% \cdot 1\,750 = \frac{90}{100} \cdot 1\,750 = 0{,}9 \cdot 1\,750 = 1\,575$$

Agora, precisamos determinar o valor da peça depois do desconto de 15%. O preço final da peça corresponde a 85% do valor que acabamos de obter, pois:

$$100\% - 15\% = 85\%$$

Para descobrir o preço após o desconto de 15%, devemos calcular 85% de R$ 1 575,00.

$$85\% \cdot 1\,575 = \frac{85}{100} \cdot 1\,575 = 0{,}85 \cdot 1\,575 = 1\,338{,}75$$

Portanto, o preço da peça depois dos dois descontos passou a ser R$ 1 338,75.

Outra maneira de calcular o preço final da peça seria multiplicar o valor inicial da peça pelos fatores correspondentes a cada desconto. Assim:

fator correspondente ao primeiro desconto (0,9) — fator correspondente ao segundo desconto (0,85)

$$1\,750 \cdot 0{,}9 \cdot 0{,}85 =$$

$$= 1\,575 \cdot 0{,}85 =$$

$$= 1\,338{,}75$$

Observe que, nessa situação, não é possível adicionar os valores dos descontos e depois aplicar o resultado obtido como se fosse um desconto único sobre o preço inicial.

Esse procedimento não é válido, pois o segundo desconto é aplicado sobre um valor diferente do valor inicial do produto. Ou seja, calcular o desconto de 10% de um valor e, depois, o desconto de 15% do resultado não é o mesmo que calcular o desconto de 25% (10% + 15%) desse valor.

PARE E REFLITA

Faça as contas e confirme que calcular 10% de um valor e, então, 15% do resultado não é o mesmo que calcular 25% desse valor. Compare os resultados que você obteve com os de um colega.

> **PARA EXPLORAR**
>
> ***Uma proporção ecológica*, de Luzia Faraco Ramos. São Paulo: Ática, 2008 (Coleção A Descoberta da Matemática).**
>
> Esse livro aborda os conceitos matemáticos de razão, proporção, regra de três e porcentagem de maneira lúdica e combina conhecimento com o prazer da leitura. Na trama, um grupo de jovens passa alguns dias em uma pequena cidade para divulgar o sistema de coleta seletiva de lixo e, para controlar a quantidade de lixo coletado, precisa utilizar esses conhecimentos matemáticos.

Situação 4

Em 2021, o preço do botijão do gás de cozinha teve os seguintes aumentos: 7,5% no segundo trimestre, 9,3% no terceiro trimestre e 8,5% no quarto trimestre.

Se em determinada cidade o botijão de gás de 13 kg no primeiro trimestre de 2021 era vendido em média por R$ 80,00, qual passou a ser o seu preço médio depois desses reajustes?

Essa situação envolve acréscimos sucessivos. Vamos resolvê-la de três maneiras.

1ª maneira: Calculando cada um dos acréscimos.

Se o acréscimo no segundo trimestre foi de 7,5%, podemos dizer que o preço do botijão de gás vai passar a ser 107,5% do valor inicial, pois:

$$100\% + 7{,}5\% = 107{,}5\%$$

Assim, temos de calcular 107,5% de R$ 80,00.

$$107{,}5\% \text{ de } 80 = \frac{107{,}5}{100} \cdot 80 = 1{,}075 \cdot 80 = 86$$

Portanto, no segundo trimestre, o preço médio do botijão de gás passou a ser R$ 86,00.

Agora, vamos determinar o preço do botijão de gás depois do reajuste do terceiro trimestre, ou seja, vamos determinar 109,3% do preço do botijão, pois:

$$100\% + 9{,}3\% = 109{,}3\%$$

Repare que o reajuste do terceiro trimestre incide sobre o preço médio do botijão de gás do segundo trimestre. Assim, temos:

$$109{,}3\% \text{ de } 86 = \frac{109{,}3}{100} \cdot 86 = 1{,}093 \cdot 86 = 93{,}998$$

Portanto, no terceiro trimestre, o preço médio do botijão de gás passou a ser de aproximadamente R$ 94,00.

Por fim, vamos determinar o preço médio do botijão de gás após o reajuste do quarto trimestre. Isto é, vamos determinar o valor correspondente a 108,5% do preço do botijão, pois:

$$100\% + 8{,}5\% = 108{,}5\%$$

Como o reajuste incide sobre o preço médio do botijão de gás no terceiro trimestre, temos:

$$108{,}5\% \text{ de } 94 = \frac{108{,}5}{100} \cdot 94 = 1{,}085 \cdot 94 = 101{,}99$$

Portanto, depois dos três reajustes, o preço médio do botijão de gás passou a ser de R$ 101,99.

João Picoli/ID/BR

2ª maneira: Calculando todos os acréscimos de uma única vez.

Outra maneira de obter o preço médio do botijão de gás após os três acréscimos seria multiplicar o preço médio inicial do botijão pelos acréscimos sucessivos. Assim:

$$80 \cdot [(100\% + 7{,}5\%) \cdot (100\% + 9{,}3\%) \cdot (100\% + 8{,}5\%)] =$$
$$= 80 \cdot [(1 + 0{,}075) \cdot (1 + 0{,}093) \cdot (1 + 0{,}085)] =$$
$$= 80 \cdot (1{,}075 \cdot 1{,}093 \cdot 1{,}085) =$$
$$= 80 \cdot 1{,}274847875 \simeq 102{,}00$$

3ª maneira: Utilizando uma calculadora.

Para calcularmos os acréscimos sucessivos na calculadora, apertamos as seguintes teclas:

8 0 × 1 0 7 . 5 % × 1 0 9 . 3 % × 1 0 8 . 5 % =

Aparecerá no visor:

101,98783

ATIVIDADES

Retomar e compreender

1. Uma importadora reajustou os valores de seus produtos três vezes seguidas. Sabendo que cada um dos reajustes foi de 7%, podemos afirmar que os preços tiveram reajuste de 21% após os três acréscimos? Justifique sua resposta.

2. Um modelo de carro tem 8% de depreciação de seu valor ao ano. Suponha que esse carro seja vendido pela concessionária por R$ 40 000,00. Calcule o valor desse automóvel 1 ano após sua venda.

3. Devido ao atraso no pagamento de um boleto, Marcelo teve de pagar uma multa de 4% sobre o valor do boleto. Sabendo que o valor desse boleto para pagamento em dia era R$ 360,00, qual foi o valor pago por Marcelo?

4. Uma agência de viagens realizou uma promoção na qual daria um desconto de 15% para quem comprasse um pacote de viagens para Salvador. O valor do pacote por pessoa antes do desconto era de R$ 3 200,00. Quantos reais uma família com 5 integrantes economizaria ao comprar os pacotes com desconto?

5. Uma mercadoria sofreu dois reajustes sucessivos em seu valor, provocados pela variação do preço do combustível e pelo aumento do frete. Sabendo que o valor desse produto antes dos reajustes era R$ 28,00 e que o reajuste, devido ao aumento do combustível, foi de 5%, e o reajuste, devido ao aumento do frete, foi de 10%, quanto passou a ser o valor desse produto?

6. Um comerciante que vende bandeiras do Brasil, muito utilizadas por torcedores de futebol para enfeitar suas casas para a Copa do Mundo, resolveu aumentar o preço de suas bandeiras em 15% na semana que antecedeu a abertura da Copa do Qatar de 2022. Passada a primeira rodada da Copa, o dono da loja reavaliou seu estoque de bandeiras e decidiu voltar ao preço antigo, ou seja, antes do reajuste de 15%. De quanto será o desconto que ele deve anunciar no preço da bandeira?

7. Em um *site* de comparação de preços, é possível acompanhar o histórico do preço dos produtos. O preço de um liquidificador teve reajustes em dois meses seguidos, que foram de 5% e 8%, respectivamente, e depois um desconto de 5%. Sabe-se que o preço do liquidificador era R$ 200,00 antes dos reajustes. Qual é o preço do liquidificador depois do desconto de 5%?

Dica: Use uma calculadora.

O que fazer para escolher **o melhor investimento**?

JUROS

Os juros estão presentes no dia a dia das pessoas em compras a prazo, empréstimos e investimentos bancários. Eles podem fazer uma dívida aumentar muito, mas também podem fazer aumentar o dinheiro de quem poupa.

O que é juro?

Juro é um valor cobrado para que alguém use uma quantia, que não é sua, por determinado período de tempo (dias, meses ou anos).

Veja alguns exemplos de situações que envolvem juros.

Empréstimo

João pediu dinheiro emprestado ao banco e pagará depois de um ano.

Taxa de juros 40% ao ano

João terá de pagar o valor que pegou emprestado acrescido dos juros como compensação pelo tempo que ficou com o dinheiro.

Compra a prazo

Pedro comprou uma TV a prazo porque não tem todo o dinheiro para comprá-la à vista.

Taxa de juros 15% ao mês

O valor a prazo é maior porque, ao parcelar o valor, a loja cobra juros sobre o preço à vista.

Investimento

Maria investiu dinheiro em uma aplicação bancária e vai retirar o dinheiro depois de um ano.

Taxa de juros 30% ao ano

Após um período de tempo, ela tem direito ao rendimento – que é uma porcentagem sobre o valor aplicado. Nesse caso, é como se ela tivesse emprestado dinheiro ao banco e o banco lhe pagasse juros.

Fonte de pesquisa: Banco Central do Brasil. *Glossário simplificado de termos financeiros*. Brasília: BCB, 2013.

Calculando os juros

Existem dois tipos de juros: juros simples e juros compostos. Na maior parte das operações que realizamos, são aplicados os juros compostos, que fazem com que o valor acumulado aumente rapidamente, como veremos a seguir. Isso é lucrativo para quem empresta o dinheiro, mas pode gerar uma dívida alta em pouco tempo para quem adquire o dinheiro emprestado.

Juros simples

O valor dos juros simples é calculado sempre com base no valor inicial (capital) em todos os períodos.

Veja como fica a correção do valor de um empréstimo de R$ 100,00 com uma **taxa de juros simples** mensal de 20% em 3 meses.

Observe que o valor dos juros é sempre o mesmo.

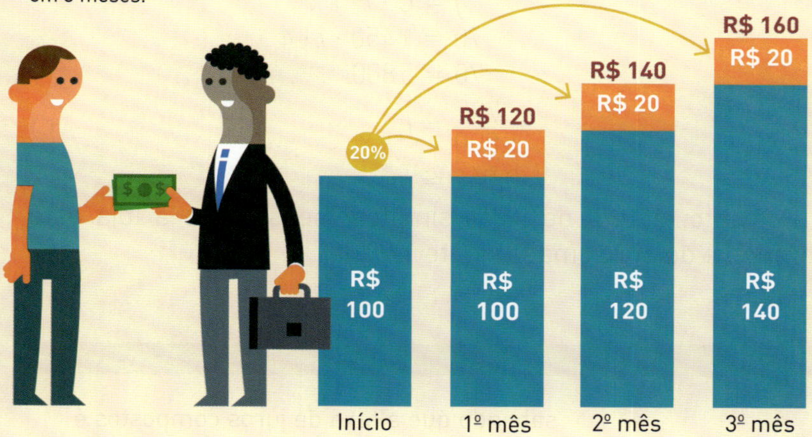

Juros compostos

O valor dos juros compostos em determinado período é calculado com base no **valor acumulado** do período anterior. Assim, o montante de um período torna-se o capital no cálculo do período seguinte.

Veja como fica a correção de R$ 100,00 em uma compra a prazo com uma **taxa de juros compostos** mensal de 20% em 3 meses.

Note que o valor dos juros é diferente em cada período.

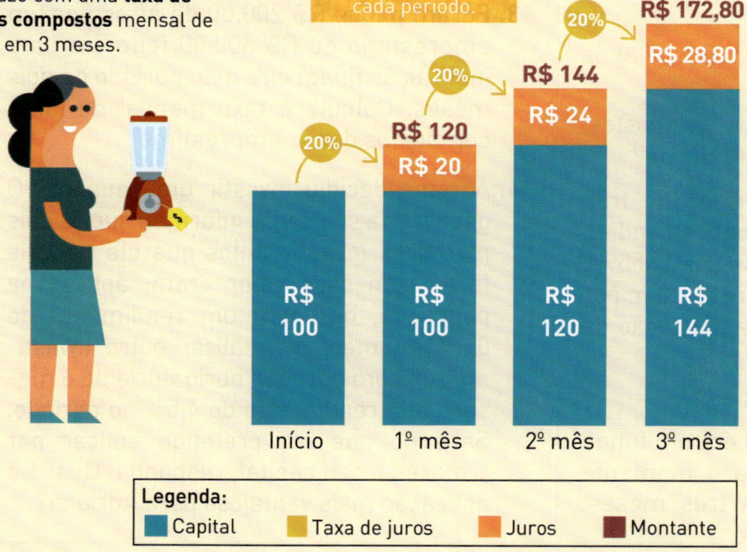

Como calcular?

Ilustrações: Mario Kanno/ID/BR

A seguir, apresentamos as fórmulas para encontrar os valores dos juros e do montante, usando as situações dadas como exemplos. Considere:

- ***j***: juros
- ***C***: capital (valor inicial)
- ***i***: taxa de juros
- ***t***: tempo
- ***M***: montante (valor final)

Cálculo de juros simples

$$j = C \cdot i \cdot t$$

No empréstimo

$$j = 100 \cdot 0{,}2 \cdot 3 = 60$$

Montante de juros simples

$$M = C + j$$

No empréstimo

$$M = 100 + 60 = 160$$

Montante de juros compostos

$$M = C(1 + i)^t$$

Na compra a prazo

$$M = 100(1 + 0{,}2)^3$$
$$M = 172{,}80$$

Cálculo de juros compostos

$$j = M - C$$

Na compra a prazo

$$j = 172{,}80 - 100$$
$$j = 72{,}80$$

Observe que, no cálculo de juros compostos, primeiro obtemos o valor do montante e, depois, o valor dos juros.

PARA EXPLORAR

Com um responsável, faça um passeio pelo comércio da região onde você mora e observe as situações em que os juros estão presentes. Anote ou fotografe suas observações e compartilhe com os colegas.

PARE E REFLITA

Considerando que você fosse comprar o forno da situação descrita, você pagaria à vista ou a prazo? O que você levaria em consideração para fazer essa escolha?

Agora, acompanhe outra situação que envolve o cálculo de juros.

Uma loja vende um modelo de forno elétrico por R$ 1 450,00 à vista ou em 4 parcelas iguais de R$ 380,00. Qual é a taxa de juros simples mensal que a loja está cobrando na compra parcelada?

Primeiro, vamos determinar o preço total a ser pago pelo forno elétrico na compra parcelada.

$$4 \cdot \text{R\$ } 380{,}00 = \text{R\$ } 1\,520{,}00$$

A diferença entre o preço total parcelado e o preço à vista corresponde ao juro cobrado pela loja. Assim, determinamos que o juro cobrado é:

$$\text{R\$ } 1\,520{,}00 - \text{R\$ } 1\,450{,}00 = \text{R\$ } 70{,}00$$

Por fim, precisamos determinar a taxa de juros que a loja cobra na compra parcelada.

$$j = C \cdot i \cdot t$$
$$70 = 1\,450 \cdot i \cdot 4$$
$$70 = 5\,800i$$
$$\frac{70}{5\,800} = i$$
$$0{,}012 \simeq i$$

Portanto, a taxa de juros simples mensal que a loja está cobrando é de aproximadamente 1,2%.

ATIVIDADES

Retomar e compreender

8. Um capital de R$ 600,00 aplicado no sistema de juros simples produziu um montante de R$ 768,00 após quatro meses de aplicação. Qual foi a taxa mensal de juros nesse período?

9. Josué comprou um *notebook* de R$ 1800,00, mas pagou após dois meses, com taxa de juros simples de 3% ao mês.

a) Qual é o valor pago pelo *notebook* após os dois meses?

b) Se a taxa fosse de juros compostos, qual seria o valor pago por Josué?

10. Considere que em um período de três meses a caderneta de poupança rendeu, em regime de juros compostos, 0,6559% ao mês. Qual é o montante resgatado por um investidor que teve uma aplicação de R$ 2 000,00 nesse período?

Dica: Use uma calculadora.

11. Paula investiu R$ 30 000,00 em um fundo de investimento. Qual será o montante que ela vai resgatar após três meses, sabendo que a taxa de juros compostos é de 2% ao mês?

12. Simone aplicou R$ 1200,00 a uma taxa de juros compostos de 2% ao mês durante 14 meses. Determine o montante dessa aplicação.

Aplicar

13. Foram pagos R$ 200,00 de juros por um empréstimo de R$ 600,00 feito em uma instituição financeira pelo período de dois meses. Calcule a taxa mensal de juros compostos desse empréstimo.

14. Adriana decidiu investir uma quantia. O gerente da sua conta informou que os dois melhores investimentos que ela poderia fazer com esse valor eram: aplicar na poupança, que tem um rendimento de 0,8% ao mês, ou realizar outro investimento, com duração obrigatória de 6 meses, com rendimento de 4,5% no período. Sabendo que ela pretende aplicar por 6 meses o seu capital, responda: Qual é a aplicação mais vantajosa para Adriana?

Acompanhamento da aprendizagem

Retomar e compreender

1. É comum a conta de consumo em bares, restaurantes e lanchonetes vir com um acréscimo de 10% sobre o valor do consumo. Essa quantia corresponde à comissão paga ao garçom. Essa cobrança é válida, mas o pagamento pelo consumidor é opcional. Amanda e seus pais jantaram em uma churrascaria e o valor total do consumo deles foi de R$ 175,00. Ela sabia que pagar 10% sobre o valor da conta era opcional. Caso eles tenham optado por pagar essa comissão ao garçom, qual foi o valor total da conta?

2. Ana comprou um tênis à vista e recebeu 15% de desconto, economizando, assim, R$ 48,00. Quanto ela pagou pelo tênis?

3. Para um lojista, o preço de custo de um artigo é R$ 247,50. Em sua loja, ele vende esse mesmo artigo por R$ 330,00. Qual deve ser o desconto anunciado pelo lojista para vender o artigo a preço de custo?

4. Ao comprar um celular que custava R$ 800,00, Paola ganhou um desconto de R$ 57,60, pois pagou à vista e em dinheiro. Qual foi a taxa de desconto que ela recebeu?

5. Em um mês, um posto de combustível reajustou duas vezes o valor do etanol. O primeiro reajuste foi de 4%, e o segundo foi de 3%.

a) Pode-se dizer que o aumento do etanol no mês foi de 7,0%? Justifique sua resposta.

b) De quanto foi o aumento total?

6. O Índice Nacional de Preços ao Consumidor Amplo (IPCA) é o indicativo oficial de inflação utilizado pelo governo federal do Brasil. Em 2022, o índice acumulado no ano foi de, aproximadamente, 5,63%. Em 2023, Víctor recebeu um aumento salarial com base na reposição da inflação do ano anterior, além de um aumento real de 1,5%. Se em 2022 ele recebia R$ 1800,00 mensais, qual foi o seu salário em 2023?

7. Veja a seguir o gráfico que representa a produção de autopeças de uma indústria durante o 1º semestre de 2023.

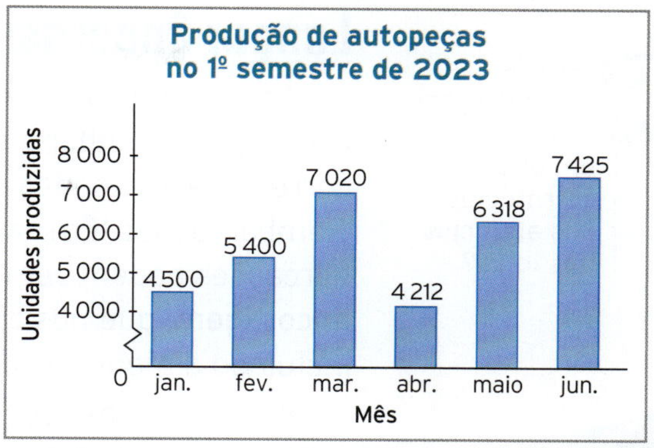

Dados fornecidos pela administração da indústria.

a) Qual foi o percentual de aumento na produção de março em relação a fevereiro?

b) Qual foi o percentual de queda na produção de abril em relação a março?

c) Qual foi o percentual de aumento na produção do último mês do período em relação ao primeiro?

8. Carlos fez uma aplicação a juros simples. Após três meses, o rendimento foi de R$ 480,00. Sabendo que a aplicação rendeu 20% ao ano, quanto Carlos aplicou?

9. Eliza decidiu investir uma quantia em uma aplicação recomendada pelo gerente da sua conta. No primeiro mês, ela perdeu 30% do total investido. No segundo mês, ela recuperou 20% do que havia perdido. Depois desses dois meses, ela decidiu retirar o montante de R$ 3800,00 gerado pela aplicação. Qual foi a quantia inicial que Eliza aplicou?

Aplicar

10. Em dezembro de 2022, o salário mínimo no Brasil era R$ 1212,00. Em janeiro de 2023, passou a ser R$ 1302,00.

a) Qual foi, aproximadamente, o aumento percentual do salário mínimo de dezembro de 2022 para janeiro de 2023?

b) Suponha que, a partir de janeiro de 2023, especialistas estimem um reajuste de 4% ao ano no salário mínimo até 2027. Qual seria o valor do salário mínimo em 2027?

11. Elabore uma situação-problema que trabalhe com descontos ou aumentos sucessivos de 13% e 7%. Em seguida, troque com um colega a situação-problema que você criou, para que ele a resolva, enquanto você resolve a situação-problema criada por ele.

EDUCAÇÃO FINANCEIRA

A **ancoragem** é observada em quais estratégias dos anúncios das lojas?

Lançar âncoras!

Ao ser lançada, a âncora se "agarra" ao fundo do mar e serve justamente para prender a embarcação. Se a embarcação não for ancorada, a correnteza e as ondas podem levá-la para outro lugar. Mas o que âncoras e embarcações têm a ver com Educação Financeira? As âncoras das embarcações podem ser relacionadas a um fenômeno psicológico chamado **ancoragem**, que nos ajuda a explicar alguns comportamentos humanos, incluindo a maneira como lidamos com o dinheiro e o consumo.

Leandro Lassmar/ID/BR

A ancoragem acontece quando ficamos marcados por um número, um valor ou uma situação, de modo que nossas escolhas subsequentes refletem essa influência, ainda que muitas vezes nem percebamos. Ficamos "presos" a essas âncoras a tal ponto que tomamos decisões influenciados por elas.

Estudos têm mostrado que o cérebro humano se deixa influenciar por um valor particular para, com base nele, estimar outros valores ou usá-lo como referência para fazer julgamentos em situações variadas, como a negociação da compra e da venda de uma casa, uma doação, entre outras. Os efeitos da ancoragem estão por toda parte.

Daniel Kahneman, um dos maiores pesquisadores nessa área, informa que esses estudos têm sido utilizados para incentivar as pessoas a comprar mais. Um exemplo comum são as estratégias psicológicas de preços. Kahneman menciona uma pesquisa sobre o comportamento dos consumidores de um supermercado em Iowa, nos Estados Unidos, diante

da promoção de um produto, vendido em latas, com um desconto de 10% sobre o preço normal. Em alguns dias, eram espalhados pelo supermercado cartazes anunciando um limite de 12 unidades por pessoa; em outros dias, os cartazes diziam “sem limite por pessoa”. A pesquisa mostrou que os clientes compraram, em média, o dobro da quantidade de latas desse produto quando os cartazes apresentavam o limite de 12 unidades do que nos dias em que não havia limite. O número 12 servia de âncora para que as pessoas comprassem mais produtos.

Mas como podemos lidar com esse padrão do nosso cérebro?

Para lidar com a ancoragem, é preciso tomar cuidado com as primeiras propostas que são apresentadas. Além disso, se você vai comprar algo e o preço estiver exagerado ou muito acima do planejado, busque na memória situações em que comprou melhor ou mais barato. Ou, então, espere um pouco ou faça outras coisas para só depois ir às compras novamente. Nem sempre temos tempo e disposição para isso; no entanto, é importante entender o fenômeno da ancoragem para lidar com os efeitos tanto das âncoras ocasionais como das âncoras intencionalmente elaboradas para influenciar nossa decisão e, assim, garantir a nossa saúde financeira.

É preciso muita agilidade para navegar no mar das opções, sem ficar preso a âncoras que podem impedir a nossa viagem.

Leandro Lassmar/ID/BR

Explorando o tema

Reúna-se com um colega para responder às questões a seguir.

1. O que vocês entenderam sobre o efeito de ancoragem? De que maneira ele se relaciona com a Educação Financeira?
2. SABER SER Vocês já viveram alguma situação financeira em que tomaram uma decisão com base no efeito de ancoragem? Conte aos demais colegas como foi. Se fosse hoje, vocês tomariam uma decisão diferente?
3. Considerem uma situação em que vocês vão a uma loja e se deparam com camisetas em promoção com os seguintes preços:

   R$ 99,99 | R$ 119,99 | R$ 109,99 | R$ 129,99

   Se vocês comprassem a camiseta mais cara, é possível dizer que vocês pagariam R$ 130,00? Expliquem sua resposta.

ATIVIDADES INTEGRADAS

Aplicar

1. Para otimizar seu tempo de estudo, Cláudia alterou a velocidade de reprodução de um vídeo de seis minutos de duração. Se ela mudou a velocidade no início do vídeo para 1,5 vez a velocidade original, em quanto tempo Cláudia vai assistir a esse vídeo?

2. Em uma pista de corrida, Aílton percorreu 1 800 m em 10 minutos, e Patrícia percorreu a mesma distância em 12 minutos.

a) Calcule a medida de velocidade média de Aílton.

b) Calcule a medida de velocidade média de Patrícia.

c) Compare as medidas de velocidade média de Aílton e de Patrícia com as de Usain Bolt, atleta jamaicano recordista mundial que correu 100 m em 9,58 segundos, em Berlim, em 2009.

3. Reúna-se com um colega para fazer o que se pede em cada item.

a) Substitua cada ■ por valores que permitam obter uma afirmação verdadeira.

> A medida da densidade de um material é 7 g/cm^3. Isso significa que um cubo com medida de volume igual a ■ cm^3 feito com esse material terá ■ g de medida de massa.

b) Se um material tem medida de densidade igual a 8 g/cm^3, determine a medida da massa de um cubo feito com esse material e cuja medida de volume é 1 cm^3.

c) Se um material tem medida de densidade igual a 9 g/cm^3, determine a medida da massa de um cubo feito com esse material e cuja medida de volume é 1 cm^3.

d) Analisando as respostas dos itens anteriores, respondam: Podemos afirmar que, quanto maior for a densidade de um material, maior será a medida da massa de um cubo feito com esse material e cuja medida de volume é 1 cm^3? Justifique.

4. Uma empresa lançou um avião com 84 metros de comprimento e 88 metros de envergadura, além de ter massa de 175 toneladas. Para presentear seus clientes no voo inaugural, a empresa contratou um *designer* para criar uma maquete desse avião, na escala 2 : 1 000. Assim, a maquete apresentará, em centímetros, as medidas de comprimento e envergadura, respectivamente, iguais a:

a) 17,6 e 16,8.
b) 16,8 e 17,6.
c) 168 e 17,6.
d) 16,8 e 176.
e) 168 e 176.

5. Três empresários montaram uma empresa. O sócio majoritário entrou na sociedade com R$ 40 000,00, o minoritário entrou com a metade do que foi dado pelo majoritário e o terceiro, com $\frac{3}{4}$ do que foi investido pelo majoritário. Após três anos de atividade, houve um lucro de R$ 270 000,00, que foi dividido proporcionalmente aos capitais investidos.

Ao sócio majoritário coube o valor de:

a) R$ 180 000,00.
b) R$ 150 000,00.
c) R$ 60 000,00.
d) R$ 90 000,00.
e) R$ 120 000,00.

Veja uma **resolução** para essa atividade. Você a resolveria de outro modo?

6. (Enem) O pacote básico de um jogo para *smartphone*, que é vendido a R$ 50,00, contém 2 000 gemas e 100 000 moedas de ouro, que são itens utilizáveis nesse jogo.

A empresa que comercializa esse jogo decidiu criar um pacote especial que será vendido a R$ 100,00 e que se diferenciará do pacote básico por apresentar maiores quantidades de gemas e moedas de ouro. Para estimular as vendas desse novo pacote, a empresa decidiu inserir nele 6 000 gemas a mais, em relação ao que o cliente teria caso optasse por comprar, com a mesma quantia, dois pacotes básicos.

A quantidade de moedas de ouro que a empresa deverá inserir ao pacote especial, para que seja mantida a mesma proporção existente entre as quantidades de gemas e de moedas de ouro contidas no pacote básico, é:

a) 50 000.
b) 100 000.
c) 200 000.
d) 300 000.
e) 400 000.

7. (FGV-SP) Fábio recebeu um empréstimo bancário de R$ 10 000,00 para ser pago em duas parcelas anuais, a serem pagas respectivamente no final do primeiro ano e do segundo ano, sendo cobrados juros compostos à taxa de 20% ao ano. Sabendo que o valor da primeira parcela foi de R$ 4 000,00, podemos concluir que o valor da segunda foi de:

a) R$ 8 800,00.
b) R$ 9 000,00.
c) R$ 9 200,00.
d) R$ 9 400,00.
e) R$ 9 600,00.

8. (ESPM-SP) Um capital de R$ 6 000,00 é aplicado por 4 meses a juros compostos de 2% ao mês. Qual é o valor do juro resultante dessa aplicação?

Você pode usar um dos dados abaixo:

$1{,}02^4 = 1{,}0824$

$1{,}2^4 = 2{,}0736$

$1{,}02 \cdot 4 = 4{,}08$

a) R$ 6 494,40
b) R$ 6 480,00
c) R$ 6 441,60
d) R$ 494,40
e) R$ 480,00

Analisar e verificar

9. (Enem) Em uma loja, o preço promocional de uma geladeira é de R$ 1000,00 para pagamento somente em dinheiro. Seu preço normal, fora da promoção, é 10% maior. Para pagamento feito com o cartão de crédito da loja, é dado um desconto de 2% sobre o preço normal.

Uma cliente decidiu comprar essa geladeira, optando pelo pagamento com o cartão de crédito da loja. Ela calculou que o valor a ser pago seria o preço promocional acrescido de 8%. Ao ser informada pela loja do valor a pagar, segundo sua opção, percebeu uma diferença entre seu cálculo e o valor que lhe foi apresentado.

O valor apresentado pela loja, comparado ao valor calculado pela cliente, foi

a) R$ 2,00 menor.
b) R$ 100,00 menor.
c) R$ 200,00 menor.
d) R$ 42,00 maior.
e) R$ 80,00 maior.

10. (Fuvest-SP) Um comerciante adotou como forma de pagamento uma máquina de cartões, cuja operadora cobra uma taxa de 6% em cada venda. Para continuar recebendo exatamente o mesmo valor por cada produto, ele resolveu aplicar um reajuste nos preços de todos os produtos da loja. Se P era o valor de uma mercadoria antes da adoção da máquina, o novo valor V deve ser calculado por

a) $V = P + 0{,}06$
b) $V = 0{,}94 \cdot 1{,}06 \cdot P$
c) $V = 1{,}6 \cdot P$
d) $V = \frac{P}{0{,}94}$
e) $V = 0{,}94 \cdot P$

11. (Enem) Arthur deseja comprar um terreno de Cléber, que lhe oferece as seguintes possibilidades de pagamento:

- Opção 1: pagar à vista, por R$ 55 000,00;
- Opção 2: pagar a prazo, dando uma entrada de R$ 30 000,00, e mais uma prestação de R$ 26 000,00 para dali a 6 meses;
- Opção 3: pagar a prazo, dando uma entrada de R$ 20 000,00, mais uma prestação de R$ 20 000,00 para dali a 6 meses e outra de R$ 18 000,00 para dali a 12 meses da data da compra;
- Opção 4: pagar a prazo dando uma entrada de R$ 15 000,00 e o restante em 1 ano da data da compra, pagando R$ 39 000,00;
- Opção 5: pagar a prazo, dali a um ano, o valor de R$ 60 000,00.

Arthur tem o dinheiro para pagar à vista, mas avalia se não seria melhor aplicar o dinheiro do valor à vista (ou até um valor menor) em um investimento, com rentabilidade de 10% ao semestre, resgatando os valores à medida que as prestações da opção escolhida fossem vencendo.

Após avaliar a situação do ponto de vista financeiro e das condições apresentadas, Arthur concluiu que era mais vantajoso financeiramente escolher a opção:

a) 1. b) 2. c) 3. d) 4. e) 5.

Criar

12. Em certo ano, dois sócios de uma empresa obtiveram lucro de R$ 20 000,00. Sabendo que eles investiram quantias diferentes, elabore um problema que envolva o quanto cada sócio deve receber, proporcionalmente, ao que investiu.

13 AÇÃO CONTRA A MUDANÇA GLOBAL DO CLIMA

Retomando o tema

O Protocolo de Kyoto, assinado em 1997, foi o primeiro tratado internacional para controlar a emissão de gases de efeito estufa. O Acordo de Paris foi assinado em 2015 por 195 países, entre eles o Brasil, e é um dos movimentos voltados ao controle das alterações climáticas mundiais que prevê metas para a redução da emissão de gases do efeito estufa. Ao assinar esse acordo, o Brasil comprometeu-se a aumentar o uso de fontes alternativas de energia, melhorar a infraestrutura dos transportes, diminuir o desmatamento e reflorestar até 12 milhões de hectares.

1. Em 1997, apenas os países desenvolvidos se comprometeram a reduzir a emissão de gases de efeito estufa. Caso não atingissem essas metas, poderiam negociar créditos de carbono, financiando projetos que proporcionassem benefícios reais para a atmosfera. Pesquise quais projetos ou ações esses países podem financiar nos países menos desenvolvidos para gerar créditos de carbono.
2. Veja a projeção de redução da emissão de CO_2 assumida pelo Brasil.

Projeção da emissão brasileira de gases de efeito estufa assumida no Acordo de Paris

Ano	2005	2025	2030
Total (em milhões de toneladas de CO_2 equivalente)	2,133	1,346	1,208
Redução em relação a 2005	–	37%	43%

Acordo de Paris: o que é? *Politize!* Disponível em: https://www.politize.com.br/acordo-de-paris/. Acesso em: 24 maio 2023.

Se a cada 5 anos a redução permanecer igual à do período de 2025 a 2030, qual será, em milhões de toneladas, o total de CO_2 emitido em 2035? E em 2040?

Geração da mudança

O plano de ação climática é um conjunto de estratégias para preparar as cidades para as mudanças climáticas, diminuindo impactos negativos sobre a população, a economia e o meio ambiente.

- Reúna-se com dois colegas para pesquisar qual é o plano de ação climática do seu estado. Procure entender se há metas já cumpridas ou em andamento.

Autoavaliação

Camila Anselmé/ID/BR

UNIDADE
3

RETAS E ÂNGULOS, SEMELHANÇA E TRIÂNGULO RETÂNGULO

PRIMEIRAS IDEIAS

1. Sabendo que $\overline{AB}$ mede 5 cm, $\overline{CD}$ mede 10 cm, $\overline{EF}$ mede 1 cm e $\overline{GH}$ mede 2 cm, qual é a proporção entre as medidas dos segmentos $\overline{AB}$, $\overline{CD}$, $\overline{EF}$ e $\overline{GH}$, nessa ordem?
2. Como você determinaria se duas figuras são semelhantes? Quais critérios você utilizaria? Justifique sua resposta e a compare com a de um colega.
3. Cite algumas características de um triângulo retângulo.

Conhecimentos prévios

Nesta unidade, eu vou...

CAPÍTULO 1 Retas e ângulos

- Identificar ângulos congruentes e suplementares em retas paralelas distintas cortadas por uma transversal para determinar medidas de ângulo desconhecidas.
- Atribuir significado aos conceitos de razão e proporção, aplicando-os em figuras geométricas.
- Estabelecer a razão e a proporção entre segmentos de reta.
- Realizar experimentos para identificar relações de proporcionalidade envolvendo retas paralelas cortadas por transversais.
- Dividir segmentos de reta com o auxílio de régua, compasso e esquadro.
- Verificar e aplicar o teorema de Tales em situações envolvendo retas e triângulos.
- Reconhecer acontecimentos históricos associados ao desenvolvimento do teorema de Tales.
- Aplicar o teorema da bissetriz interna na resolução de atividades.

CAPÍTULO 2 Semelhança

- Reconhecer figuras e polígonos semelhantes utilizando as propriedades geométricas.
- Aplicar as propriedades de semelhança de figuras planas e os casos de semelhança de triângulos na resolução de problemas.

CAPÍTULO 3 Triângulo retângulo

- Reconhecer um triângulo retângulo, identificar seus elementos e suas medidas.
- Determinar as relações métricas entre triângulos retângulos a partir da semelhança entre eles.
- Compreender e aplicar as relações métricas no triângulo retângulo, inclusive o teorema de Pitágoras, para resolver problemas.
- Investigar as relações métricas no triângulo retângulo.
- Reconhecer mulheres que se destacaram em diversas profissões.

RESOLVENDO PROBLEMAS

- Resolver um problema usando a estratégia "consultar um problema mais simples".

CIDADANIA GLOBAL

- Reconhecer que mulheres e homens podem exercer qualquer profissão.

Roy Rochlin/Getty Images

LEITURA DA IMAGEM

1. Qual prédio da imagem chama mais a sua atenção? Por quê?
2. O *One World Trade Center* é repleto de linhas transversais que dão formato triangular a suas faces, conferindo um ar moderno à construção. Observe novamente os edifícios na imagem. Que conhecimentos de Geometria você acha que arquitetos e engenheiros precisam ter para projetar e construir edifícios como esses?

CIDADANIA GLOBAL

5 IGUALDADE DE GÊNERO

Diariamente, as mulheres enfrentam desafios relacionados à desigualdade de gênero, como dificuldades para se colocar no mercado de trabalho, para ocupar os mesmos cargos dos homens e receber os mesmos salários que eles. Além disso, muitas mulheres sofrem com violência e assédio dentro e fora do ambiente de trabalho.

Mas essa realidade está mudando, ainda que a passos curtos. Na construção civil, por exemplo, uma área majoritariamente masculina, entre os anos de 2007 e 2018, 200 mil mulheres assumiram postos de trabalho, de acordo com o Instituto Brasileiro de Geografia e Estatística (IBGE). Isso representa um aumento de 120% de mulheres no setor. Nessa área, elas exercem função de arquitetas, pedreiras, serventes, carpinteiras, ajudantes de obras, encanadoras, engenheiras, técnicas em edificações, pintoras, eletricistas, etc.

- Há profissões que não são para mulheres? E há profissões que não são para homens?

Ao longo desta unidade, reflita sobre esses questionamentos!

Quais são os **desafios das mulheres** no mercado de trabalho?

A imagem focaliza a torre principal do novo complexo de edifícios chamado *World Trade Center*, localizado em Nova York, nos Estados Unidos. O *One World Trade Center* foi construído no lugar das torres gêmeas, que foram atacadas por terroristas no dia 11 de setembro de 2001. Foto de 2022.

CAPÍTULO

1 RETAS E ÂNGULOS

RETAS CORTADAS POR UMA TRANSVERSAL

No dia a dia, é comum usar mapas para nos localizar ou para realizar deslocamentos.

Muitas vezes, a imagem de satélite da região onde faremos o deslocamento facilita a localização e a definição do trajeto que queremos realizar. Hoje em dia, aplicativos nos auxiliam nessa tarefa, pois reproduzem a imagem de satélite de determinada região.

A imagem a seguir mostra uma região na cidade de Uberlândia, em Minas Gerais. Observe que foram destacadas algumas ruas que lembram partes de retas. Perceba que, por exemplo, a rua Augusto César é concorrente à rua Johen Carneiro e à rua Carajás. Podemos dizer que a rua Augusto César é transversal às ruas destacadas.

Chamamos de reta transversal a reta que corta duas ou mais retas em pontos distintos.

▼ **Na tela do *tablet*, imagem de satélite de uma região de Uberlândia (MG).**

Golibo/iStock/Getty Images; 2018 Digital Globe/Google Earth. Fotomontagem: ID/BR

Ângulos formados por duas retas cortadas por uma transversal

Observe, na figura a seguir, que os pontos de encontro da reta transversal t com as retas r e s determinam oito ângulos com vértices nos pontos de intersecção.

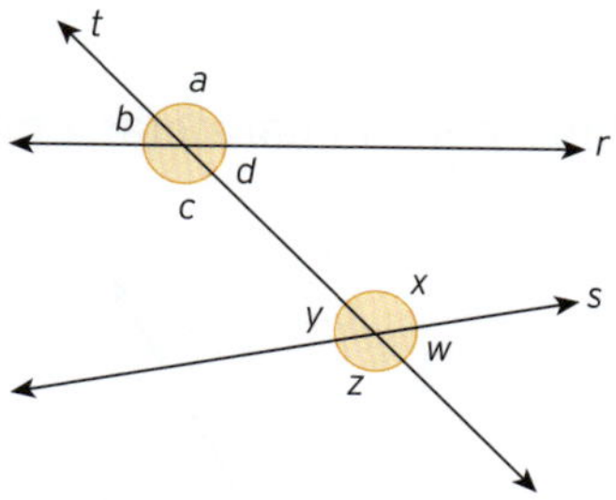

Ilustrações: ID/BR

> **REPRESENTAÇÃO DE ÂNGULO**
>
> Para simplificar, usaremos a notação a para indicar a **medida do ângulo $\hat{a}$**.

Os pares de ângulos: $\hat{a}$ e $\hat{c}$, $\hat{b}$ e $\hat{d}$, $\hat{x}$ e $\hat{z}$ e $\hat{y}$ e $\hat{w}$ são chamados de ângulos opostos pelo vértice (**o.p.v.**).

Com o auxílio de um transferidor, meça os pares de ângulos o.p.v. da figura anterior. O que você pode concluir sobre as medidas obtidas?

Medindo esses ângulos com transferidor, obtemos:

- $a + b = 180°$
- $c + d = 180°$
- $x + y = 180°$
- $w + z = 180°$

Os ângulos $\hat{a}$ e $\hat{b}$, $\hat{c}$ e $\hat{d}$, $\hat{x}$ e $\hat{y}$ e $\hat{w}$ e $\hat{z}$ são ângulos **suplementares**, ou seja, **a soma de suas medidas é igual a 180°**.

O esquema a seguir mostra como podemos classificar, de acordo com a posição que ocupam, os oito ângulos formados por duas retas cortadas por uma reta transversal.

ÂNGULOS FORMADOS POR DUAS RETAS CORTADAS POR UMA TRANSVERSAL

- Ângulos correspondentes
  - $\hat{a}$ e $\hat{x}$; $\hat{c}$ e $\hat{z}$; $\hat{b}$ e $\hat{y}$; $\hat{d}$ e $\hat{w}$

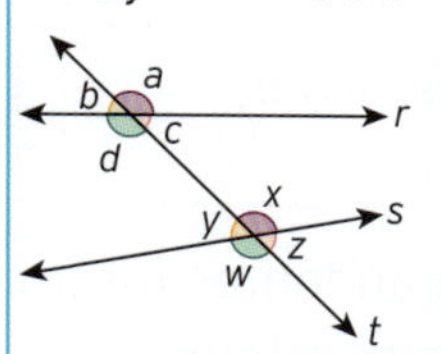

- Ângulos alternos
  - internos
    - $\hat{c}$ e $\hat{y}$; $\hat{d}$ e $\hat{x}$

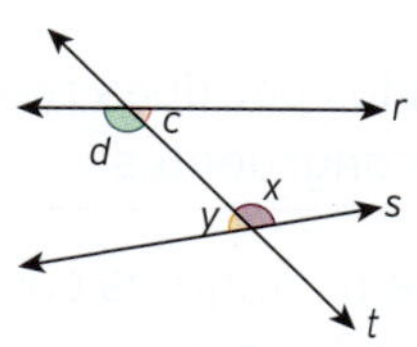

  - externos
    - $\hat{a}$ e $\hat{w}$; $\hat{b}$ e $\hat{z}$

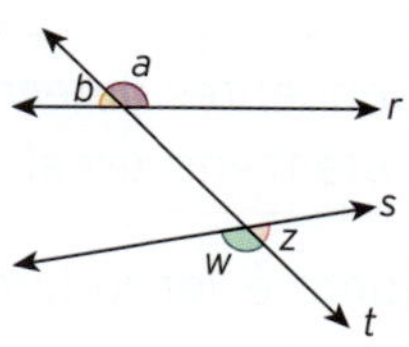

- Ângulos colaterais
  - internos
    - $\hat{c}$ e $\hat{x}$; $\hat{d}$ e $\hat{y}$

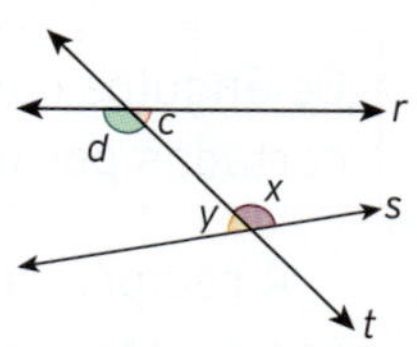

  - externos
    - $\hat{a}$ e $\hat{z}$; $\hat{b}$ e $\hat{w}$

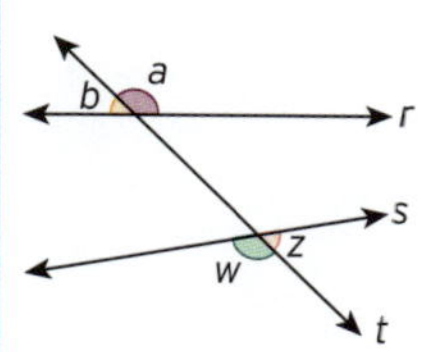

Relações entre os ângulos formados por duas retas paralelas cortadas por uma transversal

Vamos relembrar as relações entre as medidas dos ângulos correspondentes, alternos e colaterais formados no caso particular em que as duas retas cortadas pela transversal são paralelas.

Ângulos correspondentes

Na figura a seguir, as retas *r* e *s* são paralelas entre si (*r* // *s*) e a reta *t* é transversal a elas.

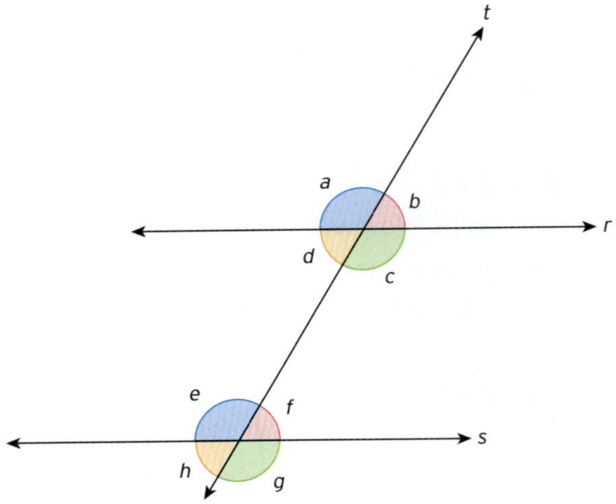

Ilustrações: ID/BR

Considere os ângulos correspondentes $\hat{b}$ e $\hat{f}$.

Com um transferidor, medimos o ângulo $\hat{b}$ e o ângulo $\hat{f}$. Veja a seguir.

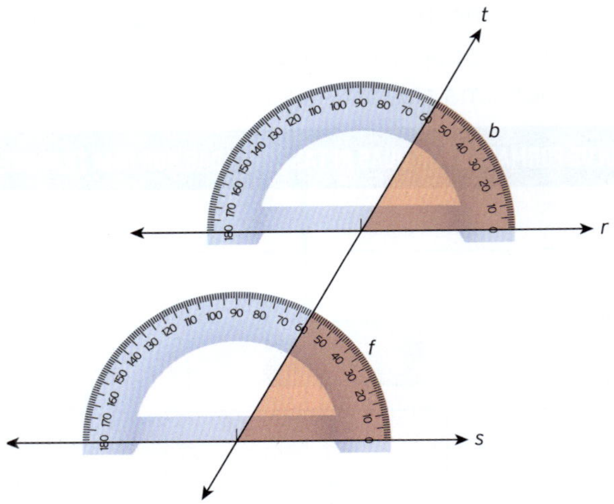

Com esse procedimento, é possível verificar que $\hat{b}$ e $\hat{f}$ têm medidas iguais, ou seja, os ângulos $\hat{b}$ e $\hat{f}$ são congruentes.

Agora, usando um transferidor, meça os outros ângulos. Os outros pares de ângulos correspondentes também são congruentes?

> Os ângulos correspondentes determinados por duas retas paralelas cortadas por uma reta transversal são congruentes.

A recíproca também é verdadeira: se os ângulos correspondentes forem congruentes, as duas retas cortadas pela transversal serão paralelas.

Ângulos alternos

Considere as retas paralelas r e s cortadas pela transversal t, conforme a figura a seguir. Os pares de ângulos alternos estão indicados com cores iguais.

Ilustrações: ID/BR

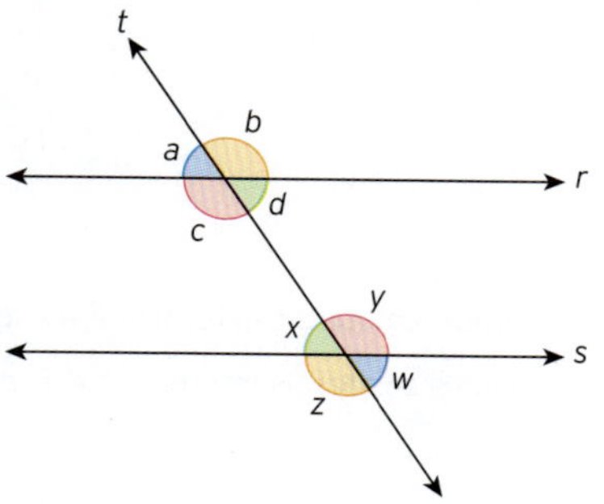

Ângulos alternos externos: $\hat{a}$ e $\hat{w}$; $\hat{b}$ e $\hat{z}$

Ângulos alternos internos: $\hat{c}$ e $\hat{y}$; $\hat{d}$ e $\hat{x}$

Vamos demonstrar que duas retas paralelas, cortadas por uma transversal, determinam ângulos alternos (internos ou externos) que são congruentes.

Ângulos alternos externos

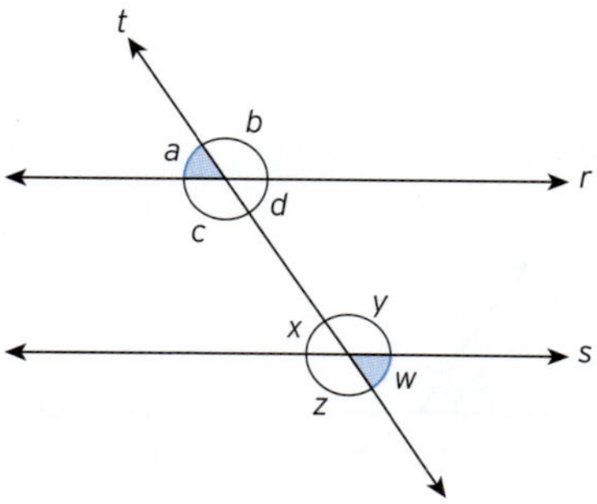

Sendo $r \parallel s$, temos:

- $\hat{a} \cong \hat{d}$, pois são ângulos opostos pelo vértice (o.p.v.);
- $\hat{d} \cong \hat{w}$, pois são ângulos correspondentes.

Portanto, podemos afirmar que $\hat{a} \cong \hat{w}$.

De maneira análoga, é possível demonstrar que $\hat{b} \cong \hat{z}$.

Ângulos alternos internos

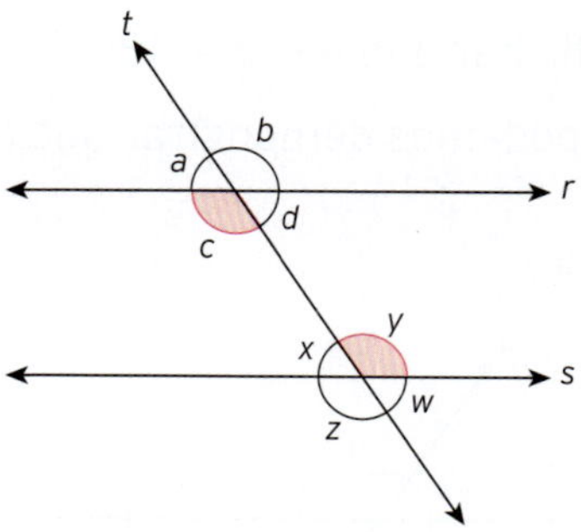

Sendo $r \parallel s$, temos:

- $\hat{c} \cong \hat{b}$, pois são ângulos o.p.v.;
- $\hat{b} \cong \hat{y}$, pois são ângulos correspondentes.

Portanto, podemos afirmar que $\hat{c} \cong \hat{y}$.

De maneira análoga, é possível demonstrar que $\hat{d} \cong \hat{x}$.

Ângulos colaterais

Considere as retas paralelas r e s cortadas pela transversal t, conforme a figura a seguir. Os pares de ângulos colaterais estão indicados com cores iguais.

Ilustrações: ID/BR

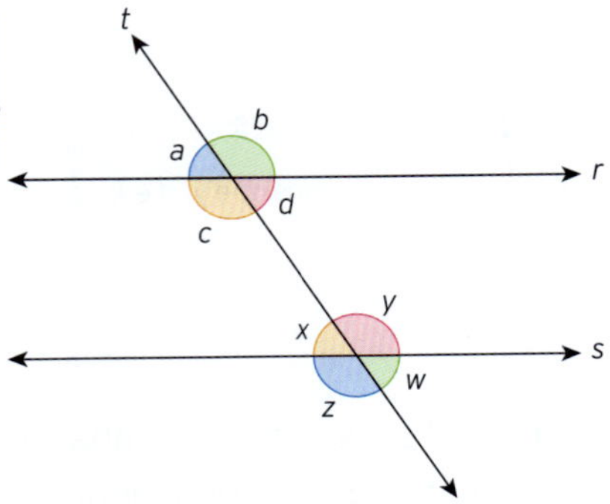

Ângulos colaterais externos: $\hat{a}$ e $\hat{z}$; $\hat{b}$ e $\hat{w}$

Ângulos colaterais internos: $\hat{c}$ e $\hat{x}$; $\hat{d}$ e $\hat{y}$

Vamos demonstrar que duas retas paralelas, cortadas por uma transversal, determinam ângulos colaterais (internos ou externos) que são suplementares.

Ângulos colaterais externos

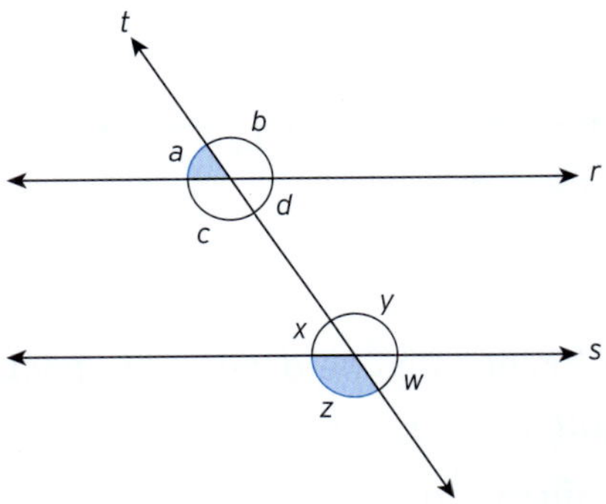

Sendo $r // s$, temos:

- $\hat{a} \cong \hat{x}$, pois são ângulos correspondentes;
- $x + z = 180°$, pois $\hat{x}$ e $\hat{z}$ são ângulos suplementares.

Portanto, podemos afirmar que $a + z = 180°$.

De maneira análoga, podemos demonstrar que $b + w = 180°$.

Ângulos colaterais internos

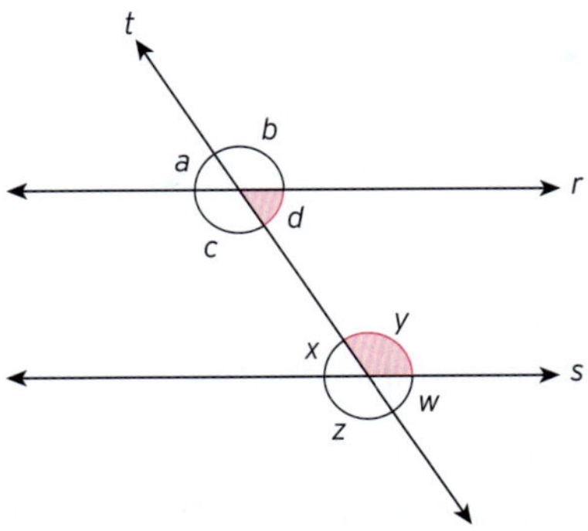

Sendo $r // s$, temos:

- $\hat{d} \cong \hat{x}$, pois são ângulos alternos internos;
- $x + y = 180°$, pois $\hat{x}$ e $\hat{y}$ são ângulos suplementares.

Portanto, podemos afirmar que $d + y = 180°$.

De maneira análoga, podemos demonstrar que $c + x = 180°$.

ATIVIDADES

Retomar e compreender

1. Sabendo que na figura a seguir as retas t e s são paralelas entre si, responda às questões.

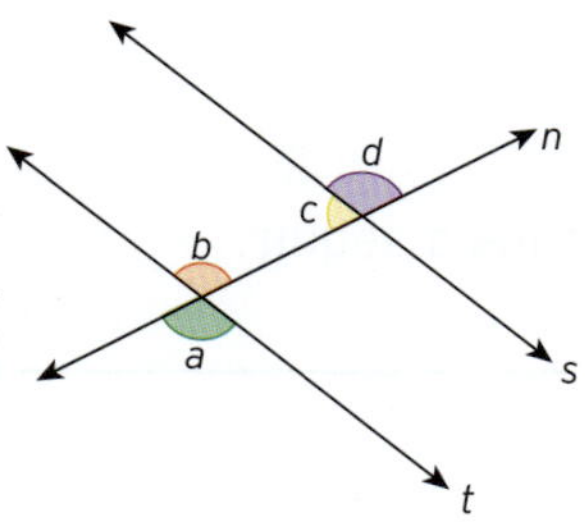

Ilustrações: ID/BR

a) Quais são os ângulos alternos externos?

b) Quais são os ângulos colaterais internos?

2. Nas figuras a seguir, as retas r e s são paralelas entre si. Determine o valor de x e z em grau.

a)

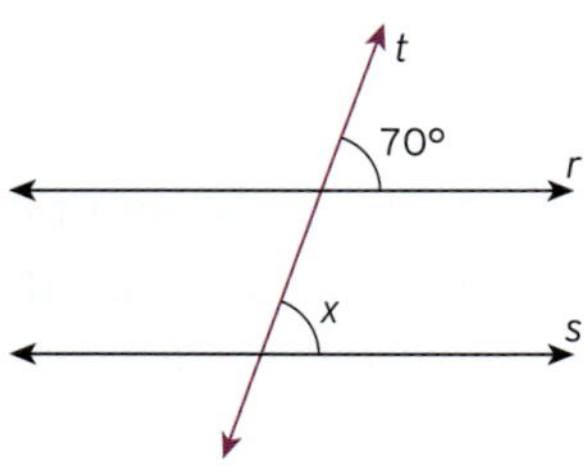

b)

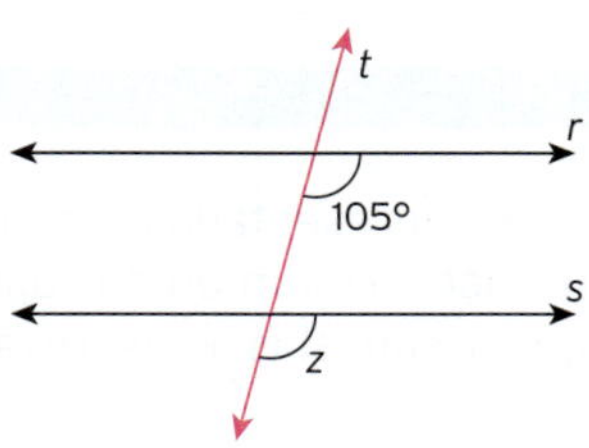

Aplicar

3. Sabendo que $r // s$, calcule o valor de x e y em grau.

a)

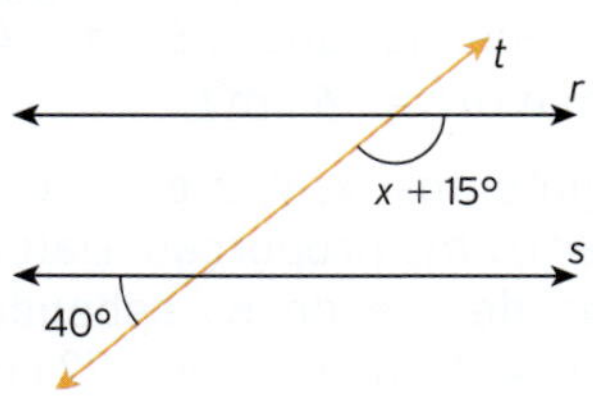

b)

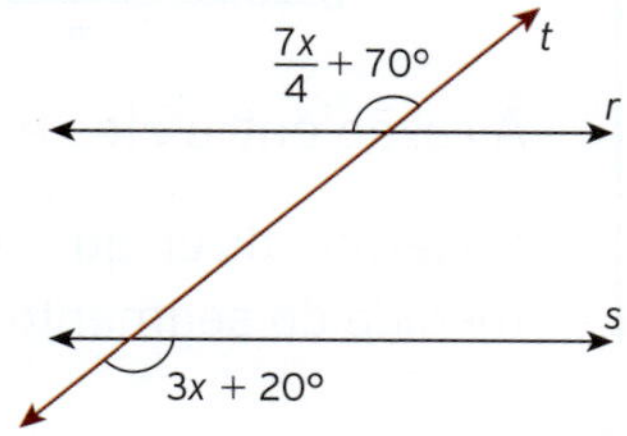

c)

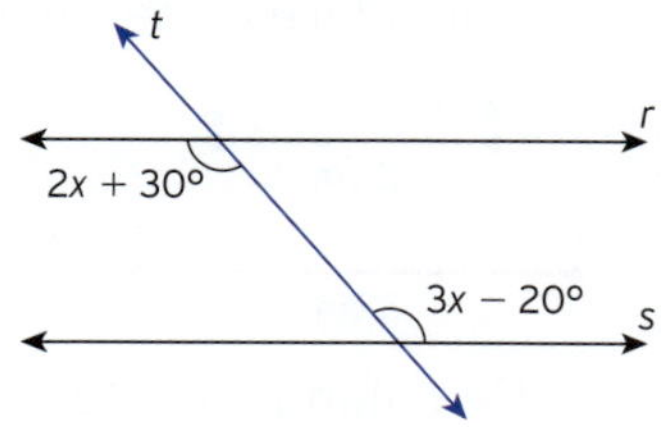

d)

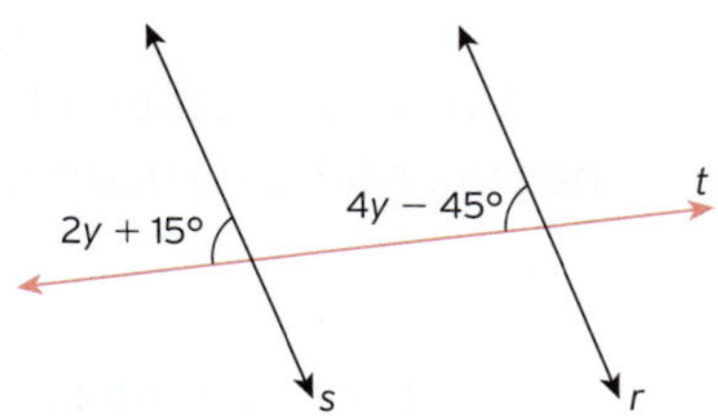

4. Duas retas paralelas cortadas por uma transversal formam ângulos colaterais internos expressos em grau por $4x + 28°$ e $3x - 23°$. Considerando isso, faça o que se pede em cada item.

a) Faça um esboço da situação.

b) Esses ângulos são congruentes ou suplementares?

c) Qual é a medida de cada um desses ângulos?

5. Duas retas paralelas intersectadas por uma transversal determinam dois ângulos colaterais internos; a medida de um deles é o triplo da medida do outro. Faça uma figura que represente essa situação e determine as medidas dos oito ângulos formados entre as paralelas e a transversal.

RAZÃO ENTRE SEGMENTOS

A razão entre dois segmentos é a razão entre suas medidas, considerando a mesma unidade de medida de comprimento.

Exemplo

Considere os segmentos de reta $\overline{AB}$ e $\overline{CD}$, representados a seguir.

A razão entre eles é $\frac{AB}{CD} = \frac{9}{3} = 3$.

Podemos dizer que a medida do segmento $\overline{AB}$ é três vezes maior que a medida do segmento $\overline{CD}$.

Segmentos proporcionais

Considere os segmentos de reta mostrados a seguir.

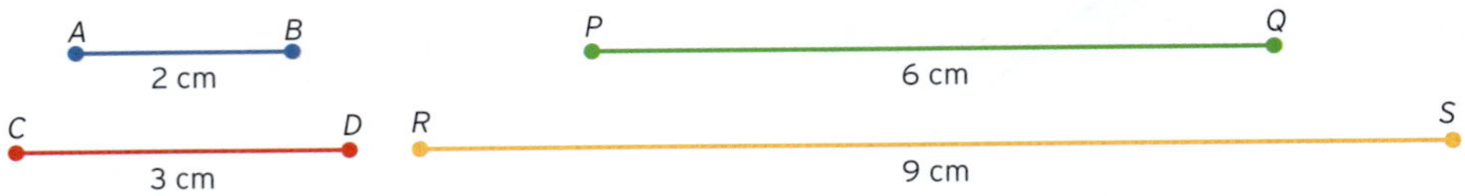

Ilustrações: ID/BR

Calculando a razão entre $\overline{AB}$ e $\overline{CD}$ e depois entre $\overline{PQ}$ e $\overline{RS}$, temos:

$$\frac{AB}{CD} = \frac{2}{3} \quad \text{e} \quad \frac{PQ}{RS} = \frac{6}{9} = \frac{2}{3}$$

Como as razões obtidas são iguais, os segmentos $\overline{AB}$, $\overline{CD}$, $\overline{PQ}$ e $\overline{RS}$, nessa ordem, formam uma proporção:

$$\frac{AB}{CD} = \frac{PQ}{RS}$$

Quatro segmentos, $\overline{AB}$, $\overline{CD}$, $\overline{PQ}$ e $\overline{RS}$, nessa ordem, são segmentos proporcionais quando suas medidas, tomadas na mesma unidade de medida, formam uma proporção, isto é, $\frac{AB}{CD} = \frac{PQ}{RS}$.

ATIVIDADES

Retomar e compreender

6. Considere a figura a seguir.

ID/BR

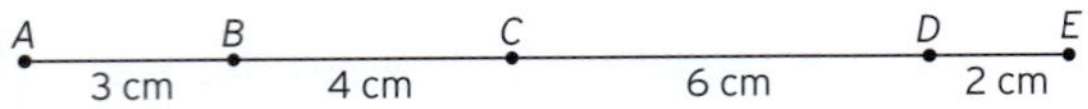

Escreva as razões entre as medidas dos segmentos indicadas a seguir.

a) $\frac{AB}{CD}$

b) $\frac{BC}{DE}$

c) $\frac{BC}{CE}$

d) $\frac{AC}{DE}$

e) $\frac{AE}{AE}$

f) $\frac{AD}{AC}$

7. Duas das razões apresentadas nos itens da atividade anterior formam uma proporção. Descubra quais são elas e escreva essa proporção.

Aplicar

8. Os segmentos $\overline{CD}$, $\overline{EF}$, $\overline{GH}$ e $\overline{IJ}$, nessa ordem, formam uma proporção. Quanto mede $\overline{IJ}$, sabendo que $CD = 24$ cm, $EF = 32$ cm e $GH = 36$ cm?

9. Quatro segmentos, x, y, z e w, formam, nessa ordem, uma proporção. Determine as medidas de z e de w, sabendo que $x = 12$ cm, $y = 15$ cm e $z + w = 72$ cm.

FEIXE DE RETAS PARALELAS CORTADAS POR TRANSVERSAIS

Utilizando régua e esquadro, Marina traçou três retas paralelas entre si ($r // s // t$) e duas retas (a e b) que as intersectam em pontos distintos. Observe.

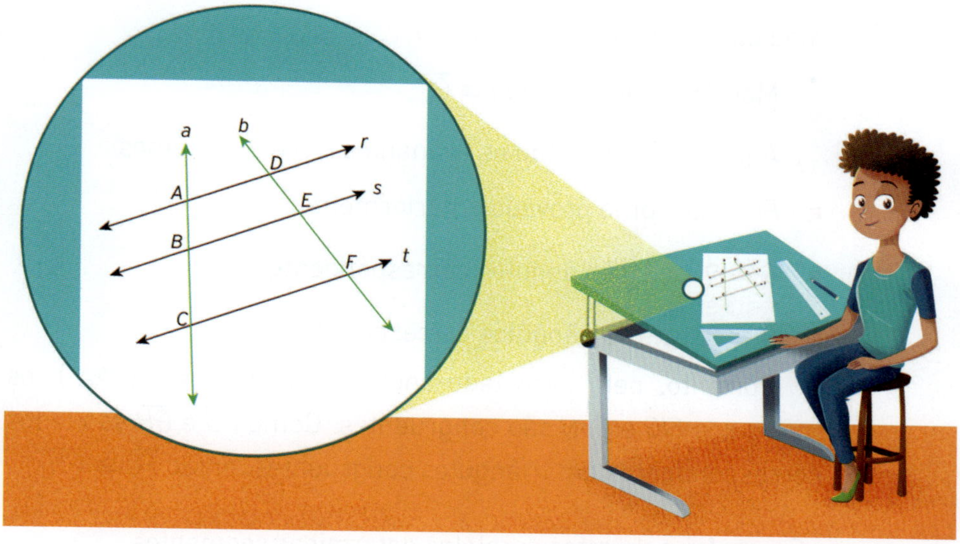

João Picoli/ID/BR

Um conjunto de três ou mais retas paralelas, em um mesmo plano, é chamado de **feixe de retas paralelas**.

No desenho de Marina, as retas r, s e t formam um feixe de retas paralelas e as retas a e b são transversais a esse feixe de retas paralelas.

Agora, considere a figura a seguir, em que $r // s // t$ e as retas a e b são retas transversais no mesmo plano.

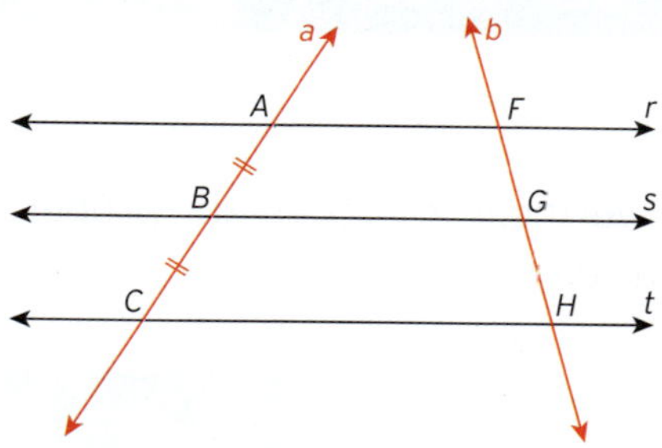

ID/BR

$r // s // t$

Vamos provar que, se $\overline{AB} \cong \overline{BC}$, então $\overline{FG} \cong \overline{GH}$.

Primeiro, traçamos por F o segmento $\overline{FI}$ paralelo à reta a. Em seguida, traçamos por G o segmento $\overline{GJ}$ paralelo à reta a, como mostrado na figura a seguir.

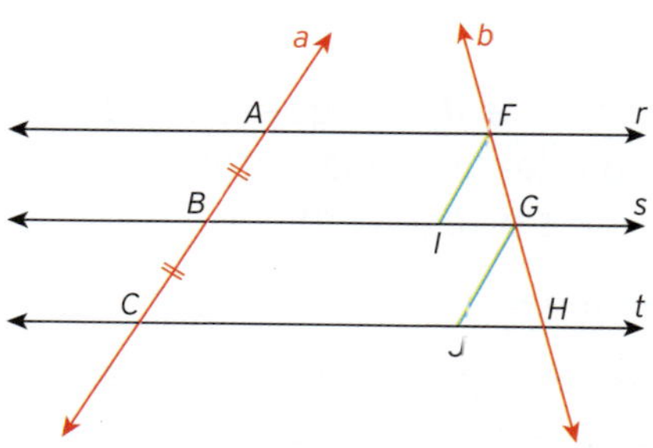

ID/BR

$r // s // t$

ID/BR

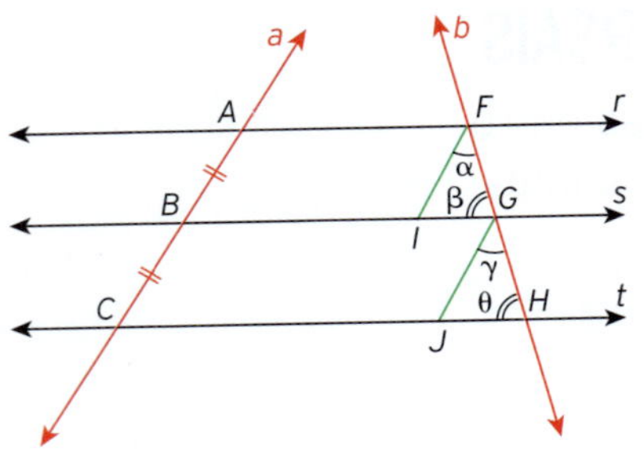

$r // s // t$

Observando a figura ao lado, temos:

- $ABIF$ é um paralelogramo, pois $\overline{AB} // \overline{FI}$ e $\overline{AF} // \overline{BI}$;
- $BCJG$ é um paralelogramo, pois $\overline{BC} // \overline{GJ}$ e $\overline{BG} // \overline{CJ}$.

Como os lados opostos de um paralelogramo têm a mesma medida, então $\overline{AB} \cong \overline{FI}$ e $\overline{BC} \cong \overline{GJ}$.

Mas $\overline{AB} \cong \overline{BC}$, então $\overline{FI} \cong \overline{GJ}$.

Agora, considerando os triângulos FIG e GJH, temos:

- $\overline{FI} \cong \overline{GJ}$, como provado anteriormente;
- $\hat{\alpha} \cong \hat{\gamma}$, pois são ângulos correspondentes;
- $\hat{\beta} \cong \hat{\theta}$, pois são ângulos correspondentes.

Portanto, pelo caso lado-ângulo-ângulo oposto (LAA_o), os triângulos FIG e GJH são congruentes. Como $\overline{FG}$ e $\overline{GH}$ são lados correspondentes em triângulos congruentes, então $\overline{FG} \cong \overline{GH}$.

> Se um feixe de retas paralelas determinar segmentos congruentes sobre uma transversal, esse feixe determinará segmentos congruentes sobre qualquer outra transversal.

LABORATÓRIO DE MATEMÁTICA

Verificações experimentais

Vamos fazer dois experimentos para verificar relações de proporcionalidade envolvendo retas paralelas cortadas por transversais.

Materiais

- lápis
- régua
- esquadro
- folhas de papel avulsas

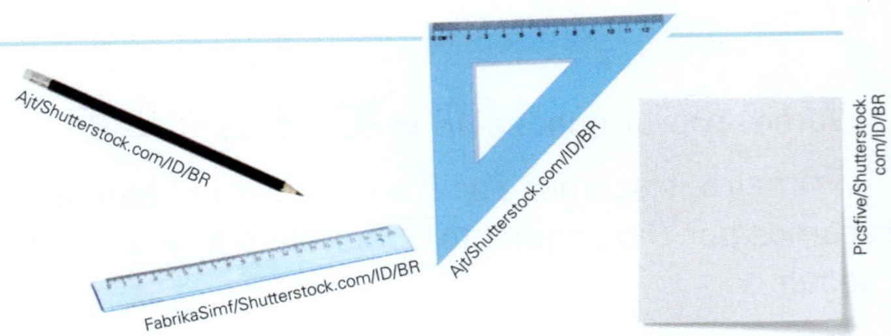

Como fazer

1 Desenhe um feixe de retas paralelas a, b, c e d, tal que a medida da distância entre as retas a e b seja 1 cm, a medida da distância entre as retas b e c seja 2 cm e a medida da distância entre as retas c e d seja 3 cm.

2 Trace duas retas, x e y, transversais a esse feixe.

3 Indique por A, B, C e D os pontos em que as retas paralelas cruzam a reta x e por E, F, G e H os pontos em que as retas paralelas cruzam a reta y. Você deve obter uma figura parecida com a mostrada a seguir.

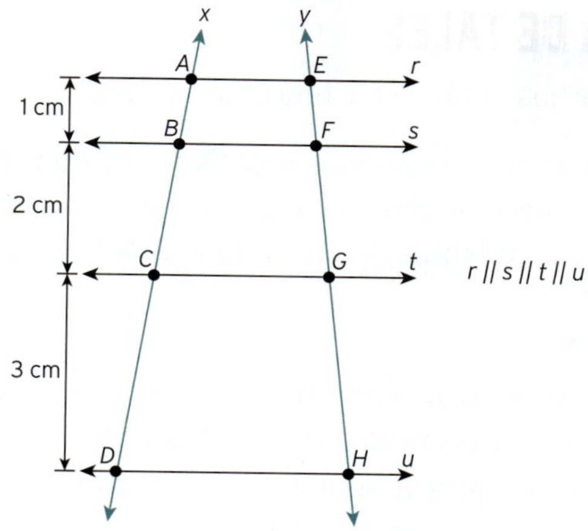

Ilustrações: ID/BR

4 Meça os segmentos $\overline{AB}$, $\overline{BC}$ e $\overline{CD}$, que pertencem à reta x, e os segmentos $\overline{EF}$, $\overline{FG}$ e $\overline{GH}$, que pertencem à reta y. Anote as medidas na figura que você construiu.

5 Agora, desenhe um feixe com quatro retas paralelas, f, g, h e i; a distância entre f e g, g e h e h e i deve medir 2 cm.

6 Trace as retas transversais m e n cruzando o feixe de retas paralelas. Indique por A, B, C e D os pontos em que as retas paralelas cruzam a reta m e por E, F, G e H os pontos em que as retas paralelas cruzam a reta n. Você deve obter uma figura parecida com esta.

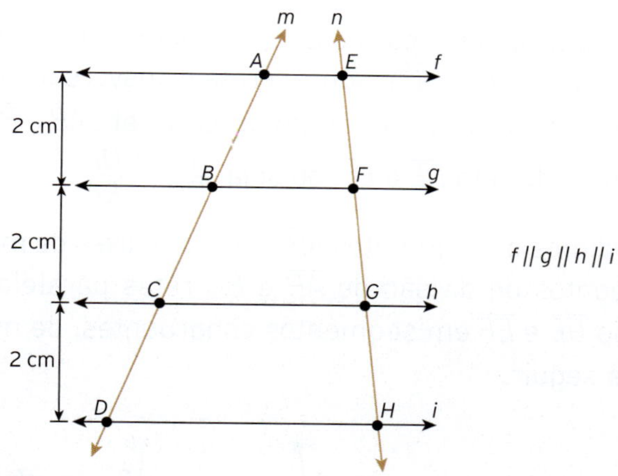

7 Meça os segmentos $\overline{AB}$, $\overline{BC}$ e $\overline{CD}$, que pertencem à reta m, e os segmentos $\overline{EF}$, $\overline{FG}$ e $\overline{GH}$, que pertencem à reta n. Anote as medidas na figura que você construiu.

Para concluir

1. Depois de determinar as medidas dos segmentos de cada figura, o que é possível concluir sobre elas?

2. Para cada figura que você construiu, calcule as seguintes razões: $\frac{AB}{BC}$ e $\frac{EF}{FG}$. Os segmentos $\overline{AB}$, $\overline{BC}$, $\overline{EF}$ e $\overline{FG}$, nessa ordem, são proporcionais?

3. Para cada figura que você construiu, calcule as seguintes razões: $\frac{BC}{CD}$ e $\frac{FG}{GH}$. Os segmentos $\overline{BC}$, $\overline{CD}$, $\overline{FG}$ e $\overline{GH}$, nessa ordem, são proporcionais?

TEOREMA DE TALES

Agora, vamos conhecer o teorema de Tales.

> Se um feixe de retas paralelas é cortado por duas retas transversais, os segmentos determinados sobre a primeira transversal são proporcionais a seus correspondentes determinados sobre a segunda transversal.

Demonstração

Vamos demonstrar que o teorema de Tales é válido para qualquer feixe de retas paralelas cortado por duas transversais.

Considere a figura a seguir, em que as retas *r*, *s* e *t* são paralelas, as retas *a* e *b* são transversais e $\overline{AB} \neq \overline{BC}$.

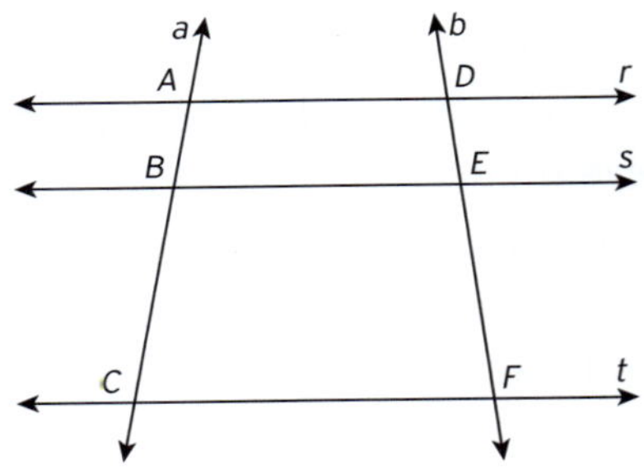

Ilustrações: ID/BR

Note que as retas paralelas *r*, *s* e *t* determinam sobre a reta transversal *a* os segmentos $\overline{AB}$ e $\overline{BC}$ e sobre a reta transversal *b* os segmentos $\overline{DE}$ e $\overline{EF}$.

Vamos mostrar que os segmentos de reta $\overline{AB}$ e $\overline{BC}$ são proporcionais aos segmentos de reta $\overline{DE}$ e $\overline{EF}$, ou seja, $\frac{AB}{BC} = \frac{DE}{EF}$.

Dividimos os segmentos $\overline{AB}$ e $\overline{BC}$ em partes de medidas iguais e traçamos pelos pontos de divisão de $\overline{AB}$ e $\overline{BC}$ retas paralelas do feixe. Essas retas dividirão $\overline{DE}$ e $\overline{EF}$ em segmentos congruentes, de medida *y*, como mostra a figura a seguir.

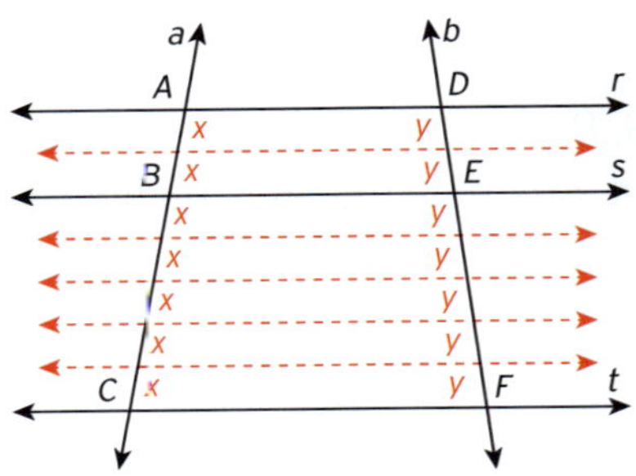

$r // s // t$

x e $y \in \mathbb{Q}_+^*$

Calculando a razão $\frac{AB}{BC}$, temos $\frac{AB}{BC} = \frac{2x}{5x} = \frac{2}{5}$ (I)

Calculando a razão $\frac{DE}{EF}$, temos $\frac{DE}{EF} = \frac{2y}{5y} = \frac{2}{5}$ (II)

Comparando (I) e (II), temos $\frac{AB}{BC} = \frac{DE}{EF}$.

Portanto, os segmentos $\overline{AB}$ e $\overline{BC}$ são proporcionais aos segmentos $\overline{DE}$ e $\overline{EF}$.

Exemplo

Vamos calcular o valor de y na figura a seguir. Considere $r \,//\, s \,//\, t$.

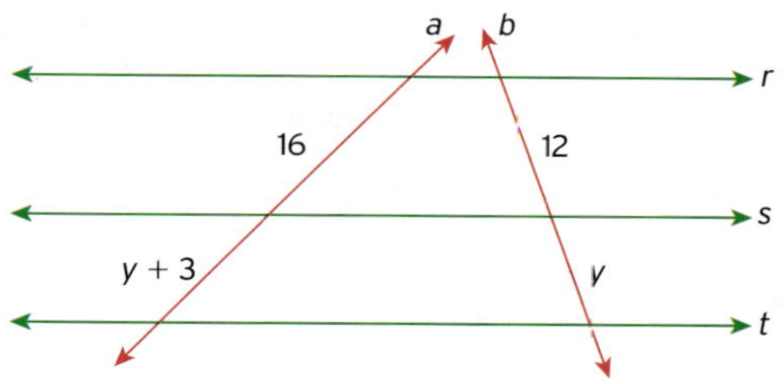

Ilustrações: ID/BR

Pelo teorema de Tales, temos:

$$\frac{y+3}{16} = \frac{y}{12}$$

$$12 \cdot (y+3) = 16 \cdot y$$

Resolvendo a equação, temos:

$$12y + 36 = 16y$$

$$36 = 4y$$

$$y = 9$$

Aplicações do teorema de Tales

Vamos estudar quatro aplicações do teorema de Tales: na divisão de um segmento de reta em partes de medidas iguais, na divisão de um segmento de reta em partes de medidas proporcionais, em triângulos e no teorema da bissetriz de um ângulo interno em um triângulo.

Divisão de um segmento de reta em partes de medidas iguais

Veja como podemos dividir um segmento de reta em seis partes de medidas iguais usando compasso, régua não graduada e um par de esquadros.

1º passo: Traçamos uma reta s e marcamos os pontos A e B, distintos, que formarão o segmento de reta $\overline{AB}$.

2º passo: Traçamos uma reta r, formando um ângulo agudo com $\overline{AB}$, passando por uma das extremidades (A, por exemplo). Em seguida, com o compasso, definimos uma distância qualquer entre a ponta-seca e a grafite e, repetindo essa mesma distância, marcamos na reta r o número de unidades iguais em que queremos dividir $\overline{AB}$ a partir do ponto A (neste caso, seis), determinando os pontos A_1, A_2, A_3, A_4, A_5 e A_6.

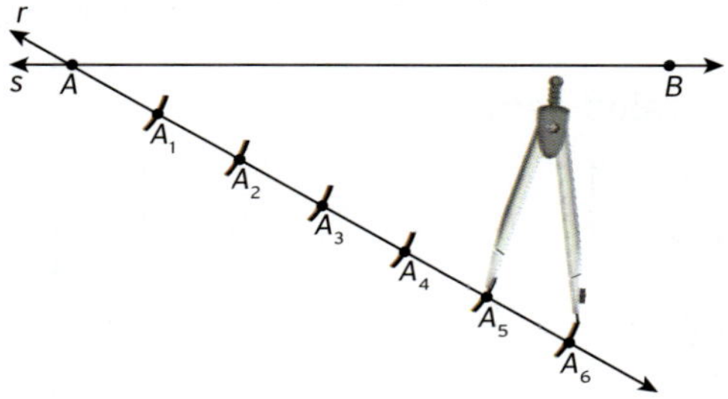

3º passo: Traçamos o segmento $\overline{A_6B}$ e, com o par de esquadros, traçamos segmentos paralelos a $\overline{A_6B}$ passando pelos pontos A_5, A_4, A_3, A_2 e A_1, determinando os pontos *G*, *F*, *E*, *D* e *C*, que dividem o segmento $\overline{AB}$ em seis partes de medidas iguais.

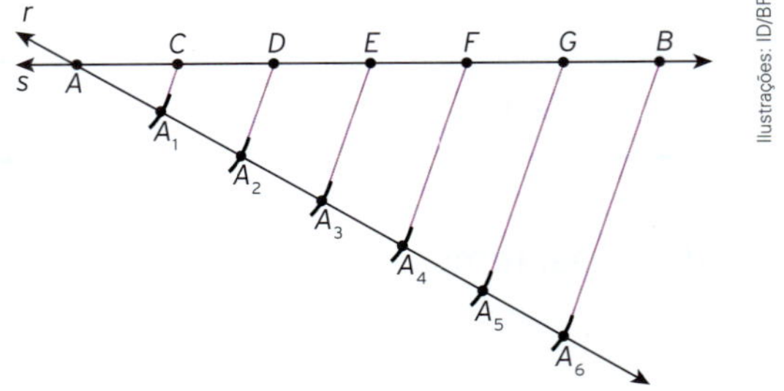

Pelo teorema de Tales, temos:

$$\overline{AC} \cong \overline{CD} \cong \overline{DE} \cong \overline{EF} \cong \overline{FG} \cong \overline{GB}$$

Divisão de um segmento de reta em partes de medidas proporcionais

Vamos dividir um segmento em partes proporcionais a 1, a 2 e a 3.

1º passo: Traçamos uma reta *r* e marcamos os pontos *A* e *B*, distintos, que formarão o segmento de reta $\overline{AB}$.

2º passo: Traçamos uma reta *s*, formando um ângulo agudo com $\overline{AB}$, passando por uma das extremidades (*A*, por exemplo). Em seguida, com o compasso (sempre com a mesma distância entre a ponta-seca e a grafite), marcamos na reta *s* a partir do ponto *A* os pontos A_1, A_2, A_3, A_4, A_5 e A_6.

3º passo: Traçamos o segmento $\overline{A_6B}$ e, com o par de esquadros, traçamos segmentos paralelos a $\overline{A_6B}$ passando pelos pontos A_1 e A_3, determinando os pontos *C* e *D*, que dividem o segmento $\overline{AB}$ em partes proporcionais a 1, a 2 e a 3.

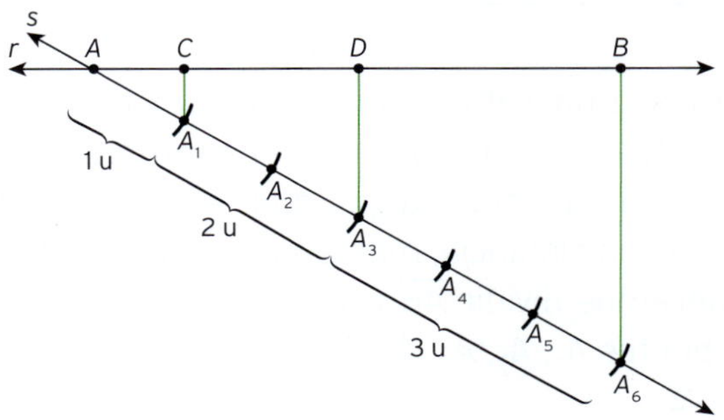

Pelo teorema de Tales, temos:

- $\dfrac{AC}{CD} = \dfrac{AA_1}{A_1A_3} = \dfrac{1\text{ u}}{2\text{ u}} = \dfrac{1}{2}$
- $\dfrac{CD}{DB} = \dfrac{A_1A_3}{A_3A_6} = \dfrac{2\text{ u}}{3\text{ u}} = \dfrac{2}{3}$

Portanto, os segmentos $\overline{AC}$, $\overline{CD}$ e $\overline{DB}$ são proporcionais a 1, a 2 e a 3, respectivamente.

Teorema de Tales em triângulos

Considere o triângulo *ABC* a seguir. Traçamos uma reta *r* paralela ao lado $\overline{BC}$ passando pelos pontos *D* e *E*.

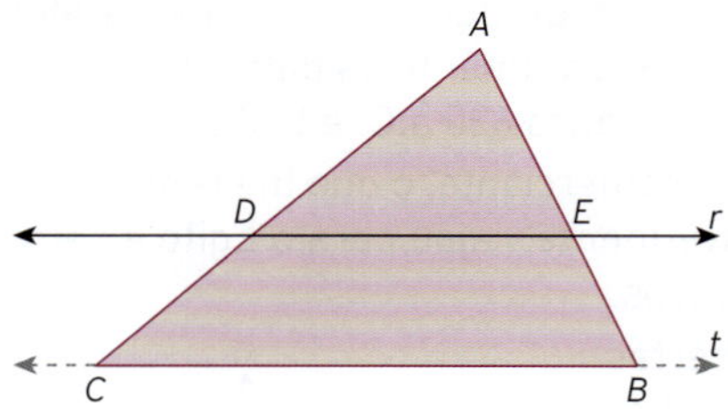

Ilustrações: ID/BR

Vamos demonstrar que $\frac{AD}{DC} = \frac{AE}{EB}$.

Traçamos mais uma reta paralela às outras duas pelo ponto *A*. Teremos, então, três retas paralelas (*s*, *r* e *t*) cortadas por duas retas transversais ($\overleftrightarrow{AC}$ e $\overleftrightarrow{AB}$), como mostra a figura a seguir.

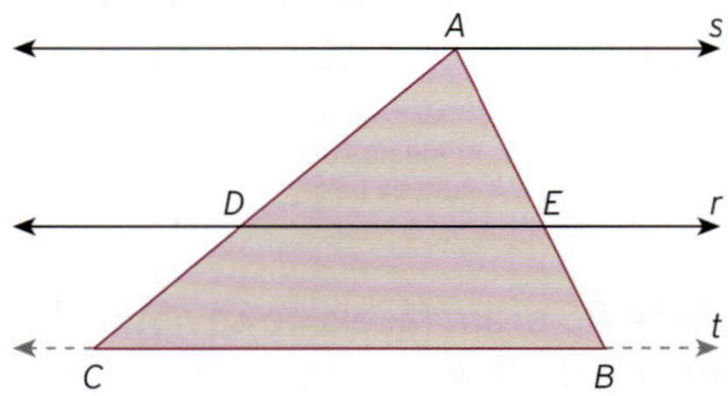

Se *s* // *r* // *t*, então, pelo teorema de Tales, podemos escrever $\frac{AD}{DC} = \frac{AE}{EB}$.

> Toda reta paralela a um lado de um triângulo que intersecta os outros dois lados (ou seus prolongamentos) em dois pontos distintos determina sobre esses lados segmentos proporcionais.

Exemplos

Vamos obter o valor de *x* nas figuras a seguir, sabendo que $\overline{DE}$ // $\overline{BC}$.

A.

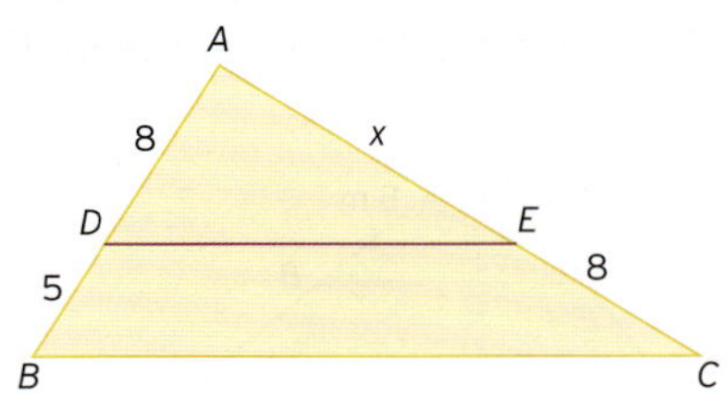

Aplicando o teorema de Tales, temos:

$$\frac{8}{5} = \frac{x}{8}$$
$$5x = 64$$
$$x = \frac{64}{5}$$
$$x = 12{,}8$$

B.

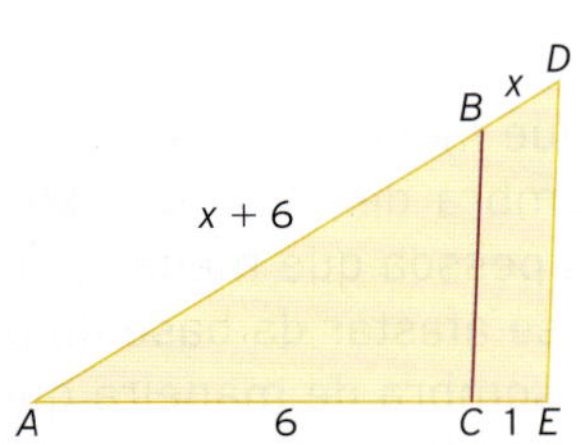

Aplicando o teorema de Tales, temos:

$$\frac{x}{x+6} = \frac{1}{6}$$
$$6x = x + 6$$
$$6x - x = 6$$
$$5x = 6$$
$$x = \frac{6}{5} = 1{,}2$$

DESCUBRA +

Tales de Mileto

Tales de Mileto foi um filósofo da Antiguidade que nasceu na Ásia Menor, na antiga colônia grega de Mileto, atual Turquia. Não se sabe exatamente as datas de nascimento e de morte dele, mas estima-se que ele tenha vivido entre os anos 630 a.C. e 550 a.C.

Segundo alguns historiadores, Tales foi comerciante, o que lhe rendeu recursos suficientes para dedicar-se a suas pesquisas. Ele provavelmente viajou para o Egito e para a Babilônia, entrando em contato com astrônomos e matemáticos.

Atribuem-se a ele diversas descobertas matemáticas. Além de estudar a geometria do círculo e do triângulo isósceles, Tales mostrou como calcular a medida da altura de uma pirâmide, com base no comprimento de sua sombra.

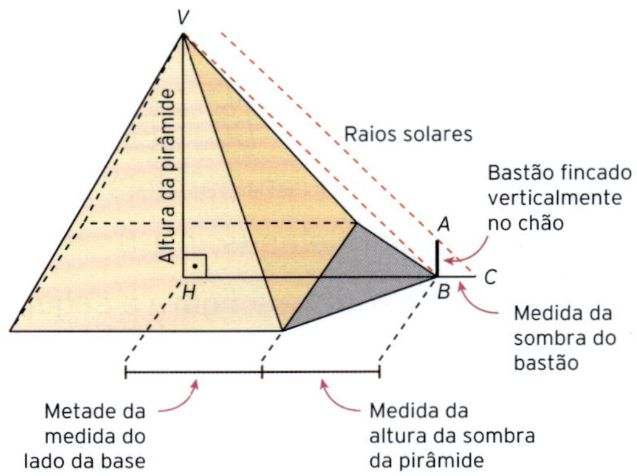

ID/BR

Com a ideia de que os raios solares são paralelos entre si, Tales relacionou as medidas dos segmentos $\overline{VH}$, $\overline{AB}$, $\overline{HB}$ e $\overline{BC}$: $\frac{VH}{AB} = \frac{HB}{BC}$, ou seja:

$$VH = \frac{HB \cdot AB}{BC}$$

Como as medidas dos segmentos $\overline{AB}$, $\overline{HB}$ e $\overline{BC}$ eram fáceis de se obter, Tales conseguiu estimar a medida 158,8 m para a altura da pirâmide de Quéops, por volta de 600 a.C. Hoje a altura da pirâmide de Quéops mede aproximadamente 146 m.

Fontes de pesquisa: UOL Educação. Tales de Mileto. Disponível em: https://educacao.uol.com.br/biografias/tales-de-mileto.htm; Derivando a Matemática. A altura da pirâmide de Quéops e o Teorema de Tales. Disponível em: http://www.ime.unicamp.br/~apmat/a-altura-da-piramide-de-queops-e-o-teorema-de-tales/. Acessos em: 17 maio 2023.

ATIVIDADES

Retomar e compreender

10. Calcule o valor de x, sabendo que as retas r, s e t são paralelas entre si.

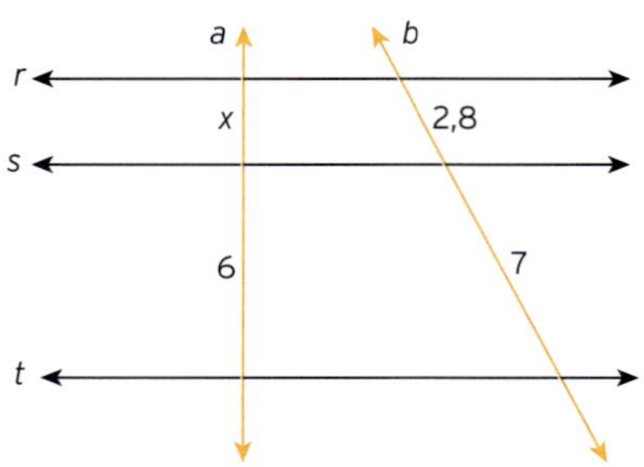

11. Usando esquadros e compasso, divida um segmento $\overline{CD}$ em 5 partes congruentes, sabendo que ele mede 7 cm.

12. Divida um segmento que mede 9 cm em partes proporcionais a 3, a 2 e a 1.

13. Na figura a seguir, o triângulo está dividido pelo segmento $\overline{BE}$, que é paralelo à base $\overline{CD}$. Calcule a medida do segmento $\overline{BC}$.

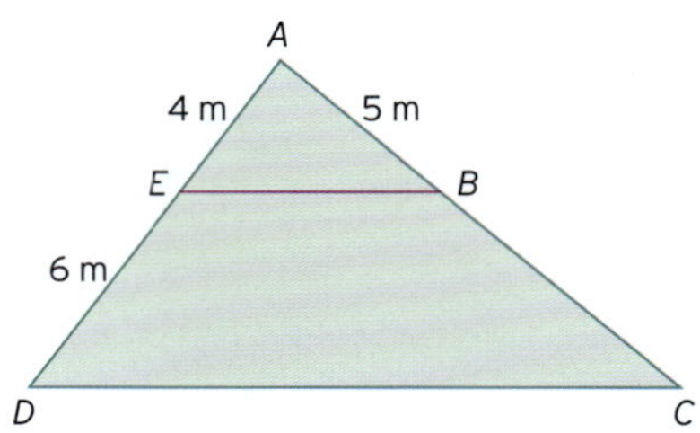

Ilustrações: ID/BR

Aplicar

14. Um prédio que mede 34 m de altura projeta uma sombra de 24 m de extensão. Quanto uma pessoa que mede 1,70 m de altura pode se afastar da base do prédio ao longo da sombra de maneira que, em pé, continue totalmente na sombra?

Teorema da bissetriz interna

Observe a seguir o triângulo ABC, em que $\overline{BI}$ é bissetriz interna do ângulo $\widehat{B}$.

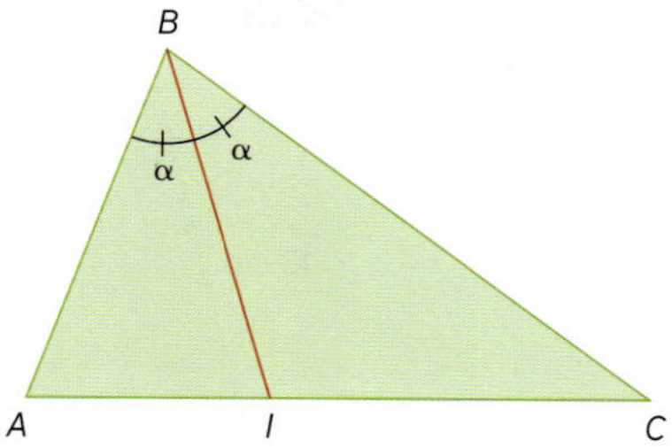

Ilustrações: ID/BR

Vamos demonstrar que $\dfrac{AI}{AB} = \dfrac{IC}{BC}$.

Traçamos pelo ponto C e pelo ponto A duas retas paralelas ao segmento $\overline{BI}$.

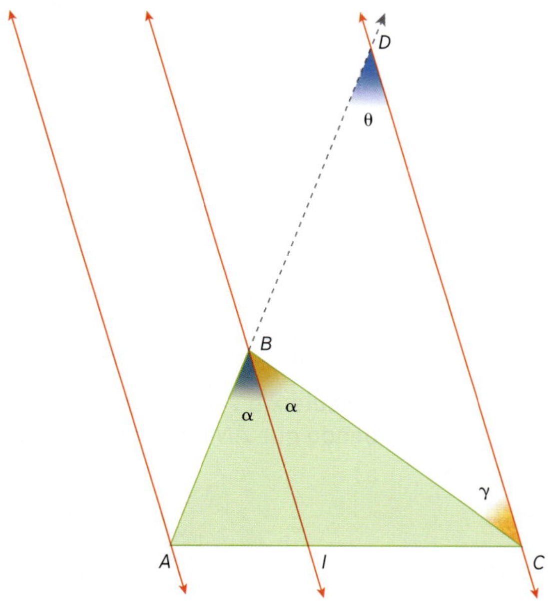

Pelo teorema de Tales, temos:

$$\frac{AI}{IC} = \frac{AB}{BD} \quad \text{ou} \quad \frac{AI}{AB} = \frac{IC}{BD} \quad \text{(I)}$$

De acordo com a figura, temos:

- $\widehat{\alpha} \cong \widehat{\theta}$, pois são ângulos correspondentes;
- $\widehat{\gamma} \cong \widehat{\alpha}$, pois são ângulos alternos internos.

Logo, $\widehat{\theta} \cong \widehat{\gamma}$.

Então, o $\triangle BCD$ é isósceles e, portanto, $\overline{BC} \cong \overline{BD}$, ou seja, $BC = BD$.

Agora, substituindo BD por BC em (I), obtemos:

$$\frac{AI}{AB} = \frac{IC}{BC}$$

A bissetriz de um ângulo interno de um triângulo divide o lado oposto ao ângulo em dois segmentos proporcionais aos lados adjacentes.

ATIVIDADES

Aplicar

15. Calcule a medida do lado $\overline{AC}$ do triângulo a seguir, sabendo que $\overline{AG}$ é bissetriz do ângulo $\hat{A}$.

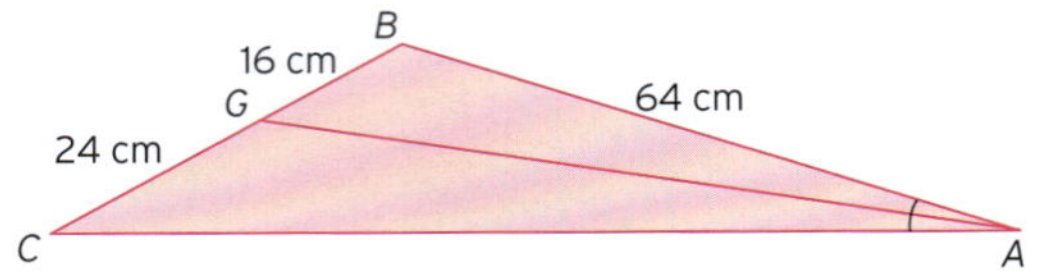

16. Faça um esboço de um triângulo *ABE*, sabendo que:

- $\overline{ED}$ é bissetriz interna do ângulo $\hat{E}$;
- $AD = 8$ cm;
- $BD = 10$ cm;
- $AE = (3x)$ cm;
- $EB = (3x + 3)$ cm.

Em seguida, calcule:

a) o valor de *x*;

b) as medidas dos lados do triângulo.

17. Esboce um triângulo *ACE*, sabendo que:

- $\overline{AD}$ é bissetriz interna do ângulo $\hat{A}$;
- $AC = 12$ cm;
- $AE = 20$ cm;
- $DC = 9$ cm.

Em seguida, calcule a medida do segmento $\overline{ED}$.

18. Calcule o valor de *x*, sabendo que $\overline{FG}$ é bissetriz interna relativa ao ângulo $\hat{F}$.

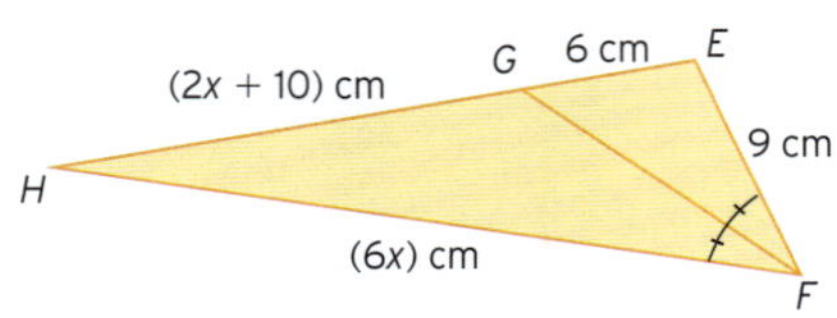

19. No triângulo *ABC*, $\overline{AD}$ é bissetriz interna. Sabendo que $AB = 9$ cm, $AC = 7{,}5$ cm e $BC = 5{,}5$ cm, calcule a medida de $\overline{CD}$.

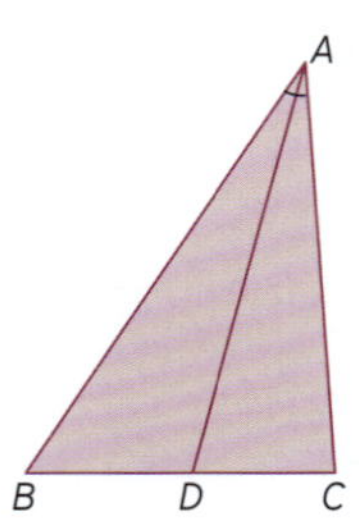

20. Calcule a medida do perímetro dos triângulos *ABC* a seguir.

Ilustrações: ID/BR

a)

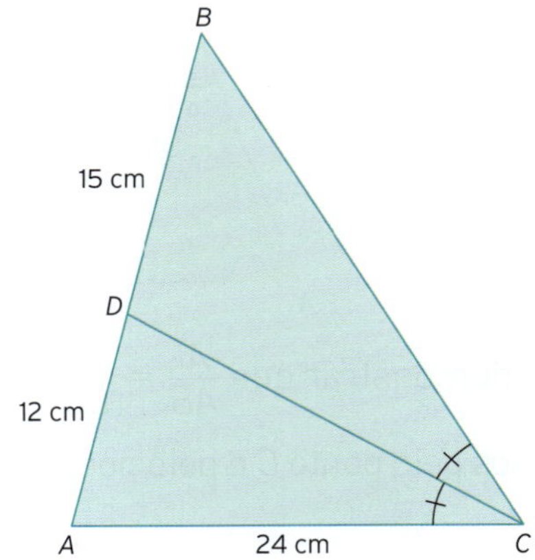

b)

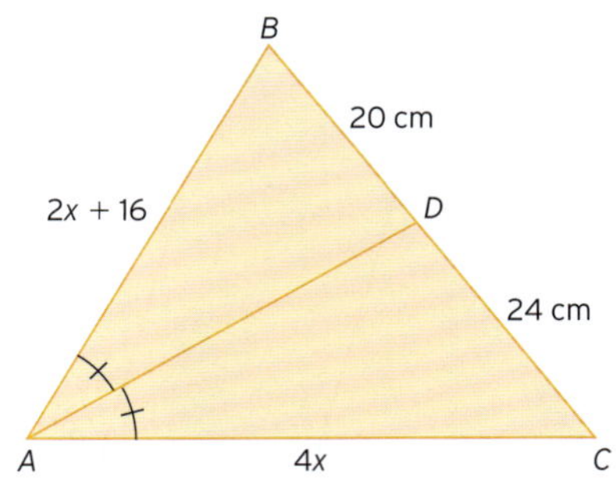

21. Calcule *x* e *y* nos triângulos *ACD* a seguir, sabendo que $\overline{AN}$ é bissetriz interna do ângulo $\hat{A}$.

a)

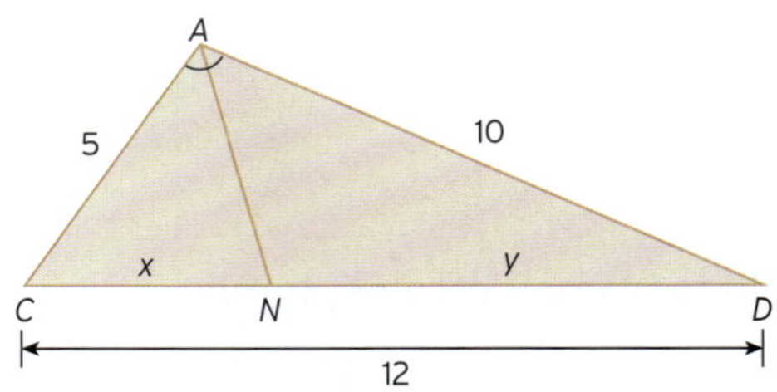

b)

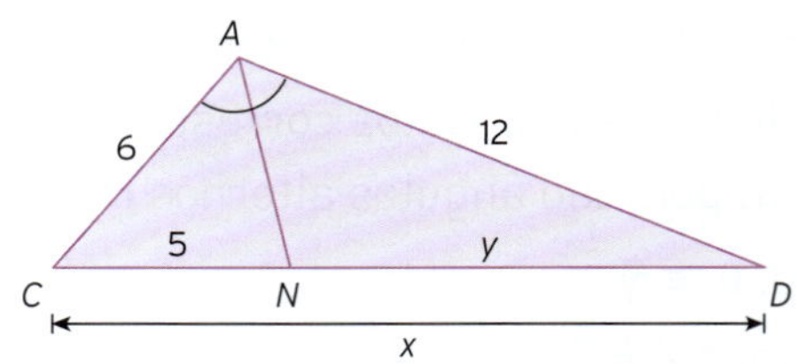

c) $2x + 2y = 28$

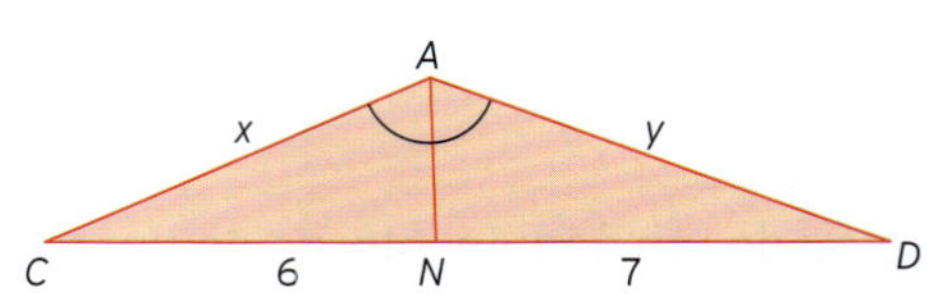

MAIS ATIVIDADES

Acompanhamento da aprendizagem

Retomar e compreender

1. Na figura a seguir, P é o ponto médio de $\overline{CE}$ e N é o ponto médio de $\overline{PE}$.

Sabendo que $CE = 100$ cm, determine:

a) a medida do segmento $\overline{PN}$;

b) a razão entre PN e CN;

c) a razão entre PN e CE;

d) a razão entre PN e CP.

2. Considere os retângulos a seguir e faça o que se pede em cada item.

a) Qual é a razão entre as medidas dos lados do retângulo amarelo? E a razão entre as medidas dos lados do retângulo azul?

b) Qual é a medida do perímetro do retângulo amarelo? E a medida do perímetro do retângulo azul?

c) Qual é a razão entre a medida do perímetro do retângulo amarelo e a medida do perímetro do retângulo azul?

d) Qual é a medida da área do retângulo amarelo? E a medida da área do retângulo azul?

e) Qual é a razão entre as medidas da área do retângulo amarelo e da área do retângulo azul?

Aplicar

3. As retas paralelas r, s e t determinam sobre uma reta transversal três pontos, C, D e E, respectivamente, de modo que $CD = 20$ cm e $DE = 25$ cm, e sobre outra reta transversal determinam outros três pontos, M, N e P, respectivamente. Sabendo que $MP = 72$ cm, calcule as medidas dos segmentos $\overline{MN}$ e $\overline{NP}$.

4. Sabendo que $a // b // c$, calcule o valor de x.

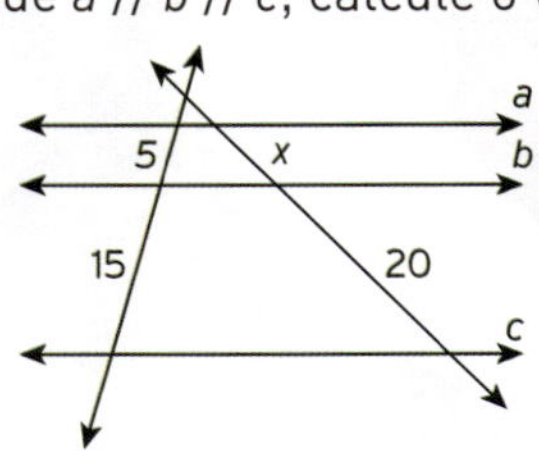

5. No triângulo ABC, $\overline{AD}$ é bissetriz de $\hat{A}$. Qual é o valor de y?

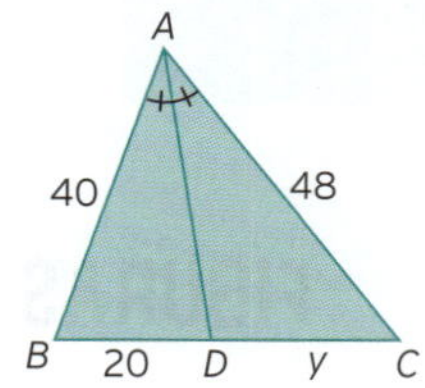

Ilustrações: ID/BR

6. No triângulo CEF da figura a seguir, $\overline{CD}$ é a bissetriz do ângulo $\hat{C}$.

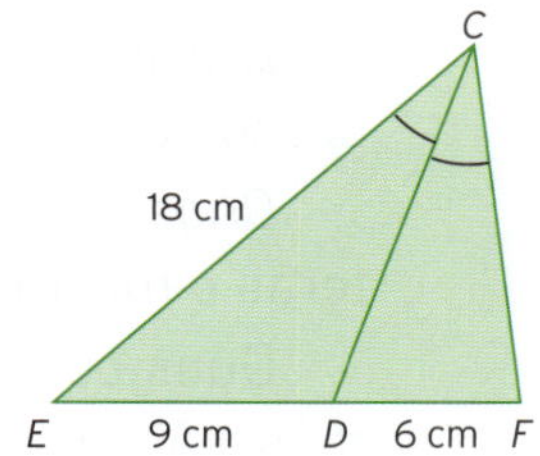

Determine a medida:

a) do lado $\overline{CF}$;

b) do perímetro do triângulo CEF.

7. No triângulo a seguir, $\overline{DE} // \overline{BC}$. Sabendo que as medidas estão dadas em centímetro, determine o valor de x.

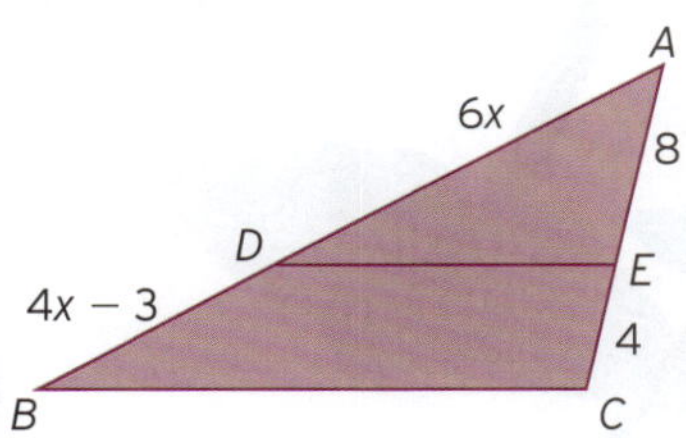

8. Nas figuras a seguir, determine o valor de x.

a)

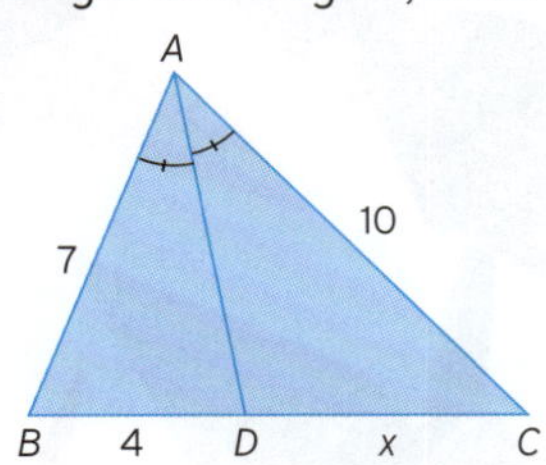

b)

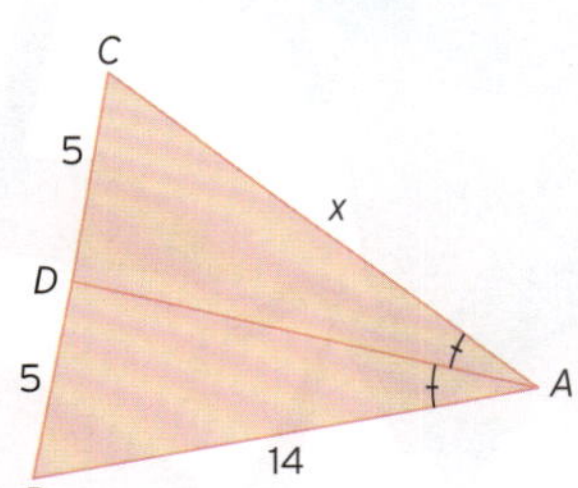

CAPÍTULO

2 SEMELHANÇA

FIGURAS SEMELHANTES

O *tsuru* é uma ave da família dos grous (cegonhas), nativa do Japão. É considerado símbolo da saúde, da boa sorte, da felicidade, da fortuna e da longevidade (acredita-se que um *tsuru* pode chegar a viver 1000 anos).

A tradição oriental em torno do pássaro também prega que, se uma pessoa construir mil *origamis* de *tsuru*, terá seus pedidos atendidos.

Origamis de *tsuru* podem ser feitos de diferentes tamanhos, mas todos terão o mesmo formato. Assim, podemos dizer que eles são **semelhantes**.

Duas ou mais figuras são semelhantes quando têm a mesma forma, mas não necessariamente o mesmo tamanho. Isso significa que deve existir uma correspondência entre seus pontos, de modo que as figuras tenham dimensões correspondentes proporcionais e ângulos correspondentes congruentes.

Origami é uma tradição japonesa milenar. Veja como fazer um barquinho usando essa técnica.

▼ Os *origamis* de *tsuru* são confeccionados em diferentes tamanhos e cores.

Eskemar/iStockphoto/Getty Images

Ampliação e redução de figuras

Observe as fotos a seguir.

Foto I

Fotos: Fabio Colombini/Acervo do fotógrafo

Foto II

O tucanuçu ou tucano-toco mede de 53 cm a 63 cm de comprimento e tem de 500 g a 800 g de medida de massa.

Podemos dizer que a foto II é uma ampliação da foto I ou que a foto I é uma redução da foto II. Observe que tanto na ampliação como na redução as medidas dos ângulos correspondentes são iguais e que as medidas das dimensões (comprimento e largura) correspondentes são proporcionais. Não há deformação. Assim, dizemos que as duas fotos são semelhantes.

Em Matemática, a semelhança está ligada à ampliação, à redução ou à reprodução de figuras ou de objetos sem que sua forma se altere.

Agora, ainda observando as fotos, vamos verificar que a razão entre as medidas do comprimento ($\overline{AB}$ e $\overline{A'B'}$) e a razão entre as medidas da largura ($\overline{CD}$ e $\overline{C'D'}$) são iguais.

- $\frac{AB}{A'B'} = \frac{4,5}{9,0} = \frac{1}{2}$
- $\frac{CD}{C'D'} = \frac{3,0}{6,0} = \frac{1}{2}$

O número obtido é constante e é denominado **razão de semelhança**.

A razão entre as medidas de dois segmentos correspondentes de figuras semelhantes é denominada razão de semelhança.

Um caso particular de semelhança é aquele em que a razão de semelhança é igual a 1. Esse tipo de semelhança recebe um nome especial: **congruência**.

PARE E REFLITA

Considere as fotos I e II. Calcule a razão entre as medidas dos segmentos $\overline{EF}$ e $\overline{E'F'}$. Em seguida, calcule a razão entre as medidas dos segmentos $\overline{GH}$ e $\overline{G'H'}$. O que você pode observar?

SEMELHANÇA DE POLÍGONOS

Observe os quadriláteros a seguir.

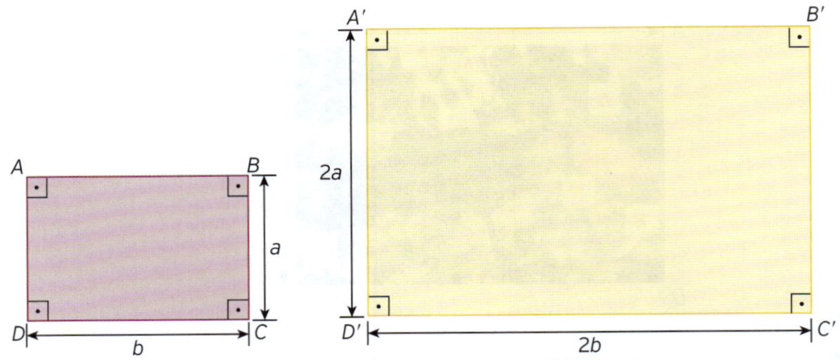

Eles são semelhantes?

Note que as medidas dos lados correspondentes dos quadriláteros são proporcionais e seus ângulos correspondentes são congruentes. Então, os quadriláteros são semelhantes.

Agora, observe estes outros dois quadriláteros.

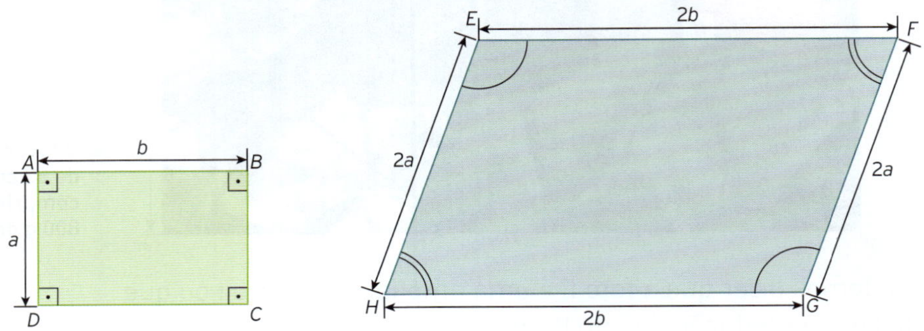

Note que as medidas dos lados correspondentes são proporcionais: a medida de cada lado do polígono *ABCD* é a metade da medida do lado correspondente do polígono *EFGH*. No entanto, os ângulos internos correspondentes não são congruentes. Assim, esses quadriláteros **não** são semelhantes.

> Dois polígonos são semelhantes quando os lados correspondentes são proporcionais e os ângulos correspondentes são congruentes.

Agora, observe os polígonos desenhados na malha quadriculada a seguir.

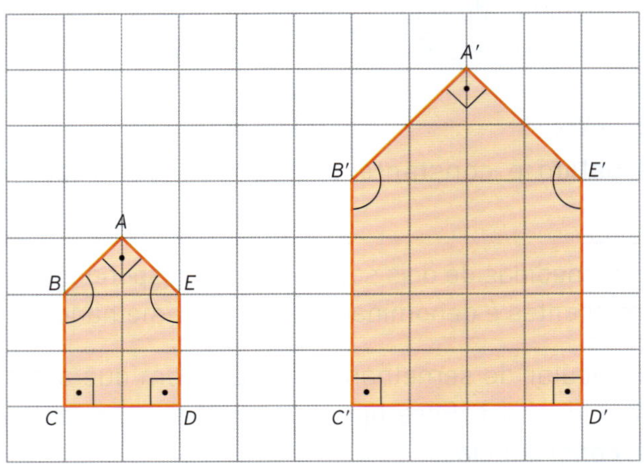

As medidas dos lados do polígono $A'B'C'D'E'$ são o dobro das medidas dos lados do polígono $ABCDE$. Observe, também, que os ângulos correspondentes são congruentes. Portanto, os dois polígonos são semelhantes.

A razão de semelhança entre dois polígonos semelhantes é a razão entre as medidas de dois segmentos correspondentes quaisquer. Portanto, a razão de semelhança entre o polígono $ABCDE$ e o polígono $A'B'C'D'E'$ é $\frac{1}{2}$ e entre o polígono $A'B'C'D'E'$ e o $ABCDE$ é $\frac{2}{1}$.

ATIVIDADES

Retomar e compreender

1. Converse com um colega sobre as questões a seguir e registre suas conclusões.
   a) Duas esferas são sempre semelhantes?
   b) Dois quadrados são sempre semelhantes?
   c) Dois retângulos são sempre semelhantes?
2. Com um colega, dê um exemplo de dois quadriláteros não semelhantes cujos lados sejam proporcionais.
3. Com um colega, dê um exemplo de dois quadriláteros não semelhantes cujos ângulos correspondentes sejam congruentes.
4. Responda às questões a seguir, justificando suas respostas.
   a) Dois losangos são sempre semelhantes?
   b) Dados dois polígonos em que todos os ângulos internos de um são congruentes aos ângulos internos correspondentes do outro, é possível afirmar que eles são semelhantes?
   c) Dois polígonos regulares com a mesma quantidade de lados são sempre semelhantes?
   d) Um quadrilátero tem lados com medidas 2 cm, 2,5 cm, 3 cm e 2 cm. Outro quadrilátero tem lados com medidas 6 cm, 7,5 cm, 9 cm e 6 cm. Esses quadriláteros são semelhantes?
5. Polígonos regulares são sempre semelhantes? Por quê?

Aplicar

6. As fotografias a seguir são figuras semelhantes. Observe-as e, depois, faça o que se pede.

Foto 1

Foto 2

Fotos: Fabio Colombini/Acervo do fotógrafo

▲ A ema pode medir até 2 metros de comprimento e ter massa igual a 36 quilogramas.

   a) Determine a medida da altura da foto 2.
   b) Se na foto 2 o pescoço da ema mede 1 cm, quanto ele mede na foto 1?
7. Um porta-retratos de 24 cm por 15 cm vai ser usado para colocar uma foto de 9 cm por 6 cm que será ampliada para ter as medidas dele. Nesse caso, será possível preservar a imagem com todas as proporções? Explique.

João Picoli/ID/BR

SEMELHANÇA APLICADA A TRIÂNGULOS

Considere os triângulos *ABC* e *PQR* mostrados a seguir.

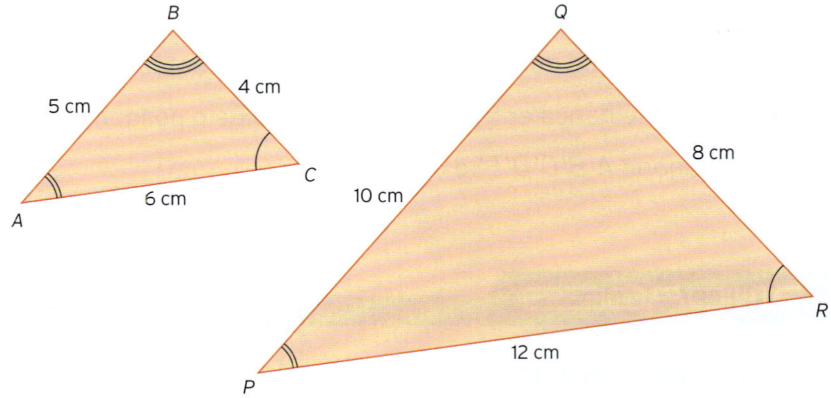

Ilustrações: ID/BR

Observe que:

- $\hat{A} \cong \hat{P}$, $\hat{B} \cong \hat{Q}$ e $\hat{C} \cong \hat{R}$, pois os ângulos correspondentes são congruentes;
- $\frac{AB}{PQ} = \frac{5}{10} = \frac{1}{2}$, $\frac{AC}{PR} = \frac{6}{12} = \frac{1}{2}$ e $\frac{BC}{QR} = \frac{4}{8} = \frac{1}{2}$.

Portanto, $\frac{AB}{PQ} = \frac{AC}{PR} = \frac{BC}{QR} = \frac{1}{2}$, e a razão entre as medidas dos lados correspondentes é $\frac{1}{2}$.

Podemos concluir que os triângulos *ABC* e *PQR* são semelhantes. Indicamos por:

$$\triangle ABC \sim \triangle PQR$$

(lê-se: "o triângulo *ABC* é semelhante ao triângulo *PQR*").

Como os triângulos são polígonos, temos:

Dois triângulos são semelhantes quando os ângulos correspondentes são congruentes e as medidas dos lados correspondentes são proporcionais.

OBSERVAÇÃO

Se dois triângulos são semelhantes e a razão de semelhança é igual a *k*, então:

- a razão entre as medidas de duas alturas correspondentes é igual a *k*;
- a razão entre as medidas de duas medianas correspondentes é igual a *k*;
- a razão entre as medidas de duas bissetrizes correspondentes é igual a *k*;
- a razão entre as medidas de seus perímetros é igual a *k*;
- a razão entre as medidas de suas áreas é igual a k^2.

Teorema fundamental da semelhança de triângulos

Toda reta paralela a um lado de um triângulo, que cruza os outros dois lados (ou seus prolongamentos) em dois pontos distintos, determina um triângulo semelhante a ele.

Observe a figura a seguir.

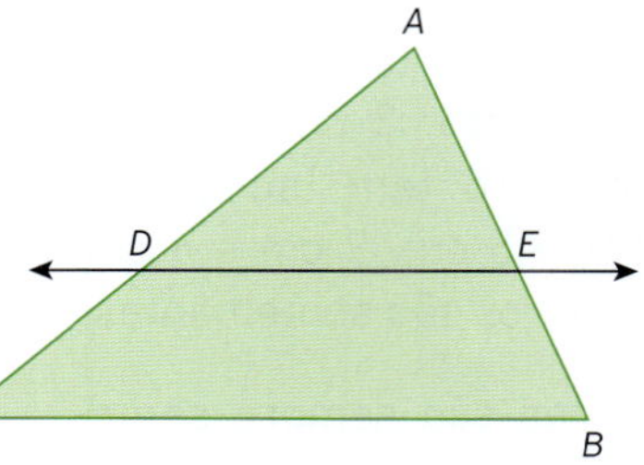

Se $\overline{DE} \,//\, \overline{CB}$, então $\triangle ACB \sim \triangle ADE$.

Demonstração

Vamos demonstrar que os triângulos *ADE* e *ACB* são semelhantes. Para isso, precisamos provar que os ângulos correspondentes são congruentes e que as medidas dos lados correspondentes são proporcionais.

Iniciaremos pelos ângulos correspondentes.

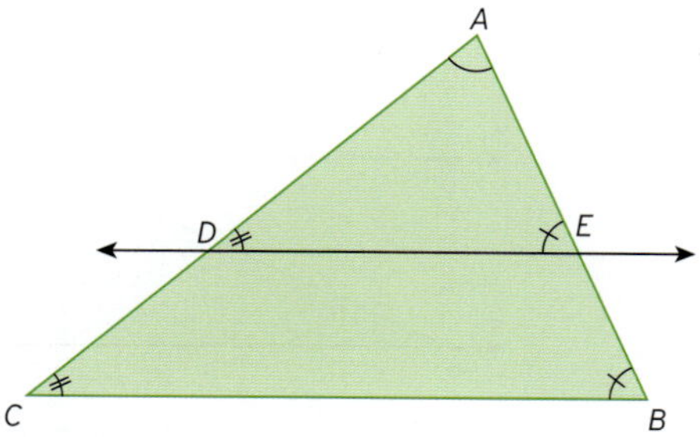

Ilustrações: ID/BR

De acordo com a figura, temos:

- $D\hat{A}E \cong C\hat{A}B$, pois são ângulos comuns aos dois triângulos;
- $A\hat{E}D \cong A\hat{B}C$, pois são ângulos correspondentes em retas paralelas ($\overline{DE} \parallel \overline{CB}$);
- $A\hat{D}E \cong A\hat{C}B$, pois são ângulos correspondentes em retas paralelas ($\overline{DE} \parallel \overline{CB}$).

Portanto, os triângulos *ADE* e *ACB* têm ângulos correspondentes congruentes.

Agora, vamos verificar se os lados correspondentes são proporcionais, ou seja, se $\frac{AD}{AC} = \frac{AE}{AB} = \frac{DE}{CB}$.

Para isso, traçamos uma reta paralela ao lado $\overline{AC}$ que passa por *E* e intersecta o lado $\overline{BC}$ em *F*. Veja na figura a seguir.

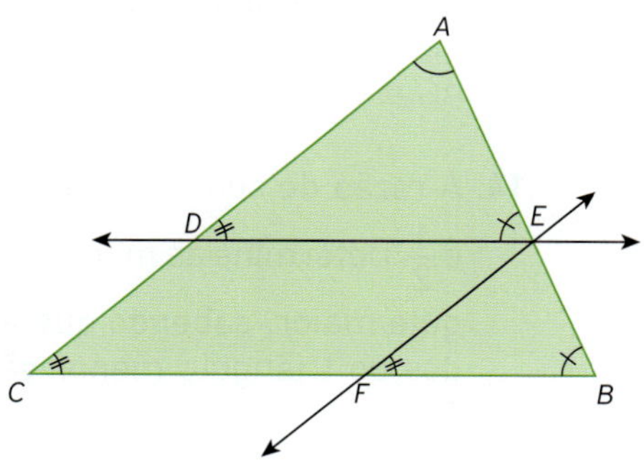

Com isso, temos:

- $\frac{AD}{AC} = \frac{AE}{AB}$ e $\frac{AE}{AB} = \frac{CF}{CB}$, pelo teorema de Tales;
- $CF = DE$, pois são lados opostos do paralelogramo *DEFC*.

Logo, $\frac{AD}{AC} = \frac{AE}{AB} = \frac{DE}{CB}$.

Portanto, os triângulos *ADE* e *ACB* têm as medidas dos lados correspondentes proporcionais.

Então, como os ângulos correspondentes dos dois triângulos são congruentes e as medidas dos lados correspondentes são proporcionais, concluímos que os triângulos *ADE* e *ACB* são semelhantes.

ATIVIDADES

Retomar e compreender

8. Desenhe um par de triângulos semelhantes e um par de triângulos que não sejam semelhantes.

9. Na figura a seguir, $\overline{AB} \,//\, \overline{CD}$.

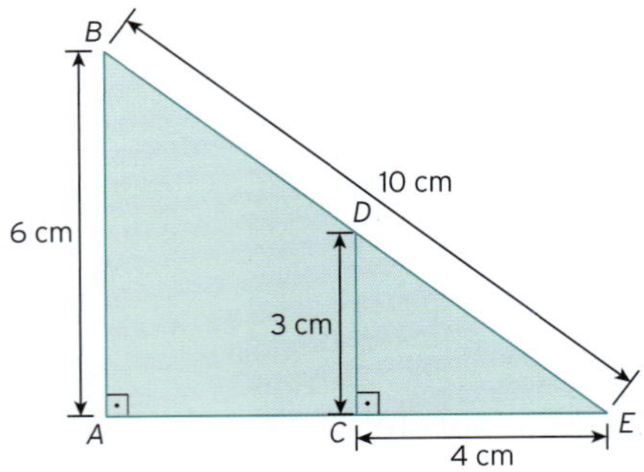

a) Determine a razão de semelhança entre os triângulos *ABE* e *CDE*.

b) Quais são as medidas dos lados do triângulo *CDE*?

c) Qual é a medida do perímetro do triângulo *ABE*?

Aplicar

10. Na figura a seguir, $\overline{MN} \,//\, \overline{BC}$. Determine a medida do perímetro dos triângulos *ABC* e *AMN*.

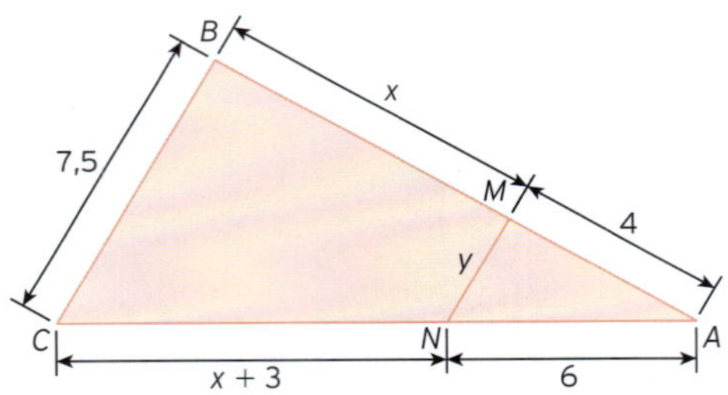

11. No triângulo a seguir, $\overline{AB} \,//\, \overline{CD}$.

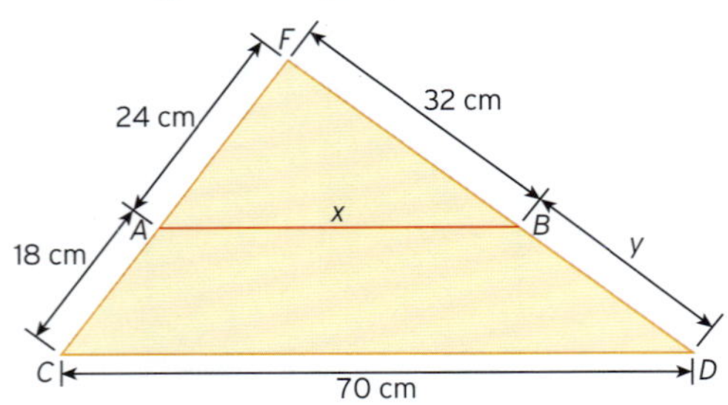

a) Justifique a semelhança que existe entre os triângulos da figura.

b) Qual é a medida do perímetro do trapézio *ABDC*?

12. Na figura a seguir, os triângulos *OAB* e *OCD* são semelhantes. Sabendo que $OA = 5{,}2$ cm, $OC = 1{,}3$ cm e $OD = 0{,}6$ cm, faça o que se pede.

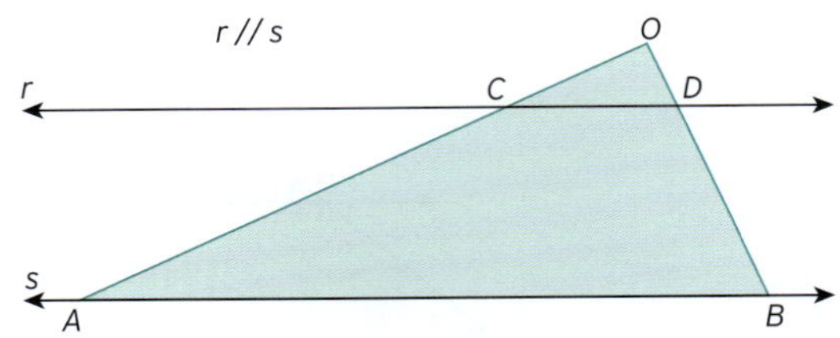

a) Calcule a razão de semelhança entre os triângulos *OCD* e *OAB*.

b) Calcule a medida do segmento $\overline{OB}$.

c) Sabendo que a medida da área do triângulo *OCD* é 0,25 cm², determine a medida da área do triângulo *OAB*.

13. Na figura a seguir, há um losango "encaixado" em um triângulo.

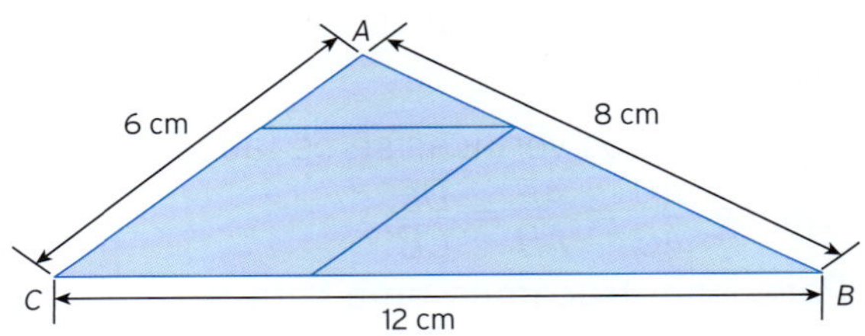

Determine a medida do lado desse losango, sabendo que $AB = 8$ cm, $BC = 12$ cm e $AC = 6$ cm.

14. A razão de semelhança entre dois triângulos é $\frac{1}{2}$. Determine as medidas dos lados do triângulo maior, sabendo que as medidas dos lados do triângulo menor são 10 cm, 12 cm e 15 cm.

15. A medida da área do triângulo *ABC* da figura a seguir é 100 cm².

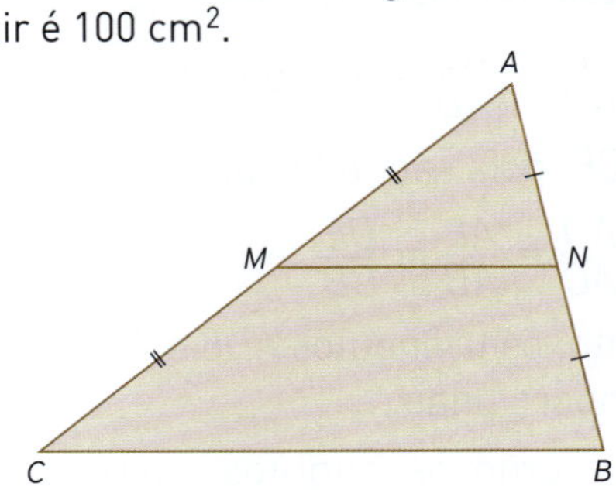

Ilustrações: ID/BR

Qual é a medida da área da região *MNBC*?

CASOS DE SEMELHANÇA DE TRIÂNGULOS

Sabemos que dois triângulos são semelhantes quando os ângulos correspondentes são congruentes e as medidas dos lados correspondentes são proporcionais.

No entanto, podemos descobrir se dois triângulos são semelhantes pelos casos de semelhança entre triângulos apresentados a seguir.

Caso ângulo-ângulo (AA)

Se dois ângulos de um triângulo são congruentes a dois ângulos correspondentes de outro triângulo, então esses triângulos são semelhantes.

Demonstração

Considere os triângulos ABC e $A'B'C'$, em que os ângulos $\widehat{B} \cong \widehat{B'}$ e $\widehat{C} \cong \widehat{C'}$.

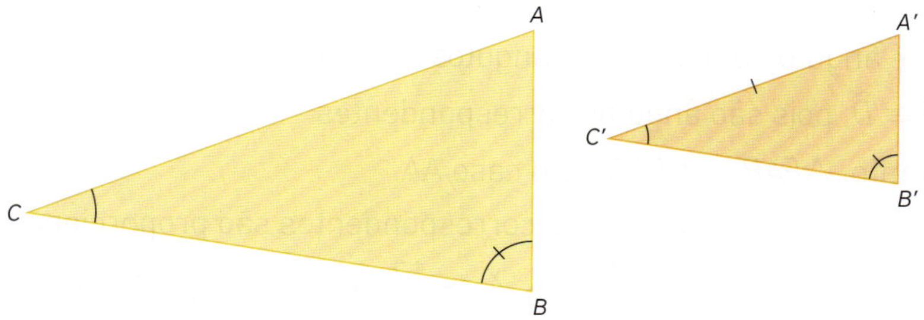

Supondo que $AC > A'C'$, marcamos o ponto C'' no segmento $\overline{AC}$, tal que $\overline{AC''} \cong \overline{A'C'}$. Então, traçamos por C'' a paralela ao segmento $\overline{BC}$, que corta o segmento $\overline{AB}$ em B'', como mostra a figura a seguir.

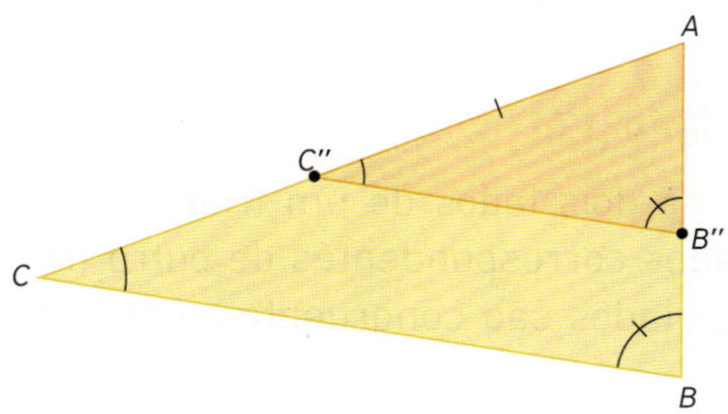

Ilustrações: ID/BR

Assim, temos:

- $\widehat{C''} \cong \widehat{C}$ e $\widehat{B''} \cong \widehat{B}$, pois são ângulos correspondentes em retas paralelas ($\overline{C''B''} \,//\, \overline{CB}$);
- $\overline{A'C'} \cong \overline{AC''}$ por construção;
- como $\widehat{B} \cong \widehat{B'}$ e $\widehat{B} \cong \widehat{B''}$, então $\widehat{B'} \cong \widehat{B''}$;
- como $\widehat{C} \cong \widehat{C'}$ e $\widehat{C} \cong \widehat{C''}$, então $\widehat{C'} \cong \widehat{C''}$.

Pelo caso LAA_o, temos $\triangle A'B'C' \cong \triangle AB''C''$.

Agora, pelo teorema fundamental da semelhança de triângulos, temos $\triangle AB''C'' \sim \triangle ABC$.

Como $\triangle A'B'C' \cong \triangle AB''C''$ e $\triangle AB''C'' \sim \triangle ABC$, então $\triangle ABC \sim \triangle A'B'C'$.

Exemplo

Vamos calcular o valor de x e de y nos triângulos a seguir, sabendo que $\overline{AB} \,//\, \overline{CD}$.

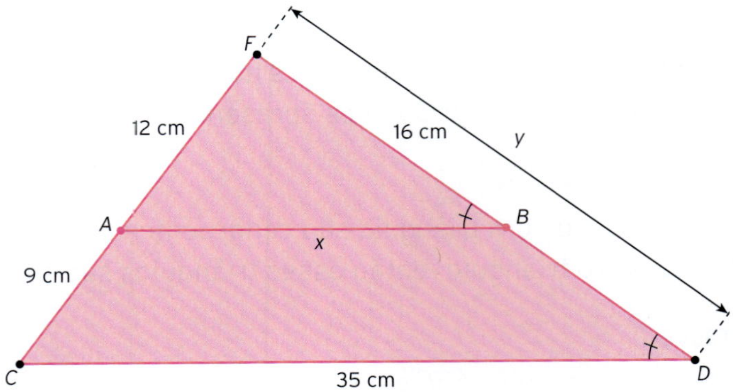

Ilustrações: ID/BR

Nesses triângulos, temos:

- $\widehat{F}$ é ângulo comum aos triângulos FAB e FCD;
- $\widehat{B} \cong \widehat{D}$, pois são ângulos correspondentes.

Portanto, $\triangle FAB \sim \triangle FCD$ pelo caso AA.

Assim, as medidas dos lados correspondentes são proporcionais:

- $\frac{AB}{CD} = \frac{FA}{FC} \Rightarrow \frac{x}{35} = \frac{12}{12 + 9} \Rightarrow \frac{x}{35} = \frac{12}{21} \Rightarrow 21 \cdot x = 12 \cdot 35 \Rightarrow$

  $\Rightarrow x = \frac{420}{21} \Rightarrow x = 20$
- $\frac{AB}{CD} = \frac{FB}{FD} \Rightarrow \frac{20}{35} = \frac{16}{y} \Rightarrow 20 \cdot y = 35 \cdot 16 \Rightarrow y = \frac{560}{20} \Rightarrow y = 28$

Portanto, $x = 20$ cm e $y = 28$ cm.

Caso lado-ângulo-lado (LAL)

Se as medidas de dois lados de um triângulo são proporcionais às medidas de dois lados correspondentes de outro triângulo e os ângulos formados por esses lados são congruentes, então esses triângulos são semelhantes.

Demonstração

Considere os triângulos ABC e $A'B'C'$, em que $\frac{A'C'}{AC} = \frac{A'B'}{AB}$ e $A \cong \widehat{A}'$.

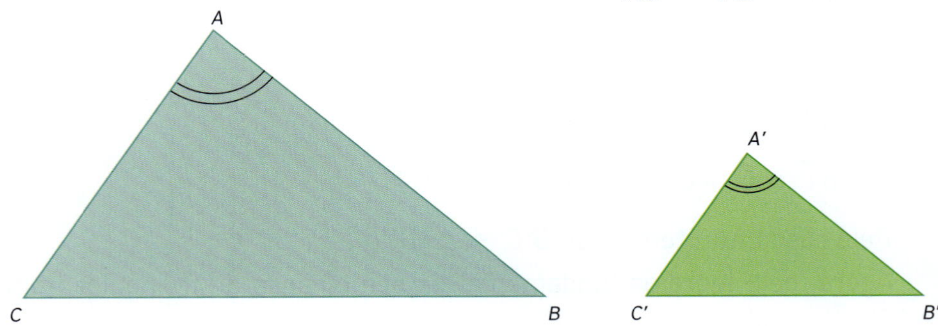

Vamos supor que $AC > A'C'$.

No triângulo ABC, construímos o segmento $\overline{DE} \mathbin{//} \overline{BC}$, de modo que o ponto D pertença ao segmento $\overline{AB}$ e o ponto E pertença ao segmento $\overline{AC}$, tal que $\overline{AD} \cong \overline{A'B'}$. Veja a figura a seguir.

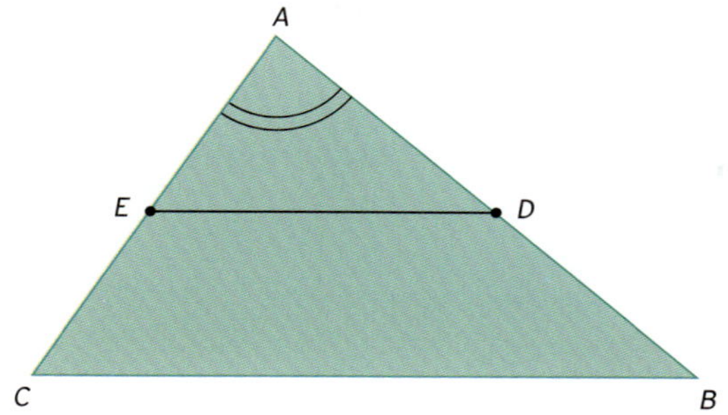

Pelo teorema fundamental da semelhança de triângulos, $\triangle ABC \sim \triangle ADE$; então, podemos escrever que $\frac{AD}{AB} = \frac{AE}{AC}$.

Além disso, temos:

- $B\hat{A}C \cong D\hat{A}E$;
- $\overline{AD} \cong \overline{A'B'}$ por construção;
- como $\frac{AD}{AB} = \frac{AE}{AC}$ e $\overline{AD} \cong \overline{A'B'}$, temos $\frac{A'B'}{AB} = \frac{AE}{AC}$;
- comparando $\frac{A'B'}{AB} = \frac{AE}{AC}$ com $\frac{A'C'}{AC} = \frac{A'B'}{AB}$, temos $\overline{AE} \cong \overline{A'C'}$.

Portanto, pelo caso lado-ângulo-lado (LAL) de congruência de triângulos, temos $\triangle ADE \cong \triangle A'B'C'$.

Como $\triangle ABC \sim \triangle ADE$ e $\triangle ADE \cong \triangle A'B'C'$, então $\triangle ABC \sim \triangle A'B'C'$.

Exemplo

Observe os triângulos a seguir.

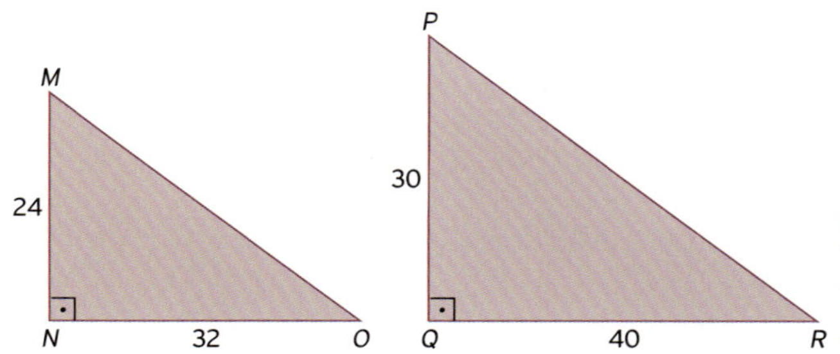

Vamos verificar se os triângulos MNO e PQR são semelhantes.

Então, temos:

- $\hat{N} \cong \hat{Q}$;
- $\frac{MN}{PQ} = \frac{24}{30} = \frac{4}{5}$;
- $\frac{NO}{QR} = \frac{32}{40} = \frac{4}{5}$.

Logo, $\frac{MN}{PQ} = \frac{NO}{QR}$.

Portanto, os triângulos MNO e PQR são semelhantes pelo caso LAL.

Lado-lado-lado (LLL)

Se as medidas dos três lados de um triângulo são proporcionais às medidas dos três lados correspondentes de outro triângulo, então esses triângulos são semelhantes.

Demonstração

Considere os triângulos ABC e $A'B'C'$, em que $\frac{AB}{A'B'} = \frac{AC}{A'C'} = \frac{BC}{B'C'}$.

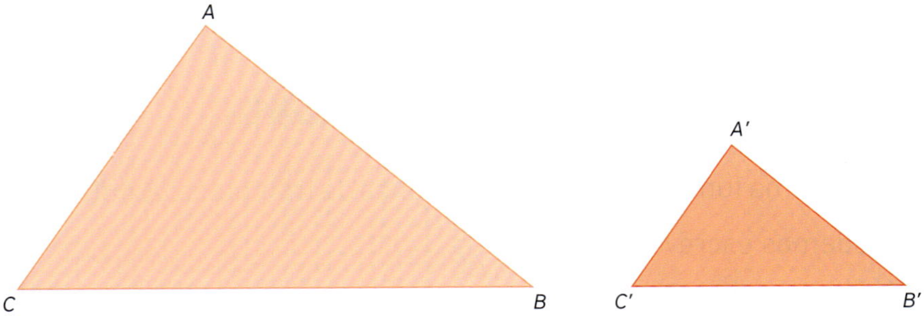

Vamos supor que $AB > A'B'$.

No triângulo ABC, construímos o segmento $\overline{DE} \parallel \overline{BC}$, de modo que o ponto D pertença ao segmento $\overline{AB}$ e o ponto E pertença ao segmento $\overline{AC}$, tal que $\overline{AD} \cong \overline{A'B'}$. Veja a figura a seguir.

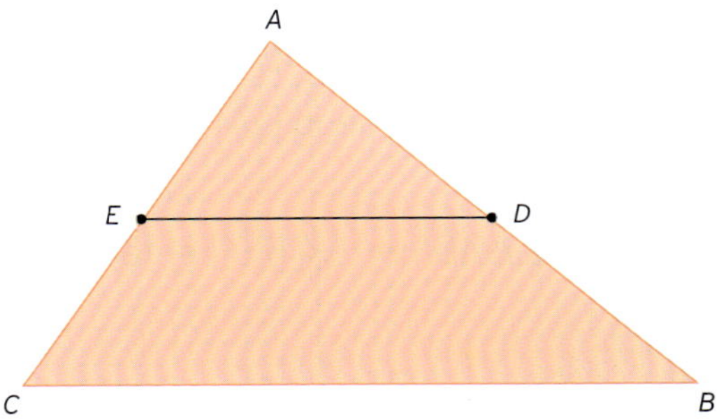

Ilustrações: ID/BR

Pelo teorema fundamental da semelhança de triângulos, temos $\triangle ABC \sim \triangle ADE$.

Além disso, $\overline{AD} \cong \overline{A'B'}$ por construção.

Como $\frac{AB}{AD} = \frac{AC}{AE}$ (pois $\triangle ABC \sim \triangle ADE$) e $\overline{AD} \cong \overline{A'B'}$, temos $\frac{AB}{A'B'} = \frac{AC}{AE}$.

Comparando $\frac{AB}{A'B'} = \frac{AC}{AE}$ com $\frac{AB}{A'B'} = \frac{AC}{A'C'}$, temos $\overline{AE} \cong \overline{A'C'}$.

Como $\frac{AB}{AD} = \frac{BC}{DE}$ (pois $\triangle ABC \sim \triangle ADE$) e $\overline{AD} \cong \overline{A'B'}$, temos $\frac{AB}{A'B'} = \frac{BC}{DE}$.

Comparando $\frac{AB}{A'B'} = \frac{BC}{DE}$ com $\frac{AB}{A'B'} = \frac{BC}{B'C'}$, temos $\overline{DE} \cong \overline{B'C'}$.

Logo, $\overline{AD} \cong \overline{A'B'}$, $\overline{AE} \cong \overline{A'C'}$ e $\overline{DE} \cong \overline{B'C'}$.

Então, pelo caso lado-lado-lado (LLL) de congruência de triângulos, temos $\triangle ADE \cong \triangle A'B'C'$.

Como $\triangle ABC \sim \triangle ADE$ e $\triangle ADE \cong \triangle A'B'C'$, então $\triangle ABC \sim \triangle A'B'C'$

Exemplo

Observe os triângulos a seguir.

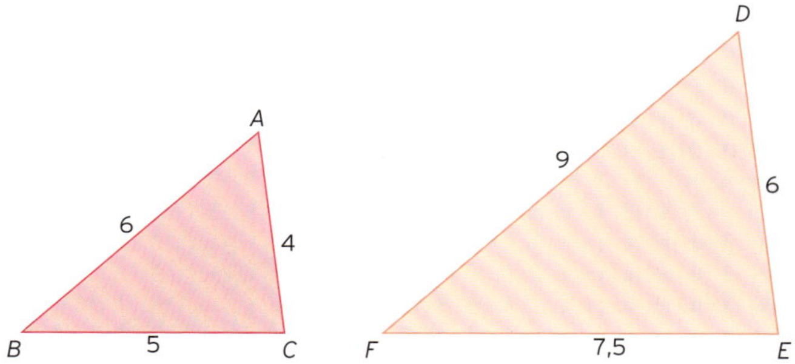

Ilustrações: ID/BR

Vamos verificar se os triângulos *ABC* e *DFE* são semelhantes.

Então, temos:

- $\frac{AB}{DF} = \frac{6}{9} = \frac{2}{3}$
- $\frac{AC}{DE} = \frac{4}{6} = \frac{2}{3}$
- $\frac{BC}{FE} = \frac{5}{7{,}5} = \frac{2}{3}$

Logo, $\frac{AB}{DF} = \frac{AC}{DE} = \frac{BC}{FE} = \frac{2}{3}$.

Portanto, os triângulos *ABC* e *DFE* são semelhantes pelo caso LLL.

PARA EXPLORAR

***Semelhança*, de Luiz Márcio Imenes, José Jakubo e Marcelo Lellis. São Paulo: Atual, 2005 (Coleção Pra Que Serve Matemática?).**

Nesse livro, o conceito de semelhança é trabalhado por meio de recursos visuais, partes da história da Matemática, quebra-cabeças e charadas, tornando esse conhecimento agradável e interessante.

ATIVIDADES

Retomar e compreender

16. Em cada item a seguir, os triângulos são semelhantes. Identifique o caso de semelhança em cada par de triângulos.

a)

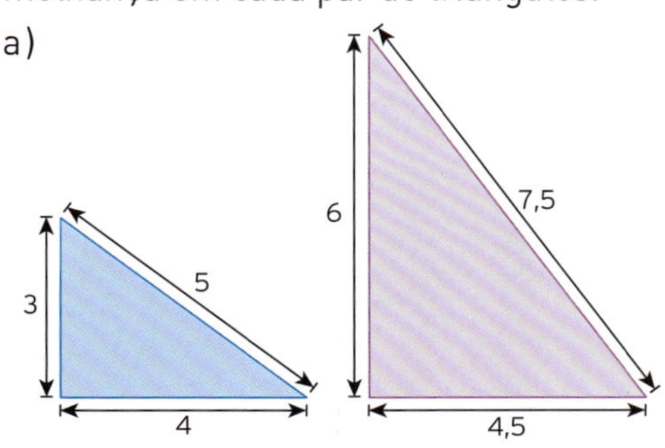

b)

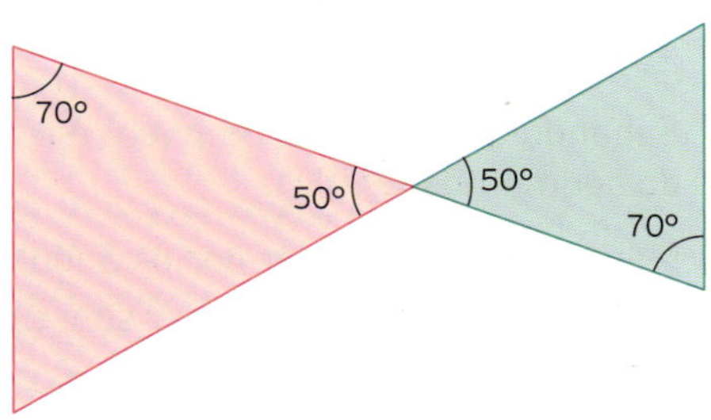

17. Na figura a seguir, é possível identificar três triângulos, nos quais marcas iguais indicam ângulos congruentes.

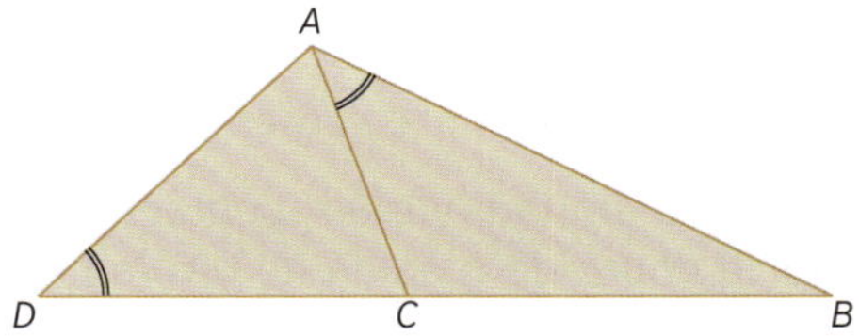

Ilustrações: ID/BR

Quais são os triângulos semelhantes nessa figura? Justifique sua resposta.

18. Calcule o valor de *x* e de *y*.

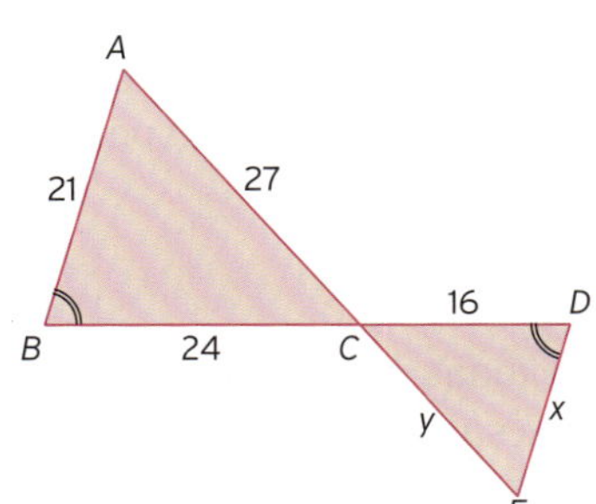

MAIS ATIVIDADES

Retomar e compreender

1. Faça o que se pede.

a) Desenhe um retângulo cujas medidas dos lados sejam 4 cm e 3 cm.

b) Desenhe um retângulo semelhante ao do item **a**, de modo que a razão de semelhança entre ele e o do item **a** seja $\frac{1}{3}$.

c) Qual é a razão entre a medida do perímetro do retângulo desenhado no item **b** e a medida do perímetro do retângulo desenhado no item **a**?

d) Qual é a relação entre a razão de semelhança entre esses retângulos e a razão entre as medidas dos perímetros desses retângulos?

e) Você acha que essa relação é válida para todos os polígonos semelhantes? Converse com um colega.

2. Trace a diagonal dos dois retângulos desenhados na atividade **1**. Sem efetuar medições com a régua, escreva qual é a razão entre a medida da diagonal do retângulo desenhado no item **b** e a medida da diagonal do retângulo desenhado no item **a**.

3. Verifique se as afirmações a seguir são verdadeiras. Corrija as afirmações falsas, se houver.

a) Dois retângulos são sempre semelhantes.

b) Se a medida de um lado de um pentágono regular for o dobro da medida de um lado de outro pentágono regular, então os dois pentágonos serão semelhantes.

c) Dois polígonos são semelhantes quando as medidas de seus lados correspondentes são proporcionais.

d) Se dois polígonos são semelhantes, então as medidas de seus lados correspondentes são proporcionais.

Aplicar

4. Se duplicarmos todas as medidas dos lados de um quadrado, sua área também se duplicará? Explique.

5. Na figura a seguir, é possível identificar dois triângulos.

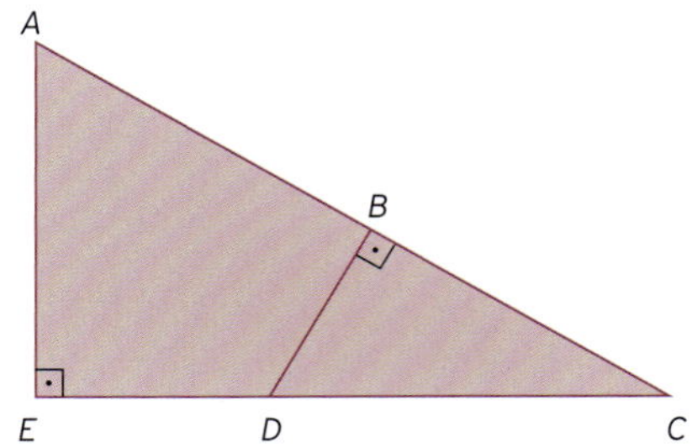

Eles são semelhantes? Caso sejam, identifique os lados correspondentes.

6. Os polígonos representados a seguir são semelhantes.

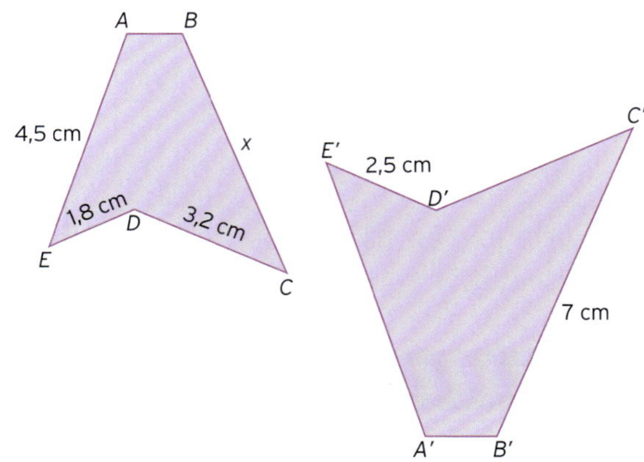

a) Qual é a razão de semelhança entre o polígono *ABCDE* e o *A'B'C'D'E'*?

b) Calcule o valor de *x*.

7. Na figura a seguir, a razão entre $\overline{AB}$ e $\overline{BC}$ é igual à razão entre $\overline{AD}$ e $\overline{DE}$.

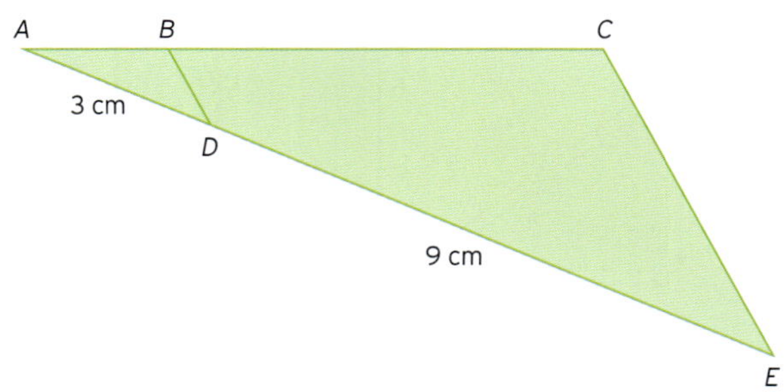

Ilustrações: ID/BR

a) Sabendo que $AC = 18$ cm, qual é a medida do segmento $\overline{AB}$?

b) Meça com um transferidor os ângulos $A\hat{D}B$ e $A\hat{E}C$. O que se pode afirmar sobre os segmentos $\overline{BD}$ e $\overline{CE}$?

8. Os trapézios isósceles *ABCD* e *XYZW* são semelhantes.

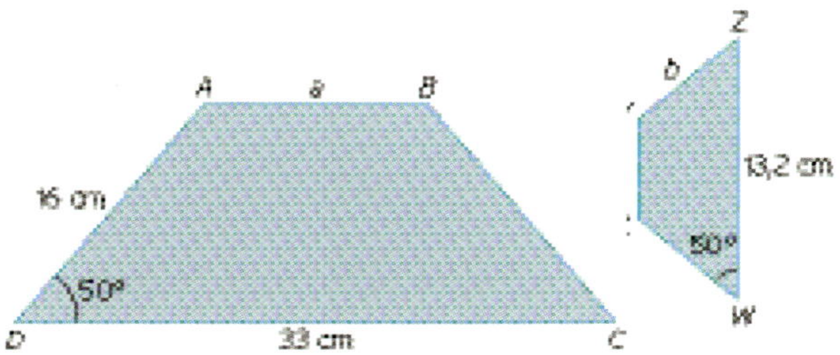

a) Qual é a razão de semelhança entre esses trapézios?

b) Qual é a medida do ângulo $\widehat{B}$, em grau?

c) Quanto mede *a*, em centímetro? E *b*?

d) Qual é a razão entre as medidas dos perímetros desses trapézios?

9. Calcule a medida da área do trapézio *ABCD* mostrado a seguir.

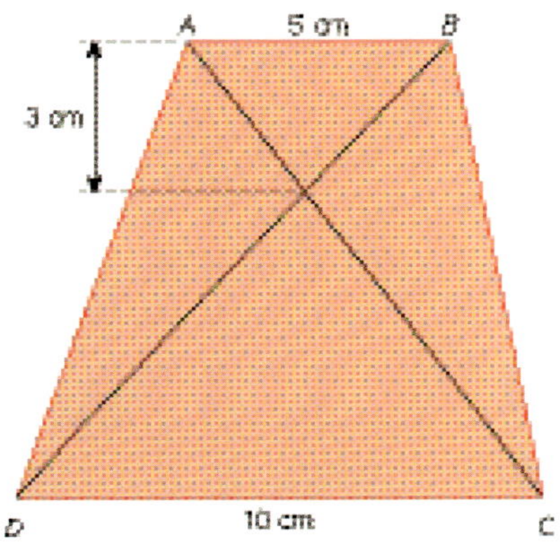

10. Determine *x* e *y* indicados nesta figura.

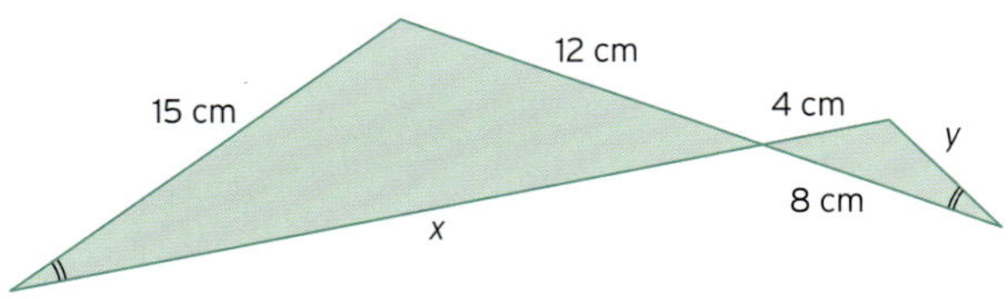

11. Nesta figura, estão identificadas algumas medidas, em centímetro.

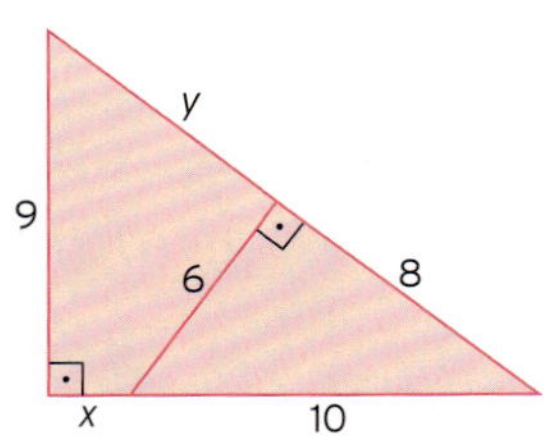

Calcule o valor das medidas indicadas por *x* e *y*.

12. Calcule o valor de *x* representado em cada figura a seguir.

a)

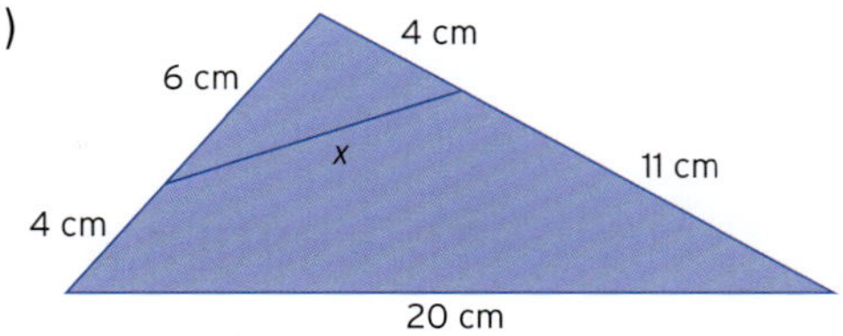

b)

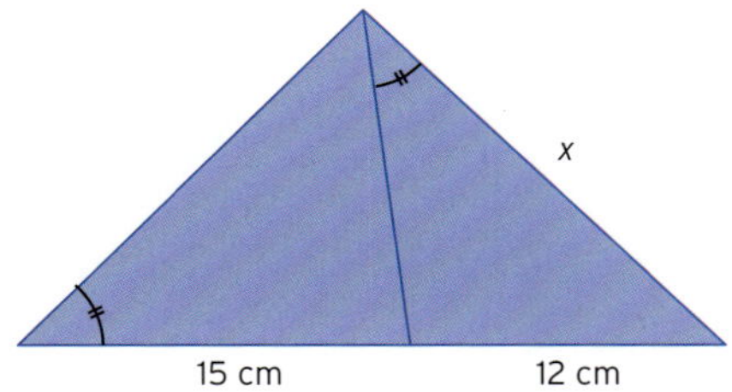

13. Calcule a medida do segmento $\overline{AE}$, sabendo que $BE = 4{,}8$ cm, $CE = 8$ cm e $DE = 2$ cm.

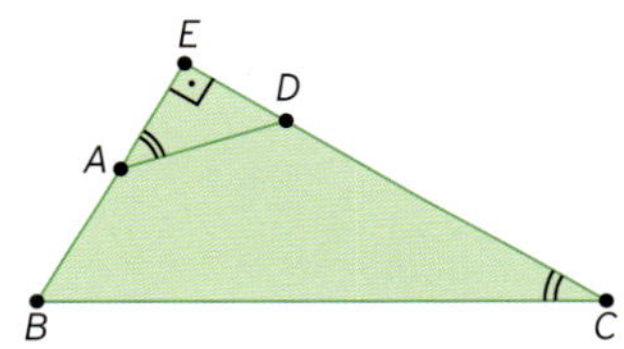

14. Uma antiga técnica de fotografia consiste em colocar um papel fotográfico no fundo de uma caixa escura com um orifício. A luz entra pelo orifício e a cena é mostrada no papel fotográfico. Veja.

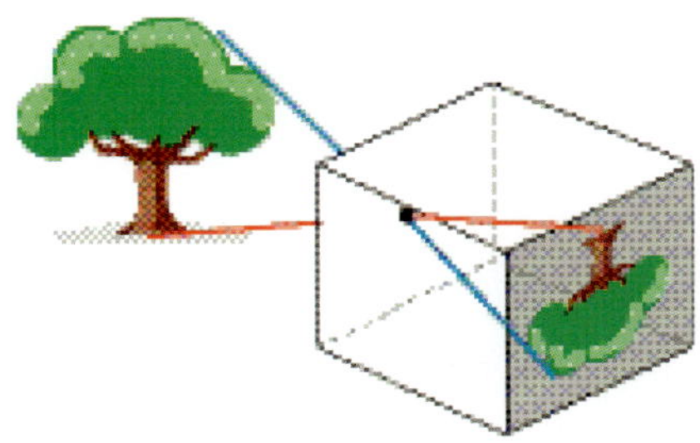

Explique como é possível calcular a medida do comprimento *x* da imagem obtida nessa caixa escura conhecendo apenas as medidas indicadas a seguir.

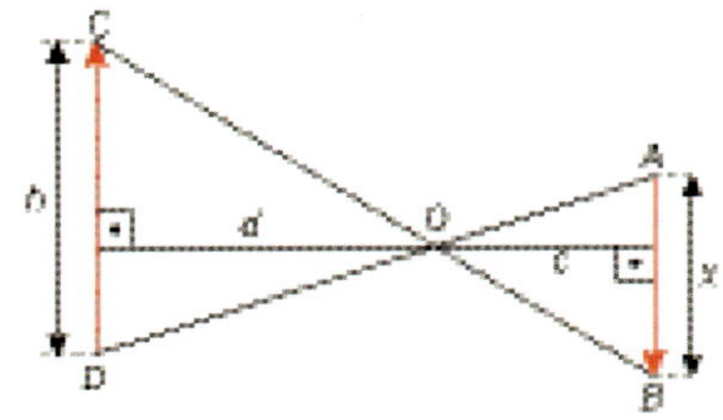

Ilustrações: ID/BR

CAPÍTULO 3

TRIÂNGULO RETÂNGULO

TRIÂNGULO RETÂNGULO

É interessante observar que os triângulos estão presentes na maioria das estruturas de edificações, em particular os triângulos retângulos. Você sabe explicar por que isso ocorre?

Para entender esse fato, é necessário conhecer as características que tornam o triângulo retângulo tão especial.

O triângulo retângulo apresenta características únicas que permitem associar, de maneira simples, as medidas de seus lados com os ângulos que o formam. Ele é conhecido e estudado pelos matemáticos desde a época do sábio grego Pitágoras, que viveu no século VI a.C.

Zhang Mengyang/iStockphoto/Getty Images

▼ Ponte suspensa localizada na província de Wuhan, na China. Foto de 2021.

ELEMENTOS DO TRIÂNGULO RETÂNGULO

O triângulo *ABC* mostrado a seguir é um triângulo retângulo, pois tem um ângulo reto.

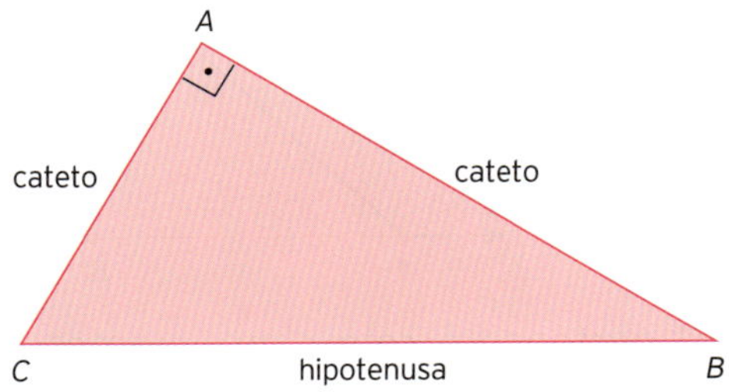

Em um triângulo retângulo, o lado oposto ao ângulo reto é chamado de **hipotenusa**. Os lados perpendiculares entre si (que formam o ângulo reto) são chamados de **catetos**.

Antes de prosseguir com o estudo do triângulo retângulo, vamos ver alguns conceitos sobre projeções ortogonais para entender os termos que serão usados.

Para estudar a projeção ortogonal de um ponto sobre uma reta, vamos considerar uma reta *r* e um ponto *P* fora de *r*. Construímos por *P* a reta *t*, perpendicular a *r*. Veja.

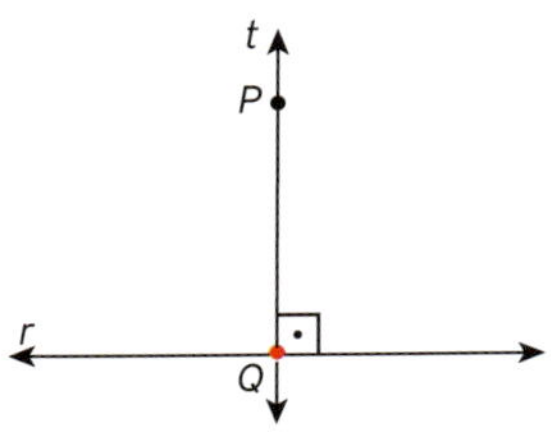

No cruzamento das retas *r* e *t*, obtemos o ponto *Q*. Dizemos que o ponto *Q* é a projeção ortogonal de *P* sobre a reta *r*.

Caso o ponto *P* pertença à reta, a projeção de *P* sobre a reta é o próprio ponto *P*.

Para fazer a projeção ortogonal de um segmento sobre uma reta, é preciso projetar ortogonalmente todos os pontos do segmento sobre a reta. De forma prática, basta projetar suas extremidades e determinar o segmento sobre a reta.

Observe dois casos a seguir.

1º caso: As extremidades *A* e *B* não pertencem à reta *r*.

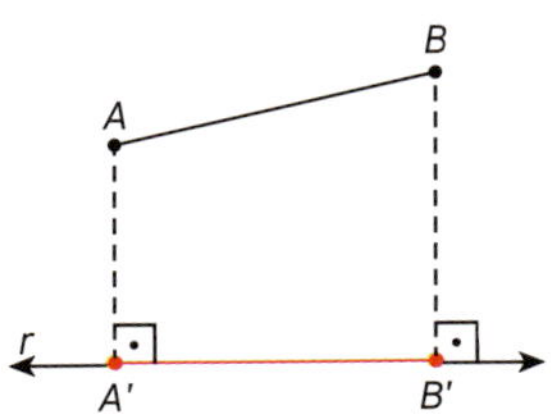

Ilustrações: ID/BR

Projetamos as extremidades do segmento $\overline{AB}$ sobre *r*, obtendo os pontos *A'* e *B'*.

O segmento $\overline{A'B'}$ é a projeção ortogonal de $\overline{AB}$ sobre a reta *r*.

PARE E REFLITA

Como deve ser a projeção ortogonal sobre a reta *r* de um segmento $\overline{AB}$ que está contido em uma reta perpendicular à reta *r*?

Como deve ser a projeção ortogonal sobre a reta *r* de um segmento $\overline{AB}$ que está contido em *r*?

2º caso: Uma das extremidades (*A*, por exemplo) pertence à reta *r*.

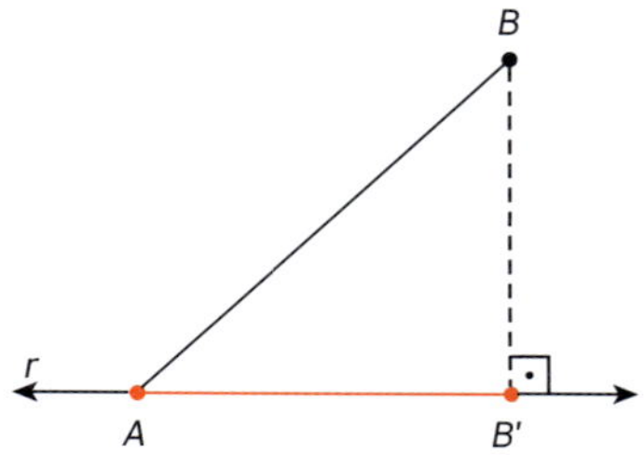

Como *A* pertence à reta *r*, projetamos o ponto *B* sobre *r*, obtendo o ponto *B'*.

O segmento $\overline{AB'}$ é a projeção ortogonal de $\overline{AB}$ sobre a reta *r*.

MEDIDAS NO TRIÂNGULO RETÂNGULO

Observe o triângulo *ABC* a seguir. Nele, traçamos a altura $\overline{AH}$, relativa à hipotenusa, obtendo os segmentos $\overline{CH}$ (projeção ortogonal do segmento $\overline{CA}$ sobre a hipotenusa $\overline{BC}$) e $\overline{HB}$ (projeção ortogonal do segmento $\overline{AB}$ sobre a hipotenusa $\overline{BC}$).

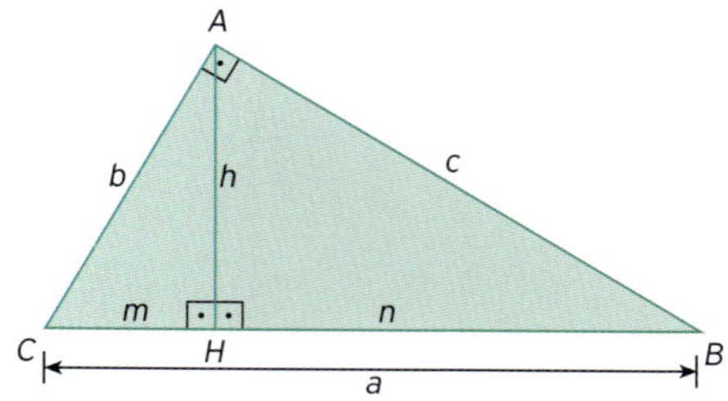

Assim, nesse triângulo, temos:

- *a* é a medida da hipotenusa $\overline{BC}$;
- *b* é a medida do cateto $\overline{AC}$, oposto ao ângulo $\hat{B}$;
- *c* é a medida do cateto $\overline{AB}$, oposto ao ângulo $\hat{C}$;
- *h* é a medida da altura $\overline{AH}$, relativa à hipotenusa $\overline{BC}$;
- *m* é a medida da projeção ortogonal do cateto $\overline{AC}$ sobre $\overline{BC}$;
- *n* é a medida da projeção ortogonal do cateto $\overline{AB}$ sobre $\overline{BC}$.

RELAÇÕES MÉTRICAS NO TRIÂNGULO RETÂNGULO

Ao traçar a altura relativa à hipotenusa de um triângulo retângulo, determinamos três triângulos retângulos semelhantes entre si. Veja o caso do triângulo *ABC* a seguir.

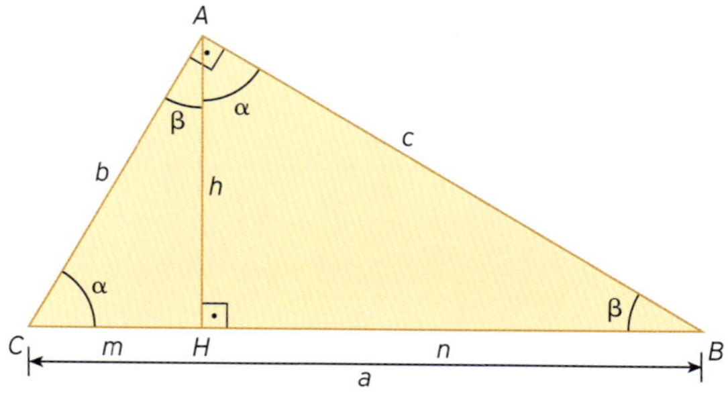

Ilustrações: ID/BR

Observe que a altura $\overline{AH}$ divide o triângulo *ABC* em dois triângulos retângulos, *HAC* e *HBA*. A seguir, vamos estudar as relações métricas entre esses três triângulos.

Primeira relação métrica no triângulo retângulo

Observe os triângulos a seguir.

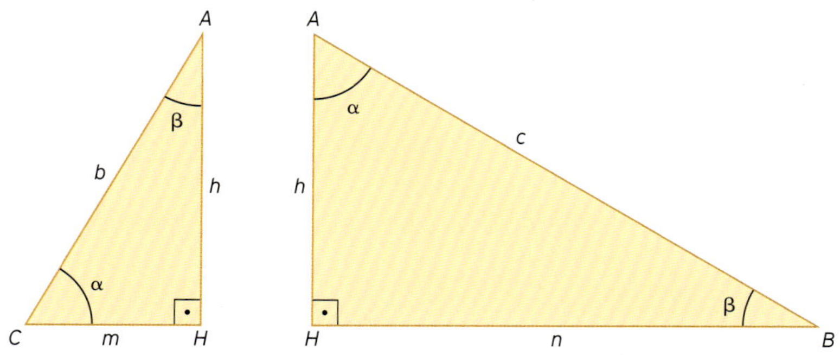

Como os triângulos *HAC* e *HBA* são semelhantes, podemos escrever:

$$\frac{h}{n} = \frac{m}{h}, \text{ ou seja, } h^2 = m \cdot n$$

Em qualquer triângulo retângulo, o quadrado da medida da altura relativa à hipotenusa é igual ao produto das medidas das projeções ortogonais dos catetos sobre a hipotenusa.

Segunda relação métrica no triângulo retângulo

Observe os triângulos a seguir.

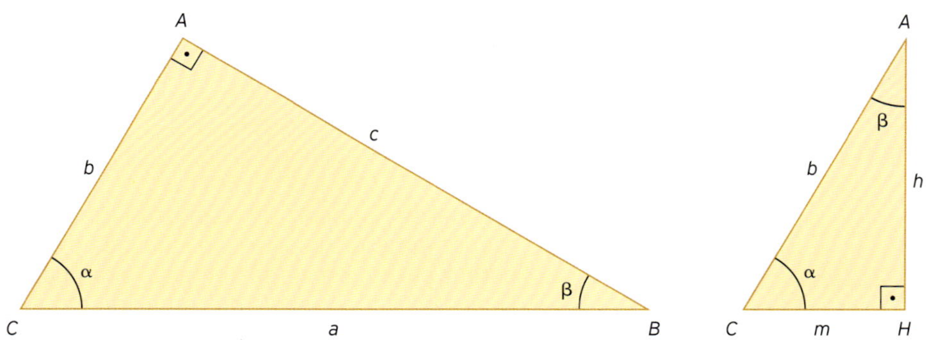

Ilustrações: ID/BR

Como os triângulos *HAC* e *ABC* são semelhantes, podemos escrever:

$$\frac{b}{m} = \frac{a}{b}, \text{ ou seja, } b^2 = a \cdot m$$

Analogamente, como os triângulos *HBA* e *ABC*, vistos no começo do tópico *Relações métricas no triângulo retângulo*, são semelhantes, podemos escrever:

$$\frac{c}{a} = \frac{n}{c}, \text{ ou seja, } c^2 = a \cdot n$$

Em qualquer triângulo retângulo, o quadrado da medida de cada cateto é igual ao produto da medida da hipotenusa pela medida da projeção ortogonal desse cateto sobre ela.

Terceira relação métrica no triângulo retângulo

Observe os triângulos a seguir.

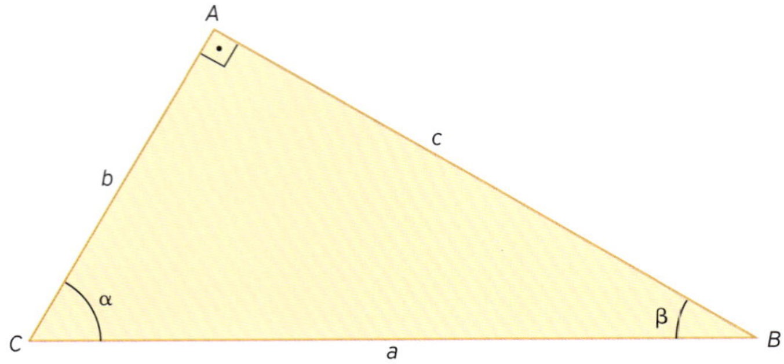

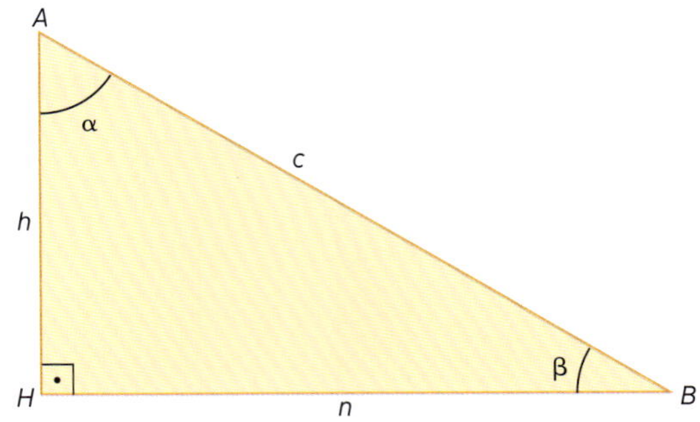

Ilustrações: ID/BR

Como os triângulos *HBA* e *ABC* são semelhantes, podemos escrever:

$$\frac{b}{h} = \frac{a}{c}, \text{ ou seja, } b \cdot c = a \cdot h$$

> Em qualquer triângulo retângulo, o produto das medidas dos catetos é igual ao produto da medida da hipotenusa pela medida da altura relativa à hipotenusa.

ATIVIDADES

Retomar e compreender

1. Escreva pelo menos três relações envolvendo as medidas indicadas no triângulo a seguir.

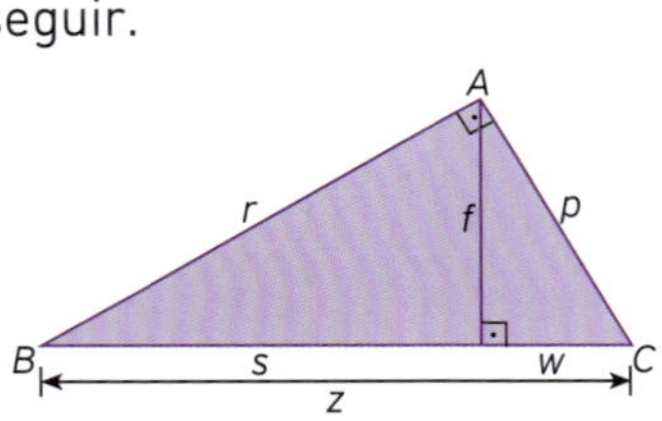

Ilustrações: ID/BR

2. Calcule o valor de *x*, *y* e *z* em metro.

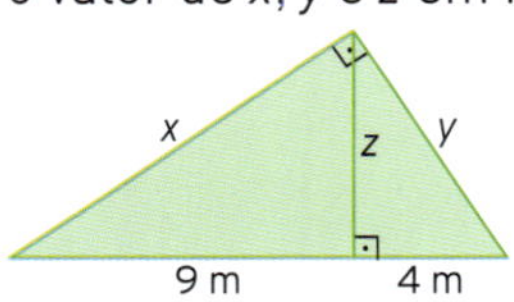

Aplicar

3. Um ciclista profissional de *bicicross* resolveu construir uma rampa para treinar. Veja a seguir um esboço dessa rampa, indicada em vermelho.

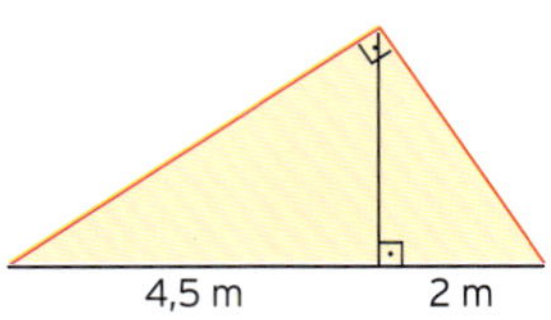

Qual é a medida da altura do ponto máximo dessa rampa, em metro?

4. Uma parede mede 20 dm de altura e serve de apoio a uma rampa de 25 dm de medida de comprimento cuja base está 15 dm distante da parede, como representado na figura a seguir.

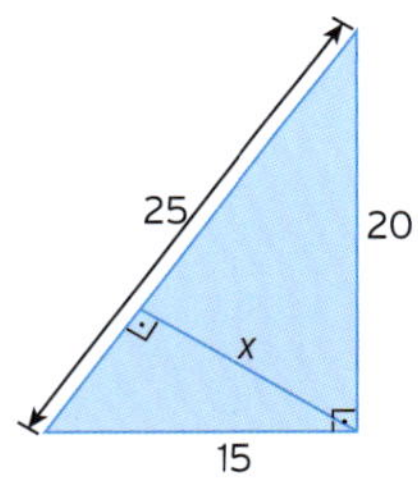

Deseja-se colocar um suporte com o menor tamanho possível apoiado no pé da parede para dar mais sustentação à rampa. Qual deve ser a medida do comprimento *x* desse suporte?

5. Na figura a seguir, *ABCD* é um retângulo. As medidas estão indicadas em centímetro.

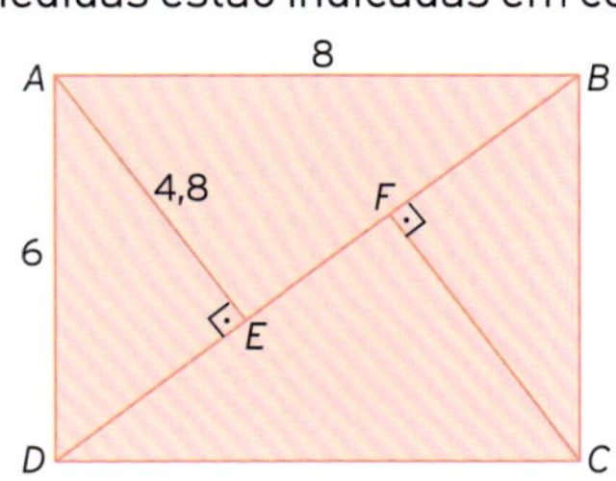

a) Qual é a medida da diagonal $\overline{BD}$?

b) Qual é a medida do segmento $\overline{EF}$?

Descobertas no triângulo retângulo

Vamos fazer algumas investigações para descobrir outras relações no triângulo retângulo.

Materiais

- lápis
- régua
- compasso
- folhas de papel avulsas
- cartolina
- lápis de cor

Como fazer

1 Desenhe um triângulo retângulo *ABC* na cartolina conforme mostra a figura 1.

2 Construa um quadrado sobre cada lado do triângulo, conforme mostra a figura 2.

3 Prolongue o lado $\overline{HB}$ do quadrado amarelo até o lado $\overline{FG}$ do quadrado vermelho, obtendo o ponto *K*. Depois, trace o segmento $\overline{KL}$, paralelo ao lado $\overline{BC}$ do quadrado amarelo (figura 3).

4 Prolongue o lado $\overline{IC}$ do quadrado amarelo até o lado $\overline{EA}$ do quadrado azul, obtendo o ponto *J* (figura 3).

5 Recorte os quadrados vermelho e azul nos segmentos $\overline{BK}$, $\overline{KL}$ e $\overline{CJ}$.

6 Chame as peças encontradas de P_1, P_2, P_3, P_4 e P_5.

7 Encaixe as 5 peças de modo que elas cubram o quadrado amarelo.

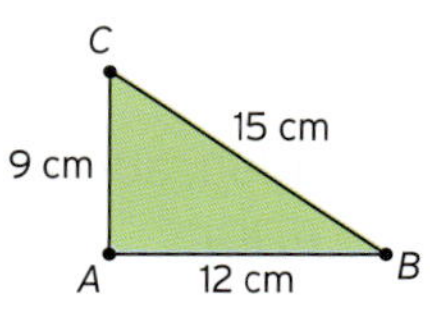

Figura 1

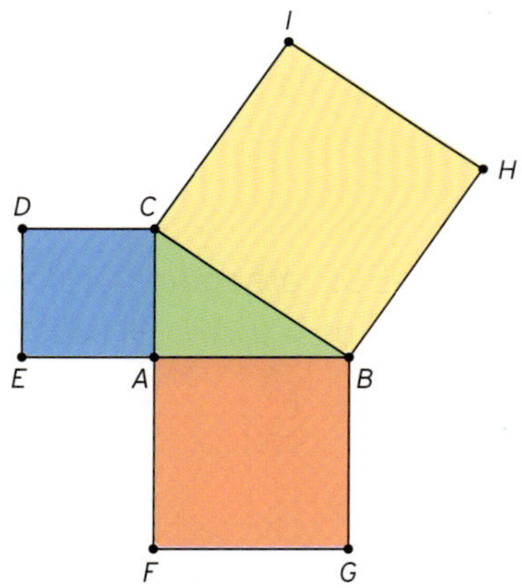

Figura 2

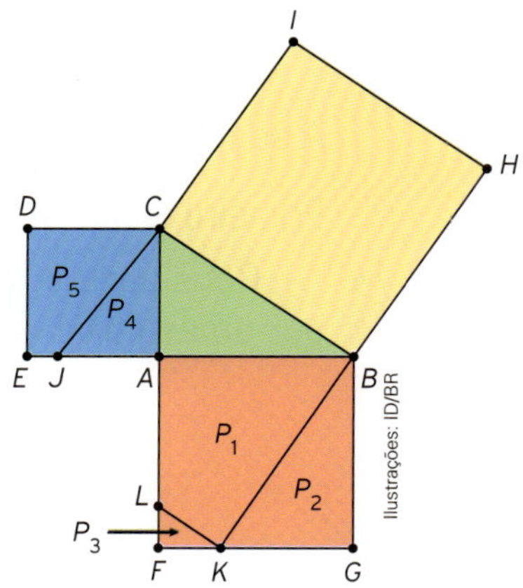

Figura 3

Para concluir

1. Quanto mede a área do quadrado amarelo?
2. Qual é a medida da área do quadrado azul? E a medida da área do quadrado vermelho?
3. Que relação numérica existe entre a medida da área do quadrado amarelo e a soma das medidas das áreas dos outros dois quadrados?
4. Construa outro triângulo retângulo e siga os passos de **2** a **7**. O que você observou?
5. Indicando por *a* a medida da hipotenusa $\overline{BC}$, por *b* a medida do cateto $\overline{AC}$ e por *c* a medida do cateto $\overline{AB}$, represente suas conclusões com uma igualdade.

TEOREMA DE PITÁGORAS

Será que a soma das áreas dos quadrados formados pelos catetos é igual à área do quadrado formado pela hipotenusa? Vamos ver uma **verificação experimental do teorema de Pitágoras**?

Na figura a seguir, o triângulo *ABC* é um triângulo retângulo. Foram construídos, sobre cada um dos lados desse triângulo, quadrados cujos lados têm medidas iguais às medidas dos catetos e à medida da hipotenusa do triângulo *ABC*.

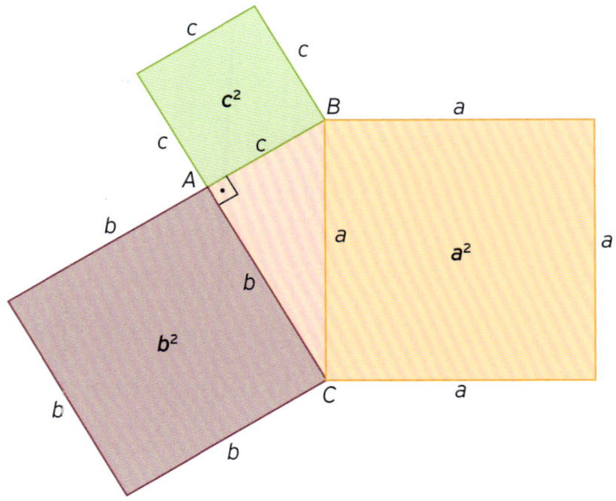

Ilustrações: ID/BR

Todo triângulo retângulo apresenta uma relação entre as medidas dos catetos e a medida da hipotenusa. Essa relação é chamada de **teorema de Pitágoras**.

> Em qualquer triângulo retângulo, o quadrado da medida da hipotenusa (a) é igual à soma dos quadrados das medidas dos catetos (b e c).
>
> $$a^2 = b^2 + c^2$$

Demonstração

O teorema de Pitágoras pode ser demonstrado de diversas formas. A seguir, vamos ver duas delas.

Primeira demonstração

Considere o quadrado *ABCD* a seguir, formado pelo quadrado *EFGH* e por quatro triângulos retângulos ($\triangle GAH$, $\triangle HBE$, $\triangle ECF$, $\triangle FDG$).

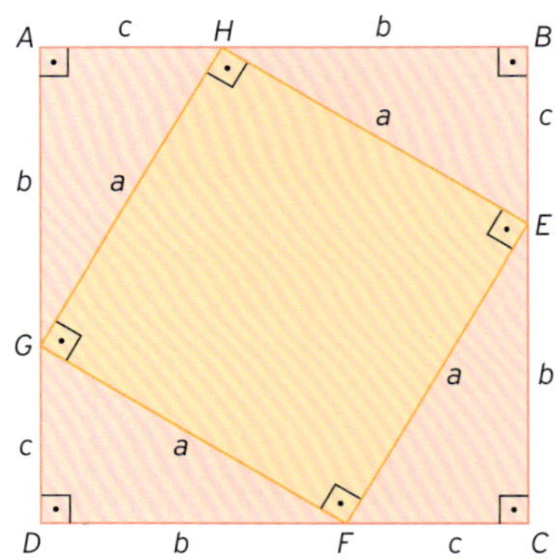

A área do quadrado *ABCD* é dada por:

$$A_{ABCD} = (b + c)^2 = a^2 + 4 \cdot \left(\frac{b \cdot c}{2}\right)$$

$(b+c)^2$: área do quadrado *ABCD* de lado $(b + c)$

a^2: área do quadrado *EFGH* de lado a

$4 \cdot \left(\frac{b \cdot c}{2}\right)$: área dos triângulos retângulos de lados b, c e a ($\triangle GAH$, $\triangle HBE$, $\triangle ECF$, $\triangle FDG$)

Vamos rearranjar os triângulos retângulos *GAH*, *HBE*, *ECF* e *FDG*, congruentes pelo caso LAL, para que formem dois retângulos. Assim, obtemos o quadrado *IJKL*. Veja a figura ao lado.

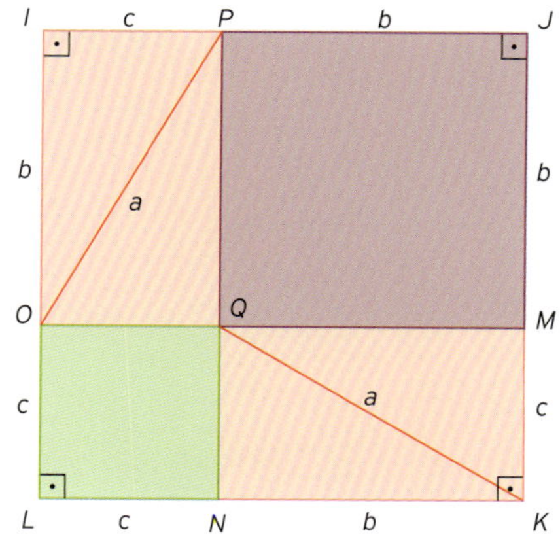

ID/BR

A área do quadrado *IJKL* é dada por:

$$A_{IJKL} = \underbrace{(b + c)^2}_{} = b^2 + c^2 + 2 \cdot \underbrace{(b \cdot c)}_{}$$

- $(b + c)^2$: área do quadrado *IJKL* de lado $(b + c)$
- b^2: área do quadrado *PJMQ* de lado *b*
- c^2: área do quadrado *LOQN* de lado *c*
- $2 \cdot (b \cdot c)$: área dos retângulos *IPQO* e *MKNQ* de lados *b* e *c*

Os quadrados *ABCD* e *IJKL* têm a mesma área, já que seus lados têm a mesma medida $(b + c)$. Então, podemos escrever que: $A_{ABCD} = A_{IJKL}$.

Como $A_{ABCD} = A_{IJKL}$, temos:

$$a^2 + 4 \cdot \left(\frac{b \cdot c}{2}\right) = b^2 + c^2 + 2 \cdot (b \cdot c)$$

$$a^2 + 2 \cdot (b \cdot c) = b^2 + c^2 + 2 \cdot (b \cdot c)$$

$$a^2 + 2 \cdot (b \cdot c) \mathbf{- 2 \cdot (b \cdot c)} = b^2 + c^2 + 2 \cdot (b \cdot c) \mathbf{- 2 \cdot (b \cdot c)}$$

$$a^2 = b^2 + c^2$$

Como *a* é a medida da hipotenusa e *b* e *c* são as medidas dos catetos de um triângulo retângulo, demonstramos que o quadrado da medida da hipotenusa é igual à soma dos quadrados das medidas dos catetos.

DESCUBRA +

Pitágoras

Pitágoras (c. 580 a.C.-c. 500 a.C.) nasceu em Samos, uma das ilhas do Dodecaneso, na Grécia, e provavelmente recebeu instrução matemática e filosófica de Tales e de seus discípulos.

Após viver algum tempo entre os jônicos, viajou pelo Egito e pela Babilônia – possivelmente indo até a Índia. Durante suas peregrinações, ele absorveu não só informações matemáticas e astronômicas, como também muitas ideias religiosas. Quando voltou ao mundo grego, Pitágoras estabeleceu-se em Crotona, na Magna Grécia (na costa sudoeste da atual Itália), onde fundou a Escola Pitagórica, dedicada a estudos religiosos, científicos e filosóficos.

A Pitágoras são atribuídas várias descobertas sobre as propriedades dos números inteiros, a construção de figuras geométricas e a demonstração do teorema que leva seu nome (cujo enunciado já era conhecido pelos babilônios). Os próprios termos *Filosofia* (amor à sabedoria) e *Matemática* (o que é aprendido) seriam criações de Pitágoras para descrever suas atividades intelectuais.

Fonte de pesquisa: Valéria O. J. Luchetta. Pitágoras de Samos. iMÁTICA. Disponível em: https://www.ime.usp.br/~leo/imatica/historia/pitagoras.html. Acesso em: 18 maio 2023.

Museu Capitolino, Roma, Itália. Fotografia: Bridgeman Images/Easypix

▲ Escultura em mármore de Pitágoras, de meados do século V a.C.

Segunda demonstração

Considere o triângulo retângulo ABC a seguir.

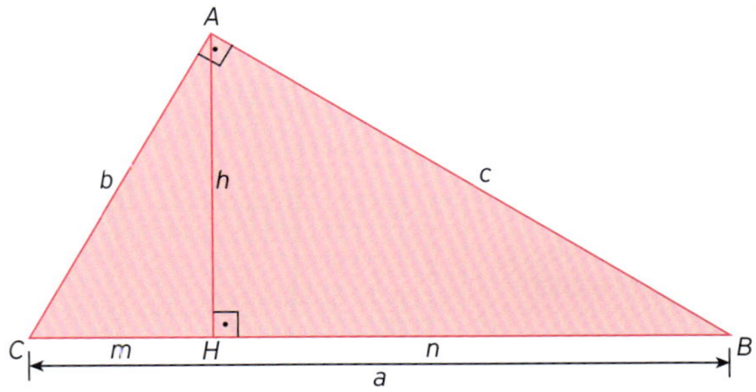

ID/BR

Da segunda relação métrica, temos:

$$b^2 = m \cdot a \quad \text{e} \quad c^2 = n \cdot a$$

Adicionando membro a membro as duas igualdades, obtemos:

$$b^2 + c^2 = m \cdot a + n \cdot a$$

Colocamos a em evidência

$$b^2 + c^2 = a \cdot (m + n)$$

Como $CB = CH + HB$, então $a = m + n$. Substituímos $(m + n)$ por a.

$$b^2 + c^2 = a \cdot a$$

$$b^2 + c^2 = a^2$$

Desse modo, provamos o teorema de Pitágoras.

CIDADANIA GLOBAL

MULHERES NA CIÊNCIA

No decorrer desta unidade, os boxes *Descubra+* apresentaram informações sobre homens que contribuíram para o desenvolvimento da Geometria, como Pitágoras.

Por muito tempo, as mulheres que desenvolveram habilidades científicas foram silenciadas e esquecidas. A partir do século XX, porém, elas conquistaram o direito de frequentar universidades e, atualmente, é crescente o número de mulheres que se destacam no meio científico.

A iraniana Maryam Mirzakhani foi uma delas. Aos 17 anos, recebeu uma medalha na Olimpíada de Matemática do Irã e, no ano seguinte, conquistou outra medalha na Olimpíada Internacional de Matemática. Daí em diante, foram muitas as suas contribuições nessa área. Em 2014, ela foi a primeira mulher a ganhar a Medalha Fields, equivalente ao Prêmio Nobel de Matemática.

The Seoul Icm 2014/AFP

Maryam Mirzakhani (1977-2017) recebendo o prêmio da presidente sul-coreana Park Geun-Hye, na cerimônia de Medalhas Fields, no Congresso Internacional de Matemáticos 2014, em Seul. Foto de 2014.

> Suas pesquisas, que ganharam o mundo, não só romperam a disparidade de gênero que ainda ronda o meio acadêmico, como muitos outros tabus que envolvem o ensino da matemática até os dias de hoje. [...]
>
> 5 lições da matemática revolucionária de Maryam Mirzakhani. Mentalidades Matemáticas. Disponível em: https://mentalidadesmatematicas.org.br/maryam-mirzakhani/. Acesso em: 18 maio 2023.

- Reúna-se com um colega para pesquisar:
  - **a)** a história de outras mulheres que, como Mirzakhani, se destacaram no meio científico;
  - **b)** a presença feminina na história da Matemática.

ATIVIDADES

Retomar e compreender

6. As medidas indicadas nas figuras a seguir são dadas em centímetro. Determine x.

a)

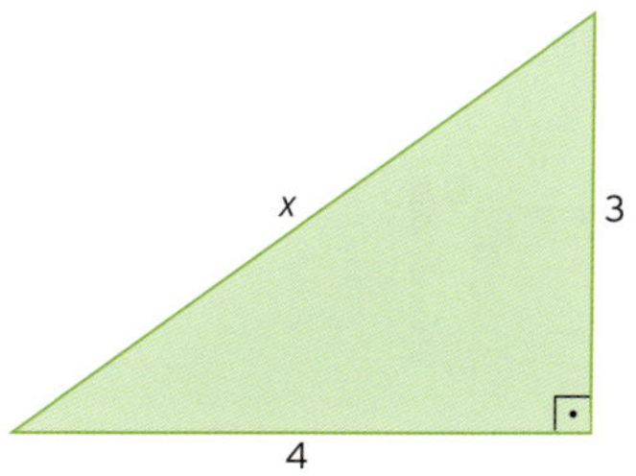

Ilustrações: ID/BR

b)

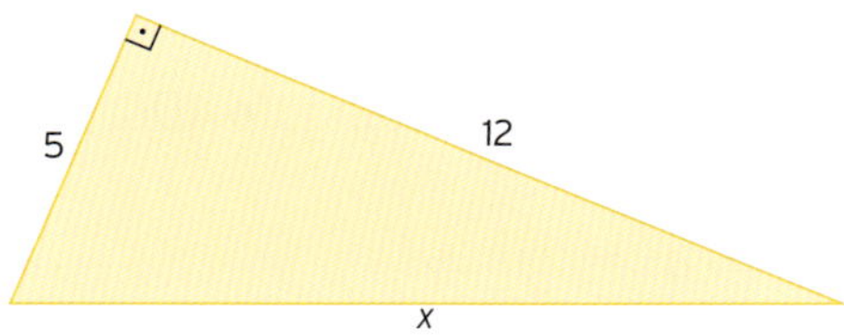

c)

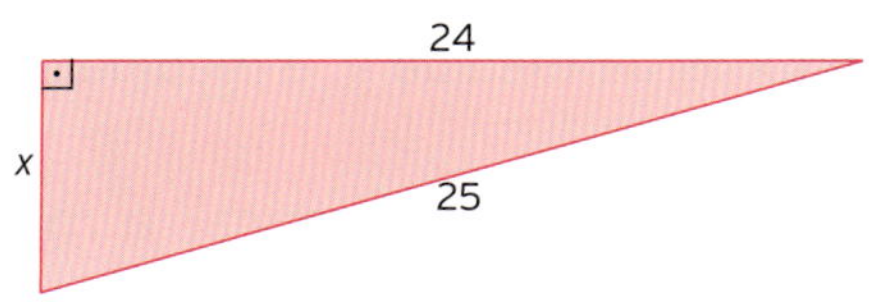

d)

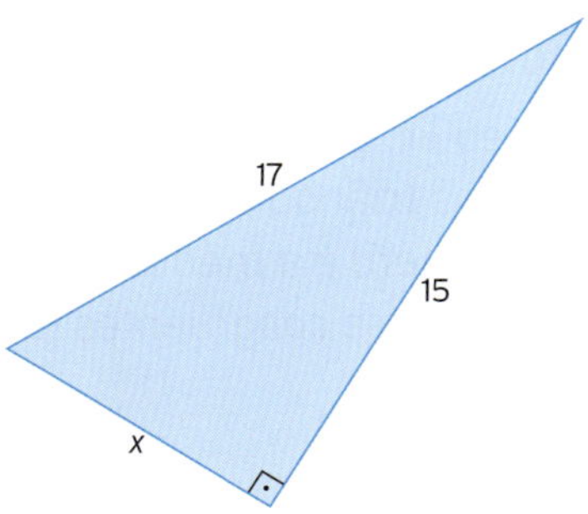

Aplicar

7. Para fazer uma pipa, Beto usou duas varetas com as medidas, em centímetro, dadas a seguir.

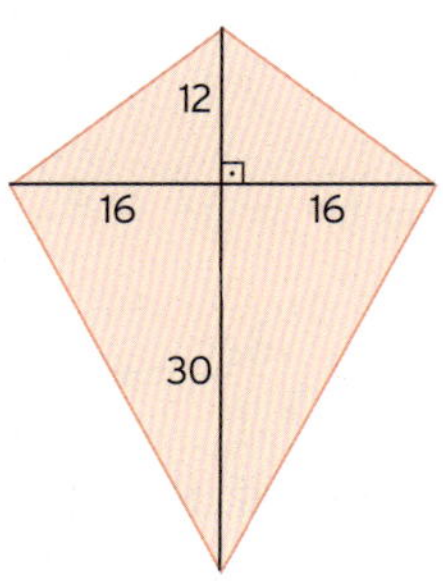

Qual é a medida do perímetro (medida do contorno, em rosa) da pipa que Beto fez?

8. Dois gaviões, cada um no topo de uma árvore, avistaram um lagarto no solo e lançaram-se ao mesmo tempo em direção ao réptil.

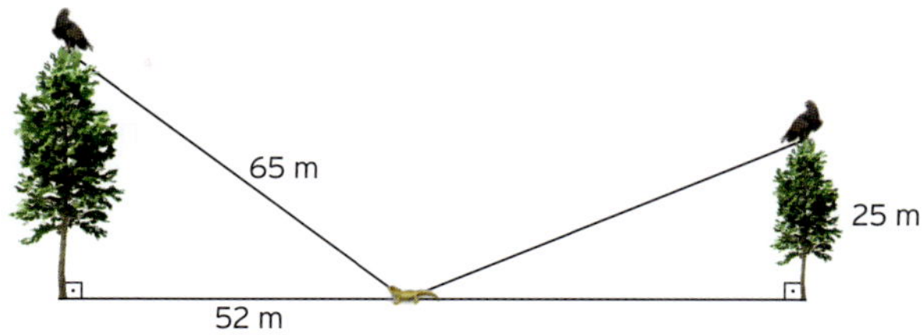

Calcule o que se pede em cada item, considerando que os dois gaviões percorreram a mesma distância para chegar ao lagarto.

a) A medida da altura da árvore maior.

b) A medida da distância entre o lagarto e a árvore menor.

9. Calcule a medida da área do trapézio representado a seguir.

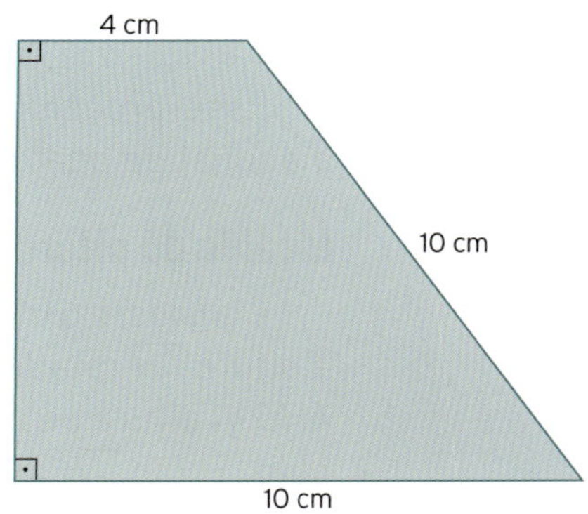

10. Considere a figura a seguir. As medidas são dadas em centímetro.

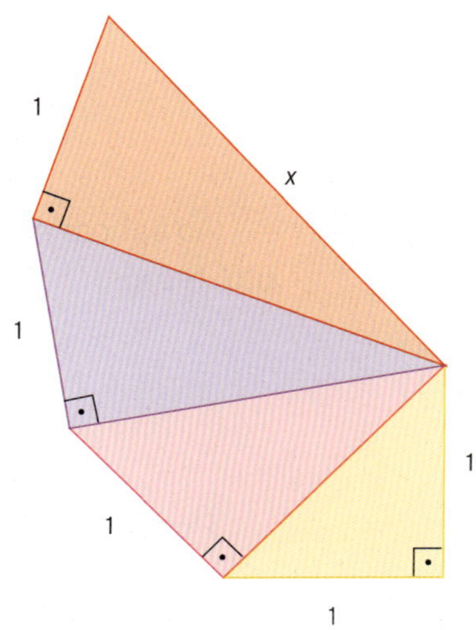

Qual é o valor de x indicado na figura?

Aplicações do teorema de Pitágoras

O teorema de Pitágoras pode ser utilizado em algumas situações. Acompanhe a explicação a seguir.

Medida da diagonal de um quadrado

Considere o quadrado *ABCD* a seguir, cujo lado mede *a*. Traçando uma das diagonais do quadrado, $\overline{AC}$, por exemplo, obtêm-se dois triângulos retângulos congruentes ($\triangle ABC$ e $\triangle ADC$).

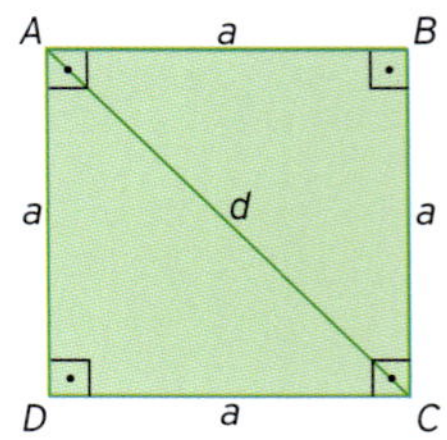

Ilustrações: ID/BR

Ao aplicar o teorema de Pitágoras no triângulo retângulo *ADC*, por exemplo, obtemos:

$$d^2 = a^2 + a^2 \Rightarrow d^2 = 2a^2 \Rightarrow$$

$$\Rightarrow d = \sqrt{2a^2} \Rightarrow d = a\sqrt{2}$$

Portanto, em um quadrado com lados de medida *a*, a medida da diagonal é $a\sqrt{2}$.

Esse procedimento pode ser aplicado para determinar a medida da diagonal de qualquer quadrado.

Medida da altura de um triângulo equilátero

Considere o triângulo equilátero *ABC* a seguir, cujo lado mede *a*. Traçando a altura $\overline{AH}$ relativa ao lado $\overline{BC}$, obtêm-se dois triângulos retângulos: *AHB* e *AHC*. A altura de um triângulo equilátero também é a mediana desse triângulo. Então, $\overline{AH}$ divide o lado $\overline{BC}$ em dois segmentos congruentes ($\overline{BH} \cong \overline{CH}$).

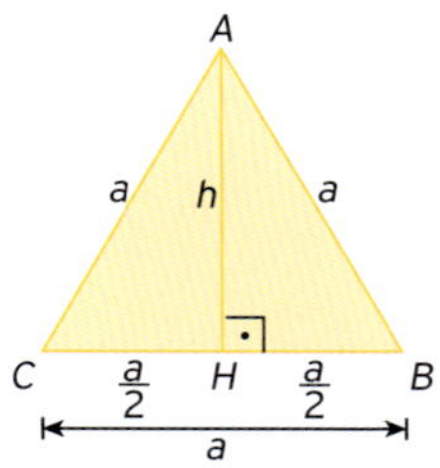

Ao aplicar o teorema de Pitágoras no triângulo retângulo *AHC*, por exemplo, temos:

$$h^2 + \left(\frac{a}{2}\right)^2 = a^2 \Rightarrow h^2 + \frac{a^2}{4} = a^2 \Rightarrow h^2 = a^2 - \frac{a^2}{4} \Rightarrow$$

$$\Rightarrow h^2 = \frac{4a^2}{4} - \frac{a^2}{4} \Rightarrow h^2 = \frac{3a^2}{4} \Rightarrow h = \sqrt{\frac{3a^2}{4}} \Rightarrow h = \frac{a\sqrt{3}}{2}$$

Portanto, em um triângulo equilátero com lados de medida *a*, a medida da altura é $\frac{a\sqrt{3}}{2}$.

A relação entre a medida da altura de um triângulo equilátero e a medida de seu lado é válida para qualquer triângulo equilátero.

Medida da diagonal de um paralelepípedo reto-retângulo

Um paralelepípedo reto-retângulo é um prisma cujas faces são retangulares.

A diagonal de um paralelepípedo reto-retângulo é um segmento não contido em qualquer de suas faces e cujas extremidades são vértices do paralelepípedo.

Na figura a seguir, $\overline{AH}$ é uma diagonal do paralelepípedo *ABCDEFGH*, e $\overline{FH}$ é a diagonal da face *EFGH*.

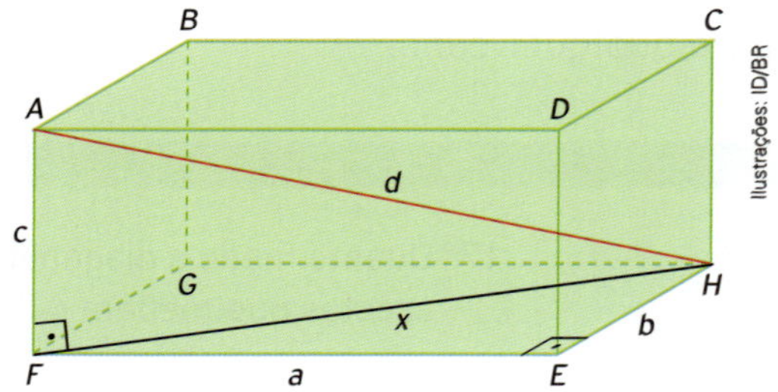

Aplicando o teorema de Pitágoras no triângulo *HEF*, temos:

$$x^2 = a^2 + b^2 \quad \text{(I)}$$

Aplicando o teorema de Pitágoras no triângulo *AFH*, temos:

$$d^2 = x^2 + c^2 \quad \text{(II)}$$

Substituindo (I) em (II), temos:

$$d^2 = x^2 + c^2$$
$$d^2 = a^2 + b^2 + c^2$$
$$d = \sqrt{a^2 + b^2 + c^2}$$

Portanto, em um paralelepípedo reto-retângulo com arestas de medidas a, b e c, a medida da diagonal é $\sqrt{a^2 + b^2 + c^2}$.

A relação entre a medida da diagonal de um paralelepípedo reto-retângulo e as medidas de suas arestas é válida para qualquer paralelepípedo reto-retângulo.

Medida da diagonal de um cubo

O cubo é um caso particular de paralelepípedo reto-retângulo, em que o comprimento, a largura e a altura têm medidas iguais. Observe o cubo a seguir.

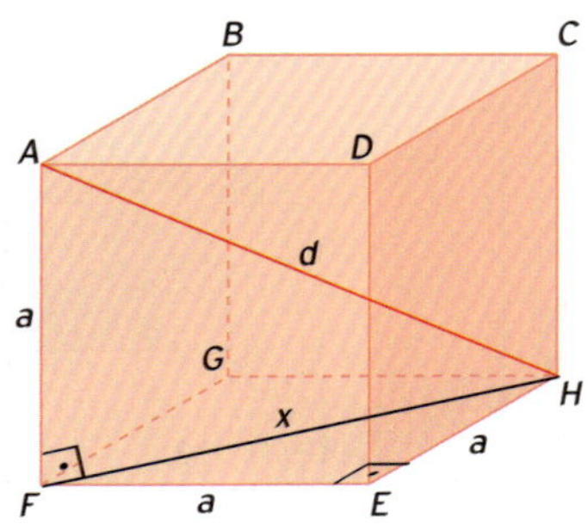

Aplicando o teorema de Pitágoras no triângulo *HEF*, temos:

$$x^2 = a^2 + a^2 \quad \text{(I)}$$

Aplicando o teorema de Pitágoras no triângulo *AFH*, temos:

$$d^2 = a^2 + x^2 \quad \text{(II)}$$

Acesse o recurso para visualizar as **diagonais do paralelepípedo e do cubo** de um jeito novo!

Substituindo (I) em (II), temos:

$$d^2 = a^2 + x^2$$
$$d^2 = a^2 + a^2 + a^2$$
$$d^2 = 3a^2$$
$$d = \sqrt{3a^2}$$
$$d = a\sqrt{3}$$

Portanto, em um cubo com arestas de medida a, a medida da diagonal é $a\sqrt{3}$.

A relação entre a medida da diagonal de um cubo e as medidas de suas arestas é válida para qualquer cubo.

ATIVIDADES

Retomar e compreender

11. A diagonal de um quadrado mede $9\sqrt{2}$ cm. Determine as medidas:

a) do lado desse quadrado;

b) de sua área.

12. Calcule o valor de x, em centímetro.

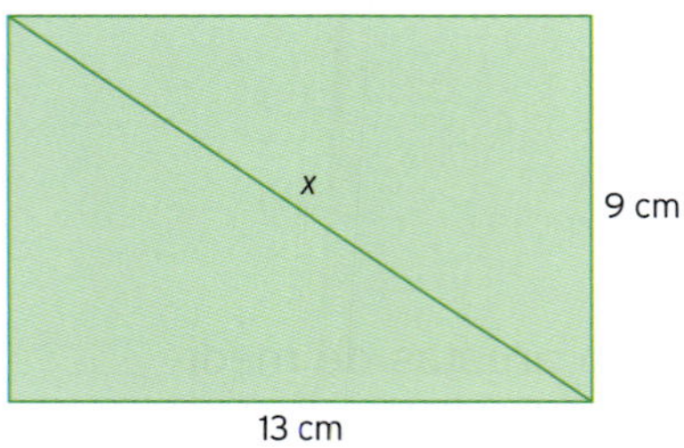

13. A medida do perímetro de um triângulo equilátero é 24 cm. Determine as medidas:

a) do lado desse triângulo;

b) da sua altura;

c) da sua área.

14. A diagonal de um retângulo mede 10 cm e um de seus lados mede 8 cm. Determine a medida:

a) do outro lado desse retângulo;

b) de seu perímetro;

c) de sua área.

15. Betina desenhou um quadrado cuja diagonal mede 6 cm. Ela quer determinar a medida da área desse quadrado sem calcular a medida de seu lado. Converse com os colegas e verifique se isso é possível.

16. Determine a medida da diagonal de um paralelepípedo reto-retângulo cujas arestas medem 6 cm, 8 cm e $5\sqrt{5}$ cm.

17. Quanto mede a diagonal de um cubo com arestas que medem $4\sqrt{3}$ cm?

18. Se a diferença entre as medidas da altura de dois triângulos equiláteros é $5\sqrt{3}$ cm, qual é a diferença entre as medidas de seus lados?

19. Considere o cubo representado a seguir. Determine a soma das medidas de área de todas as suas faces.

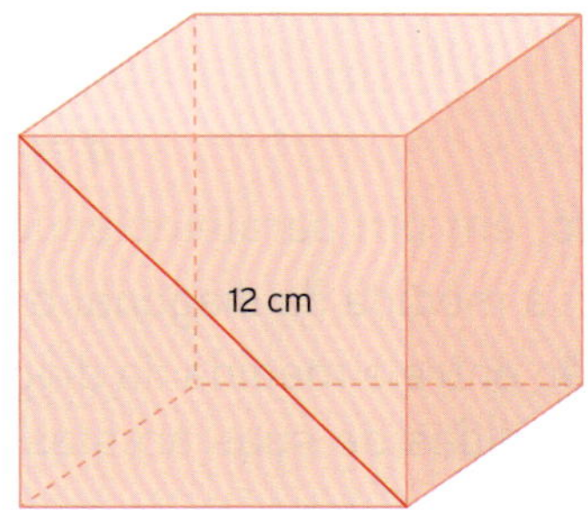

20. Na figura a seguir, $ED = DC$ e F é o ponto médio de $\overline{AD}$ no retângulo $ABCD$.

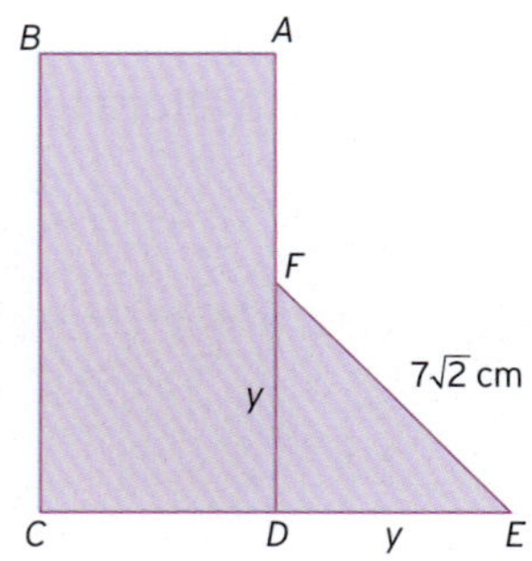

Ilustrações: ID/BR

Determine:

a) o valor de y;

b) a medida do perímetro da figura toda;

c) a medida da área do triângulo;

d) a medida da área da figura toda.

MAIS ATIVIDADES

Acompanhamento da aprendizagem

Retomar e compreender

1. Todas as medidas indicadas na figura a seguir estão corretas. Com alguns colegas, explique por que as relações métricas vistas neste capítulo não são válidas para o triângulo ABC.

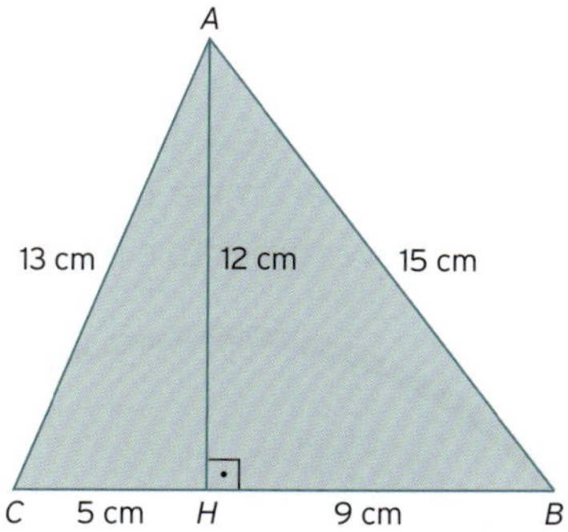

2. Em um triângulo retângulo ABC, a hipotenusa $\overline{BC}$ mede 10 cm e o cateto $\overline{AB}$ mede 8 cm. Determine a medida:

a) da projeção ortogonal de cada cateto sobre a hipotenusa;

b) da altura relativa à hipotenusa;

c) do perímetro do triângulo ABC.

3. Em um triângulo retângulo, um dos catetos mede 13 cm e sua projeção ortogonal sobre a hipotenusa mede 5 cm. Qual é a medida da altura relativa à hipotenusa do triângulo?

4. Em um triângulo retângulo, a hipotenusa mede 15 cm e um de seus catetos mede 12 cm. Quanto medem as projeções ortogonais dos catetos sobre a hipotenusa?

Aplicar

5. Uma escada de 25 dm estava apoiada em uma parede. O pé dela estava distante 7 dm da parede. Em dado momento, o pé da escada escorregou 8 dm. As figuras a seguir ilustram a situação.

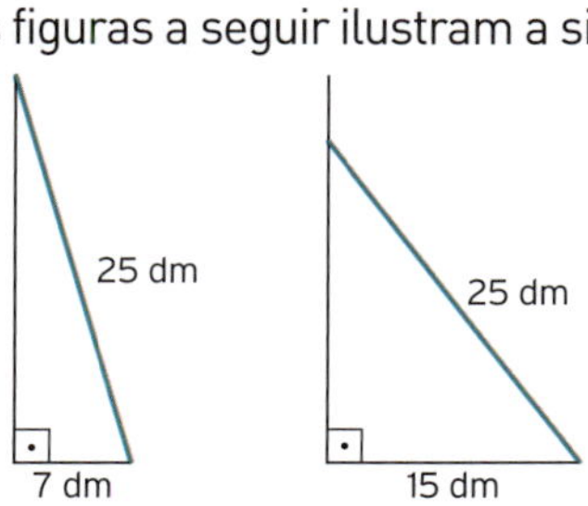

Calcule quantos decímetros a extremidade da escada que estava encostada na parede desceu.

6. Calcule a medida do perímetro do triângulo MNO representado a seguir.

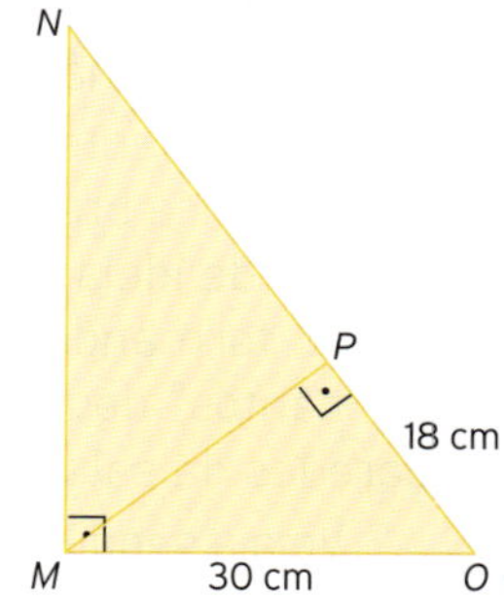

7. A figura a seguir mostra três cubos idênticos cujas arestas medem 4 cm cada uma.

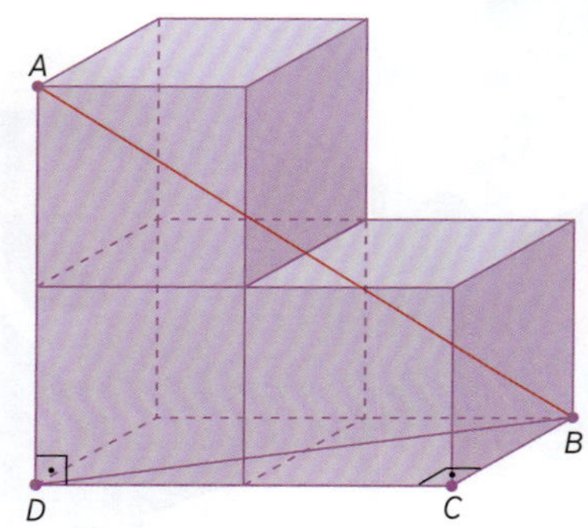

Calcule a medida do segmento $\overline{AB}$.

8. Roberta aumentou em 2 m cada lado do seu quintal, de formato quadrado, de modo que ele permaneceu com a mesma forma. Isso provocou um aumento de 16 m^2 na área do quintal. Qual era a medida original da diagonal do quintal?

9. Calcule o aumento na medida da altura de um triângulo equilátero quando a medida de cada um de seus lados for aumentada em 6 m.

10. As projeções dos catetos de um triângulo retângulo sobre a hipotenusa medem 3 cm e 9 cm. Qual é a medida do cateto menor?

11. Calcule a medida da área de um hexágono regular cujo lado mede 8 cm.

12. Determine x em cada caso.

a)

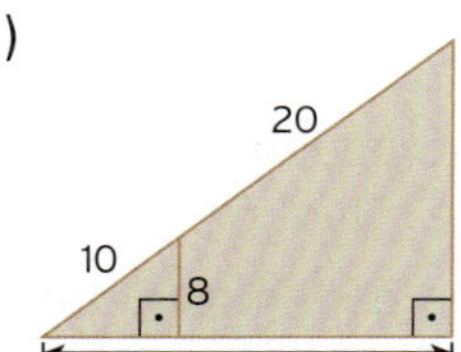

b)

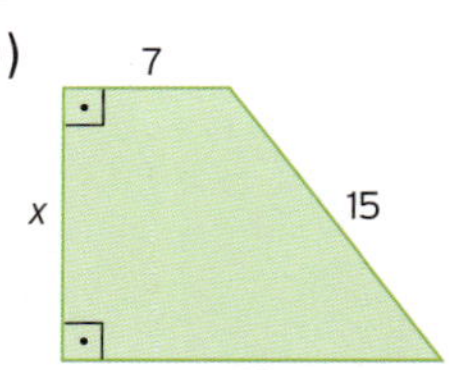

Ilustrações: ID/BR

RESOLVENDO PROBLEMAS

Conhecendo o problema

Cecília é arquiteta e realiza reformas. Em uma das obras em que ela está trabalhando, há uma sala em formato circular com diâmetro medindo 12 metros.

Inicialmente, o cliente havia pedido que o piso dessa sala fosse todo revestido de cerâmica branca. Mas, antes de Cecília comprar o material necessário, o cliente mudou de ideia e pediu que uma parte do piso da sala fosse revestido de cerâmica verde, formando uma região com formato de um hexágono regular, de modo que os "cantos" dessa região, que representam os vértices do hexágono, tocassem as paredes da sala, e o restante do piso fosse revestido de cerâmica branca.

Veja a seguir um esquema que mostra o piso sem revestimento e o piso revestido.

Larissa dos Santos/ID/BR
ID/BR

Quanto mede a área do piso que será revestida de cerâmica verde? E qual é a medida da área que será revestida de cerâmica branca? (Considere $\pi \simeq 3,14$ e $\sqrt{3} \simeq 1,732$.)

Compreensão do problema

1. Qual é o formato da sala que será revestida de cerâmica?
2. Qual é a medida do diâmetro dessa sala?
3. Qual é o formato da região que será revestida com cerâmica verde?
4. Qual é a medida do lado da região revestida com cerâmica verde, em metro?

Resolução do problema

1. Como podemos determinar a medida da área total do piso da sala que será reformada? Qual é essa medida, em metro quadrado?
2. Como podemos calcular a medida da área da região revestida com cerâmica verde? Qual é essa medida, em metro quadrado?
3. Como podemos determinar a medida da área da sala que será coberta com a cerâmica branca? Qual é essa medida, em metro quadrado?

Reflexão sobre o problema

1 Você gostou de resolver esse problema? Por quê?

2 Você encontrou dificuldades para resolver esse problema? Se encontrou, quais foram elas?

3 Você fez anotações dos dados do problema que o ajudaram a compreender o problema?

4 Que estratégia você usou para resolver esse problema?

5 Compare sua estratégia com a que foi utilizada pelos colegas. Eles utilizaram estratégias diferentes da sua? Se utilizaram, quais foram?

6 SABER SER Você consegue pensar em outra maneira de resolver esse problema? Se sim, qual?

Aplicando a estratégia

1. Laura pretende pintar uma parede com formato de trapézio isósceles, representada na imagem a seguir. Como não quer diferença na tonalidade da cor, Laura comprará toda a tinta de uma só vez. Cada litro de tinta permite cobrir 15 m^2 de parede. Ela quer dar duas demãos de tinta nessa parede. Quantos litros de tinta Laura terá de comprar?

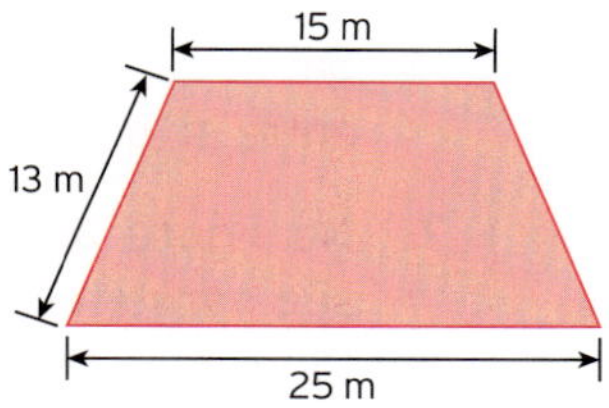

2. (OBM) Três quadrados são colados pelos seus vértices entre si e a dois bastões verticais, como mostra a figura.

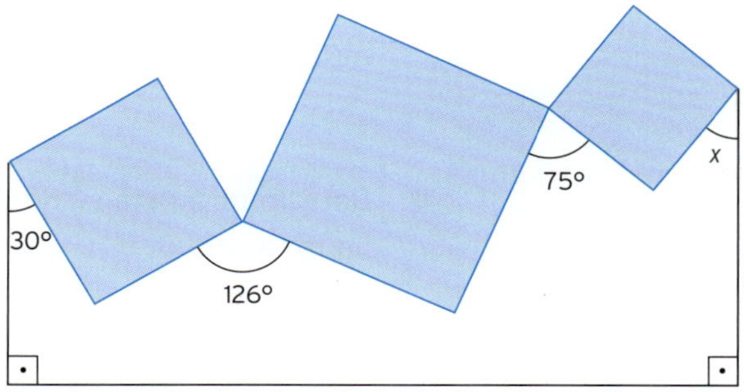

Ilustrações: ID/BR

A medida do ângulo x é:

a) 39° b) 41° c) 43° d) 44° e) 46°

3. Imagine que em uma gaiola tenha certo número de coelhos e de galinhas, totalizando 7 cabeças e 22 patas e pés. Quantos animais de cada tipo estão nessa gaiola? Como você resolveria essa atividade sem utilizar um sistema de equações?

Dica: Um coelho tem 4 patas e uma galinha tem 2 pés.

ATIVIDADES INTEGRADAS

Aplicar

1. (Ufes) Uma transversal intercepta duas paralelas formando ângulos alternos internos expressos em graus por $(5x + 8)$ e $(7x - 12)$. A soma das medidas desses ângulos é:

a) 40° c) 80° e) 150°
b) 58° d) 116°

2. Na figura a seguir, $a \,//\, b \,//\, c \,//\, d$. Determine x e y.

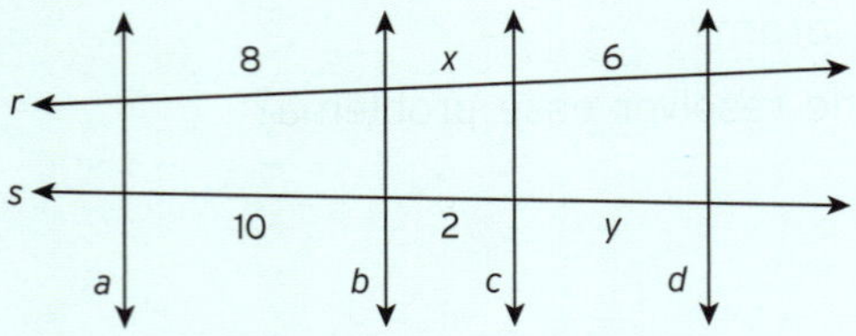

3. (Unifor-CE) Na figura a seguir, tem-se: $AB = 6$ cm, $BC = 10$ cm e $EC = 4$ cm.

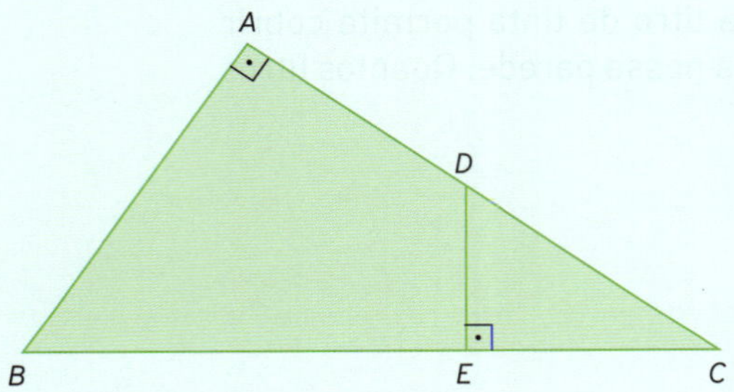

A medida de $\overline{DE}$, em centímetros, é igual a:

a) $\frac{12}{5}$ d) 3
b) $\frac{5}{2}$ e) $2\sqrt{3}$
c) $2\sqrt{2}$

4. Determine a medida da altura de um triângulo equilátero, sabendo que a medida de sua área é $36\sqrt{3}$ cm^2.

5. Em cada item, calcule o valor de x e de y.

a) $a \,//\, b \,//\, c$

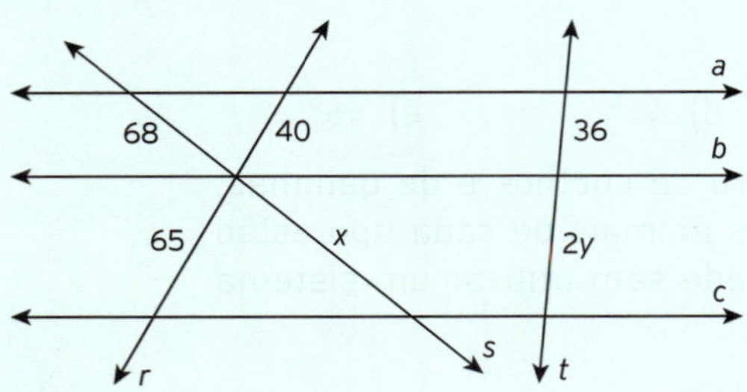

b) $a \,//\, b \,//\, c \,//\, d$

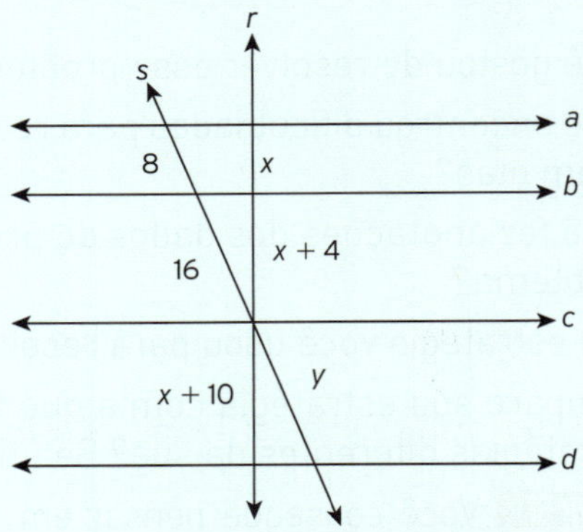

6. Observe o triângulo KLM e o quadrado $EFGH$. A altura do triângulo relativa ao lado $\overline{KM}$ mede 60 cm e o segmento $\overline{KM}$ mede 120 cm.

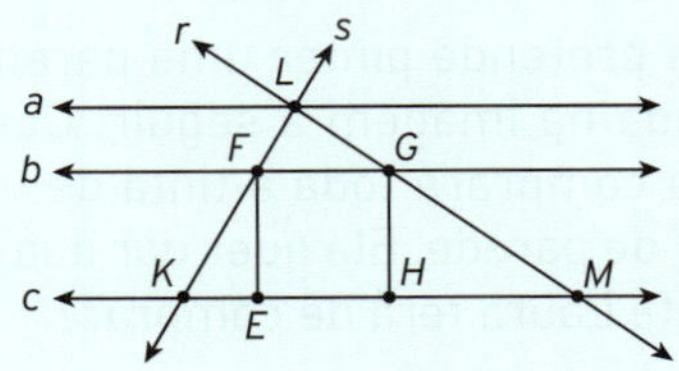

Sabendo que as retas a, b e c são paralelas entre si, quanto mede o lado do quadrado?

7. Na figura a seguir, os segmentos $\overline{AB}$ e $\overline{DE}$ são paralelos e o segmento $\overline{BD}$ mede 25 cm. Determine as medidas dos segmentos $\overline{BC}$ e $\overline{CD}$.

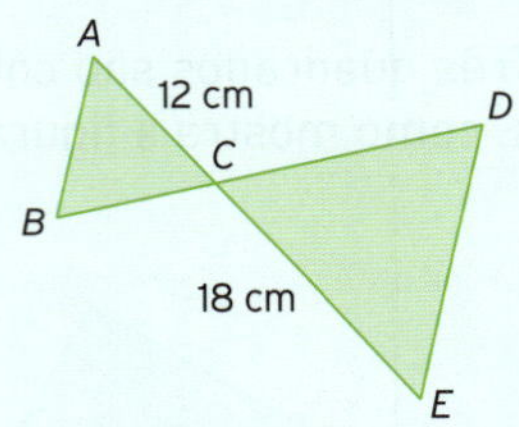

8. Determine a razão $\frac{x}{y}$ no triângulo retângulo da figura a seguir.

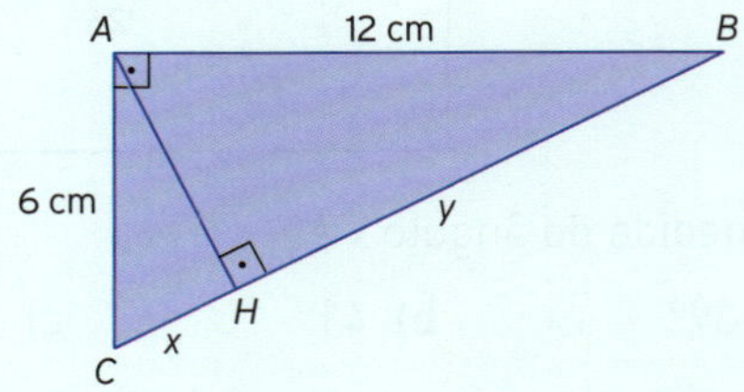

Ilustrações: ID/BR

Veja uma **resolução** para essa atividade. Você a resolveria de outro modo?

9. Em um triângulo retângulo, um dos catetos mede 20 cm, a sua projeção sobre a hipotenusa mede 16 cm e o outro cateto mede 15 cm. Determine a medida:

a) da altura relativa à hipotenusa;

b) da hipotenusa;

c) da projeção do outro cateto.

Analisar e verificar

10. No sítio de Cláudio foi feito um canteiro na forma triangular. Ele fez sucessivas divisões, todas paralelas à base $\overline{AB}$ do triângulo ABC. Calcule os valores de x e de y.

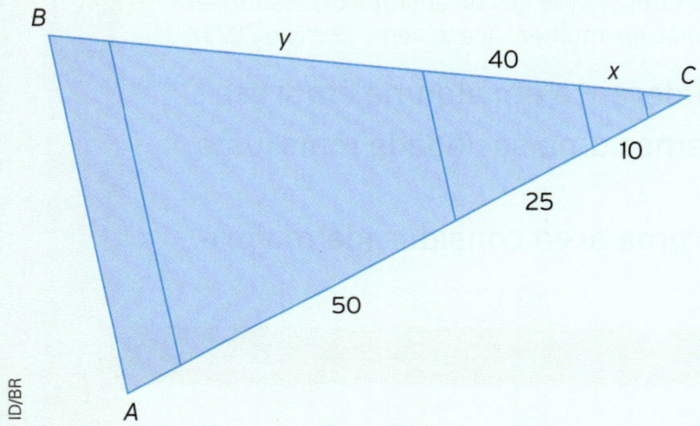

11. Dois postes perpendiculares ao solo estão a uma distância de 400 cm um do outro, e um fio bem esticado de 500 cm liga seus topos, como mostra a figura a seguir.

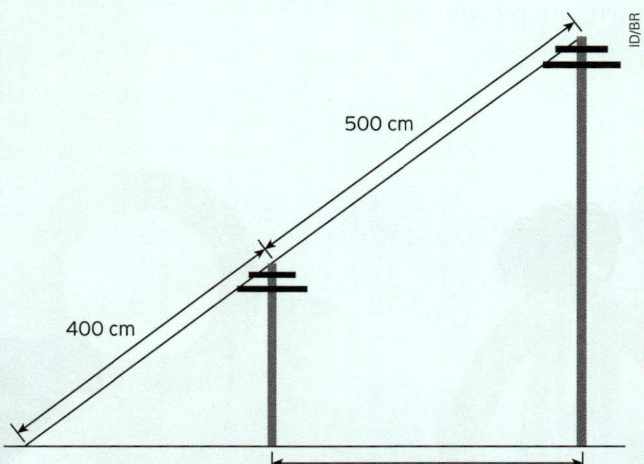

Prolongando esse fio até prendê-lo no solo, são utilizados mais 400 cm de fio. Determine a medida da distância, em metro, entre o ponto em que o fio foi preso ao solo e o poste mais próximo a ele.

12. Considere os triângulos representados a seguir e a relação indicada.

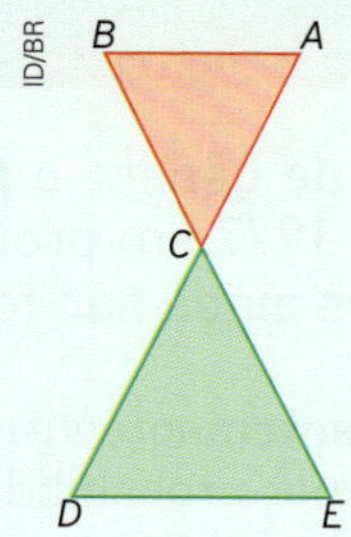

$$DE = \frac{4}{3} \cdot AB$$

Sabendo que a medida da área da região triangular ABC é 18 cm^2 e que $\overline{AB} \,//\, \overline{DE}$, calcule a medida da área da região triangular CDE.

13. (Enem)

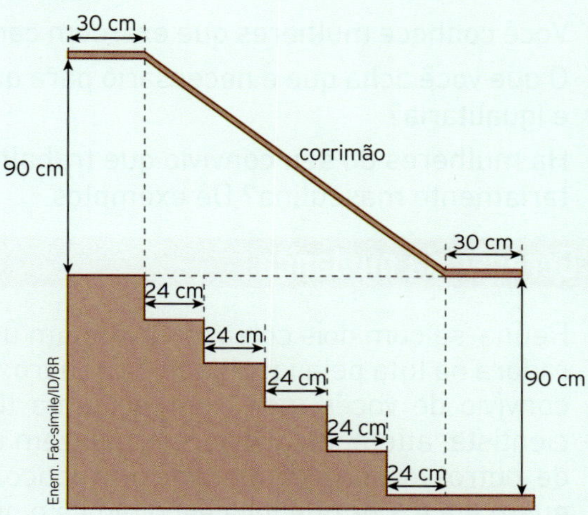

Na figura acima, que representa o projeto de uma escada com 5 degraus de mesma altura, o comprimento total do corrimão é igual a:

a) 1,8 m
b) 1,9 m
c) 2,0 m
d) 2,1 m
e) 2,2 m

Criar

14. Veja o triângulo ABC a seguir.

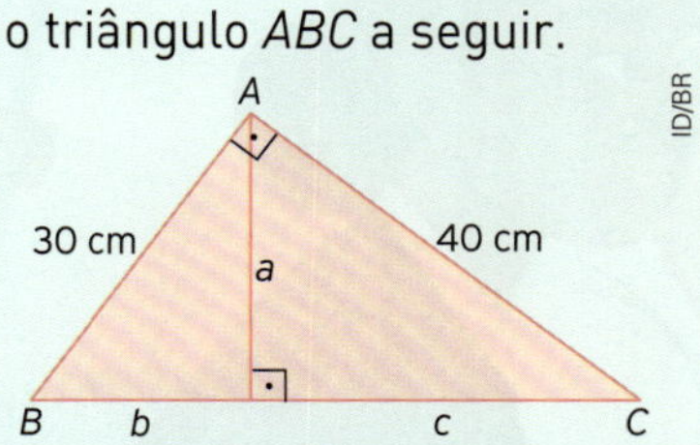

Agora, considerando o triângulo, junte-se a um colega para elaborar um problema que deve ser resolvido usando o teorema de Pitágoras. Em seguida, resolvam o problema criado por outra dupla.

Retomando o tema

A luta pela igualdade de gênero e pela proteção dos direitos das mulheres foi oficializada pela ONU em 1977 em prol de uma sociedade mais justa e igualitária. Entretanto, esses objetivos ainda não foram alcançados.

> As mulheres são frequentemente vítimas de discriminação, assédio e violência no local de trabalho e têm maior probabilidade de serem vítimas de violações de privacidade e roubo de identidade. [...] Por isso, é crucial que haja mulheres em posições de liderança e tomada de decisão para garantir que essas questões sejam abordadas de forma adequada e eficaz.

ANPD comemora Dia Internacional da Mulher. Disponível em: https://www.gov.br/anpd/pt-br/assuntos/noticias/dia-internacional-da-mulher. Acesso em: 19 maio 2023.

1. **Você conhece mulheres que exercem cargos de liderança em alguma empresa?**
2. **O que você acha que é necessário para que tenhamos uma sociedade mais justa e igualitária?**
3. **Há mulheres do seu convívio que trabalham em uma área considerada majoritariamente masculina? Dê exemplos.**

Geração da mudança

- Reúna-se com dois colegas. Escolham uma mulher que seja considerada inspiradora na luta pela igualdade de gênero. Ela pode ser uma pessoa famosa ou do convívio de vocês, por exemplo, uma líder comunitária, professora, cantora, cientista, atleta, etc. Depois, organizem uma apresentação para que os colegas de outros grupos conheçam um pouco dessa mulher. Vocês devem explicar quem ela é, por que foi a escolhida e o que a torna inspiradora.

Autoavaliação

Camila Anselmi/ID/BR

UNIDADE

4

PRODUTOS NOTÁVEIS, FATORAÇÃO E EQUAÇÕES

PRIMEIRAS IDEIAS

1. Qual operação matemática pode ser relacionada ao processo de fatoração?
2. O que os termos da expressão: $ax + 3axr$ têm em comum? Tente escrevê-la de outra maneira.
3. Qual é a diferença entre a equação do 1º grau e a equação do 2º grau?

Conhecimentos prévios

Nesta unidade, eu vou...

CAPÍTULO 1 Produtos notáveis e fatoração

- Compreender os produtos notáveis.
- Representar geometricamente produtos notáveis e relacioná-los com as medidas de área ou de volume.
- Compreender estratégias de fatoração e relacionar algumas delas com os produtos notáveis.

CAPÍTULO 2 Frações algébricas

- Reconhecer frações algébricas.
- Calcular o valor numérico de uma fração algébrica.
- Efetuar operações com frações algébricas e simplificar os resultados quando for possível.

CAPÍTULO 3 Equações do 2º grau

- Identificar e compreender as equações do 2º grau completas e incompletas.
- Resolver equações do 2º grau incompletas sem o uso de fórmula resolutiva.
- Resolver e interpretar geometricamente a resolução de equações do 2º grau.
- Utilizar a fórmula resolutiva de equações do 2º grau.
- Relacionar raízes e coeficientes de uma equação do 2º grau.
- Resolver situações-problema que envolvem sistemas de equações.
- Compreender uma das vantagens da utilização de tecnologias para favorecer a sustentabilidade na agricultura.

INVESTIGAR

- Realizar uma pesquisa bibliográfica sobre personalidades da Matemática.
- Produzir um texto biográfico sobre as personalidades pesquisadas.

EDUCAÇÃO FINANCEIRA

- Compreender alguns conceitos associados à sustentabilidade e aplicá-los ao consumo consciente.

CIDADANIA GLOBAL

- Reconhecer que a tecnologia usada na agricultura pode melhorar a produção de alimentos.

Franco Hoff/Pulsar Imagens

LEITURA DA IMAGEM

1. Você já esteve em uma plantação? Sabe descrever um pé de mandioca?
2. Você sabe para que serve um *drone*?
3. Como você acha que a matemática pode contribuir para o desenvolvimento e a aplicação de tecnologia na produção agrícola?

CIDADANIA GLOBAL

2 FOME ZERO E AGRICULTURA SUSTENTÁVEL

O Brasil é reconhecido pela grande quantidade de produtos agrícolas que exporta anualmente; e boa parte do potencial econômico do país está no agronegócio. Cerca de 25% do produto interno bruto (PIB) brasileiro provém do agronegócio, segundo o Centro de Estudos Avançados em Economia Aplicada (Cepea) da USP.

A utilização da tecnologia melhorou o potencial produtivo de lavouras por meio de soluções que possibilitam agilizar e otimizar os processos do plantio à colheita. Com o uso de equipamentos e máquinas conectados à inteligência artificial em *softwares*, é possível, por exemplo, aprimorar técnicas de irrigação e de aplicação de fertilizantes.

- Como a tecnologia usada na agricultura pode melhorar a produção de alimentos?

Ao longo desta unidade, reflita sobre esse questionamento!

Que benefícios o **uso de tecnologia** pode trazer para a produtividade na agricultura?

Agricultor utilizando *drone* para realizar pulverização sobre plantação de mandioca (também chamada de macaxeira ou aipim) em Cruzeiro do Oeste (PR). Foto de 2022.

CAPÍTULO

1 PRODUTOS NOTÁVEIS E FATORAÇÃO

PRODUTOS NOTÁVEIS

Os helipontos são áreas destinadas a pouso e decolagem de helicópteros que podem estar localizados em diferentes lugares, como na cobertura de edifícios ou no nível do solo, em fazendas, por exemplo.

Na foto e no esquema a seguir, há a representação de um heliponto que é constituído de uma área quadrada de pouso e decolagem que tem, em seu interior, a indicação de uma área quadrada de toque – ou seja, uma região em que o helicóptero deve tocar para pousar.

Indicando por a^2 a medida da área de pouso e decolagem do heliponto e por b^2 a medida da área de toque, temos que $a^2 - b^2$ representa a diferença entre as medidas da área de pouso e decolagem e da área de toque.

Podemos verificar que $a^2 - b^2$ é o resultado do produto $(a + b) \cdot (a - b)$, ou seja, que $(a + b) \cdot (a - b) = a^2 - b^2$, para quaisquer a e b. O produto $(a + b) \cdot (a - b)$ é um exemplo de **produto notável**. Os produtos notáveis apresentam regularidades que permitem resolver determinados cálculos com maior praticidade. Neste capítulo, vamos conhecer alguns deles.

▼ Vista aérea de um heliponto na cidade do Rio de Janeiro (RJ). Foto de 2022.

Bim/iStock/Getty Images

Quadrado da soma de dois termos

O quadrado da soma de dois termos, a e b, pode ser representado pela expressão $(a + b)^2$. Essa expressão pode ser representada também por $(a + b)(a + b)$. Desenvolvendo essa multiplicação, temos:

$$(a + b)^2 = (a + b) \cdot (a + b) = a \cdot a + a \cdot b + b \cdot a + b \cdot b = a^2 + 2ab + b^2$$

propriedade distributiva

propriedade comutativa da multiplicação ($a \cdot b = b \cdot a$)

A expressão $a^2 + 2ab + b^2$ é denominada **trinômio quadrado perfeito**.

Considerando a o 1º termo e b o 2º termo, podemos fazer uma análise do produto notável:

$$(a + b)^2 = a^2 + 2ab + b^2$$

- a: 1º termo
- b: 2º termo
- a^2: quadrado do 1º termo
- $2ab$: duas vezes o produto do 1º termo pelo 2º termo
- b^2: quadrado do 2º termo

> O **quadrado da soma de dois termos** é igual ao quadrado do 1º termo mais duas vezes o produto do 1º termo pelo 2º termo, mais o quadrado do 2º termo.
>
> $$(a + b)^2 = a^2 + 2ab + b^2$$

Geometricamente, o trinômio quadrado perfeito corresponde à medida da área de um quadrado cujos lados medem $(a + b)$, com $a > 0$ e $b > 0$.

Observe que, para calcular a medida da área do quadrado $ABCD$ a seguir, basta adicionar as medidas das áreas das regiões quadradas azul e amarela às medidas das áreas das regiões retangulares laranja.

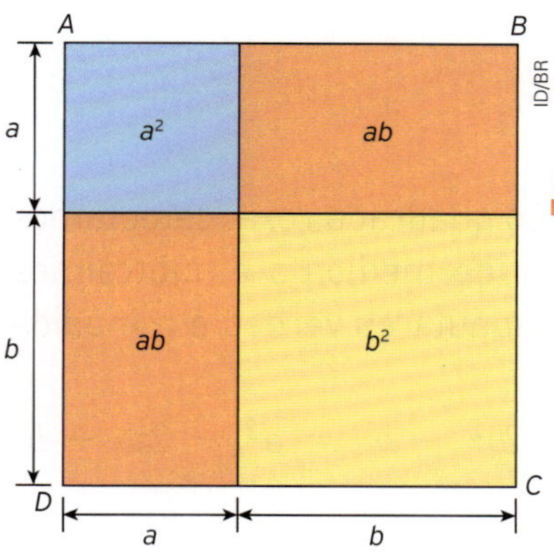

$$(a + b)^2 = a^2 + 2ab + b^2$$

- $(a + b)^2$: medida da área do quadrado $ABCD$
- a^2: medida da área da região azul
- $2ab$: medida da área das regiões laranja
- b^2: medida da área da região amarela

Exemplos

A. $(x + 4)^2 = x^2 + 2 \cdot x \cdot 4 + 4^2 = x^2 + 8x + 16$

- x^2: quadrado do 1º termo
- $2 \cdot x \cdot 4$: duas vezes o produto do 1º termo pelo 2º termo
- 4^2: quadrado do 2º termo

B. $(x + y^2)^2 = x^2 + 2 \cdot x \cdot y^2 + (y^2)^2 = x^2 + 2xy^2 + y^4$

C. $(y^3 + 5z)^2 = (y^3)^2 + 2 \cdot y^3 \cdot 5z + (5z)^2 = y^6 + 10y^3z + 25z^2$

Quadrado da diferença de dois termos

O quadrado da diferença de dois termos, a e b, pode ser representado algebricamente por $(a - b)^2$, que corresponde a $(a - b) \cdot (a - b)$.

Veja como podemos efetuar algebricamente essa multiplicação.

$$(a - b)^2 = (a - b) \cdot (a - b) = a \cdot a - a \cdot b - b \cdot a + b \cdot b = a^2 - 2ab + b^2$$

propriedade distributiva

propriedade comutativa da multiplicação $(-a \cdot b = -b \cdot a)$

> O **quadrado da diferença de dois termos** é igual ao quadrado do 1º termo menos duas vezes o produto do 1º termo pelo 2º termo mais o quadrado do 2º termo.
>
> $$(a - b)^2 = a^2 - 2ab + b^2$$

Na representação geométrica a seguir, a medida da área da região quadrada de cor roxa corresponde ao quadrado da diferença de dois termos. Note que o quadrado $ABCD$ foi dividido em duas regiões retangulares verdes e duas regiões quadradas, uma roxa e outra azul.

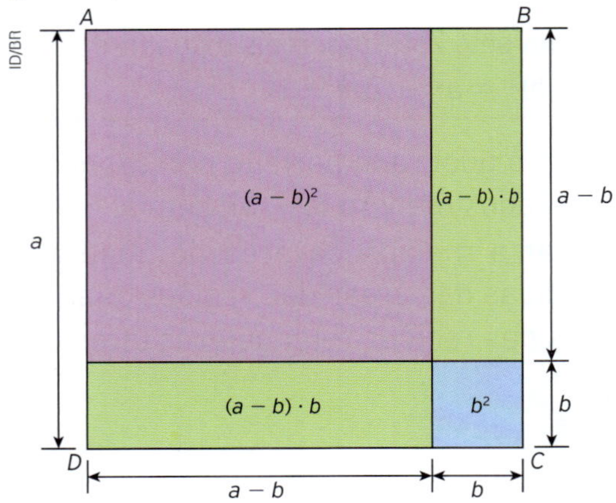

$(a > 0$ e $b > 0)$

Para determinar a medida da área da região quadrada roxa, calculamos a medida da área do quadrado $ABCD$ de lado de medida a e subtraímos desse valor a medida da área das regiões retangulares verdes e a medida da área da região quadrada azul.

$$(a - b)^2 = a^2 - 2 \cdot b \cdot (a - b) - b^2 = a^2 - 2ab + 2b^2 - b^2 = a^2 - 2ab + b^2$$

- $(a - b)^2$: medida da área da região roxa
- a^2: medida da área do quadrado $ABCD$
- $2 \cdot b \cdot (a - b)$: medida da área das regiões verdes
- b^2: medida da área da região azul

Exemplos

A. $(x - 5)^2 = x^2 - 2 \cdot x \cdot 5 + 5^2 = x^2 - 10x + 25$

- x^2: quadrado do 1º termo
- $2 \cdot x \cdot 5$: duas vezes o produto do 1º termo pelo 2º termo
- 5^2: quadrado do 2º termo

B. $(m^2 - 3a^3)^2 = (m^2)^2 - 2 \cdot m^2 \cdot 3a^3 + (3a^3)^2 = m^4 - 6m^2a^3 + 9a^6$

Produto da soma pela diferença de dois termos

Dados dois termos a e b, representamos o produto da soma pela diferença desses termos por meio da expressão $(a + b) \cdot (a - b)$. Vamos verificar como efetuar algebricamente essa multiplicação:

$$(a + b) \cdot (a - b) = a \cdot a \underbrace{- a \cdot b + b \cdot a}_{-a \cdot b + b \cdot a = -a \cdot b + a \cdot b = 0} + b \cdot (-b) = a^2 - b^2$$

> O **produto da soma pela diferença de dois termos** é igual ao quadrado do 1º termo menos o quadrado do 2º termo.
>
> $$(a + b)(a - b) = a^2 - b^2$$

Esse produto notável também pode ser representado geometricamente. Considere o retângulo amarelo a seguir, cujos lados medem $(a + b)$ e $(a - b)$, com a e b positivos e $a > b$. Dividindo esse retângulo em dois retângulos, um azul, de lados a e $a - b$, e outro verde, de lados b e $a - b$, conforme mostra a figura a seguir, temos:

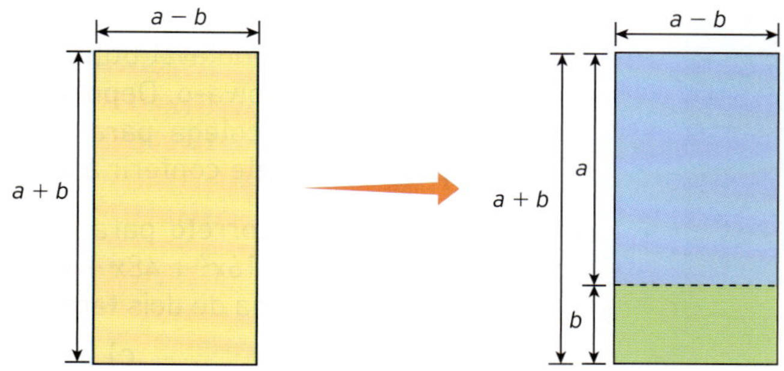

Ilustrações: ID/BR

Rotacionando e deslocando o retângulo verde para a direita do retângulo azul, temos uma nova disposição dos retângulos, porém a medida da área da figura permanece a mesma do retângulo amarelo: $(a + b) \cdot (a - b)$. A medida da área da região final corresponde à diferença entre a medida da área do quadrado de lado a e a medida da área do quadrado que está "faltando".

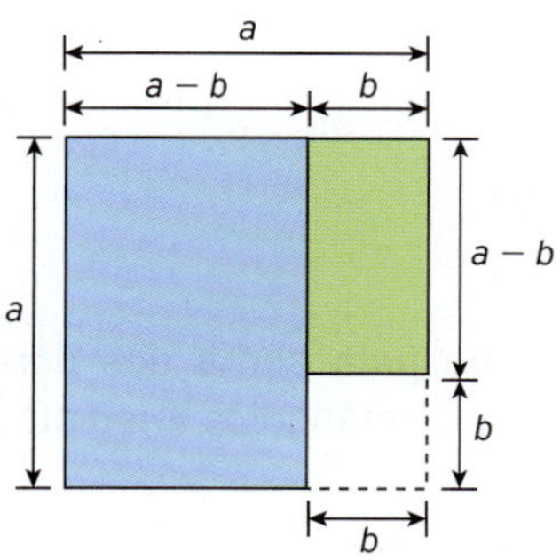

$$\underbrace{(a + b) \cdot (a - b)}_{\text{medida da área da região colorida}} = \underbrace{a^2}_{\text{medida da área do quadrado de lado } a} - \underbrace{b^2}_{\text{medida da área do quadrado que está "faltando"}}$$

Exemplos

A. $(x + 5) \cdot (x - 5) = x^2 - 5^2 = x^2 - 25$

B. $(2xy^2 + 10x) \cdot (2xy^2 - 10x) = (2xy^2)^2 - (10x)^2 = 4x^2y^4 - 100x^2$

C. $\left(\frac{3}{2}ab + \frac{1}{8}b^2\right) \cdot \left(\frac{3}{2}ab - \frac{1}{8}b^2\right) = \left(\frac{3}{2}ab\right)^2 - \left(\frac{1}{8}b^2\right)^2 = \frac{9}{4}a^2b^2 - \frac{1}{64}b^4$

ATIVIDADES

Retomar e compreender

1. Desenvolva algebricamente os seguintes produtos notáveis:

a) $(y + 1)^2$

b) $(2 + y)^2$

c) $(4p + 5)^2$

d) $\left(\frac{2x}{3} + 6x^4\right)^2$

2. Escreva um polinômio que represente a medida da área do quadrado *ABCD* apresentado a seguir. Depois, considerando a medida *a* igual a 1,5 cm, determine a medida da área desse quadrado.

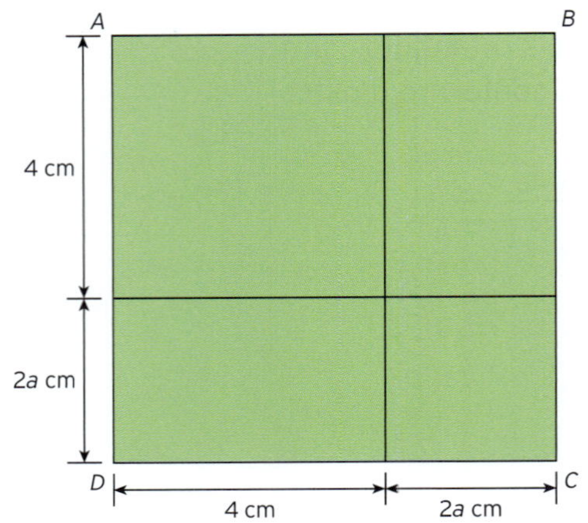

3. Na figura a seguir há duas regiões quadradas.

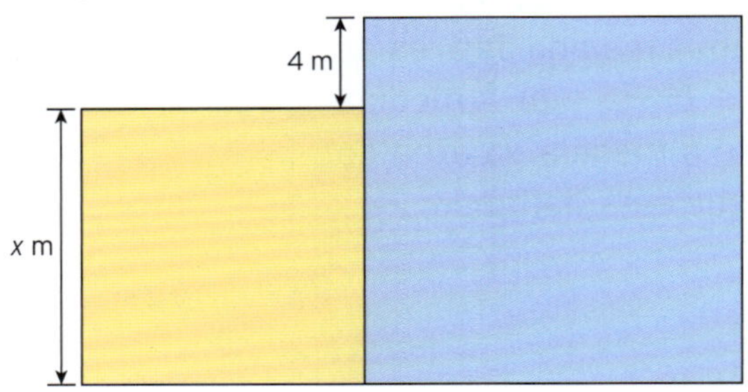

Considerando $x > 0$, escreva um polinômio que represente:

a) a medida da área da região amarela, em metro quadrado;

b) a medida da área da região azul, em metro quadrado;

c) a diferença entre a medida da área da região azul e a medida da área da região amarela;

d) a medida de comprimento do perímetro da figura, em metro.

4. Desenvolva algebricamente os seguintes produtos notáveis:

a) $(x - 1)^2$

b) $(4x - 11)^2$

c) $(2 - z)^2$

d) $\left(\frac{x^2}{3} - \frac{1}{2}\right)^2$

5. Desenvolva algebricamente os seguintes produtos notáveis:

a) $(y + 6)(y - 6)$

b) $(2c + 3)(2c - 3)$

c) $(4h^2 - 3y^3)(4h^2 + 3y^3)$

d) $(xy + z^3)(xy - z^3)$

6. Simplifique as expressões a seguir.

a) $(b - 1)(b + 1) + 1$

b) $(x + 1)(x - 1) - x(x^2 + x)$

c) $(4 - 3y)(4 + 3y) + (3y + 2)(3y - 2)$

7. Crie um produto notável utilizando os termos $5x^2$ e 8 e desenvolva-o. Depois, troque de caderno com um colega para você conferir a resposta dele e ele conferir a sua.

8. Qual é o valor correto para *y*, considerando que a expressão $16x^2 + 48x + y$ é resultado do quadrado da soma de dois termos?

a) 4 b) 6 c) 36 d) 64

9. Dado que $a = 3$ e $b = -2$, calcule o produto $(a + b)(a + b)$ e o produto $(a + b)(a - b)$.

10. O resultado $m^2n^2 - 4x^2$ é obtido por meio de qual dos produtos notáveis a seguir?

a) $(mn + 2x)^2$

b) $(m + x)(n + 2)$

c) $(m + x)(n - 2)$

d) $(mn + 2x)(mn + 2x)$

e) $(mn + 2x)(mn - 2x)$

11. Substitua cada símbolo pela soma dos dois polinômios que estão nos retângulos imediatamente abaixo.

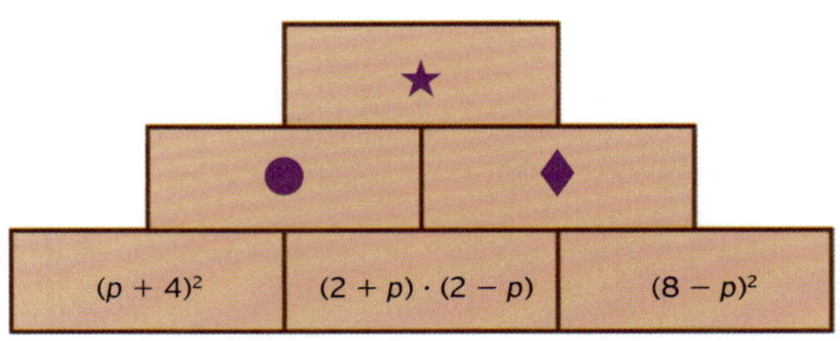

Ilustrações: ID/BR

Cubo da soma de dois termos

Dados dois termos a e b, o cubo da soma deles é representado algebricamente pela expressão $(a + b)^3$. Reescrevendo esse produto e utilizando o desenvolvimento do quadrado da soma de dois termos, obtemos:

$$(a+b)^3 = (a+b) \cdot (a+b)^2 = (a+b) \cdot (a^2 + 2ab + b^2) = a^3 + 2a^2b + ab^2 + ba^2 + 2ab^2 + b^3$$

Agrupando os termos similares, temos:

$$(a + b)^3 = a^3 + 3a^2b + 3ab^2 + b^3$$

O **cubo da soma de dois termos** é igual ao cubo do 1º termo mais três vezes o produto do quadrado do 1º termo pelo 2º termo, mais três vezes o produto do 1º termo pelo quadrado do 2º termo, mais o cubo do 2º termo.

$$(a + b)^3 = a^3 + 3a^2b + 3ab^2 + b^3$$

Geometricamente, esse produto notável pode representar a medida do volume de um cubo cujas arestas medem $(a + b)$. A medida do volume total do cubo é igual à soma das medidas dos volumes de cada uma das partes.

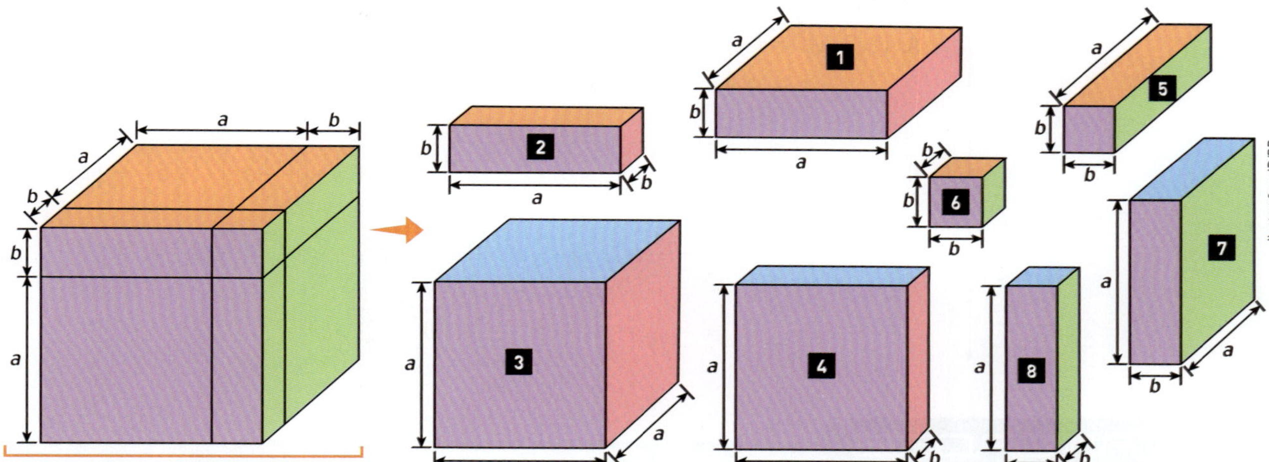

Ilustrações: ID/BR

Medida do volume total do cubo: $(a + b)^3$

Medida do volume de cada parte:

1 a^2b **2** ab^2 **3** a^3 **4** a^2b **5** ab^2 **6** b^3 **7** a^2b **8** ab^2

A medida do volume total do cubo é igual à soma das medidas dos volumes de cada uma das partes:

$$(a + b)^3 = a^3 + 3a^2b + 3ab^2 + b^3$$

Que figuras geométricas não planas representam o **cubo da soma de dois termos**?

Exemplos

A. $(x + 2)^3 = x^3 + 3 \cdot x^2 \cdot 2 + 3 \cdot x \cdot 2^2 + 2^3 = x^3 + 6x^2 + 12x + 8$

B. $\left(\frac{3}{2}a + 5b^2\right)^3 = \left(\frac{3}{2}a\right)^3 + 3 \cdot \left(\frac{3}{2}a\right)^2 \cdot 5b^2 + 3 \cdot \frac{3}{2}a \cdot (5b^2)^2 + (5b^2)^3 =$

$$= \frac{27}{8}a^3 + 3 \cdot \frac{9}{4}a^2 \cdot 5b^2 + 3 \cdot \frac{3}{2}a \cdot 25b^4 + 125b^6 =$$

$$= \frac{27}{8}a^3 + \frac{135}{4}a^2b^2 + \frac{225}{2}ab^4 + 125b^6$$

Cubo da diferença de dois termos

Tal como foi feito para o cubo da soma, a seguir demonstramos como calcular o cubo da diferença de dois termos, dado por $(a - b)^3$.

Reescrevendo esse produto e utilizando o desenvolvimento do quadrado da diferença de dois termos, obtemos:

$$(a-b)^3 = (a-b)\cdot(a-b)^2 = (a-b)\cdot(a^2 - 2ab + b^2) = a^3 - 2a^2b + ab^2 - ba^2 + 2ab^2 - b^3$$

Reduzindo a última expressão, temos:

$$(a-b)^3 = a^3 - 3a^2b + 3ab^2 - b^3$$

O **cubo da diferença de dois termos** é igual ao cubo do 1º termo menos três vezes o produto do quadrado do 1º termo pelo 2º termo, mais três vezes o produto do 1º termo pelo quadrado do 2º termo, menos o cubo do 2º termo.

$$(a-b)^3 = a^3 - 3a^2b + 3ab^2 - b^3$$

Exemplos

A. $(2x - y)^3 = (2x)^3 - 3\cdot(2x)^2\cdot y + 3\cdot 2x\cdot y^2 - y^3 =$

$= 8x^3 - 12x^2y + 6xy^2 - y^3$

B. $\left(-\frac{1}{3}a^2 - \frac{3}{5}b\right)^3 = \left(-\frac{1}{3}a^2\right)^3 - 3\cdot\left(-\frac{1}{3}a^2\right)^2\cdot\frac{3}{5}b + 3\cdot\left(-\frac{1}{3}a^2\right)\cdot\left(\frac{3}{5}b\right)^2 - \left(\frac{3}{5}b\right)^3 =$

$= -\frac{1}{27}a^6 - 3\cdot\frac{1}{9}a^4\cdot\frac{3}{5}b + (-a^2)\cdot\frac{9}{25}b^2 - \frac{27}{125}b^3 =$

$= -\frac{1}{27}a^6 - \frac{1}{5}a^4b - \frac{9}{25}a^2b^2 - \frac{27}{125}b^3$

ATIVIDADES

Retomar e compreender

12. Desenvolva algebricamente os seguintes produtos notáveis:

a) $(y + 3)^3$

b) $(2x + z^2)^3$

c) $(a^2 + 4b)^3$

d) $\left(\frac{a}{3} + b\right)^3$

13. Considerando $p \neq 0$, $q \neq 0$ e $p > q$, determine a medida da aresta de um cubo cuja medida do volume, em decímetro cúbico, é dada pela seguinte expressão:

$$p^3 - 3p^2q + 3pq^2 - q^3$$

14. Calcule a medida do volume da figura colorida a seguir em termos de x e y.

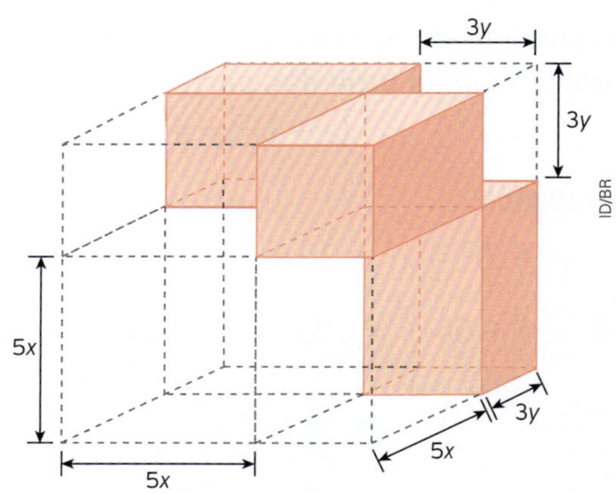

FATORAÇÃO

As expressões matemáticas podem ser escritas de diversas maneiras. Por isso, duas expressões que, aparentemente são diferentes, podem representar a mesma expressão.

Por exemplo, a expressão $x^2 + 5x + 6$ pode ser escrita como $(x + 3) \cdot (x + 2)$.

$$(x + 3) \cdot (x + 2) = x^2 + 5x + 6$$

Dizemos que a expressão $(x + 3) \cdot (x + 2)$ está na **forma fatorada**, ou seja, explicita quais são os fatores da multiplicação. O polinômio $x^2 + 5x + 6$ é o produto dessa multiplicação.

Neste estudo, faremos o inverso do que realizamos quando estudamos os produtos notáveis. Ou seja, vamos partir de um polinômio para representá-lo como fatores de uma multiplicação que resulta nele. Esse processo é chamado de **fatoração** de um polinômio.

Podemos representar geometricamente uma fatoração. Vamos considerar, por exemplo, que as figuras a seguir são peças de um quebra-cabeça retangular. Se considerarmos as medidas indicadas em cada peça, podemos representar a medida da área de cada uma delas por uma expressão.

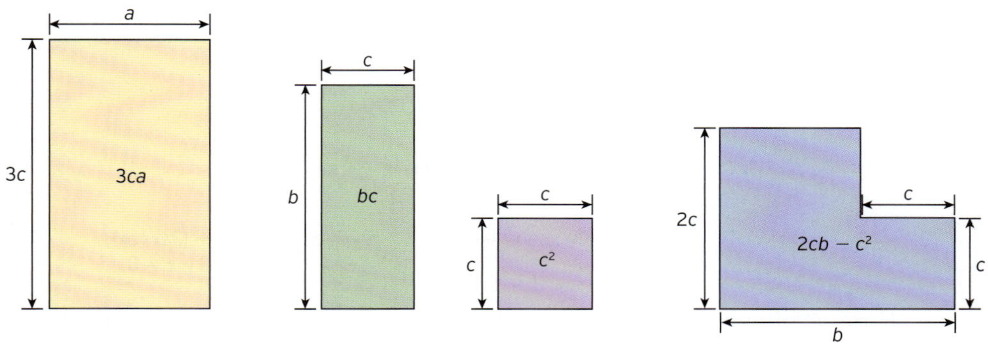

Ilustrações: ID/BR

A soma da medida da área de cada uma das peças resulta em um polinômio que representa a medida da área total (A) desse quebra-cabeça:

$$A = 3ca + bc + c^2 + 2cb - c^2 = 3ca + 3cb$$

Veja a seguir um possível encaixe das peças desse quebra-cabeça.

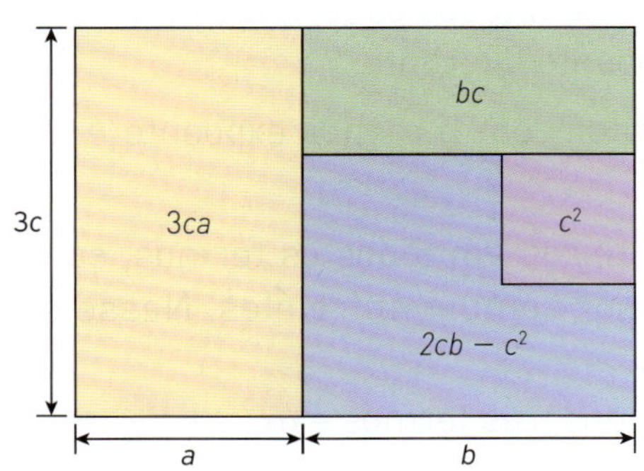

$$A = 3c \cdot (a + b)$$

Note que $3c \cdot (a + b)$ também representa a medida da área total desse quebra-cabeça e, assim: $3ca + 3cb = 3c \cdot (a + b)$. Observe que a expressão $3c \cdot (a + b)$ representa a medida dessa área na forma fatorada.

Fator comum em evidência

Considere o polinômio $ax + ay$, com $a \neq 0$. Note que o fator a aparece nos dois termos. Por isso, dizemos que a é o **fator comum** desse polinômio.

Para fatorar esse polinômio, ou seja, escrevê-lo como um produto de polinômios, colocamos o fator comum a em evidência. Isso significa que ele será um dos fatores da multiplicação.

Em seguida, dividimos o polinômio $ax + ay$ por a para obter o outro fator da multiplicação.

$$ax + ay = \underbrace{a}_{\text{fator comum}} \cdot \underbrace{(x + y)}_{(ax\,:\,a)\,+\,(ay\,:\,a),\ \text{com } a \neq 0}$$

A forma fatorada do polinômio $ax + ay$ é $a(x + y)$.

Para verificar se a fatoração está correta, usamos a propriedade distributiva da multiplicação:

$$a \cdot (x + y) = a \cdot x + a \cdot y = ax + ay$$

Exemplos

A. Vamos fatorar o polinômio $ax^2 + 3ax$.

O fator comum dos dois termos é ax. Logo:

$$ax^2 + 3ax = \underbrace{ax}_{\text{fator comum}} \cdot \underbrace{(x + 3)}_{(ax^2\,:\,ax)\,+\,(3ax\,:\,ax),\ \text{com } a \neq 0 \text{ e } x \neq 0}$$

Para verificar se a fatoração está correta, basta aplicar a propriedade distributiva da multiplicação:

$$ax \cdot (x + 3) = ax \cdot x + ax \cdot 3 = ax^2 + 3ax$$

B. Vamos fatorar o polinômio $12x^4 + 18x^3 - 24x^2$.

Note que o fator x aparece em todos os termos, porém, em cada um deles, apresenta um expoente diferente.

Quando isso ocorre, o fator com o menor expoente é colocado em evidência, nesse caso, x^2.

Como há coeficientes inteiros em todos os termos, colocamos em evidência o máximo divisor comum entre eles. Nesse caso, temos que mdc(12, 18, 24) = 6.

Portanto, o fator comum dos três termos é $6x^2$.

$$12x^4 + 18x^3 - 24x^2 = \underbrace{6x^2}_{\text{fator comum}} \cdot \underbrace{(2x^2 + 3x - 4)}_{(12x^4\,:\,6x^2)\,+\,(18x^3\,:\,6x^2)\,-\,(24x^2\,:\,6x^2),\ \text{com } x \neq 0}$$

Agrupamento

Considere o polinômio $ax + ay + bx + by$.

Note que não existe um fator comum aos quatro termos. Porém, os termos ax e ay têm o fator comum a, e os termos bx e by têm o fator comum b.

Colocando em evidência os fatores a e b, temos:

$$ax + ay + bx + by = \underbrace{(ax + ay)}_{\text{fator comum: } a} + \underbrace{(bx + by)}_{\text{fator comum: } b} = a \cdot (x + y) + b \cdot (x + y)$$

Veja que os dois termos da expressão obtida têm o fator comum $(x + y)$. Colocando-o em evidência, obtemos a forma fatorada desse polinômio:

$$ax + ay + bx + by = (x + y)(a + b)$$

Na **fatoração por agrupamento**, agrupamos os termos que têm algum fator comum. Em seguida, fatoramos esses grupos e, se eles apresentarem um novo fator comum, o colocamos em evidência para obtermos a forma fatorada da expressão inicial.

A fatoração por agrupamento também pode ser representada geometricamente. Por exemplo, podemos exprimir a medida da área do retângulo $ABCD$ a seguir de duas maneiras diferentes.

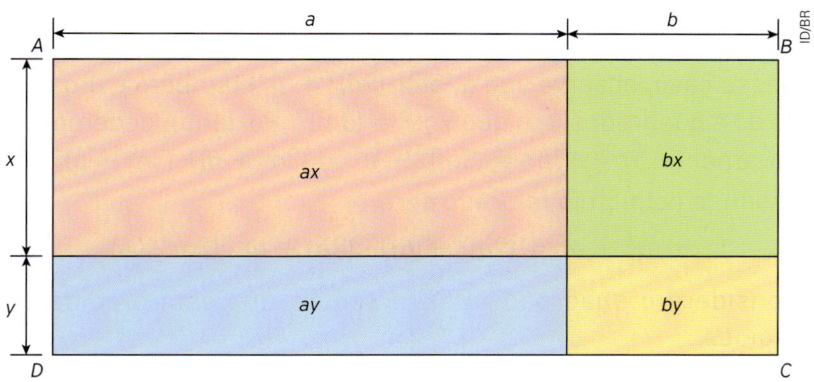

1ª maneira: Adicionando as medidas das áreas das quatro regiões menores.

$$ax + ay + bx + by$$

(região vermelha: ax; região azul: ay; região verde: bx; região amarela: by)

2ª maneira: Calculando diretamente a medida da área total do retângulo $ABCD$.

$$(a + b) \cdot (x + y)$$

Como as quatro regiões menores formam o retângulo $ABCD$, podemos escrever a igualdade:

$$ax + ay + bx + by = (a + b) \cdot (x + y)$$

Exemplo

$$x^3 - 2x^2y + 5xy - 10y^2 = \underbrace{(x^3 - 2x^2y)}_{\text{fator comum: } x^2} + \underbrace{(5xy - 10y^2)}_{\text{fator comum: } 5y} =$$

$$= x^2\underbrace{(x - 2y)} + 5y\underbrace{(x - 2y)} = \underbrace{(x - 2y)}_{\text{fator comum}} \cdot (x^2 + 5y)$$

Diferença de dois quadrados

Vimos que o produto da soma pela diferença de dois termos é igual ao quadrado do 1º termo menos o quadrado do 2º termo.

$$(a + b) \cdot (a - b) = a^2 - b^2$$

Assim, sempre que houver uma diferença de dois quadrados, como $a^2 - b^2$, podemos escrevê-la na forma fatorada como $(a + b) \cdot (a - b)$.

Exemplos

A. $y^2 - 16$

Como $y^2 = (y)^2$ e $16 = 4^2$, podemos escrever:

$$y^2 - 16 = y^2 - 4^2 = (y + 4) \cdot (y - 4)$$

B. $4a^2 - 1$

Como $4a^2 = (2a)^2$ e $1 = 1^2$, podemos escrever:

$$4a^2 - 1 = (2a)^2 - 1^2 = (2a + 1) \cdot (2a - 1)$$

C. $81m^4 - n^4$

Como $81m^4 = (9m^2)^2$ e $n^4 = (n^2)^2$, podemos escrever:

$$81m^4 - n^4 = (9m^2)^2 - (n^2)^2 = (9m^2 + n^2) \cdot (9m^2 - n^2)$$

Nesse caso, observe que o fator $(9m^2 - n^2)$ também é uma diferença de dois quadrados, em que $9m^2 = (3m)^2$. Portanto, podemos fatorá-lo novamente: $9m^2 - n^2 = (3m)^2 - n^2 = (3m + n) \cdot (3m - n)$.

Assim, o polinômio fatorado será:

$$81m^4 - n^4 = (9m^2 + n^2) \cdot (3m + n) \cdot (3m - n)$$

D. Considere o quadrado *ABCD* a seguir, que está dividido em duas regiões.

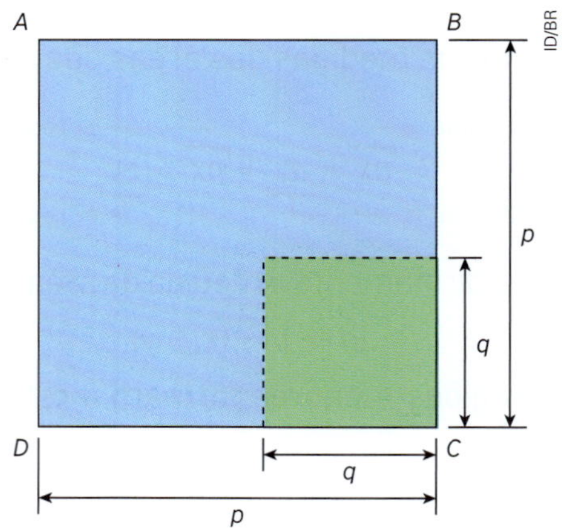

- Medida da área do quadrado *ABCD*: p^2
- Medida da área da região verde: q^2
- Medida da área da região azul: $p^2 - q^2$

Ao determinar a expressão algébrica na forma fatorada que representa a medida da área da região azul, obtemos:

$$p^2 - q^2 = (p + q) \cdot (p - q)$$

ATIVIDADES

Retomar e compreender

15. Identifique o fator comum a todos os termos de cada polinômio.

a) $a^2x + a^2y - 5a^2$

b) $2b^2 - 6a + 8c$

c) $x^5y^5z^4 + x^7y^4z^3 - 4x^4y^6z^8$

16. Fatore os polinômios a seguir colocando o fator comum em evidência.

a) $xa^2 - xc^3 - 5x$

b) $8t^2 - 12u$

c) $y^5 + 2y^3 - 7y^2z$

d) $4x^3 + 10x^2 - 16x$

17. Fatore os polinômios a seguir usando o método do agrupamento.

a) $px + py + bx + by$

b) $k^2a - k^2b + 6a - 6b$

c) $5gh + 3g + 40h + 24$

d) $ax - ay - bx + by$

18. Calcule o valor numérico das expressões.

a) $\dfrac{x^2 - y^2}{x + y}$, para $x = 1999$ e $y = 1998$.

b) $\dfrac{x^6 - y^6}{x + y}$, para $x = 4$ e $y = 3$.

19. Fatore os polinômios a seguir.

a) $a^2 - 1$

b) $4x^2 - 9z^2$

c) $a^4 - 16$

d) $16 - 25x^4y^6$

20. Calcule o valor numérico das expressões a seguir. Dica: Antes de calcular, fatore e simplifique as expressões.

a) $xy - x + y - 1$, para $x = 99$ e $y = 101$.

b) $\dfrac{2mp - mq + 2np - nq}{2m + 2n}$, para $p = 5$, $q = -10$ e $(m + n) \neq 0$.

c) $a^3 - 4a^2b + 3ab - 12b^2$, para $a = 4$ e $b = 3$.

21. Fatore as expressões a seguir.

a) $14xy - 21xz$

b) $cy - y + cx - x$

c) $ax - 4a + 6x - 24$

22. Quais dos polinômios a seguir estão na forma fatorada?

a) $x^2y + 3y$

b) $(x + 5)(x - 3)(x^2 + 7)$

c) $(a + 2b)(a + 2b)$

d) $y(y + 1) - 5z + 4w$

23. O professor Alexandre escreveu alguns polinômios na lousa e pediu aos estudantes que escolhessem apenas um, o copiassem no caderno e o fatorassem.

João Picoli/ID/BR

Veja o caderno de quatro estudantes.

Bárbara

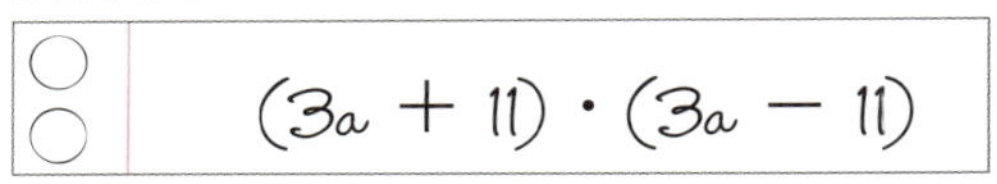

ID/BR

Fabrício

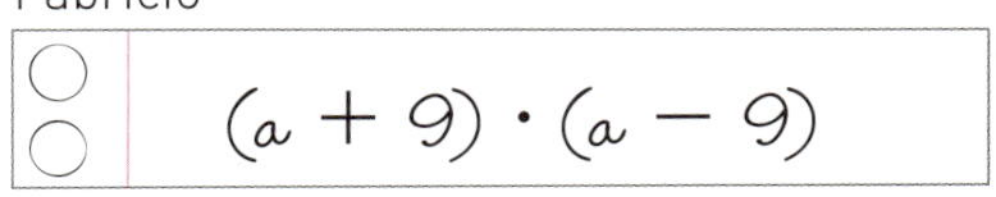

ID/BR

Fernanda

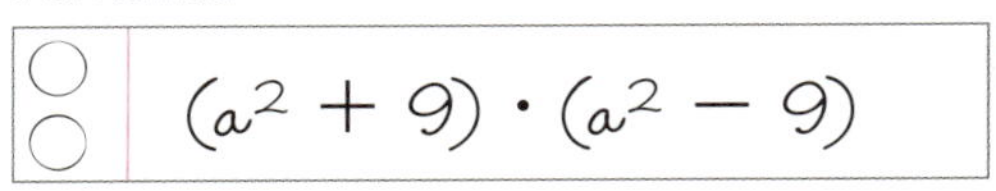

ID/BR

Júnior

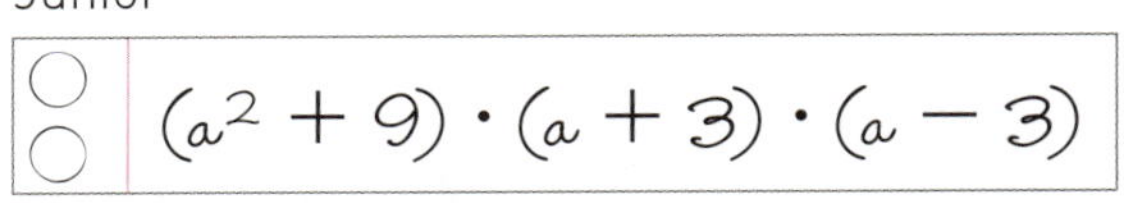

ID/BR

Sabendo que Fernanda e Júnior escolheram o mesmo polinômio, responda:

a) Qual foi o polinômio escolhido por Bárbara?

b) Qual polinômio Fabrício escolheu?

c) Qual foi o polinômio escolhido por Fernanda e Júnior?

d) Por que Fernanda e Júnior obtiveram resultados diferentes?

Trinômio quadrado perfeito

Vamos retomar dois produtos notáveis vistos anteriormente.

- Quadrado da soma de dois termos: $(a + b)^2 = a^2 + 2ab + b^2$. Por isso, dizemos que $(a + b)^2$ é a forma fatorada do trinômio $a^2 + 2ab + b^2$.
- Quadrado da diferença de dois termos: $(a - b)^2 = a^2 - 2ab + b^2$. Assim, $(a - b)^2$ é a forma fatorada do trinômio $a^2 - 2ab + b^2$.

Cada um desses trinômios é denominado trinômio quadrado perfeito, pois a expressão apresenta dois termos que são quadrados perfeitos e o outro termo é o dobro do produto do produto das raízes desses quadrados perfeitos.

quadrados perfeitos

$a^2 + 2ab + b^2$

dobro do produto das raízes desses quadrados perfeitos $\left(\sqrt{a^2} = a \text{ e } \sqrt{b^2} = b\right)$

quadrados perfeitos

$a^2 - 2ab + b^2$

dobro do produto das raízes desses quadrados perfeitos $\left(\sqrt{a^2} = a \text{ e } \sqrt{b^2} = b\right)$

Exemplos

A. Vamos verificar se o trinômio $x^2 + 6x + 9$ é um trinômio quadrado perfeito.

quadrado perfeito $(x^2 = (x)^2)$ — $x^2 + 6x + 9$ — quadrado perfeito $(9 = 3^2)$

raízes dos quadrados perfeitos: $\sqrt{x^2} = x$ e $\sqrt{9} = 3$

dobro do produto das raízes dos quadrados perfeitos: $2 \cdot x \cdot 3 = 6x$

Então, $x^2 + 6x + 9$ é um trinômio quadrado perfeito.

B. Vamos verificar se o trinômio $y^4 - 8y^3 + 16y^2$ é um trinômio quadrado perfeito.

quadrado perfeito $\left(y^4 = (y^2)^2\right)$ — $y^4 - 8y^3 + 16y^2$ — quadrado perfeito $(16y^2 = (4y)^2)$

raízes dos quadrados perfeitos: $\sqrt{(y^2)^2} = y^2$ e $\sqrt{(4y)^2} = 4y$

dobro do produto das raízes dos quadrados perfeitos: $2 \cdot y^2 \cdot 4y = 8y^3$

Portanto, $y^4 - 8y^3 + 16y^2$ é um trinômio quadrado perfeito.

C. Vamos verificar se o trinômio $a^8 + 4a^2b^3 + 4b^6$ é um trinômio quadrado perfeito.

quadrado perfeito $\left(a^8 = (a^4)^2\right)$ — $a^8 + 4a^2b^3 + 4b^6$ — quadrado perfeito $\left(4b^6 = (2b^3)^2\right)$

raízes dos quadrados perfeitos: $\sqrt{(a^4)^2} = a^4$ e $\sqrt{(2b^3)^2} = 2b^3$

dobro do produto das raízes dos quadrados perfeitos: $2 \cdot a^4 \cdot 2b^3 = 4a^4b^3$

Como $4a^2b^3 \neq 4a^4b^3$, então o trinômio $a^8 + 4a^2b^3 + 4b^6$ não é um trinômio quadrado perfeito.

Soma e diferença de dois cubos

Dados a e b quaisquer, podemos fatorar a expressão $a^3 + b^3$ do seguinte modo: $a^3 + b^3 = (a + b) \cdot (a^2 - ab + b^2)$. De fato, observe que, ao desenvolver essa multiplicação, obtemos $a^3 + b^3$:

$$(a + b) \cdot (a^2 - ab + b^2) = a^3 - a^2b + ab^2 + ba^2 - ab^2 + b^3 = a^3 + b^3$$

Do mesmo modo, podemos fatorar a expressão $a^3 - b^3$ da seguinte maneira: $a^3 - b^3 = (a - b) \cdot (a^2 + ab + b^2)$. De fato, ao desenvolver essa multiplicação, obtemos $a^3 - b^3$:

$$(a - b) \cdot (a^2 + ab + b^2) = a^3 + a^2b + ab^2 - ba^2 - ab^2 - b^3 = a^3 - b^3$$

Exemplos

A. Vamos fatorar $x^3 + 8y^3$.

Observe que essa expressão corresponde à soma de dois cubos, pois $x^3 = (x)^3$ e $8y^3 = (2y)^3$. Assim, podemos escrever:

o sinal é mantido

$$x^3 + 8y^3 = x^3 + (2y)^3 = (x + 2y) \cdot (x^2 - 2xy + 4y^2)$$

Portanto, $x^3 + 8y^3 = (x + 2y) \cdot (x^2 - 2xy + 4y^2)$.

B. Vamos fatorar $27m^6 + 1$.

Como $27m^6 = (3m^2)^3$ e $1 = 1^3$, podemos escrever:

$$27m^6 + 1 = (3m^2)^3 + 1^3 = (3m^2 + 1) \cdot (9m^4 - 3m^2 + 1)$$

Efetuando a multiplicação dos fatores obtidos, verificamos que a fatoração está correta.

$$(3m^2 + 1) \cdot (9m^4 - 3m^2 + 1) = 27m^6 - 9m^4 + 3m^2 + 9m^4 - 3m^2 + 1 = 27m^6 + 1$$

C. Vamos fatorar $p^3 - 64y^3$.

Essa expressão corresponde à diferença de dois cubos, pois $p^3 = (p)^3$ e $64y^3 = (4y)^3$.

o sinal é mantido

$$p^3 - 64y^3 = p^3 - (4y)^3 = (p - 4y) \cdot (p^2 + 4py + 16y^2)$$

Efetuando a multiplicação dos fatores obtidos, verificamos que a fatoração está correta.

$$(p - 4y) \cdot (p^2 + 4py + 16y^2) = p^3 + 4p^2y + 16py^2 - 4p^2y - 16py^2 - 64y^3 = p^3 - 64y^3$$

ATIVIDADES

Retomar e compreender

24. Veja como Renata determinou o resultado da seguinte expressão numérica:

$7^2 + 2 \cdot 7 \cdot 3 + 3^2 = (7 + 3)^2 = 10^2 = 100$

Utilizando a mesma técnica de Renata, calcule o resultado de cada expressão numérica a seguir.

a) $14^2 + 2 \cdot 14 \cdot 6 + 6^2$

b) $34^2 + 2 \cdot 34 \cdot 16 + 16^2$

c) $77^2 + 2 \cdot 77 \cdot 23 + 23^2$

d) $18^2 - 2 \cdot 18 \cdot 8 + 8^2$

e) $37^2 - 2 \cdot 7 \cdot 37 + 7^2$

f) $\left(\frac{3}{2}\right)^2 - 2 \cdot \frac{3}{2} \cdot \frac{1}{2} + \left(\frac{1}{2}\right)^2$

25. A professora Marcela pediu aos estudantes que efetuassem os seguintes produtos:

a) $(a + 1)^2$

b) $(2p + q)^2$

c) $(x - 2)^2$

d) $(2k - 1)^2$

e) $(m^2 + 2n)^2$

f) $(2k^2 - 3x^2)^2$

Eva deu as seguintes respostas:

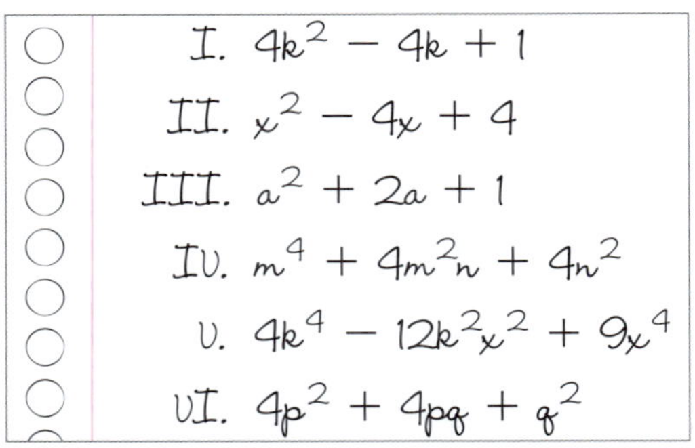

ID/BR

Identifique qual é o produto correspondente a cada resposta dada por Eva.

26. Substitua cada símbolo ■ por um monômio, de modo a tornar as igualdades verdadeiras.

a) $(m + 3)^2 = m^2 + 6m +$ ■

b) $(m - 4)^2 = m^2 -$ ■ $+ 16$

c) $(2x + 3y)^2 =$ ■ $+ 12xy + 9y^2$

d) $(3x - 2y)^2 = 9x^2 +$ ■ $+ 4y^2$

e) $\left(\frac{x}{2} + \frac{y}{3}\right)^2 = \frac{x^2}{4} +$ ■ $+ \frac{y^2}{9}$

f) $\left(\frac{3x}{5} - \frac{y^2}{2}\right)^2 = \frac{9x^2}{25} - \frac{3xy^2}{5} +$ ■

27. Fatore os seguintes polinômios:

a) $m^3 + 27$

b) $p^3 - 1000$

c) $64x^3 + 1$

d) $125y^3 - 216z^3$

28. Escreva cada trinômio quadrado perfeito na forma fatorada:

a) $x^2 + 8x + 16$

b) $4z^2 - 4z + 1$

c) $9 + 6a^2b + a^4b^2$

d) $4x^4 - 28x^2y^3 + 49y^6$

29. Verifique quais dos trinômios a seguir são quadrados perfeitos.

a) $x^2 + 4x + 16$

b) $y^2 - 6y + 9$

c) $4x^2 - 2x + 1$

d) $a^2 + 10a + 25$

30. Ao escrever alguns trinômios quadrados perfeitos, um estudante deixou cair algumas gotas de tinta sobre sua folha.

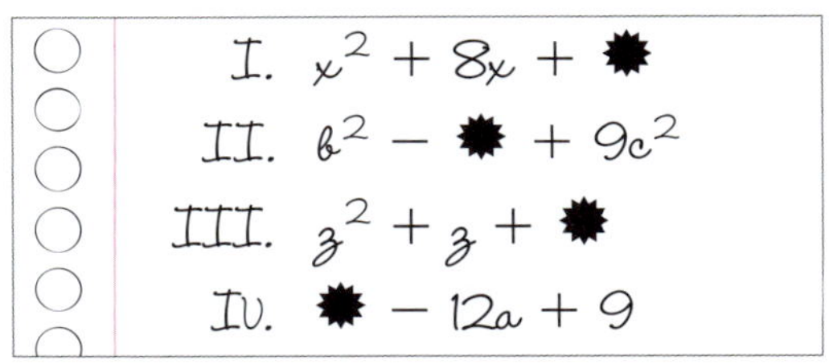

ID/BR

Copie as expressões escrevendo os trinômios completos, ou seja, incluindo os termos encobertos pela tinta.

31. Associe os produtos do quadro **1** com as respectivas expressões do quadro **2**.

Quadro 1
A. $(x + 10)(x^2 - 10x + 100)$
B. $(2x + 3y)(4x^2 - 6xy + 9y^2)$
C. $(x - 5)(x^2 + 5x + 25)$
D. $(3a - 2b)(9a^2 + 6ab + 4b^2)$

Quadro 2	
I. $8x^3 + 27y^3$	**III.** $x^3 + 1000$
II. $27a^3 - 8b^3$	**IV.** $x^3 - 125$

MAIS ATIVIDADES

Acompanhamento da aprendizagem

Aplicar

1. O quadrado *ABCD* a seguir foi dividido em dois quadrados menores e dois retângulos. As medidas das áreas desses quadrados estão indicadas na figura.

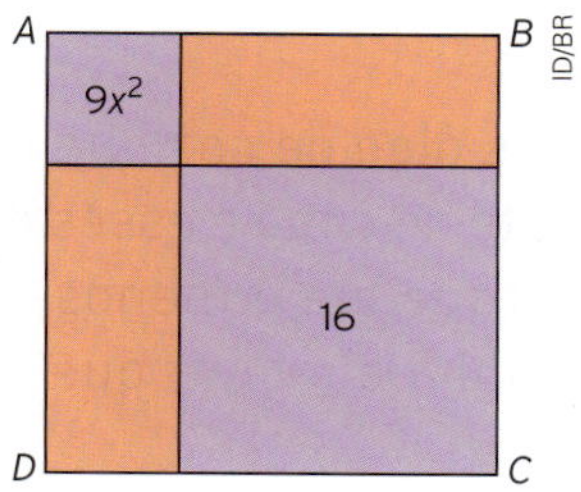

a) Quanto medem os lados dos quadrados menores?

b) Qual é a medida da área de cada retângulo?

c) Qual polinômio representa a medida da área do quadrado *ABCD*?

2. O quadrado *ABCD* a seguir foi dividido em duas regiões quadradas amarelas e duas regiões retangulares azuis. As medidas das áreas de duas dessas regiões estão indicadas na figura.

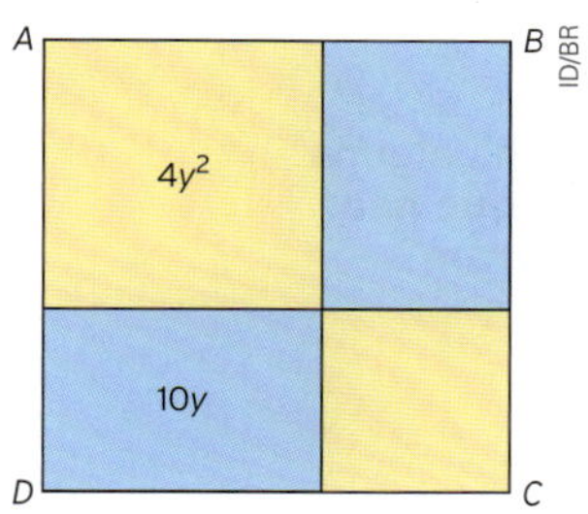

Determine:

a) a medida do lado do quadrado *ABCD*;

b) a medida da área do quadrado *ABCD*.

3. Observe a expressão algébrica da lousa e faça o que se pede.

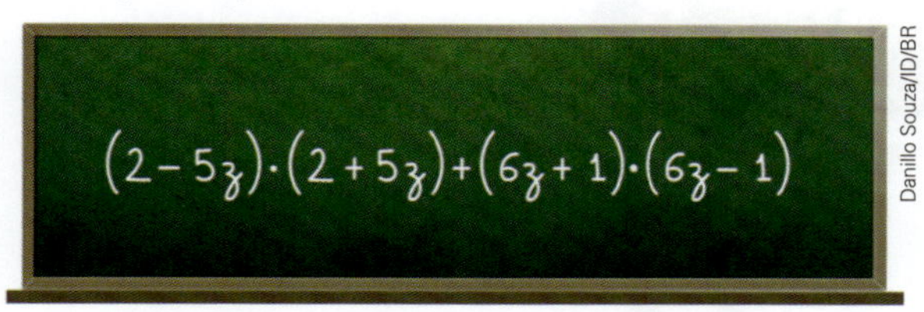

a) Simplifique a expressão da lousa.

b) Determine um valor positivo para *z*, de modo que o valor numérico da expressão seja 179.

4. Qual é o número natural que, adicionado ao polinômio $36x^2 - 60x + 7$, resulta em um trinômio quadrado perfeito?

5. A figura a seguir representa uma caixa com formato de paralelepípedo reto-retângulo de altura de medida *h*, cuja base é um quadrado. A aresta dessa base mede 4 unidades a menos que a medida da altura da caixa.

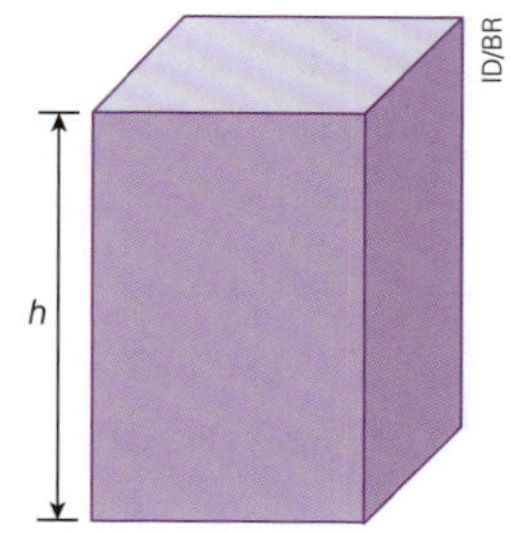

Determine:

a) o polinômio que representa a medida da aresta da base da caixa;

b) a medida do volume da caixa;

c) a soma das medidas das áreas de todas as faces da caixa.

6. Determine, em dm, a medida da aresta do cubo a seguir, dada a medida de seu volume.

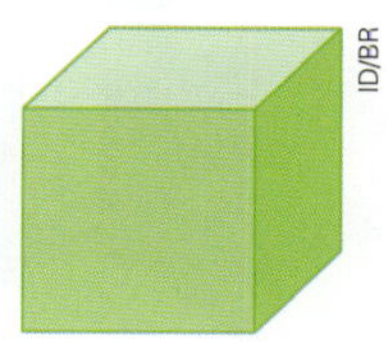

Medida do volume $= (a^3 - 3a^2b + 3ab^2 - b^3)$ dm^3

7. Considere os cubos representados a seguir.

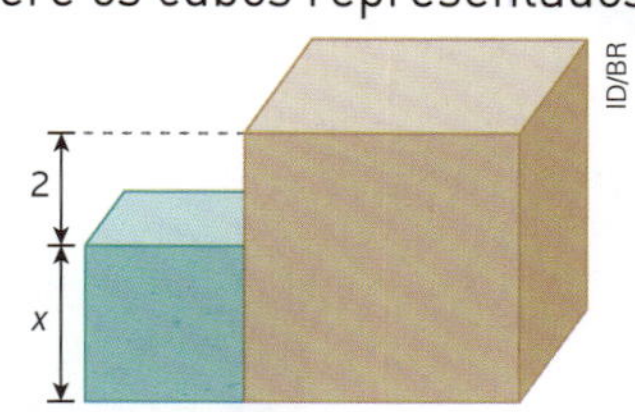

Escreva uma expressão que represente em quanto a medida de volume do cubo marrom excede a medida de volume do cubo azul.

8. No bolso de uma pessoa havia *x* cédulas de *y* reais e *y* cédulas de *x* reais. Ela colocou no bolso mais *x* cédulas de *x* reais e *y* cédulas de *y* reais. Qual é o polinômio, na forma fatorada, que representa a quantia total, em reais, que há no bolso dessa pessoa?

CAPÍTULO

2 FRAÇÕES ALGÉBRICAS

FRAÇÃO ALGÉBRICA

Sabe o que acontece quando colocamos óleo de cozinha em um copo com água? É incrível, mas o óleo fica na parte de cima e esses dois líquidos não se misturam. O óleo fica por cima porque ele é menos denso que a água, ou seja, a densidade do óleo de cozinha é menor que a densidade da água.

A densidade de um elemento é uma grandeza dada pela razão entre sua medida de massa (m) e sua medida de volume (V) e pode ser representada pela expressão $\frac{m}{V}$, que é um exemplo de fração algébrica.

Frações algébricas são expressões escritas na forma de fração em que o denominador (não nulo) apresenta pelo menos uma variável.

▼ **Óleo sendo derramado em água.**

Por que há alguns **líquidos que não se misturam**?

Turtle Rock Scientific/Science Source/Fotoarena; Naypong Studio/Shutterstock.com/ID/BR. Fotomontagem: ID/BR

Como a divisão por zero é indefinida, o denominador de uma fração algébrica deve necessariamente ser diferente de zero. Caso contrário, ela não representa um número real. Assim, vamos considerar que todas as frações algébricas apresentadas têm denominador diferente de zero.

Exemplos

A. $\frac{188}{c}$, para $c \neq 0$.

B. $\frac{-k+y}{x-5}$, para $x - 5 \neq 0$.

Valor numérico de uma fração algébrica

Quando substituímos as letras de uma expressão algébrica por números e efetuamos as operações indicadas, obtemos um resultado. Esse resultado é chamado de **valor numérico**.

Exemplos

Vamos calcular o valor numérico das seguintes expressões:

A. $\frac{127}{a}$, para $a = 1$: $\frac{127}{1} = 127$

B. $\frac{x}{x^2-1}$, para $x = 2$: $\frac{2}{2^2-1} = \frac{2}{4-1} = \frac{2}{3}$

C. $-\frac{y+3z}{w-5}$, para $y = 3$, $z = 2$ e $w = 0$:

$$-\frac{3+3\cdot 2}{0-5} = -\frac{3+6}{-5} = -\frac{9}{-5} = \frac{9}{5}$$

Simplificação de frações algébricas

Já vimos que, ao simplificar uma fração numérica, obtemos uma fração mais simples que é equivalente à fração inicial. Para isso, podemos decompor o numerador e o denominador em fatores primos e, depois, identificar e simplificar os fatores comuns.

Por exemplo, veja como podemos simplificar a fração $\frac{18}{42}$ desta maneira:

$$\frac{18}{42} = \frac{\cancel{2}\cdot\cancel{3}\cdot 3}{\cancel{2}\cdot\cancel{3}\cdot 7} = \frac{3}{7}$$

Quando simplificamos uma fração algébrica, devemos obter outra fração algébrica mais simples que tenha o mesmo valor numérico da fração algébrica inicial, sempre que ela estiver definida. Para isso, podemos agrupar termos semelhantes, fatorar o numerador e o denominador e, depois, identificar e simplificar os fatores comuns.

Exemplos

A. $\frac{4a^4b^2}{3a^3b^5c} = \frac{4\cdot\cancel{a}\cdot\cancel{a}\cdot\cancel{a}\cdot a\cdot\cancel{b}\cdot\cancel{b}}{3\cdot\cancel{a}\cdot\cancel{a}\cdot\cancel{a}\cdot\cancel{b}\cdot\cancel{b}\cdot b\cdot b\cdot b\cdot c} = \frac{4a}{3b^3c}$

B. $\frac{x^2+x}{2x^3-3x} = \frac{\cancel{x}(x+1)}{\cancel{x}(2x^2-3)} = \frac{x+1}{2x^2-3}$

C. $\frac{x^2-y^2}{x-y} = \frac{(x+y)\cancel{(x-y)}}{\cancel{x-y}} = x+y$

ATIVIDADES

Retomar e compreender

1. Simplifique as seguintes frações algébricas:

a) $\dfrac{8a^3b^7c^5}{6a^8bc^5}$

b) $\dfrac{y^3 - 2y}{y}$

c) $\dfrac{y + 5}{y^2 - 25}$

d) $\dfrac{t^2 - 1}{t^2 + t}$

e) $\dfrac{x^2 - 4xy + 4y^2}{x^2 - 2xy + 2x - 4y}$

f) $\dfrac{b^2 - 4b + 4}{ab - 2a}$

g) $\dfrac{2x^2 - 3xy - 6x + 9y}{4x^2 - 9y^2}$

2. Encontre o valor numérico de cada expressão conforme os valores indicados.

a) $\dfrac{5p}{p + 3}$, para $p = 2$.

b) $\dfrac{a - b}{a + b}$, para $a = -3$ e $b = -1$.

c) $y + \dfrac{1}{y}$, para $y = \dfrac{1}{3}$.

d) $\dfrac{x^2 + x + 1}{2x + 3}$, para $x = -3$.

3. Determine todos os valores reais de x para os quais o denominador de cada fração algébrica a seguir é diferente de zero.

a) $\dfrac{5x^2 + 1}{x}$

b) $\dfrac{5}{x - 3}$

c) $\dfrac{2x^3 + 7x^2 - 9x - 3}{6x + 4}$

d) $\dfrac{9x + 3}{x^2 - 4x}$

4. Em qual fração a seguir o número 5 pode ser "eliminado", tanto no numerador quanto no denominador, sem alterar o valor da fração algébrica?

a) $\dfrac{x + 5}{y - 5}$

b) $\dfrac{5 + x}{5 + y}$

c) $\dfrac{5x + 5y}{5y}$

d) $\dfrac{5x - y}{5}$

5. Considere o retângulo a seguir.

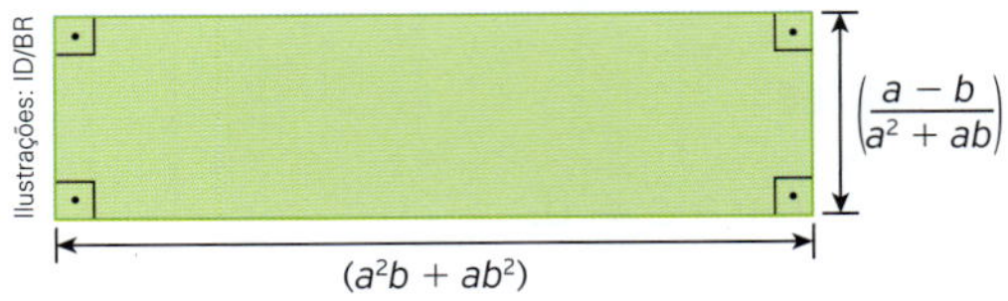

a) Escreva, na forma mais simplificada possível, uma expressão algébrica que represente a medida da área desse retângulo.

b) Calcule a medida da área desse retângulo quando $a = 5$ e $b = 3$.

6. Ao simplificar a expressão algébrica a seguir, Patrícia obteve um número primo.

$$\dfrac{\dfrac{x^3 - 25x}{3x - 15} \cdot \dfrac{15y}{4x}}{\dfrac{xy + 5y}{4}}$$

Qual foi o número encontrado por Patrícia?

7. Pedro tem x filhos, e Celso tem um filho a mais que Pedro. Pedro vai dividir igualmente uma quantia de y reais entre seus filhos, e Celso vai dividir o dobro dessa quantia entre os seus filhos.

a) Escreva uma fração algébrica que represente quantos reais cada filho de Pedro vai receber e uma que represente quantos reais cada filho de Celso vai receber.

b) Para $x = 4$ e $y = 100$, calcule quantos reais cada filho de Celso vai receber a mais do que cada filho de Pedro.

c) Calcule o número de filhos, respectivamente, que Pedro e Celso deveriam ter para que seus filhos recebessem a mesma quantia.

Aplicar

8. A área do retângulo $ABCD$ a seguir tem medida de $(96 - 6x^2)$ u.a., com $0 \leqslant x < 4$.

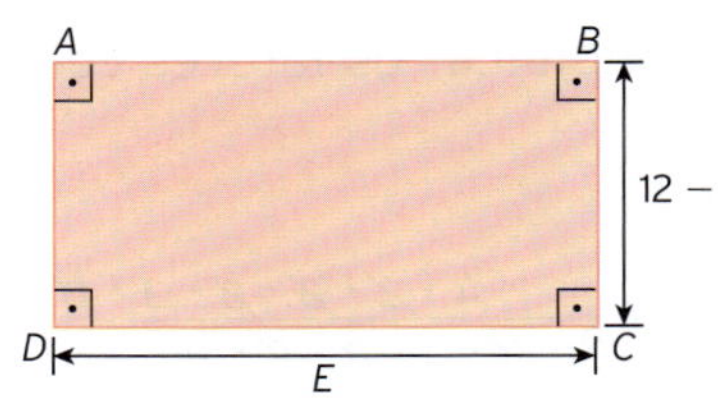

a) Escreva a expressão algébrica que está representada na figura pela letra E.

b) Calcule o valor de x, sabendo que a medida do perímetro da região retangular é 36 cm.

OPERAÇÕES COM FRAÇÕES ALGÉBRICAS

Os procedimentos para realizar operações com frações algébricas são parecidos aos utilizados com frações numéricas.

Por isso, antes de estudar esses procedimentos, vamos retomar o cálculo do mínimo múltiplo comum e do máximo divisor comum de polinômios, para, assim, conseguirmos realizar operações com frações algébricas.

Cálculo do mmc de polinômios

O mínimo múltiplo comum (mmc) de polinômios é calculado da mesma maneira que o mmc dos números inteiros. Para calculá-lo, é preciso:

- escrever as expressões na forma fatorada;
- multiplicar os fatores comuns e os fatores não comuns, escolhendo, entre os comuns, os que são potências de maior expoente.

Exemplos

A. $\text{mmc}(7x^3, 14x^2, 4x)$

$7x^3 = 7 \cdot x^3$
$14x^2 = 2 \cdot 7 \cdot x^2$
$4x = 2^2 \cdot x$
$\rightarrow \text{mmc}(7x^3, 14x^2, 4x) = 2^2 \cdot 7 \cdot x^3 = 28x^3$

B. $\text{mmc}(y^2 - 9, 2y - 6)$

$y^2 - 9 = (y + 3)(y - 3)$
$2y - 6 = 2(y - 3)$
$\rightarrow \text{mmc}(y^2 - 9, 2y - 6) = 2(y - 3)(y + 3)$

C. $\text{mmc}(x^3 + 8, x^2 + 4x + 4)$

$x^3 + 8 = (x + 2)(x^2 - 2x + 4)$
$x^2 + 4x + 4 = (x + 2)^2$
$\rightarrow \text{mmc}(x^3 + 8, x^2 + 4x + 4) = (x + 2)^2(x^2 - 2x + 4)$

Cálculo do mdc de polinômios

O máximo divisor comum (mdc) de polinômios é calculado da mesma maneira que o mdc dos números inteiros. Para calculá-lo, é preciso:

- escrever as expressões na forma fatorada;
- multiplicar os fatores comuns elevados aos menores expoentes.

Exemplos

A. $\text{mdc}(7x^3, 14x^2, 4x)$

$7x^3 = 7 \cdot x^3$
$14x^2 = 2 \cdot 7 \cdot x^2$
$4x = 2^2 \cdot x$
$\rightarrow \text{mdc}(7x^3, 14x^2, 4x) = x$

B. $\text{mdc}(y^2 - 9, 2y - 6)$

$y^2 - 9 = (y + 3)(y - 3)$
$2y - 6 = 2(y - 3)$
$\rightarrow \text{mdc}(y^2 - 9, 2y - 6) = y - 3$

C. $\text{mdc}(x^3 + 8, x^2 + 4x + 4)$

$x^3 + 8 = (x + 2)(x^2 - 2x + 4)$
$x^2 + 4x + 4 = (x + 2)^2$
$\rightarrow \text{mdc}(x^3 + 8, x^2 + 4x + 4) = x + 2$

Adição e subtração de frações algébricas

Para adicionar e subtrair frações algébricas, procedemos da mesma maneira que fazemos para adicionar e subtrair frações numéricas.

Frações algébricas de denominadores iguais

Quando os denominadores das frações algébricas forem iguais, adicionamos ou subtraímos os numeradores e conservamos o denominador.

Exemplos

A. $\frac{5x}{a} + \frac{3x}{a} = \frac{5x + 3x}{a} = \frac{8x}{a}$

B. $\frac{7x}{6y} - \frac{2x - 3}{6y} = \frac{7x - (2x - 3)}{6y} = \frac{7x - 2x + 3}{6y} = \frac{5x + 3}{6y}$

C. $\frac{3m}{2n} + \frac{5m}{2n} - \frac{6m + 2}{2n} = \frac{3m + 5m - 6m - 2}{2n} = \frac{2m - 2}{2n} = \frac{\cancel{2}(m - 1)}{\cancel{2}n} =$

$= \frac{m - 1}{n}$

Frações algébricas de denominadores diferentes

Primeiro, determinamos frações algébricas equivalentes com denominador comum e, depois, adicionamos ou subtraímos o numerador, conservando o denominador comum.

Exemplos

A. $\frac{1}{n} + \frac{1}{p} = \frac{1 \cdot p + 1 \cdot n}{np} = \frac{p + n}{np}$

mmc(n, p) = np

B. $\frac{3}{n} - \frac{5}{2n} = \frac{3 \cdot 2 - 5 \cdot 1}{2n} = \frac{6 - 5}{2n} = \frac{1}{2n}$

mmc(n, $2n$) = $2n$

C. $\frac{x}{x + 1} + \frac{3x + 1}{x^2 - 1} = \frac{x}{x + 1} + \frac{3x + 1}{(x + 1)(x - 1)} =$

mmc($x + 1$, $x^2 - 1$) = $(x + 1)(x - 1)$

$= \frac{x \cdot (x - 1) + 3x + 1}{(x + 1)(x - 1)} = \frac{x^2 - x + 3x + 1}{(x + 1)(x - 1)} = \frac{x^2 + 2x + 1}{(x + 1)(x - 1)} =$

$= \frac{(x + 1)^{\cancel{2}}}{\cancel{(x + 1)}(x - 1)} = \frac{x + 1}{x - 1}$

Ao efetuar adições algébricas com frações algébricas, convém simplificar o resultado sempre que possível.

Multiplicação de frações algébricas

Para efetuar multiplicações de frações algébricas, fatoramos os termos que apresentam essa possibilidade e, em seguida, simplificamos os termos comuns. Por último, multiplicamos os numeradores e, depois, os denominadores.

Exemplos

A. $\dfrac{3ab^2}{8} \cdot \dfrac{4}{a^2b} = \dfrac{3ab^2}{8} \cdot \dfrac{4}{a^2b} = \dfrac{3b}{2} \cdot \dfrac{1}{a} = \dfrac{3b}{2a}$

(: ab e : 4 no numerador; : 4 e : ab no denominador)

B. $\dfrac{4x^2 - 10x}{y} \cdot \dfrac{3y^3}{4x^2 - 25} = \dfrac{2x \cdot (2x - 5)}{y} \cdot \dfrac{3y^3}{(2x + 5) \cdot (2x - 5)} =$

(: $(2x - 5)$ e : y no numerador; : y e : $(2x - 5)$ no denominador)

$= \dfrac{2x}{1} \cdot \dfrac{3y^2}{2x + 5} = \dfrac{2x \cdot 3y^2}{1 \cdot (2x + 5)} = \dfrac{6xy^2}{2x + 5}$

Divisão de frações algébricas

Para efetuar divisões de frações algébricas, multiplicamos a primeira fração algébrica pelo inverso da segunda fração.

> **FRAÇÕES ALGÉBRICAS INVERSAS**
>
> Duas frações algébricas são inversas uma da outra se o produto de uma pela outra for igual a 1.

Exemplos

A. $\dfrac{2ab}{c^2} : \dfrac{2a}{3c} = \dfrac{2ab}{c^2} \cdot \dfrac{3c}{2a} = \dfrac{2ab}{c^2} \cdot \dfrac{3c}{2a} = \dfrac{b \cdot 3}{c \cdot 1} = \dfrac{3b}{c}$

(: $2a$ e : c no numerador; : c e : $2a$ no denominador)

Multiplicamos a primeira fração algébrica pelo inverso da segunda.

B. $\dfrac{\dfrac{4x^2}{y^3z}}{\dfrac{10xy}{z^2}} = \dfrac{4x^2}{y^3z} \cdot \dfrac{z^2}{10xy} = \dfrac{4x^2 \cdot z^2}{y^3z \cdot 10xy} = \dfrac{2x \cdot z}{y^3 \cdot 5y} = \dfrac{2xz}{5y^4}$

(: $2x$ e : z no numerador; : z e : $2x$ no denominador)

Multiplicamos a primeira fração algébrica pelo inverso da segunda.

ATIVIDADES

Retomar e compreender

9. Efetue as adições e as subtrações a seguir, simplificando-as quando possível.

a) $\frac{1}{x} - \frac{4}{x+2}$

b) $\frac{t+1}{t+2} + \frac{t+3}{t^2-4}$

c) $\frac{2}{x+1} + \frac{3}{x^2-x} + \frac{1}{x}$

d) $\frac{2}{y-1} + \frac{4-y}{y^2-1} - \frac{1}{y+1}$

10. Sendo $A = \frac{2}{x+2}$ e $B = \frac{x}{x^2+x}$, determine:

a) $B - A$

b) $B + B$

c) $B + A$

d) $A - B$

11. Calcule os seguintes produtos:

a) $\frac{49s^4}{y^3} \cdot \frac{2y^6}{14s^5}$

b) $\frac{a^2-b^2}{14xy} \cdot \frac{7y}{2a+2b}$

c) $\frac{x^2-8x+16}{x^2-16} \cdot \frac{x^2-4x}{x^2-4x}$

d) $\frac{8p^2}{9} \cdot \frac{27a}{64p^5} \cdot \frac{5a^3}{3a}$

12. Calcule as operações a seguir e simplifique-as quando possível.

a) $\frac{2x}{2x-1} + \frac{25}{20x-10}$

b) $3a - \frac{a+b}{a-b}$

c) $\frac{\frac{3x+x^2}{2y^4}}{\frac{5x}{y^6}}$

d) $\frac{x^4+1}{x-1} \cdot \frac{x}{x^2-1}$

e) $(x^2+6x) \cdot \frac{x^2+3}{x+6}$

f) $\frac{2a^3b^5}{c^4} \cdot \frac{bc^6}{16a^5b^4}$

13. Calcule a medida do perímetro de um retângulo cujo comprimento mede $\frac{2}{z-2}$ u.c. e cuja largura mede $\frac{4z}{z^2-4}$ u.c.

14. Efetue as expressões a seguir e, quando possível, simplifique-as.

a) $\frac{a+3}{\frac{a^2+6a+9}{a}}$

b) $\frac{b^2-8b+16}{a^3+a^2} \cdot \frac{a^2}{b-4}$

c) $\frac{x^2-25}{x} \cdot \frac{2x^2-x}{x-5}$

d) $(c+1) : \frac{c^2+2c+1}{c^2+1}$

15. Considere $F = \frac{x-3}{y^2}$ e calcule:

a) o triplo de F;

b) o dobro de F;

c) $F - 2$.

16. Efetue $\frac{2}{x+1} + \frac{x^2-25}{x^2+5x}$ e determine o valor numérico dessa expressão para $x = 3$.

17. Multiplique $\frac{(x+a)(x-a)}{ay-y}$ por $\frac{2a-3}{x^2-a^2}$. Em seguida, determine o valor numérico do produto para $x = 3$, $y = 2$ e $a = 4$.

18. Considerando $m \neq n$ e $m \neq -n$, a forma mais simples de $\frac{(m+n)^3 - 2n(n+m)^2}{m^2-n^2}$ é:

a) $m - n - 2nm^2$

b) $m - n$

c) $m + n$

d) $\frac{m^2+n^2}{m-n}$

e) $\frac{(m+n)^2}{m-n}$

19. Represente as situações a seguir com uma única fração algébrica.

a) A soma do inverso de t com o dobro de t^2.

b) A soma do inverso de um número x com o inverso de seu dobro.

20. Considere $E = \frac{3}{x^2} + \frac{1-x}{x} + 5 - \frac{x+3}{x^2}$.

a) Para quais valores reais de x pode-se calcular o valor numérico de E?

b) Calcule o valor numérico de E para $x = 1$ e para $x = 2$.

c) Simplifique a expressão E. Depois, determine o valor numérico dessa expressão para todo $x \neq 0$.

Aplicar

1. Uma mancha de tinta escondeu parte do cálculo feito por Carlos.

Danillo Souza/ID/BR

Que fração algébrica ficou escondida?

2. Paula quer colocar tela de arame para cercar o jardim de sua casa, que tem o formato de um retângulo com comprimento de medida $\frac{18y^2}{60y^5}$ u.c. e altura de medida $\frac{xy + x}{3x}$ u.c.

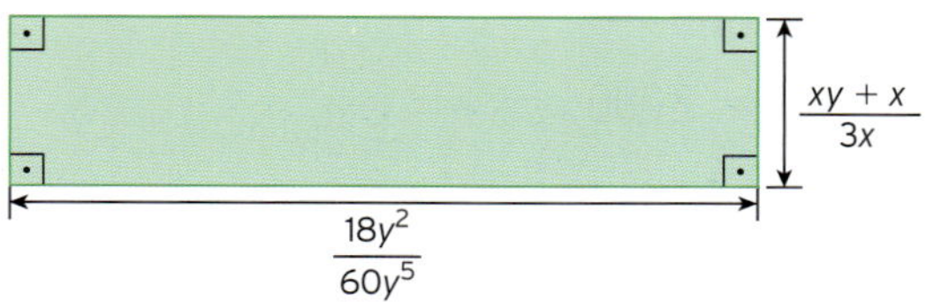

ID/BR

a) Encontre uma fração algébrica que represente quantos metros lineares de tela são necessários para cercar o jardim.

b) Considerando $y = 1$, calcule o valor numérico da fração algébrica do item **a**.

3. Escreva uma fração algébrica que, multiplicada por $\frac{2a^5}{7b^2}$, resulte em 3.

4. Qual é a fração algébrica que representa a medida da área de um jardim com formato de paralelogramo cuja base mede $(x^2 + 4x + 4)$ u.c. e cuja altura mede $\frac{1}{x^2 - 4}$ u.c.?

5. Que fração, na forma mais simples, obtém-se ao dividir $4m^2 - 8mn + 4n^2$ por $4m^2 + 4n^2$?

6. Considere as seguintes expressões algébricas:

$$M = \frac{\frac{a-b}{ab} \cdot \frac{a^2 - b^2}{a^2 - 2ab + b^2}}{\frac{3a + 3b}{a^2}}$$

$$N = \frac{a+b}{b} - \frac{a+b}{a} + \frac{a^2 + b^2}{ab}$$

Que relação existe entre M e N?

7. Em uma Olimpíada de Matemática, cada um dos quatro participantes teve de simplificar uma fração algébrica. Veja os cálculos que eles efetuaram.

Sérgio

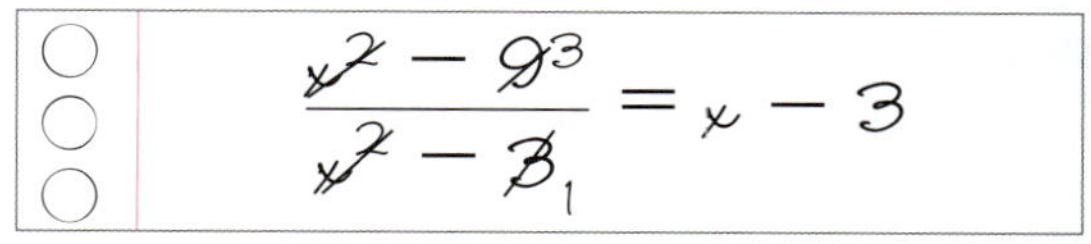
ID/BR

Bia

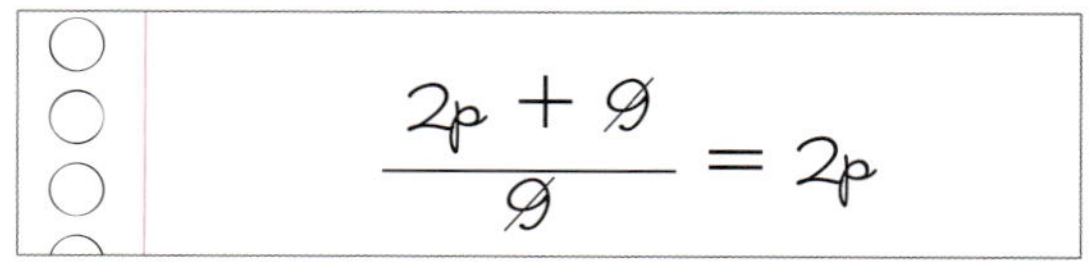
ID/BR

Carol

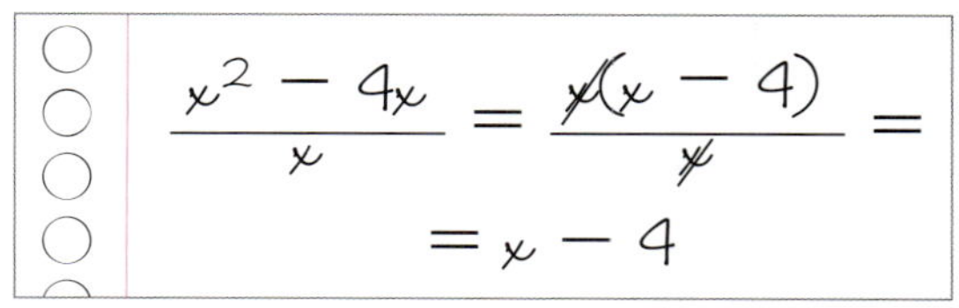
ID/BR

Luís

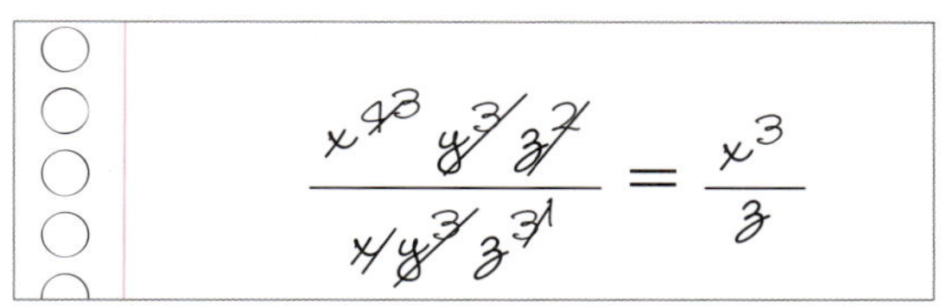
ID/BR

Quais participantes fizeram as simplificações corretamente?

8. Calcule o valor numérico da fração algébrica a seguir para $A = 1{,}5$. Dica: Simplifique a fração algébrica antes de substituir A pelo valor dado.

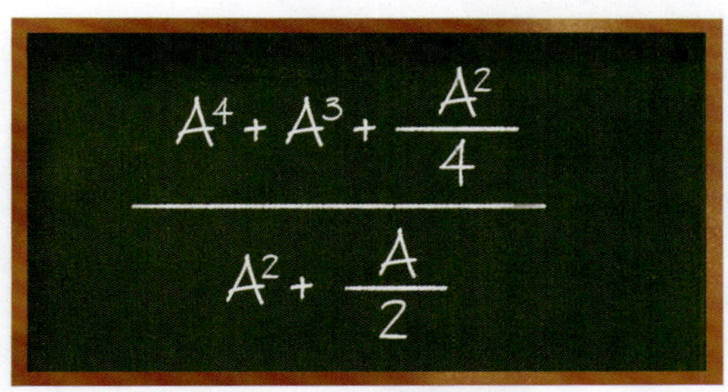

Danillo Souza/ID/BR

9. Elabore um problema envolvendo frações algébricas. Em seguida, troque-o com um colega. Você resolve o problema criado por ele e ele resolve o problema que você criou.

CAPÍTULO

3 EQUAÇÕES DO 2º GRAU

EQUAÇÕES DO 2º GRAU COM UMA INCÓGNITA

Imagine a seguinte situação: um paraquedista salta de um avião a 3 700 m e abre o paraquedas quando está a uma altura de 1 500 m em relação ao solo. Desse modo, ele se desloca 2 200 m em queda livre, partindo de uma velocidade inicial nula. Em quanto tempo o paraquedista deve abrir o paraquedas?

O físico, matemático e astrônomo italiano Galileu Galilei (1564-1642) desenvolveu um modelo matemático que pode ser utilizado para todo corpo em queda livre, ou seja, qualquer corpo abandonado no repouso, isto é, com velocidade inicial nula. De acordo com esse modelo, a situação do paraquedista pode ser descrita pela seguinte equação:

$$\frac{1}{2} \cdot 10t^2 = 2\,200$$

em que 10 é a medida da aceleração da gravidade no local da queda (em metro por segundo ao quadrado), 2 200 é a medida de deslocamento em queda livre (em metro) e t é a medida do tempo de queda (em segundo).

▼ **O paraquedismo é um esporte radical, em que, geralmente, salta-se de um avião em voo horizontal. A velocidade atingida na queda livre costuma variar entre 200 km/h e 350 km/h. Boituva (SP). Foto de 2022.**

Mauricio Graiki/iStock/Getty Images

A equação $\frac{1}{2} \cdot 10t^2 = 2\,200$ é um exemplo de equação do 2º grau com uma incógnita. Vamos relembrar como resolver esse tipo de equação.

Para calcular a medida do tempo que o paraquedista leva até abrir o paraquedas, fazemos:

$$\frac{1}{2} \cdot 10t^2 = 2\,200$$

$$5t^2 = 2\,200$$

$$t^2 = \frac{2\,200}{5}$$

$$t^2 = 440$$

$$t = \pm\sqrt{440} \quad \begin{cases} t_1 \simeq 21 \\ t_2 \simeq -21 \end{cases}$$

O símbolo ± é uma maneira simplificada de escrever $+\sqrt{440}$ ou $-\sqrt{440}$.

A grandeza tempo só pode ser expressa por um número positivo. Por isso, o paraquedista deve abrir o paraquedas aproximadamente 21 segundos depois de saltar do avião.

Essa equação que acabamos de resolver é um exemplo de equação do 2º grau.

> Uma **equação do 2º grau com uma incógnita** é qualquer equação que pode ser escrita na forma $ax^2 + bx + c = 0$, em que x é a incógnita e os coeficientes a, b e c são números reais, com $a \neq 0$.

TERMO INDEPENDENTE

Em uma equação do 2º grau, o coeficiente c é chamado de termo independente.

Equações do 2º grau completas

Quando a equação do 2º grau tem todos os termos diferentes de zero, ou seja, $a \neq 0$, $b \neq 0$ e $c \neq 0$, dizemos que a equação do 2º grau é **completa**.

Exemplos

A. $-3x^2 + 7x - 5 = 0$, em que $a = -3$, $b = 7$ e $c = -5$.

B. $\frac{x^2}{2} - \frac{2x}{3} + \sqrt{3} = 0$, em que $a = \frac{1}{2}$, $b = -\frac{2}{3}$ e $c = \sqrt{3}$.

Equações do 2º grau incompletas

Quando pelo menos um dos coeficientes, b ou c, for igual a zero, dizemos que a equação do 2º grau é **incompleta**.

Exemplos

A. $2x^2 + 3x = 0$, em que $a = 2$, $b = 3$ e $c = 0$.

B. $-x^2 + 5 = 0$, em que $a = -1$, $b = 0$ e $c = 5$.

C. $-13x^2 = 0$, em que $a = -13$, $b = 0$ e $c = 0$.

PARE E REFLITA

Se uma equação tiver o coeficiente a nulo, ou seja, o coeficiente do termo x^2 igual a zero, ela pode ser considerada uma equação do 2º grau incompleta?

Raízes ou soluções de uma equação do 2º grau

Assim como nas demais equações algébricas já estudadas, também se determinam soluções para as equações do 2º grau. As soluções encontradas são denominadas raízes da equação, que correspondem aos valores atribuídos à incógnita que tornam a sentença verdadeira.

Exemplos

A. Vamos verificar se os números 2, −4, 0, $-\frac{1}{2}$ e 5 são soluções da equação $x^2 + 2x - 8 = 0$.

- Para $x = 2$, temos:

$$2^2 + 2 \cdot 2 - 8 = 4 + 4 - 8 = 8 - 8 = 0$$

Logo, 2 é solução da equação.

- Para $x = -4$, temos:

$$(-4)^2 + 2 \cdot (-4) - 8 = 16 - 8 - 8 = 8 - 8 = 0$$

Logo, −4 é solução da equação.

- Para $x = 0$, temos:

$$0^2 + 2 \cdot 0 - 8 = 0 + 0 - 8 = -8$$

Como $-8 \neq 0$, então 0 não é solução da equação.

- Para $x = -\frac{1}{2}$, temos:

$$\left(-\frac{1}{2}\right)^2 + 2 \cdot \left(-\frac{1}{2}\right) - 8 = \frac{1}{4} - 1 - 8 = \frac{1}{4} - 9 = \frac{1 - 36}{4} = -\frac{35}{4}$$

Como $-\frac{35}{4} \neq 0$, então $-\frac{1}{2}$ não é solução da equação.

- Para $x = 5$, temos:

$$5^2 + 2 \cdot 5 - 8 = 25 + 10 - 8 = 35 - 8 = 27$$

Como $27 \neq 0$, então 5 não é solução da equação.

B. Determine o valor de m para que 2 seja raiz da equação do 2º grau $x^2 - x - (m - 1) = 0$.

Substituímos a incógnita x por 2 e determinamos o valor de m:

$$2^2 - 2 - (m - 1) = 0$$
$$4 - 2 - m + 1 = 0$$
$$3 - m = 0$$
$$-m = -3$$
$$m = 3$$

Logo, o valor de m que torna 2 raiz dessa equação é 3.

C. Dada a equação $2x^2 + m = 0$, vamos determinar o valor de m para que o número 1 seja raiz dessa equação do 2º grau incompleta.

Substituímos a incógnita x por 1 e determinamos o valor de m:

$$2 \cdot 1^2 + m = 0$$
$$2 + m = 0$$
$$m = -2$$

Logo, o valor de m que torna o número 1 raiz dessa equação é −2.

ATIVIDADES

Retomar e compreender

1. Quais das equações a seguir são do 2º grau?

a) $x + 5 = 9$

b) $x^2 - 3x + 1 = 0$

c) $x^6 + 5 = 2$

d) $x^8 + 2x^2 = 3$

e) $x^3 + x^2 + 2 = 0$

f) $6x + 1 = 3$

g) $x + x^2 = 0$

h) $x^2 - 3 = 5x^2$

2. Complete o quadro a seguir com os valores dos coeficientes das equações indicadas.

Equação	*a*	*b*	*c*
$2x^2 = 5$			
$2x^2 = 5x - 5$			
$x + 5x^2 = 5$			
$4x^2 = 5 - 5x$			
$3x^2 = 5x$			
$-5x^2 + 3 = 4x$			
$\frac{x^2}{5} - \frac{x}{3} + 4 = 0$			

3. Classifique cada equação do 2º grau a seguir em completa ou incompleta. Depois, indique os valores dos coeficientes de cada uma.

a) $3x^2 + 6x = 0$

b) $x^2 + 2x = 1$

c) $x^2 + 7 = 5$

d) $x(x - 5) = 1$

e) $(2x + 3)^2 = 4 - 12x$

4. Escreva as equações a seguir na forma reduzida e identifique quais são do 2º grau.

a) $(x + 6)(x - 2) + 4x = (2x - 1)^2$

b) $x(x + 1)(x - 1) + 2x^2 = x^3$

c) $x(2x^2 + 3) = (7 - x)^2$

d) $3x(x - 2) = 1 + 3x^2$

5. Verifique qual ou quais números são soluções de cada equação dada.

Equação	Números
$2x^2 + 7x - 4 = 5$	$-4, \frac{1}{2}, 2$ e 5
$-x^2 + x - 2 = 0$	$0, 1, \frac{1}{2}, 2$ e 3
$x^2 - 8x + 16 = 0$	$-3, -\frac{2}{3}, -1, 1$ e 4
$\frac{x^2}{6} + 2x + 6 = 0$	$-10, -8, -6, \frac{7}{4}$, e 0

6. Verifique quais das equações a seguir têm o número 4 como solução.

a) $x^2 + 16 = 0$

b) $x^2 + 4x = 0$

c) $x^2 - 16 = 0$

d) $x^2 - 4x = 0$

e) $x^2 + 2 = 0$

f) $x^2 - 2 = 0$

g) $x^2 + 6x + 8 = 0$

h) $x^2 - x - 20 = 0$

7. Considere a equação $4x^2 + \frac{2x}{5} = 0$.

a) Quais são os coeficientes dessa equação?

b) Qual é o número que representa o termo independente dessa equação?

c) Essa equação é completa ou incompleta?

d) Entre os números 2, $-\frac{1}{10}$, 0, $\frac{1}{10}$ e $\frac{2}{3}$, quais são soluções dessa equação?

8. Reescreva as sentenças a seguir, de modo que elas se tornem verdadeiras.

a) O coeficiente *a* de uma equação do 2º grau $ax^2 + bx + c = 0$ pode ser zero.

b) O maior expoente da incógnita em uma equação do 2º grau pode ser diferente de 2.

c) O número 3 é uma solução da equação $x^2 + 3x = 0$.

d) A equação $3x^2 + 5x = 0$ é completa.

9. Na equação a seguir, determine o valor de *k* sabendo que -3 é uma de suas raízes.

$$x^2 - 7x - 2k = 0$$

RESOLUÇÃO DE EQUAÇÕES INCOMPLETAS

Vamos estudar como resolver as equações incompletas do tipo $ax^2 + bx = 0$, $ax^2 + c = 0$ e $ax^2 = 0$.

Equações do tipo $ax^2 + bx = 0$

Equações do tipo $ax^2 + bx = 0$, com $a \neq 0$ e $b \neq 0$, têm uma solução igual a zero e outra diferente de zero.

> **RAÍZES OU SOLUÇÕES**
>
> Em uma equação do 2º grau, para diferenciarmos uma solução (ou raiz) de outra, podemos nomeá-las x_1 e x_2, por exemplo.

Exemplos

A. Vamos determinar as soluções da equação incompleta $x^2 - 6x = 0$.

Nessa equação, temos $a = 1$, $b = -6$ e $c = 0$.

Como a incógnita x aparece nos dois termos da equação, é possível colocá-la em evidência.

$$x^2 - 6x = 0$$
$$x \cdot (x - 6) = 0$$

Como o produto de x por $x - 6$ é igual a zero, pelo menos um dos fatores deve ser zero.

$$x \cdot (x - 6) = 0 \begin{cases} x_1 = 0 \\ x_2 - 6 = 0 \Rightarrow x_2 = 6 \end{cases}$$

Portanto, as soluções dessa equação são 0 e 6.

B. Vamos verificar qual é a condição de existência da equação $\dfrac{x}{x^2 + x} = 4$ e, em seguida, determinar sua solução.

> **FRAÇÃO ALGÉBRICA**
>
> Como a fração algébrica é o quociente de dois polinômios, o denominador necessariamente deve ser diferente de zero.

Como temos uma fração algébrica nessa equação, primeiro precisamos encontrar a condição de existência dessa fração, ou seja, a condição para que seu denominador não seja nulo.

$$x^2 + x \neq 0$$
$$x \cdot (x + 1) \neq 0 \begin{cases} x_1 \neq 0 \\ x_2 + 1 \neq 0 \Rightarrow x_2 \neq -1 \end{cases}$$

Agora, resolvemos a equação dada:

$$\frac{x}{x^2 + x} = 4$$
$$x = 4(x^2 + x)$$
$$x = 4x^2 + 4x$$
$$4x^2 + 4x - x = 0$$
$$4x^2 + 3x = 0$$
$$x \cdot (4x + 3) = 0 \begin{cases} x_1 = 0 \\ 4x_2 + 3 = 0 \Rightarrow 4x_2 = -3 \Rightarrow x_2 = -\frac{3}{4} \end{cases}$$

Como, pela condição de existência, $x \neq 0$; então, a solução da equação é $-\frac{3}{4}$.

Equações do tipo $ax^2 + c = 0$

Equações do tipo $ax^2 + c = 0$, com $a \neq 0$ e $c \neq 0$, têm duas soluções reais opostas, quando $a > 0$ e $c < 0$ ou $a < 0$ e $c > 0$, e não têm soluções reais quando $a > 0$ e $c > 0$ ou $a < 0$ e $c < 0$.

Exemplos

A. Vamos resolver a equação $x^2 - 16 = 0$.

Nessa equação, temos $a = 1$, $b = 0$ e $c = -16$. Como $a > 0$ e $c < 0$, então essa equação tem duas soluções reais.

Vamos resolver essa equação de duas maneiras.

1ª maneira: isolando a incógnita no primeiro membro.

$$x^2 - 16 = 0$$
$$x^2 = 16$$
$$x = \pm\sqrt{16} \begin{cases} x_1 = -\sqrt{16} \Rightarrow x_1 = -4 \\ x_2 = \sqrt{16} \Rightarrow x_2 = 4 \end{cases}$$

Observe que:

- $(-4)^2 = 16$
- $4^2 = 16$

Logo, as soluções da equação são -4 e 4.

2ª maneira: usando a fatoração.

Note que o primeiro membro dessa equação é uma diferença de quadrados. Assim, fatorando essa expressão, temos:

$$x^2 - 16 = 0$$
$$x^2 - 4^2 = 0$$
$$(x + 4)(x - 4) = 0 \begin{cases} x_1 + 4 = 0 \Rightarrow x_1 = -4 \\ x_2 - 4 = 0 \Rightarrow x_2 = 4 \end{cases}$$

Logo, as soluções da equação são -4 e 4.

B. Vamos verificar se existe solução real para a equação $x^2 + 4 = 0$.

Nessa equação, $a = 1$, $b = 0$ e $c = 4$. Como $a > 0$ e $c > 0$, então não existem soluções reais.

Vamos verificar que essa equação não tem soluções reais.

Isolando x no primeiro membro da equação, temos:

$$x^2 + 4 = 0$$
$$x^2 = -4$$

Como o quadrado de qualquer número real nunca é negativo, então essa equação não tem soluções reais.

C. Vamos verificar como podemos determinar a condição de existência da equação $\frac{23}{x^2 - 2} = 1$ e, depois, obter as suas soluções.

Como temos uma fração algébrica nessa equação, primeiro precisamos encontrar a condição de existência dessa fração, ou seja, os valores que garantem que o denominador não seja nulo.

$$x^2 - 2 \neq 0$$
$$x^2 \neq 2$$
$$x \neq \pm\sqrt{2}$$

Agora, vamos resolver a equação dada:

$$\frac{23}{x^2 - 2} = 1$$
$$23 = 1(x^2 - 2)$$
$$x^2 - 2 = 23$$
$$x^2 - 2 - 23 = 0$$
$$x^2 - 25 = 0$$

Nessa equação, temos $a = 1$, $b = 0$ e $c = -25$. Como $a > 0$ e $c < 0$, existem duas soluções reais.

Então:

$$x^2 = 25$$

$$x = \pm\sqrt{25} \begin{cases} x_1 = -\sqrt{25} \Rightarrow x_1 = -5 \\ x_2 = +\sqrt{25} \Rightarrow x_2 = 5 \end{cases}$$

Como $x_1 = -5$ e $x_2 = 5$ satisfazem a condição de existência, então as soluções da equação são 5 e -5.

Equações do tipo $ax^2 = 0$

Equações do tipo $ax^2 = 0$, com $a \neq 0$, têm uma única solução, que é $x = 0$. É comum dizer, nesses casos, que a equação tem duas soluções reais iguais a zero.

Exemplos

A. Vamos verificar que a solução da equação $7x^2 = 0$ é zero.

Nessa equação, temos $a = 7$, $b = 0$ e $c = 0$.

Dividindo os dois membros da equação por a, ou seja, por 7, obtemos:

$$7x^2 = 0$$
$$\frac{7x^2}{7} = \frac{0}{7}$$
$$x^2 = 0$$

O único número que, elevado ao quadrado, é igual a zero é o próprio zero. Logo, temos duas raízes reais e iguais a 0.

B. Vamos resolver a equação $-15x^2 = 0$.

Nessa equação, temos $a = -15$, $b = 0$ e $c = 0$.

Dividindo os dois membros da equação por a, ou seja, por -15, temos:

$$-15x^2 = 0$$

$$-\frac{15x^2}{-15} = \frac{0}{-15}$$

$$x^2 = 0$$

O único número que, elevado ao quadrado, é igual a zero é o próprio zero. Logo, as raízes dessa equação são reais e iguais a 0.

ATIVIDADES

Retomar e compreender

10. Resolva as equações do 2º grau a seguir.

a) $2x^2 + 10x = 0$

b) $3x^2 + 12 = 0$

c) $2x^2 + x = 5x^2 - 2x$

d) $x^2 - 25 = 0$

e) $36 - x^2 = 0$

11. As equações $x^2 - 9 = 40$ e $5x^2 = -35x$ têm uma solução em comum. Determine-a.

12. Resolva as equações a seguir e, depois, faça o que se pede.

Quadro laranja	Quadro azul
▪ $x^2 - 4 = 0$	▪ $x^2 + 4 = 0$
▪ $x^2 - 9 = 0$	▪ $x^2 + 9 = 0$
▪ $x^2 - 10 = 0$	▪ $x^2 + 10 = 0$

a) O que as equações do quadro laranja têm em comum? E as do quadro azul?

b) Sem resolver as equações a seguir, identifique aquelas que não têm soluções reais.

- $x^2 - 11 = 0$
- $x^2 + 8 = 0$
- $x^2 + 3 = 0$
- $2x^2 - 7 = 0$
- $x^2 + 5 = 0$
- $3x^2 + 25 = 0$

13. Considerando x e y as raízes da equação $10a^2 - 1000 = 0$, determine:

a) $x^2 + y^2$

b) $x^2 - y^2$

c) $\frac{x^2}{y^2}$

14. A soma do quadrado de um número positivo com o dobro dele é igual ao quíntuplo desse número. Que número é esse?

15. Quais são os números reais cujos quadrados são iguais a seus triplos?

16. Adicionando o quadrado de dois números inteiros consecutivos, obtém-se a soma do dobro do menor desses números com 33 unidades. Determine esses números.

17. Na figura a seguir, a soma das medidas das áreas dos quadrados amarelos é igual à soma das medidas das áreas dos retângulos azuis.

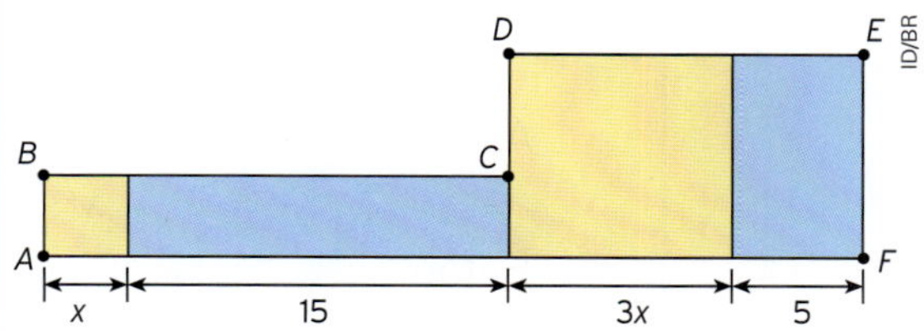

a) Calcule o valor de x.

b) Determine a medida do perímetro do polígono $ABCDEF$.

Aplicar

18. Para uma rede varejista, um dos principais aspectos que influenciam a demanda por certo produto é o preço de venda. Uma pesquisa de mercado sugere que a demanda q, em unidades, de determinado produto relaciona-se com o preço p, em reais, do produto por meio da equação $q = 800 - 10p$. Sabendo que a receita bruta R obtida com a venda de q produtos é calculada por $R = p \cdot q$, podemos afirmar que a receita bruta será nula para que valor positivo de p?

RESOLUÇÃO DE EQUAÇÕES COMPLETAS

Vamos estudar como resolver as equações do tipo $ax^2 + bx + c = 0$, com a, b e c diferentes de zero, por meio dos seguintes métodos: trinômio quadrado perfeito, completar quadrados (algébrica e geometricamente) e fórmula geral.

Trinômio quadrado perfeito

Em algumas equações do 2º grau completas a expressão $ax^2 + bx + c$ é um trinômio quadrado perfeito e, por isso, pode ser fatorada.

Exemplos

A. Vamos resolver a equação $x^2 + 2x + 1 = 0$.

Essa equação já está escrita na forma reduzida e temos: $a = 1$, $b = 2$ e $c = 1$.

Essa é uma equação do 2º grau completa, pois nenhum de seus coeficientes é nulo.

Além disso, temos um trinômio quadrado perfeito no primeiro membro da igualdade.

Fatorando esse trinômio quadrado perfeito, obtemos:

$$x^2 + 2x + 1$$

$$(x)^2 \qquad (2 \cdot x \cdot 1) \qquad (1)^2$$

Assim, podemos escrever:

$$x^2 + 2x + 1 = (x + 1)^2$$

Então:

$$(x + 1)^2 = 0$$

Como zero é o único número que, elevado ao quadrado, é igual a zero, podemos escrever:

$$x + 1 = 0$$
$$x = -1$$

Logo, essa equação tem duas raízes reais e iguais a -1.

B. Vamos resolver a equação $4x^2 = 20x - 25$.

Escrevendo a equação na forma reduzida, obtemos:

$$4x^2 - 20x + 25 = 0$$
$$(2x)^2 - 2 \cdot 2x \cdot 5 + 5^2 = 0$$
$$(2x - 5)^2 = 0$$
$$2x - 5 = 0$$
$$2x = 5$$
$$x = \frac{5}{2}$$

Logo, essa equação tem duas raízes reais e iguais a $\frac{5}{2}$.

Completar quadrados

Nem todas as equações do 2º grau completas podem ser fatoradas na forma como são apresentadas.

Em alguns casos, podemos utilizar o método de completar quadrados. Vamos analisar esse método nas formas algébrica e geométrica.

Interpretação algébrica

Exemplo

Vamos considerar a equação $x^2 + 16x - 17 = 0$.

Essa é uma equação completa, com $a = 1$, $b = 16$ e $c = -17$.

Note que o primeiro membro não é um trinômio quadrado perfeito. Por isso, podemos completar quadrados para obter um trinômio quadrado perfeito para resolvê-la. Acompanhe as etapas a seguir.

I. Escrevemos a equação na forma $ax^2 + bx = -c$.

$$x^2 + 16x - 17 = 0$$
$$x^2 + 16x = 17$$

II. Para obter um trinômio quadrado perfeito no primeiro membro, adicionamos m^2 aos dois membros da equação:

$$x^2 + 16x + m^2 = 17 + m^2$$

Para que o primeiro membro seja um trinômio quadrado perfeito, $16x$ deve ser igual a $2xm$. Assim, obtemos o valor de m:

$$2xm = 16x$$
$$m = \frac{16x}{2x}$$
$$m = 8$$

Então:

$$x^2 + 16x + m^2 = 17 + m^2$$
$$x^2 + 16x + 8^2 = 17 + 8^2$$
$$(x + 8)^2 = 17 + 64$$
$$(x + 8)^2 = 81$$

III. Em seguida, resolvemos a nova equação.

Como $(x + 8)^2$ representa um número real cujo quadrado é 81, temos duas possibilidades para esse número real:

$$x + 8 = \pm\sqrt{81}$$

$$x + 8 = \pm 9$$

$$x_1 + 8 = 9 \Rightarrow x_1 = 9 - 8 \Rightarrow x_1 = 1$$

$$x_2 + 8 = -9 \Rightarrow x_2 = -9 - 8 \Rightarrow x_2 = -17$$

Logo, as soluções da equação $x^2 + 16x - 17 = 0$ são -17 e 1.

Interpretação geométrica

Exemplo

Vamos analisar a mesma equação do exemplo anterior, $x^2 + 16x - 17 = 0$, e verificar, geometricamente, que $x = 1$ é uma solução dessa equação. Acompanhe as etapas a seguir.

I. Escrevemos a equação na forma $ax^2 + bx = -c$.

$$x^2 + 16x - 17 = 0 \Rightarrow x^2 + 16x = 17$$

II. Desenhamos um quadrado cuja medida da área, em unidades de área (u.a.), corresponde ao termo x^2.

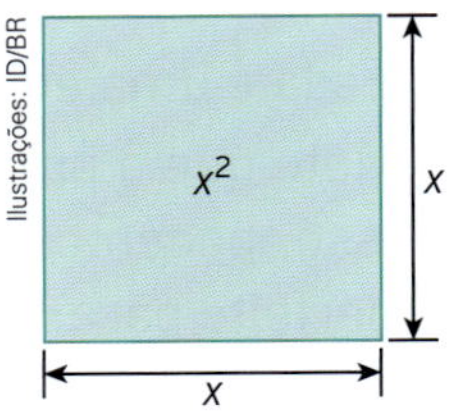

Ilustrações: ID/BR

III. Interpretamos o termo $16x$ como a medida da área de um retângulo de lados 16 u.c. e x u.c. e dividimos esse retângulo em quatro retângulos de medidas de áreas iguais entre si.

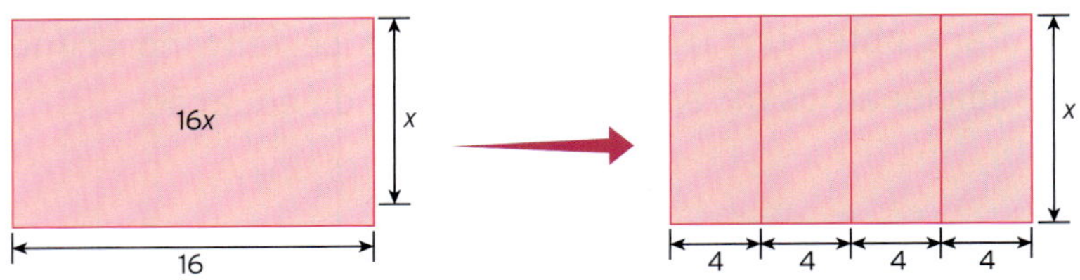

IV. Colocamos cada um desses novos retângulos sobre os lados do quadrado de medida de área x^2 u.a.

A medida da área dessa nova figura é dada por:

$$x^2 + 4 \cdot 4x = x^2 + 16x$$

Mas, pela etapa **I**, $x^2 + 16x = 17$, ou seja, a medida da área dessa nova figura é igual a 17 u.a.

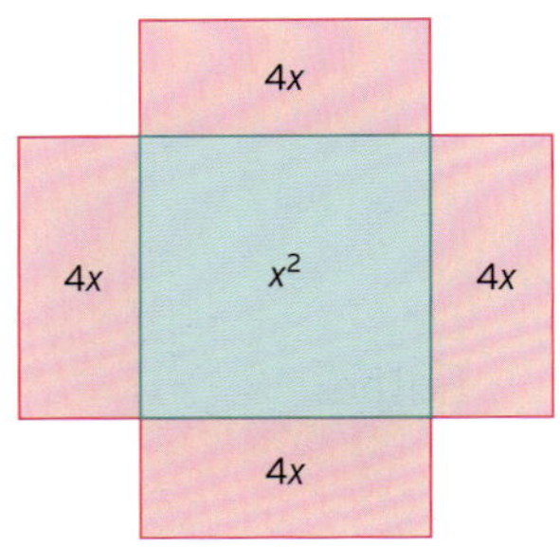

V. Completamos o quadrado com outros quatro quadradinhos de medida de lado igual a 4 u.c., como podemos observar na figura ao lado.

Assim, a medida da área desse novo quadrado é dada por:

$17 + 4 \cdot (4 \cdot 4) =$
$= 17 + 4 \cdot 16 =$
$= 17 + 64 = 81$

Portanto, a medida de cada lado desse novo quadrado é igual a:

$$\sqrt{81} \text{ u.c.} = 9 \text{ u.c.}$$

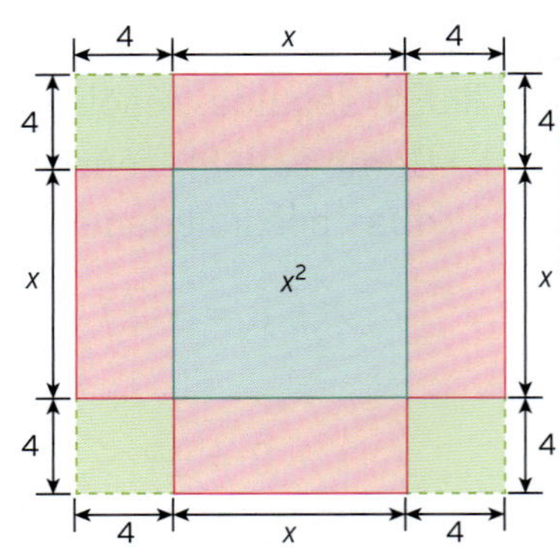

VI. Pela figura do item anterior, a medida do lado do novo quadrado é $(4 + x + 4)$ u.c. e vimos que a medida desse lado é igual a 9 u.c. Então, podemos encontrar uma solução da equação:

$$4 + x + 4 = 9$$
$$8 + x = 9$$
$$x = 9 - 8$$
$$x = 1$$

Como você representaria geometricamente o **trinômio quadrado perfeito** $x^2 + 2x + 1$?

Observe que, quando resolvemos uma equação do 2º grau pelo método geométrico, encontramos apenas as soluções positivas, pois soluções negativas não têm sentido geométrico. Enquanto o método geométrico permite a escrita da equação na forma fatorada conhecida, o método algébrico permite a determinação de todas as soluções reais da equação, quando existirem.

ATIVIDADES

Retomar e compreender

19. Fatore as expressões a seguir.

a) $4x^4 - 4x^2 + 1$

b) $x^2 + 5x + \frac{25}{4}$

20. Associe cada equação escrita na forma reduzida com sua forma fatorada.

a)	$x^2 + 4x + 4 = 0$	I)	$(3x - 1)^2 = 0$
b)	$9x^2 - 6x + 1 = 0$	II)	$(x - 0{,}5)^2 = 0$
c)	$x^2 + \frac{2x}{3} + \frac{1}{9} = 0$	III)	$\left(x - \frac{5}{2}\right)^2 = 0$
d)	$4x^2 - 12x + 9 = 0$	IV)	$\left(x + \frac{1}{3}\right)^2 = 0$
e)	$x^2 - x + 0{,}25 = 0$	V)	$(2x - 3)^2 = 0$
f)	$x^2 - 5x + \frac{25}{4} = 0$	VI)	$(x + 2)^2 = 0$

21. Determine os valores de x que satisfazem cada equação a seguir.

a) $(x - 4)^2 = 25$

b) $(x + 7)^2 = 9$

c) $(x - 2)^2 = 36$

d) $(x + 3)^2 = 16$

22. Resolva as equações a seguir.

a) $x^2 = 10x - 25$

b) $x^2 + 9 = 6x$

c) $x^2 + 3x + \frac{9}{4} = 0$

d) $4x^2 = 32x - 64$

e) $\frac{x^2}{9} + \frac{4x}{3} = -4$

f) $-\frac{x^2}{4} + \frac{x}{2} = \frac{1}{4}$

23. Complete as expressões com o valor que torna cada igualdade verdadeira.

a) $(x + 2)^2 = x^2 + 4x + ■$

b) $(b - 5)^2 = b^2 - ■ + 25$

c) $(z - ■)^2 = z^2 - 20z + 100$

d) $(y - 6)^2 = y^2 - ■ + 36$

24. Resolva as equações a seguir, transformando o primeiro membro em um trinômio quadrado perfeito.

a) $x^2 - 14x = -45$

b) $x^2 + 10x = 24$

c) $t^2 + 2t = 8$

d) $y^2 - 8y = 9$

e) $y^2 + 2y = 48$

f) $x^2 - 8x = -7$

g) $x^2 + 6x = -11$

h) $x^2 - 4x = 1$

25. Observe a figura, escreva uma equação do 2º grau que a represente e resolva-a.

medida da área = 1800 u.a.

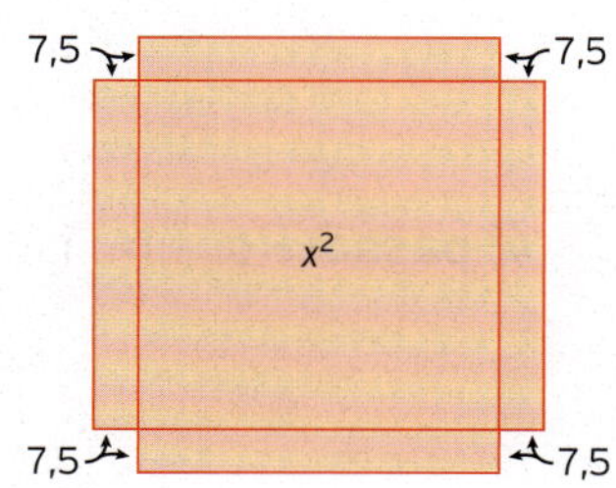

Aplicar

26. O quadrado do sucessor de um número inteiro é igual a 100. Qual é esse número?

27. Daqui a 11 anos, a idade de Pedro será a metade do quadrado da idade que ele tinha há 13 anos. Quantos anos Pedro tem hoje?

Fórmula resolutiva de equação do 2º grau

Até o momento, estudamos que as equações do 2º grau podem ser resolvidas isolando a incógnita ou aplicando a fatoração. Agora, vamos apresentar uma fórmula geral para resolver equações do 2º grau, sejam elas completas ou incompletas.

No Brasil, a fórmula geral é conhecida pelo nome do matemático indiano Bhaskara, que viveu no século XII e contribuiu para o desenvolvimento da fórmula que conhecemos atualmente.

Considere a equação $ax^2 + bx + c = 0$, com $a \neq 0$, b e c números reais, e acompanhe o passo a passo da obtenção da fórmula resolutiva de equações do 2º grau.

1º passo: Isolamos o termo c, assim como foi feito no método de completar quadrados.

$$ax^2 + bx + c = 0$$
$$ax^2 + bx = -c$$

2º passo: Para que o termo ax^2 represente um termo de trinômio quadrado perfeito, primeiro multiplicamos os dois membros da igualdade por $4a$.

$$ax^2 + bx = -c$$
$$4a \cdot (ax^2 + bx) = 4a \cdot (-c)$$
$$4a^2x^2 + 4abx = -4ac$$

Reescrevemos a equação para visualizar parte de um trinômio quadrado perfeito.

$$(2ax)^2 + 2 \cdot 2ax \cdot b = -4ac$$

3º passo: Adicionamos o termo b^2 aos dois membros da igualdade para que o primeiro membro represente um trinômio quadrado perfeito e, depois, o fatoramos.

$$(2ax)^2 + 2 \cdot 2ax \cdot b = -4ac$$
$$(2ax)^2 + 2 \cdot 2ax \cdot b + b^2 = -4ac + b^2$$

Fatoramos o trinômio quadrado perfeito.

$$(2ax + b)^2 = -4ac + b^2$$

4º passo: Por fim, isolamos a incógnita x.

$$(2ax + b)^2 = b^2 - 4ac$$
$$2ax + b = \pm\sqrt{b^2 - 4ac}$$
$$2ax = -b \pm \sqrt{b^2 - 4ac}$$
$$x = \frac{-b \pm \sqrt{b^2 - 4ac}}{2a}$$

$b^2 - 4ac$ é chamado de **discriminante da equação do 2º grau** e é representado pela letra grega Δ (delta): $\Delta = b^2 - 4ac$

Fórmula resolutiva de equações do 2º grau (fórmula de Bhaskara):

$$x = \frac{-b \pm \sqrt{\Delta}}{2a}, \text{ em que } \Delta = b^2 - 4ac.$$

Exemplos

A. Vamos determinar as raízes da equação $x^2 + 4x + 3 = 0$ usando a fórmula resolutiva de equações do 2º grau.

- Identificamos os coeficientes: $a = 1$, $b = 4$ e $c = 3$.
- Calculamos o valor do discriminante Δ:

$$\Delta = b^2 - 4ac = 4^2 - 4 \cdot 1 \cdot 3 = 16 - 12 = 4$$

- Utilizamos os valores do discriminante e dos coeficientes na fórmula resolutiva:

$$x = \frac{-b \pm \sqrt{\Delta}}{2a} = \frac{-4 \pm \sqrt{4}}{2 \cdot 1} = \frac{-4 \pm 2}{2} \begin{cases} x_1 = \dfrac{-4 + 2}{2} = \dfrac{-2}{2} = -1 \\ x_2 = \dfrac{-4 - 2}{2} = \dfrac{-6}{2} = -3 \end{cases}$$

Logo, -3 e -1 são as soluções dessa equação.

B. Vamos determinar as raízes da equação $-x^2 + 12x + 64 = 0$ usando a fórmula resolutiva de equações do 2º grau.

- Identificamos os coeficientes: $a = -1$, $b = 12$ e $c = 64$.
- Calculamos o valor do discriminante Δ:

$$\Delta = b^2 - 4ac = 12^2 - 4 \cdot (-1) \cdot 64 = 144 + 256 = 400$$

- Utilizamos os valores do discriminante e dos coeficientes na fórmula resolutiva:

$$x = \frac{-b \pm \sqrt{\Delta}}{2a} = \frac{-12 \pm \sqrt{400}}{2 \cdot (-1)} = \frac{-12 \pm 20}{-2} \begin{cases} x_1 = \dfrac{-12 + 20}{-2} = \dfrac{8}{-2} = -4 \\ x_2 = \dfrac{-12 - 20}{-2} = \dfrac{-32}{-2} = 16 \end{cases}$$

Logo, -4 e 16 são as soluções dessa equação.

C. Vamos resolver a equação $2x^2 + 6x + 5 = 0$ usando a fórmula resolutiva de equações do 2º grau.

- Identificamos os coeficientes: $a = 2$, $b = 6$ e $c = 5$.
- Calculamos o valor do discriminante Δ:

$$\Delta = b^2 - 4ac = 6^2 - 4 \cdot 2 \cdot 5 = 36 - 40 = -4$$

- Utilizamos os valores do discriminante e dos coeficientes na fórmula resolutiva:

$$x = \frac{-b \pm \sqrt{\Delta}}{2a} = \frac{-6 \pm \sqrt{-4}}{2 \cdot 2}$$

Como $\Delta < 0$ e não existe número real que, elevado ao quadrado, resulte em um número negativo, então essa equação não tem raiz real.

ANÁLISE DO DISCRIMINANTE DE UMA EQUAÇÃO DO 2º GRAU

Existe uma relação entre o valor do discriminante e a existência, ou não, de raízes reais para a equação. Ao calcularmos o valor do discriminante, é possível identificar se a equação do 2º grau tem, ou não, raízes reais.

Duas raízes reais distintas

A equação do 2º grau tem duas raízes reais distintas quando o discriminante for um número positivo ($\Delta > 0$).

$$x = \frac{-b \pm \sqrt{\Delta}}{2a} \begin{cases} x_1 = \dfrac{-b + \sqrt{\Delta}}{2a} \\ x_2 = \dfrac{-b - \sqrt{\Delta}}{2a} \end{cases}$$

Exemplo

Vamos resolver a equação $x^2 - 2x - 3 = 0$.

- Os coeficientes da equação são $a = 1$, $b = -2$ e $c = -3$.
- Calculamos o valor do discriminante Δ:

  $\Delta = b^2 - 4ac = (-2)^2 - 4 \cdot 1 \cdot (-3) = 4 + 12 = 16$

  Como $\Delta > 0$, a equação tem duas raízes reais:

$$x = \frac{-b \pm \sqrt{\Delta}}{2a}$$

$$x = \frac{-(-2) \pm \sqrt{16}}{2 \cdot 1}$$

$$x = \frac{2 \pm 4}{2} \begin{cases} x_1 = \dfrac{2 + 4}{2} = \dfrac{6}{2} = 3 \\ x_2 = \dfrac{2 - 4}{2} = \dfrac{-2}{2} = -1 \end{cases}$$

Logo, -1 e 3 são as soluções dessa equação.

Duas raízes reais iguais

A equação do 2º grau terá duas raízes reais iguais quando o discriminante for igual a zero ($\Delta = 0$).

$$x = \frac{-b \pm \sqrt{\Delta}}{2a}$$

$$x = \frac{-b \pm \sqrt{0}}{2a}$$

$$x = \frac{-b \pm 0}{2a} \begin{cases} x_1 = \dfrac{-b + 0}{2a} \Rightarrow x_1 = \dfrac{-b}{2a} \\ x_2 = \dfrac{-b - 0}{2a} \Rightarrow x_2 = \dfrac{-b}{2a} \end{cases}$$

Exemplo

Vamos resolver a equação $4x^2 - 4x + 1 = 0$.

- Os coeficientes são $a = 4$, $b = -4$ e $c = 1$.
- Calculamos o valor do discriminante Δ:

  $\Delta = b^2 - 4ac = (-4)^2 - 4 \cdot 4 \cdot 1 = 16 - 16 = 0$

  Como $\Delta = 0$, a equação tem duas raízes reais iguais.

$$x = \frac{-b \pm \sqrt{\Delta}}{2a}$$

$$x = \frac{-(-4) \pm \sqrt{0}}{2 \cdot 4}$$

$$x = \frac{4 \pm 0}{8}$$

$$x_1 = \frac{4 + 0}{8} \Rightarrow x_1 = \frac{4}{8} \Rightarrow x_1 = \frac{1}{2}$$

$$x_2 = \frac{4 - 0}{8} \Rightarrow x_2 = \frac{4}{8} \Rightarrow x_2 = \frac{1}{2}$$

Logo, essa equação tem duas raízes iguais a $\frac{1}{2}$.

Nenhuma raiz real

A equação do 2º grau não tem raiz real quando Δ é um número negativo ($\Delta < 0$).

Exemplos

A. Vamos resolver a equação $3x^2 - 5x + 3 = 0$.

- Os coeficientes são $a = 3$, $b = -5$ e $c = 3$.
- Calculamos o valor do discriminante Δ:

  $\Delta = b^2 - 4ac = (-5)^2 - 4 \cdot 3 \cdot 3 = 25 - 36 = -11$

  Como $\Delta < 0$, a equação não tem raiz real.

  Observe.

$$x = \frac{-b \pm \sqrt{\Delta}}{2a}$$

$$x = \frac{-(-5) \pm \sqrt{-11}}{2 \cdot 3}$$

Como não existe número real que, elevado ao quadrado, seja um número negativo, essa equação não tem raiz real.

B. Vamos resolver a equação $6x^2 + x + 4 = 0$.

- Os coeficientes são $a = 6$, $b = 1$ e $c = 4$.
- Calculamos o valor do discriminante Δ:

  $\Delta = b^2 - 4ac = 1^2 - 4 \cdot 6 \cdot 4 = 1 - 96 = -95$

  Como $\Delta < 0$, essa equação não tem raiz real.

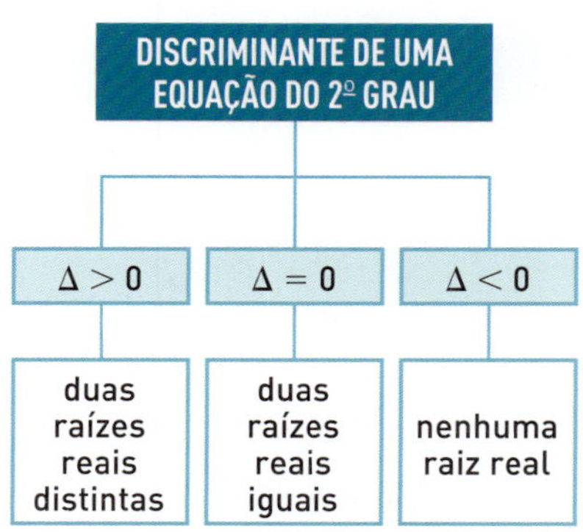

RELAÇÕES ENTRE AS RAÍZES E OS COEFICIENTES DE UMA EQUAÇÃO DO 2º GRAU

Sendo x_1 e x_2 as soluções reais da equação do 2º grau $ax^2 + bx + c = 0$, com $a \neq 0$, podemos relacionar a soma e o produto das raízes x_1 e x_2 com os coeficientes a, b e c.

Soma

Como $x = \frac{-b \pm \sqrt{\Delta}}{2a}$, consideramos que $x_1 = \frac{-b + \sqrt{\Delta}}{2a}$ e $x_2 = \frac{-b - \sqrt{\Delta}}{2a}$.

Adicionando x_1 e x_2, temos:

$$x_1 + x_2 = \left(\frac{-b + \sqrt{\Delta}}{2a}\right) + \left(\frac{-b - \sqrt{\Delta}}{2a}\right) = \frac{-b + \sqrt{\Delta} - b - \sqrt{\Delta}}{2a} = \frac{-2b}{2a} = \frac{-b}{a}$$

A soma das raízes x_1 e x_2 de uma equação do 2º grau é:

$$S = x_1 + x_2 = \frac{-b}{a}$$

Ajude dois estudantes a **organizar uma festa** utilizando para isso o conhecimento em equações.

Produto

Sendo $x_1 = \frac{-b + \sqrt{\Delta}}{2a}$ e $x_2 = \frac{-b - \sqrt{\Delta}}{2a}$, multiplicando x_1 e x_2, temos:

$$x_1 \cdot x_2 = \left(\frac{-b + \sqrt{\Delta}}{2a}\right) \cdot \left(\frac{-b - \sqrt{\Delta}}{2a}\right) = \frac{(-b + \sqrt{\Delta}) \cdot (-b - \sqrt{\Delta})}{2a \cdot 2a} =$$

$$= \frac{(-b)^2 - (\sqrt{\Delta})^2}{4a^2} = \frac{b^2 - \Delta}{4a^2} = \frac{b^2 - (b^2 - 4ac)}{4a^2} = \frac{b^2 - b^2 + 4ac}{4a^2} = \frac{4ac}{4a^2} = \frac{c}{a}$$

O produto das raízes x_1 e x_2 de uma equação do 2º grau é:

$$P = x_1 \cdot x_2 = \frac{c}{a}$$

Essas relações são conhecidas como **relações de Girard**.

Exemplos

A. $x^2 + 2x - 16 = 0$

Os coeficientes são $a = 1$, $b = 2$ e $c = -16$. Então:

$$S = x_1 + x_2 = \frac{-b}{a} = \frac{-2}{1} = -2$$

$$P = x_1 \cdot x_2 = \frac{c}{a} = \frac{-16}{1} = -16$$

B. $4x^2 + 10x + 5 = 0$

Os coeficientes são $a = 4$, $b = 10$ e $c = 5$. Então:

$$S = x_1 + x_2 = \frac{-b}{a} = \frac{-10}{4} = -\frac{5}{2}$$

$$P = x_1 \cdot x_2 = \frac{c}{a} = \frac{5}{4}$$

DETERMINAÇÃO DE UMA EQUAÇÃO DO 2º GRAU POR SUAS RAÍZES

Nos casos em que são dadas as raízes de uma equação do 2º grau com uma incógnita, é possível determinar a equação aplicando-se as relações entre as raízes e os coeficientes.

Considere a equação $ax^2 + bx + c = 0$, com $a \neq 0$, cujas raízes são x_1 e x_2.

Dividindo os dois membros da equação pelo coeficiente a, obtemos:

$$\frac{ax^2 + bx + c}{a} = \frac{0}{a} \Rightarrow \frac{ax^2}{a} + \frac{bx}{a} + \frac{c}{a} = 0 \Rightarrow x^2 + \frac{b}{a} \cdot x + \frac{c}{a} = 0$$

Sabemos que:

$$S = \frac{-b}{a} \quad \text{ou} \quad -S = \frac{b}{a} \text{ e } P = \frac{c}{a}$$

Substituindo $\frac{b}{a}$ por $-S$ e $\frac{c}{a}$ por P na equação $x^2 + \frac{b}{a} \cdot x + \frac{c}{a} = 0$, obtemos:

$$\boxed{x^2 - Sx + P = 0}$$

Exemplo

Vamos determinar a equação do 2º grau cujas raízes são 5 e 6.

- $S = 5 + 6 = 11$
- $P = 5 \cdot 6 = 30$

Então:

$$x^2 - Sx + P = 0 \Rightarrow x^2 - 11x + 30 = 0$$

Assim, a equação do 2º grau cujas raízes são 5 e 6 é $x^2 - 11x + 30$.

Fatoração por soma e por produto

Considere a equação $ax^2 + bx + c = 0$, $a \neq 0$, cujas raízes são x_1 e x_2. Veja como podemos escrever o polinômio $ax^2 + bx + c$ na forma fatorada.

$$\begin{aligned} ax^2 + bx + c &= a \cdot \left[x^2 + \frac{b}{a} \cdot x + \frac{c}{a}\right] \\ &= a \cdot [x^2 - Sx + P] \\ &= a \cdot [x^2 - (x_1 + x_2) \cdot x + (x_1 \cdot x_2)] \\ &= a \cdot [\underbrace{x^2 - x_1 \cdot x}_{} \underbrace{- x_2 \cdot x + x_1 \cdot x_2}_{}] \\ &= a \cdot [x \cdot (x - x_1) - x_2 \cdot (x - x_1)] \\ &= a \cdot [(x - x_1) \cdot (x - x_2)] \end{aligned}$$

$$\boxed{ax^2 + bx + c = a \cdot [(x - x_1) \cdot (x - x_2)]}$$

Exemplo

Para escrever o polinômio $x^2 - 7x + 12$ na forma fatorada, consideramos $x^2 - 7x + 12 = 0$ e determinamos suas raízes.

- $S = -\frac{b}{a} = -\frac{-7}{1} = 7$
- $P = \frac{c}{a} = \frac{12}{1} = 12$

Portanto, $x_1 = 4$ e $x_2 = 3$. Desse modo, a forma fatorada do polinômio é:

$$x^2 - 7x + 12 = (x - 4) \cdot (x - 3)$$

ATIVIDADES

Retomar e compreender

28. Observe as equações a seguir.

Danillo Souza/ID/BR

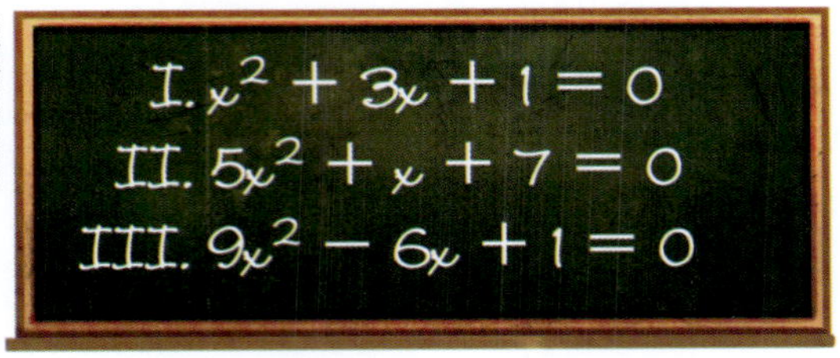

Identifique qual dessas equações:

a) tem duas soluções reais e distintas;

b) tem duas soluções reais iguais;

c) não tem raiz real.

29. Dada a equação $2x^2 - (2m - 4)x + \frac{m}{2} = 0$, com incógnita x, para quais valores de m ela tem duas soluções reais iguais?

30. Determine todos os valores reais de a para os quais a equação $ax^2 + 2x - 1 = 0$, com incógnita x, não tenha soluções reais.

31. Determine o valor de k para cada uma das equações a seguir, conforme as situações propostas.

a) $3x^2 - 6x + k = 0$ tem duas soluções reais iguais.

b) $2x^2 + kx + 16 = 0$ tem duas soluções reais distintas.

c) $4x^2 - kx + 4 = 0$ tem uma solução real.

d) $kx^2 + 6x + 1 = 0$ não tem solução real.

32. Dada a equação $2x^2 + 4x + 5c = 0$, para quais valores de c ela tem raízes distintas?

33. Na equação $x^2 - 12x + k = 0$, com incógnita x, uma das raízes é o dobro da outra. Determine o valor real de k.

34. Calcule a soma e o produto das soluções das equações do 2º grau a seguir, usando as relações entre os coeficientes.

a) $3x^2 - 9x + 4 = 0$

b) $(x + 3)^2 = 2x$

c) $-2x^2 - 3x + 2 = 0$

d) $2x \cdot (x - 7) = (4 - x)^2$

e) $x^2 + 4x + 4 = 0$

f) $x^2 - 7x + 5 = 0$

35. A equação do 2º grau $x^2 - 4x + p = 0$, com incógnita x, em que p é um número inteiro, não tem soluções reais. Qual é o menor valor que p pode assumir?

36. Escreva uma equação do 2º grau cujas soluções sejam os números indicados em cada item a seguir.

a) 5 e 8

b) 3 e 10

c) 5 e -9

d) $5 + \sqrt{11}$ e $5 - \sqrt{11}$

37. As soluções da equação $3x^2 - 11x + 4 = 0$ são r e s. Sem resolver a equação, determine:

a) $r + s$

b) $r \cdot s$

c) $\frac{1}{r} + \frac{1}{s}$

d) $r^2s + rs^2$

38. Sendo $x^2 - (3m - 3n)x + 2n - 6m = 0$ uma equação com incógnita x, calcule o valor de m e de n de modo que a soma das soluções seja 6 e o produto seja -20.

39. Fatore os polinômios a seguir.

a) $x^2 + 5x + 4$

b) $x^2 - 3x - 54$

c) $4x^2 - 9x + 2$

d) $2x^2 + 3x - 2$

e) $x^3 - x^2 - 12x$

f) $18x^3 - 48x^2 - 18x$

Aplicar

40. Determine as soluções das seguintes equações:

a) $x^2 + 2x + 1 = 0$

b) $x^2 - 7x + 12 = 0$

c) $x^2 + 3x - 28 = 0$

41. Considere a equação a seguir.

$$\frac{x(x - 3)}{2} = \frac{-5}{8}$$

a) Escreva essa equação na forma reduzida.

b) Verifique se -3 e $\frac{1}{2}$ são soluções.

c) Qual é o valor do discriminante?

d) Determine a soma e o produto das raízes.

SITUAÇÕES-PROBLEMA QUE ENVOLVEM SISTEMAS DE EQUAÇÕES

Para resolver algumas situações-problema, às vezes precisamos montar um sistema de equações. Na resolução do sistema, podemos obter uma equação do 2º grau, que pode ser resolvida com qualquer um dos métodos estudados até aqui. Acompanhe as situações a seguir.

Situação 1

Um campo de futebol americano tem 1,008 hectare de medida da área, o que corresponde a 10 080 m². Quais são as dimensões desse campo, sabendo que a medida do perímetro é 428 m?

Para resolver esse problema, vamos montar um sistema de equações com as incógnitas x e y, que representam as dimensões desse campo.

$$\begin{cases} x \cdot y = 10\,080 \\ 2x + 2y = 428 \end{cases}$$

Isolando x na equação $2x + 2y = 428$, temos:

$$2x + 2y = 428$$
$$x + y = 214$$
$$x = 214 - y$$

Substituindo x por $214 - y$ na equação $x \cdot y = 10\,080$, temos:

$$x \cdot y = 10\,080$$
$$(214 - y) \cdot y = 10\,080$$
$$214y - y^2 = 10\,080$$
$$-y^2 + 214y - 10\,080 = 0$$

Como $a = -1$, $b = 214$ e $c = -10\,080$, temos:

$\Delta = b^2 - 4ac = 214^2 - 4 \cdot (-1) \cdot (-10\,080) =$

$= 45\,796 - 40\,320 = 5\,476$

Então:

$$y = \frac{-b \pm \sqrt{\Delta}}{2a}$$

$$y = \frac{-214 \pm \sqrt{5\,476}}{2 \cdot (-1)}$$

$$y = \frac{-214 \pm 74}{-2}$$

$$y_1 = \frac{-214 + 74}{-2} = \frac{-140}{-2} = 70$$

$$y_2 = \frac{-214 - 74}{-2} = \frac{-288}{-2} = 144$$

Para encontrar os valores de x, vamos substituir na equação $x = 214 - y$ os valores de y encontrados:

- para $y_1 = 70$:
  $x_1 = 214 - 70$
  $x_1 = 144$
- para $y_2 = 144$:
  $x_2 = 214 - 144$
  $x_2 = 70$

Portanto, as dimensões desse campo de futebol medem 144 m por 70 m.

CIDADANIA GLOBAL

EXPANSÃO DO AGRONEGÓCIO

Leia os textos a seguir e, depois, responda às questões.

Imagens de satélite analisadas pelo MapBiomas revelam que a área ocupada pela agricultura em território brasileiro teve um aumento de 226,3% entre 1985 e 2021. [...]

O estudo concluiu que a área total de agricultura mapeada no Brasil passou de 19 milhões de hectares em 1985 para 62 milhões de hectares em 2021. [...]

Michael Esquer. Em 37 anos, áreas agrícolas triplicam e alcançam 62 milhões de hectares no Brasil. *O Eco*, 26 out. 2022. Disponível em: https://oeco.org.br/noticias/em-37-anos-areas-agricolas-triplicam-e-alcancam-62-milhoes-de-hectares-no-brasil/. Acesso em: 20 jun. 2023.

[...] há 40 anos, no Brasil, uma plantação de soja feita em 1 hectare de terra (10 000 m²) rendia menos de 2 toneladas de grãos. Hoje, essa mesma área já produz 4 toneladas. Dobrar a colheita sem expandir a área não é mágica do produtor rural, mas sim reflexo das ferramentas tecnológicas, que fizeram do Brasil líder mundial no setor.

Tech no campo: agronegócio digital inaugura oportunidade de carreira para quem vive na cidade. *Exame*, 17 abr. 2023. Disponível em: https://exame.com/carreira/tech-no-campo-agronegocio-digital-inaugura-oportunidade-de-carreira-para-quem-vive-na-cidade/. Acesso em: 20 jun. 2023.

1. Com a tecnologia, o produtor pode definir a quantidade ideal de sementes que deve ser plantada por hectare. Como você acha que essa ferramenta pode ajudar no aumento da produção?
2. Considerando o crescimento das áreas destinadas à agricultura no Brasil, qual é a importância de aumentar a produtividade sem ampliar a área de plantio?

Situação 2

Um número inteiro é maior que 10 e menor que 100. O produto de seus algarismos é 56 e a soma deles é 15. Que número é esse?

Como o número inteiro está entre 10 e 100, é possível afirmar que ele tem dois algarismos. Assim, sendo x e y os algarismos desse número, podemos escrever o seguinte sistema:

$$\begin{cases} x \cdot y = 56 \\ x + y = 15 \end{cases}$$

Agora, vamos resolvê-lo.

Isolando y na equação $x + y = 15$, temos: $y = 15 - x$.

Substituindo y por $15 - x$ em $x \cdot y = 56$, obtemos:

$x \cdot (15 - x) = 56 \Rightarrow 15x - x^2 = 56 \Rightarrow x^2 - 15x + 56 = 0$

Resolvendo essa equação do 2º grau, temos:

$\Delta = (-15)^2 - 4 \cdot 1 \cdot 56 = 225 - 224 = 1$

$$x = \frac{-(-15) \pm \sqrt{1}}{2 \cdot 1} = \frac{15 \pm 1}{2}$$

$$x_1 = \frac{15 + 1}{2} = \frac{16}{2} = 8 \Rightarrow y_1 = 15 - 8 = 7$$

$$x_2 = \frac{15 - 1}{2} = \frac{14}{2} = 7 \Rightarrow y_2 = 15 - 7 = 8$$

Portanto, o número procurado pode ser tanto o 87 como o 78.

Situação 3

As lajotas que Lúcia escolheu para colocar no piso do banheiro e da cozinha de seu apartamento têm formato quadrado, mas dimensões diferentes. A soma das medidas dos perímetros desses dois modelos de lajota é 32 dm e a soma das medidas de suas áreas é 34 dm^2. Quais são as dimensões de cada lajota, sabendo que a medida do lado da lajota que será colocada no banheiro é maior que a medida do lado da lajota da cozinha?

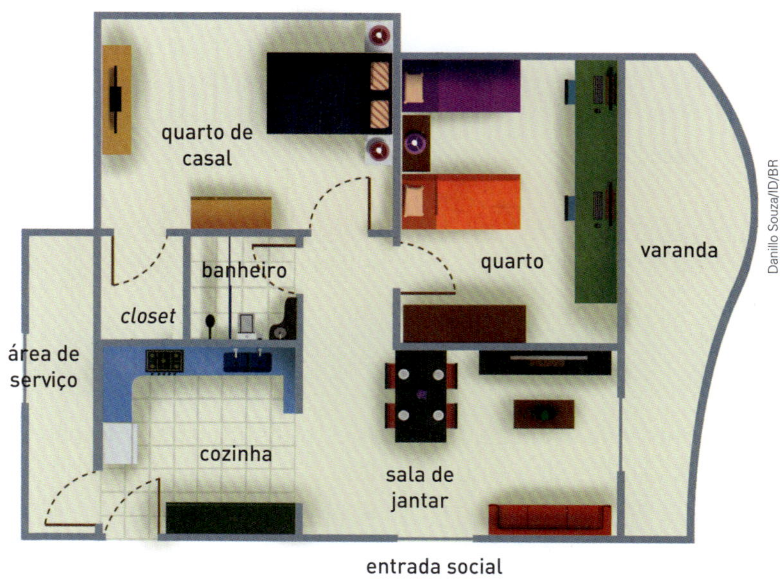

Acompanhe como podemos resolver essa situação. Vamos indicar por x a medida do lado de cada lajota do piso que será colocado no banheiro, em decímetro, e por y a medida do lado de cada lajota do piso da cozinha, em decímetro.

- Soma das medidas dos perímetros, em decímetro: $4x + 4y = 32$

  Observe que $4x$ representa a medida do perímetro de uma lajota do banheiro e que $4y$, a medida do perímetro de uma lajota da cozinha.

- Soma das medidas das áreas, em decímetro quadrado: $x^2 + y^2 = 34$

  Nesse caso, x^2 representa a medida da área de uma lajota do banheiro e y^2, a medida da área de uma lajota da cozinha.

Para determinar as dimensões dessas lajotas, precisamos resolver o seguinte sistema:

$$\begin{cases} 4x + 4y = 32 \\ x^2 + y^2 = 34 \end{cases}$$

Podemos resolver esse sistema pelo método da substituição.

Para isso, vamos isolar a variável y na equação $4x + 4y = 32$:

$$4x + 4y = 32 \quad (:4)$$
$$x + y = 8$$
$$y = 8 - x$$

Substituindo y por $8 - x$ na equação $x^2 + y^2 = 34$, obtemos:

$$x^2 + y^2 = 34$$
$$x^2 + (8 - x)^2 = 34$$
$$x^2 + 8^2 - 2 \cdot 8 \cdot x + x^2 = 34$$
$$x^2 + 64 - 16x + x^2 = 34$$
$$2x^2 - 16x + 64 - 34 = 0$$
$$2x^2 - 16x + 30 = 0 \quad (:2)$$
$$x^2 - 8x + 15 = 0$$

Como $a = 1$, $b = -8$ e $c = 15$, temos:

- $S = -\frac{b}{a} = -\frac{(-8)}{1} = 8$
- $P = \frac{c}{a} = \frac{15}{1} = 15$

Como o produto das raízes é positivo, elas têm o mesmo sinal.

Se o produto das raízes é 15, as raízes inteiras possíveis são: 1 e 15, -1 e -15, 3 e 5 ou -3 e -5.

No entanto, a soma das raízes é igual a 8. Então:

- $1 + 15 = 16$ (não satisfaz)
- $-1 + (-15) = -1 - 15 = -16$ (não satisfaz)
- $3 + 5 = 8$ (satisfaz)
- $-3 + (-5) = -3 - 5 = -8$ (não satisfaz)

Logo, as raízes dessa equação são $x_1 = 3$ e $x_2 = 5$.

A seguir, vamos determinar os possíveis valores de y.

Substituindo os valores obtidos de x na equação $y = 8 - x$, encontramos os valores de y:

- para $x_1 = 3$:
  $y_1 = 8 - 3 = 5$
- para $x_2 = 5$:
  $y_2 = 8 - 5 = 3$

Logo, há dois pares ordenados que são soluções do sistema: (3, 5) e (5, 3).

Entretanto, como a medida do lado de cada lajota do banheiro é maior que a medida do lado de cada lajota da cozinha, as lajotas do banheiro medem 5 dm por 5 dm e as lajotas da cozinha medem 3 dm por 3 dm.

ATIVIDADES

Retomar e compreender

42. Resolva os sistemas de equações a seguir.

a) $\begin{cases} x^2 - y = 74 \\ 16x - y = 137 \end{cases}$

b) $\begin{cases} 2x + 3y = 10 \\ x \cdot y = 4 \end{cases}$

c) $\begin{cases} 4x^2 + 2xy + y^2 = 37 \\ 2x - y = 1 \end{cases}$

d) $\begin{cases} x^2 + 3y^2 = 7 \\ x + y = 1 \end{cases}$

e) $\begin{cases} x = y \\ 4xy + \frac{x}{5} - \frac{5y}{2} = 0 \end{cases}$

f) $\begin{cases} x + y = 5 \\ \frac{1}{x} - \frac{1}{y} = \frac{1}{6} \end{cases}$

g) $\begin{cases} \frac{1}{x} + \frac{x + 3}{y^2} = 2 \\ 2x - y = 0 \end{cases}$

Aplicar

43. A diferença entre dois números reais é igual a $\frac{3}{10}$, e a soma dos inversos desses números é igual a 7. Que números são esses?

44. A soma das medidas das áreas de dois quadrados é 52 cm^2. Sabendo que a diferença entre suas dimensões é de 2 cm, quais são a medida da área e a medida do perímetro de cada um dos quadrados?

45. Para cercar completamente um terreno retangular cuja área mede 300 m^2, foram gastos 70 m de tela. Quais são as medidas de comprimento dos lados desse terreno?

46. Verifique se as afirmações a seguir são verdadeiras ou falsas e corrija as falsas.

a) O par ordenado (−2, 3) é solução do sistema:

$$\begin{cases} 3x^2 - y^2 = 3 \\ -x \cdot y = 6 \end{cases}$$

b) O par ordenado $\left(1, \frac{1}{2}\right)$ é solução desse sistema:

$$\begin{cases} x + 2y = 2 \\ x^2 - 4y = 1 \end{cases}$$

c) O par ordenado (3, 6) é solução desse sistema:

$$\begin{cases} x^2 + y^2 = 45 \\ y = 2x \end{cases}$$

d) O par ordenado (−10, 1) é solução do sistema:

$$\begin{cases} x + y = 9 \\ x \cdot y = -10 \end{cases}$$

47. A figura a seguir, de 48 unidades de medida de área, foi obtida retirando-se 4 quadrados pequenos, de lado de medida y u.c., de um quadrado maior, cujo lado mede x u.c.

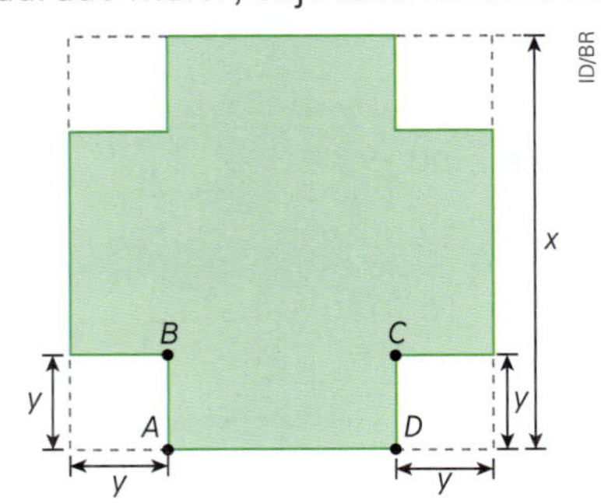

Calcule os valores de x e de y, sabendo que a medida do perímetro do retângulo $ABCD$ é 12 u.c.

Retomar e compreender

1. A expressão $(2x - 1)$ representa a medida do comprimento de um retângulo, e a expressão $(x + 3)$ representa a medida da sua largura. Determine a equação do 2º grau reduzida que permite calcular o valor de x para que a área desse retângulo meça 130 cm^2.

2. A medida x do lado de um quadrado foi ampliada em 3 cm e a medida de sua área passou a ser 256 cm^2.

a) Escreva a equação de 2º grau que traduz esse problema.

b) Determine qual era a medida da área do quadrado antes da ampliação.

Aplicar

3. Calcule o valor de a, sabendo que as áreas das regiões a seguir têm medidas iguais.

Ilustrações: ID/BR

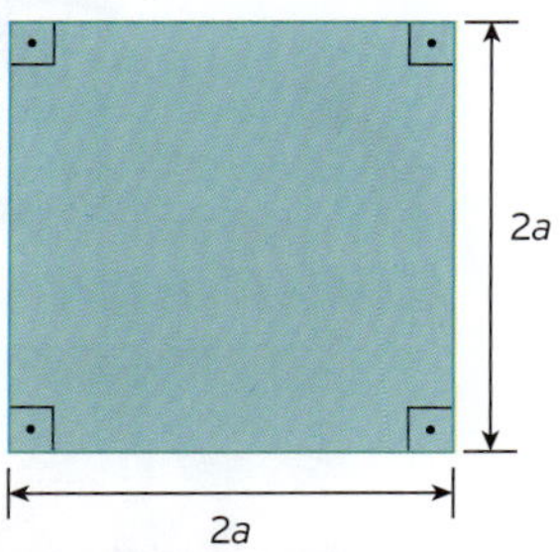

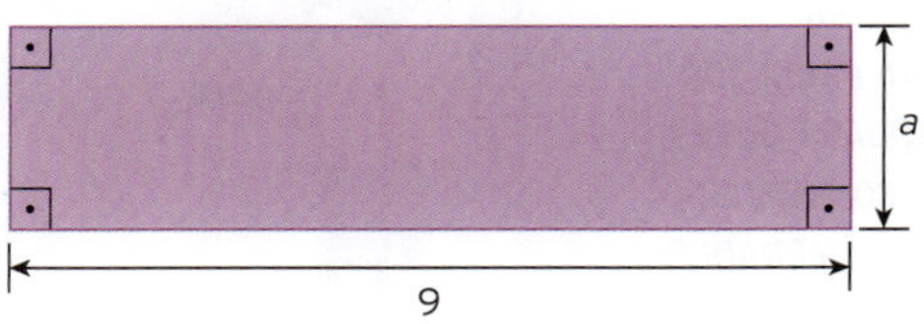

4. Calcule o valor de x, sabendo que a medida do perímetro do retângulo representado a seguir é 22.

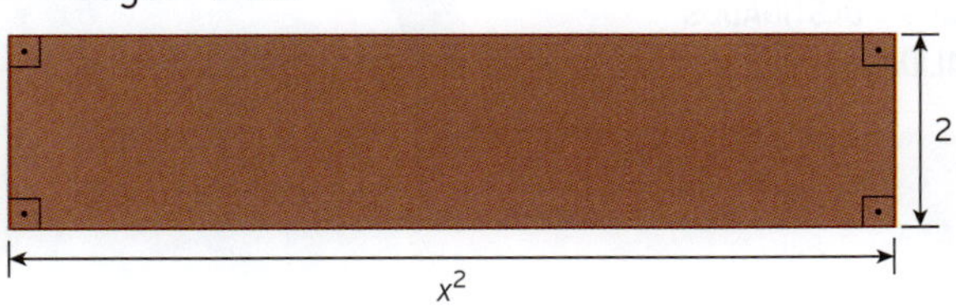

5. O quadrado de um número mais 10 unidades é igual a sete vezes esse número. Que número é esse?

6. O número de diagonais de um polígono é 170. Sabendo que a fórmula para determinar a quantidade de diagonais d de um polígono de n lados é $d = \dfrac{n(n-3)}{2}$, que polígono é esse?

7. Na figura a seguir, $ABCD$ e $EFGH$ são quadrados. A medida da largura da região amarela é constante e seu valor é $\frac{1}{x}$. A medida da área da região amarela é igual a 5.

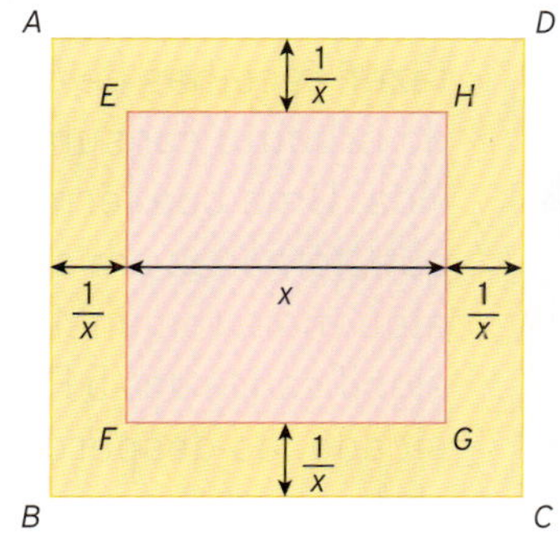

Sabendo que os lados do quadrado $EFGH$ medem x, calcule o valor de x.

8. Um fio de arame de 20 cm de medida de comprimento foi cortado em duas partes. Com a primeira parte, montou-se um quadrado de área de medida x cm^2; com a segunda, fez-se outro quadrado, cuja área mede $(x + 5)$ cm^2, como mostram as figuras a seguir.

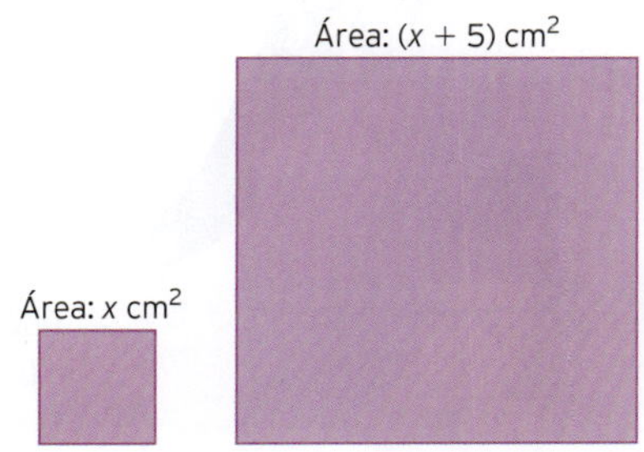

a) Escreva uma expressão algébrica que represente, em função de x, a medida do lado de cada quadrado.

b) Escreva uma expressão algébrica que represente, em função de x, a medida do perímetro de cada quadrado.

c) Calcule o valor de x.

9. Calcule a medida de cada lado das regiões quadradas a seguir, sabendo que a soma das medidas de suas áreas é 80 cm^2 e que a soma das medidas de seus perímetros é $32\sqrt{2}$ cm.

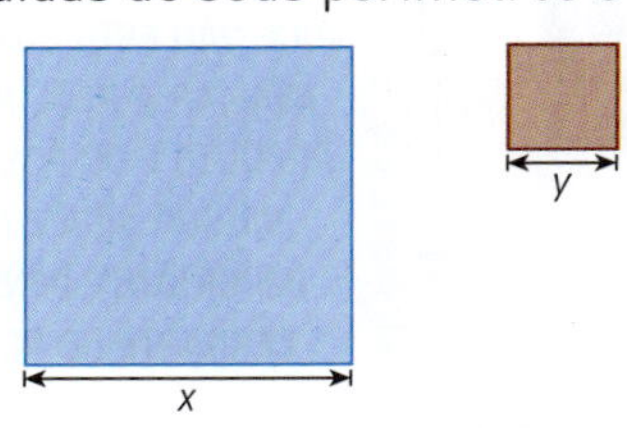

EDUCAÇÃO FINANCEIRA

Os 5 Rs da sustentabilidade!

Com o crescente aumento do consumo e a percepção de seu impacto, tornou-se fundamental questionar-se sobre a necessidade de consumir, os ritmos de consumo e suas consequências para o ambiente. Dessa forma, ao fazer escolhas de consumo, devemos levar em conta determinados impactos do produto consumido na sociedade e no ambiente ao longo de seu ciclo de vida. Uma boa forma de analisar essas questões é considerar os 5 Rs, ações que, tomadas em conjunto, tendem a tornar a atitude de consumir e descartar algo mais racional, priorizando a qualidade de vida e a sustentabilidade. Os significados dos 5 Rs da sustentabilidade relacionam-se ao consumo, à necessidade, ao desperdício e ao meio ambiente. A seguir, vamos aprender o que cada um deles representa.

Raphael Mortari/ID/BR

RECICLAR

VOCÊ FAZ COLETA SELETIVA? FAZER COLETA SELETIVA PODE SER DE GRANDE VALIA! AO RECICLAR, ECONOMIZAMOS ENERGIA E RECURSOS NATURAIS, E CONTRIBUÍMOS PARA A REDUÇÃO DA POLUIÇÃO E PARA O PROLONGAMENTO DA VIDA ÚTIL DOS ATERROS SANITÁRIOS.

REUTILIZAR

O QUE VOCÊ ACHA DA IDEIA DE DAR UMA NOVA VIDA PARA PRODUTOS QUE JÁ FORAM UTILIZADOS? DOAR ROUPAS QUE VOCÊ NÃO USA MAIS E CONSERTAR ELETRODOMÉSTICOS E MÓVEIS QUEBRADOS PODE SER UM EXCELENTE CAMINHO PARA REDUZIR A POLUIÇÃO AMBIENTAL. USE SUA CRIATIVIDADE, POIS RESÍDUOS DE PLÁSTICO, PAPEL, METAL E MADEIRA, ENTRE OUTROS, PODEM SER REUTILIZADOS E DESTINADOS A NOVAS FINALIDADES.

REPENSAR

ANTES DE EFETUAR COMPRAS, REFLITA SE A AQUISIÇÃO É REALMENTE NECESSÁRIA. SERÁ QUE VOCÊ NÃO ESTÁ COMPRANDO POR IMPULSO? ALÉM DE AVALIAR A REAL NECESSIDADE DA COMPRA DE UM PRODUTO E OS POSSÍVEIS IMPACTOS DESSA COMPRA NA SUA VIDA E NA DE SUA FAMÍLIA, TAMBÉM É IMPORTANTE PENSAR SOBRE AS IMPLICAÇÕES DO DESCARTE DO PRODUTO PARA O MEIO AMBIENTE E PARA A SAÚDE HUMANA.

Explorando o tema

Reúna-se com um colega e faça o que se pede a seguir.

1. Qual é o significado dos 5 Rs da sustentabilidade, apresentados nesta seção?
2. Leia o texto e, depois, responda às questões.

Você já ouviu falar em **água virtual ou invisível**?

Mercado pode contribuir reduzindo o uso de água no processo produtivo

Os processos que utilizam água para produção de bens – a chamada "água virtual" – representam outra frente que merece atenção quando o assunto é conservação dos recursos hídricos. Segundo a Agência Nacional da Água (ANA), a agricultura irrigada e a pecuária são responsáveis por 60% de toda a água retirada no País. Já a indústria consome 9,1%. Sendo mais específico, para produzir um quilo de carne bovina são necessários 15,5 mil litros. [...]

De acordo com a professora da Unisinos Feliciane Brehm – formada em Química, doutora em Engenharia Metalúrgica, Minas e Materiais e especialista em química ambiental –, todos são responsáveis pela preservação. E as empresas, sejam indústrias ou propriedades rurais, têm um papel importante neste cenário. Hoje, ela afirma, há tecnologias disponíveis e outras em desenvolvimento que podem contribuir para reduzir o consumo e a poluição da água. "Entre elas estão sensores industriais, sensores de irrigação e, outro exemplo, *drones* que sinalizam os locais onde há presença de pragas nas lavouras, possibilitando o uso mais restrito de agrotóxicos", lista a pesquisadora.

VICENTE, M. K. Dia Mundial da Água: especialistas falam de desafios e soluções para os recursos hídricos. *Jornal NH*. Disponível em: https://www.jornalnh.com.br/noticias/regiao/2023/03/22/dia-mundial-da-agua-especialistas-falam-de-desafios-e-solucoes-para-os-recursos-hidricos.html. Acesso em: 20 jun. 2023.

a) Em sua opinião, o que significa "água invisível" ou "água virtual"?
b) Por dia, cada pessoa consome de 2 mil a 5 mil litros de água invisível contida nos alimentos que come, de acordo com a ONU. Faça uma estimativa do consumo de água invisível da população brasileira em um ano.
c) Por que a quantidade de água utilizada na fabricação dos produtos que compramos é uma informação relevante?

INVESTIGAR

Personalidades da Matemática

Para começar

Você sabia que as descobertas matemáticas são essenciais para as transformações tecnológicas? E que não só os homens, mas também várias mulheres registraram seu nome na história da Matemática? Nesta atividade, você e os colegas vão fazer uma pesquisa sobre algumas dessas personalidades da Matemática e, ao final, escrever a biografia delas, que será publicada em um blogue organizado pela turma.

O problema

- Quem foram os homens e as mulheres que ajudaram a construir a história da Matemática, quais foram suas contribuições e como suas descobertas foram importantes para o mundo como o conhecemos hoje?

A investigação

- **Prática de pesquisa:** pesquisa bibliográfica.
- **Instrumentos de coleta:** levantamento de referências teóricas (revistas de divulgação científica, livros, *sites*).

Materiais

- livros, revistas e *sites*
- computador com acesso à internet

Procedimentos

Parte I – Planejamento

1. A turma será dividida em cinco grupos, e cada grupo ficará responsável por pesquisar matemáticos importantes de uma época da história:
   - Antiguidade (4000 a.C.-476 d.C.)
   - Idade Média (476-1453)
   - Idade Moderna (1453-1789)
   - Idade Contemporânea (1789 até hoje)

Parte II – Coleta dos dados

1. Os grupos vão realizar uma pesquisa bibliográfica, ou seja, o levantamento de referências teóricas já publicadas.
2. A pesquisa bibliográfica poderá ser realizada em revistas, em *sites* de divulgação científica e em livros.
3. Cada grupo deverá se organizar de modo que o maior número possível de fontes seja consultado. Mas atenção: as fontes pesquisadas devem ser confiáveis. Estejam atentos, principalmente, aos textos da internet. Verifiquem sempre a autoria do texto e deem preferência a *sites* de universidades e de instituições de pesquisa.
4. Cada estudante, ao realizar sua pesquisa, deverá anotar:
   - o nome do matemático ou da matemática, a época e o lugar em que viveu;
   - os principais aspectos de seus estudos e descobertas;
   - a aplicação prática de seus estudos e descobertas na época e, se possível, até os dias de hoje;
   - as referências das fontes da pesquisa (autor, nome da publicação, local, ano, etc.).
5. Cada estudante pode pesquisar a quantidade de matemáticos e matemáticas que desejar.

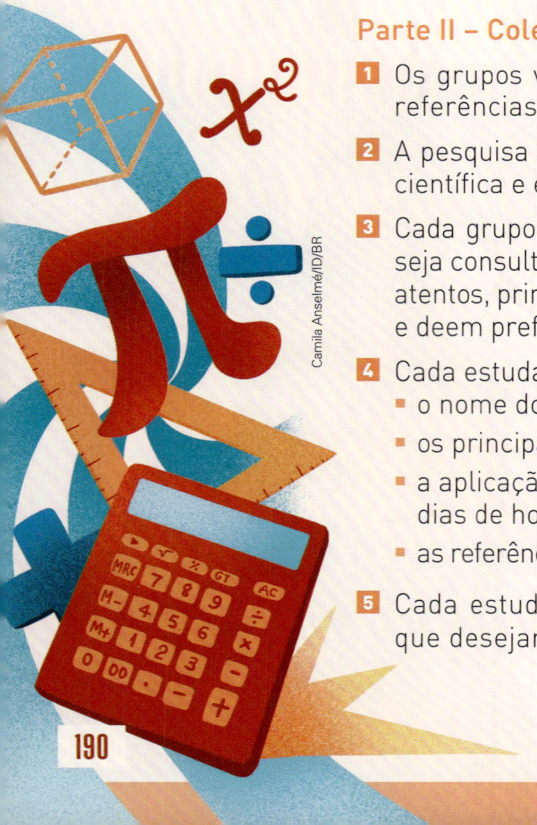

Camila Anselmé/ID/BR

Parte III – Organização e seleção dos dados

1. No dia combinado, o grupo deverá se reunir, e cada estudante trará suas anotações.
2. Compartilhem com o grupo as personalidades que foram pesquisadas e expliquem sua importância.
3. Cada grupo deverá escolher três personalidades do período pelo qual ficou responsável. Para isso, discutam e expliquem o que os motivou para tal escolha.

Parte IV – Elaboração da biografia

1. Cada grupo será organizado em três subgrupos, e cada subgrupo ficará responsável por escrever a biografia de uma das personalidades selecionadas pelo grupo.
2. As biografias:
   - têm sua origem nas palavras gregas ***bios*** (vida) e ***graphein*** (escrever) e narram a história de vida de alguém que tenha contribuído de algum modo para a sociedade;
   - são escritas em terceira pessoa;
   - são textos que indicam o tempo e o local dos fatos;
   - podem apresentar imagens da pessoa e outras relacionadas a seu trabalho.
3. Agora que vocês já conhecem as características de uma biografia, escrevam a história da vida da personalidade pela qual seu subgrupo ficou responsável. Usem as anotações que fizeram durante o levantamento bibliográfico. Se mais de uma pessoa no subgrupo fez anotações sobre essa personalidade, reúnam essas informações.
4. Cada grupo deverá ler para o restante da turma as biografias que produziu.

Questões para discussão

1. Em seu levantamento bibliográfico, em que fontes você encontrou mais informações sobre o que buscava?
2. Ao longo da pesquisa, você se deparou com fontes não confiáveis?
3. Que critérios você utilizou para separar as fontes confiáveis das não confiáveis?
4. Como foi a experiência de escrever a biografia de alguém?
5. Se pudesse escolher, que figura pública da atualidade você biografaria?
6. De todos os matemáticos que seu grupo pesquisou, qual deles você considera mais importante? Por quê?

Comunicação dos resultados

Blogue sobre personalidades da Matemática

As biografias escritas pela turma serão reunidas em um blogue. Toda a turma participará de sua organização e publicará seus textos, que poderão ser acompanhados de fotos das personalidades matemáticas biografadas e de outras imagens relevantes para cada biografia. Depois de pronto, o blogue será divulgado para que as pessoas da comunidade escolar e do bairro e interessados de diversos outros lugares tenham acesso a essa galeria de personalidades.

ATIVIDADES INTEGRADAS

Aplicar

1. Simplifique as expressões algébricas a seguir. Depois, fatore o resultado obtido.

a) $(3 + 2x)(3 - 2x) - 8(x - 2) + 8x - 5x^2$

b) $(x + 3)(1 - 2x) + 3x(x - 1) + 13$

c) $(a + 3)^2 - 5(a + 1) + (a + 2)(a - 2)$

d) $x(2x - 1)^2 + 2x(2x - 1)$

2. Considere dois números, a e b. Sabendo que $a^2 - b^2 = 39$ e $a - b = 3$, responda aos itens a seguir.

a) Qual é o valor de $a + b$?

b) Quais são os valores de a e de b?

3. Na equação $x^2 - 7x + k = 0$, determine o valor de k com incógnita x, para que as soluções sejam consecutivas.

4. Faça o que se pede nos itens a seguir.

a) Determine as soluções da equação do segundo grau $z^2 - pz = 0$, com incógnita z.

b) Escreva uma equação do 2º grau que tenha 2 e -7 como soluções.

c) Determine p para que 3 seja a solução da equação $8x^2 - 4x - p + 3 = 0$, com incógnita x.

d) O que se pode afirmar sobre as soluções da equação $ax^2 + bx + c = 0$, com $a \neq 0$ e incógnita x, quando $b^2 - 4ac = 0$?

5. A moldura retangular a seguir tem a medida da largura constante, representada por L, e suas dimensões são 25 u.c. e 40 u.c. Escreva na forma fatorada a expressão que representa a medida da área dessa moldura.

João Picoli/ID/BR

6. Aumentando a medida de um dos lados de um quadrado em 4 m e a do outro lado em 6 m, obtemos um retângulo cuja medida da área é o dobro da medida da área do quadrado inicial. Determine a medida dos lados do quadrado.

7. (Obmep) Mariana entrou na sala e viu no quadro-negro algumas anotações da aula anterior, parcialmente apagadas, conforme a figura.

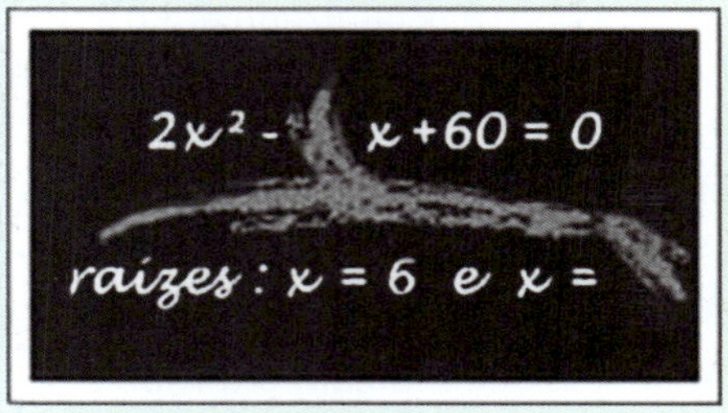

Obmep. Fac-símile/ID/BR

Qual número foi apagado na linha de cima do quadro-negro?

a) 11
b) 12
c) 13
d) 20
e) 22

8. (PUC-Campinas-SP) Se v e w são as raízes da equação $x^2 + ax + b = 0$, em que a e b são coeficientes reais, então $v^2 + w^2$ é igual a:

a) $a^2 - 2b$.
b) $a^2 + 2b$.
c) $a^2 - 2b^2$.
d) $a^2 + 2b^2$.
e) $a^2 - b^2$.

9. (ESPM-SP) As raízes da equação $3x^2 + 7x - 18 = 0$ são α e β. O valor da expressão $\alpha^2\beta + \alpha\beta^2 - \alpha - \beta$ é:

a) $\frac{29}{3}$.
b) $\frac{49}{3}$.
c) $\frac{31}{3}$.
d) $\frac{53}{3}$.
e) $\frac{26}{3}$.

10. (OBM) Sejam x e y números reais positivos satisfazendo as equações $x^2 + y^2 = 1$ e $x^4 + y^4 = \frac{17}{18}$. Calcule o valor de $\frac{1}{xy}$.

11. (CMB-DF) A soma dos quadrados das raízes da equação $x^2 + 4x + m = 0$ é 40. A soma dos inversos das raízes é igual a:

a) $\frac{1}{3}$.
b) $\frac{2}{3}$.
c) $\frac{1}{2}$.
d) $\frac{1}{4}$.
e) $\frac{1}{5}$.

12. (Uece) O professor Abder comprou alguns exemplares de um livro para presentear seus alunos, gastando R$ 640,00. Ganhou quatro livros de bonificação e, com isso, o preço de cada livro ficou R$ 8,00 mais barato. Assim, é correto afirmar que o número de livros que o professor destinou para presentear seus alunos é

a) 20.
b) 12.
c) 18.
d) 14.

13. O produto da idade de Adriana pela idade de Ana é igual a 374. Adriana é 5 anos mais velha que Ana. Quantos anos cada uma delas tem?

14. Em um congresso, havia 50 pessoas, entre mulheres e homens. Descubra quantas mulheres e quantos homens estavam presentes, sabendo que o produto das quantidades dos dois grupos é igual a 621 e que a quantidade de mulheres é maior que a quantidade de homens.

15. O cozinheiro Osmar tem duas ampulhetas diferentes: uma marca o tempo de 7 em 7 minutos, e a outra, de 11 em 11 minutos. Certo dia, ele cozinhou um ovo em exatamente 15 minutos. Explique como Osmar fez para marcar esse tempo utilizando apenas suas duas ampulhetas.

16. Júnior comprou várias garrafas de refrigerante, pagando no total R$ 24,00. Se ele recebesse um desconto de R$ 1,00 no preço de cada garrafa, poderia ter comprado 4 garrafas a mais do que comprou, gastando os mesmos R$ 24,00. Qual é o preço de cada garrafa? Quantas garrafas Júnior comprou no total?

Veja uma **resolução** para essa atividade. Você a resolveria de outro modo?

17. A soma de dois números reais é $\frac{7}{3}$. Determine esses números, sabendo que a soma de seus inversos é $\frac{7}{2}$.

18. A soma das idades, em ano, de dois irmãos é 12, e o produto é 35. Quantos anos tem cada um?

19. A razão entre dois números inteiros e positivos é 2. Se o quadrado do maior diminuído do quíntuplo do menor é igual a 21, quais são os números?

20. Considere uma praça retangular, como a representada na figura a seguir. Calcule as dimensões dessa praça, sabendo que a medida da área central é 2640 m^2 e que a medida da área total da praça é 3300 m^2.

21. Uma agência de viagem orçou os custos do passeio pedagógico de uma escola e afirmou que o valor da viagem por estudante diminuiria à medida que mais estudantes adquirissem o pacote de viagem. Assim, se x estudantes comprassem o pacote, cada um pagaria o valor $P = 360 - 0,9x$. Sabendo que o valor $R(x)$ representa a receita obtida pela agência de viagem, podemos afirmar que $R(x)$ é igual a:

a) $360 - 0,9x^2$.
b) $360x - 0,9$.
c) $360x - 0,9x^2$.
d) $360x$.
e) $0,9x^2$.

22. O problema a seguir é um clássico matemático cuja origem ninguém sabe ao certo. Leia-o e resolva-o.

> Alegravam-se os macacos
> divididos em dois bandos:
> sua oitava parte ao quadrado
> no bosque brincava.
>
> Com alegres gritos, doze
> gritando no campo estão.
> Sabes quantos macacos há
> na macacada no total?

Criar

23. Elabore um problema que seja solucionado por meio de uma equação do 2º grau. Depois, troque de caderno com um colega e resolva o problema elaborado por ele.

Retomando o tema

Além de aumentar a quantidade e melhorar a qualidade dos alimentos produzidos, a tecnologia permite combater pragas que provocam prejuízos às plantações e reduzir o desperdício de alimentos. Por outro lado, a procura cada vez maior dos consumidores por alimentos orgânicos tem incentivado os produtores a desenvolver novas técnicas de cultivo aliadas ao uso de tecnologia.

> Grãos, como milho e soja, são os principais componentes das rações para os rebanhos de pecuária de corte e leiteira, suínos, aves poedeiras (criadas para botar ovos) e de corte (que fornecem carne).
>
> Para produzir ovos, frango, carnes e leite orgânicos, os animais devem ser alimentados somente com produtos que possuem certificação orgânica. [...]
>
> [...]
>
> A tecnologia na produção orgânica é bem diferente do pacote tecnológico da agricultura convencional, que aposta no maior uso de fertilizantes e defensivos para produzir alimentos.
>
> O sistema orgânico envolve pesquisas e estudos acerca do DNA dos solos e da biota, a harmonia da vida no solo, com bactérias, fungos e outros microrganismos.

Viviane Taguchi. Grãos orgânicos. *UOL Economia*, 24 dez. 2021. Disponível em: https://economia.uol.com.br/reportagens-especiais/graos-organicos-com-tecnologia/. Acesso em: 20 jun. 2023.

1. Quais são as vantagens de consumir produtos orgânicos?
2. Por que é importante que os alimentos orgânicos sejam certificados?

Geração da mudança

Apesar do aumento na produção de alimentos, o desperdício de alimentos e o combate à fome ainda são desafios para a sociedade.

- Reúna-se com dois colegas para elaborar uma proposta de um novo aplicativo cujo objetivo seja reduzir, simultaneamente, o desperdício de alimentos e a quantidade de pessoas que passam fome no município onde vocês moram.

Autoavaliação

Camila Anselmé/ID/BR

GEOMETRIA

UNIDADE 5

PRIMEIRAS IDEIAS

1. No plano cartesiano, como representamos a localização de um ponto?
2. Onde está localizado o vértice do ângulo central em uma circunferência?
3. Você já ouviu falar na expressão "depende do ponto de vista"? Em quais situações ela se aplica?

Conhecimentos prévios

Nesta unidade, eu vou...

CAPÍTULO 1 Distâncias

- Reconhecer o plano cartesiano como uma representação de pontos no plano.
- Localizar pontos e identificar suas coordenadas no plano cartesiano.
- Determinar a medida da distância entre dois pontos no plano cartesiano para calcular as medidas do perímetro e da área de figuras planas.
- Identificar e determinar o ponto médio de um segmento no plano cartesiano.

CAPÍTULO 2 Circunferências e polígonos regulares

- Relacionar as medidas do ângulo central e do ângulo inscrito em uma circunferência para resolver problemas que envolvam esses conceitos.
- Reconhecer polígonos regulares e construir essas figuras com o uso de régua e compasso e com *software* de geometria dinâmica.

CAPÍTULO 3 Vistas

- Identificar e desenhar diferentes vistas de uma mesma figura geométrica não plana.
- Reconhecer desenhos em perspectiva e observar essa estratégia em manifestações artísticas.

EDUCAÇÃO FINANCEIRA

- Compreender algumas ideias básicas envolvendo investimentos financeiros para analisar de maneira crítica diversas opções oferecidas no mercado.

CIDADANIA GLOBAL

- Refletir sobre a importância do aço na infraestrutura de um município.

Francesca Volpi/Bloomberg/Getty Images

LEITURA DA IMAGEM

1. A roda de Cyr lembra que figura geométrica plana?
2. Você já assistiu a alguma apresentação acrobática que utilizasse a roda de Cyr ou algum outro tipo de aparelho?
3. A roda de Cyr é um grande anel feito de aço ou alumínio, cuja altura deve ser cerca de 10 cm maior que a do artista. Posicionado no interior da roda, o artista se segura no aro e a faz girar enquanto executa movimentos acrobáticos dentro e ao redor dela. Um artista que mede 1,66 m de altura deve usar uma roda de Cyr com que medida de raio?

CIDADANIA GLOBAL

9 INDÚSTRIA, INOVAÇÃO E INFRAESTRUTURA

A produção do aço começou em 1856 e hoje é uma das matérias-primas mais utilizadas no mundo. O aço é uma liga metálica formada basicamente de ferro e carbono, é cerca de mil vezes mais resistente que o ferro e, por isso, é o material escolhido para a produção de objetos que não podem se deformar, como a roda de Cyr.

O aço é muito usado em estruturas e ferramentas de construção civil, em utensílios domésticos, nos meios de transporte, em equipamentos hidráulicos e elétricos, em instrumentos e equipamentos da área da saúde, etc.

- Que características do aço fazem dele um material muito usado na indústria?

Ao longo desta unidade, reflita sobre esse questionamento!

Os principais serviços que formam a infraestrutura de uma sociedade são os sistemas de geração e distribuição de energia, água e saneamento, meios de transporte e telecomunicações. Dê exemplos de como o **aço** está presente em cada um desses serviços.

Artista de rua fazendo acrobacias em uma roda de Cyr na praça Duomo, uma das principais atrações turísticas de Milão, na Itália. Foto de 2021.

CAPÍTULO

1 DISTÂNCIAS

PLANO CARTESIANO

O plano cartesiano, também conhecido como sistema de coordenadas cartesianas, recebe esse nome em homenagem ao filósofo e matemático francês René Descartes (1596-1650), que fez várias contribuições para a Matemática.

Esse plano consiste em dois eixos (retas orientadas) perpendiculares. O eixo horizontal *x* é denominado **abscissa**, e o eixo vertical *y* recebe o nome de **ordenada**. O ponto de cruzamento desses eixos é denominado **origem**.

Para localizar um ponto qualquer em um plano cartesiano, utilizamos um **par ordenado** (*x*, *y*). O par ordenado (0, 0), por exemplo, são as coordenadas da origem.

Os eixos *x* e *y* dividem o plano em quatro regiões, os chamados **quadrantes**, que, por convenção, são ordenados em sentido anti-horário.

▼ *Descartes composing his world system*, c. 1786-1792. Litogravura, 32 cm × 22,5 cm. Coleção particular.

www.bridgemanimages.com

Observe a representação de um plano cartesiano no qual estão localizados os pontos $A(2, 3)$ e $B(-4, 1)$.

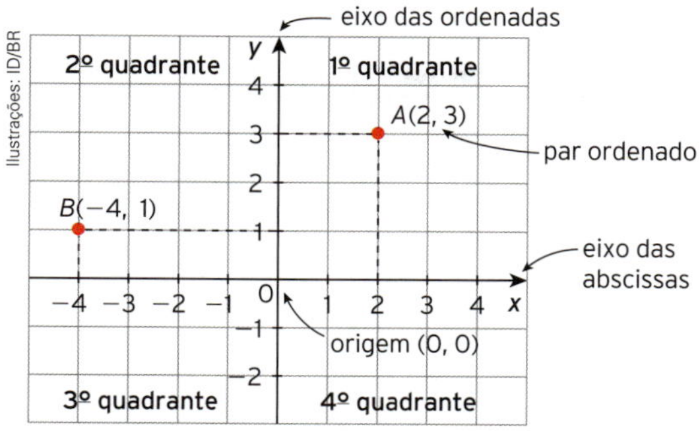

DISTÂNCIA ENTRE DOIS PONTOS NO PLANO CARTESIANO

A medida da distância entre dois pontos é determinada pela medida do comprimento do segmento de reta com extremidades nesses pontos. Indicamos a medida da distância entre *A* e *B* por: $d(A, B)$.

Distância entre dois pontos de ordenadas ou abscissas iguais

Acompanhe os exemplos a seguir.

Exemplos

A. A medida da distância entre os pontos $A(2, 1)$ e $B(6, 1)$ é a medida do comprimento do segmento $\overline{AB}$.

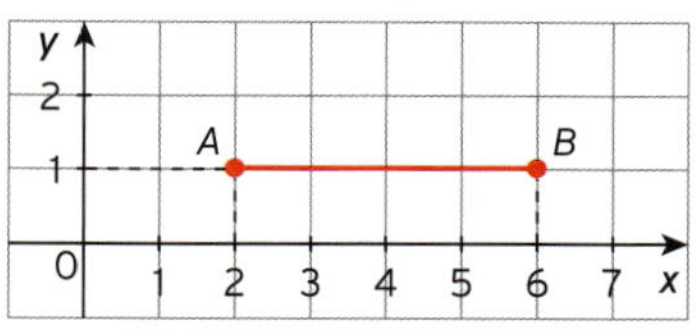

Considerando o lado do quadradinho da malha como unidade de medida, a medida da distância entre os pontos *A* e *B* é igual a 4 unidades de comprimento (u.c.). Assim, a medida da distância entre os pontos *A* e *B* é:

$$d(A, B) = 4 \text{ u.c.}$$

B. A medida da distância entre os pontos $C(-6, 1)$ e $D(-3{,}5; 1)$ é a medida do comprimento do segmento $\overline{CD}$.

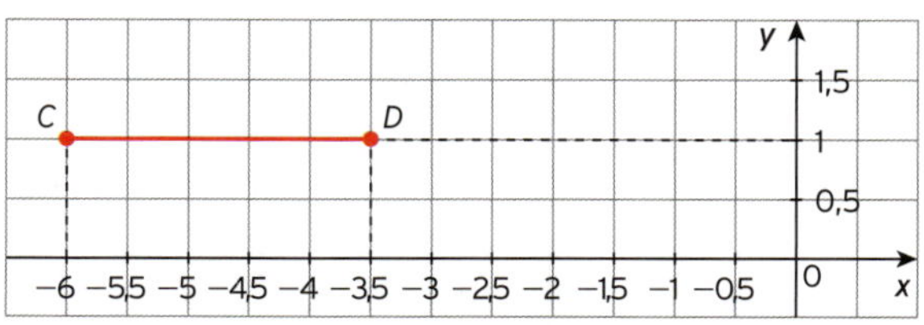

Para obter essa medida, podemos calcular o módulo da diferença entre as abscissas desses pontos.

$$d(C, D) = |-6 - (-3{,}5)| = |-6 + 3{,}5| = |-2{,}5| = 2{,}5$$

Portanto, a distância entre os pontos *C* e *D* mede 2,5 u.c.

PARA EXPLORAR

***Em busca das coordenadas*, de Ernesto Rosa. São Paulo: Ática (Coleção A Descoberta da Matemática).**

Nesse livro, o autor usa a ficção científica para mostrar ao leitor a importância de determinado conhecimento matemático. Três amigos, em visita a uma exposição de ciência e tecnologia, inesperadamente percebem que estão fazendo uma viagem espacial. E só conseguem encontrar o caminho de volta à Terra aplicando o que aprenderam sobre coordenadas.

C. A medida da distância entre os pontos $E(-4{,}3; -1{,}9)$ e $F(2{,}7; -1{,}9)$ é a medida do comprimento do segmento $\overline{EF}$.

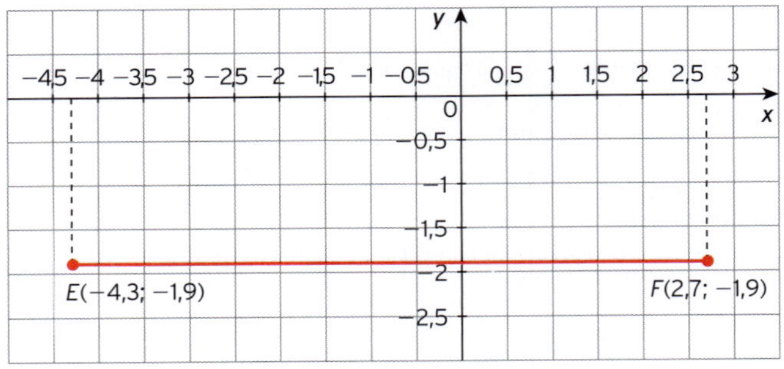

Ilustrações: ID/BR

$$d(E, F) = |-4{,}3 - 2{,}7| = |-7{,}0| = 7{,}0$$

Portanto, a medida da distância entre os pontos E e F é 7,0 u.c.

D. A medida da distância entre os pontos $A(4, -2)$ e $B(4, -5)$ é a medida do comprimento do segmento $\overline{AB}$, e a medida da distância entre os pontos $C(-3{,}6; -3{,}3)$ e $D(-3{,}6; -0{,}6)$ é a medida do comprimento do segmento $\overline{CD}$.

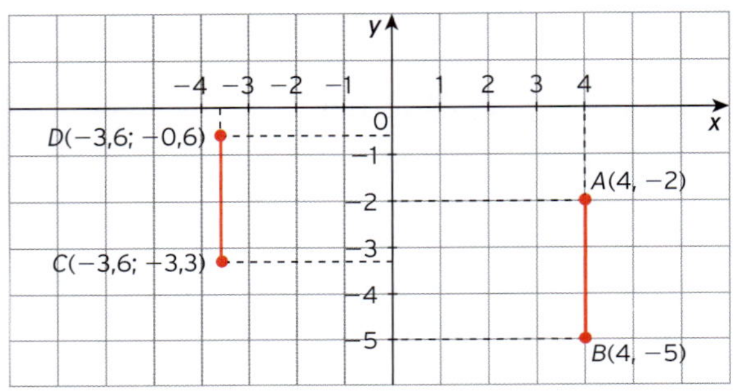

Para obter a medida da distância entre dois pontos de mesma abscissa, calculamos o módulo da diferença entre as ordenadas desses pontos.

- $d(A, B) = |-5 - (-2)| = |-5 + 2| = |-3| = 3$
- $d(C, D) = |-3{,}3 - (-0{,}6)| = |-3{,}3 + 0{,}6| = |-2{,}7| = 2{,}7$

Portanto, a medida da distância entre os pontos A e B é 3 u.c., e a medida da distância entre os pontos C e D é 2,7 u.c.

E. A medida da distância entre os pontos $E(-2; -1{,}7)$ e $F(-2, 3)$ é a medida do comprimento do segmento $\overline{EF}$.

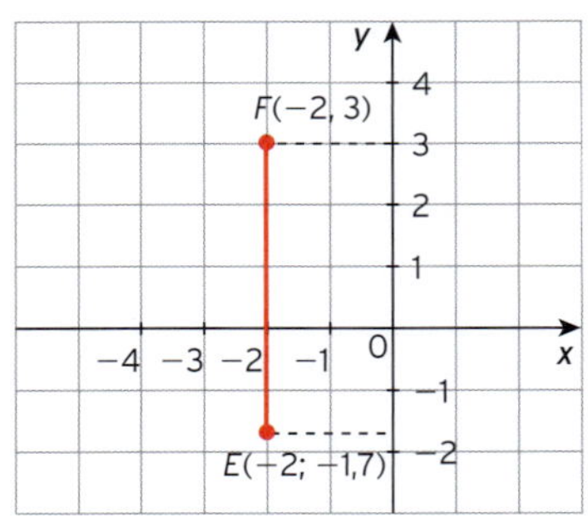

$$d(E, F) = |-1{,}7 - 3| = |-4{,}7| = 4{,}7$$

Portanto, a distância entre os pontos E e F é 4,7 u.c.

Distância entre dois pontos de ordenadas e abscissas diferentes

Quando dois pontos têm ordenadas e abscissas diferentes, a distância entre eles é representada por um segmento inclinado.

Observe os pontos $A(2, 2)$ e $B(5, 6)$ representados na figura 1. Para obter a medida da distância entre os pontos A e B, precisamos determinar a medida do comprimento do segmento $\overline{AB}$.

Repare que podemos obter um triângulo retângulo traçando uma reta paralela ao eixo x, que passa pelo ponto A, e uma reta paralela ao eixo y, que passa pelo ponto B. O ponto C é a intersecção dessas duas retas (figura 2).

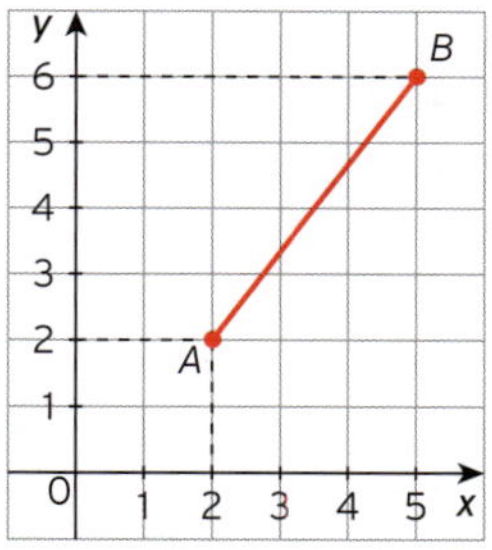

figura 1

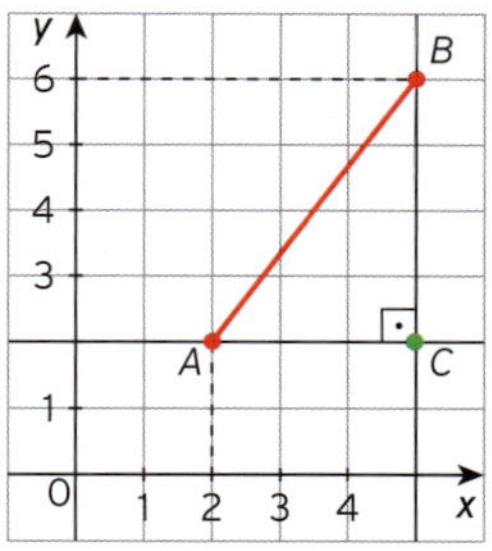

figura 2

Ilustrações: ID/BR

Note que $d(A, C)$ e $d(B, C)$ correspondem às medidas dos catetos do triângulo retângulo ABC e que $d(A, B)$ corresponde à medida da hipotenusa desse triângulo. Portanto, podemos utilizar o teorema de Pitágoras para calcular a medida da distância entre A e B.

$$(d(A, B))^2 = (d(A, C))^2 + (d(B, C))^2$$

$$(d(A, B))^2 = 3^2 + 4^2 \Rightarrow d(A, B) = \sqrt{9 + 16} = \sqrt{25} = 5$$

Portanto, a medida da distância entre os pontos A e B é 5 u.c.

ATIVIDADES

Retomar e compreender

1. Localize em um mesmo plano cartesiano:

a) dois pontos no primeiro quadrante que tenham a mesma abscissa;

b) dois pontos que tenham a mesma abscissa, mas que um esteja no primeiro quadrante e o outro esteja no quarto quadrante.

Aplicar

2. Localize no plano cartesiano os pontos $A(-3{,}5; -1{,}5)$ e $B(2{,}5; 2{,}5)$. Depois, determine a medida da distância entre eles.

3. No plano cartesiano, determine a medida da distância entre os pontos indicados nos itens a seguir.

a) $E(-5{,}4; 2{,}3)$ e $F(-5{,}4; -1{,}5)$

b) $M(2\sqrt{3}, 1)$ e $N(4\sqrt{3}, 1)$

4. Observe este plano cartesiano.

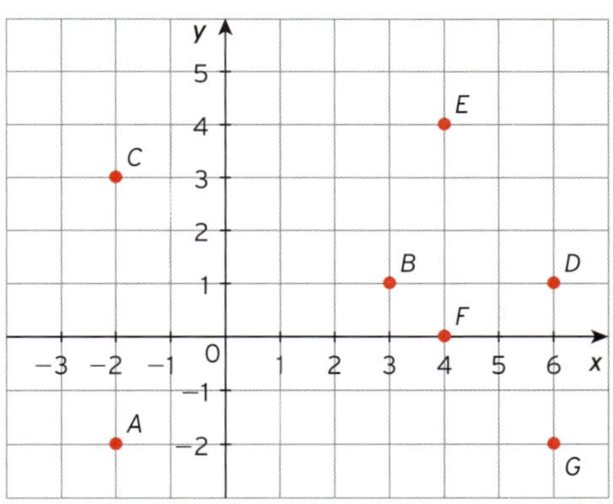

ID/BR

a) Quais são as coordenadas de cada um dos pontos representados?

b) Determine a medida da distância entre os seguintes pontos:

- A e C;
- B e D;
- E e F;
- A e G.

PONTO MÉDIO DE UM SEGMENTO NO PLANO CARTESIANO

O ponto médio de um segmento de reta é aquele que divide o comprimento do segmento em duas partes de mesma medida.

Vamos determinar as coordenadas do ponto médio de um segmento de reta cujas coordenadas dos extremos são conhecidas.

Exemplos

A. Segmento paralelo ao eixo *x*

No plano cartesiano a seguir, temos o segmento $\overline{AB}$, cujas coordenadas dos extremos são $A(-6, 3)$ e $B(-2, 3)$.

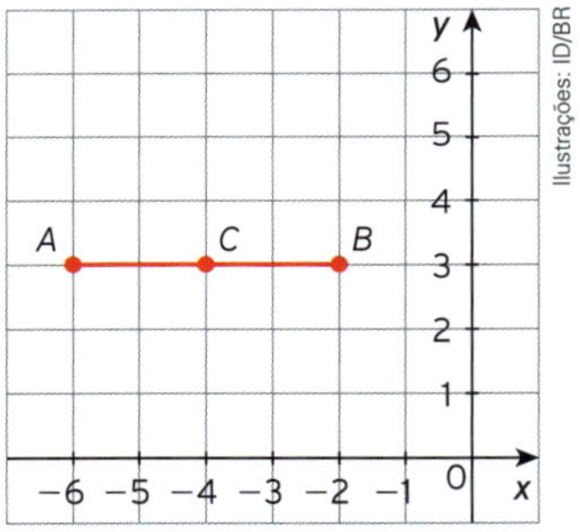

Note que o ponto C é o ponto médio do segmento $\overline{AB}$ e que os pontos A, B e C têm a mesma ordenada.

Podemos indicar as coordenadas do ponto C observando o plano cartesiano: $C(-4, 3)$.

B. Segmento paralelo ao eixo *y*

No plano cartesiano a seguir, temos o segmento $\overline{DE}$, cujas coordenadas dos extremos são $D(-3; -3{,}6)$ e $E(-3, -1)$.

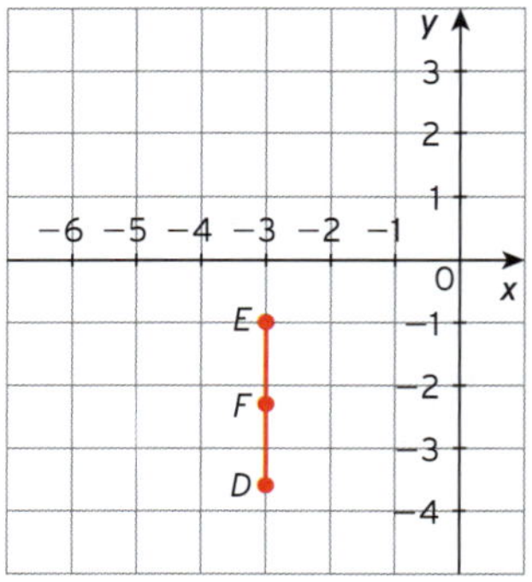

Note que o ponto F é o ponto médio do segmento $\overline{DE}$ e que os pontos D, E e F têm a mesma abscissa.

Para obter a ordenada do ponto F, podemos encontrar a média aritmética das ordenadas dos pontos D e E:

$$\frac{-1 + (-3{,}6)}{2} = \frac{-4{,}6}{2} = -2{,}3$$

Portanto, o ponto F tem coordenadas $(-3; -2{,}3)$.

C. Segmento inclinado

No plano cartesiano a seguir, temos o segmento $\overline{GH}$, cujas coordenadas dos extremos são $G(0,5; 1,5)$ e $H(4,6; 3,5)$.

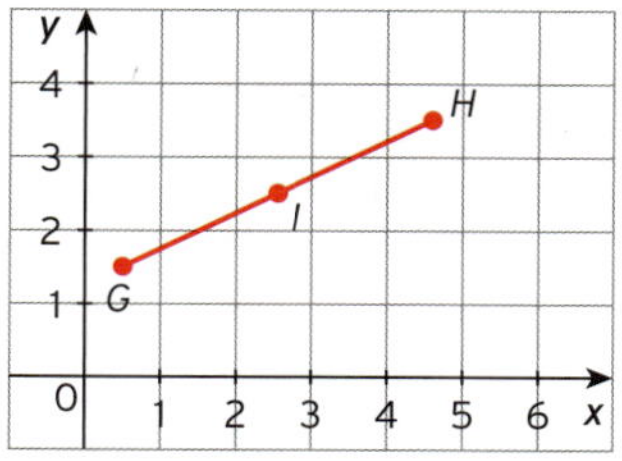

Ilustrações: ID/BR

Note que o ponto I é o ponto médio do segmento $\overline{GH}$.

- Para obter a abscissa do ponto I, podemos encontrar a média aritmética das abscissas dos pontos G e H:

$$\frac{0,5 + 4,6}{2} = \frac{5,1}{2} = 2,55$$

- Para obter a ordenada do ponto I, podemos encontrar a média aritmética das ordenadas dos pontos G e H:

$$\frac{1,5 + 3,5}{2} = \frac{5,0}{2} = 2,5$$

Portanto, o ponto I tem coordenadas (2,55; 2,5).

PERÍMETRO E ÁREA DE FIGURAS PLANAS NO PLANO CARTESIANO

Você já sabe como calcular a medida do perímetro e a medida da área de figuras planas. Agora, vamos determinar essas medidas quando as figuras planas estão construídas no plano cartesiano.

Exemplos

A. Um triângulo isósceles tem os vértices localizados nos pontos $D(-2, -1)$, $E(1, 4)$ e $F(4, -1)$.

Para calcular a medida da área desse triângulo, é necessário determinar as medidas de um dos lados e da altura relativa a esse lado.

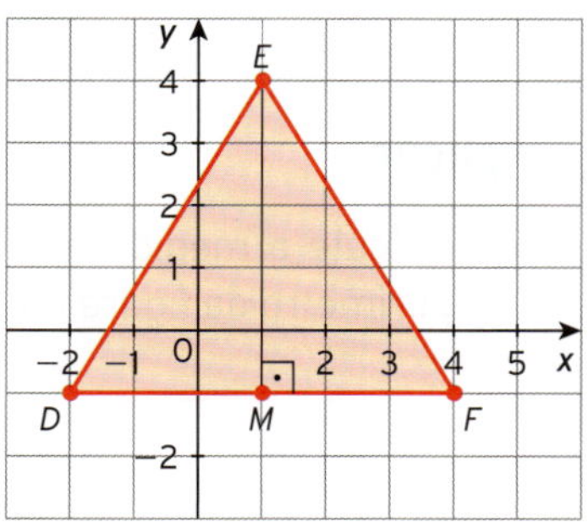

Vamos considerar o lado $\overline{DF}$ como base do triângulo DEF. Assim, o segmento $\overline{EM}$ é a altura relativa à base $\overline{DF}$. Desse modo, a medida da área do $\triangle DEF$ é:

$$\text{Área} = \frac{6 \cdot 5}{2} = \frac{30}{2} = 15$$

Logo, a medida da área do triângulo DEF é 15 u.a.

PARE E REFLITA

Qual é a medida do perímetro do triângulo DEF, no exemplo **A**?

B. Vamos determinar a medida do perímetro e a medida da área do retângulo *ABCD* a seguir.

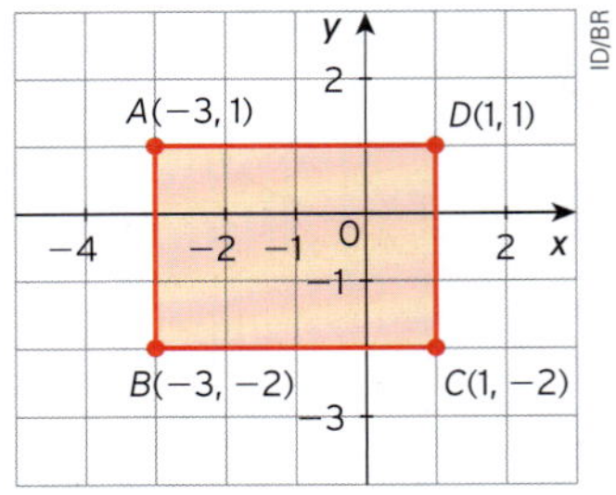

Para calcular a medida do perímetro desse retângulo, precisamos determinar a medida de dois lados não paralelos — por exemplo, a medida do lado $\overline{AB}$ e a medida do lado $\overline{BC}$.

$$d(A, B) = 3 \text{ u.c.} \qquad \text{e} \qquad d(B, C) = 4 \text{ u.c.}$$

Os lados $\overline{AB}$ e $\overline{DC}$ são congruentes, assim como os lados $\overline{BC}$ e $\overline{AD}$. Então, para calcular a medida do perímetro desse retângulo, fazemos:

$$3 + 3 + 4 + 4 = 14$$

Portanto, a medida do perímetro é igual a 14 u.c.

Para calcular a medida da área do retângulo, podemos fazer:

$$\text{Área} = 3 \cdot 4 = 12$$

Portanto, a área desse retângulo mede 12 unidades de área (ou 12 u.a.).

ATIVIDADES

Retomar e compreender

5. Um dos vértices de um quadrado que se localiza inteiramente no quarto quadrante tem coordenadas (1, −1). Considerando que os lados desse quadrado são paralelos aos eixos e medem 3 u.c., determine as coordenadas dos outros vértices desse quadrado.

6. Determine as coordenadas do ponto médio *M* dos segmentos cujas extremidades estão indicadas a seguir.

a) *A*(3, 1) e *B*(8, 4)

b) *P*(−2, 2) e *Q*(4, 2)

7. Localize os pontos *R*(0, 6), *S*(−2, 3), *T*(0, 0) e *U*(2, 3) no plano cartesiano. Esses pontos são vértices de um quadrilátero.

a) Qual é o quadrilátero formado?

b) Quanto mede a área desse quadrilátero?

c) Determine a medida do perímetro desse quadrilátero.

8. Os pontos *A*(−3, 1), *B*(2, 1) e *C*(2, −3) são vértices de um triângulo.

a) Qual é a medida do comprimento dos lados desse triângulo?

b) Classifique esse triângulo, considerando a medida de seus ângulos.

c) Determine a medida da área e a medida do perímetro desse triângulo.

Aplicar

9. Calcule a medida da área e a medida do perímetro da figura em vermelho a seguir.

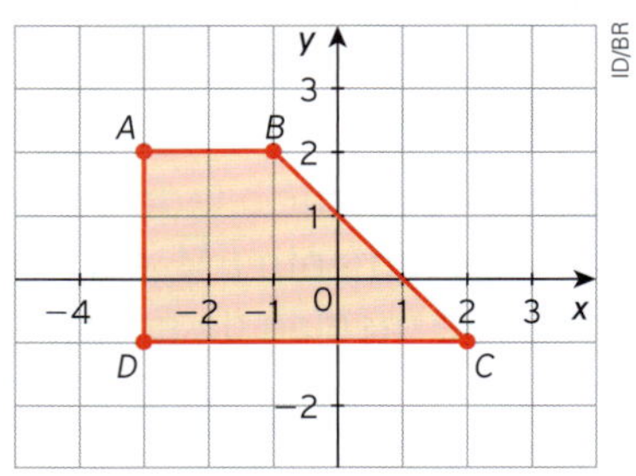

MAIS ATIVIDADES

Acompanhamento da aprendizagem

Retomar e compreender

1. Determine a medida da distância entre os pontos *A* e *B* em cada caso.

a) 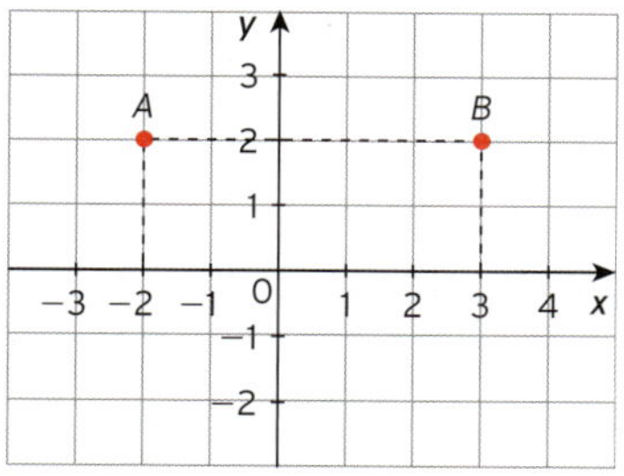

Ilustrações: ID/BR

b) 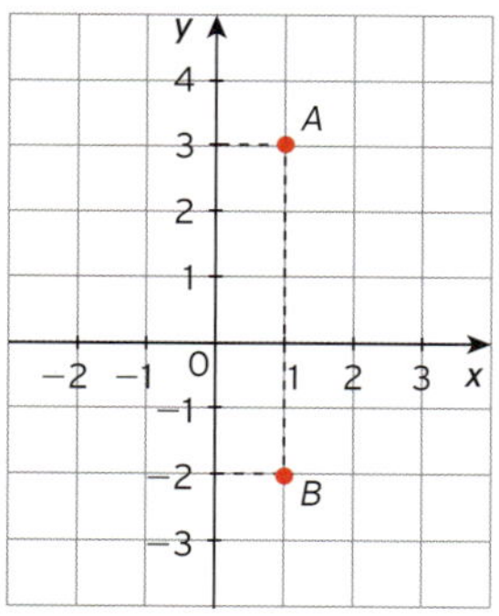

c) 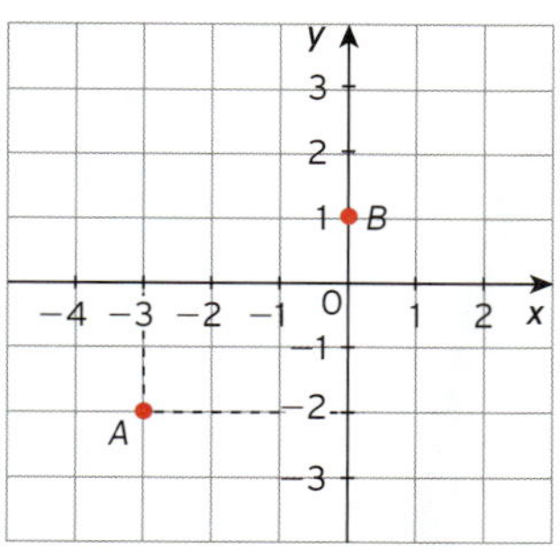

2. Observe o plano cartesiano a seguir. Depois, responda às questões.

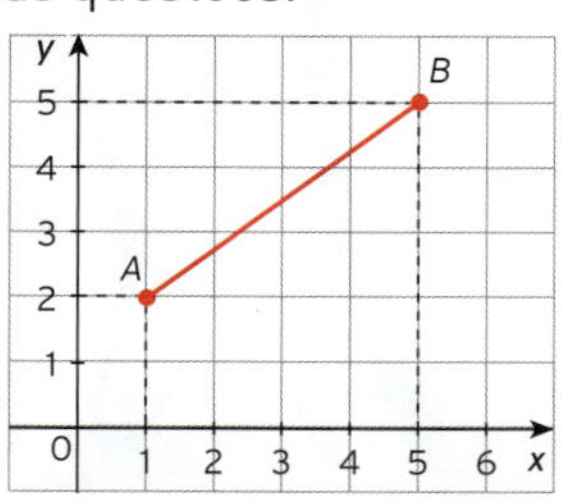

a) Quais são as coordenadas do ponto *A*? E do ponto *B*?

b) O segmento $\overline{AB}$ é a hipotenusa de um triângulo retângulo com os catetos paralelos aos eixos. Quais são as medidas dos catetos?

c) Qual é a medida do comprimento do segmento $\overline{AB}$?

Aplicar

3. Construa em uma malha quadriculada um sistema de coordenadas cartesianas. Depois, faça o que se pede nos itens a seguir.

a) Localize os pontos $A(0, 2)$, $B(0, -1)$, $C(4, -1)$ e $D(2, 2)$.

b) Trace os segmentos $\overline{AB}$, $\overline{BC}$, $\overline{CD}$ e $\overline{DA}$. Qual é o polígono formado?

c) Calcule a medida do perímetro e a medida da área desse polígono.

4. Calcule as coordenadas do ponto *M*, ponto médio do segmento $\overline{AB}$ de cada item.

a) $A(-1, 4)$ e $B(5, -2)$

b) $A(1, -7)$ e $B(4, -6)$

5. Uma das extremidades do segmento $\overline{AB}$ é $A(3, 2)$. Sabendo que o ponto médio desse segmento é o ponto *M* de coordenadas $(-1, 3)$, determine as coordenadas do ponto *B*.

6. Utilize um *software* de geometria dinâmica e encontre as coordenadas da extremidade *B* de cada segmento $\overline{AB}$ a seguir, sabendo que *M* é seu ponto médio.

a) $A(-2, 4)$ e $M(1, 3)$

b) $A(-3, -2)$ e $M(0, 2)$

7. No plano cartesiano, sabendo que os pontos $A(-1, 1)$, $B(3, 1)$ e $C(3, 5)$ são vértices de um quadrado, determine:

a) as coordenadas do vértice *D*;

b) a medida das diagonais $\overline{AC}$ e $\overline{BD}$ desse quadrado;

c) as coordenadas do ponto de intersecção das diagonais desse quadrado.

8. As coordenadas de dois vértices de um retângulo são (2, 0) e (3, 0). Os outros dois vértices pertencem ao primeiro quadrante.

Reúna-se com um colega para fazer o que se pede.

a) Sabendo que a área do retângulo mede 6 u.a., construam um sistema de coordenadas cartesianas em uma malha quadriculada, localizem os vértices desse retângulo e escrevam suas coordenadas.

b) Expliquem como vocês pensaram para construir o retângulo do item **a**.

CAPÍTULO

2 CIRCUNFERÊNCIAS E POLÍGONOS REGULARES

CIRCUNFERÊNCIAS

É comum encontrar imagens e objetos que lembram figuras geométricas planas e não planas em ilustrações e em obras de arte. Isso acontece porque as características dessas figuras podem proporcionar beleza e harmonia às obras de arte.

A obra mostrada a seguir pertence ao artista Daniel Buren, em colaboração com Patrick Bouchain. Ela é composta de 18 anéis feitos de aço galvanizado que possuem 4 metros de diâmetro, um atrás do outro. Esses anéis lembram circunferências.

▼ *Les Anneaux* (2007), obra em exposição permanente do artista Daniel Buren, em colaboração com Patrick Bouchain, na doca da ilha de Nantes, França. Foto de 2022.

Circunferência é o conjunto de todos os pontos de um plano que estão a uma mesma distância de um ponto fixo nesse plano.

Arcos de circunferência

Dois pontos distintos, A e B, que pertençam a uma circunferência determinam dois arcos.

Como os extremos dos dois arcos determinados são o mesmo, podemos escolher um ponto em um dos arcos e representá-los como mostrado a seguir.

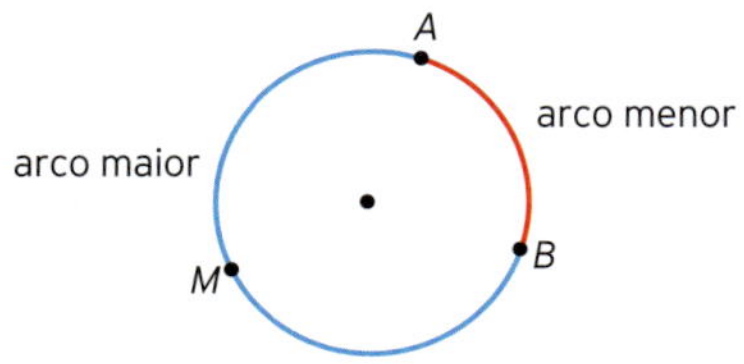

Nesse caso, representamos o arco maior por $\overset{\frown}{AMB}$ e o arco menor por $\overset{\frown}{AB}$.

> **SEMICIRCUNFERÊNCIA**
>
> Quando dois pontos dividem a circunferência em dois arcos de mesma medida, chamamos cada um dos arcos de semicircunferência.

Ângulo central

Dada uma circunferência qualquer, o **ângulo central** é qualquer ângulo cujo vértice seja o centro da circunferência e cujos lados contenham dois raios dela. Veja os exemplos.

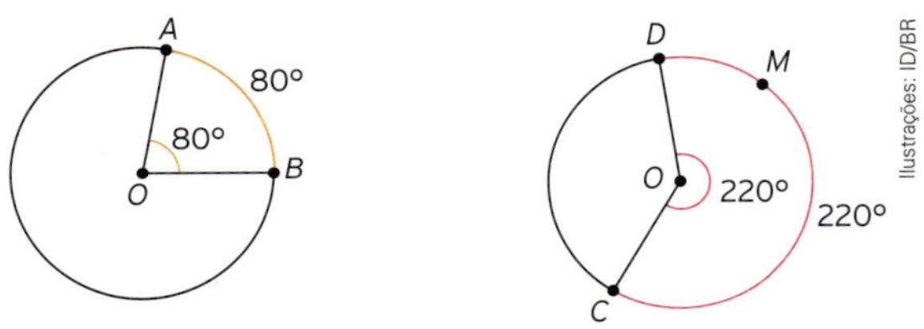

$\text{med}(\overset{\frown}{AB}) = \text{med}(A\hat{O}B) = 80°$ $\text{med}(\overset{\frown}{CMD}) = \text{med}(C\hat{O}D) = 220°$

Cada ângulo central está associado a um arco de circunferência e vice-versa. Nas circunferências acima:

- o arco $\overset{\frown}{AB}$ está associado ao ângulo $A\hat{O}B$ de menor abertura;
- o arco $\overset{\frown}{CMD}$ está associado ao ângulo $C\hat{O}D$ de maior abertura.

A **medida angular** de um arco de circunferência é definida como a medida do ângulo central associado a ele.

ATIVIDADES

Retomar e compreender

1. As extremidades de um mesmo diâmetro de uma circunferência determinam dois arcos congruentes, conhecidos como semicircunferências. Qual é a medida, em grau, de cada um desses arcos?

Aplicar

2. Determine a medida, em grau, do arco $\overset{\frown}{AB}$ nos casos a seguir.

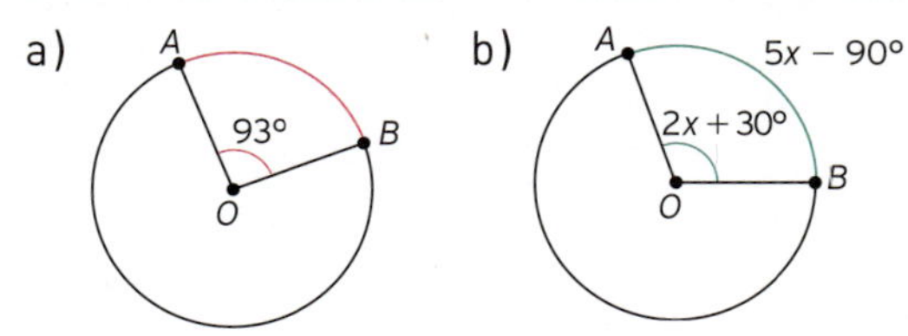

3. Determine as medidas, em grau, dos arcos $\overset{\frown}{AD}$, $\overset{\frown}{DC}$ e $\overset{\frown}{CB}$, sabendo que $\overline{AC}$ e $\overline{BD}$ são diâmetros da circunferência.

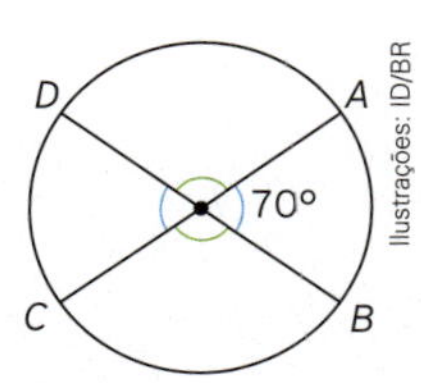

Ângulo inscrito

Um ângulo cujo vértice pertence a uma circunferência e cujos lados são secantes a ela é chamado de **ângulo inscrito**.

Existem três casos de ângulos inscritos.

1º caso: Um dos lados do ângulo inscrito contém o diâmetro da circunferência.

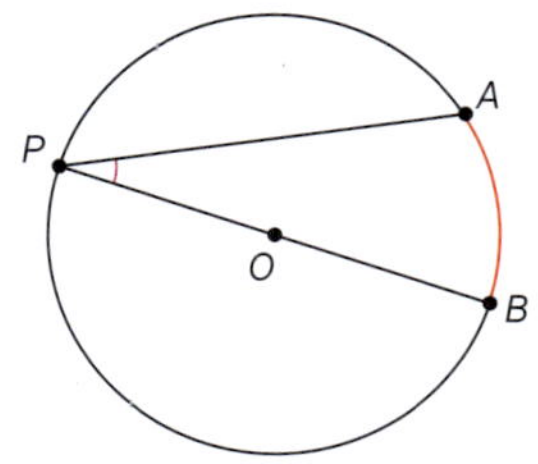

2º caso: O centro da circunferência é interno ao ângulo inscrito.

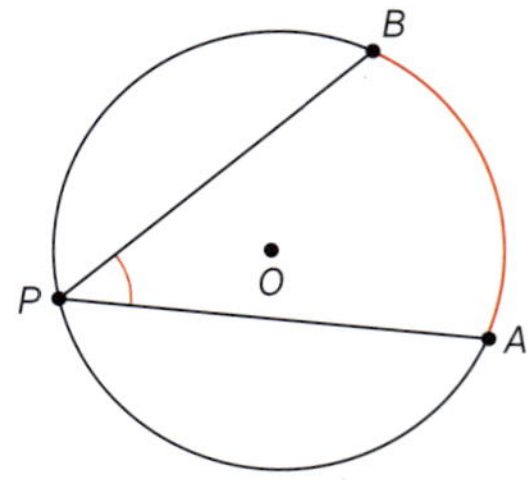

3º caso: O centro da circunferência é externo ao ângulo inscrito.

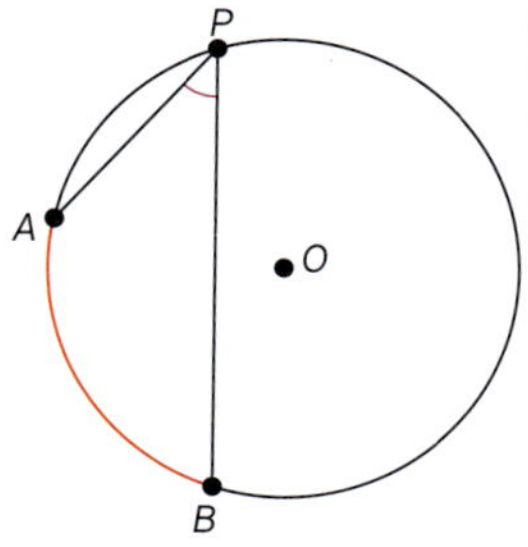

Ilustrações: ID/BR

Note que, nos três casos, o ângulo $B\hat{P}A$ é um ângulo inscrito e determina o arco $\overset{\frown}{AB}$.

Relação entre o ângulo inscrito e o arco da circunferência determinado por ele

Observe, na figura a seguir, que o ângulo central $A\hat{O}B$ e o ângulo inscrito $A\hat{P}B$ determinam na circunferência o mesmo arco $\overset{\frown}{AB}$. Dizemos que esses ângulos estão associados ao mesmo arco.

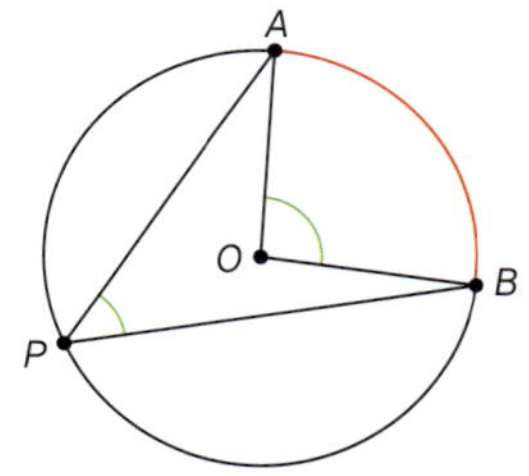

Podemos relacionar a medida do ângulo inscrito com a medida do arco da circunferência determinado por ele.

A medida do ângulo inscrito é igual à metade da medida angular (em grau) do arco que esse ângulo inscrito determina na circunferência.

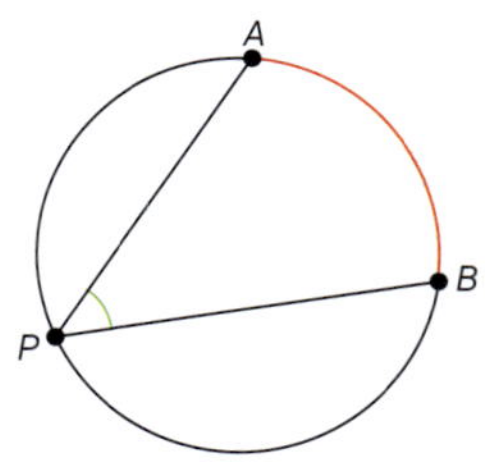

$$\text{med}(A\hat{P}B) = \frac{\text{med}(\overset{\frown}{AB})}{2}$$

Demonstração

Vamos considerar o primeiro caso, em que um dos lados do ângulo inscrito contém o diâmetro da circunferência, ou seja, passa pelo centro da circunferência.

med($A\hat{O}B$) = x

med($A\hat{P}B$) = y

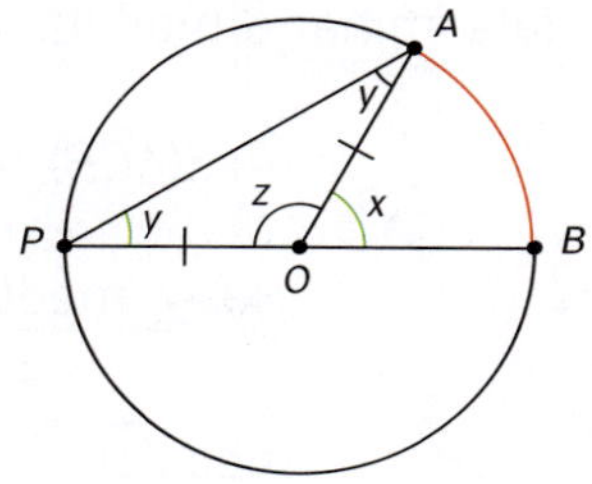

O ângulo central $A\hat{O}B$, de medida x, e o ângulo inscrito $A\hat{P}B$, de medida y, estão associados ao mesmo arco $\overset{\frown}{AB}$.

Observe o triângulo $A\hat{O}P$. Como $\overline{OA}$ e $\overline{OP}$ são raios da circunferência, então $OA = OP$. Logo, podemos dizer que o triângulo AOP é isósceles. Assim, os ângulos $O\hat{P}A$ e $O\hat{A}P$ são congruentes.

Como a soma das medidas dos ângulos internos de um triângulo é igual a 180°, então, no triângulo $A\hat{O}P$, temos:

$$2y + z = 180° \qquad \text{(I)}$$

Além disso, os ângulos $\hat{x}$ e $\hat{z}$ são suplementares. Logo:

$$z + x = 180° \qquad \text{(II)}$$

Comparando (I) e (II), temos:

$$2y + z = z + x$$

$$x = 2y$$

Como med($A\hat{O}B$) = x e med($A\hat{P}B$) = y, temos:

$$\underbrace{\text{med}(A\hat{O}B)}_{\text{medida do ângulo central}} = 2 \cdot \underbrace{\text{med}(A\hat{P}B)}_{\text{medida do ângulo inscrito}}$$

Sabemos que med($A\hat{O}B$) = med($\overset{\frown}{AB}$), assim:

$$\text{med}(\overset{\frown}{AB}) = 2 \cdot \text{med}(A\hat{P}B)$$

$$\text{med}(A\hat{P}B) = \frac{\text{med}(\overset{\frown}{AB})}{2}$$

PARE E REFLITA

A relação demonstrada para o primeiro caso também vale para os outros dois casos. Demonstre a relação, em uma folha avulsa, para cada um dos outros dois casos.

Exemplos

A. Vamos determinar a medida x em grau.

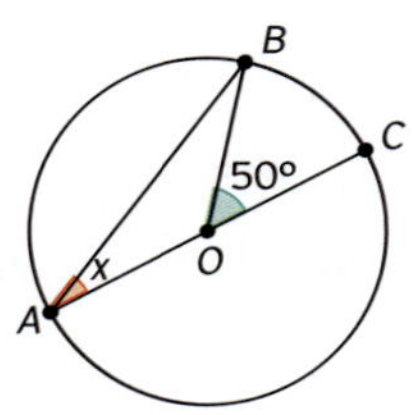

$$\text{med}(\overset{\frown}{BC}) = \text{med}(B\hat{O}C) = 50°$$

Como $\text{med}(B\hat{A}C) = \dfrac{\text{med}(\overset{\frown}{BC})}{2}$, temos que:

$$x = \frac{50°}{2} = 25°$$

B. Vamos determinar a medida do arco $\overset{\frown}{AB}$ em grau.

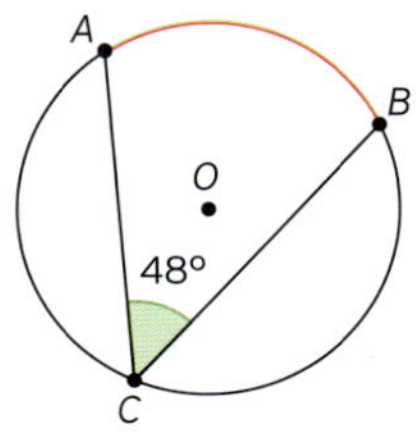

Ilustrações: ID/BR

$$med(A\hat{C}B) = \frac{med(\overset{\frown}{AB})}{2}$$

$$48° = \frac{med(\overset{\frown}{AB})}{2}$$

$$med(\overset{\frown}{AB}) = 96°$$

C. Vamos determinar as medidas *x* e *y* em grau.

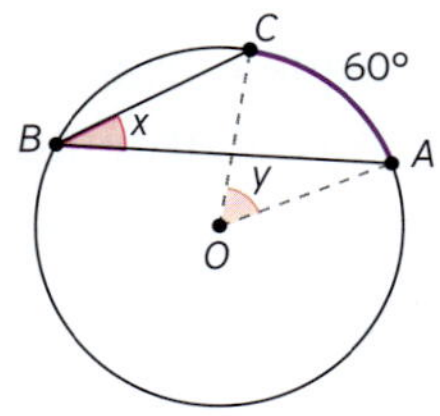

$$med(C\hat{O}A) = med\ (\overset{\frown}{CA}) \Rightarrow y = 60°$$

$$med(A\hat{B}C) = \frac{med(\overset{\frown}{AC})}{2} \Rightarrow x = \frac{60°}{2} = 30°$$

Relação entre o ângulo central e o ângulo inscrito

Vamos verificar a relação entre o ângulo central e o ângulo inscrito utilizando um *software* de geometria dinâmica.

1º passo: Com a ferramenta , construa uma circunferência de medida de raio qualquer e centro *O*.

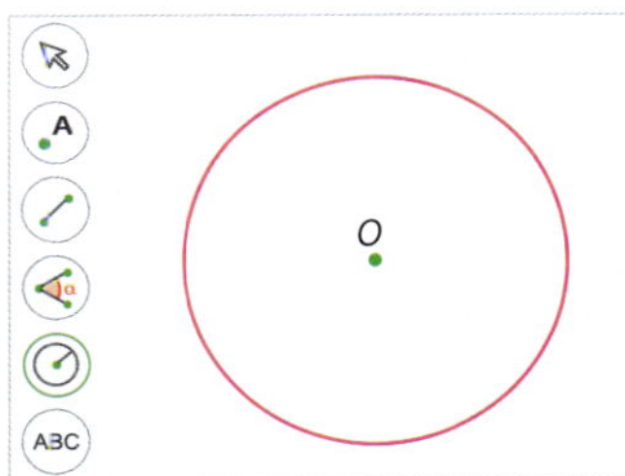

2º passo: Com a ferramenta , marque três pontos distintos *A*, *B* e *C* na circunferência.

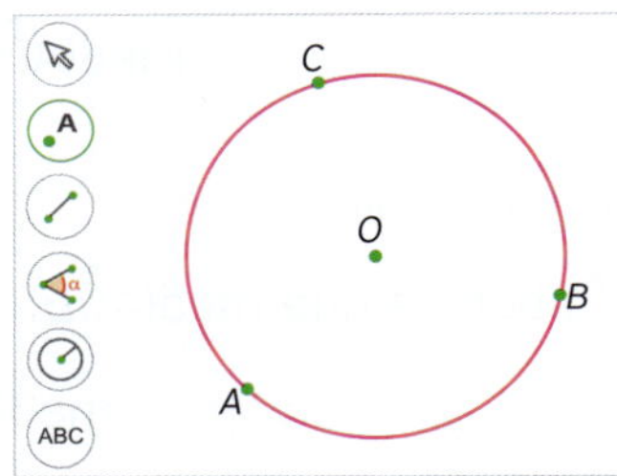

3º passo: Com a ferramenta , trace os segmentos $\overline{AC}$, $\overline{CB}$, $\overline{OA}$ e $\overline{OB}$.

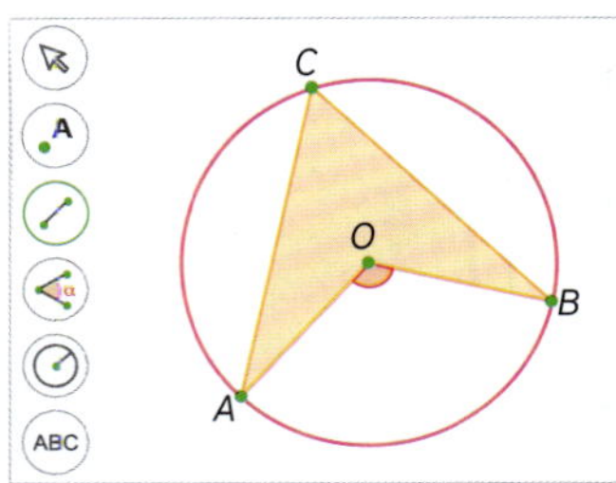

4º passo: Com a ferramenta 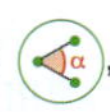, meça os ângulos $A\hat{O}B$ e $A\hat{C}B$.

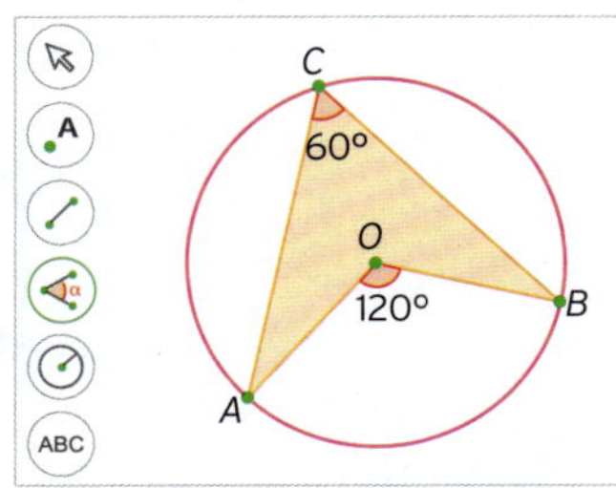

A medida do ângulo central é o dobro da medida do ângulo inscrito correspondente.

Com a ferramenta , movimente o ponto *C*. Em seguida, movimente o ponto *A* ou o ponto *B*. O que é possível observar?

PARE E REFLITA

Considere a afirmação:
Todo ângulo inscrito em uma semicircunferência é reto, como mostra a figura.

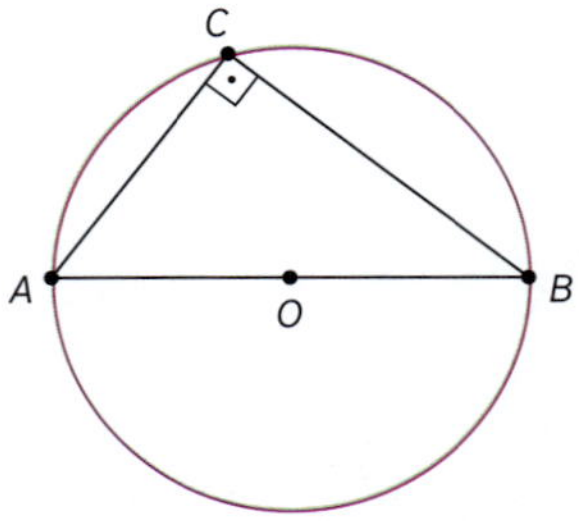

Construa essa figura em um *software* de geometria dinâmica e, depois, justifique a afirmação.

ATIVIDADES

Retomar e compreender

4. Em cada item a seguir, determine a medida de x em grau.

a)

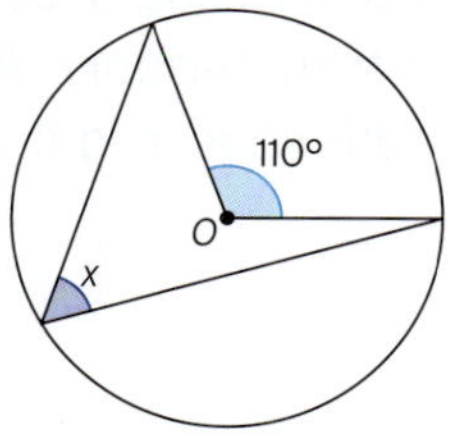

b)

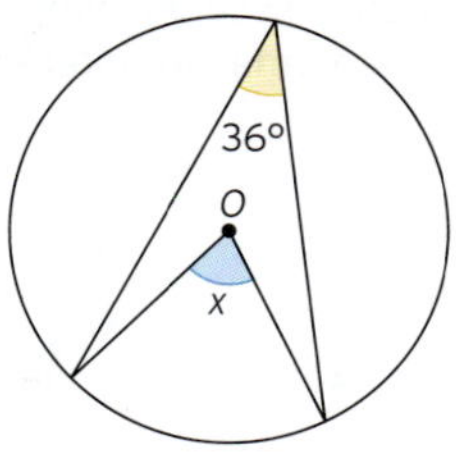

Aplicar

5. Calcule as medidas, em grau, de x e de y na figura a seguir.

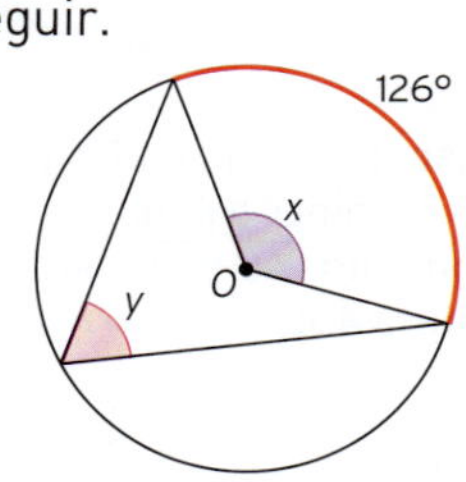

Ilustrações: ID/BR

6. Determine, em grau, as medidas de x, de y e de z na figura a seguir.

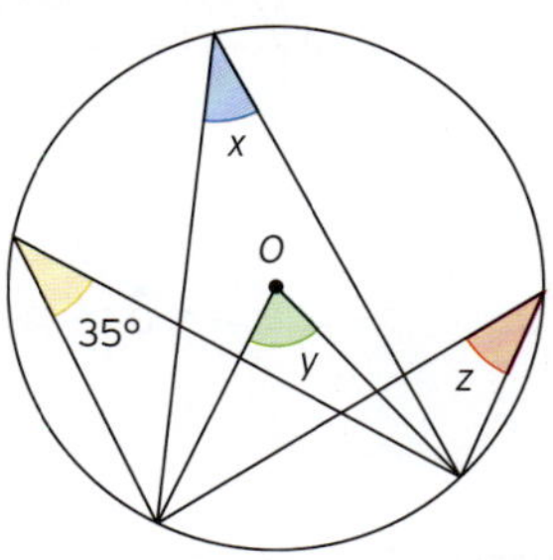

7. Em cada item, determine a medida de x, em grau, e a medida do(s) ângulo(s) representado(s) pela(s) expressão(ões) indicada(s) na figura.

a)

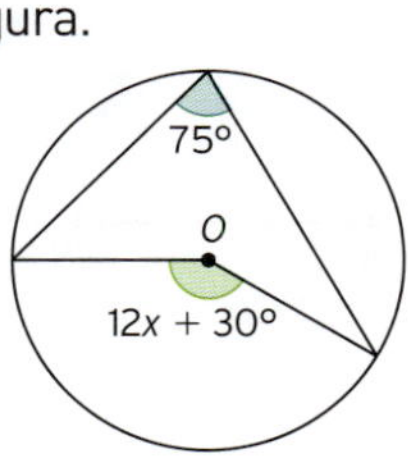

b)

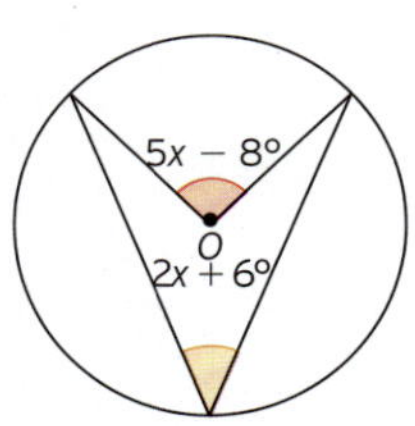

8. Determine a medida do arco $\widehat{AB}$ na figura a seguir.

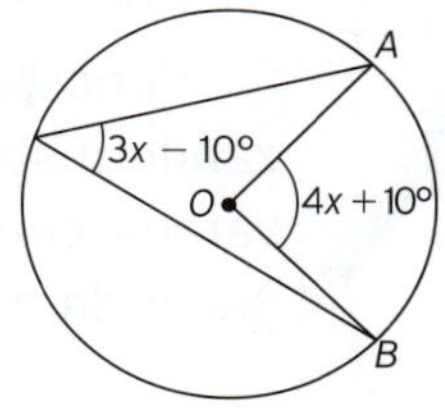

9. Os pontos P, Q, R e S pertencem a uma circunferência. Sabe-se que med$(Q\hat{P}R) = 3x + 2°$ e que med$(Q\hat{S}R) = 110° - 6x$. Calcule o valor de x.

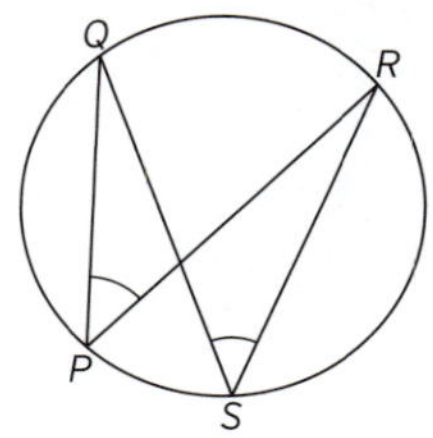

10. Considerando a figura a seguir, assinale a alternativa que indica a medida do ângulo x.

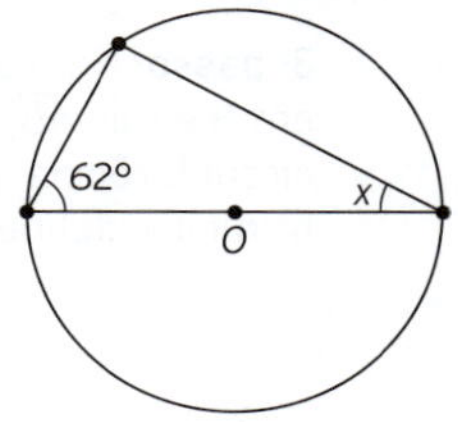

a) 24°
b) 28°
c) 32°
d) 36°
e) 40°

11. Sendo M o ponto médio do lado $\overline{AB}$ dos triângulos ABC a seguir, calcule a medida, em grau, do ângulo $A\hat{B}C$ em cada item.

a)

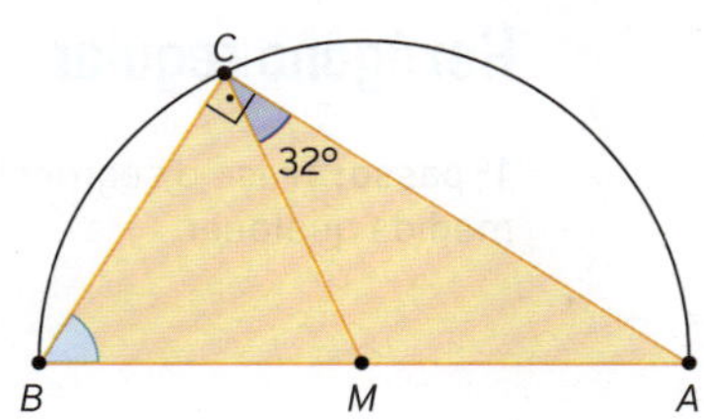

b)

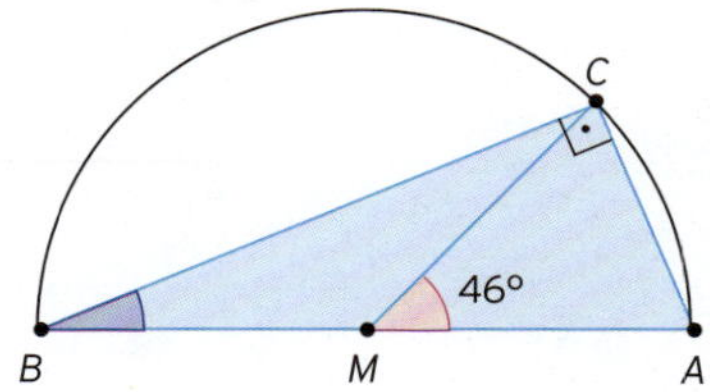

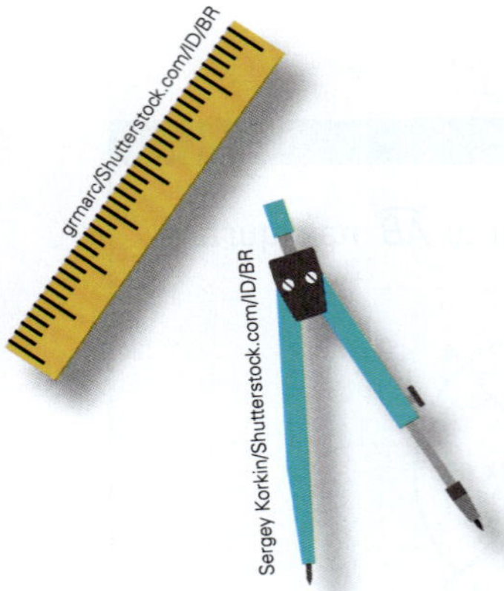
grmarc/Shutterstock.com/ID/BR
Sergey Korkin/Shutterstock.com/ID/BR

POLÍGONOS REGULARES

Para construir polígonos regulares cuja medida do lado é conhecida, podemos proceder de várias maneiras. Vamos conhecer algumas delas.

Construção de polígonos regulares com régua e compasso

Vimos, nos anos anteriores, como construir polígonos regulares utilizando instrumentos de desenho (régua, compasso e transferidor). Agora, vamos construir, com régua e compasso, alguns polígonos regulares a partir da medida de seu lado.

Triângulo equilátero

1º passo: Trace o segmento $\overline{AB}$ de medida qualquer.

2º passo: Com a ponta-seca do compasso em *A* e raio $\overline{AB}$, trace uma circunferência.

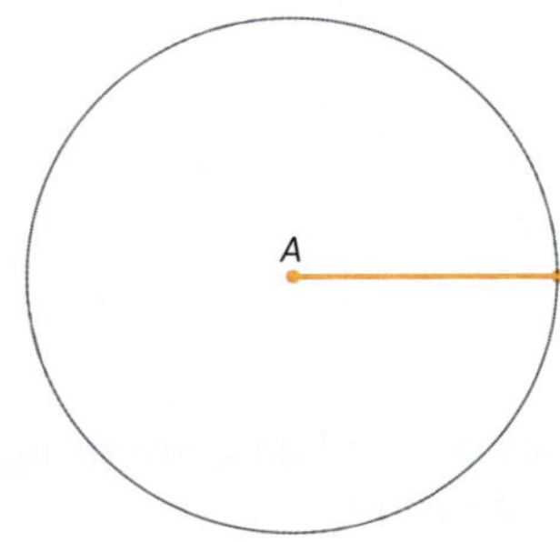

Ilustrações: ID/BR

3º passo: Com a ponta-seca do compasso em *B* e raio $\overline{AB}$, trace uma segunda circunferência que, ao cruzar com a primeira, define os pontos *C* e *D*.

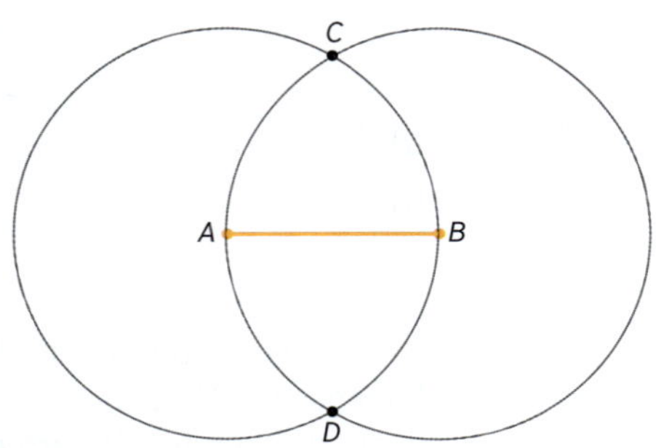

4º passo: Escolha um dos pontos. No caso, vamos escolher o ponto *C*. Em seguida, trace os segmentos $\overline{AC}$ e $\overline{CB}$ para obter o triângulo equilátero *ABC*.

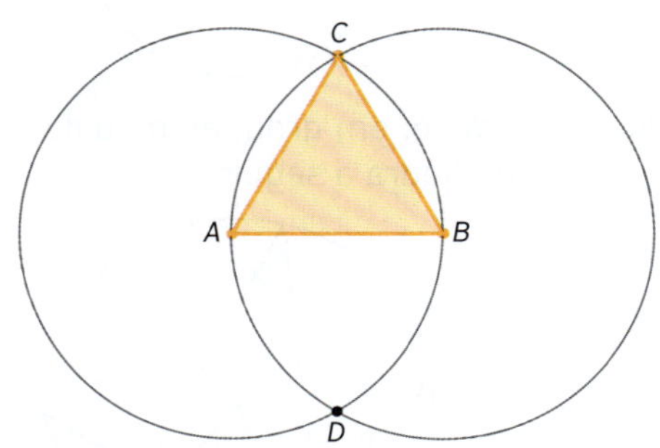

Hexágono regular

1º passo: Trace o segmento $\overline{AB}$ de medida qualquer.

2º passo: Com a ponta-seca do compasso em *A* e raio $\overline{AB}$, trace uma circunferência.

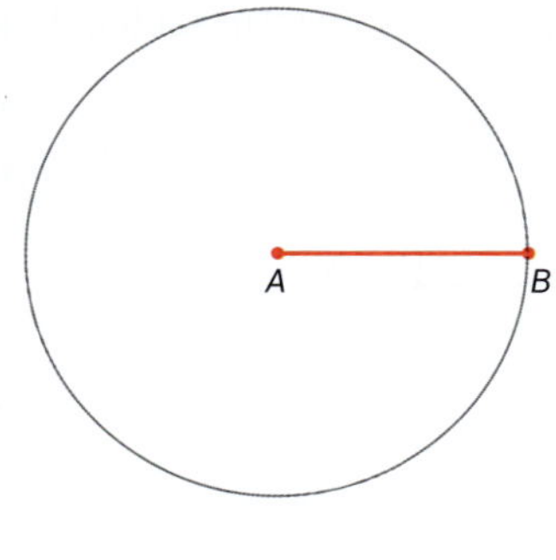

3º passo: Com a ponta-seca do compasso em B e raio $\overline{AB}$, trace uma segunda circunferência que, ao cruzar a primeira, define os pontos M e N.

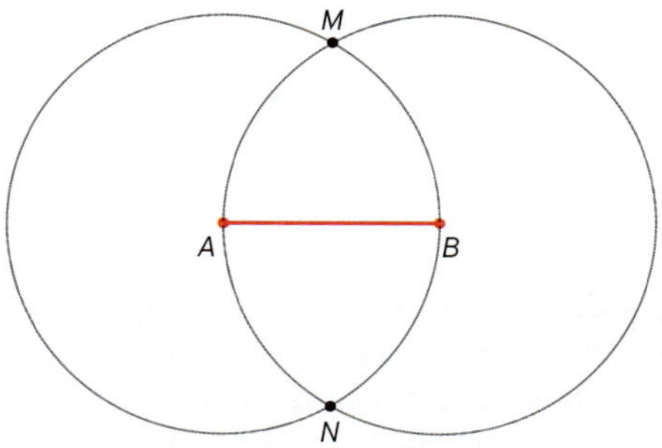

4º passo: Escolha um dos pontos. No caso, vamos escolher o ponto M. Em seguida, com a ponta-seca do compasso em M e raio $\overline{AB}$, trace uma circunferência.

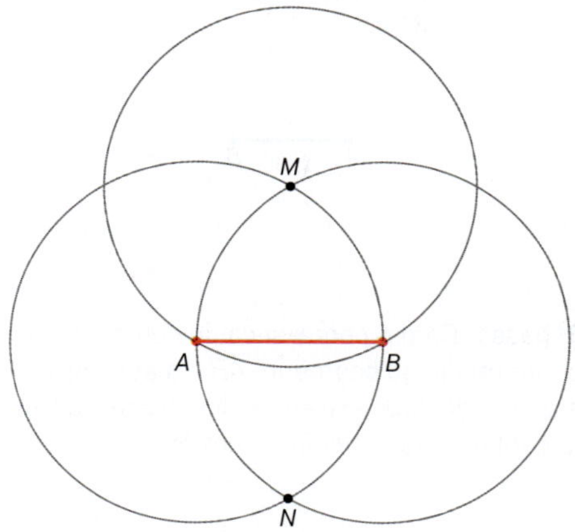

Ilustrações: ID/BR

5º passo: A partir de um dos extremos do segmento $\overline{AB}$, aplique sucessivas vezes a medida AB na circunferência de centro M, dividindo-a em seis partes iguais.

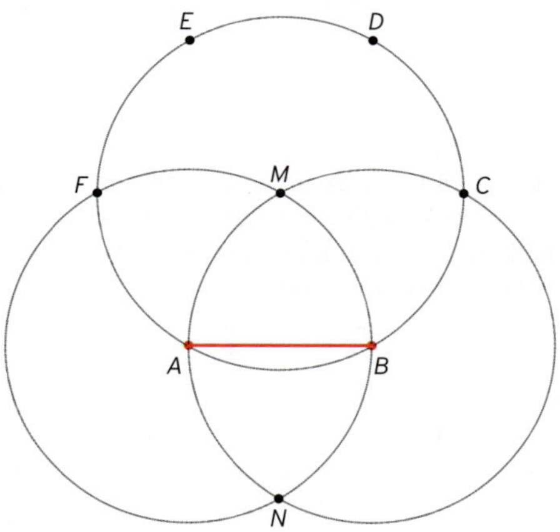

6º passo: Ligue os pontos consecutivos que pertencem à circunferência de centro M, obtendo o hexágono regular $ABCDEF$.

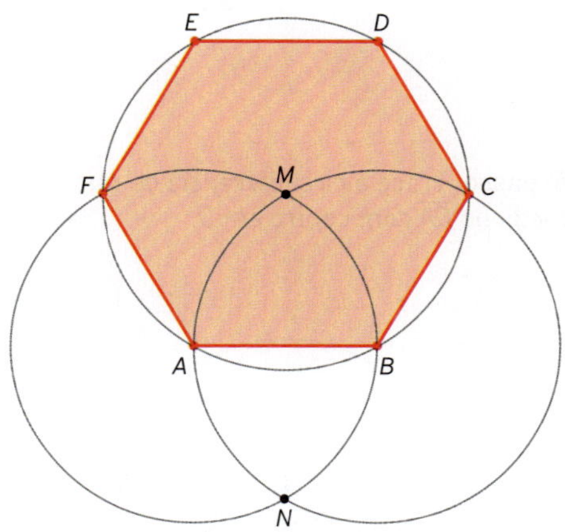

O passo a passo para a construção de polígonos regulares pode ser representado em um fluxograma. Por exemplo, o fluxograma a seguir indica como construir um hexágono regular.

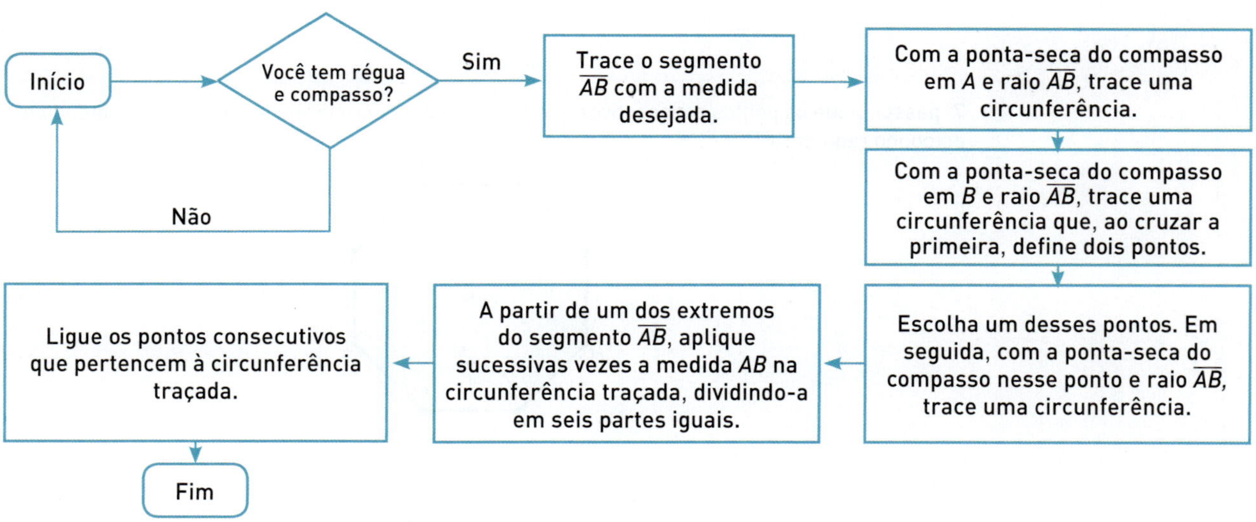

Octógono regular

1º passo: Trace o segmento $\overline{AB}$ de medida qualquer.

2º passo: Trace a mediatriz do segmento $\overline{AB}$.

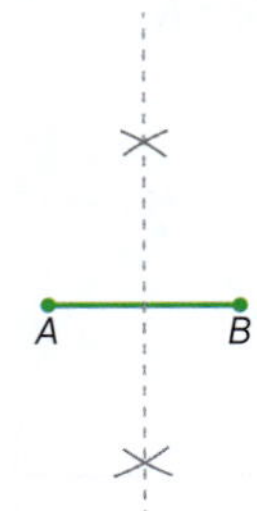

Ilustrações: ID/BR

3º passo: Com a ponta-seca do compasso no ponto médio do segmento $\overline{AB}$ e a abertura até uma de suas extremidades, trace o arco que intersecta a mediatriz em M.

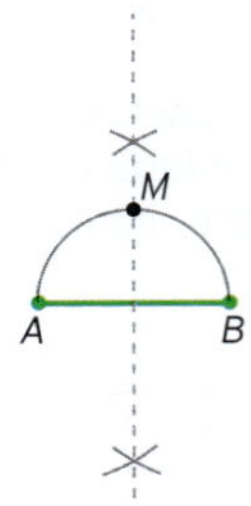

4º passo: Com a ponta-seca do compasso em M e raio $\overline{MA}$, trace uma circunferência que intersecta a mediatriz em O. Esse ponto é o centro da circunferência que circunscreve o octógono.

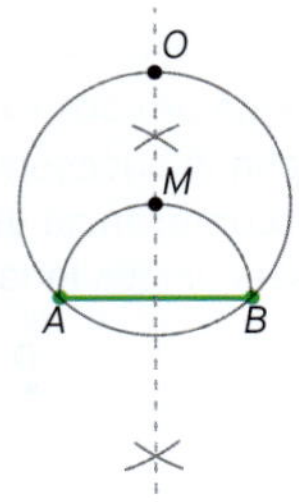

5º passo: Trace a circunferência de raio medindo $\overline{OA}$ com centro em O.

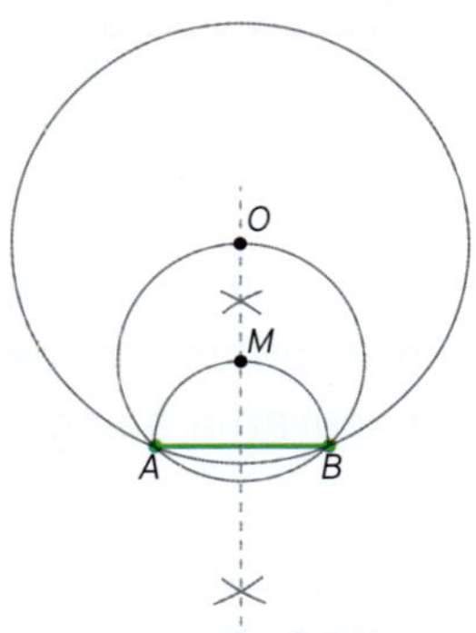

6º passo: A partir de um dos extremos do segmento $\overline{AB}$, aplique sucessivas vezes a medida AB na circunferência de centro O, dividindo-a em oito partes iguais.

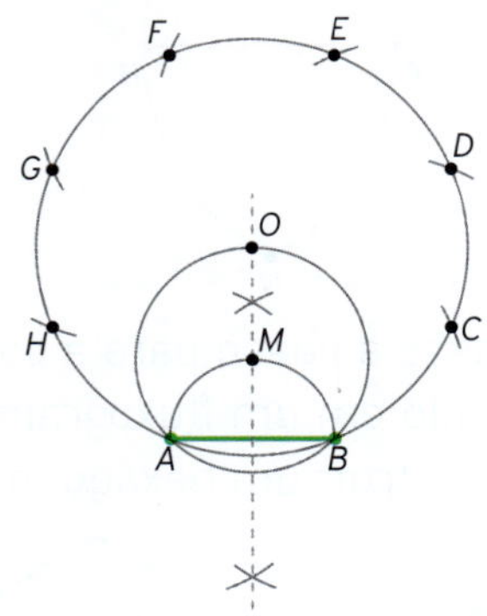

7º passo: Ligue os pontos consecutivos que pertencem à circunferência de centro O, obtendo o octógono regular $ABCDEFGH$.

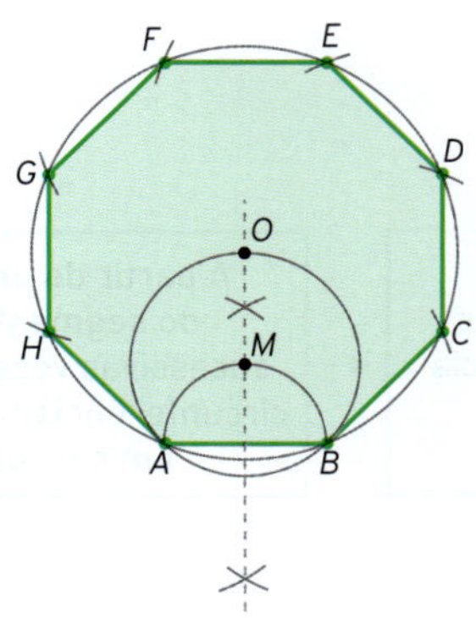

Construção de polígonos regulares em um *software* de geometria dinâmica

Vamos construir um quadrado com 4 cm de lado usando um *software* de geometria dinâmica. Acompanhe os passos a seguir.

1º passo: Selecione a ferramenta , clique na área de trabalho do *software*, digite 4 na caixa de diálogo aberta e clique em OK. Dessa forma, é possível construir um segmento com a medida desejada.

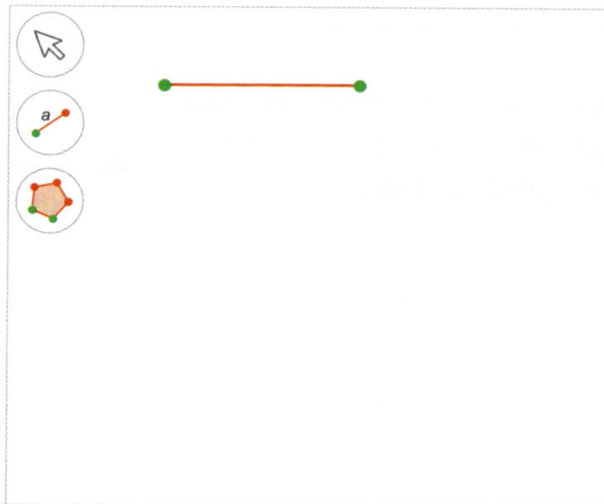

Ilustrações: ID/BR

2º passo: Selecione a ferramenta 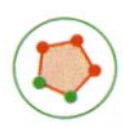, clique em um dos extremos do segmento construído e, em seguida, no outro extremo. Depois, digite a quantidade de vértices – nesse caso, são 4 – na caixa de diálogo aberta e clique em OK.

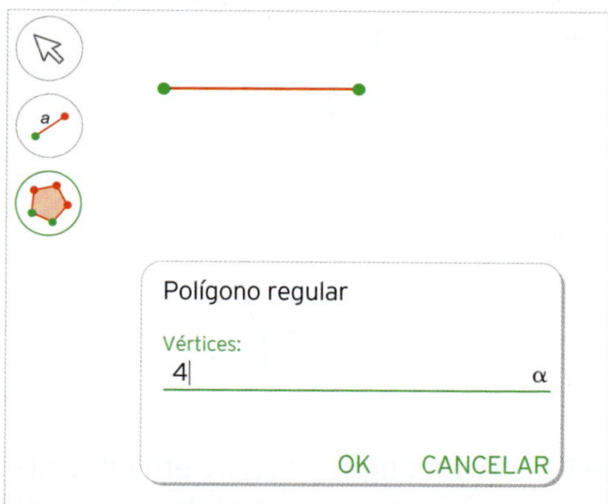

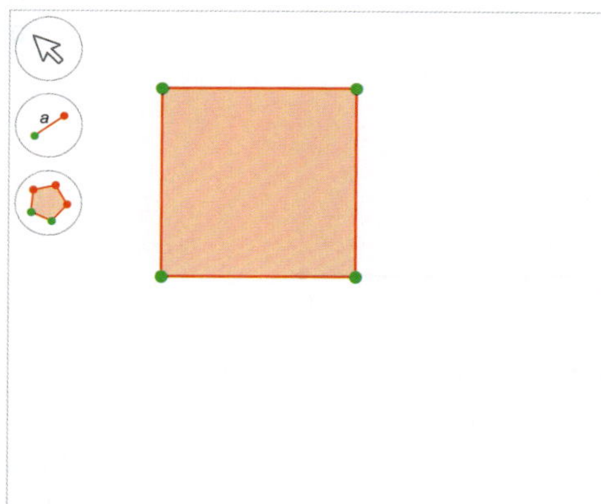

ATIVIDADES

Retomar e compreender

12. Descreva os passos para a construção de um polígono regular qualquer, conhecida a medida de seu lado, utilizando um *software* de geometria dinâmica.

13. Descreva em um fluxograma os passos para construir um octógono regular com lado de medida qualquer.

Aplicar

14. Construa, com régua e compasso, as figuras indicadas nos itens a seguir.

a) Triângulo equilátero cujo lado mede 5 cm.

b) Hexágono regular cujo lado mede 2,5 cm.

c) Octógono regular cujo lado mede 4 cm.

15. Em um *software* de geometria dinâmica, construa um eneágono regular com lados medindo 2 cm.

MAIS ATIVIDADES

Retomar e compreender

1. As figuras a seguir ilustram as etapas de construção de uma reta *s*, que é perpendicular a uma reta *r* no ponto *A*.

I. Traçar a reta *r* e nela marcar um ponto *A* qualquer.

II. Traçar uma circunferência com centro qualquer e que passe por *A*. Essa circunferência determina o ponto *B* em *r*.

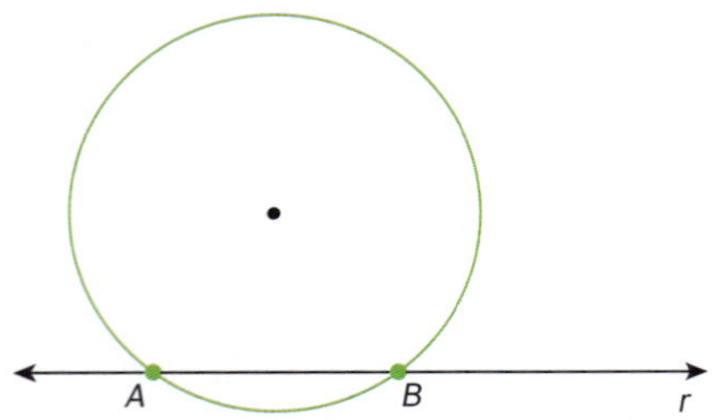

III. Traçar o diâmetro com extremidade em *B*, que determina na circunferência o ponto *C*.

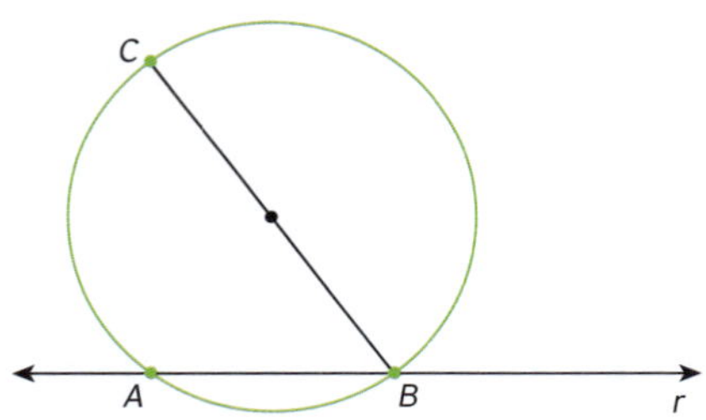

IV. A reta *s*, que passa por *C* e por *A*, é a perpendicular procurada.

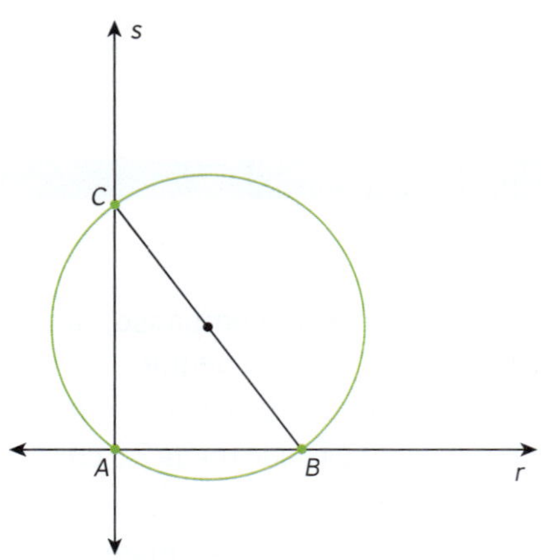

Explique por que essa construção é válida.

Aplicar

2. Quantos graus mede o arco $\widehat{ABC}$?

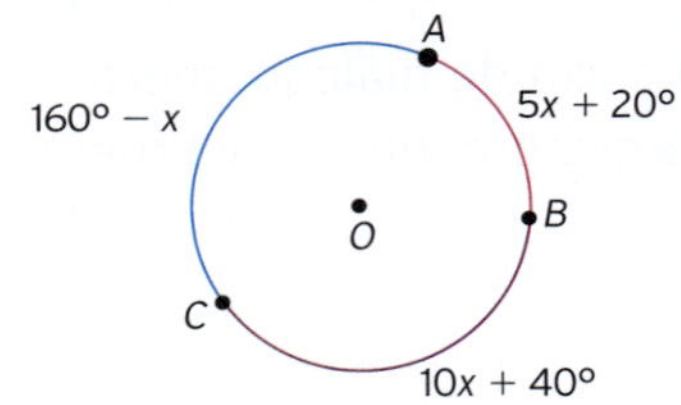

Ilustrações: ID/BR

3. Copie o decágono regular a seguir em uma folha avulsa.

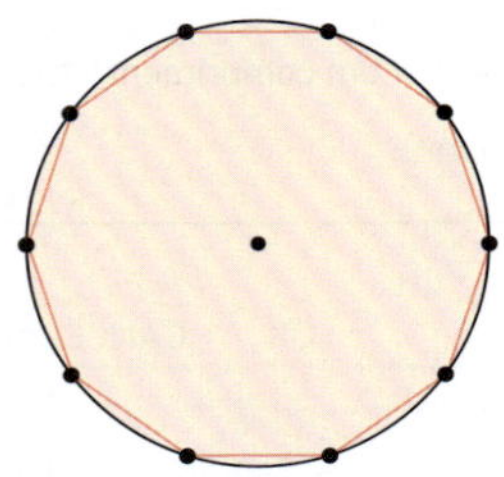

Trace ângulos centrais com as seguintes medidas: 18°, 36°, 54°, 72° e 90°.

4. Determine a medida *x*, em grau, do ângulo indicado na figura a seguir.

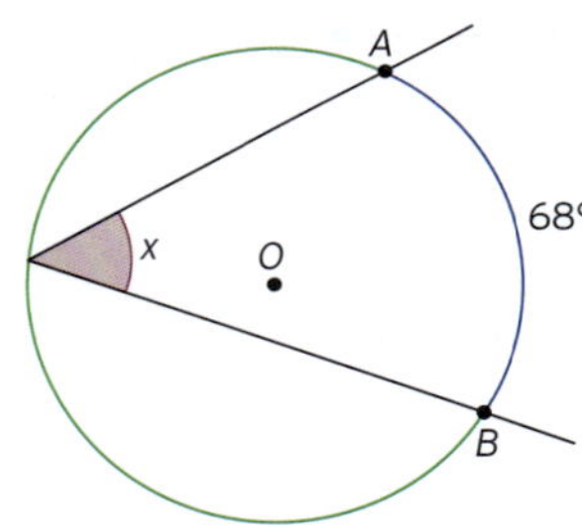

5. Se a medida de um ângulo inscrito em uma circunferência é 43,5°, qual é a medida do arco de circunferência determinado por esse ângulo?

6. Determine a medida do ângulo α, sabendo que o ponto *O* é o centro da circunferência.

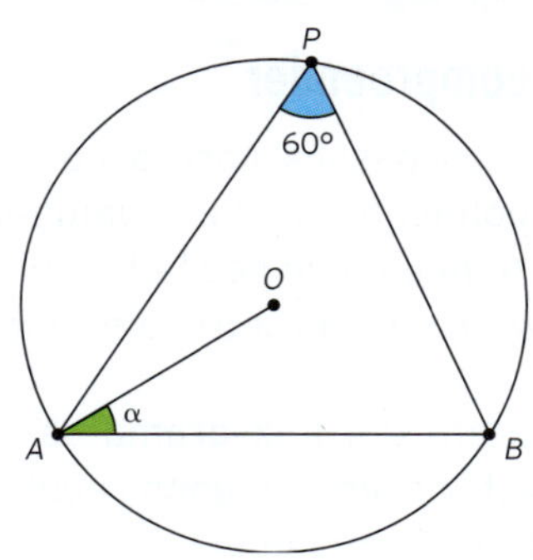

7. Determine a soma, em grau, das medidas *x* e *y* mostradas na figura a seguir.

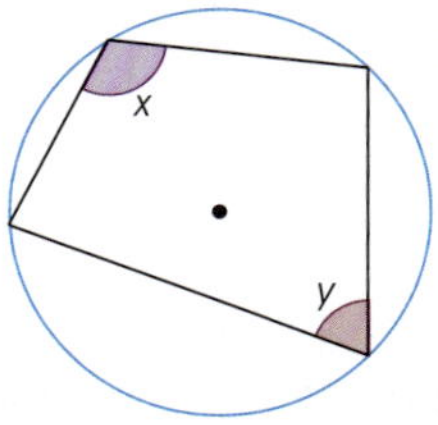

Ilustrações: ID/BR

8. Rodrigo desenhou uma estrela de cinco pontas inserida em uma circunferência. Em seguida, ele pintou as pontas dessa estrela, veja.

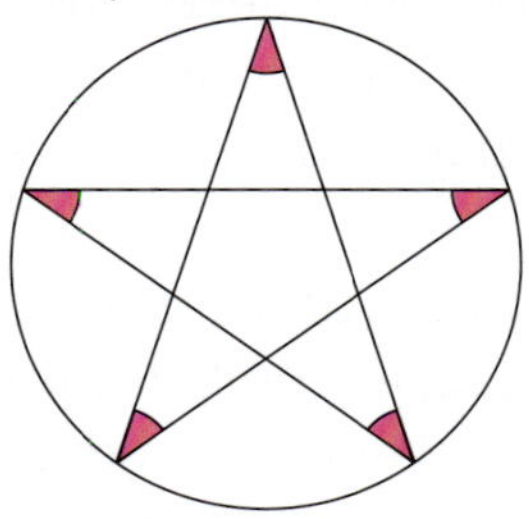

Qual é a soma dos ângulos pintados por Rodrigo?

9. Na figura a seguir, sabe-se que $AC = 10$ cm, *M* é o ponto médio do segmento $\overline{AC}$ e o arco de circunferência $\widehat{AC}$ tem centro em *M*. Uma formiga que estava no ponto *A* fez o trajeto $A \rightarrow B \rightarrow M \rightarrow C$, sempre em linha reta.

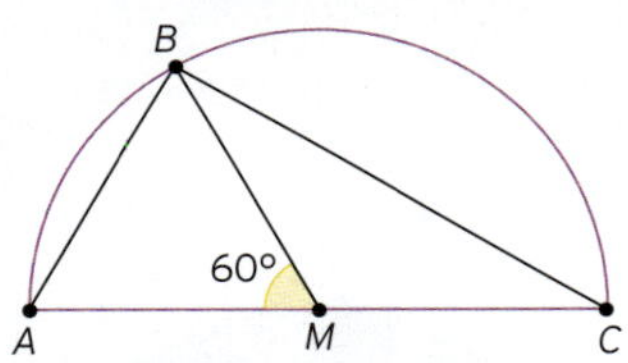

Quantos centímetros a formiga andou nesse trajeto?

10. Considere um dodecágono regular.

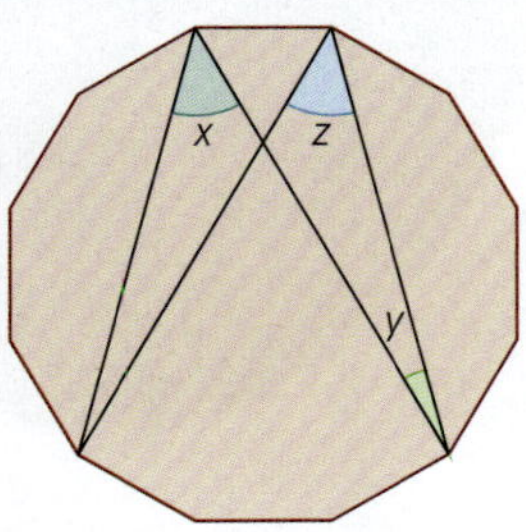

a) Quanto mede o ângulo definido por duas semirretas que partem do centro do polígono e passam por dois vértices consecutivos?

b) Determine, em grau, as medidas de *x*, *y* e *z*.

11. A hipotenusa de um triângulo retângulo mede 20 cm. Quanto mede o raio da circunferência que passa pelos vértices desse triângulo?

12. A fotografia a seguir apresenta dois espelhos colocados perpendicularmente entre si com um objeto entre eles.

Carlos Luvizari/ID/BR

Note que foram produzidas três imagens do objeto.

A quantidade *N* de imagens formadas depende do ângulo α entre os espelhos e é dada pela relação:

$$N = \frac{360°}{\alpha} - 1$$

Observe que, para $\alpha = 90°$, como na fotografia apresentada, obtemos $N = 3$.

Já na fotografia a seguir, dois espelhos dispostos em determinada posição fornecem cinco imagens da bolinha que foi colocada entre eles.

Carlos Luvizari/ID/BR

Calcule o ângulo entre os espelhos.

CAPÍTULO

3 VISTAS

REPRESENTAÇÃO DE VISTAS

Você já observou um objeto em diferentes posições? Em caso afirmativo, o que você viu ao observá-lo dessas posições?

Imagine, por exemplo, que dois colegas estejam na mesma sala vendo o mesmo objeto, mas em posições diferentes. Um deles pode estar vendo uma figura com formato parecido com um quadrado, e o outro, uma figura com formato parecido com um triângulo. Cada um deles tem uma **vista** do objeto.

Agora, observe a imagem a seguir. Nela, foram projetadas duas sombras de um objeto que lembra um cilindro. Note que, em uma das projeções, vemos uma imagem que lembra um retângulo e, na outra, vemos uma imagem que lembra um círculo. Cada uma dessas projeções é chamada de vista.

Vista é a representação de uma figura tridimensional de acordo com a posição do observador em relação a essa figura.

▼ **Sombras de um objeto com formato cilíndrico projetadas em diferentes superfícies.**

Evan Ishida/ID/BR

Ao observar um objeto, podemos representar a vista que temos dele de determinada posição. Acompanhe as situações a seguir.

Situação 1

Cada criança observa o objeto de determinada posição.

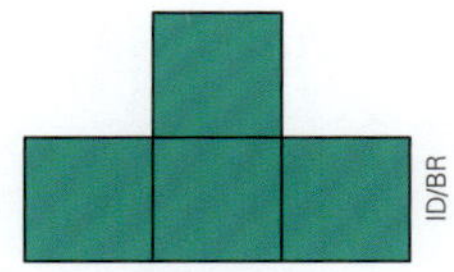

Vista da posição 1

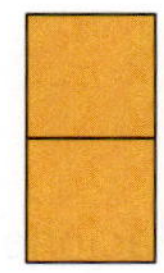

Vista da posição 2

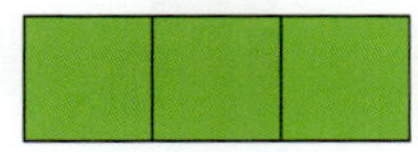

Vista da posição 3

Perceba que, dependendo da posição de cada criança, as vistas do objeto são diferentes.

Construa uma pilha de cubos com base em três **vistas** das posições desses sólidos geométricos.

Situação 2

Adriana desenhou as vistas de uma pilha de blocos de acordo com as diferentes posições em que ela ficou em relação à pilha.

Veja como ficaram os desenhos que ela fez de cada vista.

Vista da posição 1

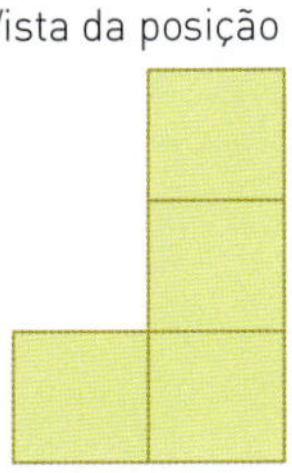

Vista da posição 2

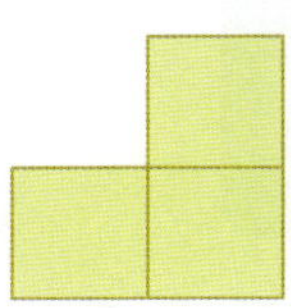

Vista da posição 3

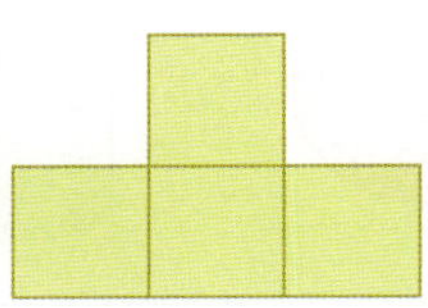

Vista da posição 4

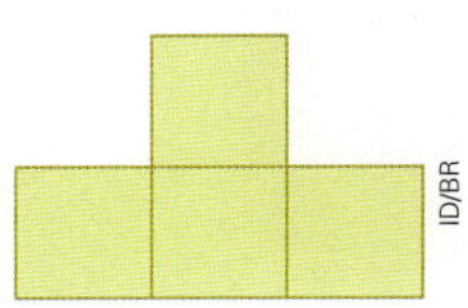

PARA EXPLORAR

Com um responsável, dê uma volta pela região onde você mora e escolha um objeto ou uma construção. Observe-o(a) de duas posições diferentes e desenhe as vistas obtidas. Depois, mostre os desenhos aos colegas da turma e conte como foi sua experiência.

ATIVIDADES

Retomar e compreender

1. Observe a pilha de blocos a seguir e faça o que se pede.

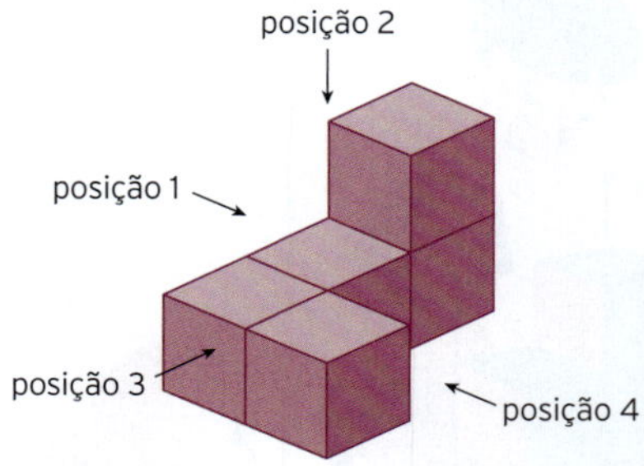

Relacione a que vista cada figura se refere.

a) 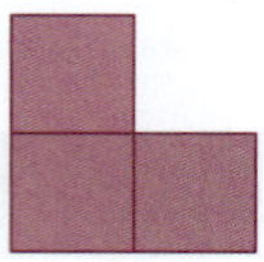

b) 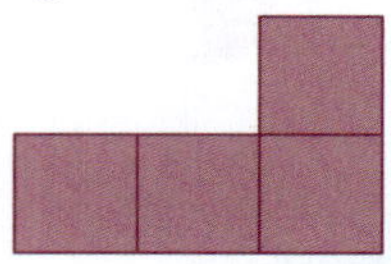

c) 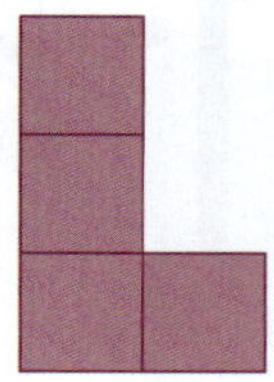

d) 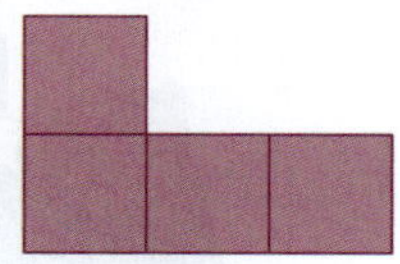

I) Vista da posição 1.

II) Vista da posição 2.

III) Vista da posição 3.

IV) Vista da posição 4.

2. Considerando as figuras não planas a seguir, responda ao que se pede em cada item.

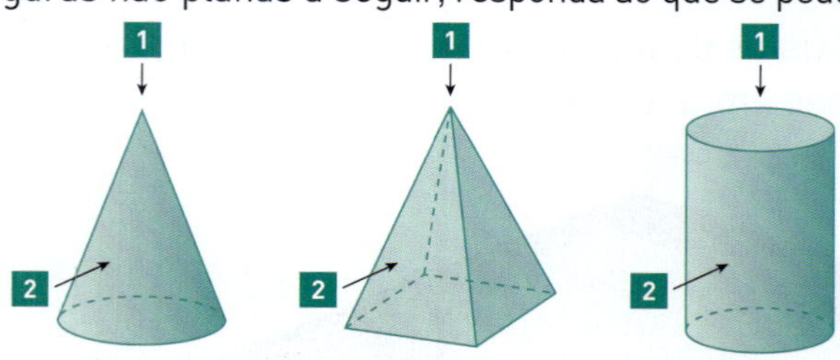

figura A figura B figura C

Ilustrações: ID/BR

a) As vistas a seguir foram obtidas da posição 1. Relacione-as com as respectivas figuras.

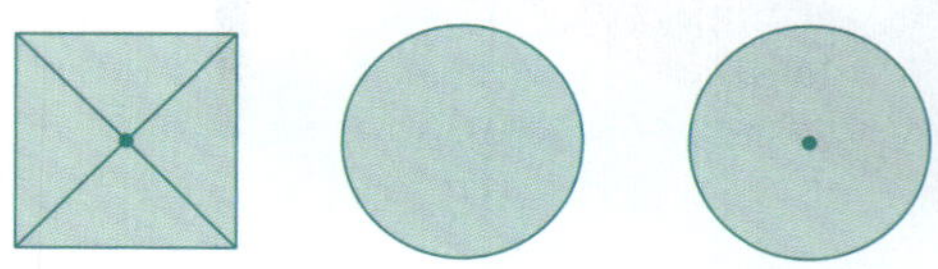

vista I vista II vista III

b) Desenhe em uma folha avulsa como seriam as vistas das figuras se você as estivesse observando na posição 2.

3. Qual das figuras geométricas não planas a seguir tem a mesma vista, qualquer que seja a posição do observador?

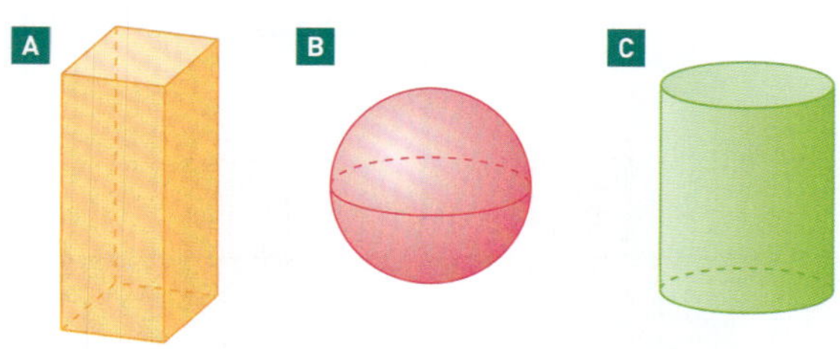

NOÇÕES DE PERSPECTIVA

Você já parou para pensar em como podemos representar, em uma folha de papel, o espaço ocupado por um objeto? Representar a realidade tridimensional em um plano bidimensional não é uma tarefa fácil. Para transmitir a noção de profundidade ao observador, algumas técnicas podem ser usadas.

A **perspectiva** é uma das técnicas que podemos usar para representar figuras com três dimensões, ou seja, que tenham altura, comprimento e largura, em um desenho com duas dimensões.

Observe as imagens a seguir.

João Picoli/ID/BR

As duas imagens representam uma casa. Você consegue perceber o que as diferencia? Note que, na primeira, a frente e a lateral da casa não estão alinhadas, o que faz com que os elementos da imagem apresentem volume, ou seja, aparentam ser tridimensionais. Já na segunda imagem, os elementos estão alinhados.

Essa diferença de percepção deve-se às técnicas utilizadas para representar a casa. Ao utilizar técnicas que dão ideia de profundidade e de sombra, a imagem da casa passa a ter aspecto tridimensional, mesmo sendo representada em duas dimensões, no plano da página deste livro.

DESCUBRA +

Edgar Müller

Edgar Müller nasceu em Mülheim, na Alemanha, em 1968. Seu fascínio pela pintura começou na infância, com pinturas de cenas rurais da cidade onde cresceu.

Müller estudou na cidade de Geldern, em uma escola onde foi realizada uma competição internacional de pintores de rua. Inspirado pelas obras de arte que encontrou em seu caminho para a escola, decidiu entrar na competição. Sua primeira participação foi aos 16 anos de idade; aos 19 anos, ganhou a competição pela primeira vez.

Atualmente, seu estilo é denominado pintura realista ou pintura 3-D. A maioria de suas obras é realizada em grandes áreas públicas, desafiando a percepção das pessoas que por ali passam.

Muitas pessoas interagem com as obras de arte de Edgar Müller, tirando fotos do novo cenário proposto por elas.

Veja mais obras do artista **Edgar Müller**.

Pedro Sanchéz Muñoz/Notimex/AFP

▲ Pintura de rua em 3-D, *Amor eterno*, do artista Edgar Müller, no Monumento à Revolução, Cidade do México, México. Foto de 2017.

Ponto de fuga e linha do horizonte

Veja, neste infográfico, o que são a linha do horizonte e o ponto de fuga e como eles são usados no desenho de perspectiva.

Eduardo Francisco

Olhando ao longo de uma rua reta, temos a impressão de que suas sarjetas convergem, ou seja, se aproximam até se encontrar em um ponto no horizonte distante.
No desenho de perspectiva, esse ponto recebe o nome de **ponto de fuga**.

Representação de perspectiva com um ponto de fuga

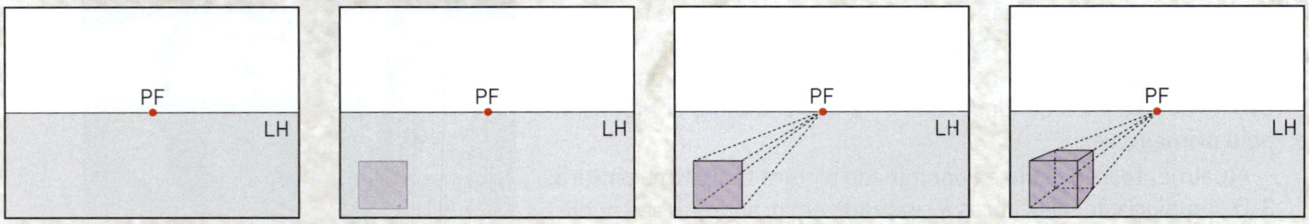

Ilustrações: ID/BR

1 Representamos a **linha do horizonte** (LH), uma linha no plano dos olhos do observador, e, sobre ela, indicamos o **ponto de fuga** (PF).

2 Para desenhar um bloco retangular, podemos começar traçando o polígono que corresponde à sua face frontal.

3 Em seguida, traçamos linhas retas ligando o PF aos vértices do polígono.

4 Por fim, traçamos segmentos de reta paralelos aos lados da face frontal e reforçamos as linhas que formaram o bloco retangular.

A seguir, mostramos figuras geométricas não planas que foram desenhadas por meio da projeção de suas faces frontais. Observe como a perspectiva permite representar não só a profundidade, mas também a posição dos objetos em relação à linha do horizonte e ao ponto de fuga.

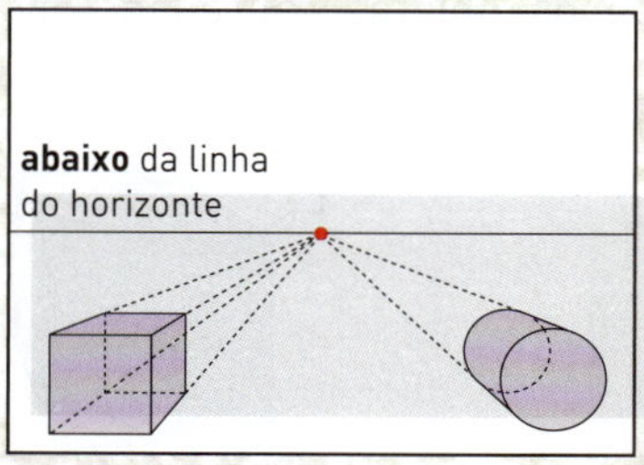

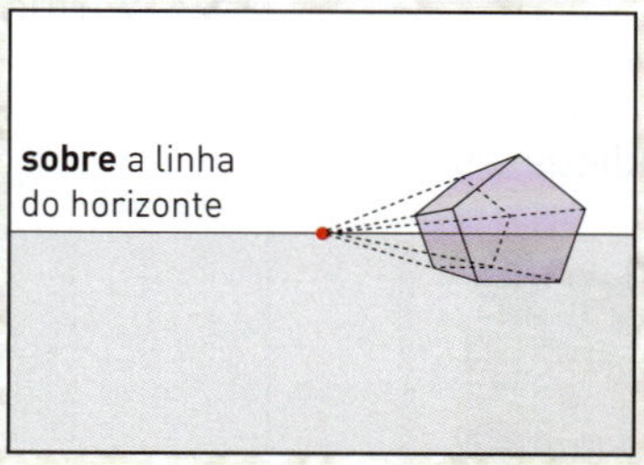

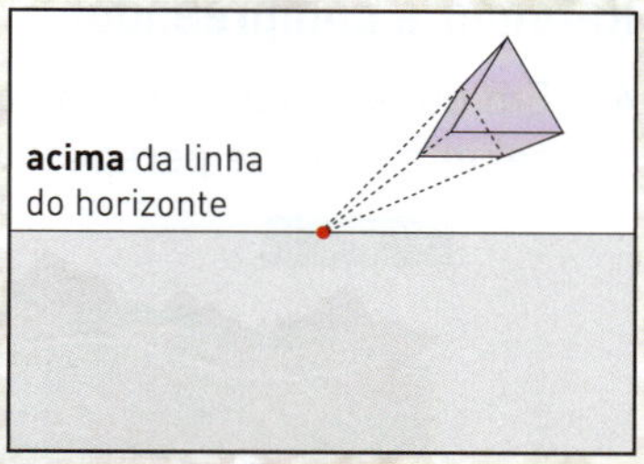

Ilustrações: ID/BR

Representação de perspectiva com dois pontos de fuga

É possível representar um corpo tridimensional em perspectiva utilizando mais de um ponto de fuga. Nesse caso, podemos iniciar a representação com a aresta frontal da figura geométrica não plana que desejamos desenhar. Veja como representar um bloco retangular.

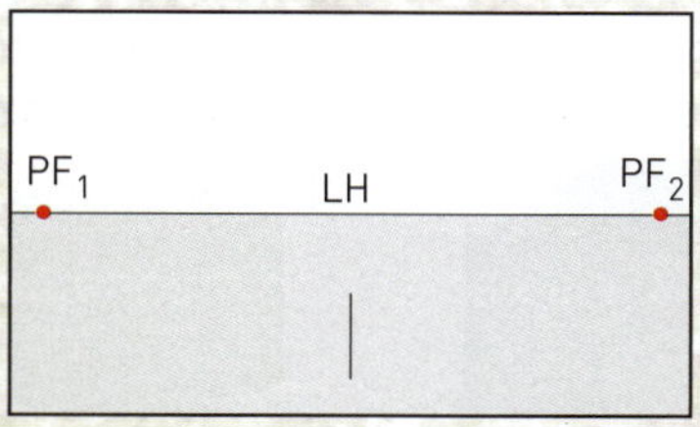

1 Representamos a linha do horizonte (LH) e, sobre ela, os dois pontos de fuga (PF_1 e PF_2). Em seguida, desenhamos a aresta frontal do bloco retangular.

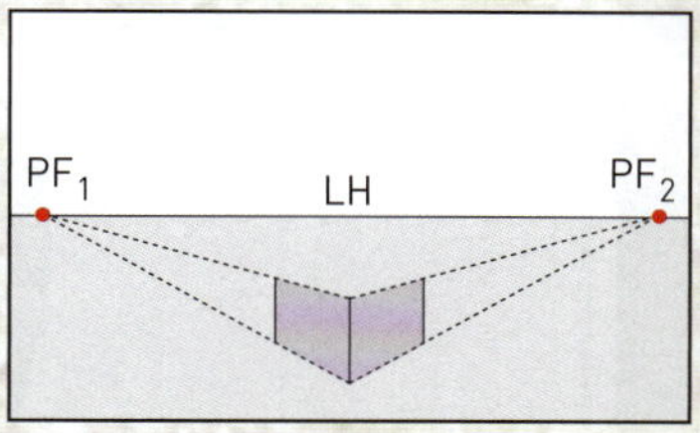

2 Traçamos linhas retas ligando as pontas da aresta aos pontos de fuga (PF_1 e PF_2). Depois, traçamos segmentos paralelos à aresta, obtendo, assim, dois lados do bloco retangular.

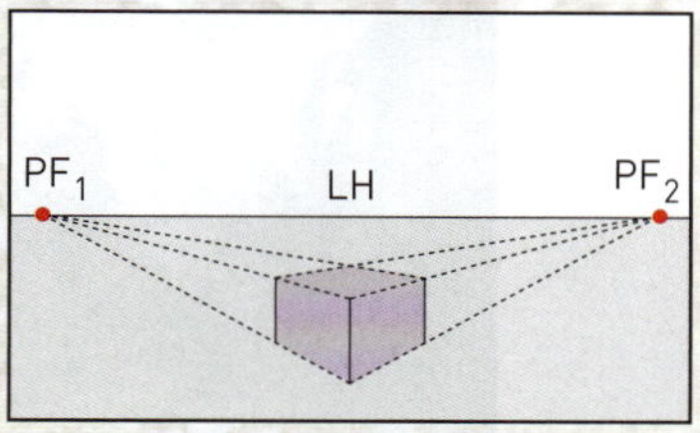

3 Traçamos linhas retas entre os extremos dos novos segmentos e os pontos de fuga (PF_1 e PF_2), de modo que formem o restante do bloco retangular.

Qual é o papel da **perspectiva** em uma ilustração? E na fotografia?

ATIVIDADES

Retomar e compreender

4. Em duas das pinturas a seguir, é possível perceber a ideia de perspectiva. Indique-as.

Figura 1

Marcelo Masili/Coleção particular

▲ Marcelo Masili. *Casinhas*, 2007. Grafite e guache.

Figura 2

Museu de Belas Artes de Boston, Boston, Estados Unidos. Fotografia: ID/BR

▲ Claude Monet. *Rua de la Bavolle, Honfleur*, cerca de 1864. Óleo sobre tela.

Figura 3

Galleria Nazionale delle Marche, Urbino, Itália. Fotografia: ID/BR

▲ Piero della Francesca. *A cidade ideal*, cerca de 1470. Óleo sobre painel.

5. Considere que as imagens a seguir são representações de figuras geométricas não planas. Em quais delas é possível perceber o uso de luz e sombra e de técnicas de perspectiva?

a) 

c) 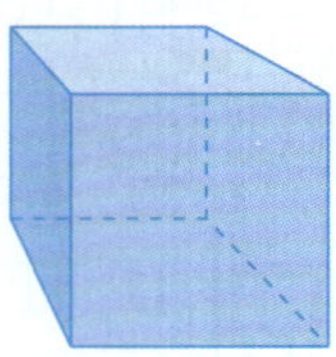

b) 

d) 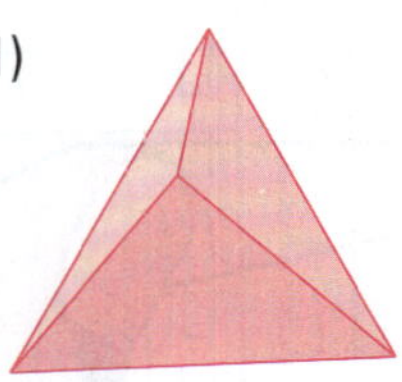

6. Verifique se os objetos representados nas imagens a seguir estão acima ou abaixo da linha do horizonte.

a) 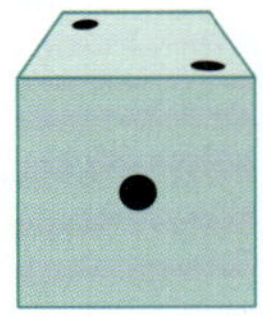

c) 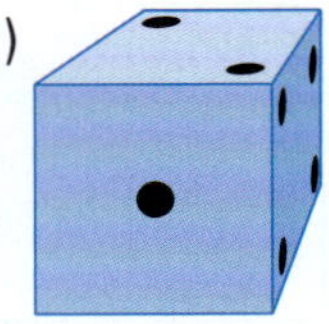

b) 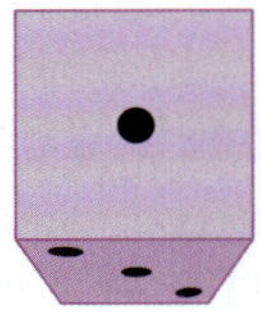

d) 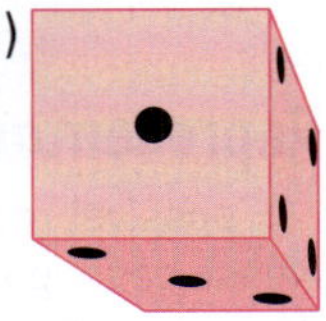

Aplicar

7. Copie, em uma folha avulsa, os poliedros a seguir e determine seus pontos de fuga.

a) 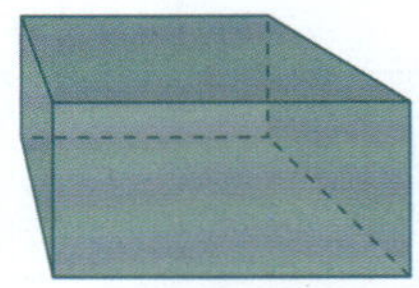

c) 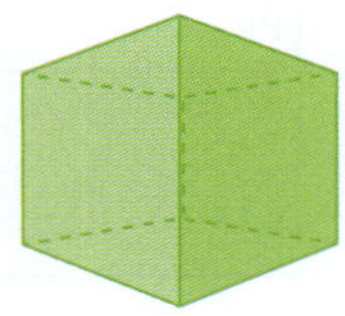

b) 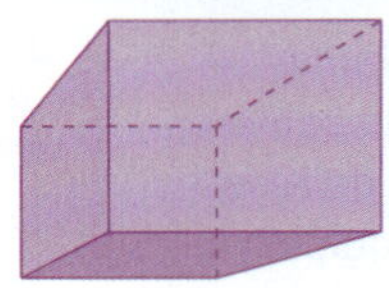

Ilustrações: ID/BR

8. O desenho a seguir mostra um bloco retangular em perspectiva.

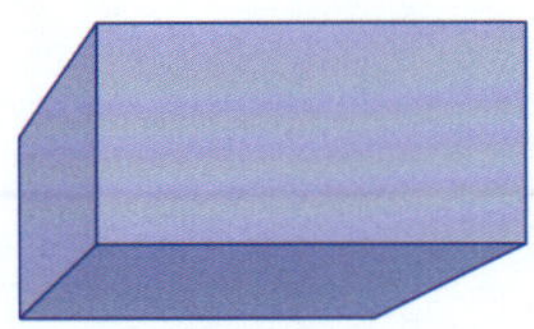

Reproduza-o e determine o ponto de fuga e a linha do horizonte.

9. Reproduza o esquema a seguir e, a partir dele, construa um paralelepípedo em perspectiva com os dois pontos de fuga representados nesse esquema.

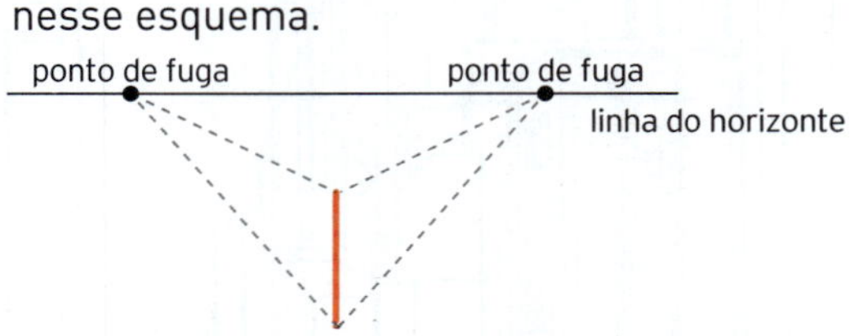

10. Reúna-se com um colega para construir um prisma de base retangular em perspectiva com:

a) um ponto de fuga;

b) dois pontos de fuga.

MAIS ATIVIDADES

Acompanhamento da aprendizagem

Retomar e compreender

1. (Enem) No desenho técnico, é comum representar um sólido por meio de três vistas (frontal, perfil e superior), resultado da projeção do sólido em três planos, perpendiculares dois a dois.

A figura representa as vistas de uma torre.

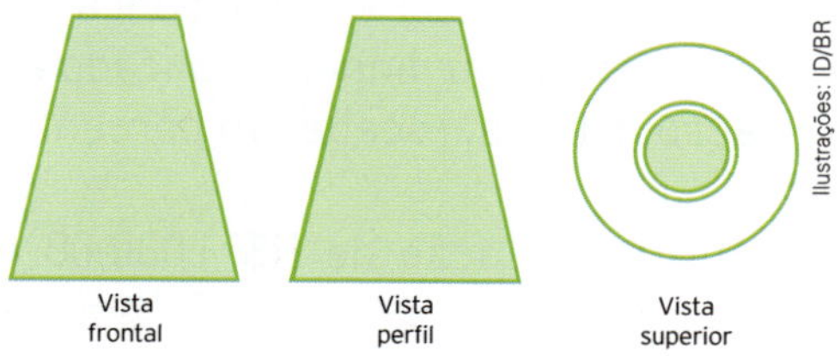

Com base nas vistas fornecidas, qual figura melhor representa essa torre?

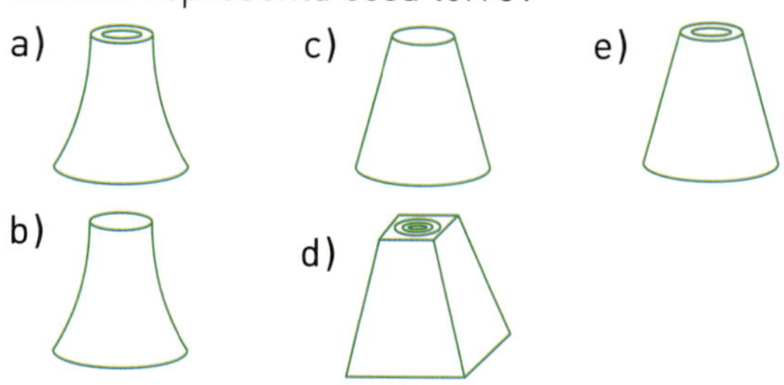

2. Indique em quais das figuras geométricas não planas a seguir se vê um retângulo em pelo menos uma de suas vistas.

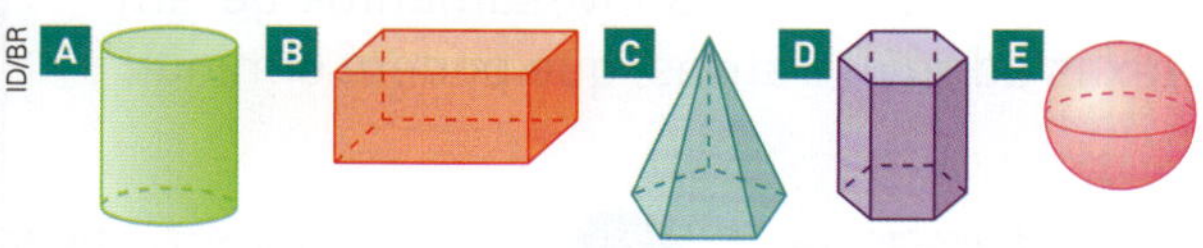

3. (Enem) No projeto de uma nova máquina, um engenheiro encomendou a um torneiro mecânico a fabricação de uma peça, obtida a partir do recorte em um cubo, como ilustrado na figura. Para isso, o torneiro forneceu, juntamente com o desenho tridimensional da peça, suas vistas frontal, lateral e superior, a partir das posições indicadas na figura. Para facilitar o trabalho do torneiro, as arestas dos cortes que ficam ocultos nas três vistas devem ser representadas por segmentos tracejados, quando for o caso.

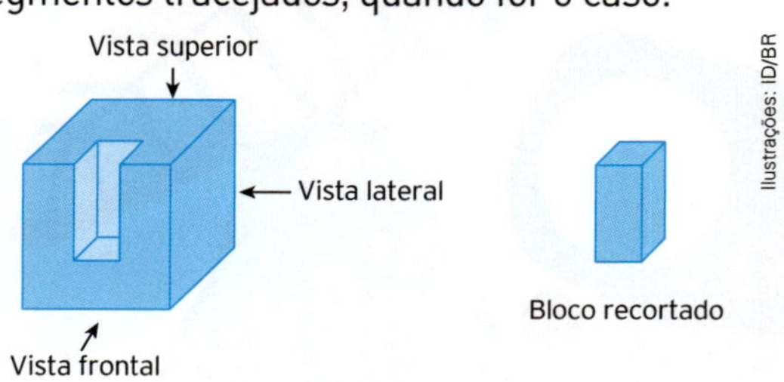

As vistas frontal, lateral e superior que melhor representam o desenho entregue ao torneiro são:

a)
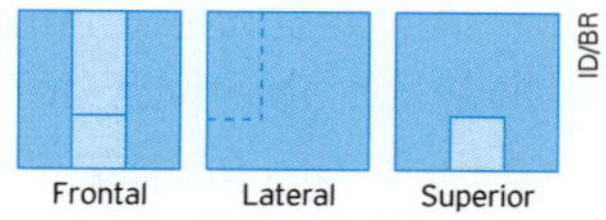

b)
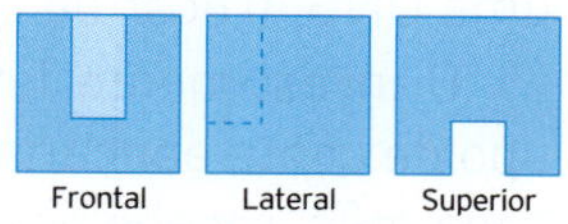

c)
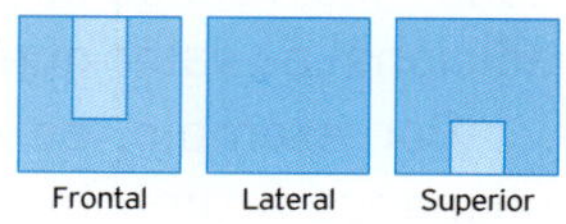

d)
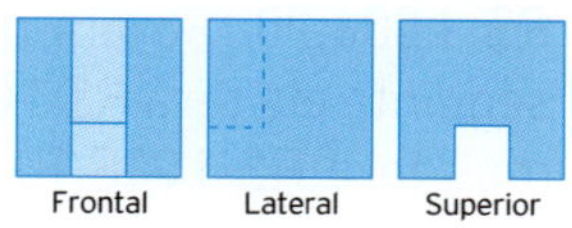

e)
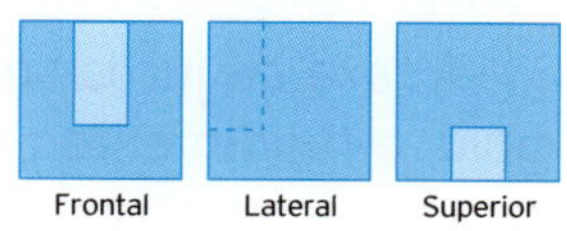

Aplicar

4. Sete cubos foram organizados de acordo com esta figura.

Em uma folha de papel quadriculado, desenhe as vistas de acordo com as posições de observação indicadas.

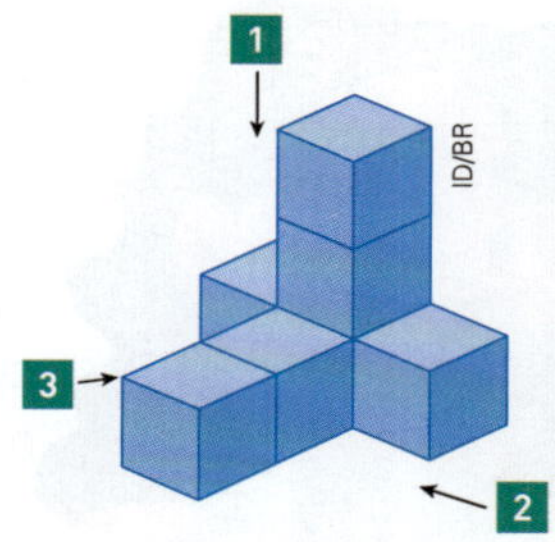

5. Desenhe um bloco retangular em perspectiva. Troque o desenho com um colega e determine a linha do horizonte e o ponto de fuga no bloco desenhado por ele.

6. Desenhe um cômodo de sua casa em perspectiva, inspirando-se na figura a seguir. A imagem deve ser desenhada com o ponto de fuga no meio da parede do fundo do cômodo, como mostra o modelo.

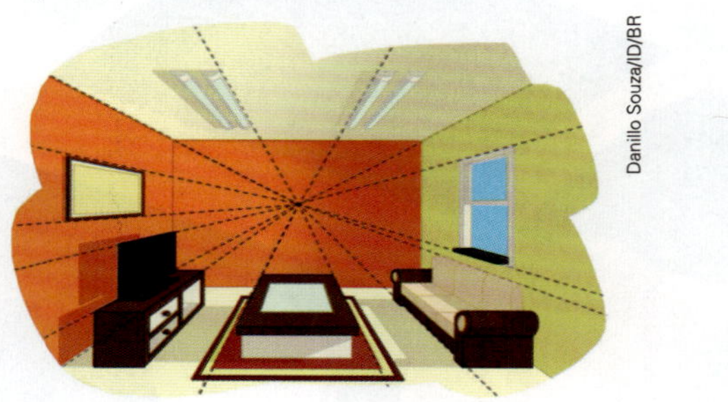

EDUCAÇÃO FINANCEIRA

O valor no amanhã

As pessoas costumam fazer investimentos financeiros com os mais diversos objetivos: ter uma reserva financeira para alguma eventualidade, realizar um projeto especial, pagar a faculdade dos filhos no futuro, ajudar uma ONG, trocar de carro, viajar nas férias, comprar uma casa, etc.

O investimento financeiro mais comum no Brasil é a poupança, um tipo de conta bancária em que o investidor deixa seu dinheiro aplicado e, a cada mês, recebe os juros dessa aplicação, ou seja, recebe um percentual adicional ao valor que deixou aplicado.

Por exemplo, se uma pessoa fez uma aplicação de R$ 1000,00 na poupança a uma taxa de juros de 0,6% ao mês, após um mês ela terá R$ 1006,00. Se ela não resgatar os juros ou parte do dinheiro, no mês seguinte ela terá R$ 1012,03. Se ela mantiver o dinheiro aplicado, no terceiro mês terá R$ 1018,10. Esse processo se repete a cada mês enquanto não houver resgate de alguma quantia.

A taxa de juros sempre incide sobre o valor aplicado no mês. A princípio, o rendimento pode parecer pequeno, mas, com o tempo, a quantia disponível na conta aumenta e pode fazer uma grande diferença.

No entanto, a poupança não é o único investimento financeiro disponível nem costuma ser o mais rentável. Há muitos outros tipos de investimento, alguns mais seguros e outros mais arriscados. Revistas, jornais e *sites* de bancos e de outras instituições financeiras apresentam alternativas de investimento que podem ser tão seguras quanto a poupança e até render um pouco mais. Mas é preciso cuidado, pois alguns investimentos geram custos como imposto de renda e taxas administrativas, que podem diminuir o ganho.

Explorando o tema

Reúna-se com um colega para responder às questões a seguir.

1. SABER SER Na opinião de vocês, qual é a ideia principal desta seção? Como podemos utilizar os investimentos para atingir objetivos?

2. Como funciona a aplicação na poupança? Por que vocês acham que esse tem sido o investimento que as pessoas mais fazem quando sobra dinheiro?

3. Juliana ganhou R$ 1 000,00 de presente de seus avós e agora precisa decidir o que fazer com o dinheiro. Como ganhou outros presentes, ela está avaliando se não seria interessante aplicar esse dinheiro em algum investimento. Após uma conversa com sua mãe, Juliana separou quatro opções de investimento, apresentadas a seguir.

Investimento	Taxa mensal esperada	Impostos e taxas
Poupança	0,6%	Isento (não é cobrado)
CDB X	0,9%	25% (sobre o ganho)
CDB Y	0,8%	25% (sobre o ganho)
Fundo Z	0,9%	25% (sobre o ganho)

a) Entre esses investimentos, qual é a melhor opção do ponto de vista financeiro?

b) Que outros aspectos, além do financeiro, vocês levariam em consideração para tomar essa decisão?

c) Considerem agora a informação de que, se o banco falir, o governo garante o seu dinheiro de volta caso ele esteja aplicado na poupança ou no CDB, mas não se estiver no Fundo Z. Qual dos investimentos vocês fariam?

d) Pesquisando mais um pouco, Juliana e sua mãe descobriram outro investimento: o Tesouro Direto. Ele é tão seguro quanto a poupança e espera-se que renda 1% ao mês, mas tem custos de aproximadamente 25% sobre os ganhos. Dos cinco investimentos apresentados, qual vocês fariam? Justifiquem.

Sabia que a **educação financeira** é importante não apenas para ensinar a economizar dinheiro, mas também para melhorar o seu bem-estar?

João Picoli/ID/BR

ATIVIDADES INTEGRADAS

Aplicar

1. (Ufes) Na figura, A, B, C e D são pontos de uma circunferência, a corda $\overline{CD}$ é bissetriz do ângulo $A\hat{C}B$ e as cordas $\overline{AB}$ e $\overline{AC}$ têm o mesmo comprimento.

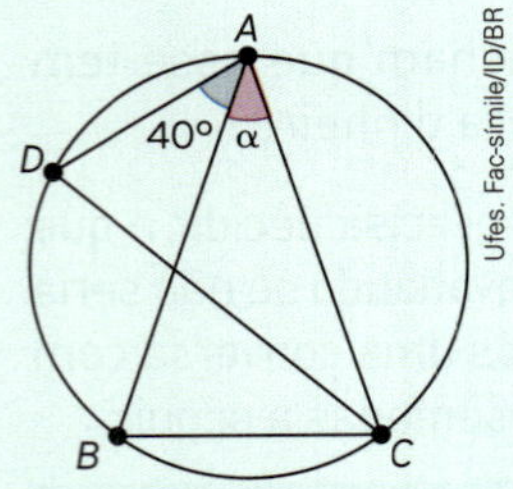

Ufes. Fac-símile/ID/BR

Se o ângulo $B\hat{A}D$ mede 40°, a medida α do ângulo $B\hat{A}C$ é:

a) 10°.
b) 15°.
c) 20°.
d) 25°.
e) 30°.

2. (Cesgranrio-RJ) A área do triângulo cujos vértices são (1, 2), (3, 4) e (4, −1) é igual a:

a) 6. b) 8. c) 9. d) 10. e) 12.

3. Os pontos $A(1, 1)$, $B(4, 1)$ e $C(2{,}5; 4)$ formam um triângulo isósceles no plano cartesiano.

a) Determine a medida da altura relativa ao lado $\overline{AB}$.

b) Determine a medida do perímetro desse triângulo.

c) Qual é a medida da área desse triângulo?

4. Na figura a seguir, $\overline{AB}$ é o diâmetro da circunferência. Qual é o valor de y em grau?

Veja uma **resolução** para essa atividade. Você a resolveria de outro modo?

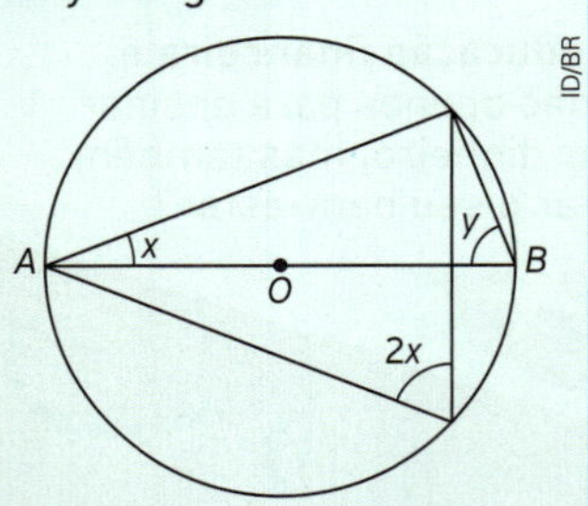

ID/BR

5. Observe a representação a seguir.

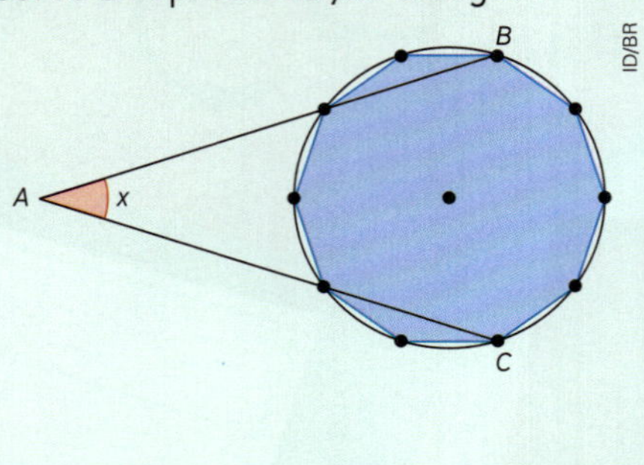

ID/BR

Calcule x, em grau, sabendo que os pontos sobre a circunferência dividem-na em partes iguais.

6. Determine o valor de cada incógnita indicada na figura, sabendo que M é o ponto médio de $\overline{AB}$.

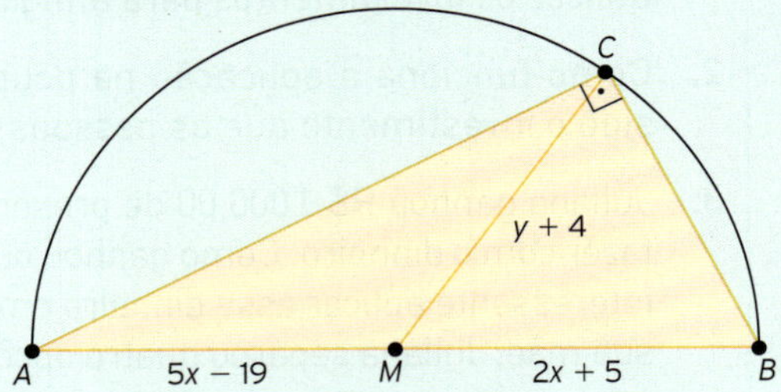

ID/BR

Analisar e verificar

7. (Enem) A rosa dos ventos é uma figura que representa oito sentidos, que dividem o círculo em partes iguais.

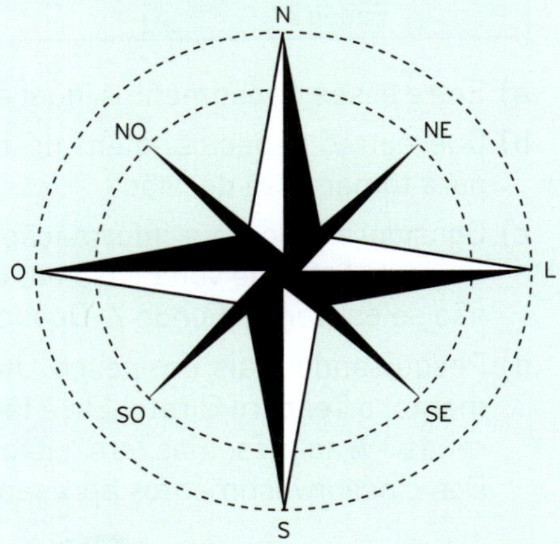

ID/BR

Uma câmera de vigilância está fixada no teto de um *shopping* e sua lente pode ser direcionada remotamente, através de um controlador, para qualquer sentido. A lente da câmera está apontada inicialmente no sentido Oeste e o seu controlador efetua três mudanças consecutivas, a saber:

- 1ª mudança: 135° no sentido anti-horário;
- 2ª mudança: 60° no sentido horário;
- 3ª mudança: 45° no sentido anti-horário.

Após a 3ª mudança, ele é orientado a reposicionar a câmera, com a menor amplitude possível, no sentido Noroeste (NO) devido a um movimento suspeito de um cliente.

Qual mudança de sentido o controlador deve efetuar para reposicionar a câmera?

a) 75° no sentido horário.

b) 105° no sentido anti-horário.

c) 120° no sentido anti-horário.

d) 135° no sentido anti-horário.

e) 165° no sentido horário.

8. Qual a relação entre os ângulos $A\hat{M}B$ e $A\hat{P}B$?

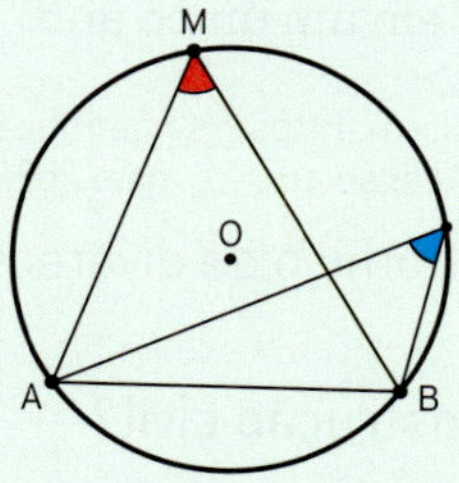

ID/BR

9. Nas figuras a seguir, os pontos sobre as circunferências dividem-nas em partes iguais.

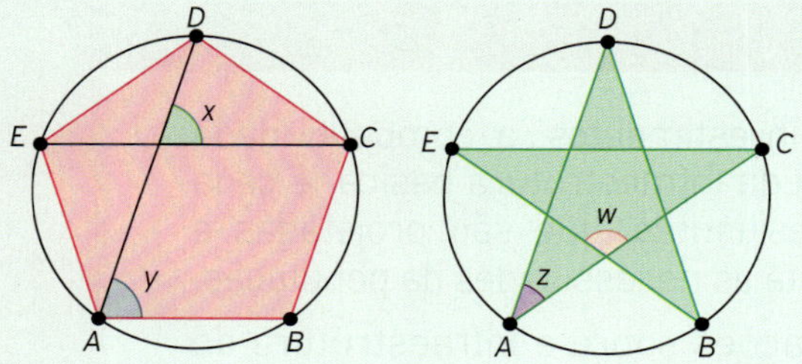

ID/BR

a) Calcule, em grau, as medidas indicadas por *x*, *y*, *z* e *w*.

b) O que é possível concluir sobre os segmentos $\overline{EC}$ e $\overline{AB}$ da primeira figura?

10. Nesta figura, $\overline{AB}$ é um diâmetro.

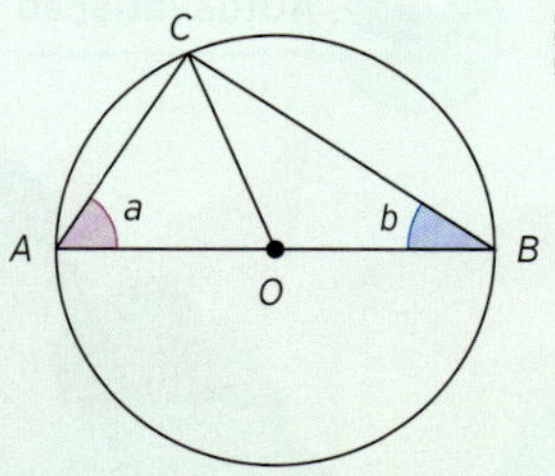

ID/BR

a) Classifique os triângulos *OAC* e *OBC* quanto aos lados.

b) Quanto medem os ângulos $O\hat{C}A$ e $O\hat{C}B$ em função de *a* e de *b*?

11. (OBM) Sobre uma mesa retangular de uma sala foram colocados quatro sólidos, mostrados no desenho. Uma câmera no teto da sala, bem acima da mesa, fotografou o conjunto. Qual dos esboços a seguir representa melhor essa fotografia?

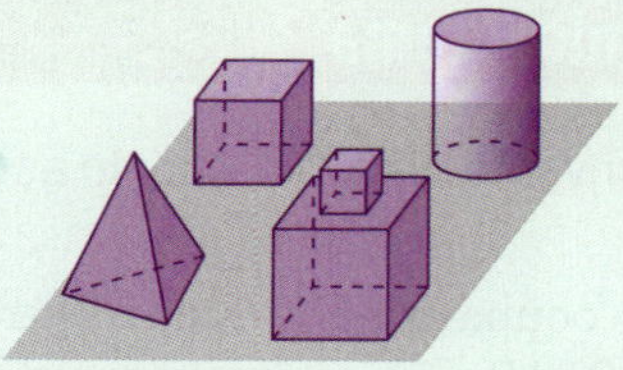

a) 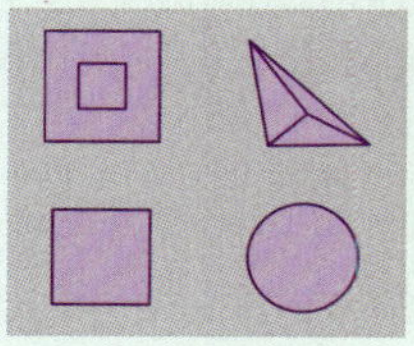

d) 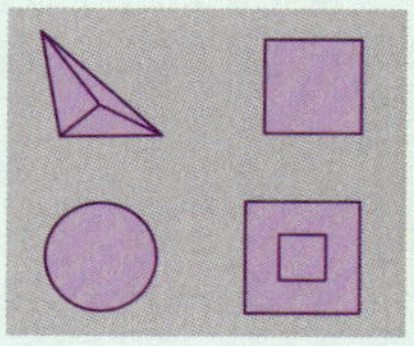

b) 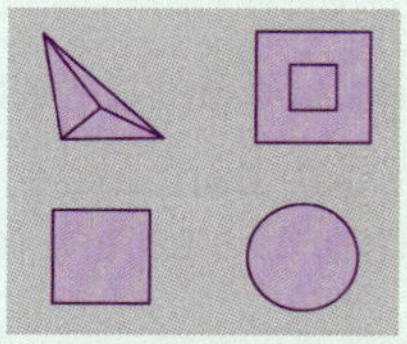

e) 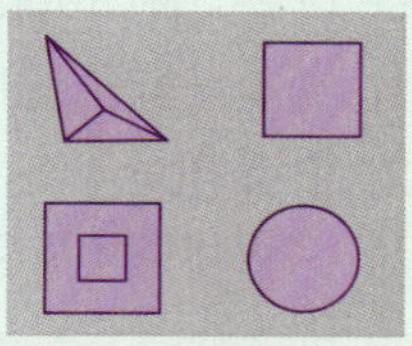

c) 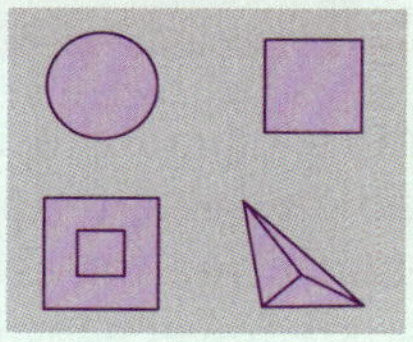

OBM. Fac-símile/ID/BR

Criar

12. Uma figura geométrica não plana foi representada em perspectiva com dois pontos de fuga. Veja a seguir.

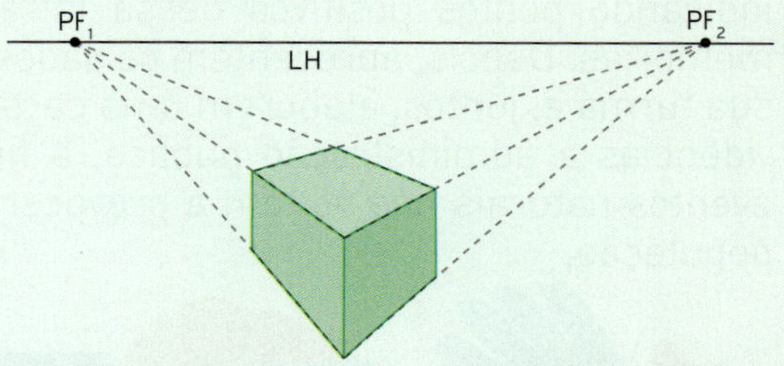

ID/BR

Agora, reproduza em uma folha avulsa a figura mostrada a seguir. Depois, trace as linhas de convergência e determine os dois pontos de fuga e a linha do horizonte.

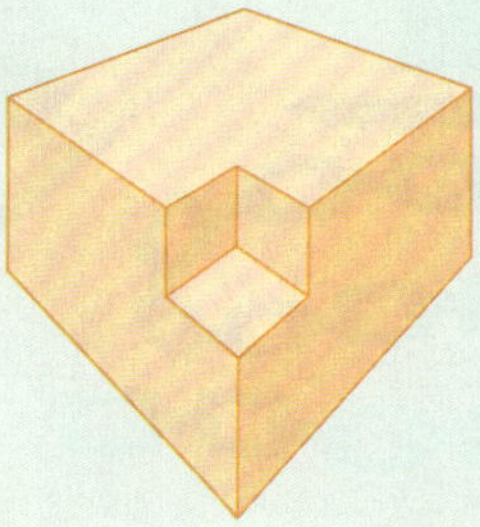
ID/BR

CIDADANIA GLOBAL

UNIDADE 5

9 INDÚSTRIA, INOVAÇÃO E INFRAESTRUTURA

Retomando o tema

O Brasil investe na produção do aço e exporta esse material para mais de 100 países.

> O Brasil ocupa o nono lugar entre os 10 maiores produtores de aço do mundo. Desde 2010, o Brasil produziu mais de 30 milhões de toneladas de aço anualmente e, em 2021, a produção local de 36,2 milhões de toneladas foi a maior em um único ano.

Os 10 maiores produtores de aço do mundo. *SoCientífica*. Disponível em: https://socientifica.com.br/os-10-maiores-produtores-de-aco-do-mundo/. Acesso em: 22 maio 2023.

O aumento da demanda por aço impulsiona o crescimento econômico de diversos setores, gerando milhares de empregos diretos e indiretos.

1. **Que características do aço permite que ele seja usado na construção civil?**
2. **Por que é importante que bancadas, equipamentos culinários, eletrodomésticos e utensílios de restaurantes sejam feitos de aço inox?**

Geração da mudança

A falta de infraestrutura dificulta a atração de investimentos, a competitividade das empresas e a geração de novos empregos. Além da infraestrutura básica, é cada vez mais necessário desenvolver infraestruturas resilientes, que são projetadas e construídas de maneira sustentável e levando em conta as necessidades da população.

- Reúna-se com três colegas e busquem informações sobre a infraestrutura do município em que vocês vivem. Avaliem se essa infraestrutura foi bem projetada ou se ela é precária, considerando a realidade do seu município e eventuais desastres naturais que aconteceram nos últimos anos. Elaborem um relatório indicando pontos positivos dessa infraestrutura e pontos que precisam de melhorias. Depois, apresentem os dados desse relatório aos demais colegas da sua turma e, juntos, elaborem uma carta solicitando providências à administração pública, a fim de que outros eventos naturais não voltem a provocar prejuízos para a população.

Autoavaliação

Camila Anselmé/ID/BR

FUNÇÕES

UNIDADE

6

PRIMEIRAS IDEIAS

1. Quando utilizamos a expressão “em função de”, o que queremos dizer? Explique.
2. Suponha que, ao digitar um número em um tipo de calculadora, ela lhe informe o dobro desse número. Que número ela informará se você digitar o -2?
3. Agora, suponha que exista outra calculadora e que ela está programada para números naturais. Ao digitar um número, ela lhe informa o cubo desse número. Que número ela informará se você digitar o 1? E se digitar o -1?

Conhecimentos prévios

Nesta unidade, eu vou...

CAPÍTULO 1 Introdução às funções

- Observar regularidades e estabelecer leis matemáticas que expressem a relação de dependência entre variáveis.
- Determinar valores que uma função pode assumir.
- Representar funções graficamente.
- Analisar representações gráficas de funções.

CAPÍTULO 2 Função afim

- Identificar uma função afim.
- Determinar o zero de uma função afim.
- Compreender os casos de função afim: função constante, função identidade, função linear.
- Construir gráficos de função afim em um plano cartesiano.
- Estabelecer relações entre os coeficientes e as representações gráficas de funções.
- Identificar a natureza da variação de duas grandezas diretamente proporcionais expressando a relação existente por meio de uma sentença algébrica e representando-a em um plano cartesiano.

RESOLVENDO PROBLEMAS

- Resolver um problema usando a estratégia “organização de informações”.

CIDADANIA GLOBAL

- Compreender que a acessibilidade pode melhorar a inclusão das pessoas com deficiência.

Jales Valquer/Fotoarena

LEITURA DA IMAGEM

1. **Há algum símbolo no ônibus que indica que ele está adaptado para o transporte de pessoas que usam cadeiras de rodas?**
2. **O que é necessário para garantir que uma pessoa usuária de cadeira de rodas consiga embarcar e desembarcar de um ônibus com segurança? E para garantir uma viagem segura?**
3. **Durante o movimento de um ônibus, estão envolvidas duas grandezas: o tempo e a velocidade. Cite outro exemplo de dependência de duas grandezas.**

CIDADANIA GLOBAL

10 REDUÇÃO DAS DESIGUALDADES

O transporte público tem fundamental importância na mobilidade dos cidadãos e no acesso a serviços e locais de trabalho. No entanto, é necessário que ele atenda às necessidades de todos, garantindo que pessoas com deficiência também possam usá-lo com segurança e qualidade.

A palavra ônibus vem do latim *omnibus* e significa "para todos". No entanto, algumas pessoas são excluídas desse sistema de transportes que deveria ser universal.

"Todos os ônibus já deveriam ter piso baixo." Mobilize Brasil. Disponível em: https://www.mobilize.org.br/noticias/13543/todos-os-onibus-ja-deveriam-ter-piso-baixo.html. Acesso em: 25 maio 2023.

- Como podemos melhorar a acessibilidade e garantir a inclusão das pessoas com deficiência em transportes e locais públicos?

Ao longo desta unidade, reflita sobre esse questionamento!

No dia a dia, qual é a principal dificuldade enfrentada pelas **pessoas usuárias de cadeira de rodas**?

Pessoa em cadeira de rodas esperando um ônibus acessível. São Paulo (SP). Foto de 2016.

CAPÍTULO

1 INTRODUÇÃO ÀS FUNÇÕES

NOÇÃO DE FUNÇÃO

Leia a notícia a seguir.

Entrega de cestas de produtos orgânicos e agroecológicos cresce 136% na pandemia

As entregas de cestas ou encomendas de produtos orgânicos e agroecológicos na Grande Vitória cresceram em 136% em meio à pandemia do novo Coronavírus (Covid-19). Antes, a porcentagem de produtores de feiras livres e pontos de comercialização que realizavam entregas semanais era de 24%. Com o isolamento social imposto, 57% dos produtores passaram a realizar *delivery*, aumentando em mais de quatro vezes o número de entregas, de 312 para 1 354 por semana.

O resultado foi revelado pela pesquisa "Comercialização direta de alimentos orgânicos e agroecológicos na Grande Vitória mediante pandemia do Covid-19" coordenada pelos extensionistas do Instituto Capixaba de Pesquisa, Assistência Técnica e Extensão Rural (Incaper) [...].

[...]

A pesquisa teve a participação de 103 agricultores de diferentes municípios do Espírito Santo, que correspondem a 87% dos produtores cadastrados nas feiras agroecológicas e pontos de comercialização direta na Grande Vitória. São diversos os produtos orgânicos disponibilizados aos consumidores *in natura* como frutas, verduras e hortaliças. Também são comercializados produtos da agroindústria familiar tais como mel, panificados, fubá, café, conservas vegetais e outros.

Andreia Ferreira. Entrega de cestas de produtos orgânicos e agroecológicos cresce 136% na pandemia. Incaper, 15 set. 2020. Disponível em: https://incaper.es.gov.br/Not%C3%ADcia/entrega-de-cestas-de-produtos-organicos-e-agroecologicos-cresce-136-na-pandemia. Acesso em: 25 maio 2023.

Em quais situações do dia a dia utilizamos a **ideia de função**?

O quadro a seguir relaciona o intervalo de tempo, em semana, com a quantidade de entregas de produtos orgânicos agroecológicos.

Intervalo de tempo (em semana)	1	2	3	...	10
Quantidade de entregas	1354	2708	4062	...	13540

Vinicius Moraes/Fotoarena

▼ Cesta com produtos orgânicos da feira de produtores rurais vinculados ao Incaper, em Vila Velha (ES). Foto de 2022.

Observe que nessa situação há uma relação entre duas grandezas: intervalo de tempo e quantidade de entregas. Além disso, perceba que para cada intervalo de tempo há apenas uma quantidade correspondente de entregas.

Quando entre duas grandezas A e B quaisquer existe uma correspondência e para cada medida de A ocorre uma **única** medida correspondente de B, dizemos que **B está em função de A** ou que temos uma **função de A em B**.

Assim, no exemplo apresentado, dizemos que a quantidade de entregas está em função do intervalo de tempo.

Em uma função, as grandezas que se relacionam são chamadas de **variáveis**. Essas variáveis podem ser classificadas em **dependentes** e **independentes**.

AS VARIÁVEIS DE UMA FUNÇÃO PODEM SER CLASSIFICADAS EM:

- Dependente
- Independente

Agora, veja outras situações que trabalham com a noção de função.

Situação 1

O valor pago pelo combustível, em real, é dado em função da quantidade de litros abastecidos. Nesse caso, a variável independente é a quantidade de litros, e a variável dependente é o valor pago.

Situação 2

Uma empresa de aluguel de carros anunciou em seu *site* uma oferta no aluguel de carros econômicos. A diária é R\$ 35,00 mais R\$ 0,50 por quilômetro percorrido.

O valor gasto com o aluguel depende do período de tempo, em dia, pelo qual se aluga o carro e da distância percorrida, em quilômetro, durante esse período.

No quadro a seguir, é possível ver algumas simulações.

Diária	Distância (em quilômetro)	Custo (em real)
1	100	$35 \cdot 1 + 0{,}50 \cdot 100 = 35 + 50 = 85$
1	500	$35 \cdot 1 + 0{,}50 \cdot 500 = 35 + 250 = 285$
2	750	$35 \cdot 2 + 0{,}50 \cdot 750 = 70 + 375 = 445$
2	1 000	$35 \cdot 2 + 0{,}50 \cdot 1\,000 = 70 + 500 = 570$

Perceba que não existe dependência entre o tempo de aluguel, em dia, e a distância percorrida com o carro, em quilômetro. Portanto, ambas as variáveis são independentes. Mas o custo do aluguel depende do tempo e da distância. Então, o custo é uma variável dependente.

João Picoli/ID/BR

PARE E REFLITA

Na notícia da abertura do capítulo, em que são relacionados o intervalo de tempo e a quantidade de entregas, qual é a variável dependente? E a independente?

LEI DE FORMAÇÃO DE UMA FUNÇÃO

A diagonal de um polígono convexo é todo segmento de reta que une dois vértices não consecutivos desse polígono.

A quantidade de diagonais de um polígono convexo pode ser determinada conhecendo-se a quantidade de lados desse polígono.

Veja alguns polígonos e suas diagonais.

Triângulo

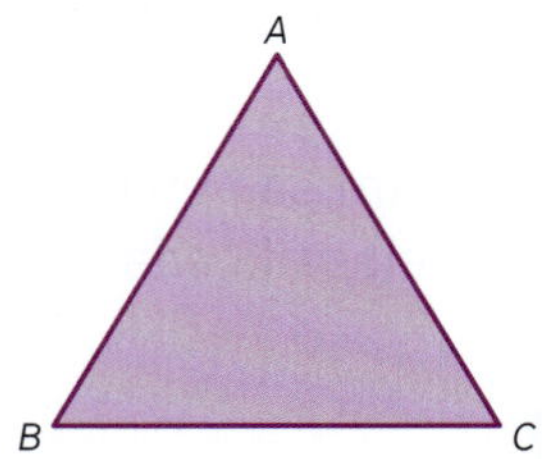

3 lados e 0 diagonal

Quadrado

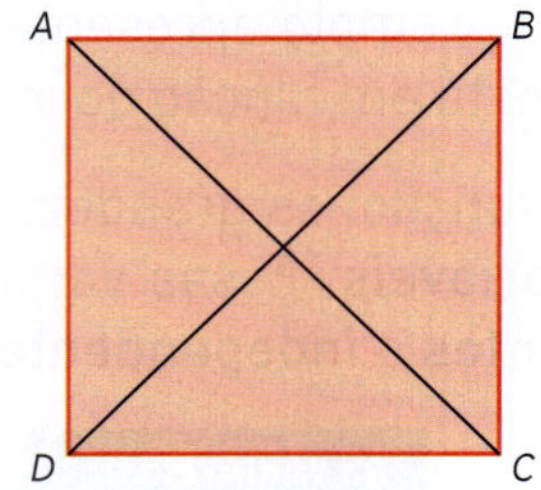

4 lados e 2 diagonais

Pentágono

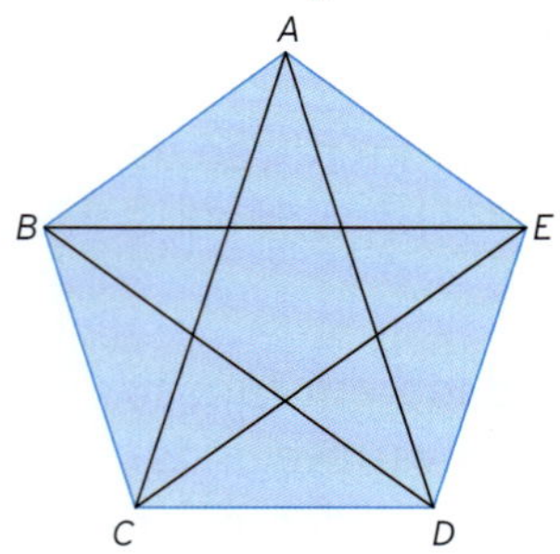

5 lados e 5 diagonais

Hexágono

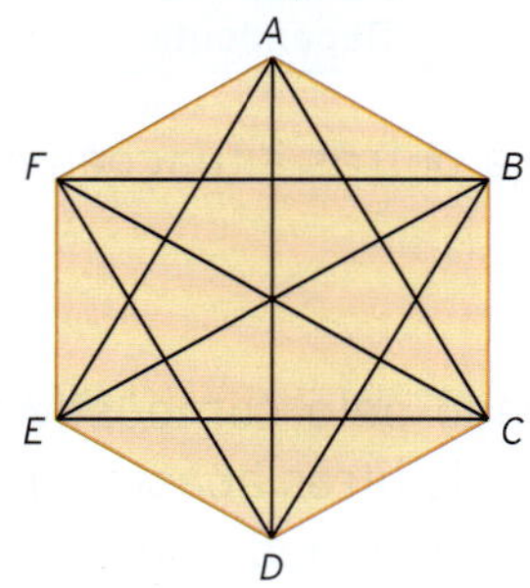

6 lados e 9 diagonais

Ilustrações: ID/BR

Observe que, para cada quantidade de lados de um polígono convexo, há uma única quantidade de diagonais associada a esse polígono.

Podemos relacionar essas duas grandezas (quantidade de lados do polígono e quantidade de diagonais) por meio de uma sentença matemática. Sendo *d* a quantidade de diagonais de um polígono convexo e *n* o número de lados desse polígono, temos:

Polígono convexo de *n* lados

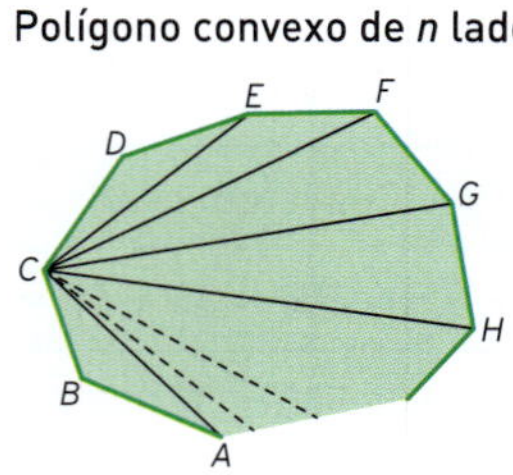

$$d = \frac{n(n-3)}{2},\ n \in \mathbb{N} \text{ e } n > 2$$

Dizemos que a sentença matemática que relaciona a quantidade de diagonais *d* de um polígono convexo em função da quantidade *n* de seus lados é a **lei de formação** dessa função.

Quando a função que relaciona duas grandezas pode ser descrita por uma sentença matemática, denominamos essa sentença **lei de formação da função** ou apenas **lei da função**.

De maneira geral, dada uma função f e indicando as variáveis envolvidas por x e y, a lei de formação de f pode ser representada por:

$$y = f(x)$$

Lemos: "y é igual a f de x", em que y indica os valores da variável dependente e x indica os valores que a variável independente pode assumir.

ATIVIDADES

Retomar e compreender

1. Uma pessoa faz caminhadas todos os dias pela manhã. Considerando que ela caminha sempre à velocidade de 90 metros por minuto, que D é a distância percorrida, em metro, e que t é o tempo de caminhada, em minuto, temos a seguinte relação: $D = 90 \cdot t$.

a) Quais são as variáveis envolvidas nessa relação?

b) Qual é a variável dependente?

c) Qual é a variável independente?

2. Em cada caso, foi dada a lei de formação de uma função. Identifique a variável dependente e a variável independente de cada função.

a) $b = 5a + 3$

b) $g = 4 - 2h$

c) $t = 10x$

Aplicar

3. Considere P a medida do perímetro, em centímetro, de um triângulo equilátero.

a) Calcule o valor de P para triângulos equiláteros de lados medindo:

- 2 cm;
- 3,5 cm;
- x cm.

b) A medida do perímetro P de um triângulo equilátero é uma função da medida x de seus lados, em que x é um número real positivo. Dê uma lei que descreva essa função.

Lembre-se: A medida do perímetro de um polígono é obtida pela soma das medidas de seus lados.

4. Encontre uma lei da função $f(n)$, em que n é um número natural não nulo, que pode gerar a sequência: 2, 5, 8, 11, 14, 17, ...

5. As figuras a seguir representam mesas e cadeiras em algumas configurações.

Figura A

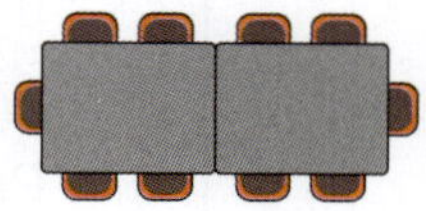

Figura B

Danillo Souza/ID/BR

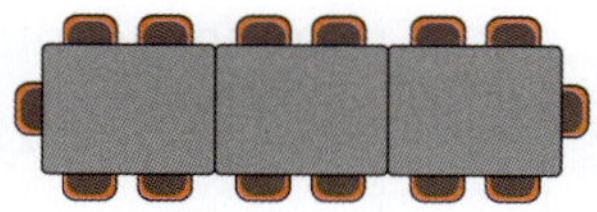

Figura C

Suponha que a sequência representada mantenha a mesma relação entre duas figuras consecutivas.

a) Determine a lei da função que relaciona a quantidade m de mesas com a quantidade c de cadeiras.

b) Quantas dessas mesas enfileiradas são necessárias para acomodar 50 pessoas?

6. Uma função g é dada pela lei de formação $m = 3n + 2$ (sendo n um número real).

a) Identifique a variável dependente e a variável independente envolvidas nessa função.

b) Determine a lei dessa função usando a notação $g(n)$.

7. O lado do quadrado $ABOL$ mede 30 cm.

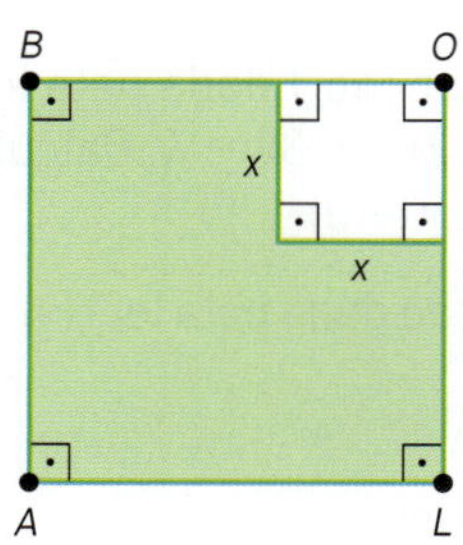

ID/BR

Se o lado do quadrado branco mede x centímetro, qual é a lei da função que determina a medida da área A da região verde?

VALOR DE UMA FUNÇÃO

Considerando uma função f cuja lei de formação é $y = f(x)$, o **valor da função** f para $x = a$ é dado por $f(a)$. Para determinar esse valor, basta substituir x por a na lei da função e efetuar os cálculos.

Exemplos

A. Em determinada cidade, a corrida de táxi é cobrada de acordo com uma taxa inicial de R$ 5,25 (conhecida como bandeirada), adicionada a uma parcela variável de R$ 3,50 por quilômetro rodado. A função f que relaciona o valor y a ser pago pela corrida, em real, com a quantidade x de quilômetros rodados é dada pela lei:

$$y = f(x) = 5{,}25 + 3{,}5x$$

Para calcular o preço da corrida caso sejam percorridos 25 quilômetros, precisamos determinar o valor da função f quando $x = 25$, ou seja, basta substituir x por 25 na lei da função e obter o valor de y correspondente:

$$f(25) = 5{,}25 + 3{,}5 \cdot 25 = 5{,}25 + 87{,}5 = 92{,}75$$

Logo, o preço dessa corrida será R$ 92,75.

B. Em uma sorveteria, cada bola de sorvete custa R$ 2,00. Caso o cliente queira levar o sorvete para casa, são cobrados mais R$ 5,00 pela embalagem de isopor.

A lei que determina o preço p em função da quantidade x de bolas de sorvete compradas para viagem deve ser formada pela adição do preço da embalagem ao produto da quantidade de bolas de sorvete compradas pelo preço de cada bola (R$ 2,00). Essa função é dada pela lei:

$$p(x) = 5 + 2x$$

Para saber quanto um cliente pagará ao comprar 15 bolas de sorvete para viagem, devemos calcular $p(15)$, obtendo p quando $x = 15$:

$$p(15) = 5 + 2 \cdot 15 = 5 + 30 = 35$$

Logo, o cliente vai pagar R$ 35,00 por 15 bolas de sorvete para viagem.

ATIVIDADES

Aplicar

8. Considere a função f dada pela lei de formação $f(x) = 2x^2 + 3x - 4$. Calcule o valor de $f(0)$, $f(2)$ e $f(-3)$.

9. Sendo f a função dada pela lei $f(x) = 4x + 1$, calcule:

a) $f(-2) \cdot f(1)$

b) $2 \cdot f(3) + f(0)$

10. O quadro a seguir mostra a relação entre a medida do perímetro de um quadrado e a medida do lado desse quadrado.

Medida do lado (cm)	1	1,5	2	2,5	3
Medida do perímetro (cm)	4	6	8	10	12

a) Qual é a relação entre a medida do perímetro e a medida do lado do quadrado?

b) Dê a lei da função p que fornece a medida do perímetro do quadrado em função da medida (ℓ) de seu lado.

c) Qual é o valor da função p quando o lado do quadrado mede 3,5 cm?

REPRESENTAÇÃO GRÁFICA DE UMA FUNÇÃO

Acompanhe a situação a seguir.

Um homem sedentário, preocupado com sua saúde, começou a caminhar em um parque próximo à sua casa. Ele tem caminhado diariamente cerca de 500 metros em 5 minutos. Considerando esse ritmo, podemos representar a distância *d*, em metro, percorrida por ele em função do tempo *t*, em minuto, da seguinte maneira:

$$d = \frac{t}{0{,}01}, \text{ com } t > 0$$

▲ **Praticar exercício físico em todas as idades é muito importante para prevenir doenças.**

Desse modo, podemos obter pares ordenados (*t*, *d*) que informam o tempo de caminhada e a correspondente distância percorrida a cada momento. Veja alguns desses valores no quadro a seguir.

t (min)	0	5	10	15
d (m)	$d(0) = \frac{0}{0{,}01} = 0$	$d(5) = \frac{5}{0{,}01} = 500$	$d(10) = \frac{10}{0{,}01} = 1\,000$	$d(15) = \frac{15}{0{,}01} = 1\,500$
(*t*, *d*)	(0, 0)	(5, 500)	(10, 1 000)	(15, 1 500)

Cada par ordenado (*t*, *d*), determinado por essa função, pode ser associado a um ponto do plano cartesiano.

Os valores da variável independente (*t*) são marcados no eixo horizontal – no eixo das abscissas –, e os valores da variável dependente (*d*) são indicados no eixo vertical – no eixo das ordenadas.

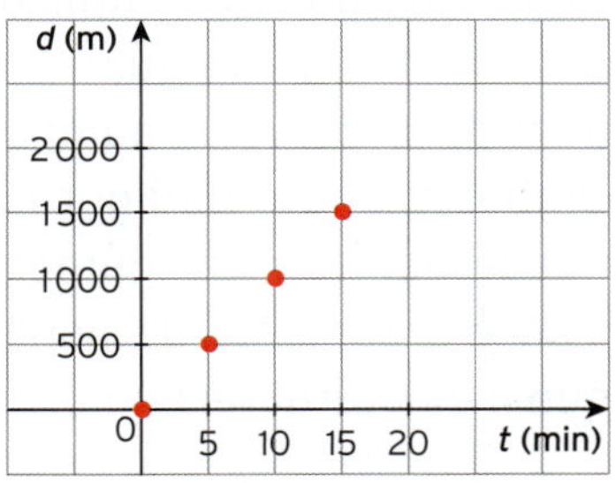

Os pares ordenados representados nesse plano cartesiano determinam alguns pontos do gráfico da função *d*. Representando todos os pontos de coordenadas (*t*, *d*), obtemos o **gráfico da função** *d*.

Como a variável "tempo" é contínua (cada instante pode ser associado a uma distância), podemos traçar a linha que contém os pontos marcados. Essa linha é o gráfico da função *d*, que, no caso, tem origem no ponto (0, 0) e poderá continuar infinitamente.

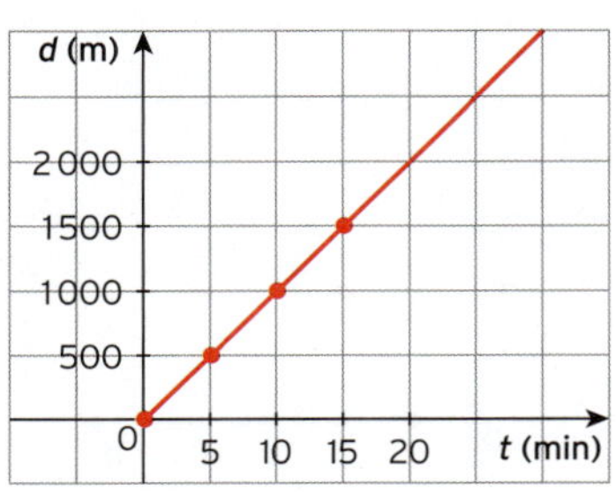

Ilustrações: ID/BR

Consideremos agora outra situação. Observe a sequência de figuras:

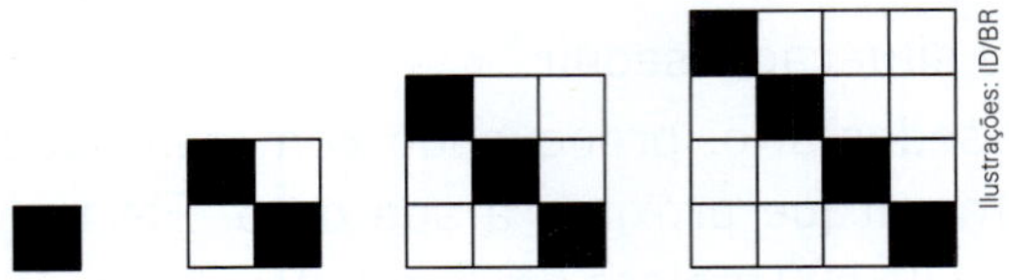

Figura 1 Figura 2 Figura 3 Figura 4

Perceba que todas as figuras são quadrados formados por quadradinhos (pretos e brancos).

- A figura 1 é um quadrado 1 por 1 (composto de 1 quadradinho), com 1 quadradinho preto e 0 quadradinho branco.
- A figura 2 é um quadrado 2 por 2 (composto de 4 quadradinhos), com 2 quadradinhos pretos e 2 quadradinhos brancos.
- A figura 3 é um quadrado 3 por 3 (composto de 9 quadradinhos), com 3 quadradinhos pretos e 6 quadradinhos brancos.
- A figura 4 é um quadrado 4 por 4 (composto de 16 quadradinhos), com 4 quadradinhos pretos e 12 quadradinhos brancos.

A quantidade de quadradinhos brancos (Q_b) de uma figura (n) qualquer pode ser obtida pela diferença entre o total de quadradinhos que a compõem, que é n^2, e a quantidade de quadradinhos pretos da figura, que é n (número de quadradinhos de uma diagonal). Assim, temos:

$$Q_b(n) = n^2 - n$$

Agora, vamos representar graficamente essa função.

Observe que, nesse caso, não podemos unir os pontos por uma linha contínua, pois não há uma quantidade de quadradinhos brancos que seja intermediária entre a quantidade de quadradinhos brancos da figura 1 e a quantidade de quadradinhos brancos da figura 2, assim como entre as demais. O número n de cada figura é um número natural não nulo, por isso o gráfico dessa função é o conjunto de pontos (n, Q_b) determinados por $Q_b(n) = n^2 - n$, em que n é natural não nulo.

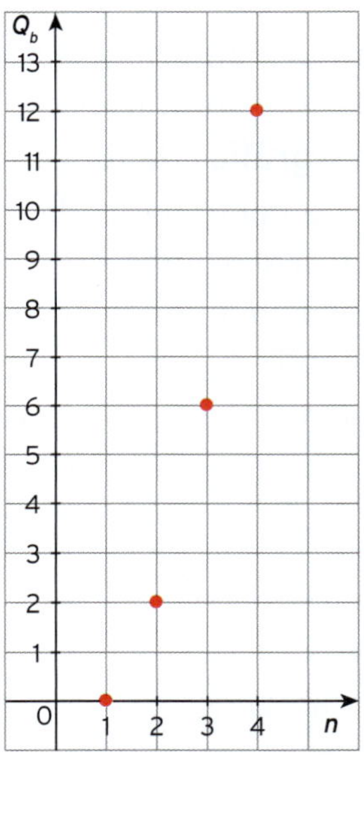

ATIVIDADES

Retomar e compreender

11. Veja o gráfico que representa a função h.

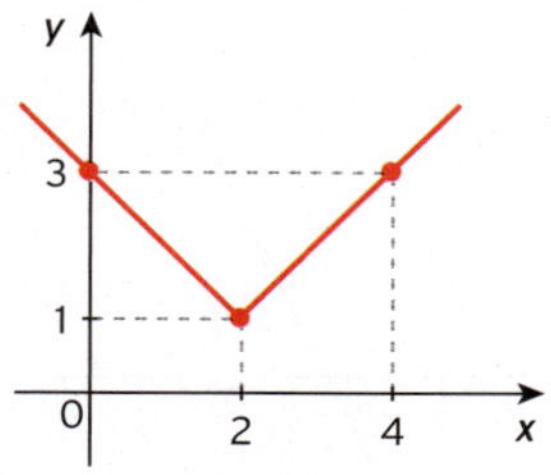

Ilustrações: ID/BR

Com base no gráfico, determine:

a) o valor da função h para $x = 2$;

b) o valor de $h(0)$.

12. Observe a seguir os gráficos das funções f e g.

Gráfico de f

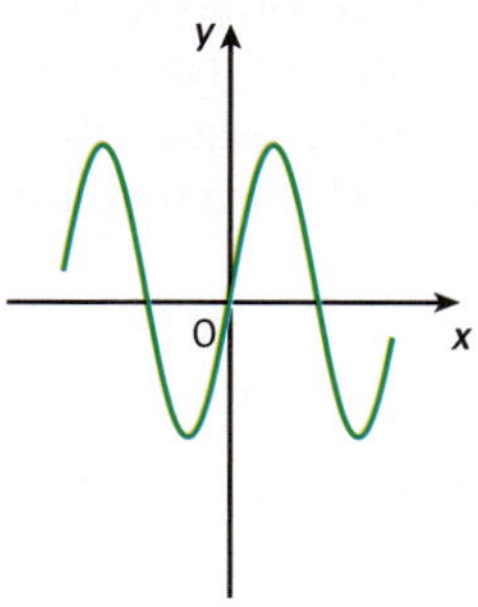

Gráfico de g

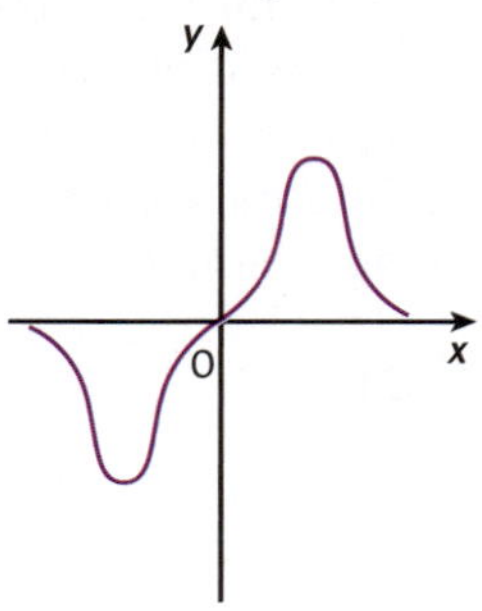

De acordo com esses gráficos, classifique cada afirmação a seguir, a respeito das funções f e g, em verdadeira ou falsa.

a) As duas funções, f e g, assumem valores negativos.

b) Para $x = 0$, as duas funções têm valores iguais.

c) A função f assume valor zero ($f(x) = 0$) apenas para $x = 0$.

d) Para $x > 0$, as duas funções, f e g, sempre assumem valores positivos.

e) Para $x < 0$, o valor da função f pode ser positivo, negativo ou zero.

f) Se $x \neq 0$, o valor de g é negativo ou positivo.

Aplicar

13. Considere a função de variáveis reais dada por $f(x) = 6 - 3x$, com $-4 \leq x \leq 4$.

a) Complete o quadro a seguir.

x	$f(x) = 6 - 3x$	(x, y)
-3		
-2		
-1		
0		
1		
2		
3		

b) Construa em um plano cartesiano um gráfico para essa função e marque todos os pontos do quadro.

c) No gráfico do item anterior, localize de maneira aproximada os pontos que têm os seguintes valores de x:

I. 4 | III. -4 | V. 2,3
II. $-1,6$ | IV. 0,5 | VI. $\sqrt{2}$

- Agora, substitua esses valores de x em $f(x) = 6 - 3x$ e verifique se esses pontos ficam próximos dos que foram marcados.

14. Veja o quadro a seguir.

x	$f(x) = 3x + 1$
0	1
1	4
2	7
3	10
4	13
5	16

Considerando x e $f(x)$ números reais, com $0 \leq x \leq 5$, represente os pares ordenados determinados pelos dados do quadro em um plano cartesiano.

15. Considere x e $f(x)$ números reais e faça o que se pede em cada item.

a) Complete o quadro a seguir.

x	$f(x) = -2x + 3$	$(x, f(x))$
-2		
-1		
0		
1		
2		

b) Construa em um plano cartesiano o gráfico da função f.

MAIS ATIVIDADES

Retomar e compreender

1. Reúna-se com um colega. Citem exemplos de situações que apresentem uma correspondência entre duas grandezas que determine uma função.

2. Pedro e Júlia saíram do sítio onde moram para fazer um passeio a cavalo até uma fazenda na região. O gráfico a seguir descreve a distância percorrida por eles nesse passeio.

Dados obtidos por Pedro e Júlia.

Analise o gráfico e responda.

a) Quanto tempo durou o passeio?

b) Quanto tempo Pedro e Júlia ficaram parados para o cavalo descansar?

c) Quantos quilômetros eles percorreram nos primeiros 40 minutos?

d) Quantos quilômetros eles percorreram durante o passeio?

3. Identifique qual destes gráficos pode representar a função f dada por $f(x) = 2x - 3$. Justifique sua resposta.

a)

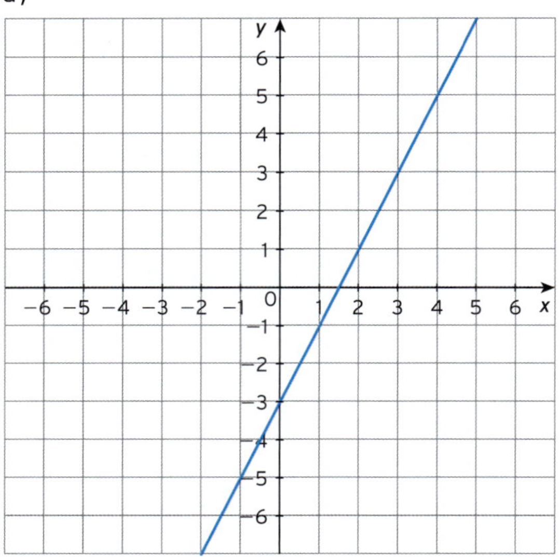

b)

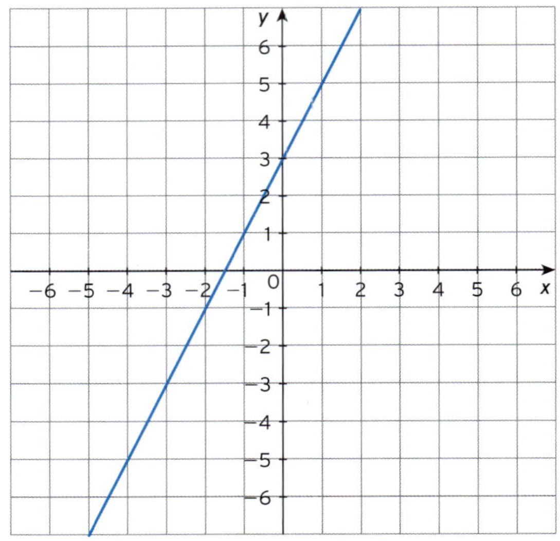

4. Eva toma 5 mL de um medicamento a cada 4 horas. Ainda restam 60 mL no frasco. Identifique as variáveis envolvidas nessa situação e determine quantos dias Eva levará para tomar todo o remédio do frasco.

Aplicar

5. Uma motocicleta se desloca em uma estrada com velocidade constante de 60 km/h.

a) Qual é a medida da distância percorrida pela motocicleta em 2 horas?

b) Em quanto tempo essa motocicleta percorrerá 210 km?

6. Observe o retângulo representado a seguir, em que x é um número real positivo.

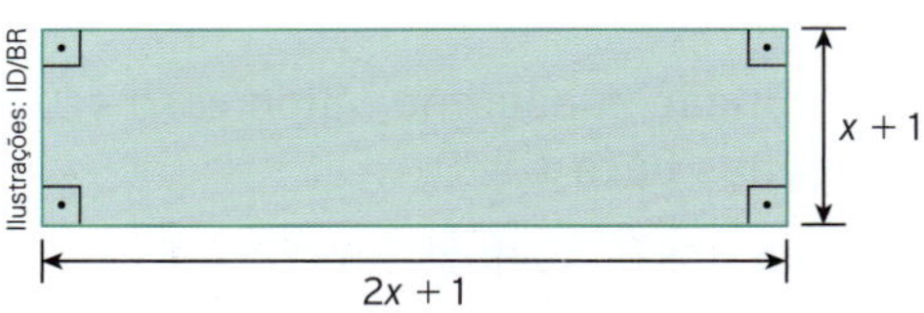

Ilustrações: ID/BR

a) Determine a lei da função f que fornece a medida do perímetro desse retângulo.

b) Determine a lei da função g que fornece a medida da área desse retângulo.

7. Considere f a função dada pela lei $f(x) = 2x$. Calcule o valor da expressão do quadro:

$$2 \cdot f(-2) + f(1)$$

8. A figura mostra um tanque totalmente cheio de água cuja altura mede 1 m. A base do tanque é um retângulo cujos lados medem 3 m e 2 m. Despreze a espessura da caixa.

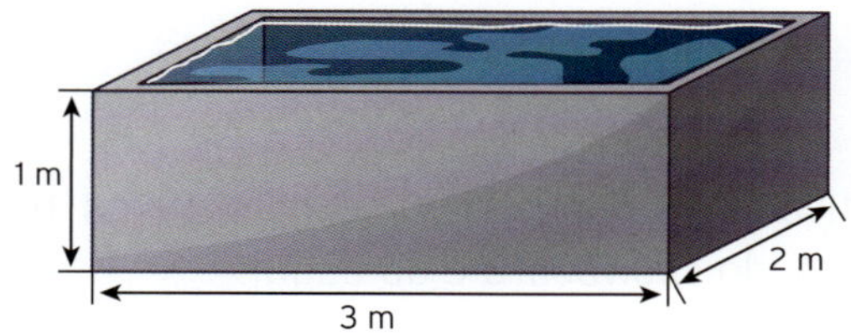

AMJ Studio/ID/BR

Reúna-se com um colega para responder às questões a seguir.

a) Qual é a medida do volume, em metro cúbico, de água contido nesse tanque?

b) Se forem retirados 3 m^3 de água, qual será a medida do nível atingido pela água que restar no tanque?

c) Quando a água atinge uma medida de altura de 0,25 m, qual é a medida do volume de água contido no tanque?

d) Escreva uma lei que represente o nível N de água, em metro, que resta no tanque após a retirada de um volume V_R de água, em metro cúbico.

9. Observe a sequência de figuras e faça o que se pede.

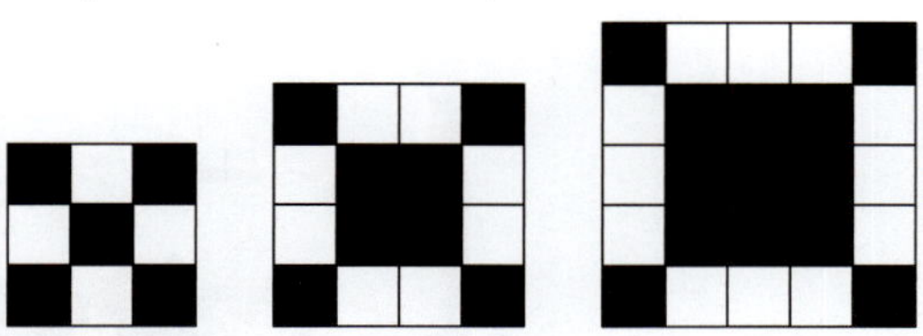

Figura 1 Figura 2 Figura 3

Ilustrações: ID/BR

a) Desenhe as próximas duas figuras dessa sequência.

b) Determine uma lei que permita calcular a quantidade total de quadradinhos (T_n) de cada figura, outra lei para a quantidade de quadradinhos brancos (B_n) e outra para a quantidade de quadradinhos pretos (P_n), todas em função da posição n da figura na sequência.

c) Represente graficamente os pares ordenados (n, B_n) determinados pela quantidade de quadradinhos brancos (B_n) em função da posição n da figura, relativos às cinco primeiras figuras dessa sequência.

10. Considere a função f dada pelo gráfico a seguir. Depois, determine o que se pede.

ID/BR

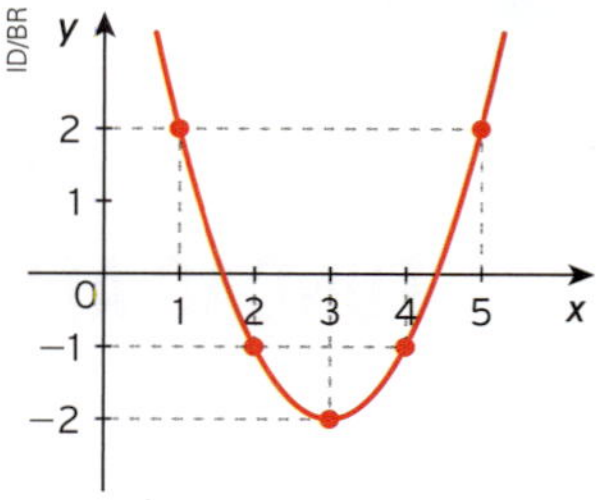

a) O valor da função f para $x = 2$ e $x = 5$.

b) O valor de x para o qual se tem $f(x) = -2$.

c) Os valores de x quando $y = 2$.

d) A quantidade de valores de x para os quais a função se anula, ou seja, obtemos $f(x) = 0$.

e) Um intervalo do eixo das abscissas com extremos inteiros consecutivos que contém x tal que $f(x) = 1$.

11. O funcionário de uma loja tem o salário mensal composto de um valor fixo de R$ 1 500,00 e uma comissão de 8% sobre o total de suas vendas mensais.

a) Se ele vender R$ 60 000,00 em um mês, quanto receberá nesse mês?

b) Para receber um salário de R$ 7 800,00, quanto ele precisa vender em um mês?

c) Considere t o total vendido pelo funcionário em um mês e S o salário mensal. Escreva uma lei que represente S em função de t.

12. Para alugar um carro, uma locadora cobra uma taxa de R$ 50,00 por dia mais R$ 0,80 por quilômetro rodado.

a) Se um cliente percorrer 100 quilômetros em um dia, quanto deverá pagar pelo aluguel do carro?

b) Qual é a distância máxima que o cliente pode percorrer em um dia se pretende gastar no máximo R$ 150,00 com o aluguel do carro?

c) Considerando x a distância em quilômetro percorrida nesse dia, escreva a lei que representa o total pago $p(x)$ pelo aluguel do carro em função da distância x.

CAPÍTULO 2

FUNÇÃO AFIM

FUNÇÃO AFIM

Algumas modalidades esportivas são praticadas no gelo ou na neve, como é o caso da patinação no gelo, do *snowboard* e do esqui.

A tabela a seguir apresenta possíveis medidas de temperaturas mínimas em uma estação de esqui.

Previsão de temperaturas mínimas para os próximos dias				
Dia	1	2	3	4
Temperatura mínima prevista	32 °F	36 °F	39 °F	28 °F
	0 °C	2,2 °C	3,9 °C	−2,2 °C

Dados fictícios.

Observe que as medidas das temperaturas apresentadas na tabela foram expressas em duas unidades de medida: grau Fahrenheit (°F) e grau Celsius (°C). Analisando a tabela, podemos perceber, por exemplo, que 36 °F correspondem a 2,2 °C, assim como −2,2 °C correspondem a 28 °F. Mas como ocorre essa correspondência?

Há uma relação entre essas duas escalas termométricas determinada por uma função.

▼ Esquiadores em Bialka Tatrzanska, Polônia. Foto de 2023.

Valentina Proskurina/Shutterstock.com/ID/BR

Uma temperatura expressa em grau Celsius (T_C) desloca a mesma altura de líquido no termômetro quando expressa em grau Fahrenheit (T_F). Por isso, podemos estabelecer a seguinte relação:

$$\frac{(T_C - 0)}{(100 - 0)} = \frac{(T_F - 32)}{(212 - 32)}$$

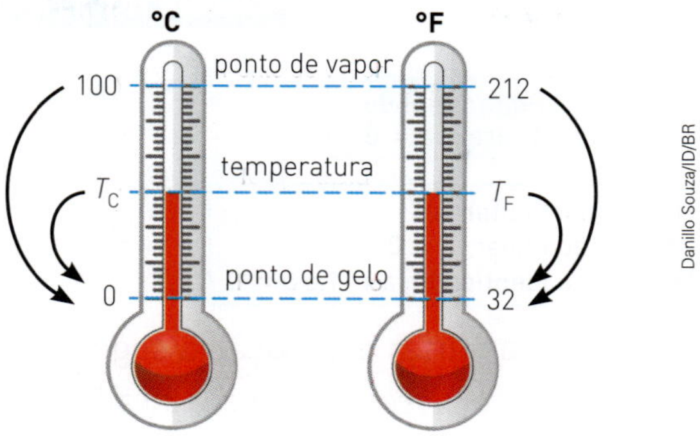

Agora, vamos ajustar essa igualdade de modo a obter uma expressão do tipo $y = ax + b$, em que a e b são constantes reais e x pode ser qualquer número real.

$$\frac{T_C}{100} = \frac{T_F - 32}{180}$$

$$180 \cdot \frac{T_C}{100} = T_F - 32$$

$$\frac{9}{5} T_C + 32 = T_F$$

$$T_F = 1{,}8 \cdot T_C + 32$$

Observe que:

$$\begin{array}{ccccccc} T_F & = & 1{,}8 & \cdot & T_C & + & 32 \\ \downarrow & & \downarrow & & \downarrow & & \downarrow \\ y & = & a & \cdot & x & + & b \end{array}$$

Função afim é toda função f cuja lei de formação pode ser escrita na forma $f(x) = ax + b$, em que a e b são números reais e x pode ser qualquer número real.

Funções do tipo $y = ax + b$ são chamadas de funções afins.

As constantes a e b são chamadas de **coeficientes** da função afim. Observe que em $T_F = 1{,}8 \cdot T_C + 32$, temos $a = 1{,}8$ e $b = 32$.

Exemplos

A. A função $S(V) = 0{,}04V + 2\,100$, com $V \geqslant 0$, é uma função afim, pois sua lei pode ser escrita na forma $f(x) = ax + b$, em que os coeficientes são $a = 0{,}04$ e $b = 2\,100$.

B. A função g é afim e sabe-se que $g(0) = 2$ e $g(1) = 0$. Vamos determinar a lei de g. Para isso, utilizamos o fato de g ser afim, ou seja, a lei de g é da forma $g(x) = ax + b$. Assim:

- $g(0) = a \cdot 0 + b = 2$, ou seja, $b = 2$;
- $g(1) = a \cdot 1 + 2 = 0$, ou seja, $a + 2 = 0$ ou, ainda, $a = -2$.

Logo, a função g é determinada pela lei: $g(x) = -2x + 2$.

Casos de função afim

Veja no organizador a seguir como podemos classificar uma função afim.

CASOS DE FUNÇÃO AFIM $y = ax + b$

- **Polinomial do 1º grau: $a \neq 0$**
  - Casos particulares
    - Função linear: $b = 0$
    - Função identidade: $a = 1$ e $b = 0$
- **Constante: $a = 0$**

Vamos analisar a situação a seguir.

Um carro percorre uma estrada mantendo sempre a velocidade de 80 km/h. Ou seja, conforme o tempo passa, a velocidade não se altera. A função que relaciona a velocidade v (em km/h) desenvolvida em cada instante t (em h) nesse movimento é dada por:

$$v(t) = 80$$

Observe que essa função é uma função afim cuja lei tem coeficientes $a = 0$ e $b = 80$, ou seja, ela é uma função constante.

Agora, retome o exemplo **A** da página anterior, em que vimos a função $S(V) = 0{,}04V + 2\,100$, com $V \geqslant 0$. Nessa função, verificamos que $a \neq 0$, ou seja, ela é uma função polinomial do 1º grau. Nesse caso, o coeficiente b pode ser zero ou não.

Exemplos

A. $g(x) = \frac{x}{2} - 5$, com x real, é uma função polinomial do 1º grau.

B. $y = 9$ é uma função constante.

C. $f(x) = x$ é uma função identidade.

ATIVIDADES

Retomar e compreender

1. Identifique quais das funções a seguir são funções afins e classifique-as como função polinomial do 1º grau ou constante.

a) $f(x) = 5x + 1$

b) $f(x) = x^2 - 3$

c) $f(x) = -13 + x$

d) $f(x) = -2x$

e) $f(x) = 1$

f) $f(x) = 2x^3 + 11$

Aplicar

2. Dada uma função cuja lei é $f(x) = -5x + 8$, calcule o valor de:

a) $f(2)$;

b) $f(0)$;

c) $f(-3)$;

d) $f(1{,}6)$.

3. Uma pizzaria *delivery* vende *calzones* por R$ 25,00 cada um e ainda cobra uma taxa fixa de R$ 6,00 pelo frete.

a) Determine a lei da função que relaciona o preço p a ser pago por uma encomenda de n *calzones*.

b) Essa função é afim? Se for, de que tipo ela é?

c) Calcule o valor pago na compra de 3 *calzones*.

d) Se o valor pago foi R$ 181,00, qual é a quantidade de *calzones* comprados?

4. Dadas as funções f e g determinadas pelas leis $f(x) = x - 3$ e $g(x) = 21x$, calcule:

a) $f(5) - g(1)$;

b) $g(0) \cdot f(-1)$.

GRÁFICO DE UMA FUNÇÃO AFIM

O gráfico de uma função afim f dada por $f(x) = ax + b$, em que x assume qualquer valor real, é uma **reta** não paralela ao eixo y (ou seja, não vertical).

Você já sabe que dois pontos distintos determinam uma única reta. Por isso, para construir o gráfico de uma função afim f, basta obter dois pontos distintos que pertençam ao gráfico de f.

Exemplos

A. Vamos construir o gráfico da função f dada por $f(x) = 2x - 2$, com x real.

Escolhemos dois valores distintos e arbitrários para x e calculamos os valores de $y = f(x)$ correspondentes.

x	$y = f(x) = 2x - 2$	Coordenadas (x, y)
0	$y = 2 \cdot 0 - 2 = -2$	$(0, -2)$
2	$y = 2 \cdot 2 - 2 = 2$	$(2, 2)$

Representamos os pares ordenados obtidos no plano cartesiano e traçamos a reta que passa por eles.

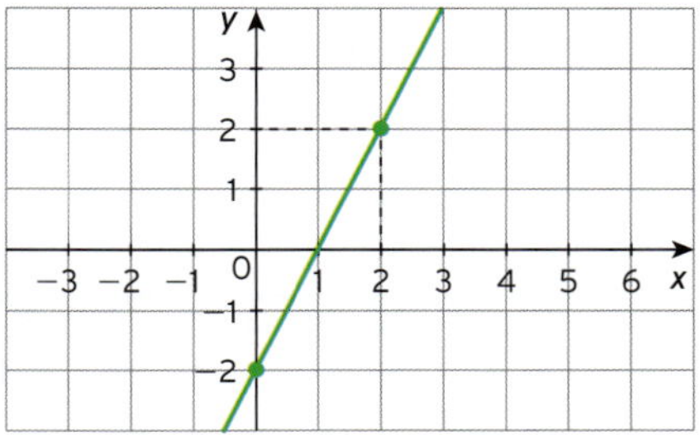

Ilustrações: ID/BR

Observe que o gráfico dessa função polinomial do 1º grau:

- é uma reta inclinada e corta os dois eixos: x e y;
- corta o eixo y no ponto $(0, -2)$, isto é, em $(0, b)$;
- corta o eixo x no ponto $(1, 0)$, isto é, para $x = 1$ a função se anula, ou seja, ela assume valor zero.

B. Vamos construir o gráfico da função g dada por $g(x) = -x + 2$, com x real.

x	$y = g(x) = -x + 2$	Coordenadas (x, y)
0	$y = -0 + 2 = 2$	$(0, 2)$
2	$y = -2 + 2 = 0$	$(2, 0)$

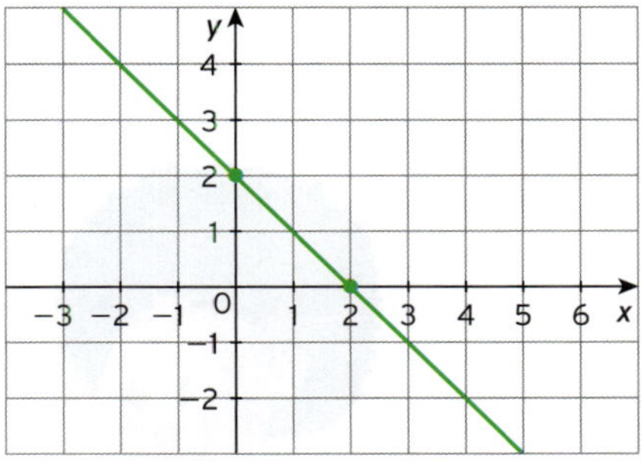

Observe que esse gráfico:

- é uma reta inclinada e corta os dois eixos x e y;
- corta o eixo y no ponto $(0, 2)$, isto é, em $(0, b)$;
- corta o eixo x no ponto $(2, 0)$, isto é, para $x = 2$ a função se anula, ou seja, ela assume valor zero.

C. Vamos construir o gráfico da função h dada por $h(x) = 4$, com x real.
Observe que, independentemente do valor atribuído a x, o valor de y sempre será 4.

x	y
0	4
3	4

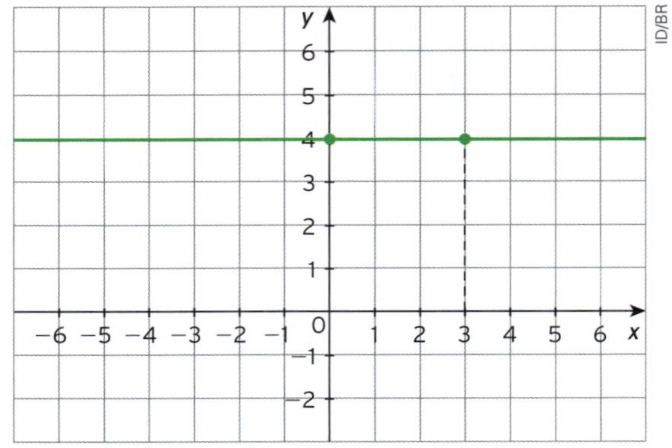

A função h é constante. Seu gráfico é uma reta paralela ao eixo x (horizontal), que corta o eixo y em (0, 4).

Note que na função h dada por $y = 4$ não existe valor de x real que anule a função.

D. Vamos construir o gráfico da função p dada por $p(x) = x$, com x real.

x	y
0	0
3	3

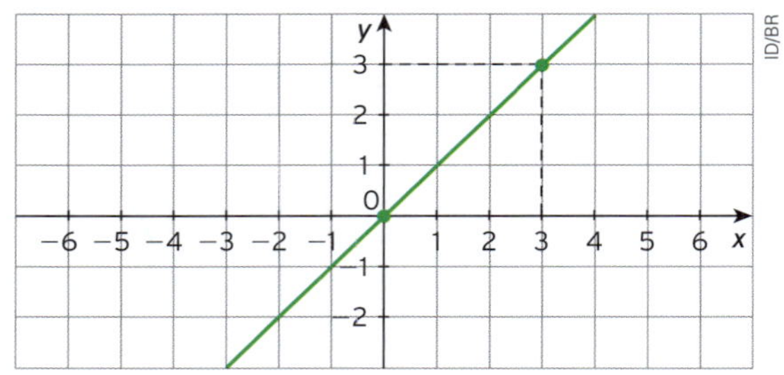

A função p é linear. Seu gráfico é uma reta inclinada que passa pela origem (0, 0), e corta os eixos x e y em (0, 0). Nesse caso, p é a função identidade (pois $a = 1$).

GRÁFICO DE FUNÇÃO AFIM

- $a \neq 0$: É uma reta inclinada, pois é o gráfico de uma **função polinomial do 1º grau**.
  - $b = 0$: É uma reta que passa pela origem (0, 0), pois é o gráfico de uma **função linear**.
- $a = 0$: É uma reta paralela ao eixo x ou coincidente com o eixo x, pois é o gráfico de uma **função constante**.

João Picoli/ID/BR

ATIVIDADES

Retomar e compreender

5. Classifique em verdadeira ou falsa cada afirmação dada a seguir.

a) O gráfico de uma função linear sempre passa pela origem (0, 0) do sistema de coordenadas cartesianas.

b) O gráfico de uma função constante é uma reta inclinada em relação aos eixos x e y.

c) Qualquer reta pode ser o gráfico de uma função afim.

6. Identifique cada gráfico com o tipo de função afim que ele pode representar: constante, linear ou polinomial do 1º grau.

a)

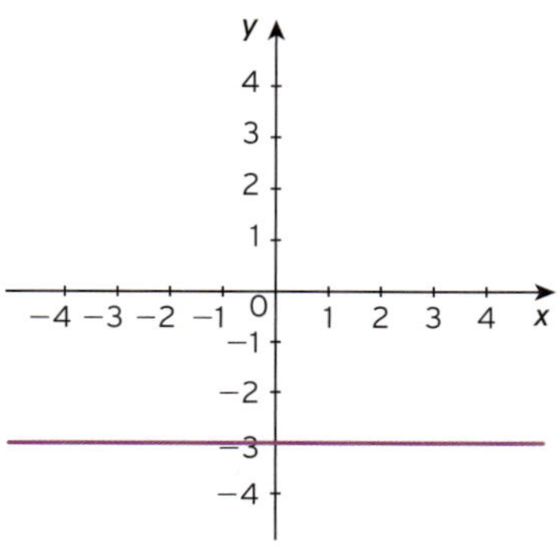

Ilustrações: ID/BR

b)

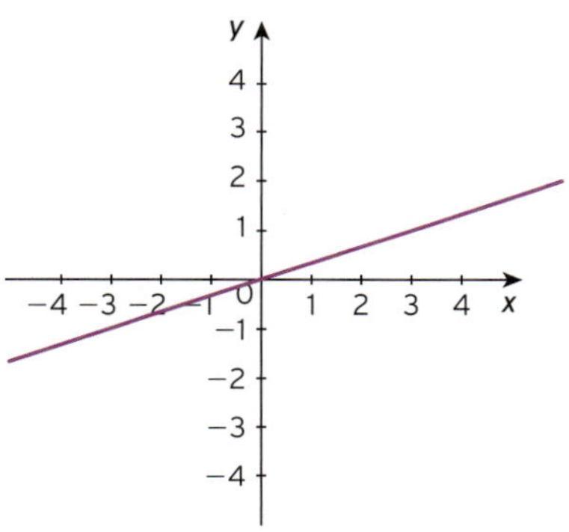

c)

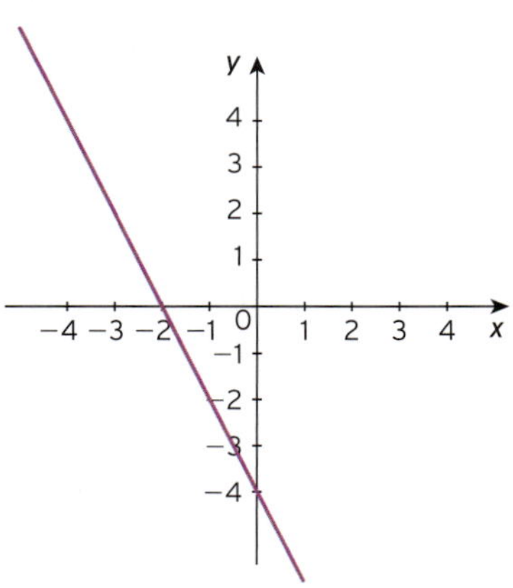

Aplicar

7. Construa o gráfico da função dada pela lei $f(x) = x - 1$, com x real, e determine:

a) os pontos em que o gráfico corta os eixos x e y;

b) a abscissa do ponto em que o gráfico corta o eixo x.

8. Observe o quadro com alguns valores relativos a uma função afim.

x	y
−1	−7
0	−5
1	−3
2	−1
2,5	0

a) Determine a lei dessa função, para todo x real.

b) Construa o gráfico dessa função.

c) Essa função é constante? Por quê?

d) Essa função é linear? Por quê?

9. Construa o gráfico da função dada pela lei $f(x) = -3x$, com x real.

10. Construa em um mesmo plano cartesiano o gráfico das funções f e g em cada caso (com x real) e determine o ponto em que esses gráficos se intersectam, caso exista.

a) $f(x) = -x$ e $g(x) = 1$

b) $f(x) = -x + 1$ e $g(x) = x - 1$

c) $f(x) = -x$ e $g(x) = x$

d) $f(x) = -2$ e $g(x) = 1$

11. O ponto (2, 4) pertence ao gráfico de uma função g.

a) Construa o gráfico da função g, sabendo que ela é uma função linear.

b) Obtenha $g(-2)$.

c) Como seria o gráfico da função g se ela fosse uma função constante?

ZERO DE UMA FUNÇÃO AFIM

Vimos que o valor de uma função dada por $y = f(x)$ é o valor de y que a função f assume quando atribuímos a x determinado valor. Ou seja, o valor da função f para $x = m$ é $y = f(m)$, que é obtido substituindo x por m na lei da função. Quando $f(m) = 0$, dizemos que a função f se anula para $x = m$. Nesse caso, $x = m$ é denominado **zero da função** f.

Zero de uma função afim f é o valor de x que anula a função.

Assim, para obter o zero de uma função afim f dada por $f(x) = ax + b$, com $a \neq 0$, basta resolver a equação do 1º grau $f(x) = 0$:

$$f(x) = 0 \Rightarrow ax + b = 0 \Rightarrow ax = -b \Rightarrow x = \underbrace{-\frac{b}{a}}$$

zero da função polinomial do 1º grau

Toda função polinomial do 1º grau, com x real, tem um único zero. Particularmente, toda função linear tem $x = 0$ como zero da função.

Exemplos

A. Dada a função $f(x) = -x + 2$, com x real, o valor de x que anula a função f é dado por:

$$f(x) = 0 \Rightarrow -x + 2 = 0 \Rightarrow 2 = x$$

Logo, o zero da função $f(x) = -x + 2$ é 2.

Podemos representar essa situação graficamente. Veja.

x	y	(x, y)
0	2	(0, 2)
2	0	(2, 0)

O zero da função é o 2.

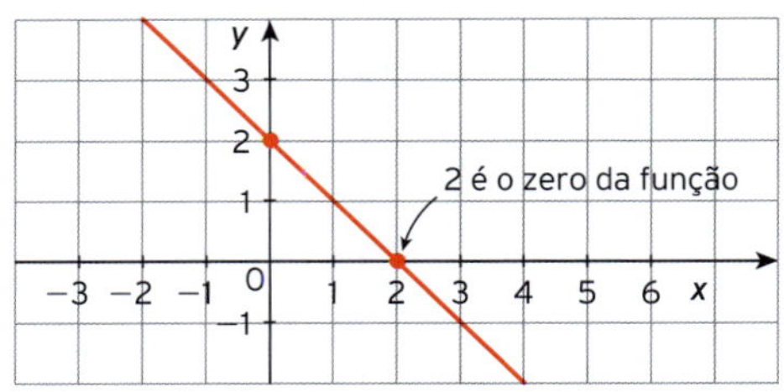

Ilustrações: ID/BR

No gráfico da função, podemos verificar que o zero da função é a abscissa (valor de x) do ponto em que o gráfico corta o eixo x.

B. Considerando o gráfico a seguir, vamos determinar o zero da função que ele representa.

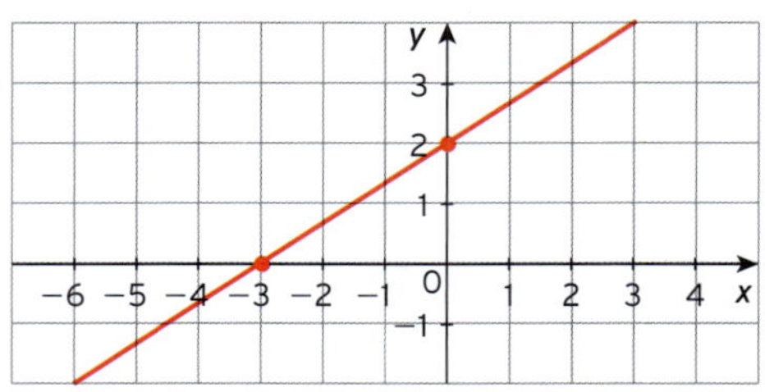

O zero dessa função é a abscissa do ponto em que o gráfico corta o eixo x. Observando o gráfico, verificamos que ele corta o eixo x apenas no ponto $(-3, 0)$, cuja abscissa é -3. Logo, o zero dessa função é -3.

ATIVIDADES

Retomar e compreender

12. Dados os gráficos a seguir, determine o zero das funções que eles representam.

a)

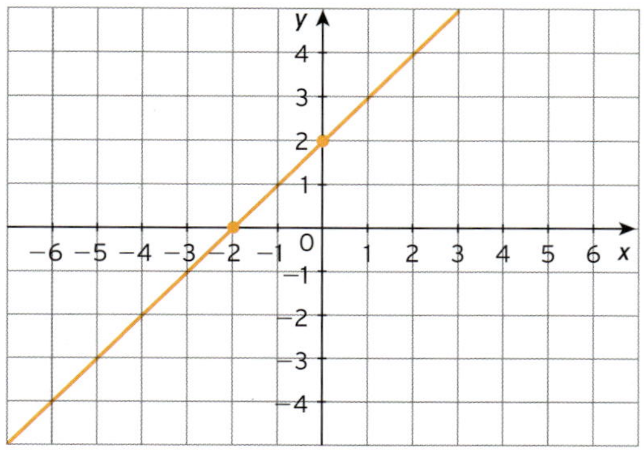

Ilustrações: ID/BR

b)

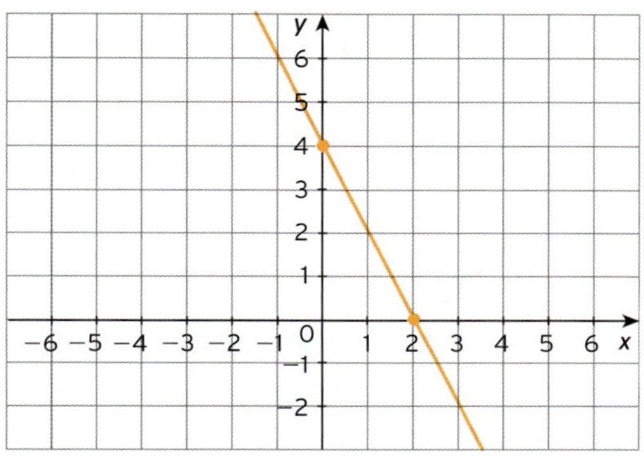

c)

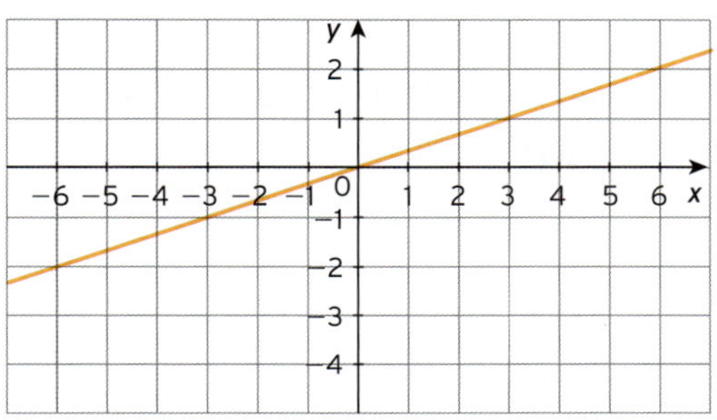

d)

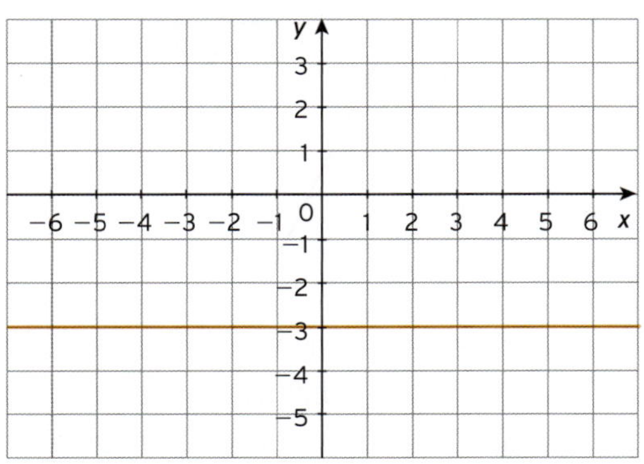

Aplicar

13. Considere f tal que $f(x) = 2x - 4$. Determine:

a) $f(-1)$;

b) o valor de x quando $f(x) = 0$;

c) o zero da função f.

14. Determine o zero da:

a) função identidade;

b) função afim dada por $f(x) = -7$;

c) função polinomial do 1º grau dada por $g(x) = -x - 100$;

d) função linear dada por $h(x) = 40x$.

15. Considere a função definida por:

$$g(x) = -0{,}5x$$

a) Determine o valor de y_1 correspondente a $x_1 = -1$ pela função g.

b) Obtenha $g(y_1)$.

c) Podemos dizer que y_1 é o zero da função g? Por quê?

16. O zero de uma função afim f é $\frac{3}{2}$ e $f(1) = 5$.

a) Determine o valor dos coeficientes da função f.

b) Calcule o valor de $f(-3)$.

c) Obtenha o valor de x, tal que $f(x) = 25$.

17. Determine o valor de k em $h(x) = x - 4 + k$ para que a função h tenha como zero $x = 2$.

18. Faça o que se pede em cada item.

a) Escreva a lei de formação de algumas funções afins.

b) Determine o zero dessas funções.

c) Construa o gráfico dessas funções e destaque neles o ponto em que o gráfico corta o eixo x.

d) Identifique as coordenadas desse ponto (intersecção do gráfico com o eixo x).

e) Qual é a relação entre o zero da função e o ponto no qual o gráfico corta o eixo x?

VARIAÇÃO DE UMA FUNÇÃO AFIM

Quando uma função afim é uma função polinomial do 1º grau, caso em que é dada por $f(x) = ax + b$, com $a \neq 0$, ela pode ser classificada como crescente ou decrescente.

Uma função afim em que o coeficiente a é não nulo:
- é crescente quando $a > 0$;
- é decrescente quando $a < 0$.

Exemplos

A. A função dada por $g(x) = x + 4$, com x real, tem $a = 1$, ou seja, $a > 0$.

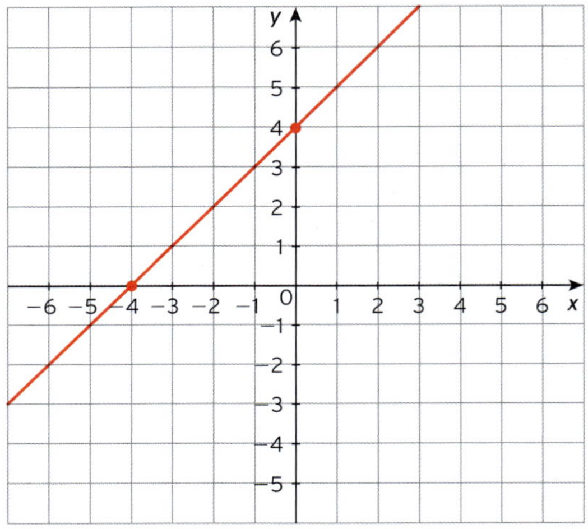

Ilustrações: ID/BR

Podemos observar que, aumentando os valores de x, os valores correspondentes de y também aumentam. Nesse caso, dizemos que a função g é **crescente** e seu gráfico é uma reta ascendente, quando observada da esquerda para a direita.

B. A função dada por $h(x) = -2x + 4$, com x real, tem $a = -2$, ou seja, $a < 0$.

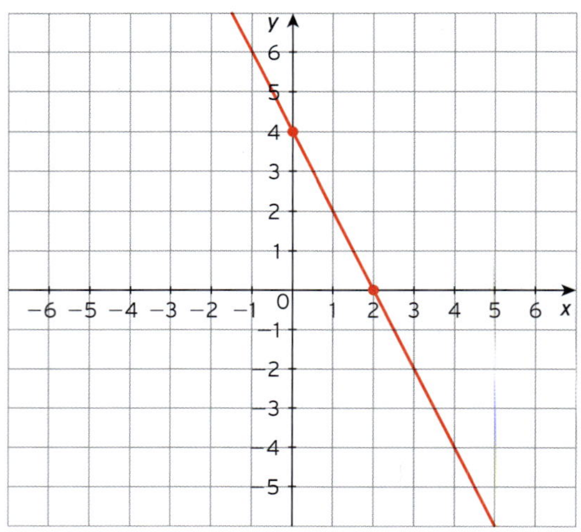

Nesse caso, verificamos que, aumentando os valores de x, os valores correspondentes de y diminuem. Então, dizemos que a função h é **decrescente** e seu gráfico é uma reta descendente, quando observada da esquerda para a direita.

ESTUDO DO SINAL DA FUNÇÃO AFIM

Uma função afim dada por $f(x) = ax + b$ pode assumir valores positivos, negativos ou nulos, dependendo dos valores atribuídos à variável independente x.

Exemplos

A. Vamos fazer o estudo do sinal da função h dada por $h(x) = 2x - 4$.

A função é crescente, pois $a > 0$.

Calculamos o zero da função h:

$$h(x) = 0 \Rightarrow 2x - 4 = 0 \Rightarrow 2x = 4 \Rightarrow x = 2$$

Fazemos o esboço do gráfico:

Ilustrações: ID/BR

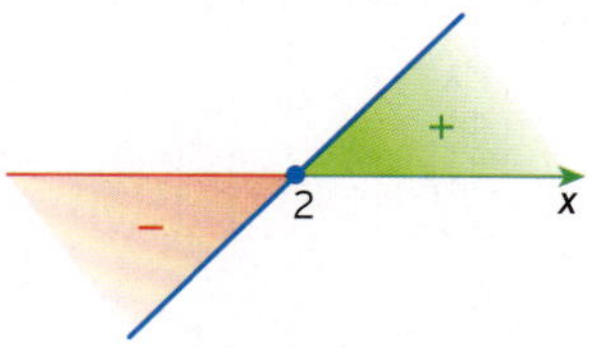

- $h(x) = 0$ para $x = 2$.
- $h(x) > 0$ para $x > 2$.
- $h(x) < 0$ para $x < 2$.

B. Vamos fazer o estudo do sinal da função i dada por $i(x) = -3x - 9$.

A função é decrescente, pois $a < 0$.

Calculamos o zero da função i:

$$i(x) = 0 \Rightarrow -3x - 9 = 0 \Rightarrow -3x = 9 \Rightarrow x = -3$$

Fazemos o esboço do gráfico:

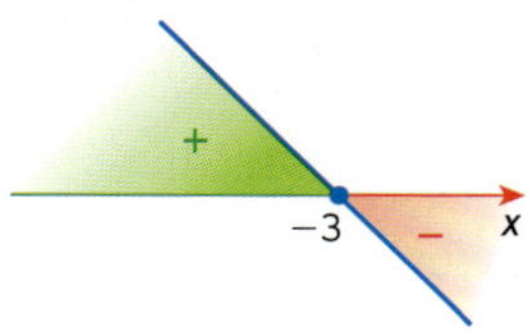

- $i(x) = 0$, para $x = -3$.
- $i(x) > 0$, para $x < -3$.
- $i(x) < 0$, para $x > -3$.

C. Vamos fazer o estudo do sinal da função j dada por $j(x) = -2$.

Trata-se de uma função afim constante.

Como $j(x) = -2$, para todo x real, a função j é sempre negativa.

Fazemos o esboço do gráfico:

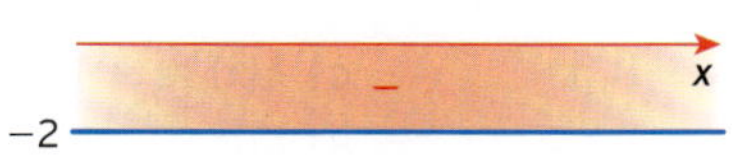

- $j(x) = 0$, para nenhum x real.
- $j(x) > 0$, para nenhum x real.
- $j(x) < 0$, para todo x real.

Observe que $x_0 = -\frac{b}{a}$ é o zero da função afim f quando $a \neq 0$. Assim, o estudo do sinal dessa função pode ser resumido em dois casos, conforme o sinal do coeficiente a.

1º caso: f é crescente ($a > 0$).

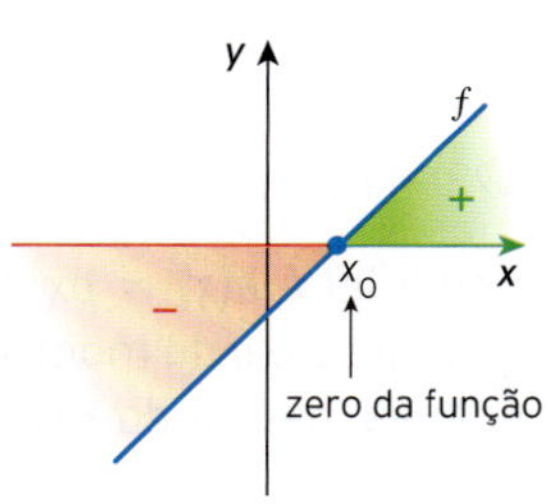

- Para $x = x_0 = -\frac{b}{a}$, temos:
  $f(x) = 0$ (f se anula)
- Para $x > -\frac{b}{a}$, temos:
  $f(x) > 0$ (f é positiva)
- Para $x < -\frac{b}{a}$, temos:
  $f(x) < 0$ (f é negativa).

2º caso: f é decrescente ($a < 0$)

ID/BR

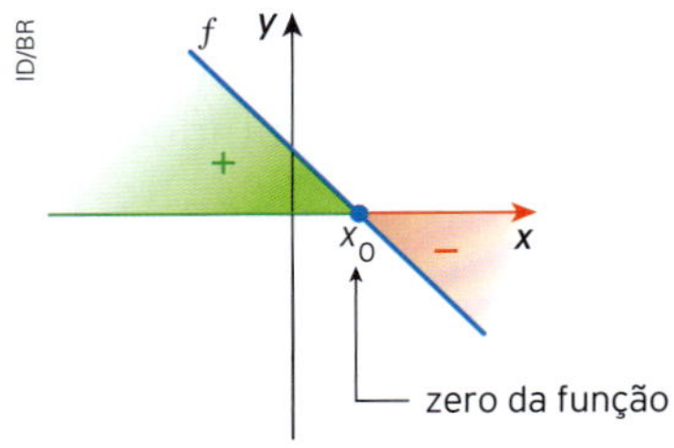

- Para $x = x_0 = -\frac{b}{a}$, temos: $f(x) = 0$
- Para $x > -\frac{b}{a}$, temos: $f(x) < 0$
- Para $x < -\frac{b}{a}$, temos: $f(x) > 0$

ATIVIDADES

Retomar e compreender

19. Identifique cada gráfico de acordo com o tipo de função que ele pode representar: constante, crescente ou decrescente.

a) 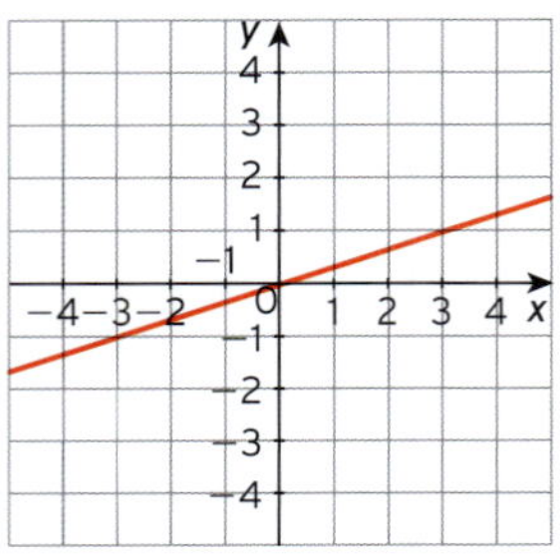

Ilustrações: ID/BR

b) 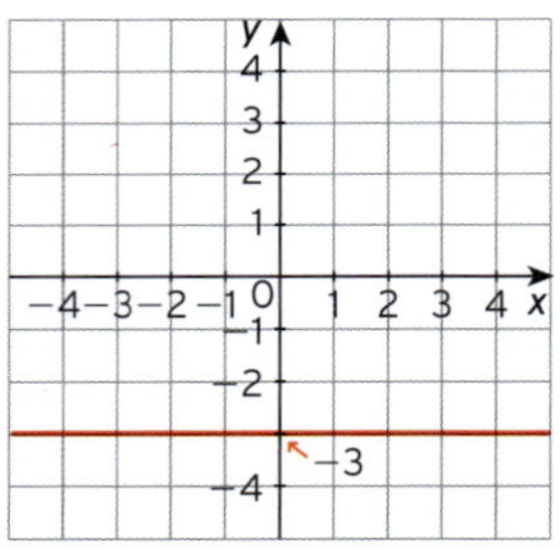

c) 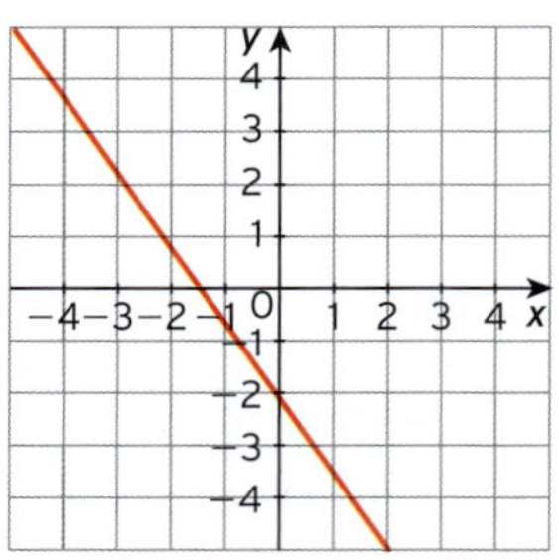

20. Classifique cada função polinomial do 1º grau, cuja lei é dada a seguir, como crescente ou decrescente.

a) f, tal que $f(x) = -5x + 2$

b) t, dada por $t(m) = \frac{1}{3}m - 5$

c) h, tal que $h(x) = -\frac{x}{4}$

d) g, tal que $g(x) = x + 3$

e) p, dada por $p(x) = 2x - 7$

21. Veja o gráfico de uma função f.

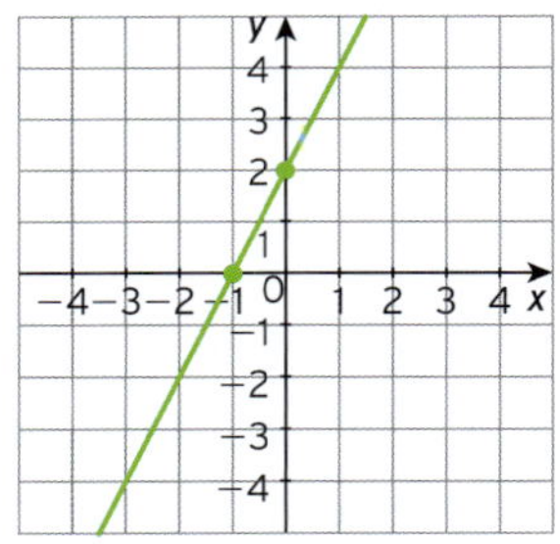

Determine os valores de x para:

a) $f(x) = 0$;

b) $f(x) > 0$;

c) $f(x) < 0$;

d) $f(x) = 2$.

Aplicar

22. Estude o sinal das funções f, g, p e q cujas leis são dadas a seguir:

a) $f(x) = -2x$;

b) $g(x) = 2x$;

c) $p(x) = 0$;

d) $q(x) = x$.

23. Para cada função h dada a seguir, determine os valores de x para os quais tem-se h positiva e h negativa.

a) $h(x) = -0{,}5$

b) $h(x) = -0{,}5x$

c) $h(x) = x + 1$

d) $h(x) = -1 - x$

24. Determine o valor de m de modo que f seja positiva para $x > 0$, sendo $f(x) = mx$.

25. Considere a função g cuja lei é dada por $g(x) = 8x - 3$.

a) Classifique g como função crescente ou decrescente.

b) Faça um estudo do sinal dessa função.

c) Responda: $g(423)$ é maior que zero?

26. Dada a função h cuja lei é $h(x) = px + q$, determine os valores de p e q de modo que h seja sempre negativa, para todo x real.

FUNÇÃO LINEAR E PROPORCIONALIDADE

Consideremos uma função linear f dada por $f(x) = ax$, com x real. Podemos verificar, para todo x real não nulo, que:

$$f(x) = ax \ (a \neq 0)$$

$$\frac{f(x)}{x} = \frac{ax}{x} = a$$

Como a razão entre $f(x)$ e x é constante, ao multiplicar x por um certo número, a função $f(x)$ será multiplicada por esse mesmo número. Portanto, x e $f(x)$ representam grandezas que são **diretamente proporcionais**.

GRANDEZAS PROPORCIONAIS

Duas grandezas são diretamente proporcionais quando, ao multiplicar o valor de uma delas por um número não nulo, o valor correspondente da outra fica multiplicado por esse mesmo número.

Exemplo A

Uma lanchonete vende suco natural de uva por R$ 3,00.

A relação entre a quantidade de sucos e o valor total do pedido pode ser vista no quadro a seguir.

· 2 · 3

Quantidade de suco	1	2	3	4	5	6
Valor total do pedido (em real)	3,00	6,00	9,00	12,00	15,00	18,00

· 2 · 3

Observe que, duplicando a quantidade de sucos, o valor total do pedido também é duplicado; triplicando a quantidade de sucos, o valor total do pedido também é triplicado; e assim sucessivamente.

Isso significa que essas grandezas são diretamente proporcionais.

Representando o valor total do pedido por $f(x)$ e a quantidade de sucos por x, verificamos que a relação entre essas grandezas é uma função cuja lei de formação é $f(x) = 3x$, sendo x um número natural não nulo.

Agora, veja no quadro a seguir a razão entre o valor total do pedido e a quantidade de sucos.

x	1	2	3	4	5	6
$f(x)$	3	6	9	12	15	18
$\frac{f(x)}{x}$	$\frac{3}{1} = 3$	$\frac{6}{2} = 3$	$\frac{9}{3} = 3$	$\frac{12}{4} = 3$	$\frac{15}{5} = 3$	$\frac{18}{6} = 3$

A razão entre o valor total do pedido e a quantidade de sucos é sempre a mesma: 3.

Note que a razão entre o valor total $f(x)$ e a quantidade de sucos x é igual ao valor do coeficiente a da lei de formação de f, ou seja: $\frac{f(x)}{x} = a$.

Bruno Santos/Folhapress

▲ Linha de montagem de automóveis.

Exemplo B

Uma fábrica produz 600 automóveis por dia.

Podemos verificar que a quantidade y de automóveis produzidos em função da quantidade x de dias, com x natural não nulo, é dada por:

$$y = g(x) = 600x$$

A função g é uma função linear em que a é 600.

Veja o quadro a seguir com alguns valores de x e $g(x)$.

Quantidade de dias (x)	Quantidade de automóveis produzidos (y)
1	600
2	1 200
3	1 800
4	2 400
5	3 000

(Setas no quadro: de 1 para 3 e de 600 para 1 800, · 3; de 2 para 4 e de 1 200 para 2 400, · 2)

Observe que, dobrando a quantidade de dias, a produção de automóveis é dobrada; triplicando a quantidade de dias, a produção de automóveis é triplicada; e assim por diante.

Portanto, quantidade de dias e quantidade de automóveis produzidos são grandezas diretamente proporcionais, ou seja, a razão entre $g(x)$ e x (com x não nulo) é constante e igual a 600 (valor do coeficiente a):

$$\frac{g(x)}{x} = \frac{600}{1} = \frac{1\,200}{2} = \frac{1\,800}{3} = \frac{2\,400}{4} = \ldots = \frac{600x}{x} = 600$$

ATIVIDADES

Retomar e compreender

27. Analise a função f representada pelos valores indicados em cada quadro e identifique em quais dela $f(x)$ é diretamente proporcional a x.

a)

x	1	2	3	4	5
$f(x)$	15	20	25	30	35

b)

x	3	5	7	9	11
$f(x)$	21	35	49	63	77

c)

x	5	8	11	14	17
$f(x)$	45	72	99	126	153

Aplicar

28. Certo automóvel percorre 60 km a cada hora, com velocidade constante.

a) Complete o quadro a seguir.

Tempo (h)	1	2	3	4	5
Distância percorrida (km)					

b) O tempo e a distância percorrida são grandezas diretamente proporcionais?

c) Escreva a lei de f que representa a distância percorrida $f(x)$, em quilômetro, em função do tempo x, em hora.

d) Esboce o gráfico de f para x real e $x \geqslant 0$.

MAIS ATIVIDADES

Acompanhamento da aprendizagem

Aplicar

1. Veja a seguir como um estudante do 9º ano determinou a lei de formação da função afim cujo gráfico está representado a seguir.

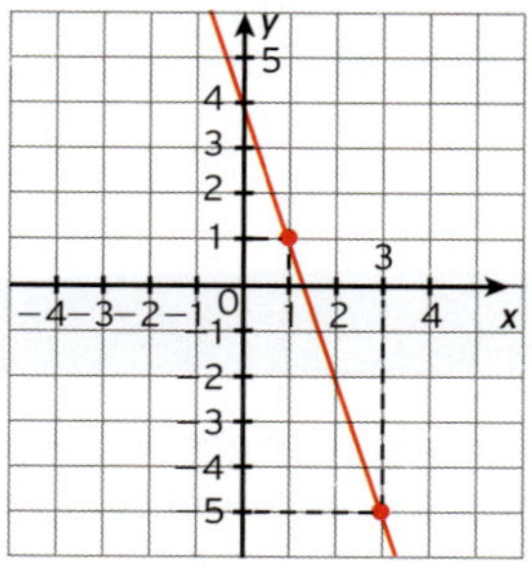

ID/BR

O gráfico contém os pontos (1, 1) e (3, −5).
Como a função é afim, sua lei de formação pode ser escrita na forma $y = ax + b$.
Como o gráfico contém o ponto (1, 1), sabe-se que para $x = 1$, tem-se $y = 1$. Substituindo na lei da função, obtém-se: $1 = a \cdot 1 + b \Rightarrow a + b = 1$.
Essa reta também contém o ponto (3, −5).
Assim: $-5 = a \cdot 3 + b \Rightarrow 3a + b = -5$
Monta-se um sistema com as duas equações obtidas: $\begin{cases} a + b = 1 \\ 3a + b = -5 \end{cases}$
Da primeira equação: $a + b = 1 \Rightarrow b = 1 - a$.
Substituindo na segunda equação:
$3a + b = -5 \Rightarrow 3a + 1 - a = -5 \Rightarrow$
$\Rightarrow 2a = -6 \Rightarrow a = -3$
Substituindo o valor de a na primeira equação:
$b = 1 - a \Rightarrow b = 1 - (-3) \Rightarrow b = 4$
Como $a = -3$ e $b = 4$, a lei da função é:
$y = -3x + 4$

Considere agora uma função afim tal que os pontos (1, 0) e (2, 1) pertençam ao gráfico.

Determine a lei dessa função e classifique-a em crescente ou decrescente.

2. A lei $L(x) = 3x + 3$, com $x > 0$, descreve o lucro L, em real, de uma empresa em função da quantidade x vendida.

a) Faça um quadro com alguns valores de x e $L(x)$.

b) O lucro L é crescente ou decrescente? Por quê?

3. Laura é costureira e compra vários tecidos. Uma peça de tecido tem medida de largura constante, variando apenas a medida do comprimento. Laura paga um preço p pelo tecido dependendo da medida de comprimento c adquirido. O metro de tecido que ela escolheu custa R$ 150,00.

a) Complete o quadro a seguir.

c (m)	1	2	3	4
p (R$)	150			

b) Agora, responda:

- Ao duplicar o valor de c, o valor de p duplicou?
- E ao triplicar o valor de c?
- Que tipo de relação existe entre c e p?

4. Reúna-se com um colega para resolver o problema a seguir.

Uma empresária precisa visitar dois clientes. O escritório do cliente A fica a 12 quilômetros de distância de onde ela trabalha, e o escritório do cliente B fica a 3,3 quilômetros. Ela planeja utilizar um carro de uma empresa de transporte de passageiros e tem duas opções. Veja.

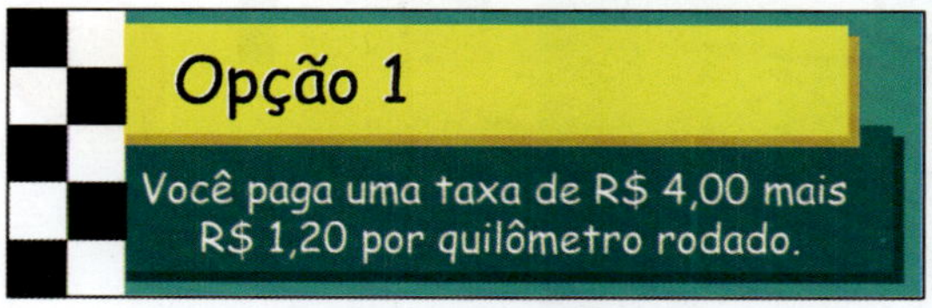

AMj Studio/ID/BR

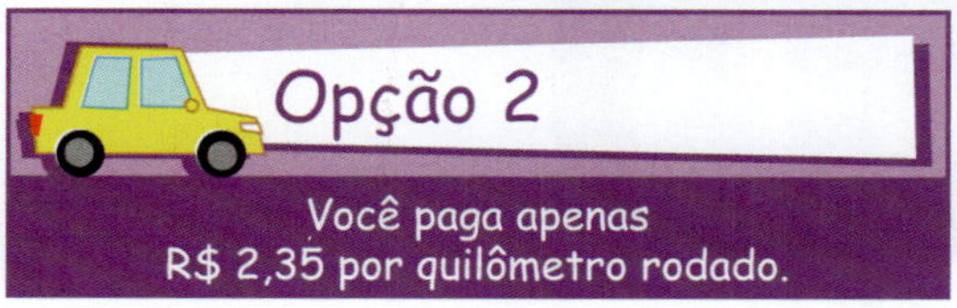

AMj Studio/ID/BR

a) Escrevam a lei de formação da função que representa o valor pago pelo aluguel do carro em cada opção em função de uma medida de distância d percorrida em quilômetro.

b) Qual é a opção mais barata para ir até o escritório do cliente A?

c) Qual é a opção mais barata para ir até o escritório do cliente B?

RESOLVENDO PROBLEMAS

Conhecendo o problema

Joaquim foi contratado como vendedor em uma loja. Seu salário é composto de um valor fixo mensal de R$ 1 700,00 mais uma comissão, dependendo do produto vendido. No caso das geladeiras, ele recebe R$ 80,00 por unidade vendida. No 1º mês, Joaquim vendeu 15 geladeiras e no 2º mês vendeu 18, melhorando as vendas a cada mês.

Larissa dos Santos/ID/BR

Compreensão do problema

1 Qual é o salário fixo de Joaquim?

2 Quanto ele ganha por geladeira vendida?

3 Do que depende o salário de Joaquim?

4 O salário de Joaquim foi maior ou menor no segundo mês de trabalho? Por quê?

5 Qual foi a variação do salário de Joaquim do primeiro para o segundo mês?

Resolução do problema

1. Quanto Joaquim ganhou no primeiro mês de trabalho? E no segundo?
2. Construa um quadro para anotar o salário de Joaquim de acordo com a quantidade de geladeiras vendidas.
3. Como podemos calcular o salário de Joaquim para qualquer mês?
4. Quantas geladeiras Joaquim deve vender para ter um salário de pelo menos R$ 4000,00?

Reflexão sobre o problema

1. SABER SER Você gostou de resolver esse problema? Por quê?
2. Você encontrou dificuldades para resolver esse problema? Se encontrou, quais foram?
3. Você fez anotações dos dados do problema que o ajudaram a compreendê-lo?
4. Que estratégia você usou para resolver esse problema?
5. Os colegas utilizaram estratégias diferentes da sua? Se utilizaram, quais foram?
6. Você pode apresentar outra maneira de resolver esse mesmo problema? Qual?

Aplicando a estratégia

1. O valor cobrado na corrida de táxi em uma cidade é igual a um valor fixo de R$ 7,50 mais R$ 4,75 por quilômetro rodado. Certo dia, pela manhã, Carlos contratou um táxi para levá-lo de casa para o trabalho, que fica a uma distância de 9 quilômetros. À tarde, Carlos pediu ao taxista que o levasse ao aeroporto, que fica a uma distância de 4 quilômetros do trabalho, para buscar um visitante. Do aeroporto, Carlos passou pelo trabalho para deixar o visitante e, depois, foi para casa.
   a) Quantos reais Carlos gastou com táxi nesse dia?
   b) No dia seguinte, Carlos encontrou um motorista particular que estava cobrando um valor diferenciado: R$ 8,00 de bandeirada mais R$ 4,50 por quilômetro rodado. Para qual das viagens que Carlos fez no dia anterior seria mais interessante contratar o motorista particular? Justifique sua resposta.
2. Paulo quer dar um jantar e está pensando em contratar um bufê. Ele já tem duas propostas de bufês diferentes. O JantaBem cobra R$ 300,00 de taxa mais R$ 20,00 por convidado. Já o Delícia cobra R$ 150,00 de taxa mais R$ 30,00 por convidado. Paulo está em dúvida sobre qual deles contratar, pois a quantidade de convidados ainda não foi definida. Ele está pensando em convidar entre 15 e 25 pessoas. Qual bufê ele deve contratar para gastar a menor quantia?
3. Camila conseguiu um novo emprego e está muito feliz. Agora, quer se organizar para ter certeza de que conseguirá pagar todas as contas do mês. Para isso, ela precisa fazer uma planilha e colocar nela as fórmulas para calcular gastos com estacionamento, por exemplo. Ao lado do trabalho dela, há um estacionamento que cobra R$ 8,00 a primeira hora e mais R$ 2,00 por hora adicional. Assim, Camila tem de elaborar a fórmula para gasto diário com estacionamento, mas ela está em dúvida. Vamos ajudá-la a elaborar essa fórmula?
   a) Organize alguns valores em um quadro para ajudar você a entender a cobrança do estacionamento. Por exemplo, quanto Camila paga se ficar 8 horas no estacionamento? E se ficar somente 5 horas?
   b) Qual é a fórmula que Camila procura?

ATIVIDADES INTEGRADAS

Aplicar

1. Considere f uma função dada pela lei $f(x) = 3^x$. Calcule o valor da expressão $2 \cdot f(-1) + f(1)$.

2. Reúna-se com um colega para resolver a questão a seguir.
Determine os valores de a e b na lei $f(x) = ax + b$ de uma função constante, em que $f(1) = 2$, e obtenha o zero dessa função, caso exista.

3. Considere a função $f(x) = px^2 - 3x + p$.

a) Determine o valor de p, sabendo que f é uma função afim.

b) Determine o zero de f.

c) Construa o gráfico de f.

Veja uma **resolução** para essa atividade. Você a resolveria de outro modo?

4. Considere as seguintes leis:
$f(x) = 2x - 3$ e $g(x) = x + 12$
Determine as coordenadas do ponto do plano cartesiano em que as representações gráficas das funções f e g se intersectam.
Dica: Represente as duas funções no mesmo plano cartesiano ou resolva a equação $f(x) = g(x)$.

Analisar e verificar

5. (Enem) O prefeito de uma cidade deseja construir uma rodovia para dar acesso a outro município. Para isso, foi aberta uma licitação na qual concorreram duas empresas. A primeira cobrou R$ 100 000,00 por km construído (n), acrescidos de um valor fixo de R$ 350 000,00, enquanto a segunda cobrou R$ 120 000,00 por km construído (n), acrescidos de um valor fixo de R$ 150 000,00. As duas empresas apresentam o mesmo padrão de qualidade dos serviços prestados, mas apenas uma delas poderá ser contratada.
Do ponto de vista econômico, qual equação possibilitaria encontrar a extensão da rodovia que tornaria indiferente para a prefeitura escolher qualquer uma das propostas apresentadas?

a) $100n + 350 = 120n + 150$

b) $100n + 150 = 120n + 350$

c) $100(n + 350) = 120(n + 150)$

d) $100(n + 350\,000) = 120(n + 150\,000)$

e) $350(n + 100\,000) = 150(n + 120\,000)$

6. Considere as funções a seguir:

- $f(x) = -\dfrac{x}{3} + 4$
- $g(x) = -6 + 5x$
- $h(x) = 13 + \sqrt{2}x$

Agora, identifique:

a) as funções crescentes;

b) as funções decrescentes;

c) a função cujo zero é 12;

d) a função em que um dos coeficientes é um número irracional.

7. Em cada item, determine o zero da função e classifique-a em crescente ou decrescente.

a)

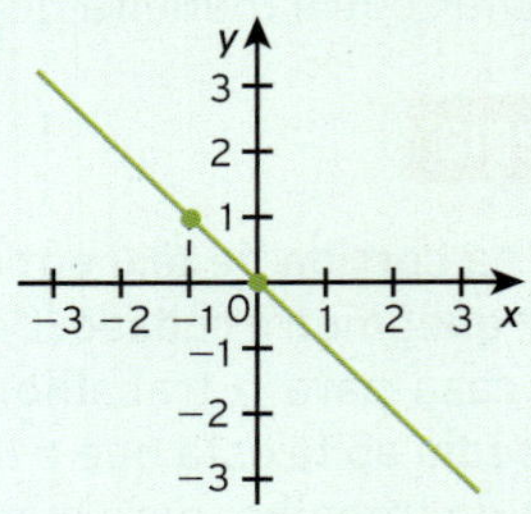

Ilustrações: ID/BR

b)

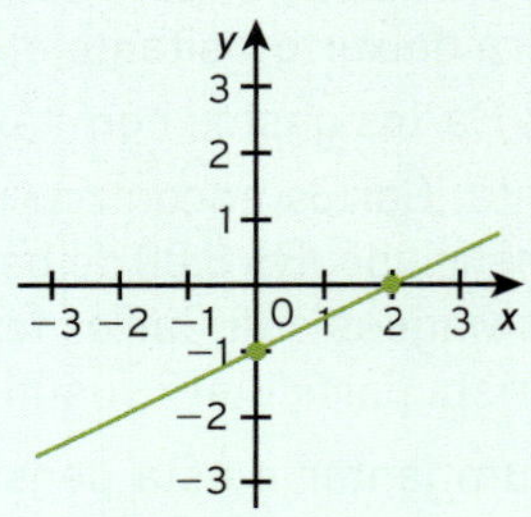

c)

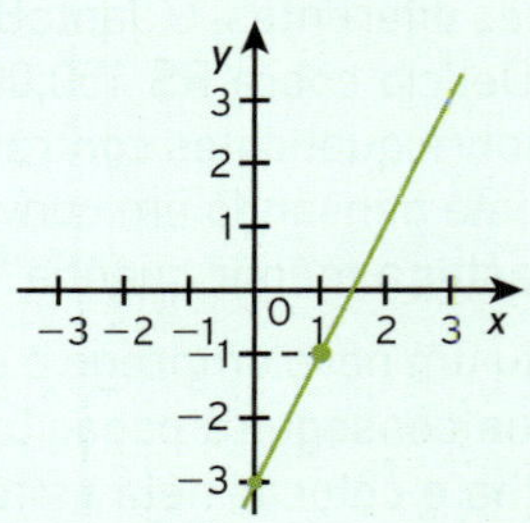

d)

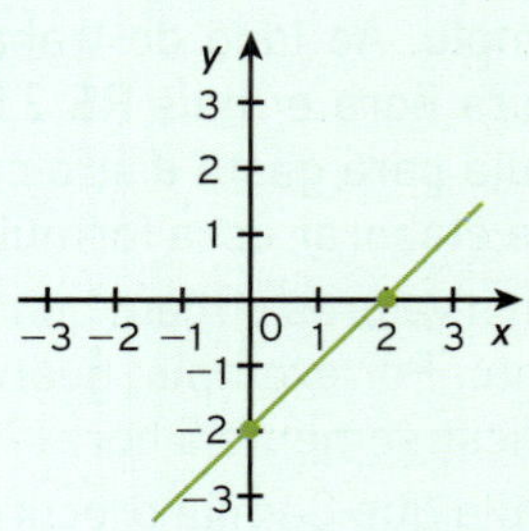

e)

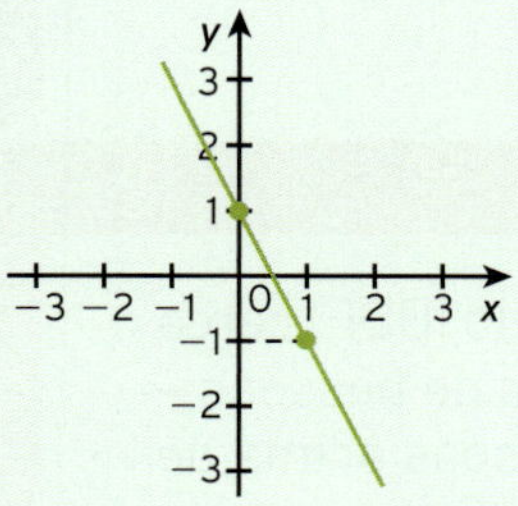

f)

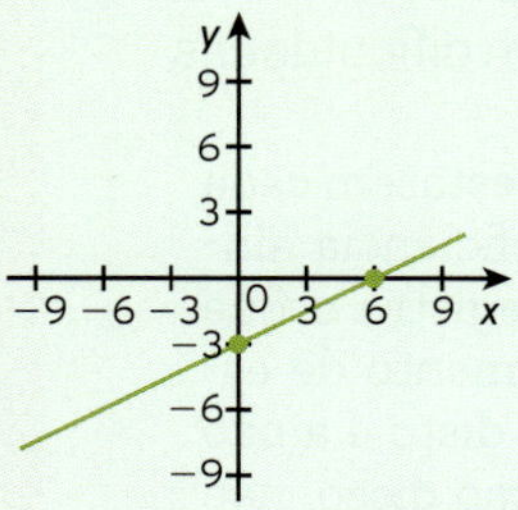

8. O zero de uma função afim g é 1,5 e o valor dessa função para $x = 1$ é 5.

a) Determine a lei de g e seus coeficientes.

b) Calcule $g(-3)$.

c) Obtenha o valor de x tal que $g(x) = 20$.

d) Classifique essa função em constante, crescente ou decrescente.

9. Considere a função h dada pela lei:

$$h(x) = (x + 1)^2 - (x - 1)^2$$

a) Determine o valor da função h para $x = 0$ e $x = 1$.

b) Desenvolva a lei de h e verifique se ela é uma função afim.

c) Determine os valores dos coeficientes de h.

d) Construa o gráfico da função h.

e) A função h é crescente, decrescente ou constante? Por quê?

10. Considere uma função afim f dada por $f(x) = ax + b$.

a) Conhecendo o valor de b, o que é possível determinar na representação gráfica de f?

b) Conhecendo o valor de a, o que é possível afirmar sobre a função f?

c) Conhecendo o zero de f, o que é possível determinar em seu gráfico?

11. Relacione as leis de funções lineares dadas a seguir com seus gráficos e estude o sinal de cada uma delas.

I) $f(x) = \frac{1}{2}x$

II) $f(x) = -3x$

III) $f(x) = -x$

IV) $f(x) = 5x$

a)

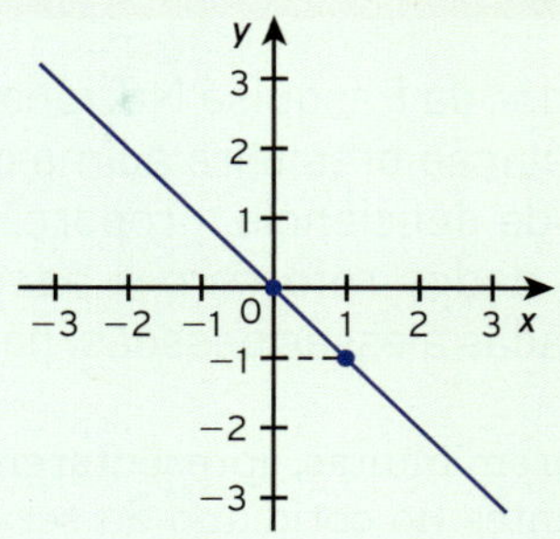

Ilustrações: ID/BR

b)

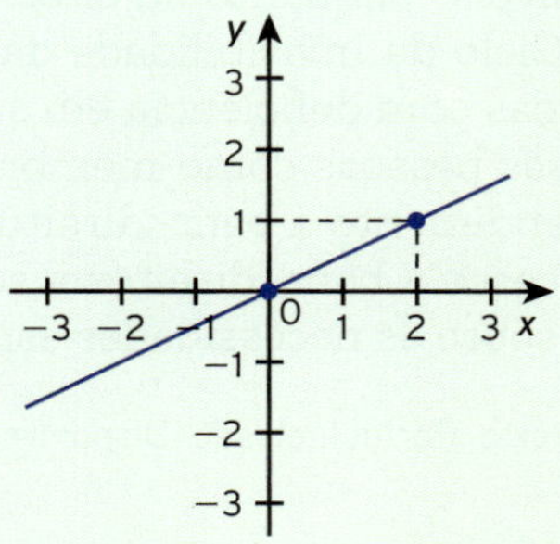

c)

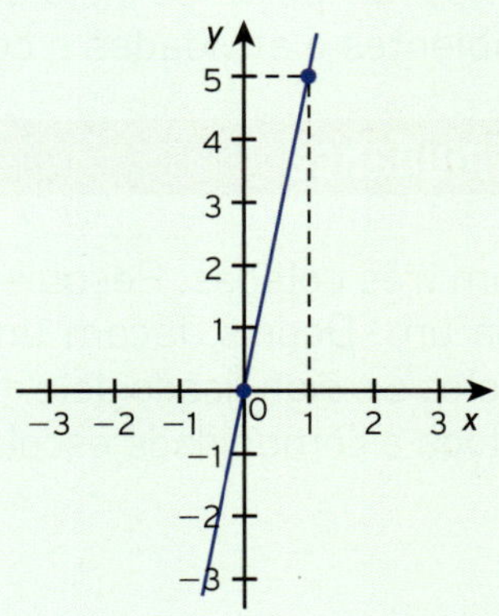

d)

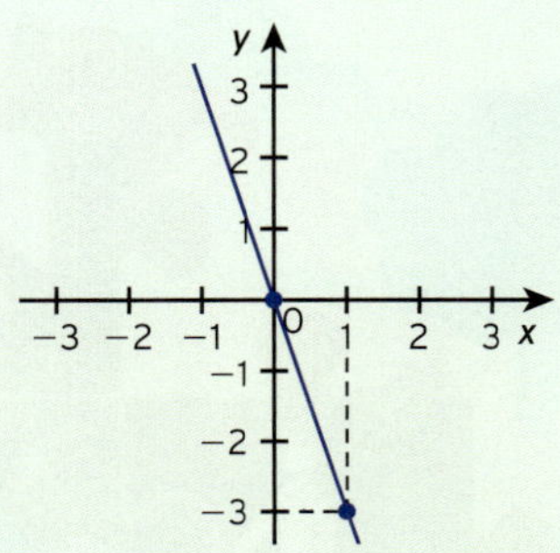

Criar

12. Elabore um problema que seja solucionado por meio de uma função. Depois, troque com um colega e resolva o problema elaborado por ele.

Retomando o tema

Segundo dados da Pesquisa Nacional de Saúde (PNS), realizada pelo IBGE, cerca de 8,4% da população brasileira acima de 2 anos – quase 17,3 milhões de pessoas – tem algum tipo de deficiência, proporção essa que é maior entre pessoas acima de 60 anos. Esses dados reforçam a necessidade de o transporte público oferecer soluções adequadas a essas pessoas, para que possam se deslocar sem dificuldades.

> Apesar de serem muitas, apresentarem diversos tipos de deficiência e estarem cada dia mais presentes no cotidiano do serviço público, as pessoas com deficiência ainda estão "invisíveis" enquanto sujeitos de direitos. Cláudia Werneck registra o que nomeia como Ciclo da Invisibilidade da pessoa com deficiência o movimento de esconder as pessoas com deficiência em suas residências; a consequência disto é a não percepção dessas pessoas como membros da comunidade que, em função disso, não requerem o atendimento a bens, direitos e serviços para as pessoas com deficiência. Essa falta de acesso a bens, direitos e serviços fortalece a discriminação e a falta de conhecimento sobre as necessidades específicas deste público.

Contexto. Portal Inclusão. Disponível em: https://inclusao.enap.gov.br/o-programa/contexto-2/. Acesso em: 25 maio 2023.

- Como podemos romper esse ciclo de invisibilidade das pessoas com deficiência em seus ambientes e atividades e colaborar para a inclusão dessas pessoas?

Geração da mudança

- Reúna-se com três colegas. Pesquisem os símbolos de acessibilidade e o significado de cada um. Depois, façam um breve vídeo informativo apresentando um desses símbolos e o significado dele. Com a orientação do professor, compartilhem o vídeo com toda a comunidade escolar.

Autoavaliação

PROBABILIDADE E ESTATÍSTICA

UNIDADE 7

PRIMEIRAS IDEIAS

1. Quais são as possibilidades de resultado no lançamento de uma moeda? E no lançamento de um dado cúbico numerado de 1 a 6?
2. Quantas possibilidades existem de três amigos se sentarem em três poltronas diferentes?
3. Quais elementos de um gráfico podem ser analisados para se combater a desinformação?

Conhecimentos prévios

Nesta unidade, eu vou...

CAPÍTULO 1 Probabilidade

- Determinar o número de elementos de um espaço amostral e de um evento.
- Calcular a probabilidade de um evento acontecer.
- Calcular probabilidade condicional.
- Identificar eventos independentes e eventos dependentes, bem como calcular a probabilidade de ocorrência desses eventos.

CAPÍTULO 2 Estatística

- Calcular e interpretar medidas de tendência central e medidas de dispersão.
- Utilizar planilhas eletrônicas para calcular as medidas de tendência central e de dispersão.
- Analisar tabelas e gráficos estatísticos utilizando as medidas de tendência central e de dispersão.
- Construir tabelas e gráficos com o auxílio de planilha eletrônica.
- Analisar gráficos apresentados pela mídia, verificando possíveis erros de construção ou de interpretação.
- Compreender que notícias falsas podem enganar as pessoas e gerar corrupção e injustiças.
- Compreender e aplicar as etapas de uma pesquisa estatística.

EDUCAÇÃO FINANCEIRA

- Compreender o que é inflação e quais são os seus efeitos no poder de compra dos consumidores.

CIDADANIA GLOBAL

- Compreender a importância de indivíduos e grupos em defesa da justiça, da inclusão e da paz, e apoiar instituições fortes no meu país e no mundo.

Fotografias: Abramova Elena/Shutterstock.com/ID/BR; Abramova Elena; Subbotina Anna/Shutterstock.com/ID/BR. Fotomontagem: ID/BR; Ilustração: ID/BR

LEITURA DA IMAGEM

1. Você conhece os alimentos que aparecem na imagem? Liste o nome dos que você conhece.
2. Qual mensagem a imagem do mapa dos continentes coberto por alimentos passa para você?
3. Em sua opinião, por que os conflitos mundiais contribuem para o aumento da fome no mundo?

CIDADANIA GLOBAL

16 PAZ, JUSTIÇA E INSTITUIÇÕES EFICAZES

De acordo com o Segundo Inquérito Nacional sobre Insegurança Alimentar no Contexto da Pandemia da Covid-19 no Brasil, publicado em 2022, o Brasil tem 33,1 milhões de pessoas vivendo em situação de fome, em consequência de questões sociais, econômicas e políticas. Entre elas podemos destacar as desigualdades sociais, a pobreza e a corrupção. A meta 5 do ODS 16 prevê que até 2030 devemos "reduzir substancialmente a corrupção e o suborno em todas as suas formas", disponível em: https://brasil.un.org/pt-br/sdgs/16. Acesso em: 25 abr. 2023.

- De que modo a corrupção pode provocar insegurança alimentar?
- Você pode citar países, estados ou regiões nas quais a população vive em situação de insegurança alimentar?
- De que maneira você acha que as pesquisas estatísticas podem favorecer o combate à corrupção?

Ao longo desta unidade, reflita sobre essas questões!

Como podemos construir **instituições eficazes**, responsáveis e inclusivas em todos os níveis?

Representação artística dos continentes utilizando alimentos.

Segundo dados da Organização das Nações Unidas para a Alimentação e a Agricultura (FAO), o número de pessoas em situação de fome no Brasil havia se estagnado de 2008 a 2017, correspondendo a menos de 2,5% da população total. Em 2018, a fome no mundo esteve em ascensão novamente. Então, a FAO lançou a campanha "Um mundo #fomezero para 2030 é possível". Ainda assim, em 2020, a fome mundial passou por mais um agravamento dramático, provavelmente em consequência da pandemia de covid-19. Naquele ano, mais de 30% da população global não tinha acesso à alimentação adequada.

CAPÍTULO

1 PROBABILIDADE

EXPERIMENTO ALEATÓRIO, ESPAÇO AMOSTRAL E EVENTOS

Uma livraria organizou um concurso de poesias com intuito de revelar novos escritores. As composições dos participantes serão publicadas no *site* da livraria e as duas mais votadas serão as vencedoras.

Como prêmio, o 1º colocado ganhará uma viagem de uma semana com tudo pago. O destino da viagem será decidido por sorteio.

Nesse sorteio contendo cartões com nomes de diferentes cidades no Brasil, o 1º colocado vai retirar um cartão. O nome da cidade que sair no cartão será o destino da viagem.

Qual será a cidade sorteada pelo ganhador do concurso?

Situações como essa são chamadas de **experimentos aleatórios**, pois não é possível determinar, com exatidão, qual será o resultado desse sorteio.

O uso de papéis para realizar sorteios é bastante comum, por exemplo, em sorteios de amigo-secreto.

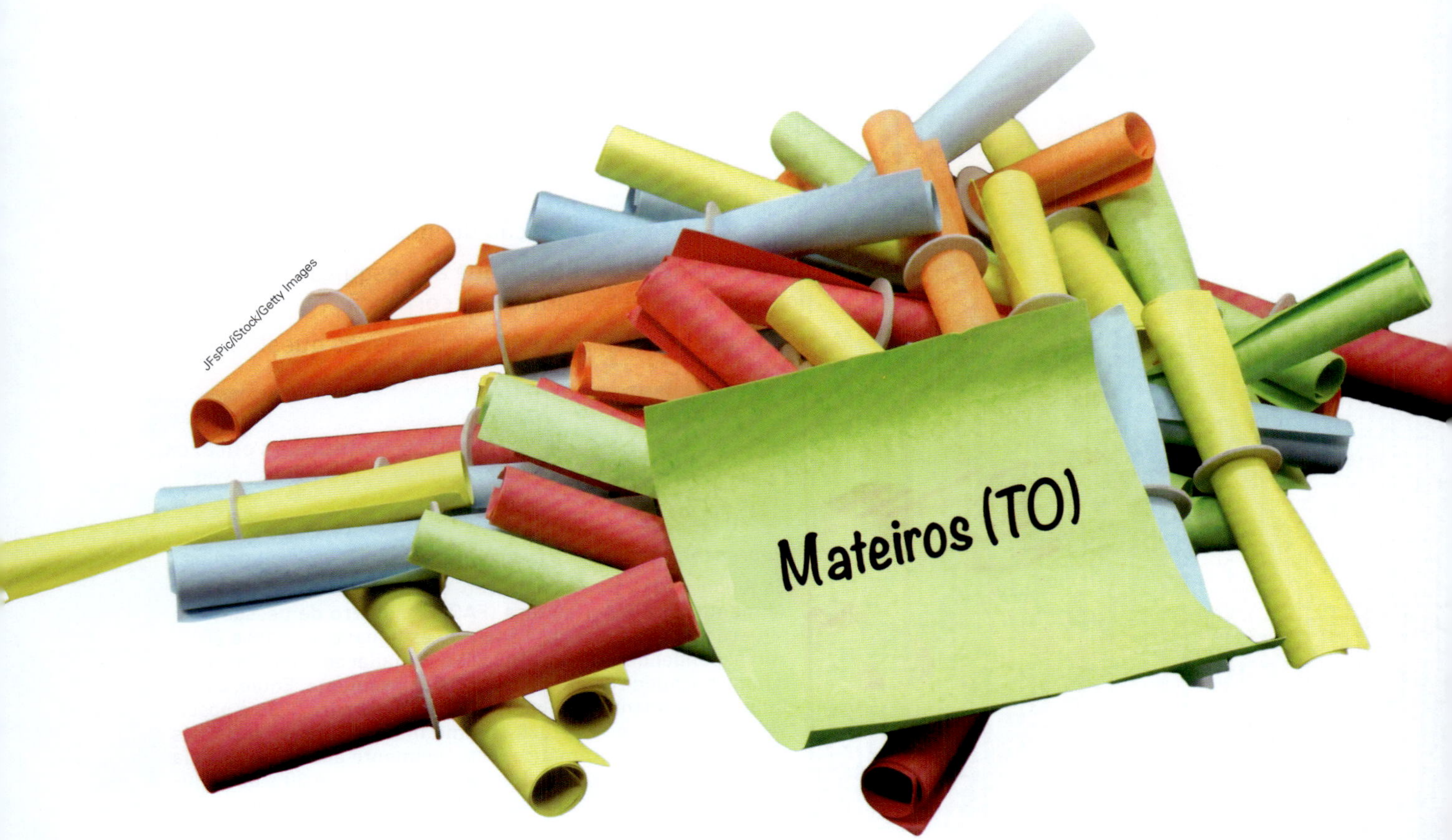

JFsPic/iStock/Getty Images

Apesar de não sabermos com exatidão qual será o resultado desse sorteio, podemos calcular a probabilidade de sortear o nome de uma cidade.

Imagine que, na situação do sorteio, havia os seguintes cartões:

João Picoli/ID/BR

Esses cartões com os nomes das cidades são todas as possibilidades de escolha, ou seja, eles representam o **espaço amostral** do sorteio.

Usualmente, utilizamos a letra S para representar o espaço amostral. Então, nessa situação, temos:

S = {Fortaleza, Maceió, Jaciara, Mateiros, Olinda, Morretes, Parnaíba, São Luís, Ouro Preto, Holambra, Rio das Flores, Vitória, Itacaré, João Pessoa, Porto Velho, Itajaí, Gramado, Bonito, Rio Branco, Parintins}

Vamos imaginar que Sarah tenha sido a vencedora do concurso e gostaria de viajar para uma cidade do Norte. Sortear o nome de uma cidade da Região Norte é um **evento** relacionado a esse experimento aleatório.

Usando a letra E para representar o evento “sortear o nome de uma cidade da Região Norte”, podemos descrever os elementos desse evento da seguinte maneira:

E = {Mateiros, Porto Velho, Rio Branco, Parintins}

Como todos os resultados têm a mesma chance de serem sorteados, podemos calcular a chance de ocorrência desse evento escrevendo uma razão entre o número de resultados favoráveis ao evento e o número de resultados possíveis. Essa razão é chamada de **probabilidade**.

$$\text{Probabilidade } (E) = \frac{\text{número de resultados favoráveis}}{\text{número de resultados possíveis}} = \frac{4}{20} = \frac{1}{5}$$

Assim, a probabilidade de Sarah sortear uma cidade da Região Norte é $\frac{4}{20}$ ou $\frac{1}{5}$, que corresponde a 20%.

PROBABILIDADE CONDICIONAL

Observe no quadro a seguir a quantidade de estudantes matriculados em cada modalidade esportiva em uma escola. Cada estudante está matriculado em somente uma modalidade.

João Picoli/ID/BR

Sexo \ Modalidade	Natação	Futebol	Atletismo	Total
Feminino	15	10	15	**40**
Masculino	5	30	25	**60**
Total	**20**	**40**	**40**	**100**

Agora, considerando esse quadro, vamos estudar dois casos.

- **1º caso:** Sorteando-se ao acaso um estudante desse grupo, qual é a probabilidade de ele praticar atletismo, sabendo que é do sexo feminino?

  Para responder a essa questão, precisamos verificar, entre os estudantes do sexo feminino, quantos praticam atletismo. Dessa forma, temos os eventos:

  A: Ser do sexo feminino e B: Praticar atletismo

  Logo, a probabilidade de sortear um estudante que pratica atletismo, sabendo que ele é do sexo feminino, é dada por:

  $$P(B \mid A) = \frac{15}{40}$$

  número de resultados favoráveis (15)

  número de resultados possíveis (40)

  Lemos: "Probabilidade de *B* sabendo que ocorreu *A*".

- **2º caso:** Sorteando-se, ao acaso, um estudante desse grupo, qual é a probabilidade de ele ser do sexo masculino, sabendo que ele pratica natação?

  Precisamos verificar quantos estudantes, entre os que praticam natação, são do sexo masculino. Dessa forma, temos os eventos:

  C: Praticar natação e D: Ser do sexo masculino

  Logo, a probabilidade de sortear um estudante do sexo masculino, sabendo que ele pratica natação, é dada por:

  $$P(D \mid C) = \frac{5}{20}$$

Eventos independentes e eventos dependentes

As teorias da **probabilidade** podem ser aplicadas em quais áreas?

Eventos diferentes podem estar relacionados ao mesmo experimento aleatório. Como veremos a seguir, dois eventos podem ser classificados como independentes ou dependentes.

Acompanhe as situações.

Situação 1

Camila estava brincando com dois dados: um azul e um vermelho. Primeiro, ela lançou o dado azul e, depois, o vermelho.

Sabendo que Camila obteve 2 pontos no dado azul, qual é a probabilidade de ela ter obtido 6 pontos no dado vermelho?

Vamos considerar os eventos:

A: Obter 2 no dado azul e *B*: Obter 6 no dado vermelho

O quadro a seguir apresenta os possíveis resultados para o lançamento de dois dados. Observe.

Dado vermelho \ Dado azul	1	2	3	4	5	6
1	(1, 1)	(2, 1)	(3, 1)	(4, 1)	(5, 1)	(6, 1)
2	(1, 2)	(2, 2)	(3, 2)	(4, 2)	(5, 2)	(6, 2)
3	(1, 3)	(2, 3)	(3, 3)	(4, 3)	(5, 3)	(6, 3)
4	(1, 4)	(2, 4)	(3, 4)	(4, 4)	(5, 4)	(6, 4)
5	(1, 5)	(2, 5)	(3, 5)	(4, 5)	(5, 5)	(6, 5)
6	(1, 6)	(2, 6)	(3, 6)	(4, 6)	(5, 6)	(6, 6)

Tim Grist Photography/ Moment/Getty Images

Desses resultados, os favoráveis ao evento *B* estão na última linha do quadro.

Assim, dos 36 possíveis resultados, 6 são favoráveis ao evento *B*. Portanto, a probabilidade da ocorrência do evento *B* é:

$$P(B) = \frac{6}{36} \simeq 0{,}167 = 16{,}7\%$$

Agora, vamos calcular a probabilidade de ocorrer o evento *B*, sabendo que ocorreu o evento *A*.

Considerando que o evento *A* (obter 2 no dado azul) já aconteceu, temos as seguintes possibilidades para a ocorrência do evento *B*: (2, 1), (2, 2), (2, 3), (2, 4), (2, 5) e (2, 6). Desses resultados, o único resultado favorável ao evento *B* é (2, 6).

Assim, dos 6 resultados possíveis, 1 é favorável ao evento *B*. Portanto, a probabilidade da ocorrência do evento *B*, dado que o evento *A* ocorreu, é:

$$P(B \mid A) = \frac{1}{6} \simeq 0{,}167 = 16{,}7\%$$

Observe que, nesse caso, $P(B) = P(B \mid A)$.

Considerando dois eventos *A* e *B*, se a ocorrência de um deles não influencia na chance de ocorrência do outro, eles são ditos **eventos independentes**.

Sejam *A* e *B* dois eventos de um mesmo experimento aleatório, temos que *A* e *B* são eventos independentes se e somente se:

$$P(B) = P(B \mid A)$$

OBSERVAÇÃO

Considerando dois eventos *A* e *B* relacionados ao mesmo experimento aleatório, se *A* é independente de *B*, então *B* também é independente de *A*.

Situação 2

Jéssica e Tiago estão brincando de jogar dados. Cada um deve lançar dois dados, um amarelo e outro verde, e adicionar os pontos obtidos. Aquele que obtiver a maior soma de pontos ganha a rodada.

Após lançar os dois dados, Jéssica obteve a soma 8. Sabendo que Tiago obteve 5 pontos no lançamento do dado amarelo, qual é a probabilidade de ele ganhar a rodada?

Vamos considerar os eventos:

A: Obter 5 no dado amarelo e B: Obter soma de pontos maior que 8

O espaço amostral desses eventos, considerando que o dado amarelo foi lançado antes do dado verde, é:

d-e-n-i-s/Shutterstock.com/ID/BR

S = {(1, 1), (1, 2), (1, 3), (1, 4), (1, 5), (1, 6), (2, 1), (2, 2), (2, 3), (2, 4), (2, 5), (2, 6), (3, 1), (3, 2), (3, 3), (3, 4), (3, 5), (3, 6), (4, 1), (4, 2), (4, 3), (4, 4), (4, 5), (4, 6), (5, 1), (5, 2), (5, 3), (5, 4), (5, 5), (5, 6), (6, 1), (6, 2), (6, 3), (6, 4), (6, 5), (6, 6)}

Desses resultados, os favoráveis ao evento B são: (3, 6), (4, 5), (4, 6), (5, 4), (5, 5), (5, 6), (6, 3), (6, 4), (6, 5) e (6, 6).

Assim, dos 36 possíveis resultados, 10 são favoráveis ao evento B. Portanto, a probabilidade da ocorrência do evento B é:

$$P(B) = \frac{10}{36} \simeq 0,278 = 27,8\%$$

Agora, vamos calcular a probabilidade de ocorrer o evento B, sabendo que ocorreu o evento A.

Considerando que o evento A (obter 5 no dado amarelo) já aconteceu, temos as seguintes possibilidades para a ocorrência do evento B: (5, 1), (5, 2), (5, 3), (5, 4), (5, 5) e (5, 6).

Desses resultados, os favoráveis ao evento B são: (5, 4), (5, 5) e (5, 6).

Assim, dos 6 resultados possíveis, 3 são favoráveis ao evento B. Portanto, a probabilidade da ocorrência do evento B, dado que o evento A ocorreu, é:

$$P(B \mid A) = \frac{3}{6} = 0,5 = 50\%$$

Como $P(B) \neq P(B \mid A)$, dizemos que A e B não são eventos independentes.

Considerando dois eventos A e B, se a ocorrência de um deles influencia a chance de ocorrência do outro, eles são ditos **eventos dependentes**.

ATIVIDADES

Retomar e compreender

1. Sorteando um número natural de 1 a 30:
   a) qual é a probabilidade de o número sorteado ser par?
   b) qual é a probabilidade de o número sorteado ser múltiplo de 3?
   c) qual é a probabilidade de o número sorteado ser múltiplo de 6?
   d) qual é a probabilidade de o número sorteado ser múltiplo de 6, sabendo que ele é um número par?

2. Uma escola tem 800 estudantes: 200 estudam à noite, 500 estudam de manhã e o restante à tarde. Sabe-se que 200 estudantes da manhã são meninos, metade dos estudantes da tarde são meninos e metade dos estudantes da noite são meninas.

   Se escolhermos um estudante dessa escola ao acaso, qual é a probabilidade de:
   a) ele ser do período da tarde?
   b) ele estudar à tarde, sabendo que é uma menina?

MAIS ATIVIDADES

Acompanhamento da aprendizagem

Retomar e compreender

1. Uma caixa contém 10 bolas do mesmo material e tamanho e com a mesma medida de massa, sendo 1 azul, 5 amarelas, 1 preta e 3 vermelhas. Uma bola é retirada dessa caixa ao acaso e observa-se sua cor.

a) Dos resultados possíveis, quantos são favoráveis ao evento "sair uma bola vermelha"?

b) Qual é a probabilidade de sair uma bola vermelha?

c) Qual é a probabilidade de sair uma bola amarela?

d) Qual é a probabilidade de não sair uma bola vermelha?

2. Para compor cada cartela de um bingo beneficente, foram escolhidos 15 números distintos de 1 a 90. João recebeu uma dessas cartelas.

De uma urna com 90 bolas numeradas de 1 a 90, é sorteada uma bola.

a) Qual é a probabilidade de o número dessa bola estar na cartela de João?

b) Qual é a probabilidade de o número da bola sorteada não estar na cartela de João?

3. Uma urna contém 3 bolas idênticas numeradas de 1 a 3 e outra urna contém 5 bolas idênticas numeradas de 1 a 5. Ao retirar aleatoriamente uma bola de cada urna, qual é a probabilidade de a soma dos pontos ser:

a) maior que 4?

b) zero?

c) menor ou igual a 2?

d) de 2 a 8?

4. Considere o experimento: lançamento de duas moedas simultaneamente e observação das faces voltadas para cima.

a) Quais são os resultados possíveis?

b) Quantos são os resultados possíveis?

c) Quais são os resultados favoráveis à ocorrência do evento *A* "sair pelo menos 1 cara"?

d) Quais são os resultados favoráveis à ocorrência do evento *B* "saírem faces iguais nas duas moedas"?

e) Qual é a probabilidade de ocorrer o evento *B*, sabendo que o evento *A* ocorreu?

f) Os eventos *A* e *B* são dependentes ou independentes?

5. Em um depósito, existem ao todo 100 máquinas de duas marcas: Max e Nox. Algumas delas são novas e outras, usadas. Observe a distribuição das máquinas no quadro a seguir.

Máquinas no depósito		
Marca	Nova	Usada
Max	20	15
Nox	35	30

Dados fornecidos pelo dono da empresa.

a) Se um funcionário pegar uma das máquinas usadas, qual é a probabilidade de essa máquina ser da marca Max?

b) Verifique se os eventos "escolher uma máquina usada" e "escolher uma máquina da marca Max" são independentes.

6. Jogando dois dados comuns de cores diferentes e observando as faces voltadas para cima, qual é a probabilidade de:

a) saírem dois números cuja soma é par, sabendo que os dois dados apresentaram o mesmo número?

b) saírem dois números cuja soma é ímpar, sabendo que em um dos dados a face voltada para cima é a de número 3?

7. Em uma urna, há 3 bolas azuis e 2 bolas pretas, todas do mesmo material e tamanho e com a mesma medida de massa. Retira-se uma bola da urna e observa-se sua cor. Depois, essa bola é devolvida para a urna, misturando-a com as outras bolas e é feita uma segunda retirada, observando a cor dessa bola.

a) Quantas são as possibilidades de obter uma bola preta na primeira retirada? E na segunda retirada?

b) Qual é a probabilidade de sair uma bola azul na primeira retirada?

c) Qual é a probabilidade de sair uma bola preta na segunda retirada?

d) Sabendo que na primeira retirada saiu uma bola azul, qual é a probabilidade de sair uma bola preta na segunda retirada?

e) Os eventos "sair uma bola azul na primeira retirada" e "sair uma bola preta na segunda retirada" são independentes?

CAPÍTULO

2 ESTATÍSTICA

MEDIDAS DE TENDÊNCIA CENTRAL

Você já sabe que em Estatística é comum estudar e analisar dados que são apresentados por meio de gráficos e de tabelas.

Nessas situações, muitas vezes encontramos diversos números que representam e caracterizam determinado conjunto de dados. Entre todos os dados, podemos obter valores que representam, de algum modo, todo o conjunto. Esses valores são chamados de **medidas de tendência central**.

Neste capítulo, vamos retomar e aprofundar os conhecimentos sobre as principais medidas de tendência central: média, moda e mediana.

Para começar, considere a situação a seguir.

No primeiro semestre do ano passado, para incentivar a cultura em uma cidade, a prefeitura decidiu patrocinar os grupos teatrais que menos se apresentaram em um período de dois meses. Os grupos que tivessem menos que a média do número de apresentações dos 10 grupos avaliados receberiam o patrocínio.

▼ Cena de um espetáculo realizado em escolas públicas de Natal (RN) como parte do projeto Teatro em Pauta. Foto de 2023.

Adrovando Claro/Photo Press/Folhapress

Na tabela a seguir, é possível observar a quantidade de apresentações que cada um desses grupos realizou nos dois meses considerados.

Quantidade de apresentações de cada grupo teatral em dois meses										
Grupo	A	B	C	D	E	F	G	H	I	J
Quantidade de apresentações	6	6	6	5	4	7	11	10	9	6

Dados fornecidos pela organização do projeto teatral.

Agora, vamos estudar a média desse conjunto de dados para verificar quais grupos receberam patrocínio.

- **Média aritmética (*MA*)**

A média aritmética de um conjunto de dados corresponde ao quociente da adição de todos os números do grupo e a quantidade de números do grupo. Assim, temos:

$$MA = \frac{6 + 6 + 6 + 5 + 4 + 7 + 11 + 10 + 9 + 6}{10} = \frac{70}{10} = 7$$

Logo, os grupos fizeram, em média, 7 apresentações no período considerado.

Como os grupos teatrais A, B, C, D, E e J fizeram menos apresentações que a média, eles receberam patrocínio da prefeitura.

Ainda recorrendo a essa situação, vamos estudar como podem ser determinadas a moda e a mediana de um conjunto de dados.

- **Moda (*Mo*)**

A moda de um conjunto de dados corresponde ao valor mais frequente nesse conjunto de dados. Assim, temos:

$$Mo = 6$$

Portanto, podemos concluir que boa parte dos grupos fez 6 apresentações no período considerado.

- **Mediana (*Md*)**

A mediana é o valor que ocupa a posição central de uma amostra, quando os dados são organizados em ordem crescente ou decrescente. Colocando os dados em ordem crescente e identificando a posição central, temos:

4 5 6 6 (4 termos) 6 (5ª posição) 6 (6ª posição) 7 9 10 11 (4 termos)

Como há 10 termos, os termos centrais são os que ocupam a 5ª e a 6ª posições. Logo, nesse caso, a mediana é a média aritmética de 6 e 6.

$$Md = \frac{6 + 6}{2} = \frac{12}{2} = 6$$

Portanto, podemos concluir que, no período considerado, o conjunto dos grupos teatrais pode ser dividido em duas partes iguais, ou seja, o número de grupos que fez 6 ou menos apresentações é igual ao número de grupos que fez 6 ou mais apresentações.

Agora, vamos analisar outra situação.

Flávio fez um levantamento dos salários dos profissionais de uma equipe de basquete. Ele constatou que:

- 12 atletas ganham R$ 3 600,00 cada um;
- o técnico ganha R$ 6 000,00;
- o diretor, R$ 70 000,00;
- e o preparador físico, R$ 2 000,00.

Depois, Flávio estudou a média (*MA*), a moda (*Mo*) e a mediana (*Md*) dos salários desses profissionais.

- Média

$$MA = \frac{12 \cdot 3600 + 6000 + 70000 + 2000}{12 + 1 + 1 + 1} = \frac{121200}{15} = 8080$$

- Moda

  Flávio verificou que o salário mais frequente é R$ 3 600,00, ou seja:

$$Mo = \text{R\$ } 3600{,}00$$

- Mediana

  Flávio organizou os dados em ordem crescente e, em seguida, localizou o valor que ocupa a posição central. Como existem 15 posições, o valor central é o que ocupa a 8ª posição, isto é, R$ 3 600,00.

Perceba que, nessa situação, a média não representa adequadamente o conjunto dos salários desses funcionários, pois a maioria dos funcionários ganha um salário abaixo da média (R$ 8 080,00). Isso ocorre porque a média é afetada por valores extremos. Já a moda e a mediana funcionaram como bons indicadores para o conjunto de dados considerado.

OBSERVAÇÃO

Há amostras das quais não podemos determinar a moda por não apresentarem valores que se repetem. Há também amostras que apresentam mais de uma moda por terem mais de um valor com a mesma frequência.

Assim, como acabamos de ver, nem sempre é apropriado utilizar apenas uma medida de tendência central para analisar um grupo de dados.

MEDIDAS DE DISPERSÃO

Além das medidas de tendência central, também podemos estudar um conjunto de dados observando as **medidas de dispersão**. Essas medidas são utilizadas para analisar a variação de um conjunto de dados.

Vamos estudar as medidas de dispersão utilizadas com mais frequência: amplitude, desvio, variância e desvio-padrão.

Acompanhe a situação a seguir.

Tássia precisa decidir entre viajar para a cidade A ou para a cidade B. Ela quer ir para a cidade que apresentar as temperaturas mais regulares.

Veja no quadro a seguir a previsão das temperaturas das duas cidades no período em que Tássia viajará.

Dia / Cidade	1º dia	2º dia	3º dia	4º dia	5º dia
A	12 °C	22 °C	13 °C	30 °C	28 °C
B	18 °C	21 °C	21 °C	23 °C	22 °C

Para saber qual das cidades apresenta as temperaturas mais regulares nesse período, vamos analisar algumas medidas de dispersão.

- **Amplitude (*A*)**

Para calcular a amplitude de um conjunto de dados, subtraímos seu menor valor de seu maior valor.

Cidade A

$A = 30 - 12 = 18$

Cidade B

$A = 23 - 18 = 5$

Quanto maior for a amplitude de um conjunto de dados, maior será a dispersão dos dados. Nesse caso, a cidade A apresenta maior variação nas temperaturas, uma vez que 18 °C é maior que 5 °C.

- **Desvio (*D*)**

Para calcular os desvios, determinamos a diferença entre cada valor do conjunto de dados e a média do conjunto de dados.

A média das temperaturas na cidade A é dada por:

$$MA = \frac{12 + 22 + 13 + 30 + 28}{5} = \frac{105}{5} = 21$$

A média das temperaturas na cidade B é dada por:

$$MA = \frac{18 + 21 + 21 + 23 + 22}{5} = \frac{105}{5} = 21$$

Agora, calculamos os desvios para cada uma das cidades.

Cidade A

$D(12) = 12 - 21 = -9$

$D(13) = 13 - 21 = -8$

$D(22) = 22 - 21 = 1$

$D(28) = 28 - 21 = 7$

$D(30) = 30 - 21 = 9$

Cidade B

$D(18) = 18 - 21 = -3$

$D(21) = 21 - 21 = 0$

$D(21) = 21 - 21 = 0$

$D(22) = 22 - 21 = 1$

$D(23) = 23 - 21 = 2$

Em relação às temperaturas da cidade A, observe que, em valores absolutos, os desvios, em grau Celsius, são grandes (9, 8, 1 ,7 e 9). Isso indica que os dados são bastante dispersos. Já em relação às temperaturas da cidade B, em valores absolutos, os desvios são menores (3, 0, 0 ,1 e 2), o que indica menor dispersão entre os dados.

- **Variância (*V*)**

Para determinar a variância de um conjunto de dados, elevamos ao quadrado cada desvio e, depois, calculamos a média aritmética.

Cidade A

$$\underbrace{(-9)^2}_{81} \quad \underbrace{(-8)^2}_{64} \quad \underbrace{1^2}_{1} \quad \underbrace{7^2}_{49} \quad \underbrace{9^2}_{81}$$

$$V = \frac{81 + 64 + 1 + 49 + 81}{5} = \frac{276}{5} = 55{,}2$$

Cidade B

$$\underbrace{(-3)^2}_{9} \quad \underbrace{0^2}_{0} \quad \underbrace{0^2}_{0} \quad \underbrace{1^2}_{1} \quad \underbrace{2^2}_{4}$$

$$V = \frac{9 + 0 + 0 + 1 + 4}{5} = \frac{14}{5} = 2{,}8$$

Assim como em relação aos desvios, quanto maior for a variância de um conjunto de dados, mais dispersos eles estarão.

- **Desvio-padrão (*DP*)**

O desvio-padrão de um conjunto de dados corresponde à raiz quadrada da variância desse conjunto de dados.

Cidade A	Cidade B
$DP = \sqrt{55{,}2} \simeq 7{,}43$	$DP = \sqrt{2{,}8} \simeq 1{,}67$

Quanto menor for o desvio-padrão, menos disperso será o conjunto de dados e, consequentemente, mais homogêneo.

Agora, observando os cálculos feitos, para qual das duas cidades Tássia deveria viajar? Converse com os colegas e o professor.

ATIVIDADE

Aplicar

1. A professora de Educação Física dos 9º anos de uma escola fez um levantamento das medidas de altura, em centímetro, de seus estudantes e as registrou a seguir.

150	161	165	156	162	157	155	161	169	155	164	161	164	165	151	167	156	161	160	170
160	164	161	155	160	170	167	169	170	161	161	155	164	157	162	156	161	167	155	155

Com base nos dados do quadro, faça o que se pede em cada item.

a) Calcule a média, a moda e a mediana desse conjunto de dados.

b) Calcule a amplitude, a variância e o desvio-padrão desse conjunto de dados.

c) Escreva um pequeno texto sobre os resultados que você obteve no item **a**.

Medidas de tendência central e de dispersão na planilha eletrônica

Cristiano é o professor de Matemática de todas as turmas do 9º ano. Ele fez um levantamento das notas que os estudantes obtiveram na última avaliação do 3º bimestre e registrou em uma planilha eletrônica. Veja.

Ilustrações: ID/BR

	A	B	C	D	E	F	G	H	I	J
1	3,0	5,0	6,0	10,0	7,0	9,5				
2	4,5	5,5	6,5	8,0	7,5	6,5				
3	5,0	6,0	5,0	6,0	8,0	9,0				
4	6,0	6,0	6,5	5,0	9,5	8,5				
5	6,0	7,0	6,5	3,0	10,0	5,5				
6	7,0	6,5	7,5	3,5	7,0	9,0				
7	7,0	8,0	7,5	5,0	6,0	4,5				
8	8,0	7,5	7,5	5,5	7,0	4,5				
9	9,0	9,0	9,0	6,5	6,0	3,0				
10	4,0	6,0	9,5	6,5	8,5	10,0				
11										
12										

Cristiano queria verificar se a nota média dos estudantes foi menor ou maior que 5,0. Para calcular a média das notas utilizando a planilha eletrônica, ele digitou em uma célula vazia o seguinte comando:

=MÉDIA(A1:F10)

CONT. NÚM | =MÉDIA(A1:F10)

	A	B	C	D	E	F	G	H	I	J
1	3,0	5,0	6,0	10,0	7,0	9,5				
2	4,5	5,5	6,5	8,0	7,5	6,5			**Média**	=MÉDIA(A1:F10)
3	5,0	6,0	5,0	6,0	8,0	9,0				
4	6,0	6,0	6,5	5,0	9,5	8,5				
5	6,0	7,0	6,5	3,0	10,0	5,5				
6	7,0	6,5	7,5	3,5	7,0	9,0				
7	7,0	8,0	7,5	5,0	6,0	4,5				
8	8,0	7,5	7,5	5,5	7,0	4,5				
9	9,0	9,0	9,0	6,5	6,0	3,0				
10	4,0	6,0	9,5	6,5	8,5	10,0				
11										
12										

Depois, ele apertou a tecla *enter*. Veja o resultado que ele obteve.

J2 | =MÉDIA(A1:F10)

	A	B	C	D	E	F	G	H	I	J
1	3,0	5,0	6,0	10,0	7,0	9,5				
2	4,5	5,5	6,5	8,0	7,5	6,5			**Média**	6,7
3	5,0	6,0	5,0	6,0	8,0	9,0				
4	6,0	6,0	6,5	5,0	9,5	8,5				
5	6,0	7,0	6,5	3,0	10,0	5,5				
6	7,0	6,5	7,5	3,5	7,0	9,0				
7	7,0	8,0	7,5	5,0	6,0	4,5				
8	8,0	7,5	7,5	5,5	7,0	4,5				
9	9,0	9,0	9,0	6,5	6,0	3,0				
10	4,0	6,0	9,5	6,5	8,5	10,0				
11										
12										

Após obter o valor da média, Cristiano decidiu verificar também o valor da moda e da mediana.

- Para verificar o valor da moda, ele escolheu uma célula vazia (J3), digitou **=MODO(A1:F10)** e, em seguida, apertou a tecla *enter*.
- Para verificar o valor da mediana, ele escolheu outra célula vazia (J4), digitou **=MED(A1:F10)** e, depois, apertou a tecla *enter*.

Observe os resultados obtidos por ele.

J4 ▾ ⋮ × ✓ $\mathcal{F}x$ =MED(A1:F10)

	A	B	C	D	E	F	G	H	I	J
1	3,0	5,0	6,0	10,0	7,0	9,5				
2	4,5	5,5	6,5	8,0	7,5	6,5			**Média**	6,7
3	5,0	6,0	5,0	6,0	8,0	9,0			**Moda**	6,0
4	6,0	6,0	6,5	5,0	9,5	8,5			**Mediana**	6,5
5	6,0	7,0	6,5	3,0	10,0	5,5				
6	7,0	6,5	7,5	3,5	7,0	9,0				
7	7,0	8,0	7,5	5,0	6,0	4,5				
8	8,0	7,5	7,5	5,5	7,0	4,5				
9	9,0	9,0	9,0	6,5	6,0	3,0				
10	4,0	6,0	9,5	6,5	8,5	10,0				
11										
12										

Ilustrações: ID/BR

Cristiano concluiu que, se todos os estudantes tivessem tirado a mesma nota nessa prova, ela seria 6,7. Além disso, ele percebeu que metade dos estudantes tirou uma nota menor ou igual a 6,5 e que a nota que os estudantes mais tiraram foi 6,0.

Aproveitando que já estava trabalhando com a planilha eletrônica, Cristiano decidiu verificar o valor de algumas medidas de dispersão.

- Para verificar o valor da variância, ele escolheu uma célula vazia (J5), digitou **=VAR(A1:F10)** e, em seguida, apertou a tecla *enter*.
- Para verificar o valor do desvio-padrão, ele escolheu outra célula vazia (J6), digitou **=DESVPAD.P(A1:F10)** e, depois, apertou a tecla *enter*.

Observe os resultados obtidos por ele.

J6 ▾ ⋮ × ✓ $\mathcal{F}x$ =DESVPAD.P(A1:F10)

	A	B	C	D	E	F	G	H	I	J
1	3,0	5,0	6,0	10,0	7,0	9,5				
2	4,5	5,5	6,5	8,0	7,5	6,5			**Média**	6,7
3	5,0	6,0	5,0	6,0	8,0	9,0			**Moda**	6,0
4	6,0	6,0	6,5	5,0	9,5	8,5			**Mediana**	6,5
5	6,0	7,0	6,5	3,0	10,0	5,5			**Variância**	3,33
6	7,0	6,5	7,5	3,5	7,0	9,0			**Desvio-padrão**	1,81
7	7,0	8,0	7,5	5,0	6,0	4,5				
8	8,0	7,5	7,5	5,5	7,0	4,5				
9	9,0	9,0	9,0	6,5	6,0	3,0				
10	4,0	6,0	9,5	6,5	8,5	10,0				
11										
12										

ATIVIDADE

Aplicar

2. Os dados a seguir correspondem às idades dos estudantes que foram matriculados em um curso de informática.

24	30	25	22	23	22	24	26
20	32	22	22	24	24	27	28
21	28	24	28	31	23	21	20
21	27	22	30	31	28	29	21
22	26	27	32	26	20	21	22

Usando uma planilha eletrônica, faça o que se pede.

a) Digite os dados.

b) Calcule a média, a moda e a mediana.

c) Calcule a variância e o desvio-padrão.

d) Agora, escreva um pequeno texto relacionando as medidas que você obteve no item **b** ao contexto da situação.

TABELAS E GRÁFICOS

Já vimos em anos anteriores como ler, interpretar e construir tabelas e gráficos. Agora, vamos ampliar esse estudo.

Para isso, acompanhe as situações a seguir.

Situação 1

A tabela abaixo apresenta os dez nomes mais comuns entre as pessoas nascidas no Brasil em 2022.

Nomes mais frequentes entre os brasileiros nascidos em 2022	
Nome	**Quantidade de pessoas**
Miguel	26 941
Gael	25 252
Maria Alice	24 019
Arthur	23 440
Helena	22 202
Heitor	20 694
Alice	20 391
Theo	19 207
Laura	17 011
Davi	16 858

Fonte de pesquisa: Iana Caramori. Miguel e Maria Alice são os nomes de bebês mais escolhidos em 2022 no Brasil; veja lista. *G1 DF*, 20 dez. 2022. Disponível em: https://g1.globo.com/df/distrito-federal/noticia/2022/12/20/miguel-e-maria-alice-sao-os-nomes-de-bebes-mais-escolhidos-em-2022-no-brasil-veja-lista.ghtml. Acesso em: 25 abr. 2023.

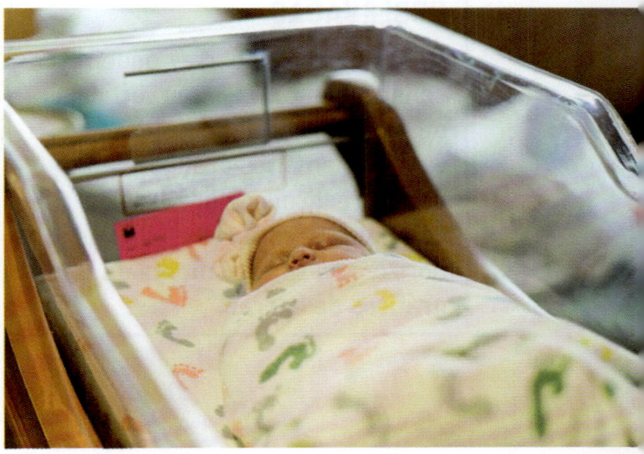

Mr. James Kelley/Shutterstock.com/ID/BR

▲ Maria Alice foi o nome mais frequente entre as meninas nascidas em 2022.

Qual é o nome mais frequente entre os brasileiros nascidos em 2022? Para responder a essa pergunta, podemos utilizar o conceito de moda.

Sabemos que a moda de um conjunto de dados é o elemento que aparece com maior frequência. Observando a segunda coluna da tabela, percebemos que a maior quantidade é 26 941 e que o nome correspondente a essa quantidade é Miguel. Ou seja, Miguel é a moda desse conjunto de dados.

PARE E REFLITA

Considerando os dados da situação **1**, reflita e responda: É possível calcular a média e a mediana desse conjunto de dados? Justifique.

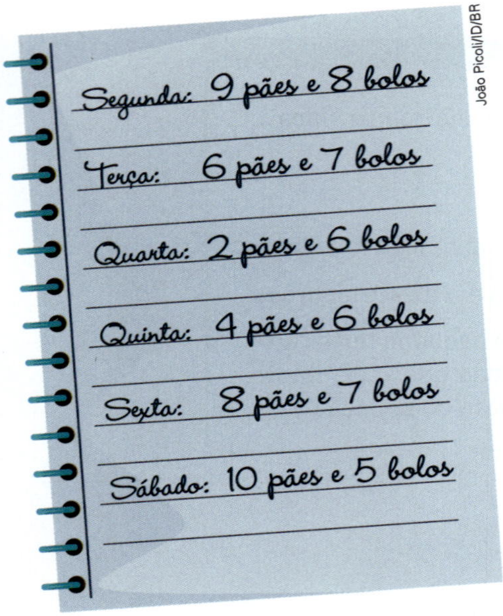

João Picoli/ID/BR

Situação 2

Vera abriu uma pequena loja de pães e de bolos. Observe, na ilustração ao lado, as anotações que ela fez referentes às vendas da primeira semana de funcionamento da loja.

Vera pediu ajuda à sua filha, Suzana, para organizar, em uma tabela, os registros que havia feito. Veja como ficou.

Vendas de pães e de bolos durante a primeira semana

Dia da semana \ Produto	Pães	Bolos
Segunda-feira	9	8
Terça-feira	6	7
Quarta-feira	2	6
Quinta-feira	4	6
Sexta-feira	8	7
Sábado	10	5

Dados fornecidos por Vera.

Depois, Suzana construiu dois gráficos de colunas: um para que a mãe observasse a venda de pães e outro para que ela observasse a venda de bolos.

- Venda de pães

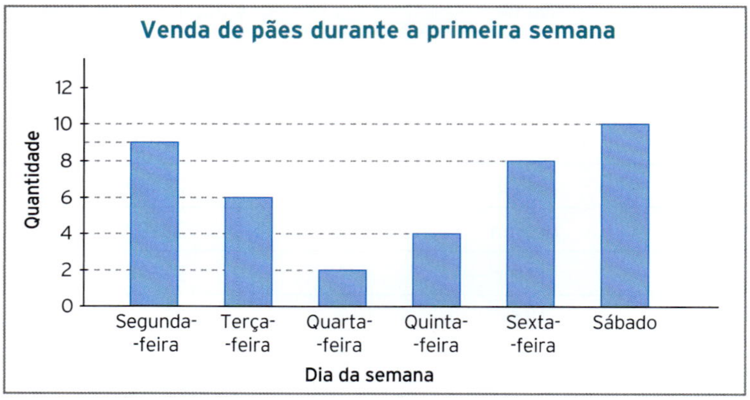

ID/BR

Dados fornecidos por Vera.

- Venda de bolos

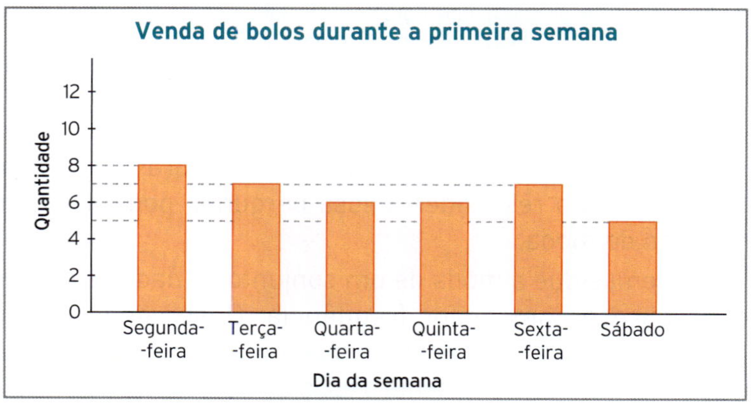

ID/BR

Dados fornecidos por Vera.

OBSERVAÇÃO

Os gráficos de barras podem ser construídos com barras verticais ou horizontais. Nesta coleção, vamos chamar os gráficos de barras verticais de **gráficos de colunas** e os gráficos de barras horizontais simplesmente de **gráficos de barras.**

PARE E REFLITA

Observando os gráficos, faça uma estimativa de qual seria a média de pães vendidos na primeira semana. Depois, estime a média da quantidade de bolos vendidos durante essa semana. Converse com os colegas e o professor para explicar como você pensou para realizar essas estimativas.

Suzana também ajudou a mãe dela a calcular as médias das vendas de pães e de bolos nessa semana.

- Pães: $MA = \frac{9 + 6 + 2 + 4 + 8 + 10}{6} = \frac{39}{6} = 6{,}5$
- Bolos: $MA = \frac{8 + 7 + 6 + 6 + 7 + 5}{6} = \frac{39}{6} = 6{,}5$

Repare que, apesar de as médias serem iguais, ao analisar as alturas das colunas de cada um dos gráficos construídos por Suzana, podemos ver que a distribuição das vendas dos pães é mais dispersa que a das vendas de bolos.

Outra maneira de representar os dados da tabela feita por Suzana seria utilizar um gráfico de barras duplas ou um gráfico de linhas.

- Gráfico de barras duplas

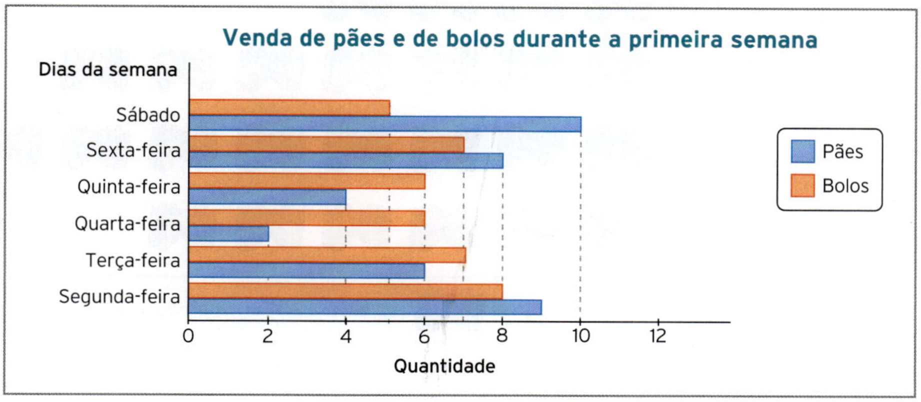

Ilustrações: ID/BR

Dados fornecidos por Vera.

- Gráfico de linhas

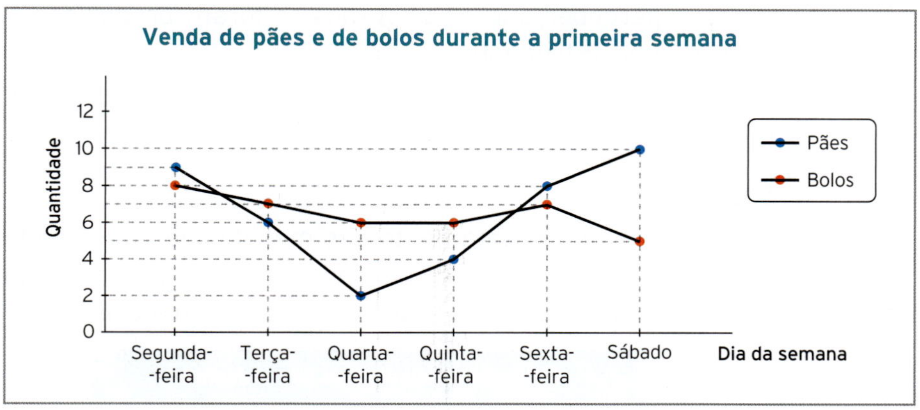

Dados fornecidos por Vera.

Note que, nesses gráficos, é possível comparar simultaneamente as vendas dos dois produtos (pães e bolos).

No gráfico de barras duplas, por exemplo, podemos perceber com mais facilidade em quais dias a venda de pães foi maior que a venda de bolos. Já o gráfico de linha permite que Vera observe a evolução das vendas ao longo da semana com mais facilidade.

Você percebeu que cada tipo de gráfico nos permite um tipo de observação sobre a situação?

Situação 3

Sabrina elaborou um gráfico pictórico para mostrar a produção de luvas de ciclismo de certa fábrica no 1º semestre de 2023.

Para elaborar o gráfico, ela considerou que cada par de luvas representa 200 luvas.

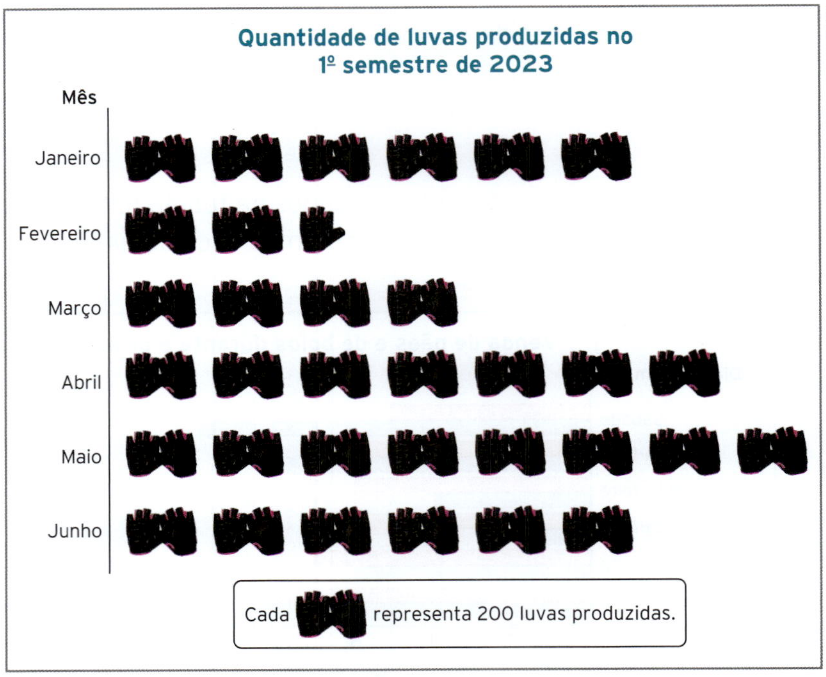

Dados fornecidos pela administração da fábrica.

PARE E REFLITA

No mês de fevereiro, estão representados dois pares de luva mais uma luva. O que isso significa?

Note que maio foi o mês em que mais luvas foram produzidas, enquanto fevereiro foi o mês com menor produção. Também é possível perceber que no 2º trimestre foram produzidas mais luvas que no 1º trimestre.

A observação do gráfico também nos permite constatar que a moda desse conjuntos de dados é 1 200 luvas.

Situação 4

Sílvio fez um levantamento das medidas de altura de todos os adolescentes do condomínio onde mora e organizou os dados obtidos em uma tabela de distribuição de frequências.

Altura dos adolescentes do condomínio	
Altura (em metro)	Frequência
1,50 ⊢ 1,60	10
1,60 ⊢ 1,70	18
1,70 ⊢ 1,80	13
1,80 ⊢ 1,90	7
1,90 ⊢ 2,00	2
Total	**50**

Dados obtidos por Sílvio.

Depois, Sílvio decidiu organizar os dados em um gráfico. Quando temos dados agrupados em intervalos de classe, como nesse caso, o gráfico mais indicado é o histograma.

O histograma é um gráfico composto de colunas justapostas. A largura de cada coluna é proporcional à amplitude do intervalo que ela representa. Geralmente, os intervalos têm amplitudes iguais e, consequentemente, as colunas têm larguras iguais.

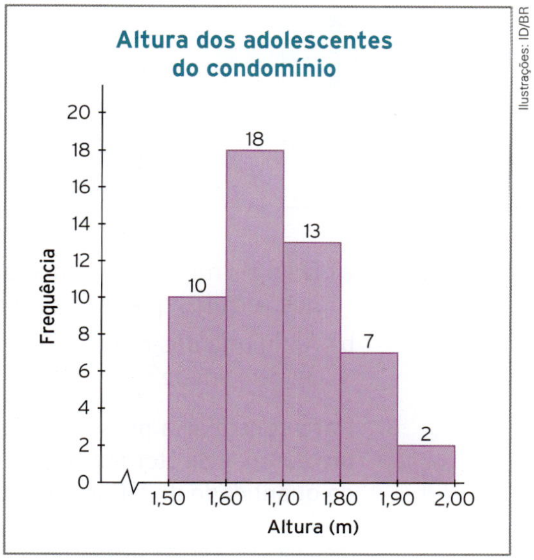

Dados fornecidos por Sílvio.

Repare que o intervalo de 1,60 a 1,70 é a moda da distribuição por intervalos, mas não necessariamente a moda da distribuição original está nesse intervalo. É possível, por exemplo, que todos os adolescentes no intervalo de 1,70 a 1,80 tenham a mesma medida de altura, mas os que estão no intervalo de 1,60 a 1,70 se distribuam em medidas de altura diferentes.

As informações obtidas por Sílvio também poderiam ter sido representadas em um gráfico de setores. Observe.

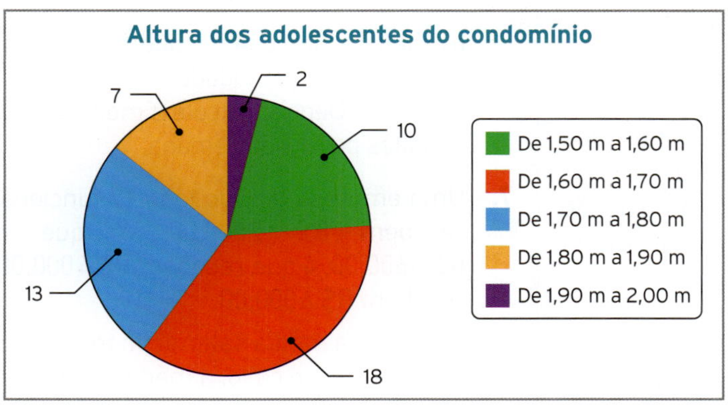

Dados fornecidos por Sílvio.

Perceba que nesse caso faz sentido utilizar um gráfico de setores, pois Sílvio fez o levantamento com todos os adolescentes do prédio. Desse modo, é possível comparar as partes em relação ao todo.

ATIVIDADES

Retomar e compreender

3. Veja, no gráfico a seguir, a organização dos dados de uma pesquisa sobre a quantidade de horas semanais dedicadas ao estudo fora da escola por estudantes com baixo desempenho escolar.

Ilustrações: ID/BR

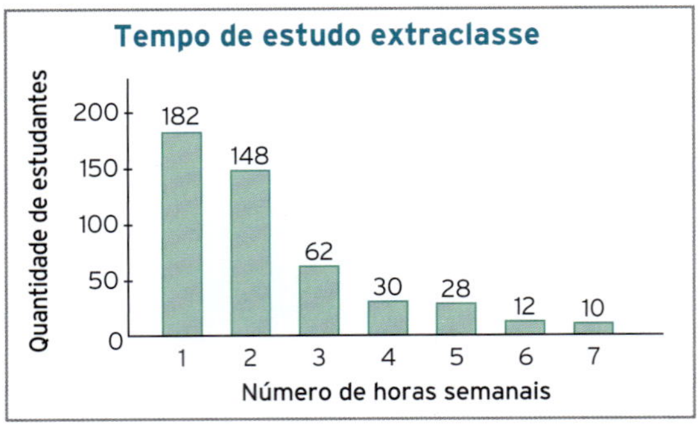

Dados fictícios.

a) Quantos estudantes foram entrevistados?

b) Determine a média de horas semanais estudadas, a moda e a mediana.

c) Qual é a porcentagem de estudantes que estudam menos que a média?

4. A enfermaria de uma escola anotou em um quadro a quantidade de estudantes que procuraram atendimento com alguma queixa de saúde nos dias úteis da primeira quinzena de agosto.

Dia	3	4	5	6	7	10	11	12	13	14
Quantidade de estudantes	2	3	2	5	4	5	5	3	1	2

a) Complete o quadro a seguir.

Quantidade de estudantes na enfermaria	1	2	3	4	5
Quantidade de dias no período					

b) Calcule o número médio de estudantes que procuraram a enfermaria por dia.

c) Qual é a mediana e a moda do número de estudantes que procuraram a enfermaria por dia?

Aplicar

5. Um sistema de radar registra a velocidade dos veículos em uma avenida onde trafegam, em média, 100 veículos por hora, sendo 45 km/h a velocidade máxima permitida. Veja, no gráfico a seguir, os dados obtidos pelo sistema de radar durante uma hora.

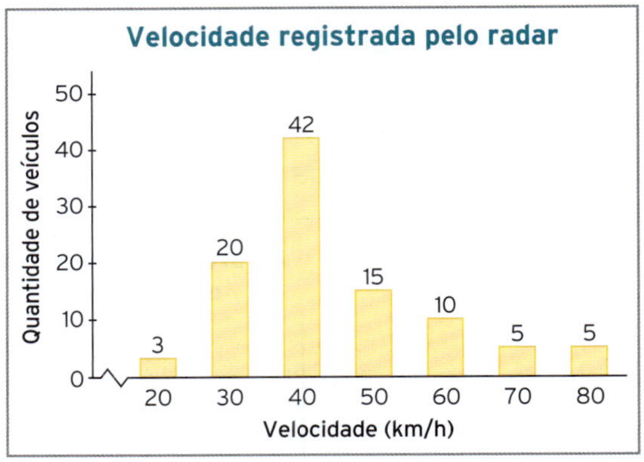

Dados fornecidos pelo sistema de radar.

a) Qual é a média e a mediana das velocidades dos veículos que trafegam nessa avenida?

b) A maioria dos motoristas respeitou o limite de velocidade?

6. Para controlar a presença dos estudantes em um curso, o diretor fez um levantamento diário da quantidade de faltas durante um mês.

Segunda-feira	Terça-feira	Quarta-feira	Quinta-feira	Sexta-feira
3 faltas	5 faltas	2 faltas	4 faltas	8 faltas
6 faltas	2 faltas	0 falta	16 faltas	feriado
14 faltas	6 faltas	2 faltas	5 faltas	11 faltas
7 faltas	4 faltas	4 faltas	6 faltas	10 faltas
8 faltas	5 faltas	5 faltas	—	—

a) Quais são a média e a moda das faltas desse mês?

b) Elabore um quadro que associe os dias da semana à quantidade de estudantes que faltaram. Depois, calcule a média do número de faltas por dia da semana.

7. Uma empresa tem ao todo 17 funcionários que recebem R$ 2000,00, 7 que recebem R$ 3600,00, 4 que recebem R$ 4000,00 e 2 que recebem R$ 6000,00.

a) Qual é a média salarial do total de funcionários? Nesse caso, a média é representativa?

b) No mínimo, quantos funcionários que recebem R$ 2000,00 devem ser promovidos para a faixa salarial seguinte, de modo que a mediana dos salários pagos por essa empresa corresponda a R$ 3600,00?

Gráficos divulgados pela mídia

Ao construir um gráfico, é preciso ter bastante cuidado. Por exemplo, o título deve ter coerência com os dados apresentados; a escala dos eixos precisa estar proporcional aos valores; a soma das porcentagens em gráficos de setores deve ser 100%; entre outros.

Alguns gráficos apresentados em meios de comunicação, por não respeitarem algum dos aspectos mencionados anteriormente, podem levar a interpretações equivocadas por parte do leitor. Acompanhe alguns exemplos.

Exemplo A

O jornal britânico *Financial Times* apresentou dados sobre 8 países emergentes em um infográfico que apresenta gráficos de colunas duplas. Nesse infográfico, as colunas azul-escuras representam as reservas financeiras do país, e as colunas azul-claras representam a necessidade de financiamento externo. Veja.

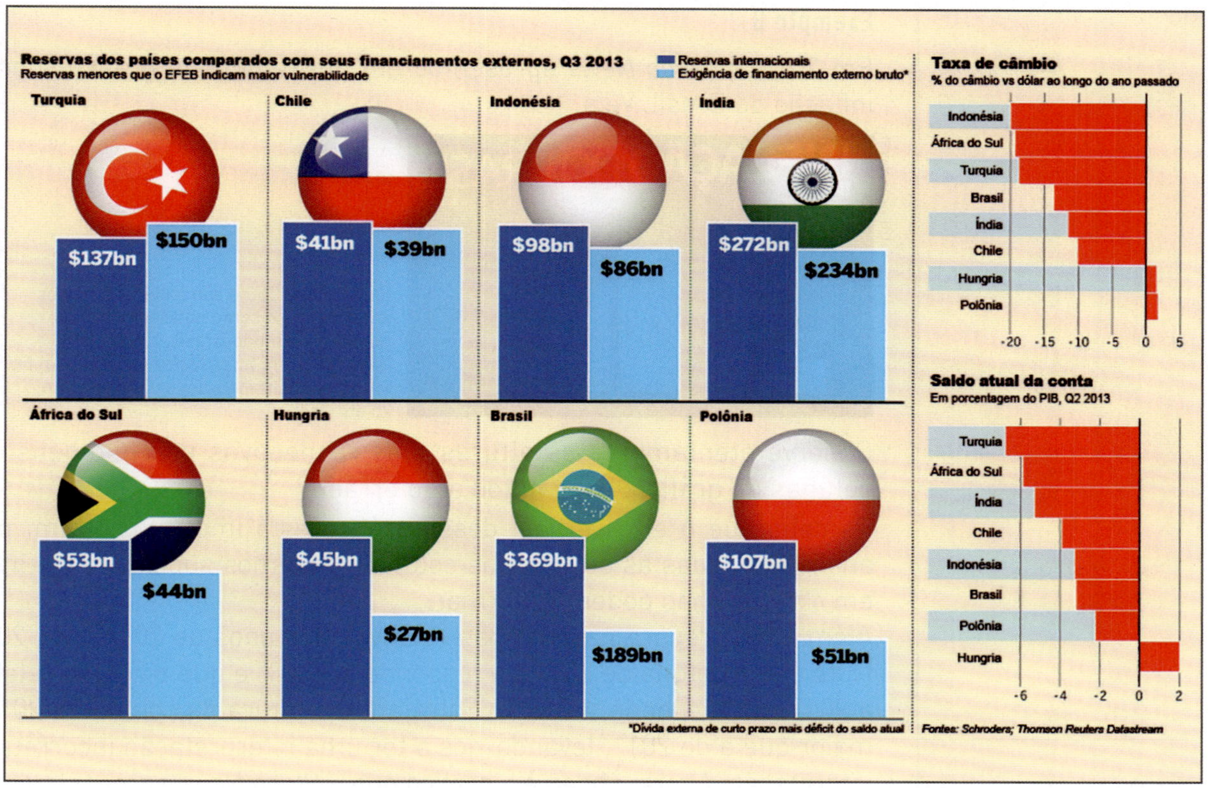

James Kynge/Financial Times Limited

Twitter do *Financial Times*, 16 jan. 2014. Disponível em: https://twitter.com/ft/status/423787829974802432. Acesso em: 25 abr. 2023.

Agora, observe novamente e com mais atenção as colunas de cores azuis. Você percebeu, por exemplo, que todas as colunas azul-escuras têm praticamente a mesma altura, mas representam valores bem diferentes?

Observe também a necessidade de investimento externo do Chile e a do Brasil, representadas pelas colunas azul-claras. A coluna do Brasil é menor que a do Chile, mas representa uma quantia muito superior. O mesmo acontecerá se compararmos a necessidade de financiamento externo na Índia e na Turquia.

Agora, veja como ficariam os dados do infográfico anterior se as colunas tivessem sido representadas com alturas proporcionais aos valores que indicam.

ID/BR

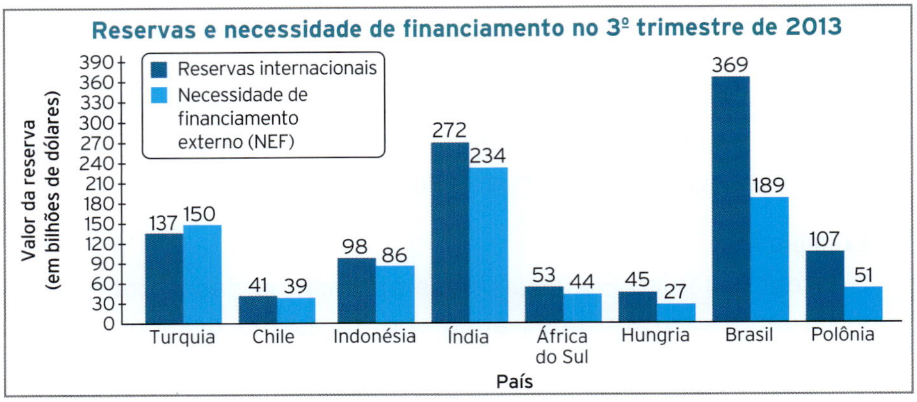

Fonte de pesquisa: Twitter do *Financial Times*, 16 jan. 2014. Disponível em: https://twitter.com/ft/status/423787829974802432. Acesso em: 25 abr. 2023.

Exemplo B

Em 2014, a *Globo News* apresentou em um vídeo este gráfico sobre a inflação do Brasil. Veja.

Editoria de Arte/G1

Ravi Parikh. Como são feitos os gráficos enganosos – e como não ser enganado por eles. Gizmodo Brasil, 17 abr. 2014. Disponível em: https://gizmodo.uol.com.br/mentir-visualizacao-dados/. Acesso em: 25 abr. 2023.

Observe atentamente as alturas e as respectivas porcentagens das colunas do gráfico. Você notou algo errado?

Perceba que o eixo vertical desse gráfico está implícito. Assim, pela análise de todas as alturas das colunas, podemos supor que ele inicia em 4%, mas não podemos afirmar.

Além disso, repare nas colunas relativas aos anos de 2011 e de 2013. Note que a coluna de 2011 corresponde a 6,50% e que a coluna relativa a 2013 corresponde a 5,91%. Entretanto, a altura da coluna de 2013 é maior que a de 2011, levando-nos a ter uma interpretação incorreta da informação. Agora, observe o gráfico que a *Globo News* apresentou após constatar os erros.

Editoria de Arte/G1

Ravi Parikh. Como são feitos os gráficos enganosos – e como não ser enganado por eles. Gizmodo Brasil, 17 abr. 2014. Disponível em: https://gizmodo.uol.com.br/mentir-visualizacao-dados/. Acesso em: 25 abr. 2023.

CIDADANIA GLOBAL

FAKE NEWS

O Instituto DataSenado realizou uma pesquisa nacional em 2021, para saber a opinião dos brasileiros sobre as redes sociais e o combate à disseminação de conteúdo falso na internet, e descobriu que cerca de 93% dos pesquisados concordavam com a afirmação “Notícias falsas trazem riscos para a sociedade nesse período de pandemia” e cerca de 88% concordavam com a afirmação “As redes sociais influenciam muito as pessoas”.

Na tira, o pai de Armandinho expressa sua opinião a respeito das *fake news* e as consequências que elas trazem para a sociedade.

Alexandre Beck/Acervo do cartunista

1. Você já recebeu uma notícia falsa? Como soube que ela era falsa?
2. Busque na internet alguma notícia falsa que já circulou relacionada à insegurança alimentar.
3. Reflita sobre o que você acabou de ler e escreva um texto justificando, dando exemplos e apontando possíveis consequências das *fake news* para a população em geral.

ATIVIDADE

Retomar e compreender

8. Os dados deste gráfico foram extraídos do Instituto Nacional de Estudos e Pesquisas Educacionais Anísio Teixeira (Inep) e tratam de uma pesquisa sobre a população brasileira de 6 a 14 anos que frequentava ou que já tinha concluído o Ensino Fundamental entre 2016 e 2019.

Percentual da população de 6 a 14 anos que frequentava ou que já tinha concluído o ensino fundamental, por quartil de renda domiciliar *per capita* – Brasil 2016-2019

ID/BR

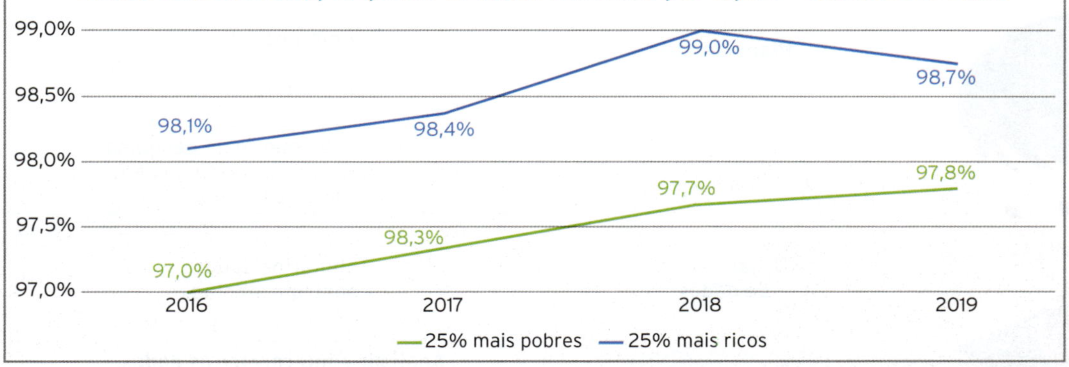

Fonte: Inepdata – Painel de monitoramento do PNE. Disponível em: https://app.powerbi.com/view?r=eyJrIjoiY2YxNzJkNzctZTVlMS00M2Q5LTljMDAtYmM1M2VlZTFiNzFjIiwidCI6IjI2ZjczODk3LWM4YWMtNGIxZS05NzhmLWVhNGMwNzc0MzRiZiJ9. Acesso em: 25 abr. 2023.

a) O que indica o eixo horizontal? E o eixo vertical?

b) As escalas dos eixos estão corretas? Justifique.

PLANEJAMENTO DE PESQUISA

Qual é a **importância da estatística**?

Vimos em anos anteriores que precisamos seguir algumas etapas para realizar uma pesquisa estatística.

Depois que o tema da pesquisa for definido, é necessário formular um problema e levantar hipóteses. Por exemplo, se o tema for alimentação, o problema poderá ser: "Que alimentos são mais consumidos pelos estudantes do 9º ano?". Uma hipótese seria que o alimento mais consumido seja arroz ou feijão.

Em seguida, é necessário definir a população, o tipo de pesquisa e as variáveis. Para o tema sugerido anteriormente, quais seriam suas escolhas para cada um desses itens?

A próxima etapa consiste em definir o instrumento de pesquisa. Pode ser um questionário com perguntas de múltipla escolha sobre a alimentação. Esse questionário poderá ser aplicado, por exemplo, por meio de entrevistas, dependendo do tipo de pesquisa que você escolheu.

Após a coleta de dados, é necessário organizar os dados obtidos. Isso poderá ser feito usando uma ou mais tabelas, por exemplo, dependendo do questionário elaborado.

Por fim, devemos analisar as tabelas e escolher o gráfico mais adequado para representar os dados de cada uma delas, calcular as medidas de tendência central (média, moda e mediana), além da amplitude dos dados, que auxiliam na obtenção de conclusões mais assertivas. Lembramos que a construção tanto de tabelas como de gráficos pode ser feita com o auxílio de uma planilha eletrônica. De posse de todo esse material, produzimos um relatório.

Veja a seguir um possível esquema com as etapas de uma pesquisa e estatística e o que deve ser feito em cada uma delas.

ETAPA	O QUE DEVE SER FEITO
Definição do problema	Escolher um tema. Formular o problema. Levantar hipóteses.
Planejamento da pesquisa	Definir a população. Escolher entre pesquisa amostral ou censitária. Definir as variáveis.
Coleta de dados	Definir o instrumento de pesquisa. Definir como será a coleta de dados. Coletar os dados.
Organização de dados	Tabular os dados. Construir tabelas.
Resultados e análises	Analisar e interpretar os dados. Construir gráficos. Elaborar uma conclusão.

João Picoli/ID/BR

LABORATÓRIO DE MATEMÁTICA

Pesquisa estatística amostral

Agora é com vocês! Reúnam-se com alguns colegas para realizar uma pesquisa amostral sobre algum tema da realidade social de vocês. Depois, vocês vão elaborar um relatório contendo a análise dos dados com base nas medidas de tendência central e de dispersão, além de construir tabelas e gráficos com o auxílio de uma planilha eletrônica.

Seregam/Shutterstock.com/ID/BR

7th Son Studio/Shutterstock.com/ID/BR

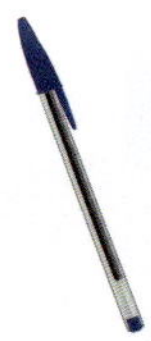

Mufassa/Shutterstock.com/ID/BR

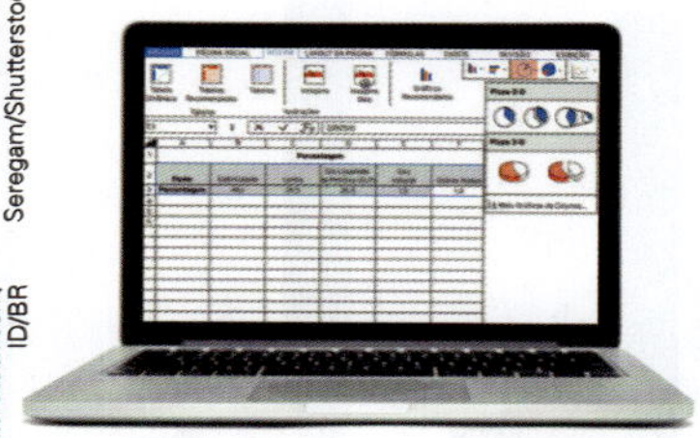

Goran Bogicevic/Shutterstock.com/ID/BR

Materiais

- caderno para anotações
- lápis ou caneta
- computador com um *software* de planilha eletrônica instalado

Como fazer

1 Com a orientação do professor, reúnam-se em grupos.

2 Cada grupo deverá escolher um tema relevante para a comunidade local e formular um problema a ser pesquisado.

3 Definam a amostra a ser pesquisada e as variáveis. Lembrem-se: a amostra deve representar a população estudada.

4 Criem um questionário para as entrevistas que serão feitas. Tenham em mente que as perguntas devem ser elaboradas de modo que permitam atingir o objetivo inicial da pesquisa, ou seja, encontrar uma resposta para o problema.

5 Ao abordar os entrevistados, sejam gentis e educados e expliquem o objetivo da pesquisa. Sejam cautelosos ao fazer as perguntas, tomando cuidado para não influenciar as pessoas em suas respostas.

6 Elaborem uma tabela e escolham o gráfico que melhor represente os dados coletados. Para isso, vocês devem utilizar uma planilha eletrônica.

7 Ainda com o auxílio da planilha eletrônica, determinem as medidas de tendência central e de dispersão, se for o caso. Em seguida, analisem-nas.

8 Por fim, elaborem um relatório contendo a tabela, o gráfico e as conclusões que vocês obtiveram com a pesquisa.

Para concluir

1. Explique o motivo que levou o grupo a escolher o tema da pesquisa.
2. Por que o grupo escolheu determinado tipo de gráfico para apresentar os resultados obtidos?
3. Explique como as medidas de tendência central e de dispersão dos dados coletados auxiliaram na análise.

MAIS ATIVIDADES

Retomar e compreender

1. O gráfico a seguir mostra a relação dos cinco maiores campos produtores de petróleo no Brasil, de 2017 a 2021, em mil barris por dia (Mbbl/d).

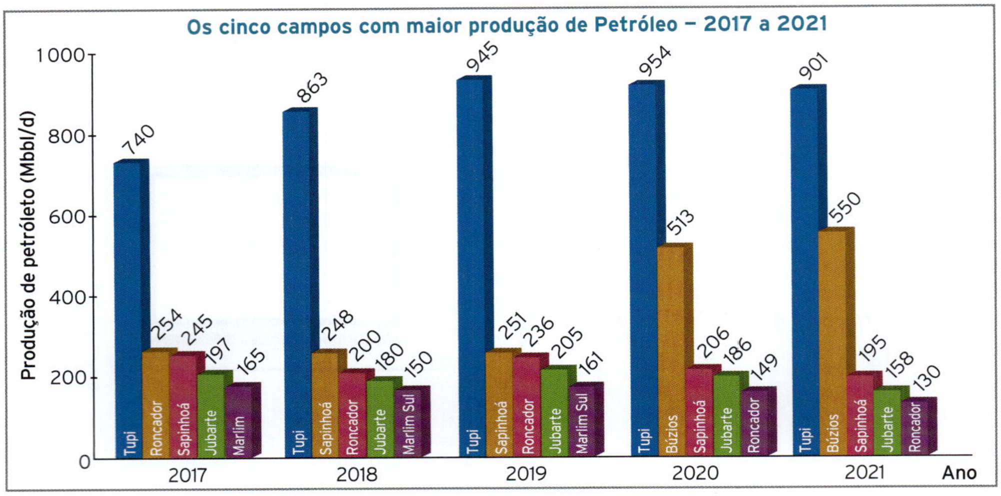

OracicArt/ID/BR

Fonte de pesquisa: ANP. *Encarte de consolidação da produção 2021*. Disponível em: https://www.gov.br/anp/pt-br/centrais-de-conteudo/publicacoes/boletins-anp/boletins/arquivos-bmppgn/2021/12-2021-boletim.pdf. Acesso em: 25 abr. 2023.

a) Qual desses campos teve crescimento mais significativo na produção de petróleo?

b) Houve grandes mudanças na produção de petróleo do campo Sapinhoá?

2. O gráfico ao lado apresenta a quantidade de idosos matriculados em uma academia de ginástica e suas respectivas idades. Observe.

a) Qual é a idade média dos idosos matriculados na turma de ginástica dessa academia?

b) Quais são a moda e a mediana dessa distribuição?

c) Quantos idosos estão acima da idade média? E abaixo?

ID/BR

Dados fictícios.

3. Leia a notícia a seguir.

GoodStudio/Shutterstock.com/ID/BR

O Brasil perdeu, nos últimos quatro anos, mais de 4,6 milhões de leitores, segundo dados da pesquisa Retratos da Leitura no Brasil. [...]

[...]

O brasileiro lê, em média, cinco livros por ano, sendo aproximadamente 2,4 livros lidos apenas em parte e 2,5, inteiros. [...]

Mariana Tokarnia. Brasil perde 4,6 milhões de leitores em quatro anos. *Agência Brasil*, 11 set. 2020. Disponível em: https://agenciabrasil.ebc.com.br/educacao/noticia/2020-09/brasil-perde-46-milhoes-de-leitores-em-quatro-anos. Acesso em: 25 abr. 2023.

Um adolescente de 17 anos, intrigado com essa notícia, fez uma pesquisa em sua casa e comparou-a com os dados divulgados na notícia. Supondo que ele tenha começado a ler com 7 anos e que tenha lido 72 livros completos até o momento, responda ao que se pede.

a) Podemos dizer que esse adolescente está na média informada por essa notícia?

b) Qual é a média de leitura por ano desse adolescente?

c) Qual é a diferença entre a média dele e a média do brasileiro informada na pesquisa?

4. Um pescador conseguiu pescar cinco peixes da mesma espécie. Os dados a seguir representam as medidas de massa dos peixes pescados, em quilograma.

2,5 3,2 1,7 2,8 3,1

a) Qual é a medida de massa média dos peixes pescados?

b) Determine a amplitude desse conjunto de dados.

c) Qual é o desvio de cada valor?

d) Calcule o desvio-padrão dessas medidas.

Aplicar

5. Foi realizada uma pesquisa com 2 300 pais de filhos em idade escolar. A pergunta feita foi: "Você acha que o uso do celular na escola atrapalha o rendimento escolar de seu filho?". As respostas foram apresentadas no gráfico a seguir. Veja.

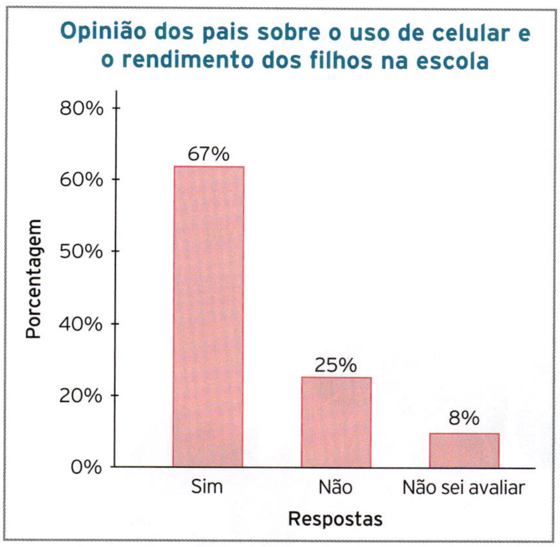

Dados fornecidos pela administração do colégio.

a) Quantos pais responderam "sim" à pergunta?

b) Quantos pais responderam "não sei avaliar"?

c) Sabendo que os pais poderiam dar apenas uma resposta, que outro gráfico você utilizaria para representar os dados dessa pesquisa? Justifique.

d) Em sua opinião, o uso do celular na escola atrapalha o rendimento escolar? Converse com os colegas e o professor sobre essa questão.

6. Observe a tabela a seguir. Nela, estão os dados de uma pesquisa sobre a frequência de visitantes no parque da cidade.

Visitas ao parque da cidade	
Dia da semana	**Número de visitantes**
Segunda-feira	488
Terça-feira	312
Quarta-feira	320
Quinta-feira	235
Sexta-feira	536
Sábado	693
Domingo	596

Dados fornecidos pela administração do parque.

a) Reúna-se com um colega para construir um gráfico para esses dados, utilizando uma planilha eletrônica.

b) Calcule o número médio de visitas por dia durante essa semana.

c) Quais dias da semana têm a frequência abaixo da média?

7. Observe o gráfico a seguir. Nele, estão representadas as vendas de *notebooks* em uma loja no primeiro semestre de 2023.

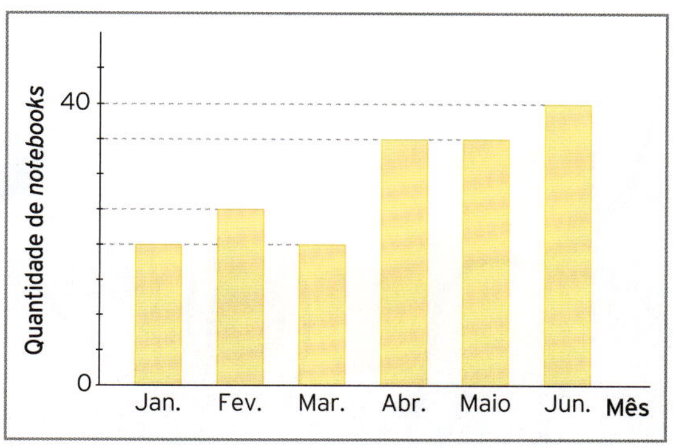

Ilustrações: ID/BR

Dados fictícios.

a) Em sua opinião, falta alguma informação para que o gráfico seja mais bem compreendido? Se falta, qual seria?

b) É possível descobrir a escala do eixo vertical?

c) Se a meta da loja para esse primeiro semestre fosse vender 210 *notebooks*, você diria que essa meta foi alcançada? Justifique.

d) Qual é a média mensal de vendas de *notebooks* nessa loja?

O que é **inflação**?

O dragão invisível

Dragões costumam fazer muito sucesso quando estão nas telas do cinema. No mundo real, eles não existem, mas a figura do dragão foi usada durante muitos anos no Brasil como símbolo para a **inflação**. E é sobre a inflação e seu impacto no poder de compra do nosso dinheiro que vamos tratar nesta seção. Você sabe o que é inflação? Onde esse dragão vive? Como se comporta no Brasil? Como afeta a sua vida e a de sua família hoje? Você tem ideia de como a inflação pode mudar drasticamente seu futuro?

Segundo o economista Alexandre Schwartsman, a inflação é o aumento geral e persistente dos preços. O economista caracteriza esse aumento como geral, pois abrange diversos produtos e serviços, e como persistente, pois não ocorre de maneira ocasional, e sim frequente. Dessa forma, se apenas alguns preços sobem e todos os demais são mantidos, não há, de fato, uma inflação. Além disso, se há aumento dos preços em um mês específico e no outro os preços ficam estáveis, a situação também não caracteriza inflação. De maneira simplificada, a inflação é uma média do crescimento dos preços de um conjunto de bens e serviços em determinado período. Os preços aumentam por vários motivos; entre eles, podemos mencionar o aumento da demanda (quanto maior o número de compradores, maior o preço) e o aumento dos custos (se um produtor gasta mais para fabricar e comercializar uma mercadoria, o preço de venda tende a aumentar).

Se em um país a inflação está alta, isso significa que os preços estão subindo de modo generalizado. Quando o nosso dinheiro, ou seja, o valor que recebemos por meio de salários ou de outras rendas,

não aumenta no mesmo ritmo que a inflação, nosso poder de compra diminui, nossa capacidade de comprar fica menor. Se essa situação perdurar, ao longo do tempo, o valor do dinheiro vai diminuindo. Por outro lado, em uma economia com inflação baixa, isto é, com baixo crescimento dos preços, ou até estabilidade dos preços (quando eles praticamente não aumentam), há conservação do valor do dinheiro.

Historicamente, o Brasil é marcado por períodos de altas taxas inflacionárias. Na década de 1980, por exemplo, os brasileiros passaram por momentos muito difíceis, em que a inflação foi tão alta que chegou a 80% ao mês. Isso mesmo! Imagine o aumento mensal de 80% no preço do arroz, do feijão, da carne, do leite, do pão, de passagens de ônibus e de mensalidades! Imagine que um livro que custava 100 reais em um mês passou a custar 180 reais no mês seguinte. Já pensou? Assustador, não? Felizmente, de 1994 a 2014, a inflação brasileira foi controlada, e esse período ficou marcado pela estabilidade inflacionária do país.

Todavia, os anos de 2015, 2016 e 2021 não foram fáceis, e o dragão invisível da inflação, que estava adormecido, acordou, criando dificuldades para muitas pessoas. O maior problema é que a inflação alta destrói quase que invisivelmente o poder de compra do nosso dinheiro. Ela gera uma série de problemas, afetando a vida de todas as pessoas, dos empregados aos empregadores. Impacta cruelmente a vida da população de menor poder aquisitivo. Suas consequências são produtos mais caros, menos dinheiro poupado e menos sonhos realizados. Por isso, é importante garantir uma inflação que permita o crescimento consistente dos salários e a estabilidade dos preços.

Leandro Lassmar/ID/BR

Explorando o tema

Reúna-se com um colega para responder às questões a seguir.

1. O salário de Luciana é R$ 2 000,00 por mês. Considerando uma inflação de 10% ao ano e um produto que custe R$ 10,00 o quilograma, analisem o percentual do poder de compra desse produto, com o salário de Luciana, em cada um dos cenários a seguir.

a) Cenário 1: o salário de Luciana não aumentou nesse ano.

b) Cenário 2: o salário de Luciana aumentou apenas 5% nesse ano.

c) Cenário 3: o salário de Luciana aumentou 15% no ano.

2. SABER SER Leiam atentamente o título de notícia apresentado a seguir.

Inflação afeta mais as pessoas de baixa renda em março, diz Ipea

Inflação afeta mais as pessoas de baixa renda em março, diz Ipea. *G1 Economia*, 14 abr. 2022. Disponível em: https://g1.globo.com/economia/noticia/2022/04/14/inflacao-afeta-mais-as-pessoas-de-baixa-renda-em-marco-diz-ipea.ghtml. Acesso em: 25 abr. 2023.

Escrevam um texto que explique por que a inflação impacta mais as pessoas de baixa renda.

ATIVIDADES INTEGRADAS

Aplicar

1. Ao participarem de uma partida de um jogo *on-line*, dois jogadores precisavam conquistar um território para ganhar o jogo. A chance de conquistar esse território era de 73%. Um dos jogadores sugeriu que, se eles jogassem 73 vezes o mesmo jogo, garantiriam que o território fosse conquistado. Já o outro sugeriu que, para a conquista, deveriam jogar 100 vezes o mesmo jogo.

Ambas as propostas estão erradas, pois a chance de conquistar o território:

a) depende, no mínimo, de 101 jogadas.

b) depende, no mínimo, de 173 jogadas.

c) depende, no mínimo, de 10 000 jogadas.

d) é nula.

e) independe da quantidade de jogadas, pois é um evento aleatório.

Analisar e verificar

2. Em uma escola de dança há 120 alunos, dos quais 30 dançam bolero, 40 dançam samba, 20 dançam tango e o restante dança forró. Metade dos alunos de bolero e de forró são mulheres. No tango há 13 homens e no samba há 30 mulheres.

a) Construa um quadro que descreva os dados dessa situação.

b) Sorteando-se ao acaso um aluno dessa escola, qual é a probabilidade de ele ser uma mulher, sabendo que dança tango?

c) Sorteando-se ao acaso um aluno dessa escola, qual é a probabilidade de ele dançar samba, sabendo que é um homem?

3. Roberto realizou uma pesquisa com os estudantes de sua escola sobre a prática de esportes no centro esportivo. A tabela a seguir mostra o resultado da pesquisa.

Participação dos estudantes nas atividades esportivas

Participação \ Segmento de ensino	Fundamental I	Fundamental II	Ensino Médio
Não participaram	115	36	87
Participaram	89	187	100

Dados obtidos por Roberto.

a) Quantos estudantes ao todo responderam à pesquisa?

b) Qual é a probabilidade de Roberto sortear um estudante do Ensino Fundamental I para uma excursão, sabendo que ele participa das atividades esportivas?

c) Qual é a probabilidade de Roberto sortear um estudante que não participa das atividades esportivas, sabendo que ele é do Ensino Médio?

4. Imagine que, durante o Carnaval 2023, um dos juízes tenha atribuído as seguintes notas para as 7 escolas do Grupo Especial em um dos quesitos avaliados:

Escola	A	B	C	D	E	F	G
Nota	9	8	8	7	9	8	10

Reúna-se com um colega para responder às questões a seguir.

a) Qual é a nota média que esse jurado atribuiu às escolas de samba?

b) Quais escolas ficaram abaixo da média?

c) Qual é a amplitude das notas?

d) Se a escola D não tivesse desfilado, a amplitude e a média se alterariam? Por quê?

5. Cinco atletas (A, B, C, D, E) participaram de uma prova de salto em distância, em que cada um saltou 4 vezes. Veja, a seguir, a distância, em metro, obtida nos saltos de cada atleta.

- Atleta A: 2,8 2,2 3,1 2,5
- Atleta B: 3,2 2,5 2,8 3,0
- Atleta C: 2,9 2,8 3,0 2,8
- Atleta D: 3,1 3,2 3,1 2,7
- Atleta E: 2,8 3,2 3,4 2,1

Qual atleta teve o desempenho mais homogêneo? E qual foi o menos homogêneo?

Veja uma **resolução** para essa atividade. Você a resolveria de outro modo?

6. (Prova Brasil) A evolução da intenção de votos dos eleitores por dois candidatos a prefeito de um município é apresentada pelo gráfico seguinte.

PROVA BRASIL. Fac-símile/ID/BR

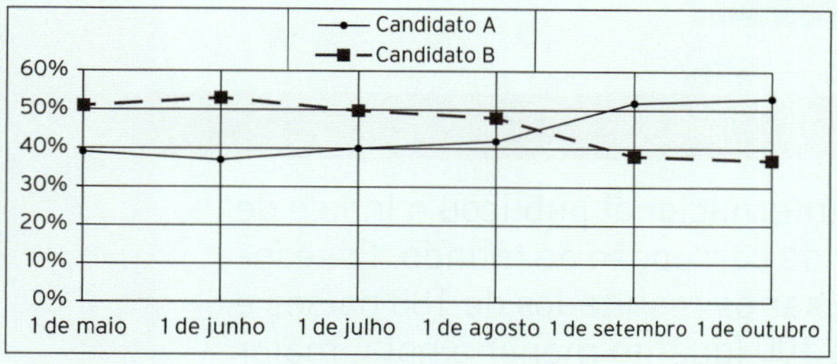

Em que mês o candidato A alcançou, na intenção de votos dos eleitores, o candidato B?

a) Julho.
b) Agosto.
c) Setembro.
d) Outubro.

7. (Prova Brasil) Os alunos de uma turma do 9º ano fizeram uma estimativa para 200 pessoas com base no estudo seguinte.

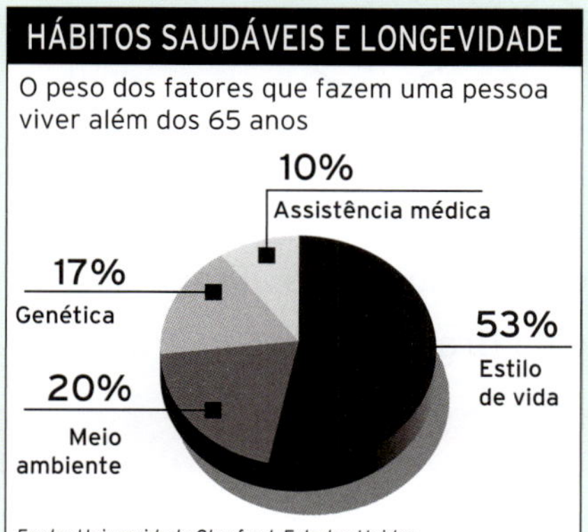

Fonte: *Universidade Stanford. Estados Unidos*

PROVA BRASIL. Fac-símile/ID/BR

Que gráfico de barras melhor representa o estudo?

a)

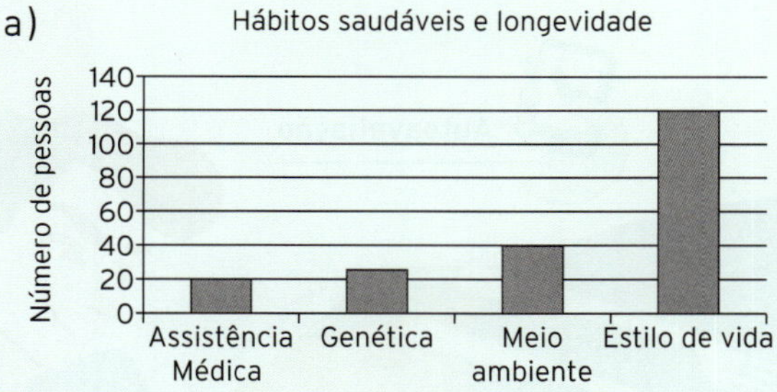

b)

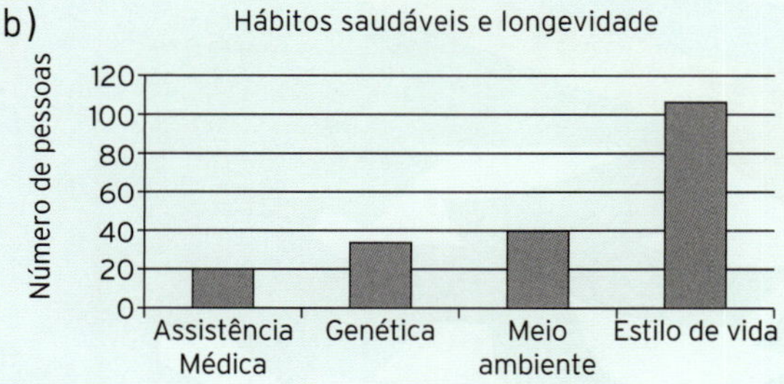

c)

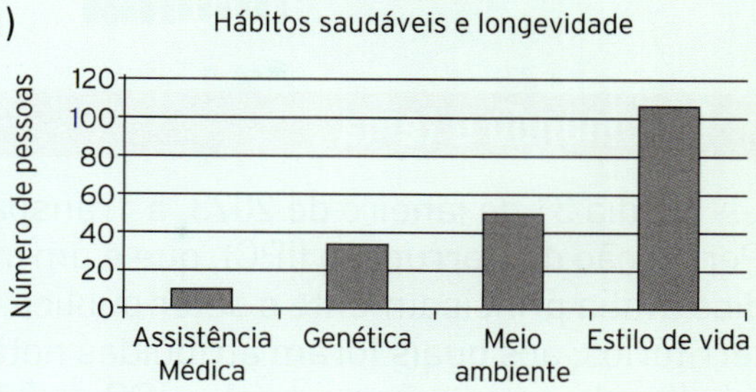

d)

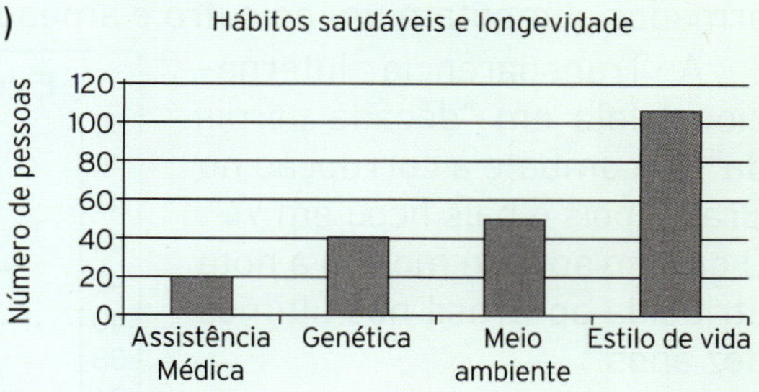

8. Andrea, Bruno e Carlos disputaram um jogo em que há 20 cartas numeradas de 1 a 20. As cartas são embaralhadas e colocadas na mesa com a face numerada virada para baixo. Cada participante escolhe duas cartas, cujos valores serão somados e deverão resultar em um valor. Porém, antes de escolher as duas cartas, eles devem escrever em um papel uma possível soma com os números das cartas escolhidas. Ganha o jogo quem conseguir acertar a previsão da soma dessas cartas.

Sabendo que Andrea, Bruno e Carlos escreveram os valores 11, 22 e 28 como suas respectivas somas, quem tem a maior probabilidade de ganhar a disputa é:

a) Andrea, pois a soma que escolheu é a menor.
b) Carlos, pois a soma que escolheu é a maior.
c) Bruno, pois há 10 possibilidades de compor a soma escolhida por ele, contra 5 possibilidades para a escolha de Andrea e 7 possibilidades para a escolha de Carlos.
d) Bruno, pois há 9 possibilidades de compor a soma escolhida por ele, contra 5 possibilidades para a escolha de Andrea e 6 possibilidades para a escolha de Carlos.
e) Carlos, pois há 13 possibilidades de compor a soma escolhida por ele, contra 10 possibilidades para a escolha de Bruno e 5 possibilidades para a escolha de Andrea.

CIDADANIA GLOBAL

UNIDADE 7

16 PAZ, JUSTIÇA E INSTITUIÇÕES EFICAZES

Retomando o tema

No dia 31 de janeiro de 2023, a Transparência Internacional publicou o Índice de Percepção da Corrupção (IPC), que é um indicador de corrupção do mundo. Esse índice avalia principalmente o setor público. Ao analisar os resultados de 180 países e territórios, aos quais foram atribuídas notas de 0 a 100 (quanto menor a nota, maior o índice de corrupção no país), o IPC de 2022 destaca que a corrupção e os conflitos armados alimentam um ao outro e ameaçam a paz.

A Transparência Internacional fala em "década perdida" no combate à corrupção no Brasil, pois o país ficou em 94º. O gráfico ao lado mostra a nota atribuída ao Brasil nos últimos dez anos.

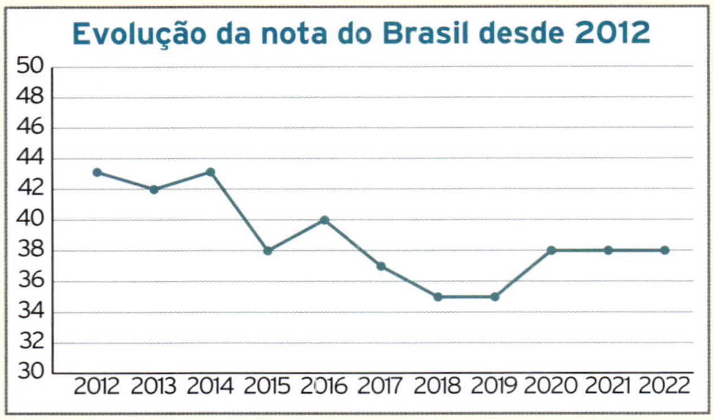

Transparência internacional. Disponível em: https://transparenciainternacionalorg.br/ipc/. Acesso em: 25 abr. 2023.

1. De que forma a corrupção contribui para a questão da insegurança alimentar?
2. O que pode ser feito para uma mudança de posição do Brasil no *ranking* IPC?

Geração da mudança

Junte-se a três colegas. Elaborem uma tira em quadrinhos relacionada a corrupção e a insegurança alimentar. Antes de começar os esboços, façam uma busca sobre esse gênero textual para verificar quais são suas principais características.

Autoavaliação

GRANDEZAS E MEDIDAS

UNIDADE 8

PRIMEIRAS IDEIAS

1. Quais unidades de medida padronizadas de comprimento você conhece? E de massa?
2. Você conhece a unidade de medida ano-luz? Sabe em que situação ela é usada?
3. Você conhece a unidade de medida *bit*? Para que ela é usada?
4. O que significa a letra **K** utilizada no número de visualizações ou de seguidores nas redes sociais?

Conhecimentos prévios

Nesta unidade, eu vou...

CAPÍTULO 1 Algumas grandezas

- Ampliar e construir significado sobre as medidas muito grandes ou muito pequenas.
- Conhecer os prefixos utilizados no Sistema Internacional (SI) de unidades e o fator de base 10 correspondente.
- Utilizar a notação científica e as potências de base 10 para expressar uma medida muito grande ou uma medida muito pequena, incluindo medidas de comprimento e de massa.
- Reconhecer unidades de medida utilizadas na informática.

CAPÍTULO 2 Volume

- Compreender e utilizar expressões para calcular a medida do volume de prismas, pirâmides, cilindros e cones.
- Reconhecer por meio de um experimento a relação entre a medida do volume de um cilindro e a de um cone.
- Resolver problemas que envolvem a medida do volume de prismas, pirâmides, cilindros e cones.

EDUCAÇÃO FINANCEIRA

- Reconhecer a importância de investir para que seja possível realizar sonhos e projetos no futuro.

INVESTIGAR

- Realizar uma pesquisa documental, diferenciando-a da pesquisa bibliográfica.

CIDADANIA GLOBAL

- Reconhecer a importância do saneamento básico para prevenir doenças infecciosas transmitidas pela água.

PeopleImages/iStock/Getty Images

LEITURA DA IMAGEM

1. Você sabe como funciona um microscópio? Já teve a oportunidade de observar um microrganismo?
2. Você sabe por que os pesquisadores precisam usar luvas, avental, máscara e óculos?
3. As dimensões médias das bactérias podem variar de $1 \cdot 10^{-6}$ m a $5 \cdot 10^{-6}$ m, enquanto os vírus têm dimensões médias de $2 \cdot 10^{-8}$ m a $3 \cdot 10^{-7}$ m. De modo geral, qual tipo de microrganismo é maior: uma bactéria ou um vírus?

CIDADANIA GLOBAL

3 SAÚDE E BEM-ESTAR

Muitos pesquisadores da área da saúde trabalham com o desenvolvimento de vacinas e de medicamentos para prevenir e tratar doenças infecciosas. Há diversas doenças que podem ser transmitidas pela água, como cólera, diarreia, hepatite A e E, poliomielite e verminoses. Quando a água está contaminada, é possível detectar a presença de microrganismos patogênicos, como bactérias, vírus ou parasitas.

As doenças infecciosas relacionadas à água são motivos de grande preocupação mundial, principalmente em países emergentes. Cerca de 8% das mortes em crianças abaixo de 5 anos no mundo ocorrem por conta de doenças diarreicas, sendo caracterizadas como enfermidades transmitidas por meio da ingestão de água contaminada.

Catherine Veloso Correia e outros. Doenças de veiculação hídrica e seu grande impacto no Brasil: consequência de alterações climáticas ou ineficiência de políticas públicas?. *Brazilian Medical Students Journal*, v. 5, n. 8, 2021. Disponível em: https://bms.ifmsabrazil.org/index.php/bms/article/view/100/42. Acesso em: 22 jun. 2023.

- Que atitudes podem prevenir doenças infecciosas transmitidas pela água?

Ao longo desta unidade, reflita sobre esse questionamento!

Que **doenças podem ser evitadas** com o saneamento básico?

Os microscópios são instrumentos utilizados para observar organismos ou objetos muito pequenos, que não podem ser analisados a olho nu. Na imagem, a pesquisadora observa no microscópio uma amostra em uma lâmina.

CAPÍTULO

1 ALGUMAS GRANDEZAS

MEDIDAS MUITO GRANDES OU MUITO PEQUENAS

Ao olhar para o céu à noite, podemos observar vários corpos celestes, como estrelas, planetas e a Lua. Sabemos que existem milhares de estrelas visíveis que parecem estar perto da Terra, mas que, na verdade, estão tão distantes que é praticamente impossível a olho humano estimar essa distância e diferenciar quais estão mais próximas e quais estão mais distantes.

Essas distâncias são tão grandes que medi-las em quilômetros se torna inconveniente. Por exemplo, a estrela Alpha Centauri C é a mais próxima da Terra, depois do Sol. A medida da distância entre a Terra e essa estrela é de aproximadamente 41 320 000 000 000 km. Mas será que existe uma unidade de medida mais conveniente para indicar distâncias como essa?

A unidade de medida de comprimento **ano-luz** é a distância percorrida pela luz em um ano e equivale a aproximadamente 9 461 000 000 000 km. Assim, podemos dizer que a estrela Alpha Centauri C está a aproximadamente 4,37 anos-luz de distância da Terra.

Também podemos usar outras unidades de medida de comprimento, como a **unidade astronômica** (UA), que é a distância média da Terra ao Sol e equivale a aproximadamente 150 000 000 km, ou o **parsec** (pc), que equivale a cerca de 3,26 anos-luz.

▼ **Homem observa o cometa Neowise em Los Angeles, Estados Unidos. Foto de 2020.**

David McNew/Getty Images

PREFIXOS DO SISTEMA INTERNACIONAL (SI) DE UNIDADES

Assim como não é adequado usar o quilômetro para medir distâncias astronômicas, medir as dimensões de um vírus em milímetro também pode não ser conveniente. Uma maneira de escrever medidas representadas por números muito grandes ou muito pequenos é o emprego da notação científica.

Por exemplo, a medida de 1 ano-luz pode ser representada por $9{,}461 \cdot 10^{12}$ km em notação científica. Podemos simplificar ainda mais essa escrita utilizando outras unidades de medida.

Usando o metro como base, veja como podemos substituir o fator de potência de 10 por um dos prefixos dos quadros.

Fator	Nome	Símbolo
10^{1}	deca-	da
10^{2}	hecto-	h
10^{3}	quilo-	k
10^{6}	mega-	M
10^{9}	giga-	G
10^{12}	tera-	T
10^{15}	peta-	P
10^{18}	exa-	E
10^{21}	zetta-	Z
10^{24}	yotta-	Y

Fator	Nome	Símbolo
10^{-1}	deci-	d
10^{-2}	centi-	c
10^{-3}	mili-	m
10^{-6}	micro-	μ
10^{-9}	nano-	n
10^{-12}	pico-	p
10^{-15}	femto-	f
10^{-18}	atto-	a
10^{-21}	zepto-	z
10^{-24}	yocto-	y

Assim, temos que $9{,}461 \cdot 10^{12}$ km $= 9{,}461 \cdot 10^{12} \cdot 10^{3}$ m. Como $9{,}461 \cdot 10^{12} \cdot 10^{3} = 9{,}461 \cdot 10^{15}$ e P representa o fator 10^{15}, podemos escrever que 1 ano-luz corresponde a 9,461 Pm.

PARA EXPLORAR

Era virtual

Nesse *site*, é possível encontrar museus do Brasil que permitem uma visita virtual. Entre eles está o Museu do Universo, que divulga a astronomia e outras ciências afins, localizado no Rio de Janeiro.

Disponível em: https://www.eravirtual.org. Acesso em: 22 jun. 2023.

UNIDADES DE MEDIDA DE COMPRIMENTO

Com o avanço da ciência e da tecnologia e o uso de instrumentos como o telescópio e o microscópio, foi possível analisar e dimensionar distâncias e corpos muito grandes, como astros do Universo, e também analisar e criar objetos muito pequenos, invisíveis a olho nu.

Para expressar medidas de comprimento muito grandes ou muito pequenas, podemos utilizar potências de 10.

Exemplos

A. A nanotecnologia é uma técnica utilizada para desenvolver produtos e processos tecnológicos por meio da transformação da matéria em partículas minúsculas. Os nanotubos são um exemplo de sua utilização. Eles são estruturas cilíndricas formadas por átomos de carbono. O diâmetro dessas estruturas mede de 1 a 3 nanômetros e seu comprimento mede 1 000 nanômetros.

Promotive/Shutterstock.com/ID/BR

▲ **Representação gráfica computadorizada de nanotubos de carbono.**

O **nanômetro** (nm) é uma unidade de medida de comprimento que corresponde a um bilionésimo do metro. Consultando os quadros da página anterior, observamos que o prefixo nano corresponde a 10^{-9} e, assim, podemos escrever:

$$1 \text{ nm} = 10^{-9} \text{ m} = 0{,}000000001 \text{ m}$$

Agora, acompanhe como podemos converter 3 nanômetros em milímetros utilizando potências de 10.

Primeiro, convertemos nanômetro em metro:

$$3 \text{ nm} = 3 \cdot 10^{-9} \text{ m}$$

Depois, como 1 m equivale a 1 000 mm ou 10^3 mm, fazemos:

$$3 \cdot 10^{-9} \text{ m} = 3 \cdot 10^{-9} \cdot 10^3 \text{ mm} =$$
$$= 3 \cdot 10^{-9+3} \text{ mm} =$$
$$= 3 \cdot 10^{-6} \text{ mm}$$

Portanto, 3 nm equivalem a $3 \cdot 10^{-6}$ mm.

B. Outra unidade de medida de comprimento muito utilizada é o micrômetro. Ele é utilizado, por exemplo, para medir diâmetros de determinados fios. O **micrômetro** corresponde a um milionésimo do metro e pode ser representado da seguinte maneira:

$$1\ \mu m = 10^{-6}\ m = 0{,}000001\ m$$

O diâmetro médio de um fio de teia de aranha mede 0,00000015 m. Qual é a medida desse diâmetro em micrômetro?

Para converter metro em micrômetro, podemos proceder da seguinte maneira:

$$0{,}00000015\ m = 0{,}15 \cdot 10^{-6}\ m = 0{,}15\ \mu m$$

Portanto, 0,00000015 m equivale a 0,15 µm.

DESCUBRA +

Você sabe a diferença entre o microscópio óptico e o microscópio eletrônico?

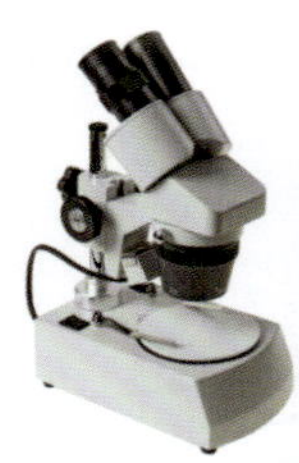
Prasolov Alexei/Shutterstock.com/ID/BR

▲ Microscópio eletrônico.

underworld/Shutterstock.com/ID/BR

▲ Microscópio óptico.

O microscópio é um aparelho que permite obter imagens ampliadas de estruturas, revelando detalhes que não conseguiríamos ver a olho nu.

A capacidade de observar detalhes se deve ao limite de resolução, que é a menor distância entre dois pontos que permite que, ao serem observados, eles sejam vistos como dois pontos distintos.

O limite de resolução do olho humano é da ordem de 0,2 mm. Isso significa que, se dois pontos estão a uma distância inferior a 0,2 mm, eles serão vistos a olho nu como um único ponto. Já o limite de resolução do microscópio óptico é 0,2 µm e o do microscópio eletrônico é 0,2 nm.

Você já usou um **microscópio**?

O que determina o limite de resolução nos microscópios é a lente utilizada, que no microscópio óptico é de vidro e no eletrônico é eletromagnética.

Fonte de pesquisa: Plataforma de Microscopia Eletrônica. Universidade Federal Fluminense. Disponível em: http://www.meib.uff.br/?q=content/qual-diferença-entre-microscópio-ótico-e-eletrônico. Acesso em: 22 jun. 2023.

ATIVIDADES

Retomar e compreender

1. Vírus são estruturas simples com diâmetro que, em geral, mede de 0,00000002 m a 0,0000003 m. Eles só podem ser vistos com o auxílio de microscópios eletrônicos.

Considerando esse texto, faça o que se pede em cada item.

a) Você acha a unidade de medida utilizada para expressar o diâmetro do vírus adequada?

b) Que unidade de medida você utilizaria?

c) Reescreva o texto, utilizando a unidade de medida que você indicou no item **b**.

2. Substitua o ■ por um número em notação científica.

a) 150 000 000 km = ■ km

b) 23 000 000 000 000 000 000 m = ■ km

c) 0,000000000027 m = ■ m

d) 0,0000000000000000000587 mm = ■ m

UNIDADES DE MEDIDA DE MASSA

Da mesma forma que existem comprimentos muito grandes ou muito pequenos, também temos elementos cujas massas são muito pequenas ou muito grandes e, nesses casos, podemos utilizar as potências de 10 para expressar suas medidas. Vamos analisar a situação a seguir.

De acordo com a Organização Mundial da Saúde (OMS), um local tem ar limpo se apresentar uma média anual de 0,00001 grama por metro cúbico, no máximo, de material particulado fino $(MP_{2,5})$, que são partículas inaláveis de poeira, metais e componentes tóxicos com medida do diâmetro menor que ou igual a $2{,}5 \cdot 10^{26}$ m.

O gráfico a seguir apresenta os dados obtidos de 2015 a 2020 sobre a concentração média anual de $MP_{2,5}$ em alguns locais do estado de São Paulo.

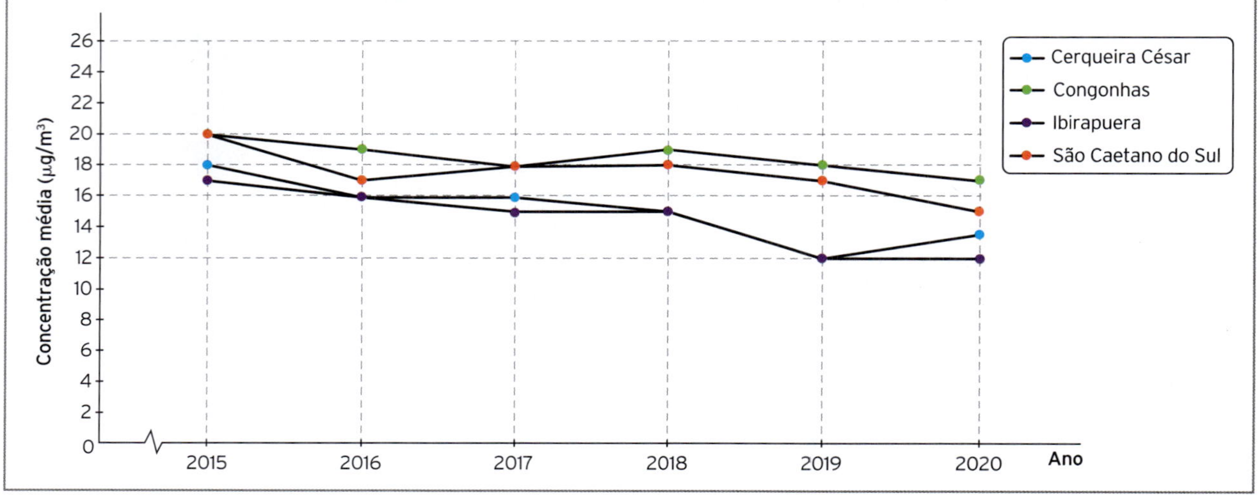

Concentração média anual de $MP_{2,5}$ de acordo com algumas estações de monitoramento da região Metropolitana de São Paulo

Fonte de pesquisa: Qualidade do ar. Cetesb. Disponível em: https://cetesb.sp.gov.br/ar/wp-content/uploads/sites/28/2021/05/Relatorio-de-Qualidade-do-Ar-no-Estado-de-Sao-Paulo-2020.pdf. Acesso em: 22 jun. 2023.

Observe que em todas essas estações de monitoramento a quantidade de $MP_{2,5}$ ultrapassa a recomendação da OMS, pois 0,00001 grama por metro cúbico equivale a 10 microgramas por metro cúbico.

$$0{,}00001\ \text{g} = 10 \cdot 10^{-6}\ \text{g} = 10\ \mu\text{g}$$

ATIVIDADES

Retomar e compreender

3. Escreva as medidas a seguir em microgramas.

a) 0,0000725 g b) 0,0032 g c) 0,04 mg d) 0,008 mg

4. De acordo com a Companhia Ambiental do Estado de São Paulo (Cetesb), a concentração média de $MP_{2,5}$ na cidade de Ribeirão Preto foi de 0,000090 grama por metro cúbico no dia 14 de setembro de 2021. Quantas vezes ela é maior que a concentração recomendada pela OMS?

UNIDADES DE MEDIDA DE INFORMÁTICA

Imagine que, para usar um computador, você tenha de entrar em um amplo salão onde há grandes máquinas, com inúmeros botões e fios em toda a sua extensão. Sem saber o que fazer, pede ajuda a um dos técnicos que estão no salão. Estranho, não é?

Atualmente, para usar um computador, nada mais disso é necessário. No entanto, esse era o procedimento para operar o primeiro computador eletrônico, o Eniac, criado em 1946.

Bettmann Archive/Getty Images

▲ **Salão onde ficava o Eniac, primeiro computador eletrônico, na década de 1940, na Filadélfia, Estados Unidos.**

O Eniac era imenso, pesava cerca de 30 toneladas, ocupava uma área que media cerca de 180 m^2 e consumia muita energia elétrica, pois era formado por milhares de válvulas, que eram grandes e esquentavam muito.

Em pouco tempo, o Eniac foi substituído por computadores que usavam transistores em vez de válvulas. Quando um transistor era ligado, o computador registrava essa informação com o dígito 1; quando era desligado, ele registrava com o dígito 0. Assim, o computador formava números com a combinação desses dois dígitos.

Esse mecanismo básico de registro de informações existe até hoje. Toda informação armazenada e processada em computadores é representada por uma sequência numérica formada apenas pelos dígitos 0 e 1. Cada um desses dígitos equivale a um ***bit*** (b), do inglês *binary digit*, dígito binário.

> *Bit* é a menor quantidade de informação que um computador pode processar, ou seja, é a menor unidade de medida de informática.

SISTEMA BINÁRIO

O sistema numérico que utiliza somente os algarismos 0 e 1 é denominado sistema binário.

Os *bits* são agrupados em conjuntos de 8, formando um ***byte*** (B). Ou seja, um *byte* pode ser a combinação de 8 *bits*; por exemplo, 00011001.

Cada *byte* corresponde a um **caractere**. Um caractere é qualquer letra do alfabeto, algarismo, sinal de pontuação, espaço em branco, etc., que pode ser representado em um computador.

Por exemplo, a letra *b* ocupa o espaço de 1 *byte* no computador. Assim, se você digita a palavra "bola", aparece na tela a palavra como você a conhece, mas na memória do computador fica armazenado um conjunto de 4 *bytes*, ou 32 *bits*:

bola → 01100010 01101111 01101100 01100001

b o l a

Como são necessários muitos *bytes* para guardar informações, é preciso ter bastante espaço de armazenamento e, para representar esse espaço, existem outras unidades de medida. Veja o quadro a seguir.

PARA EXPLORAR

***Bits* e *bytes* – que mundo é esse? Os números e a invenção do computador.**

Esse vídeo mostra como surgiu e como funciona o computador. Disponível em: https://www.youtube.com/watch?v=WtjRa_W6EwQ. Acesso em: 22 jun. 2023.

Unidade de medida	Símbolo	Valor equivalente	Quantidade de caracteres (*bytes*)
byte	B	8 *bits*	$2^0 = 1$
quilobyte	KB	1 024 *bytes*	$2^{10} = 1\,024$
megabyte	MB	1 024 KB	$2^{20} = 1\,048\,576$
gigabyte	GB	1 024 MB	$2^{30} = 1\,073\,741\,824$
terabyte	TB	1 024 GB	$2^{40} = 1\,099\,511\,627\,776$

No sistema binário, 1 KB equivale a 2^{10} *bytes*, ou seja, 1 024 *bytes*. Isso significa que a capacidade de armazenamento de 1 KB é 1 024 caracteres. Da mesma maneira, 1 MB tem capacidade de armazenar 1 048 576 caracteres, e assim por diante.

ATIVIDADES

Retomar e compreender

5. As informações a seguir são referentes a um computador.

Processador[1]: 3,2 GHz Memória RAM[2]: 8 GB HD[3]: 2 TB *Drive*[4]: unidade de DVD-RW	Monitor: 27,0 (pol.) LED HD antirreflexo Teclado: padrão brasileiro *Mouse*: Óptico

1. Efetua o processamento dos dados.
2. É a memória do computador; executa programas.
3. Abreviatura de *hard disk*, que significa "disco rígido"; armazena dados.
4. Dispositivo que lê e/ou grava dados em DVD.

a) Qual é a capacidade de armazenamento da memória RAM desse dispositivo? E do HD?

b) Quantos caracteres é possível armazenar no HD desse computador?

c) Em sua opinião, o HD desse computador tem uma boa capacidade de memória?

Aplicar

6. Além do HD do computador, existem outros dispositivos que são utilizados para armazenar dados. Observe alguns deles e suas possíveis capacidades de armazenamento.

ANATOL/Shutterstock.com/ID/BR

▲ **DVD-R: 4,7 GB.**

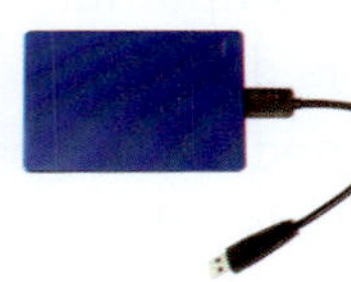

LovePHY/Shutterstock.com/ID/BR

▲ **HD externo: 1 TB.**

IB Photography/Shutterstock.com/ID/BR

◀ ***Pen-drive*: 256 GB.**

Considerando as capacidades mostradas nos exemplos, responda aos itens a seguir.

a) Dos dispositivos apresentados, qual tem a maior capacidade de armazenamento? E a menor?

b) Quantos *pen-drives* são necessários para armazenar a mesma quantidade de informações que um HD externo?

MAIS ATIVIDADES

Acompanhamento da aprendizagem

Retomar e compreender

1. Os plânctons são todos os organismos, principalmente os microscópicos, que vivem em suspensão na água salgada ou doce. Eles são encontrados em maior quantidade até o limite de aproximadamente 200 metros de profundidade. Observe a tabela a seguir com a classificação dos plânctons.

Classificação usual dos plânctons

Classe	Medida de comprimento	Exemplo
Femtoplâncton	0,02 a 0,2 μm	vírus
Picoplâncton	0,2 a 2 μm	bactérias
Nanoplâncton	2 a 20 μm	fitoflagelados
Microplâncton	20 a 200 μm	diatomáceas
Mesoplâncton	0,2 a 20 mm	copépodes
Macroplâncton	2 a 20 cm	água-viva
Megaloplâncton	20 a 200 cm	colônias de tunicados

Fonte de pesquisa: Plâncton. Enciclopédia Química.ES. Disponível em: http://www.quimica.es/enciclopedia/Plancton.html. Acesso em: 22 jun. 2023.

a) Escreva, em milímetro, a medida de comprimento de um femtoplâncton.

b) Qual é a diferença entre a maior e a menor medida de comprimento que aparecem na tabela? Indique a resposta em metro.

c) Um mesoplâncton pode ser até 100 vezes maior que um microplâncton?

2. A medida da distância da Terra até Marte é de cerca de 75 milhões de quilômetros. Escreva essa medida em metro, utilizando a notação científica.

3. Complete cada item com o valor correto. Se necessário, utilize uma calculadora.

a) Capacidade de armazenamento da memória interna de um celular:

128 GB = ■ MB

b) Capacidade de armazenamento temporário de um pente de memória RAM de um computador comum:

8 192 MB = ■ GB = ■ KB

c) Capacidade de armazenamento de um HD externo:

2 TB = ■ GB

d) Capacidade de armazenamento da memória da placa de vídeo de um computador:

2 048 MB = ■ KB = ■ GB

Aplicar

4. O quadro a seguir apresenta outras unidades de medida de armazenamento de dados. Preencha a coluna *Quantidade de caracteres* com a potência de 2 correspondente.

Unidade de medida	Símbolo	Valor equivalente	Quantidade de caracteres
petabyte	PB	1 024 TB	
exabyte	EB	1 024 PB	
zettabyte	ZB	1 024 EB	

5. O ångström (Å) é uma unidade de medida de comprimento utilizada pelos cientistas para expressar medidas muito pequenas, como a medida do diâmetro externo do modelo de dupla-hélice do DNA e a volta completa da hélice do DNA, como indicado na imagem ao lado.

Sabendo que 1 ångström equivale a 10^{-10} m, escreva as medidas que aparecem na imagem em nanômetro (nm).

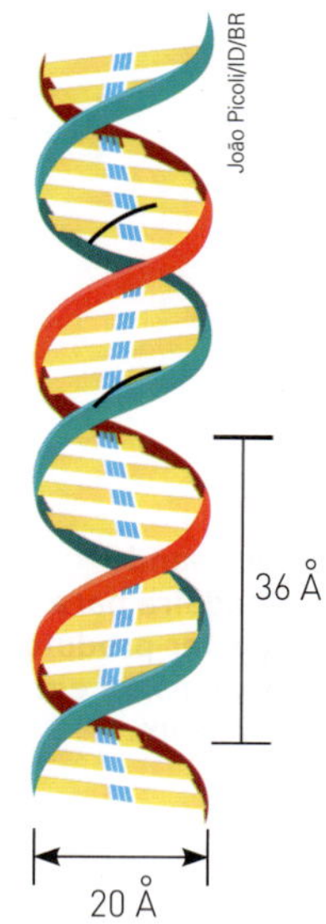

João Picoli/ID/BR

6. Sofia quer instalar um aplicativo de 365 MB em seu celular. O espaço de armazenamento interno de seu celular é de 64 GB, mas já estão sendo utilizados 63,7 GB. Há espaço suficiente para instalar o aplicativo? Qual é o espaço disponível no celular?

7. Tomas tem vários arquivos de vídeos em seu computador que ocupam, em média, 300 MB cada um. Quantos vídeos ele consegue armazenar, no máximo, em um DVD com capacidade de 4,7 GB?

8. Pesquise o que é armazenamento na nuvem e qual é a quantidade de armazenamento disponível. Depois, converse com os colegas e o professor sobre as informações obtidas.

Vadim Almiev/Shutterstock.com/ID/BR

CAPÍTULO

2 VOLUME

VOLUME DE ALGUMAS FIGURAS NÃO PLANAS

Você já viu uma estrutura porta-*pallet*? Sabe o que é um *pallet*?

Pallet é um tipo de estrado de madeira considerado um dos itens mais importantes para a logística. Ele pode ser utilizado para juntar diversos tipos de produtos e facilitar o transporte, o manuseio e o armazenamento deles.

O uso de *pallets* possibilita um melhor aproveitamento do espaço disponível para o armazenamento de mercadorias, pois com eles é possível empilhá-las. Em outras palavras, os *pallets* permitem que, em uma mesma área, sejam colocados mais produtos.

Observe que, nas duas ilustrações a seguir, há a mesma quantidade de caixas; entretanto, elas estão distribuídas de maneiras diferentes. Na representação de baixo, a área ocupada pelas caixas sobre o *pallet* é menor.

Mas como podemos saber o espaço ocupado pelas caixas armazenadas, ou seja, seu volume?

Com base na área útil e na altura do empilhamento, é possível calcular o volume total do produto que está armazenado.

▼ Mulher usando empilhadeira para transportar produtos sobre um *pallet* em um armazém.

Ground Picture/Shutterstock.com/ID/BR

ID/BR

VOLUME DE UM PRISMA

Os prismas são figuras geométricas não planas delimitadas por faces planas, sendo que duas delas, chamadas de bases, são polígonos congruentes situados em planos paralelos, e as demais, chamadas de faces laterais, são paralelogramos.

Veja alguns exemplos.

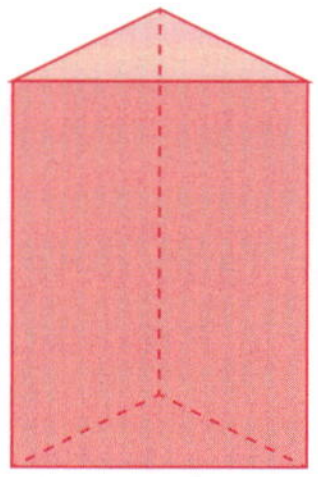

prisma triangular

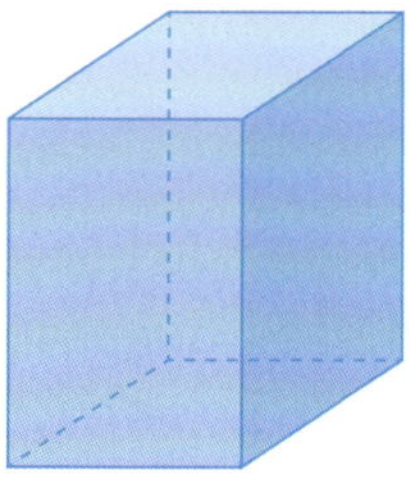

bloco retangular

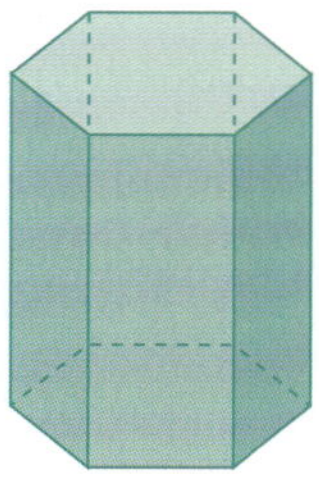

prisma hexagonal

Ilustrações: ID/BR

Volume de um bloco retangular

Vamos retomar o cálculo do volume de um bloco retangular para podermos ampliar o estudo do volume dos prismas.

A medida do volume de um bloco retangular de dimensões a, b e c é calculada da seguinte maneira:

$$V_{\text{bloco retangular}} = a \cdot b \cdot c$$

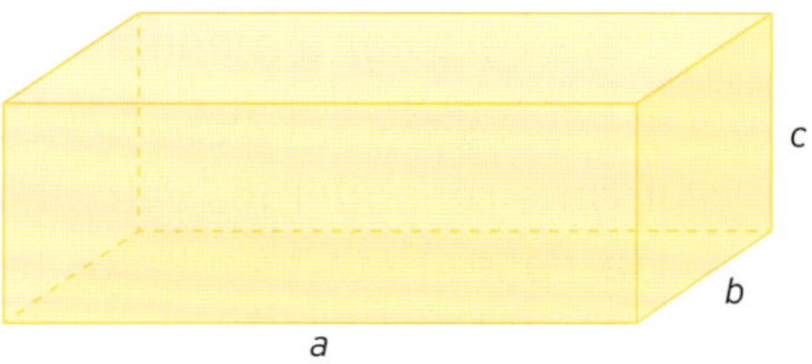

Exemplo

Observe a caixa a seguir e suas medidas externas da altura, do comprimento e da largura. Vamos calcular a medida do volume dessa caixa.

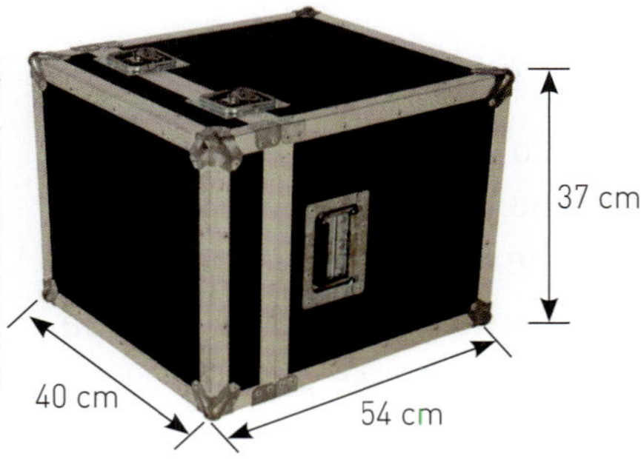

boxroomash/iStockphoto/Getty Images

Como essa caixa lembra um bloco retangular, podemos obter a medida V do seu volume utilizando a seguinte expressão:

$$V = a \cdot b \cdot c$$

Substituindo os valores da figura na expressão anterior, obtemos:

$$V = a \cdot b \cdot c = 54 \cdot 40 \cdot 37 = 79\,920$$

Portanto, a medida do volume dessa caixa é 79 920 cm^3.

PARE E REFLITA

O cubo pode ser considerado um prisma? Como se calcula a medida V do volume de um cubo cuja aresta mede a?

Volume de um prisma qualquer

É possível comprovar que a medida V do volume de um prisma é igual ao produto da medida da área da base A_{base} pela medida da altura H.

$$V_{prisma} = A_{base} \cdot H$$

Perceba que a medida da área da base depende do polígono que a determina.

Exemplos

A. Observe o objeto representado a seguir. Ao lado dele há um esquema com suas dimensões. Qual é a medida do volume desse objeto?

ivanmollov/iStockphoto/Getty Images

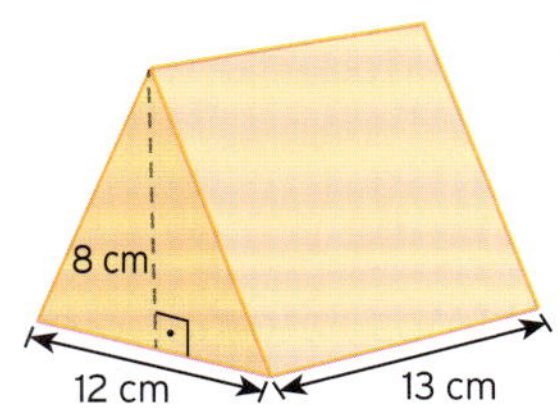

Ilustrações: ID/BR

▲ **Objeto utilizado para identificação de veículos em estacionamentos.**

Note que esse objeto lembra um prisma de base triangular. Para calcular a medida V do seu volume, podemos utilizar a expressão $V = A_{base} \cdot H$.

Primeiro, podemos calcular a medida da área do triângulo da base. Pelo esquema, temos que um dos lados desse triângulo mede 12 cm e a altura correspondente a esse lado mede 8 cm. Assim:

$$A_{base} = \frac{b \cdot h}{2} = \frac{12 \cdot 8}{2} = 48$$

Em seguida, calculamos a medida do volume:

$$V = A_{base} \cdot H = 48 \cdot 13 = 624$$

Portanto, o volume desse objeto mede 624 cm^3.

B. Vamos calcular a medida do volume do prisma ao lado, sabendo que suas bases são hexágonos regulares.

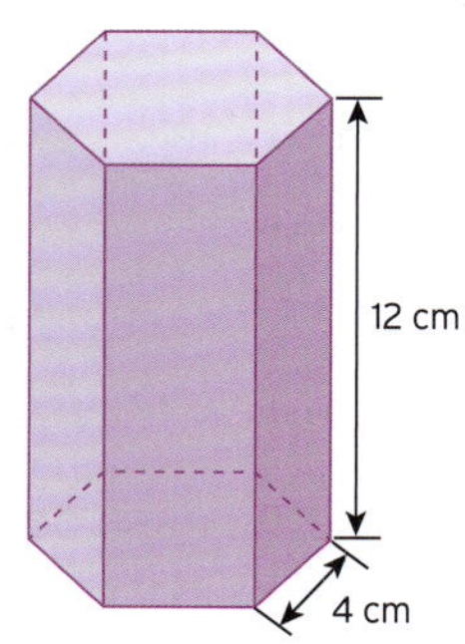

Primeiro, vamos calcular a medida da área da base desse prisma.

Para isso, podemos decompor esse hexágono regular em 6 triângulos equiláteros.

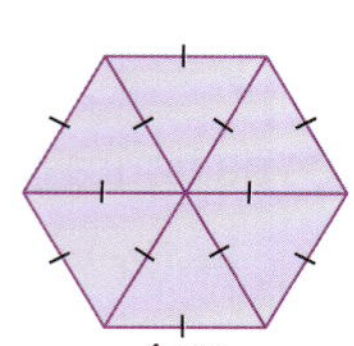

MEDIDA DA ALTURA DO TRIÂNGULO EQUILÁTERO

Podemos calcular a medida da altura de um triângulo equilátero por meio da seguinte expressão:

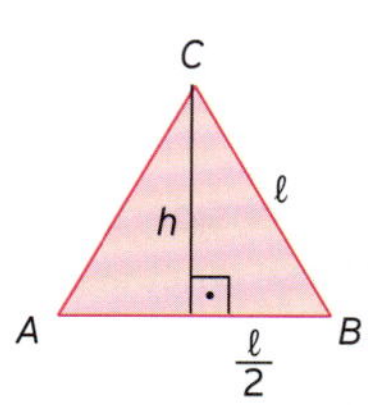

$$h = \frac{\ell\sqrt{3}}{2}$$

Assim, para obter a medida da área do hexágono regular, calculamos a medida da área de um triângulo equilátero e multiplicamos esse resultado por 6:

$$A_{\triangle} = \frac{b \cdot h}{2} = 4 \cdot \frac{\frac{4\sqrt{3}}{2}}{2} = 4 \cdot \frac{2\sqrt{3}}{2} = 4\sqrt{3}$$

$$A_{base} = 6 \cdot A_{\triangle} = 6 \cdot 4\sqrt{3} = 24\sqrt{3}$$

Logo, a medida da área do hexágono é $24\sqrt{3}$ cm^2.

Para calcular a medida do volume do prisma, fazemos:

$$V = A_{base} \cdot H = 24\sqrt{3} \cdot 12 = 288\sqrt{3}$$

Portanto, a medida do volume desse prisma é $288\sqrt{3}$ cm^3.

VOLUME DE UMA PIRÂMIDE

As pirâmides são figuras geométricas não planas delimitadas por faces planas, em que uma delas, chamada de base, é um polígono. Além disso, elas têm um ponto fora dessa base, chamado de vértice. As demais faces, chamadas de faces laterais, são triângulos.

As pirâmides são conhecidas desde a Antiguidade. Entre as mais famosas está a pirâmide de Quéops, no Egito, cujo formato lembra uma pirâmide de base quadrada.

Peacefoo/iStock/Getty Images

▲ **Pirâmide de Quéops, no Egito. Foto de 2020.**

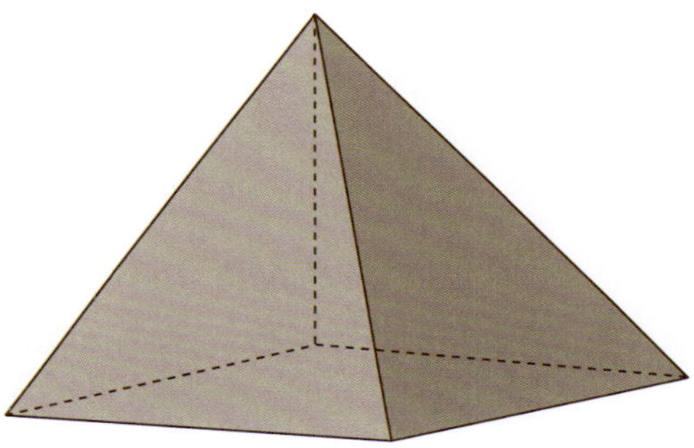

pirâmide de base quadrada

Agora, acompanhe a experiência que a professora de Luciana fez para determinar a medida do volume de uma pirâmide.

Primeiro, ela confeccionou dois recipientes: um, cujo formato lembra uma pirâmide de base hexagonal e, outro, cujo formato lembra um prisma de base hexagonal. Os hexágonos, base desses dois recipientes, são congruentes e regulares, e as alturas dos recipientes têm medidas iguais.

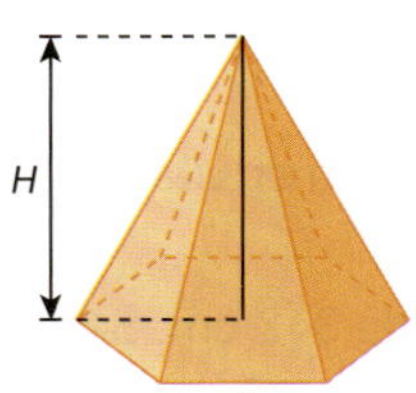

pirâmide de base hexagonal

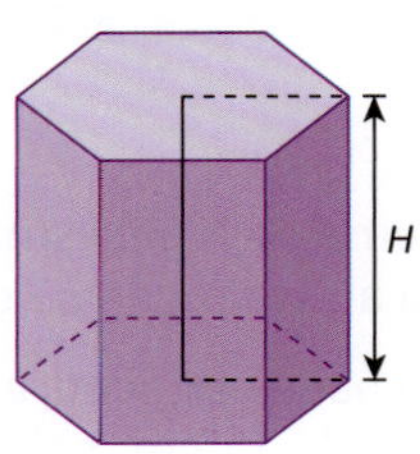

prisma de base hexagonal

Ilustrações: ID/BR

A professora encheu completamente de areia o recipiente com formato de pirâmide e despejou o conteúdo no outro recipiente. Ela verificou que a areia ocupou uma parte do recipiente com formato de prisma (Figura 1).

Em seguida, ela repetiu o procedimento mais duas vezes, até que o recipiente com formato de um prisma ficasse completamente cheio de areia (Figura 2).

Figura 1

Figura 2

João Picoli/ID/BR

Assim, a professora verificou que o volume da pirâmide corresponde a $\frac{1}{3}$ do volume do prisma de mesma base e de mesma altura.

O resultado da experiência feita pela professora de Luciana pode ser demonstrado e vale para qualquer prisma e qualquer pirâmide com bases congruentes e alturas de medidas iguais, mas não faremos a demonstração nesse momento.

A medida V do volume de uma pirâmide qualquer é obtida pela expressão:

$$V_{\text{pirâmide}} = \frac{1}{3} \cdot A_{\text{base}} \cdot H$$

em que A_{base} corresponde à medida da área da base da pirâmide e H corresponde à medida da altura da pirâmide. Note que, assim como no cálculo da medida do volume dos prismas, a medida da área da base de uma pirâmide também depende do polígono que a determina.

Exemplo

Vamos determinar a medida do volume de uma pirâmide cuja área da base mede 6 cm^2 e cuja altura mede 11 cm.

Para encontrar a medida V desse volume, vamos utilizar esta expressão:

$$V = \frac{1}{3} \cdot A_{\text{base}} \cdot H$$

Substituindo os valores dados no enunciado, obtemos:

$$V = \frac{1}{3} \cdot A_{\text{base}} \cdot H = \frac{1}{3} \cdot 6 \cdot 11 = 2 \cdot 11 = 22$$

Portanto, o volume dessa pirâmide mede 22 cm^3.

ATIVIDADES

Retomar e compreender

1. Calcule a medida do volume de um prisma cuja base é um triângulo equilátero com 18 cm de medida de lado e cuja altura mede 30 cm.
2. Uma pirâmide tem como base um quadrado com lados de medida $3\sqrt{2}$ cm. Sabendo que a altura dessa pirâmide mede 15 cm, calcule a medida do seu volume.

VOLUME DE UM CILINDRO

Você já viu que um cilindro circular reto tem a lateral arredondada. Como fizemos com os prismas, a medida do seu volume pode ser calculada multiplicando a medida da área da base pela medida da altura.

Assim, dado um cilindro cujo raio mede r e altura mede H, a medida da área da base circular é πr^2. Então, a medida V do seu volume pode ser calculada por:

$$V_{cilindro} = A_{base} \cdot H$$
$$V_{cilindro} = \pi r^2 \cdot H$$

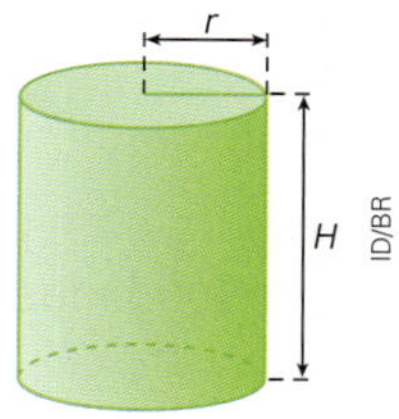

OBSERVAÇÃO

Neste livro, quando nos referirmos a um cilindro, consideraremos um cilindro circular reto.

Exemplos

A. Vamos calcular a medida V do volume de um cilindro que tem 6 cm de medida de altura e raio da base de medida 2,5 cm. (Use $\pi = 3,14$.)

Substituindo os valores dados no enunciado na expressão do volume de um cilindro, obtemos:

$$V = \pi r^2 \cdot H = 3,14 \cdot 2,5^2 \cdot 6 = 3,14 \cdot 6,25 \cdot 6 = 117,75$$

Portanto, o volume desse cilindro mede 117,75 cm^3.

B. Sabendo que o volume de um cilindro mede 125π cm^3 e o diâmetro de sua base mede 10 cm, vamos determinar a medida de sua altura.

A medida d do diâmetro é o dobro da medida r do raio. Logo:

$$d = 2r \Rightarrow 10 = 2r \Rightarrow r = \frac{10}{2} \Rightarrow r = 5$$

Para obter o valor da altura desse cilindro, vamos utilizar a expressão do volume de um cilindro.

$$V = \pi r^2 \cdot H \Rightarrow 125\pi = \pi \cdot 5^2 \cdot H \Rightarrow 125\pi = 25\pi H \Rightarrow$$
$$\Rightarrow H = \frac{125\pi}{25\pi} \Rightarrow H = 5$$

Portanto, a altura desse cilindro mede 5 cm.

ATIVIDADES

Retomar e compreender

3. Considerando $\pi = 3$, determine a medida do volume de um cilindro cujas dimensões estão indicadas na figura ao lado.

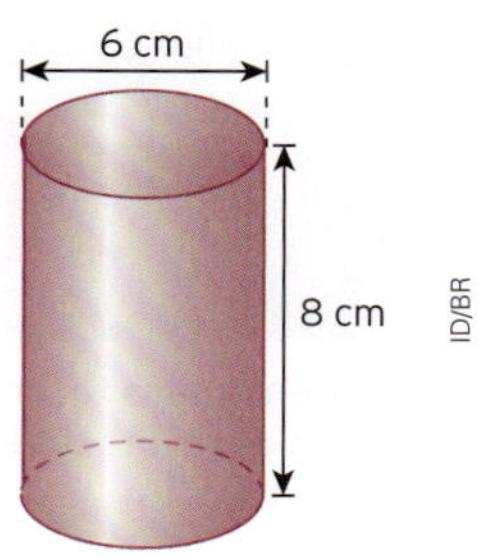

4. Sabendo que o volume de um cilindro mede 3 000 cm^3 e que sua altura mede 5 cm, calcule o que se pede a seguir. (Use $\pi = 3$.)

a) A medida da área da base do cilindro.

b) A medida do raio da base do cilindro.

Volume do cilindro e do cone

Você já sabe calcular a medida do volume de um cilindro. Mas será que existe alguma relação entre a medida do volume de um cilindro e a medida do volume de um cone? Vamos fazer um experimento para responder a essa pergunta.

Qual é a relação entre o **volume do cilindro e do cone**?

Materiais

- régua
- caneta hidrográfica
- massa de modelar
- água
- tesoura com pontas arredondadas
- papel-cartão
- recipiente cilíndrico transparente

Como fazer

1 Seguindo as orientações do professor, organizem-se em trios.

2 Antes de iniciar a montagem dos moldes, conversem e combinem diferentes medidas da altura (h) dos modelos de cilindro e cone para cada grupo. Essa variação vai auxiliar na análise dos resultados do experimento. Atenção: A medida do diâmetro da base ($2h$) deve ser menor que a do recipiente transparente usado pelo grupo.

3 Para montar o modelo de cone, desenhem, no papel-cartão, dois triângulos isósceles de altura de medida h e base de medida $2h$ e, em seguida, recortem-nos. Conforme as instruções dos esquemas a seguir, construam o modelo de cone.

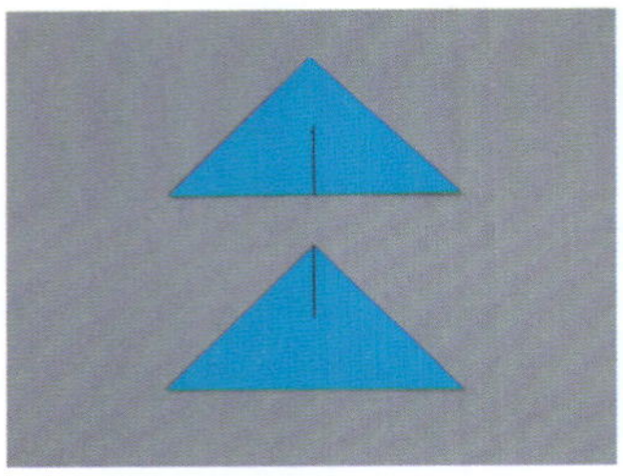

Esquema para fazer o molde para o modelo de cone.

Molde para o modelo de cone.

Construção do modelo de cone usando o molde e a massa de modelar.

Fotografias: Sérgio Dotta Jr./ID/BR

4 Para montar o modelo de cilindro, desenhem, no papel-cartão, dois retângulos de altura de medida h e de comprimento de medida $2h$ e, em seguida, recortem-nos. Sigam as instruções dos esquemas a seguir e construam o modelo de cilindro.

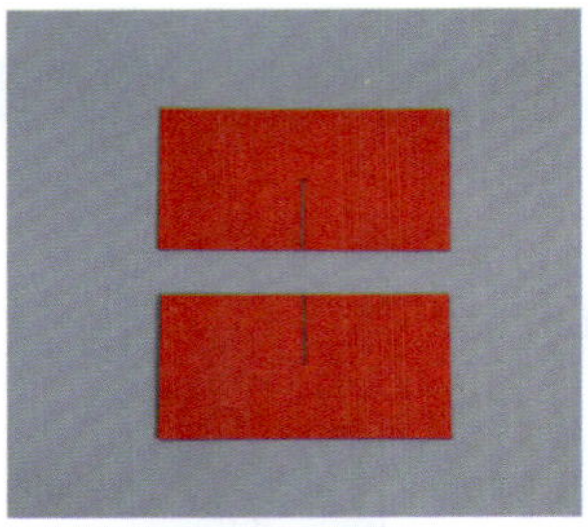

Esquema para fazer o molde para o modelo de cilindro.

Molde para o modelo de cilindro.

Construção do modelo de cilindro usando o molde e a massa de modelar.

5 Encham o recipiente até a metade com água, marquem com a caneta hidrográfica o nível de água e o indiquem por $H_{\text{água}}$.

6 Coloquem o modelo de cone dentro do recipiente, marquem com a caneta hidrográfica o nível de água e o indiquem por H_{cone}. Retirem o modelo de cone da água e verifiquem que o nível de água voltou à marca inicial.

7 Em seguida, coloquem o modelo de cilindro, marquem com a caneta hidrográfica o nível de água e o indiquem por H_{cilindro}.

Nível de água no recipiente.

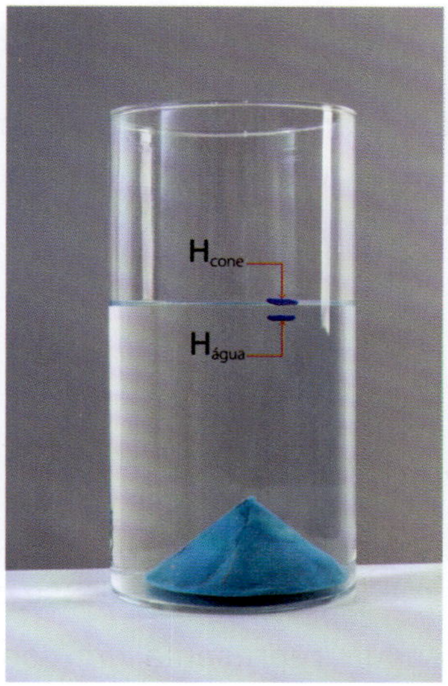

Nível de água no recipiente com o modelo de cone.

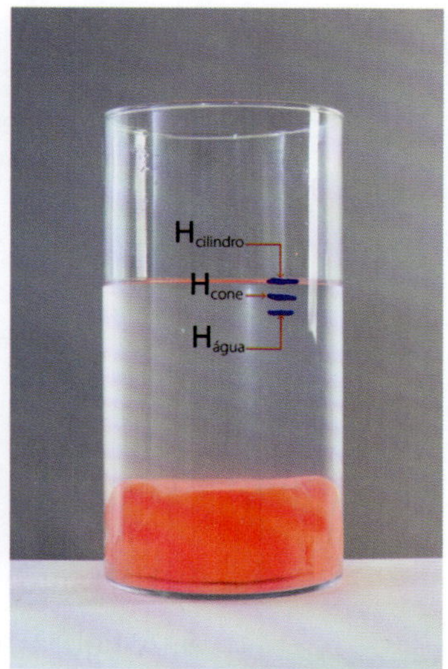

Nível de água no recipiente com o modelo de cilindro.

Fotografias: Sérgio Dotta Jr./ID/BR

8 Com o auxílio de uma régua, meçam as alturas da base do recipiente transparente até as marcas H_{cone} e H_{cilindro} feitas com a caneta e anotem-nas no caderno.

Fonte de pesquisa: Geometria e medidas: cilindro = cone + esfera ÷ 2. Matemática Multimídia. Unicamp. Disponível em: http://m3.ime.unicamp.br/recursos/1000. Acesso em: 22 jun. 2023.

Para concluir

1. Determinem a razão entre as medidas de altura obtidas até as marcas H_{cone} e H_{cilindro} e a razão entre as medidas de volume do modelo de cone e do modelo de cilindro. Depois, comparem essas razões e respondam: O volume de água deslocada ao colocar cada um dos modelos no recipiente corresponde ao volume do próprio modelo?
2. Se as medidas do raio da base e as da altura fossem diferentes de um modelo para o outro, o resultado seria diferente? Explique.
3. Esse experimento pode ser feito com outros modelos de figuras não planas? Em caso afirmativo, com quais?
4. Organizem os dados obtidos por todos os trios em um quadro. Conversem sobre os resultados obtidos e formalizem uma relação para o volume do modelo de cone e o volume do modelo de cilindro quando ambos apresentam medidas iguais para o raio da base e para a altura.

VOLUME DE UM CONE

A medida V do volume de um cone qualquer é igual a um terço do produto da medida da área da base (πr^2) pela medida da altura (H).

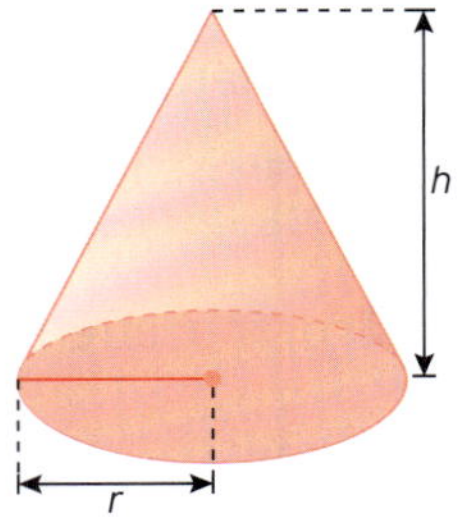

Ilustrações: ID/BR

$$V_{cone} = \frac{1}{3}A_{base} \cdot H$$

$$V_{cone} = \frac{1}{3}\pi r^2 H$$

Exemplos

A. Vamos determinar a medida do volume de um cone cuja medida da altura é 25 cm e cujo raio da base mede 15 cm.

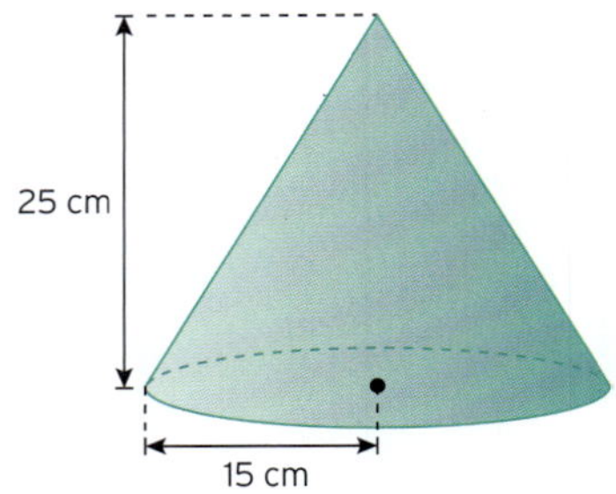

$$V_{cone} = \frac{1}{3}\pi \cdot 15^2 \cdot 25$$

$$V_{cone} = \frac{1}{\cancel{3}_1}\pi \cdot \cancel{225}^{75} \cdot 25$$

$$V_{cone} = 1\,875\pi$$

Portanto, a medida do volume desse cone é $1\,875\pi$ cm³.

B. A figura a seguir representa um cone cujo volume mede 63π cm³. Sabendo que sua altura mede 21 cm, vamos determinar a medida do raio da base.

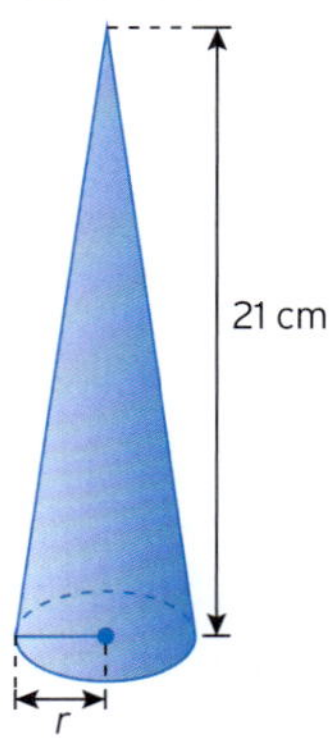

$$V_{cone} = \frac{1}{3}\pi r^2 H$$

$$63\pi = \frac{1}{3} \cdot \pi \cdot r^2 \cdot 21$$

$$63\pi = 7\pi r^2$$

$$r^2 = \frac{63\cancel{\pi}^1}{7\cancel{\pi}^1}$$

$$r^2 = 9$$

$$r = \sqrt{9}$$

$r = 3$ ($r > 0$, pois se trata de uma medida.)

Portanto, o raio da base desse cone mede 3 cm.

ATIVIDADES

Retomar e compreender

5. Um cone tem medidas iguais a 7 cm de altura e 5 cm de raio da base. Usando $\pi = 3$, calcule:

a) a medida da área da base do cone;

b) a medida do volume do cone.

6. Determine as medidas da área e do raio da base de um cone que mede 12 cm de altura e cujo volume mede $1\,600\pi$ cm³.

MAIS ATIVIDADES

Acompanhamento da aprendizagem

Retomar e compreender

1. Uma fábrica produz peças maciças de alumínio com formato de pirâmide de base triangular, como representado na figura.

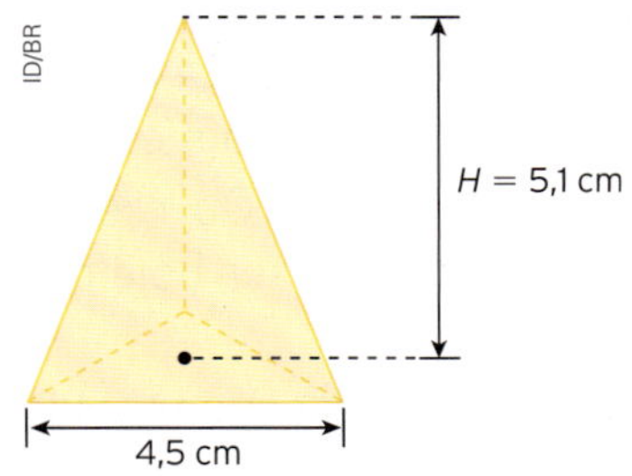

No triângulo da base dessa pirâmide, a altura relativa ao lado que mede 4,5 cm, tem medida de 3 cm. Calcule a medida do volume de alumínio necessário para produzir 250 peças iguais a essa.

2. Para a feira cultural da escola, Cristina precisa fazer várias pirâmides de base quadrada. O lado do quadrado mede 6 cm, e a altura da pirâmide, 4 cm. Qual é a medida do volume, em centímetro cúbico, que cada pirâmide terá?

Aplicar

3. Observe as figuras a seguir e responda: Qual das duas figuras tem maior volume?

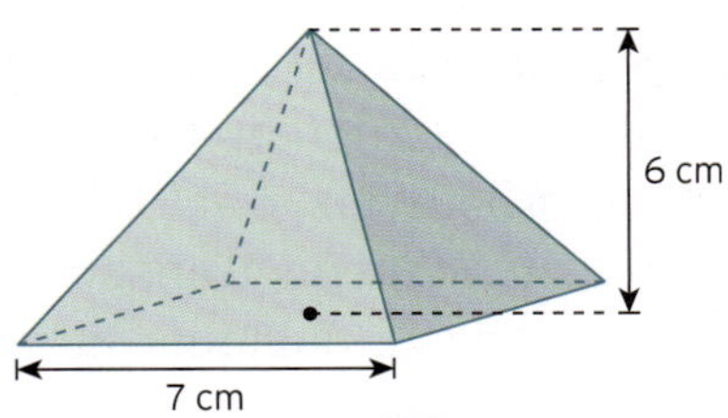

pirâmide de base quadrada

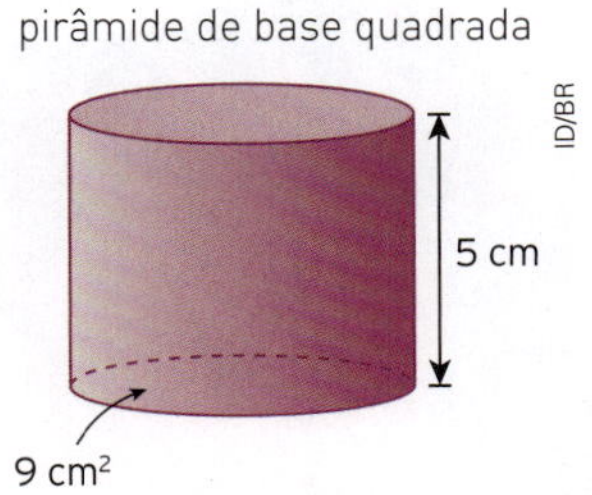

cilindro

4. Lucas fabrica velas de dois tipos: um em formato de cilindro e outro em formato de cone. O preço das velas é diretamente proporcional à quantidade de parafina utilizada. Observe as medidas indicadas nas figuras a seguir e responda: Qual das velas é mais cara?

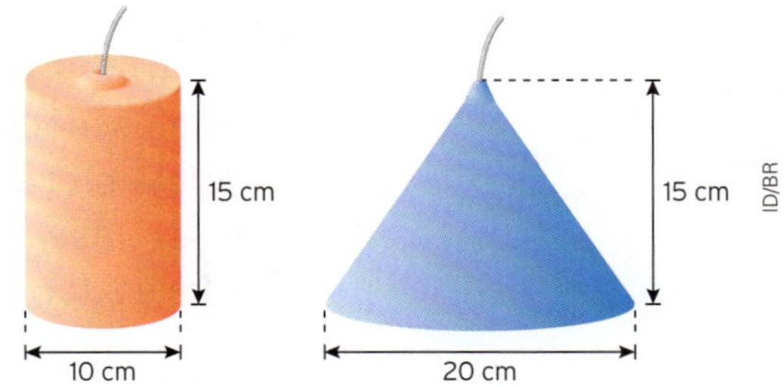

5. Para ajudar a resolver o problema de abastecimento de água, os moradores de um condomínio decidiram em reunião que seria necessário construir uma nova cisterna. De acordo com o consumo, concluíram que a nova cisterna deveria comportar 81 m^3 de água. Sabendo que a cisterna deve ter a forma cilíndrica e 3 m de medida de altura, qual deve ser a medida do diâmetro da nova cisterna? Considere $\pi = 3$.

6. Para controlar a temperatura de uma estufa, é necessário medir o volume de ar presente em seu interior. Sabendo que a estufa tem formato de um prisma de base pentagonal, calcule a medida do seu volume em metro cúbico. Se necessário, utilize uma calculadora.

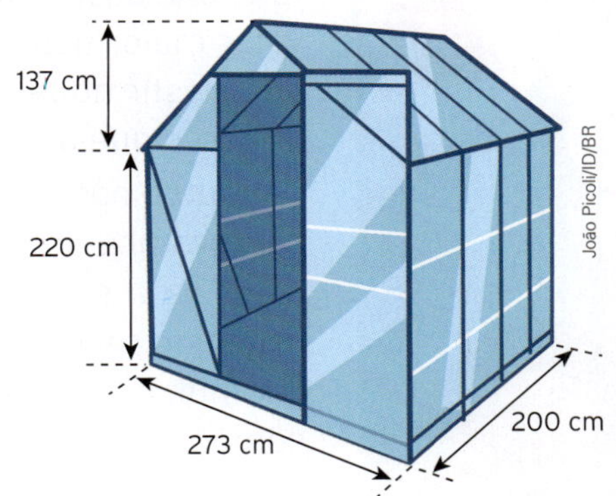

7. O professor de Sofia levou para a sala diversas peças em acrílico que lembram figuras geométricas não planas. Ele propôs a cada estudante que escolhesse uma peça para calcular a medida do seu volume. Sofia escolheu uma peça em formato de pirâmide regular de base triangular. Ela verificou que cada aresta da base dessa pirâmide mede 6 cm e que a altura da pirâmide mede 5 cm. Calcule a medida do volume da peça que Sofia escolheu.

8. Elabore um problema que envolva a comparação entre as medidas do volume de um prisma e de um cilindro. Depois, troque de caderno com um colega para que ele resolva o seu problema e você resolva o dele.

Pensando em investimentos na juventude

Você já simulou um **investimento**?

Na adolescência, a gente quer curtir o momento, a vida e tudo de bom que ela oferece. O otimismo e a impulsividade costumam fazer parte dessa fase da vida, em que a perspectiva de ter muito tempo pela frente e a força da juventude reforçam a confiança no futuro. Mas o que podemos fazer para tentar melhorar ainda mais esse futuro?

Bem, vamos conversar sobre investimentos. Ou melhor, sobre atitudes, hábitos e até sacrifícios que podemos fazer hoje para colher benefícios e realizações mais adiante.

Uma primeira ideia de investimento é a de poupar. Mas investir é mais que guardar dinheiro, é semear pequenas sementes que, se bem cuidadas, podem gerar muitos frutos.

Um investimento muito comum no Brasil é a poupança. Muita gente coloca o dinheiro na poupança por hábito, praticidade e segurança, apesar de o rendimento dela ser pequeno. Na verdade, quanto menor o risco, menor o retorno. Pense bem: se você chamar um amigo para fazer algo importante, porém arriscado, ele precisará de uma grande motivação. Com investimentos financeiros também é assim.

Uma alternativa de investimento no Brasil é o tesouro direto. Ele funciona assim: você empresta dinheiro para o governo e ele paga um valor maior dentro de um prazo predeterminado. Há várias maneiras de investir no tesouro direto, e todas elas costumam ter rendimentos maiores que a poupança.

Outra opção é investir em ações. De modo simplificado, quando compramos ações de uma empresa, passamos a ser um dos sócios dela. Se a empresa crescer, o valor da ação aumenta, e o dinheiro investido rende; se a empresa apresentar problemas, o valor da ação diminui, e o investidor pode ter prejuízo. De todo modo, transações de compra e venda de ações podem ser realizadas a qualquer hora, ou seja, sem prazo ou datas estipulados.

Daniel Wu/ID/BR

Há alguns tipos de investimento que são mais arriscados. Um deles, popular desde 2017, são as criptomoedas, ou moedas virtuais. A mais famosa delas é a *bitcoin*. Só para você ter uma ideia, de outubro de 2017 para janeiro de 2023, o valor de 1 *bitcoin* passou de 6400 dólares para mais de 21000 dólares. Difícil de acreditar, mas aconteceu.

Você pode estar pensando: "Mas investimento não é coisa de adulto?". Antigamente era. Porém, quanto mais cedo você conversar sobre isso com seus pais e tentar investir pequenas quantias, maior poderá ser o seu retorno para poder realizar alguns sonhos que precisam de dinheiro para se concretizar, como fazer cursos, abrir um pequeno negócio, viajar, comprar um imóvel, casar, etc.

Aproveite as oportunidades, lembrando sempre que ter dinheiro, ao mesmo tempo que traz conforto e algumas coisas boas, exige responsabilidade e cabeça no lugar. Invista com sabedoria, responsabilidade e criatividade, mas não resuma sua vida a ganhar dinheiro. A vida é mais que isso.

Explorando o tema

Reúna-se com um colega para responder às questões a seguir.

1. SABER SER Vocês já tinham ouvido falar de investimentos? Se sim, sobre que tipos? Quem conversou sobre isso com vocês?
2. Observem atentamente os dados apresentados no quadro a seguir, que mostra a rentabilidade da poupança e de um dos títulos disponíveis no tesouro direto.

Tipo de investimento \ Mês	Out.	Nov.	Dez.
Poupança	0,36%	0,44%	0,49%
Tesouro direto (Tesouro Selic 2017 – Rentabilidade bruta)	0,56%	0,63%	0,73%

Fontes de pesquisa: Balanço do Tesouro Direto. Tesouro Nacional Transparente. Disponível em: https://www.tesourotransparente.gov.br/publicacoes/balanco-do-tesouro-direto-btd/2021/12; Sistema Gerenciador de Séries Temporais. Banco Central do Brasil. Disponível em: https://www3.bcb.gov.br/sgspub/. Acessos em: 22 jun. 2023.

Imaginem que vocês tivessem 10000 reais aplicados na poupança em setembro. No final desse mês, um especialista dá o conselho de mudar para o tesouro direto.

a) Quantos reais vocês acumulariam nos três últimos meses do ano investindo de acordo com o conselho do especialista? E mantendo o dinheiro na poupança?

b) Qual é a diferença de rentabilidade entre um tipo de investimento e outro? Em qual deles vale mais a pena investir? Por quê?

INVESTIGAR

Mais pessoas ou menos pessoas?

Para começar

Será que com o passar do tempo nascem mais pessoas ou menos pessoas no Brasil? Quem teve mais filhos: seus pais e tios ou seus avós e bisavós?

Você e os colegas vão realizar uma pesquisa documental para descobrir a taxa de natalidade no Brasil nos 50 anos anteriores a 2020. Depois, vão discutir os resultados e elaborar, com esses dados, uma tabela e um gráfico, que serão expostos a toda a comunidade escolar, além de fotos de famílias antigas e da atualidade.

O problema

- A taxa de natalidade no Brasil aumentou ou diminuiu nos 50 anos anteriores a 2020?

A investigação

- **Prática de pesquisa:** pesquisa documental.
- **Instrumentos de coleta:** levantamento de registros institucionais (relatórios, documentos oficiais, tabelas, gráficos).

Materiais

- computador com acesso à internet
- canetas hidrográficas
- cartolina ou papel pardo

Procedimentos

Parte I – Planejamento

- A turma será organizada em cinco grupos.
- Cada grupo ficará responsável por pesquisar as taxas de natalidade no Brasil em uma década: 1970, 1980, 1990, 2000 e 2010.

Camila Anselmo/ID/BR

Parte II – Coleta e seleção dos dados

1. Procurem *sites* de instituições e de profissionais que realizem pesquisas sobre o tema e que tenham credibilidade para falar sobre o assunto.
2. Organizem e separem os documentos que acharem mais relevantes, lembrando de anotar o nome do autor, o título da publicação e do *site* (além do *link*) e as datas de publicação e do acesso.
3. No dia combinado, reúnam tudo o que foi pesquisado pelo grupo e selecionem as informações relativas à taxa de natalidade na década pela qual o grupo ficou responsável.

Parte III – Elaboração e análise da tabela e do gráfico

1. Com base nas informações selecionadas pelos grupos, toda a turma deve elaborar uma tabela que mostre a taxa de natalidade ao longo das décadas pesquisadas.

2. Com base na tabela, toda a turma também vai elaborar um gráfico, que poderá ser feito manualmente ou em planilha eletrônica. Lembrem-se de dar um título à tabela e ao gráfico e de anotar as fontes da pesquisa.
3. Coletivamente, observem a tabela e o gráfico construídos e discutam as seguintes questões, anotando os pontos de vista apresentados e os consensos, se houver:
   - Em que período nasceram mais pessoas? E em que período nasceram menos pessoas?
   - As taxas de natalidade mais recentes refletem o que você vivencia em sua família e percebe nas famílias com as quais convive?
   - De que modo a diferença entre as taxas de natalidade ao longo do tempo pode interferir em setores como educação e saúde pública?
   - Que mudança(s) houve na sociedade para que as taxas de natalidade venham se alterando?

Parte IV – Confecção dos cartazes e coleta das fotos

1. Confeccionem um cartaz com a tabela elaborada pela turma. Fiquem atentos para que as informações sejam apresentadas de maneira clara, escrevendo com letras grandes, caligrafia legível e usando cores que não dificultem a leitura.
2. Em outro cartaz, reproduzam o gráfico que elaboraram. Se desejarem, podem utilizar papel quadriculado. Usem canetas hidrográficas coloridas para tornar o gráfico mais atraente.
3. Tragam para a sala de aula fotos da família de vocês que reflitam as informações apresentadas na tabela e no gráfico:
   - fotos antigas, da época em que seus pais eram crianças, com tios, avós, etc.;
   - fotos atuais de sua família, com você, seus pais e irmãos (se tiver).

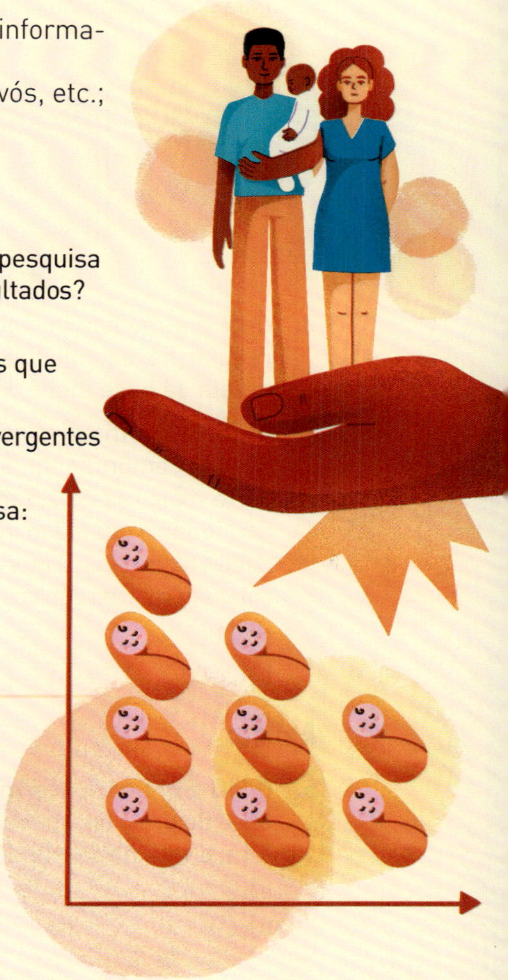

Questões para discussão

1. Se, em vez de uma pesquisa documental, vocês tivessem realizado uma pesquisa de campo com entrevistas, teria sido possível encontrar os mesmos resultados? Por quê?
2. Nos *sites* visitados, vocês conseguiram encontrar rapidamente os dados que procuravam ou tiveram alguma dificuldade? Se sim, qual (ou quais)?
3. Enquanto realizavam a pesquisa, vocês se depararam com informações divergentes sobre um mesmo assunto? Se sim, como decidiram qual selecionar?
4. De que forma consideram mais fácil visualizar os resultados da pesquisa: na tabela ou no gráfico? Justifiquem sua resposta.
5. Foi fácil encontrar fotos de família que correspondessem aos dados encontrados na pesquisa?

Comunicação dos resultados

Exposição dos cartazes e das fotos

Com a orientação do professor, organizem uma exposição com os cartazes que confeccionaram e as fotos que coletaram. Os visitantes serão os estudantes de outras turmas, além dos funcionários da escola e dos pais.

No dia da abertura da exposição, alguns estudantes podem fazer uma breve apresentação, contando como a pesquisa foi realizada e explicando a relação entre os cartazes e as fotos expostas.

ATIVIDADES INTEGRADAS

Retomar e compreender

1. (Prova Brasil) Uma caixa-d'água, com a forma de um paralelepípedo, mede 2 m de comprimento por 3 m de largura e 1,5 m de altura. A figura abaixo ilustra essa caixa.

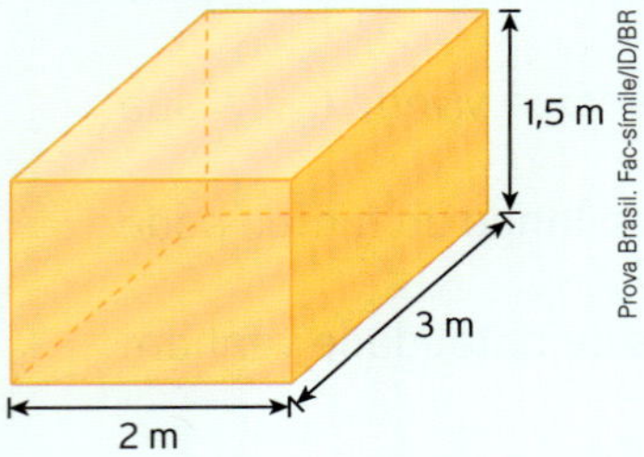

O volume da caixa-d'água, em m^3, é:

a) 6,5
b) 6,0
c) 9,0
d) 7,5

2. Calcule a medida do volume deste prisma, sabendo que a figura representa um prisma cujas bases são hexágonos regulares.

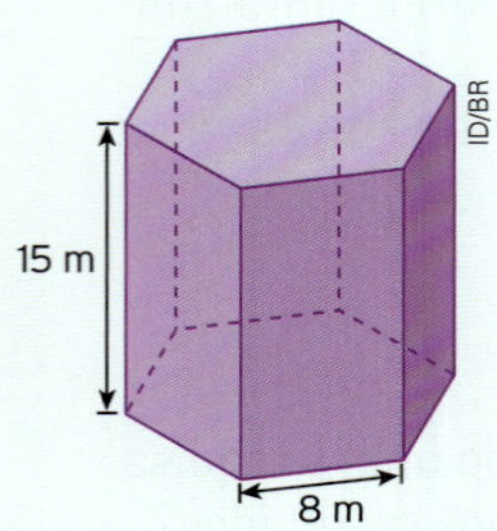

3. Qual é a medida do volume de uma pirâmide regular hexagonal cuja altura mede 2 cm e a aresta da base mede 5 cm?

4. (PUC-MG) Uma piscina tem 25 m de largura, 50 m de comprimento, 1,5 m de profundidade na parte mais rasa e 2,5 m na outra extremidade. Seu fundo é um plano inclinado. A partir desses dados, é correto afirmar que o volume dessa piscina, em metros cúbicos, é igual a:

a) 2000
b) 2300
c) 2500
d) 2800

Aplicar

5. (FMU-SP) Se triplicarmos a medida do raio da base de um cilindro mantendo a medida da altura, o volume do cilindro fica multiplicado por:

a) 3
b) 6
c) 9
d) 12
e) 15

6. Sabendo que o prisma a seguir tem bases em formato de trapézio, calcule a medida do seu volume.

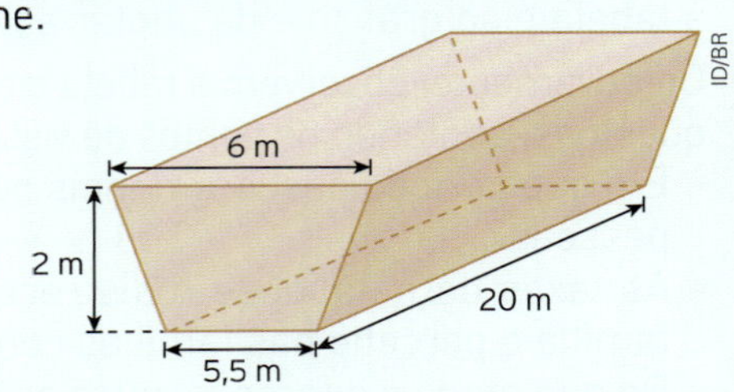

7. (PUC-RJ) Um cubo tem 96 m^2 de área total. Em quantos metros deve ser aumentada a sua aresta para que o seu volume se torne igual a 125 m^3?

8. (Enem) Uma fábrica de sorvetes utiliza embalagens plásticas no formato de paralelepípedo retangular reto. Internamente, a embalagem tem 10 cm de altura e base de 20 cm por 10 cm. No processo de confecção do sorvete, uma mistura é colocada na embalagem no estado líquido e, quando levada ao congelador, tem seu volume aumentado em 25%, ficando com consistência cremosa.

Inicialmente é colocada na embalagem uma mistura sabor chocolate com volume de 1 000 cm^3 e, após essa mistura ficar cremosa, será adicionada uma mistura sabor morango, de modo que, ao final do processo de congelamento, a embalagem fique completamente preenchida com sorvete, sem transbordar.

O volume máximo, em cm^3, da mistura sabor morango que deverá ser colocado na embalagem é:

a) 450
b) 500
c) 600
d) 750
e) 1 000

9. (UFRN) Como parte da decoração de sua sala de trabalho, José colocou sobre uma mesa um aquário de acrílico em forma de paralelepípedo retângulo, com dimensões medindo 20 cm × 30 cm × 40 cm. Com o aquário apoiado sobre a face de dimensões 40 cm × 20 cm, o nível de água ficou a 25 cm de altura.

Se o aquário fosse apoiado sobre a face de dimensões 20 cm × 30 cm, a altura da água, mantendo-se o mesmo volume, seria de, aproximadamente:

a) 16 cm
b) 17 cm
c) 33 cm
d) 35 cm

Analisar e verificar

10. Considere duas latas de leite em pó em forma de cilindro de alturas iguais. Em uma delas, o raio da base mede 5 cm; em outra, o raio da base mede 8 cm. A primeira custa R$ 16,85, e a segunda, R$ 17,29.

Qual dessas embalagens é economicamente mais vantajosa para o consumidor, considerando que todo o volume delas é preenchido com leite em pó? Para realizar os cálculos, despreze a espessura da lata.

11. Considere os dois recipientes cilíndricos representados a seguir.

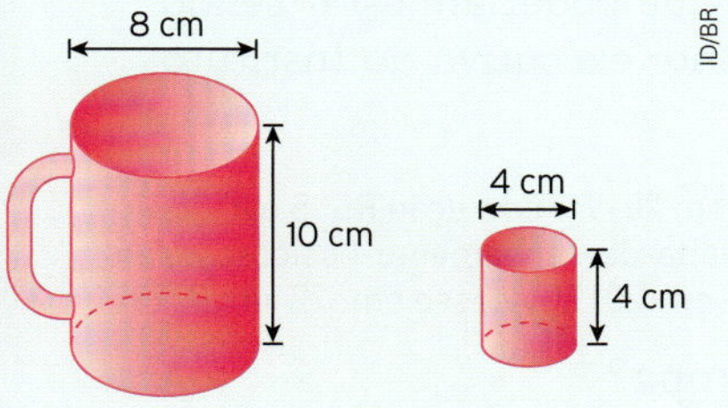

Vanessa quer encher pela metade 10 recipientes iguais ao recipiente II, colocando a quantidade mínima de água no recipiente I, de modo que consiga encher, sem desperdício, todos os 10 recipientes menores pela metade. Para isso, Vanessa deverá:

a) encher o recipiente I até a metade, pois ele tem um volume 10 vezes maior que o volume do recipiente II;

b) encher o recipiente I de água, pois ele tem um volume 10 vezes maior que o volume do recipiente II;

c) encher o recipiente I, pois ele tem um volume 5 vezes menor que o volume do recipiente II;

d) encher o recipiente I de água, pois ele tem um volume 5 vezes maior que o volume do recipiente II;

e) encher 5 vezes o recipiente I, pois ele tem um volume 10 vezes maior que o volume do recipiente II.

Veja uma **resolução** para essa atividade. Você a resolveria de outro modo?

12. Uma doceira tem um pedido de 200 cones de chocolate para o Natal. Esses doces têm a forma de cone, em que o diâmetro da base mede 5 cm, e a altura, 7 cm. Determine a quantidade de chocolate, em centímetro cúbico, necessária para atender esse pedido. (Use $\pi = 3$.)

13. (UEL-PR) Observe a figura.

Sobre o armazenamento de mel em colmeias, tem-se que o volume V de cada alvéolo, considerado como prisma regular hexagonal reto de altura h e arestas da base igual a ℓ, é dado por:

a) $V = (2 + \sqrt{3})\dfrac{h\ell^2}{2}$

b) $V = (1 + \sqrt{3})\dfrac{h\ell^2}{2}$

c) $V = (1 + 2\sqrt{3})h^2\ell$

d) $V = 3\sqrt{3}\,\ell^2 h$

e) $V = \dfrac{3\sqrt{3}}{2}\ell^2 h$

14. Para guardar a ração de seus gatos, Cristiano construiu um recipiente que acoplava um cilindro e um cone, como mostra a figura.

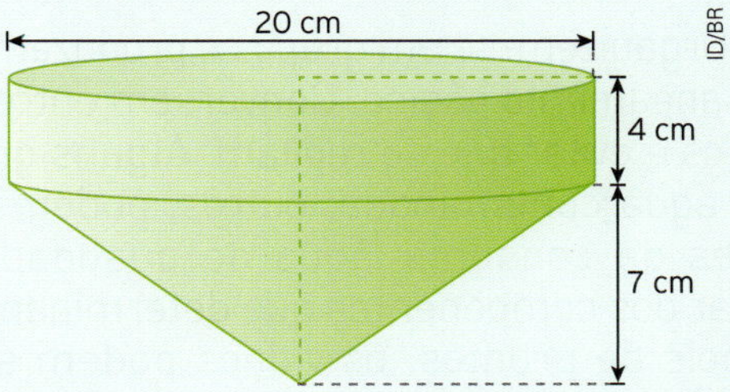

Calcule, em centímetro cúbico, a medida da capacidade desse recipiente. Considere $\pi = 3$.

Criar

15. Reúna-se com dois colegas. Imaginem que vocês sejam projetistas de uma empresa que fabrica embalagens, com a função de desenvolver uma embalagem que seja atrativa, funcional e com capacidade para 1 litro. A embalagem pode ter o formato de um prisma, de um cilindro, de um cone ou de uma pirâmide. Vocês devem construir uma réplica da embalagem utilizando uma cartolina.

Retomando o tema

Em 2020, mais de 167 mil internações e 1 898 óbitos foram registrados em razão das doenças infecciosas relacionadas à água. Essas doenças poderiam ser evitadas se a água consumida por todas as pessoas fosse potável ou tratada.

A carência de saneamento básico impacta a saúde pública; quase 35 milhões de brasileiros (15,8%) não têm acesso ao abastecimento de água tratada e quase 100 milhões (44,2%), à coleta de esgoto. A falta de saneamento básico causa, em média, 7,4 mortes por dia no Brasil.

"Os dados deixam claro que qualquer melhoria no acesso da população à água potável, coleta e tratamento de esgotos traz grandes ganhos à saúde pública. Por outro lado, o não avanço faz perpetuar essas doenças e mortes de brasileiros por não contar com a infraestrutura mais elementar. São hospitalizações que poderiam estar sendo destinadas a doenças mais complexas", afirmou o presidente executivo do Instituto Trata Brasil, Édison Carlos.

Falta de saneamento básico causa mais de 273 mil internações em 2019. Federação RS, 5 out. 2021. Disponível em: https://federacaors.org.br/falta-de-saneamento-basico-causa-mais-de-273-mil-internacoes-em-2019/. Acesso em: 22 jun. 2023.

1. Você conhece pessoas que não têm acesso à água limpa?
2. Que providências uma pessoa pode tomar antes de consumir uma água cuja qualidade seja duvidosa?
3. Reúna-se com um colega para buscar informações sobre os componentes que determinam o saneamento básico.

Geração da mudança

Organizem-se em grupos e produzam vídeos curtos, informativos, sobre a temática do saneamento básico. Conversem entre si para escolher os assuntos abordados nos vídeos e evitar que se repitam. Alguns grupos podem abordar doenças transmitidas por água contaminada; outros, podem focar em atitudes que devem ser tomadas antes de consumir água de qualidade duvidosa ou, ainda, tratar dos componentes que determinam o saneamento básico. Depois de prontos, os vídeos podem ser compartilhados no canal da escola.

Autoavaliação

Camila Anselmé/ID/BR

CHEGADAS, PARTIDAS E **DESLOCAMENTOS**

Você conhece algum imigrante ou refugiado? Já assistiu a algum filme ou leu algum livro que retrate a vida de pessoas que saíram de sua terra natal em direção a outro país? Embora muitas dessas pessoas tragam histórias de medo e de opressão em sua pouca ou nenhuma bagagem, elas contribuem social e culturalmente para o local de destino, trazendo mais cor às roupas, mais sabor à comida e mais alegria ao povo. O acolhimento a essas pessoas é fundamental para um mundo sem fronteiras.

Neste projeto, você e seus colegas farão uma pesquisa sobre os deslocamentos de pessoas de outros países para o Brasil e dentro do território nacional. Depois, vocês vão organizar uma exposição com os resultados da pesquisa e com dados da cultura dos moradores da comunidade que vieram de outros lugares.

Pilar Olivares/Reuters/Fotoarena

No decorrer do século XIX, o Brasil foi considerado um país de oportunidades: muitas pessoas deixaram seu local de origem com o desejo de construir, aqui, uma vida melhor. De fato, o país recebe imigrantes desde 1530. A princípio portugueses, depois italianos, japoneses, alemães, entre outras nacionalidades.

O processo de imigração acontece, na maioria dos casos, porque uma pessoa ou um grupo de pessoas busca melhorar a qualidade de vida. Porém, nem todas as pessoas deixam o local onde nasceram de maneira espontânea: há também o caso dos refugiados. Em 2022, por exemplo, o surgimento de conflitos entre Rússia e Ucrânia acabou acarretando uma guerra nesse país, o que fez com que milhões de ucranianos o deixassem em busca de sobrevivência.

Em sua opinião, quais são as principais dificuldades encontradas por quem deixa o próprio país e se dirige para um lugar diferente? Isso já aconteceu com você ou com alguém da sua família? Você conhece alguém que imigrou para o Brasil?

Objetivos

- Pesquisar os contextos de imigração no Brasil.
- Pesquisar o histórico de migração dos moradores da cidade.
- Elaborar um relatório com os dados obtidos na pesquisa.
- Planejar, organizar e divulgar uma exposição que mostre a cultura das pessoas que vieram de outros lugares.

Planejamento

- Com a orientação do professor, formem quatro grupos com o mesmo número de integrantes. Se necessário, um grupo poderá ter um integrante a mais ou a menos.
- O projeto será realizado em seis partes:

Parte I – Conversa inicial

Parte II – Levantamento de dados

Parte III – Apresentação dos dados e roda de conversa

Parte IV – Pesquisa de campo

Parte V – Apresentação e elaboração de relatório

Parte VI – Exposição

Materiais

- Papel, lápis e caneta
- Mapa da cidade onde moram
- Computador com acesso à internet
- Jornais, revistas e livros
- Cola, fita adesiva, cartolina, tesoura, etc. (o que for necessário para montar e organizar a exposição)

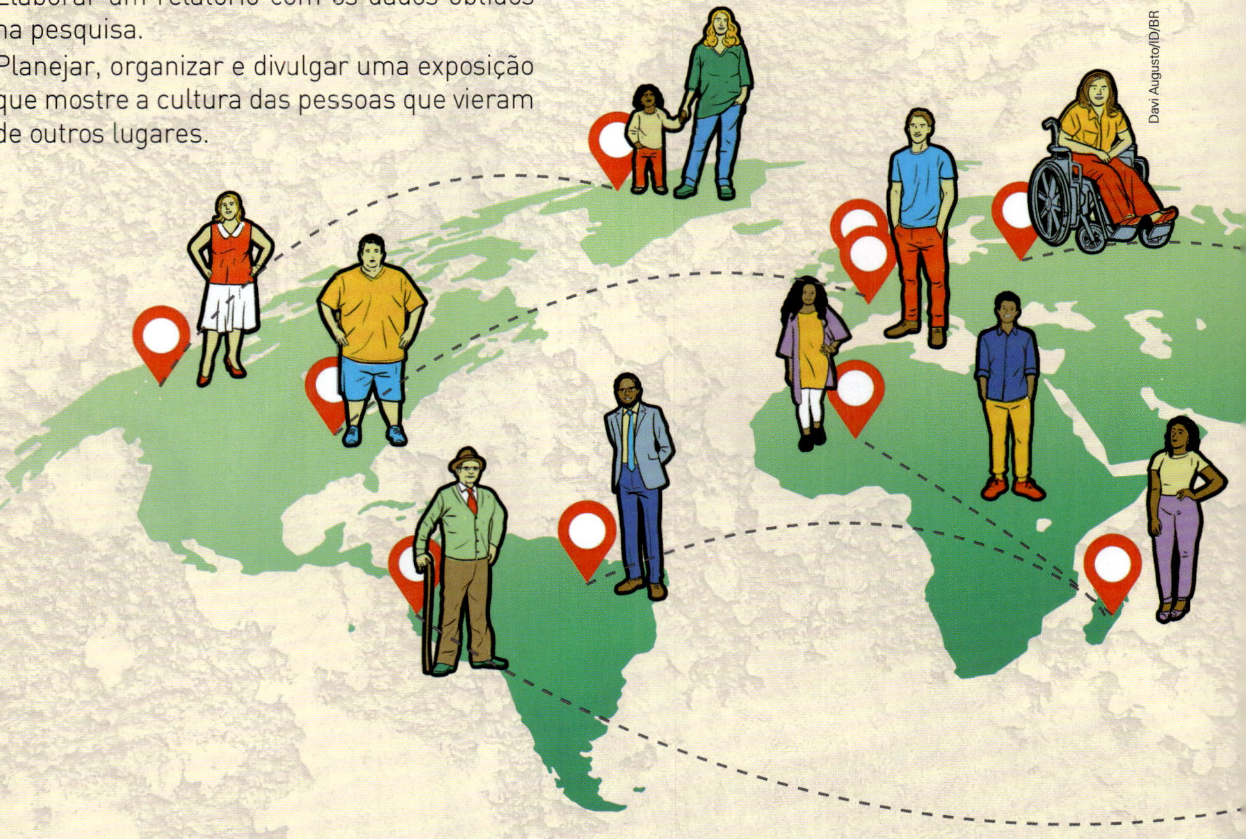

Davi Augusto/ID/BR

Procedimentos

Parte I – Conversa inicial

1. Conversem sobre quais são os locais de origem da família de cada integrante do grupo.
2. Troquem ideias sobre as principais características e referências desses locais.
3. Discutam pontos positivos e negativos a respeito da necessidade de sair do seu local de origem.
4. Comentem o que mais chamou a atenção durante a conversa e expliquem os motivos.

Reflita!

- Você consegue identificar costumes vindos de culturas diferentes em sua família ou na comunidade onde mora?
- Você já foi vítima de preconceito por conta do seu local de origem?
- Você sabe o que é xenofobia?
- O que faria você mudar de cidade, estado ou país?

Parte II – Levantamento de dados

1. Pesquisem conceitos, dados históricos e estatísticas sobre imigração ou acolhimento a refugiados na cidade onde moram. Utilizem fontes confiáveis, como *sites* oficiais de órgãos governamentais e de universidades.
2. Façam um levantamento da nacionalidade ou da região de origem dos imigrantes ou refugiados no Brasil.
3. Elaborem um relatório com os dados obtidos na pesquisa.

Parte III – Apresentação dos dados e roda de conversa

1. Apresentem, em sala de aula, os dados obtidos e os principais pontos do relatório elaborado por vocês.
2. Verifiquem se existe correspondência entre os dados da pesquisa e os locais de origem apontados nas conversas iniciais.

Parte IV – Pesquisa de campo

1. Com a ajuda do professor, definam os locais para fazer uma pesquisa de campo sobre migração no Brasil.
2. Elaborem, ainda com a ajuda do professor, um questionário com perguntas a respeito do tema para serem feitas a pessoas da comunidade em uma entrevista. As perguntas devem contemplar o local de origem, os costumes, os hábitos e a cultura dos entrevistados. Acrescentem questões de acordo com a necessidade. Cada grupo deverá entrevistar pelo menos cinco pessoas diferentes.

Yevhenii Dubinko/iStock/Getty Images

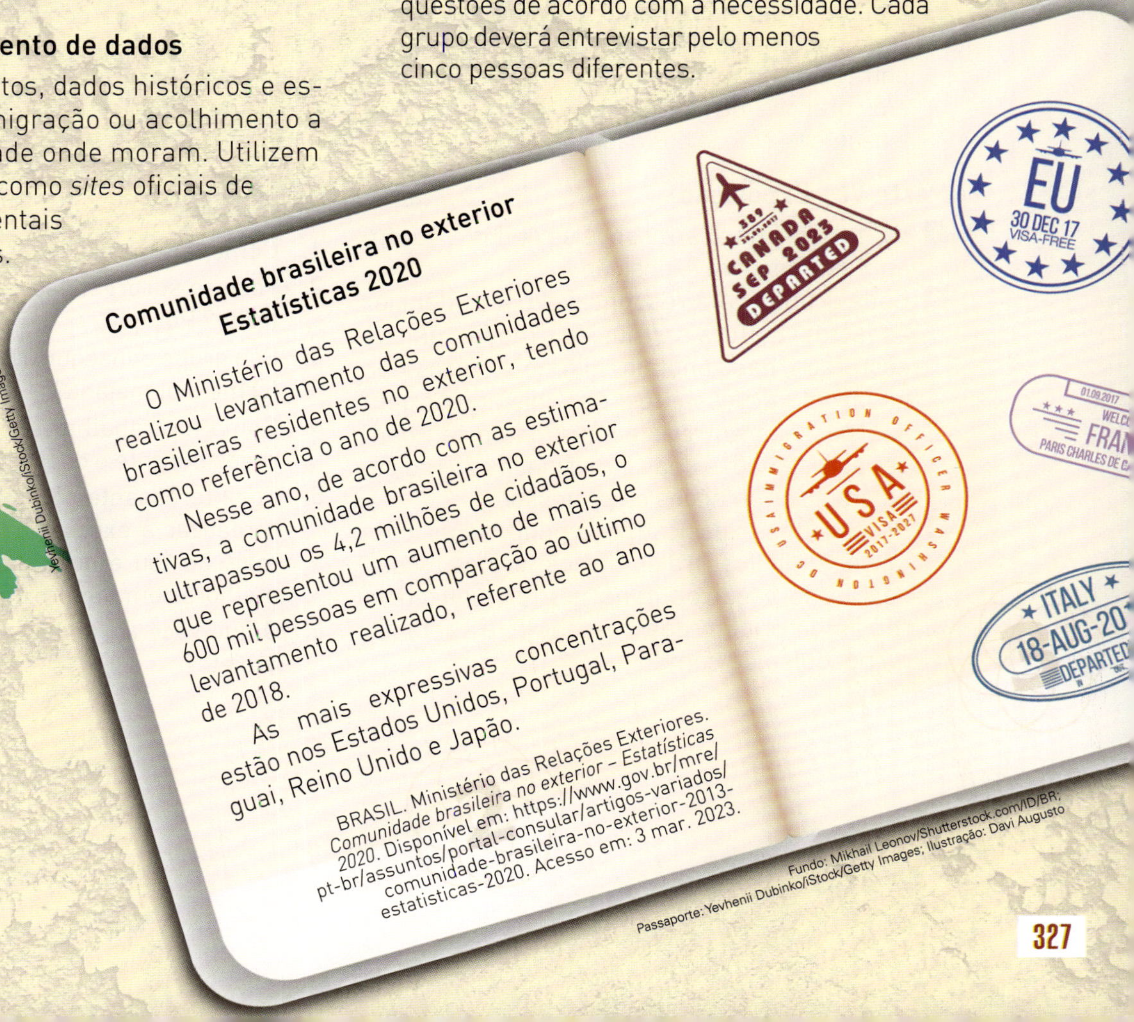

Comunidade brasileira no exterior
Estatísticas 2020

O Ministério das Relações Exteriores realizou levantamento das comunidades brasileiras residentes no exterior, tendo como referência o ano de 2020.

Nesse ano, de acordo com as estimativas, a comunidade brasileira no exterior ultrapassou os 4,2 milhões de cidadãos, o que representou um aumento de mais de 600 mil pessoas em comparação ao último levantamento realizado, referente ao ano de 2018.

As mais expressivas concentrações estão nos Estados Unidos, Portugal, Paraguai, Reino Unido e Japão.

BRASIL. Ministério das Relações Exteriores. *Comunidade brasileira no exterior – Estatísticas 2020*. Disponível em: https://www.gov.br/mre/pt-br/assuntos/portal-consular/artigos-variados/comunidade-brasileira-no-exterior-2013-estatisticas-2020. Acesso em: 3 mar. 2023.

Fundo: Mikhail Leonov/Shutterstock.com/ID/BR; Passaporte: Yevhenii Dubinko/iStock/Getty Images; Ilustração: Davi Augusto

Museu da Imigração do Estado de São Paulo

Neste espaço, localizado na capital paulista, acontecem diversas apresentações culturais (teatro, dança e música), além de oficinas, palestras e cursos relacionados aos imigrantes que ajudaram a construir a cidade de São Paulo. Visite o endereço a seguir e conheça o museu e suas atividades: www.museudaimigracao.org.br (acesso em: 15 jun. 2023).

Afinal, o que é ser brasileiro?

Neste *e-book*, os autores propõem a reflexão sobre o processo de imigração como parte da experiência de vida das pessoas. A obra também busca compreender de que maneira os deslocamentos tiveram impacto na construção da identidade brasileira. O material pode ser encontrado no *link* https://museudaimigracao.org.br/acervo-e-pesquisa/e-book-afinal-o-que-e-o-brasileiro (acesso em: 13 fev. 2023).

Museu da Imigração do Estado de São Paulo, SP/Arquivo do museu

Parte V – Apresentação e elaboração de relatório

1. Apresentem, em sala de aula, os dados obtidos nas entrevistas, ressaltando os pontos que consideraram mais interessantes e relevantes para o projeto.
2. Elaborem um relatório do trabalho de campo. Esse documento deve conter as respostas das entrevistas, organizadas por meio de tabelas e/ou gráficos, de modo que auxiliem na análise e na interpretação dos dados.

Parte VI – Exposição

1. Discutam e decidam sobre os dados a serem apresentados na exposição.
2. Cada grupo ficará responsável por evidenciar aspectos culturais (música, moda, dança, costumes, gastronomia, idioma e outros que julgarem interessantes) da região de origem das pessoas entrevistadas. Podem também ser apresentadas duas curiosidades da região. Sigam as orientações do professor.
3. Preparem a exposição, que pode incluir cartazes, símbolos, trajes típicos, pratos locais, bandeiras e outros itens que simbolizem a região de origem das pessoas entrevistadas na pesquisa de campo.

Compartilhamento

Organizem a sala de aula de acordo com o que será exposto. Na entrada, coloquem algum objeto, frase ou imagem que sintetize o trabalho.

A exposição poderá servir como introdução para uma roda de conversa com a comunidade escolar sobre imigração. Nesse momento, disponibilizem o relatório elaborado sobre a pesquisa de campo.

Avaliação SABER SER

1. Como foram realizadas as pesquisas?
2. Você se surpreendeu com algum dado encontrado? Por quê?
3. Seu grupo conseguiu realizar a exposição conforme o planejado?
4. Como foi trabalhar em grupo? Houve cooperação durante o desenvolvimento do trabalho?
5. Foi interessante planejar, organizar, divulgar e realizar a exposição? De quais partes você mais gostou e quais partes você gostaria de melhorar em um próximo trabalho?
6. O que você aprendeu com a realização deste projeto?

Fundo: Mikhail Leonov/Shutterstock.com/ID/BR; Ícones: Alexey Blogoodf/Shutterstock.com/ID/BR

PREPARE-SE!

Questão 1

Os conjuntos numéricos mais conhecidos são os naturais ($\mathbb{N}$), os inteiros ($\mathbb{Z}$), os racionais ($\mathbb{Q}$), os irracionais ($\mathbb{I}$) e os reais ($\mathbb{R}$). Todos são infinitos, pois contêm uma quantidade ilimitada de elementos.

Fernando Gonsales/Acervo do cartunista

Fernando Gonsales. *Níquel Náusea: botando os bofes de fora.* São Paulo: Devir, 2002.

Entre os números apresentados nas alternativas, o único número racional (pertencente ao conjunto $\mathbb{Q}$) é:

a) 2,3333...

b) 0,010010001...

c) $\frac{\sqrt{3}}{2}$

d) π

e) $-99,9897969594...$

Questão 2

O número $\sqrt{2}$ pode ser representado na reta numérica com o auxílio de um quadrado cujo lado mede 1. O comprimento da diagonal desse quadrado mede $\sqrt{2}$ e, utilizando um compasso, essa medida pode ser representada na reta numérica, como mostra a figura a seguir.

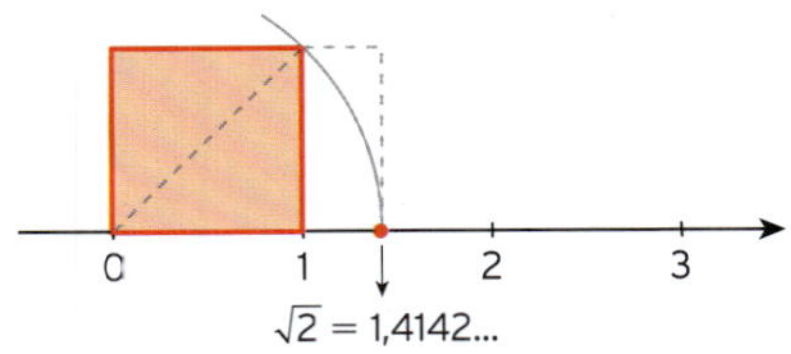

OracicArt/ID/BR

Para representar o número $\sqrt{18}$ na reta numérica, pode-se utilizar, como auxílio, um quadrado cujo lado mede:

a) 2.

b) 3.

c) 4.

d) 9.

e) 18.

Questão 3

Flashcards são basicamente pequenos cartões que podem ser utilizados para testar a memória de uma pessoa. Essencialmente, eles têm, de um lado, uma pergunta e, do outro, a resposta. Veja um exemplo.

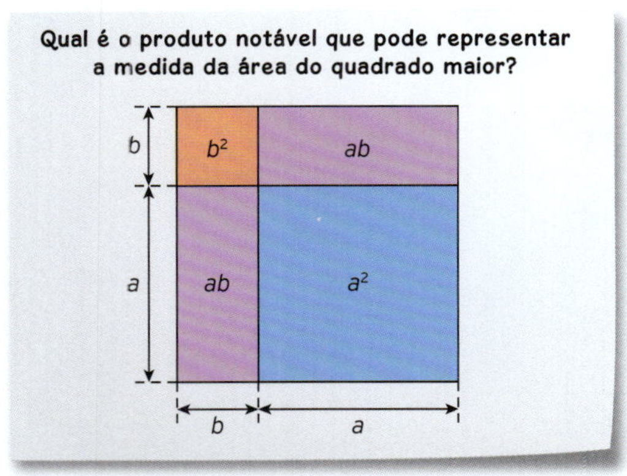

OracicArt/ID/BR

Qual é a resposta desse *flashcard*?

a) $(a + b) \cdot (a - b)$

b) $(a - b)^2$

c) $(a + b)^2$

d) $(a - b)^3$

e) $(a + b)^3$

Questão 4

Leia o texto a seguir.

> Os bilionários estão entre as pessoas de maior destaque da Terra, exercendo influência significativa sobre grande parte da economia global e desempenhando papéis importantes em tudo, desde política internacional e mídia até filantropia e inovação científica.

As dez pessoas mais ricas do mundo. *Forbes Money*, 2 fev. 2023. Disponível em: https://forbes.com.br/forbes-money/2023/02/bilionarios-dez-pessoas-mais-ricas-do-mundo/. Acesso em: 14 jun. 2023.

Ainda segundo a revista *Forbes*, em 1º de fevereiro de 2023, o magnata francês Bernard Arnault e sua família eram as pessoas mais ricas do mundo, com um patrimônio líquido de US$ 214 bilhões, o que equivale a R$ 1 070 000 000 000,00.

Ana Katharine Frota/ID/BR

Em notação científica, o valor aproximado do patrimônio estimado de Bernard Arnault e família, em real, era:

a) $107 \cdot 10^9$
b) $10{,}7 \cdot 10^{10}$
c) $1{,}07 \cdot 10^{11}$
d) $1{,}07 \cdot 10^{12}$
e) $1{,}07 \cdot 10^{13}$

Questão 5

Leia o texto a seguir.

> [...] existem vários tipos de vírus, que podem ter estruturas e tamanhos diferentes. Para ficar mais fácil de a gente entender, vamos focar em um vírus sobre o qual muito tem se falado: o SARS-CoV-2, o novo coronavírus, que causa a covid-19.
>
> Segundo pesquisas, esse vírus tem entre 50 nm a 200 nm. Mas o que é nm? Vamos entender o que representa essa sigla: O nanômetro (nm) é uma unidade de medida. Dizemos que ele é uma fração do metro (a unidade de medida que usamos para comprimento), assim como o centímetro (cm), que usamos para medir distâncias como um desenho no papel. [...]
>
> Para imaginarmos quanto vale 1 nanômetro, precisaríamos dividir 1 centímetro em dez milhões de vezes! Pegue uma régua, olhe para a marcação de 1 cm e imagine esse tamanho dividido em dez milhões. É muito pequeno! [...]

Museu Ciência e Vida. Em tempos de pandemia: você tem ideia de quão pequeno é um vírus? *Fundação Cecierj*, 15 out. 2020. Disponível em: https://www.cecierj.edu.br/2020/10/15/em-tempos-de-pandemia-voce-tem-ideia-de-quao-pequeno-e-um-virus/. Acesso em: 14 jun. 2023.

O coronavírus pode ter até 200 nm, o que corresponde, em centímetro, a:

a) $2 \cdot 10^{-9}$
b) $2 \cdot 10^{-7}$
c) $2 \cdot 10^{-5}$
d) $2 \cdot 10^{5}$
e) $2 \cdot 10^{9}$

Questão 6

Ao simplificar a fração $\frac{\sqrt[3]{2^6}}{\sqrt{5}}$ até torná-la irredutível, obtém-se:

a) $\frac{\sqrt{5}}{5}$

b) $\frac{2\sqrt{5}}{5}$

c) $\frac{3\sqrt{5}}{5}$

d) $\frac{4\sqrt{5}}{5}$

e) $\sqrt{5}$

Questão 7

O gráfico a seguir mostra a densidade de médicos por 1 mil habitantes, segundo dados do Conselho Federal de Medicina (CFM) para algumas capitais de estados brasileiros, em 10 de fevereiro de 2023.

OracicArt/ID/BR

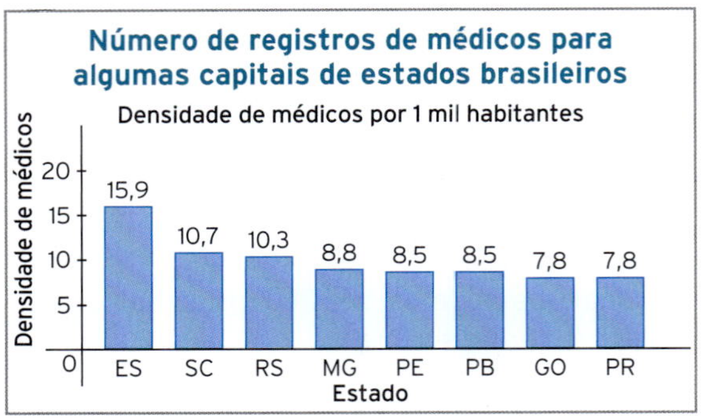

Fonte de pesquisa: *Demografia médica*. Conselho Federal de Medicina. Disponível em: https://demografia.cfm.org.br/dashboard/. Acesso em: 14 jun. 2023.

Considerando que a população aproximada de Curitiba (PR), nessa mesma data, era de 2 000 000 de habitantes, o número de médicos atuantes nessa cidade, segundo a proporção da pesquisa, é de cerca de:

a) 2 000.

b) 7 800.

c) 15 600.

d) 78 000.

e) 156 000.

Questão 8

Leia o texto a seguir.

Messi é jogador do PSG [Paris Saint-Germain], da França. Atuou na maior parte da carreira pelo Barcelona, entre os anos de 2004 e 2021. É o maior artilheiro da história da equipe catalã. Ainda pelo Barcelona, foi quatro vezes campeão da Liga dos Campeões da Europa. Messi também é o maior artilheiro da história da seleção da Argentina. Pela equipe nacional, foi campeão da Copa América 2021 e da Copa do Mundo 2022. Ao longo da carreira, foi premiado sete vezes com a Bola de Ouro de melhor jogador do mundo.

Messi jogando pela seleção Argentina durante a final da Copa do Mundo 2022, no Qatar.

Ayman Aref/NurPhoto/AFP

Messi. *UOL*. Disponível em: https://www.uol.com.br/esporte/futebol/messi/. Acesso em: 14 jun. 2023.

A tabela a seguir mostra o número de gols de Messi em jogos do Barcelona, da seleção Argentina e do PSG.

Gols de Messi em três times (até maio/2023)		
Clube/Seleção	Gols	Jogos
Barcelona	672	778
Argentina	102	174
PSG	31	72

Fonte de pesquisa: Pedro Augusto Dias. Quem fez mais gols? Cristiano Ronaldo ou Lionel Messi? Goal. Disponível em: https://www.goal.com/br/notícias/quem-fez-mais-gols-cristiano-ronaldo-ou-lionel-messi/n5ptegfiku9a12rt6ba98c8p8. Acesso em: 14 jun. 2023.

A razão entre o número total de gols e o total de jogos apresentados na tabela é:

a) $\frac{1\,024}{805}$

b) $\frac{805}{1\,024}$

c) $\frac{778}{672}$

d) $\frac{672}{778}$

e) $\frac{102}{174}$

Questão 9

Observe as medidas aproximadas do comprimento dos diâmetros da Terra e da Lua, representadas na imagem a seguir.

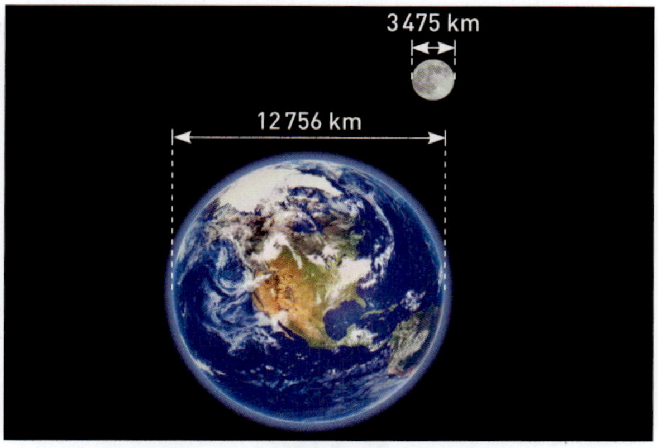

Rob Atkins/Photographer's Choice RF/Getty Images

▲ **Esquema representativo da Terra e da Lua. As cores e as distâncias não são reais.**

A razão entre as medidas dos diâmetros da Terra e da Lua é, aproximadamente, um número entre:

a) 0 e 1,5
b) 1,5 e 2,5.
c) 2,5 e 3,5.
d) 3,5 e 4.
e) 4 e 4,5.

Questão 10

Considere uma fábrica de pães que fica na Grande São Paulo e produz pães de hambúrguer para quase todo o Brasil. Ela funciona 24 horas por dia, em três turnos e, a cada hora, 45 000 pães de hambúrguer ficam prontos.

Oleanda/Shutterstock.com/ID/BR

Quantos pães de hambúrguer são fabricados em um dia nessa fábrica?

a) 1 875 pães
b) 45 000 pães
c) 135 000 pães
d) 1 080 000 pães
e) 3 240 000 pães

Questão 11

O litoral do Brasil tem aproximadamente 7 500 quilômetros de extensão, o que o torna o 16º país com maior litoral nacional do mundo. Toda a costa brasileira encontra-se ao lado do Oceano Atlântico.

João Miguel A. Moreira/ID/BR

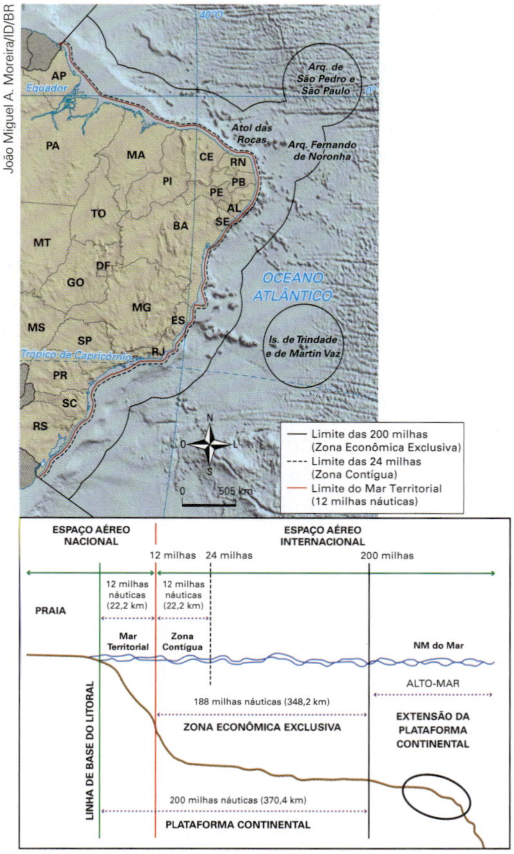

Fonte de pesquisa: *Atlas geográfico das zonas costeiras e oceânicas do Brasil*. Rio de Janeiro: IBGE, 2011. Disponível em: https://biblioteca.ibge.gov.br/visualizacao/livros/liv55263.pdf. Acesso em: 14 jun. 2023.

Uma família planejou fazer uma viagem por todo o litoral brasileiro, percorrendo cerca de 10 horas por dia a uma velocidade média de 100 km/h para completar o trajeto em 7,5 dias. Diante de alguns imprevistos de percurso, eles conseguiram viajar, em média, 8 horas por dia a uma velocidade média de 75 km/h. Em quantos dias essa família percorreu o litoral brasileiro?

a) 8 dias
b) 9,375 dias
c) 12 dias
d) 12,5 dias
e) 15 dias

Questão 12

Leia o texto a seguir.

> O artigo 73 do Decreto-lei n. 9 666 garante ao funcionário que cumpre uma jornada no período noturno, precisamente no período entre 22 h e 5 h, uma remuneração superior à jornada cumprida no período diurno, com acréscimo de, no mínimo, 20% sobre cada hora trabalhada.

Brasil. Disponível em: https://www.planalto.gov.br/ccivil_03/decreto-lei/Del9666.htm. Acesso em: 22 jun. 2023.

Para calcular o valor dessa hora, pode-se aplicar a seguinte fórmula de cálculo do adicional noturno:

Adicional noturno = (valor da hora trabalhada × × 20%) + valor da hora trabalhada

Com base nessas informações, resolva.

Um vigia de condomínio trabalha 7 horas diárias, com início da jornada às 22 h e término às 5 h do dia seguinte. Sabendo que o valor da hora trabalhada, sem adicional noturno, para vigias nesse condomínio, é R$ 40,00, quanto receberá o vigia noturno que trabalhou 20 dias nesse mês?

a) R$ 4 480,00
b) R$ 5 600,00
c) R$ 6 720,00
d) R$ 8 400,00
e) R$ 10 080,00

Questão 13

As retas paralelas *r* e *s* são cortadas pela reta transversal *t*. Elas formam oito ângulos, devidamente numerados conforme a figura.

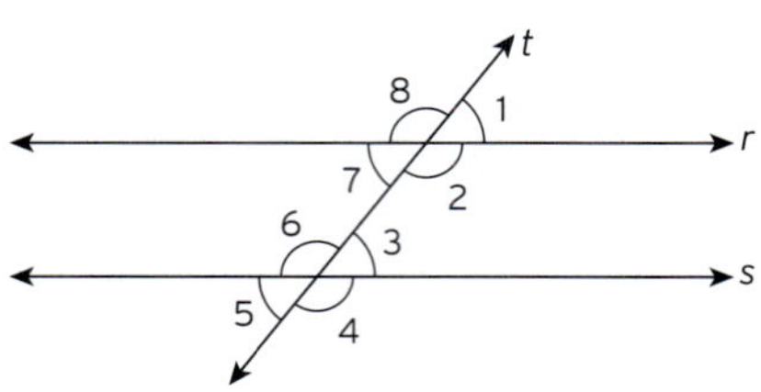

OracicArt/ID/BR

Quais ângulos indicados na figura são suplementares?

a) 1 e 2
b) 1 e 3
c) 2 e 8
d) 4 e 6
e) 5 e 7

Questão 14

A queniana Catherine Reline venceu a 97ª edição da Corrida Internacional de São Silvestre, em 2022, na cidade de São Paulo (SP). Desde que assumiu a liderança da corrida, ainda na altura do Estádio do Pacaembu, ela não diminuiu o ritmo até finalizar o percurso na Avenida Paulista, aos 49 min 39 s de prova. A segunda colocada foi a etíope Wude Ayalew Yimer.

Miguel Schincariol/AFP/Getty Images

▲ **Catherine Reline na Corrida Internacional de São Silvestre de 15 km, em São Paulo (SP). Foto de 2022.**

Considerando que o tempo de Wude foi 0,74% superior ao de Catherine, quantos segundos, aproximadamente, ela levou para concluir essa prova?

a) 301
b) 2 979
c) 3 001
d) 4 939
e) 4 976

Questão 15

Uma rampa de medida de altura igual a 3,0 metros está passando por uma reforma estrutural. Após caminhar 4,5 metros a partir do início da rampa, o engenheiro responsável pela obra percebeu que precisará reforçar a estrutura no ponto onde parou, cuja respectiva altura mede 1,5 metro.

O comprimento total da rampa mede:

a) 4,5 metros.
b) 6,0 metros.
c) 7,5 metros.
d) 9,0 metros.
e) 13,5 metros.

Questão 16

A taxa de analfabetismo representa a porcentagem da população com idade de 15 anos ou mais que é considerada analfabeta. No Brasil, segundo a Pesquisa Nacional por Amostra de Domicílios Contínua (Pnad Contínua) 2019, a taxa de analfabetismo das pessoas de 15 anos ou mais de idade foi estimada em 6,6% (11 milhões de analfabetos), conforme o infográfico a seguir.

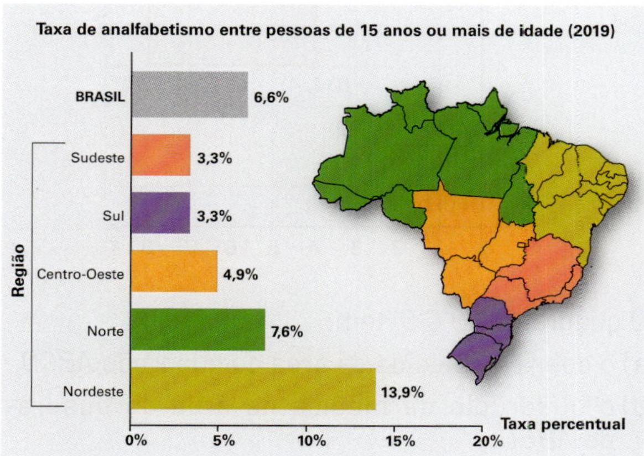

João Miguel A. Moreira/ID/BR

Fonte de pesquisa: IBGE. Diretoria de Pesquisas, Coordenação de Trabalho e Rendimento. Pesquisa Nacional por Amostra de Domicílios Contínua 2012-2019. Disponível em: https://educa.ibge.gov.br/jovens/conheca-o-brasil/populacao/18317-educacao.html. Acesso em: 15 jun. 2023.

De acordo com a pesquisa, existem 11 milhões de brasileiros analfabetos com 15 anos ou mais de idade, em um total de, aproximadamente:

a) 11 000 000 pessoas.

b) 72 600 000 pessoas.

c) 93 400 000 pessoas.

d) 165 000 000 pessoas.

e) 166 666 666 pessoas.

Questão 17

Um *smartphone* custava R$ 2 600,00 e foi vendido no pagamento via PIX, com desconto, por R$ 2 340,00.

De quanto foi o percentual de desconto?

a) 10%.

b) 11,11%.

c) 23,4%.

d) 26%.

e) 260%.

Questão 18

Segundo os dados da Agência Nacional de Aviação Civil (Anac), o preço médio da tarifa doméstica praticado no Brasil registrou uma queda de 14,5% em 2020, por conta do impacto da pandemia de covid-19, que prejudicou as viagens aéreas. Em 2021, as tarifas aumentaram 19,3%. Em 2022, até fevereiro, os preços voltaram a subir, com alta de 15%.

Fonte de pesquisa: Fernando Nakagawa. Nas alturas: veja quanto aumentou o preço das passagens aéreas no Brasil. *CNN Brasil Business*. Disponível em: https://www.cnnbrasil.com.br/business/veja-quanto-o-preco-das-passagens-aereas-subiram-no-brasil/. Acesso em: 2 maio 2023.

Alison Nunes Calazans/Shutterstock.com/ID/BR

Passageiros desembarcando em Foz do Iguaçu (PR). Foto de 2022.

Quanto, aproximadamente, uma passagem aérea que custava R$ 1 000,00 antes da pandemia (2019) passou a custar em fevereiro de 2022?

a) R$ 855,00

b) R$ 1 020,02

c) R$ 1 000,00

d) R$ 1 150,00

e) R$ 1 173,02

Questão 19

Uma árvore sibipiruna produz uma sombra de 15 metros de medida de comprimento, enquanto um ipê-rosa, cuja altura mede 4 metros, produz uma sombra de 3 metros, conforme a ilustração.

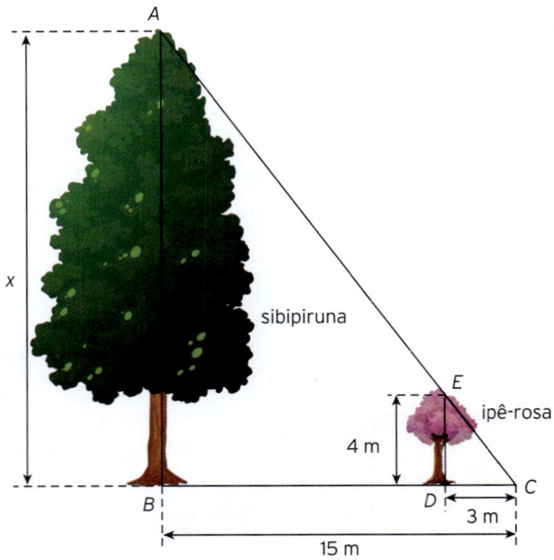

OracicArt/ID/BR

Qual é a medida da altura, em metro, da sibipiruna?

a) 15
b) 16
c) 20
d) 22
e) 25

Questão 20

Uma turma do 9º ano tem de realizar um desafio semanal de Matemática. Veja, na figura, o desafio dessa semana.

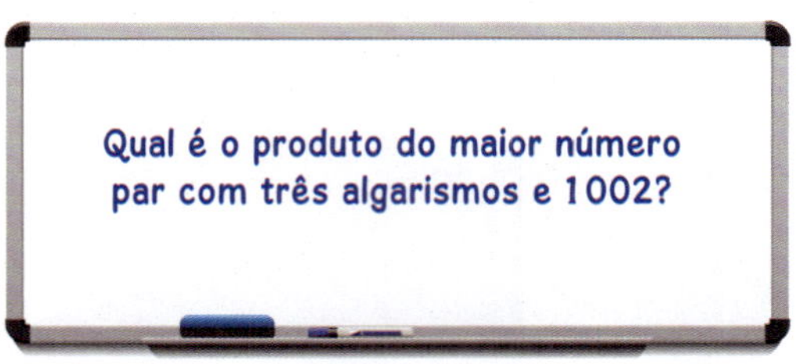

OracicArt/ID/BR

O resultado desse desafio é:

a) 989 976.
b) 998 000.
c) 999 996.
d) 1 000 998.
e) 1 002 000.

Questão 21

Um quadrado *ABCD* com vértices *A*(1, 2), *B*(1, 1), *C*(2, 1) e *D*(2, 2) é ampliado com o centro de ampliação *O*(0, 0), conforme representação no plano cartesiano abaixo.

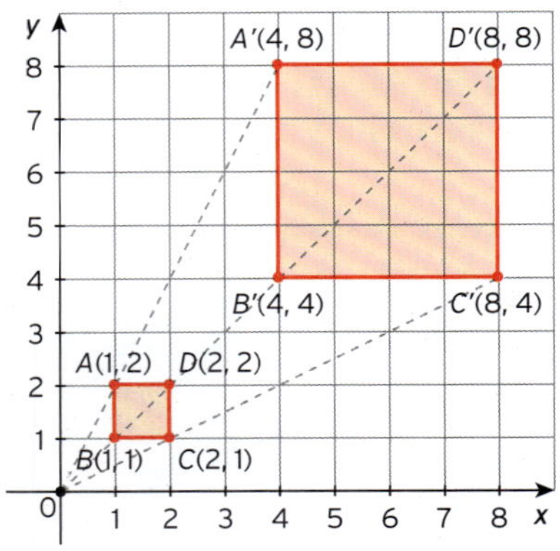

OracicArt/ID/BR

O quadrado *A'B'C'D'* tem:

a) o dobro da medida da área do quadrado *ABCD*.
b) o quádruplo da medida da área do quadrado *ABCD*.
c) o dobro da medida do perímetro do quadrado *ABCD*.
d) o quádruplo da medida do perímetro do quadrado *ABCD*.
e) a medida da área e a medida do perímetro iguais, bem como no quadrado *ABCD*.

Questão 22

Ternos pitagóricos são compostos de três números inteiros positivos quaisquer (*a*, *b*, *c*) que satisfazem à equação $a^2 = b^2 + c^2$. Por exemplo, o terno (3, 4, 5) é um terno pitagórico, pois $5^2 = 4^2 + 3^2$.

Qual das alternativas a seguir apresenta outro terno pitagórico?

a) (6, 7, 8)
b) (7, 24, 25)
c) (8, 10, 13)
d) (9, 12, 21)
e) (10, 15, 25)

Questão 23

O triângulo de Sierpinski pode ser obtido por meio de um processo recursivo. Ele pode ser considerado um fractal por apresentar algumas propriedades, como: ser auto semelhante (qualquer parte da figura é idêntica ao todo) e não perder a sua definição inicial à medida que é ampliado.

OracicArt/ID/BR

Ao considerar a medida da área do primeiro triângulo (laranja) igual a x cm^2, a medida de área de cada triângulo laranja da próxima figura, em relação ao anterior que o gerou, pode ser obtida fazendo a divisão de x por:

a) dois.

b) três.

c) quatro.

d) seis.

e) oito.

Questão 24

Um aventureiro está participando de um jogo de caça ao tesouro. No início, seu GPS indicava que ele estava a 40 metros do tesouro. Ele caminhou 24 metros para oeste e, agora, o GPS registra que o tesouro está exatamente ao sul de onde ele´ está parado (perpendicularmente).

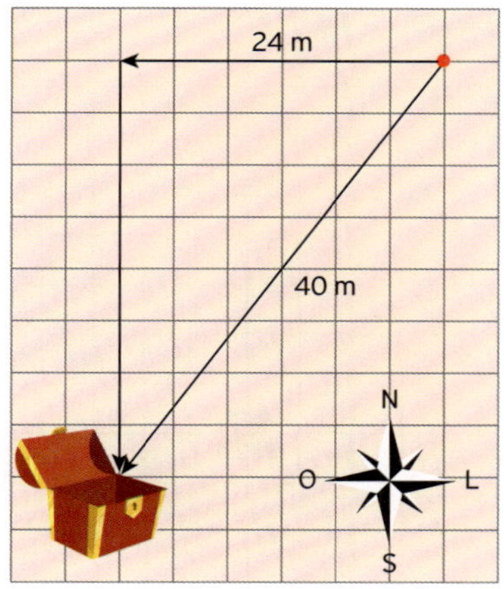

OracicArt/ID/BR

Quantos metros na direção sul esse aventureiro precisa caminhar para encontrar o tesouro?

a) 8 m

b) 16 m

c) 20 m

d) 32 m

e) 64 m

Questão 25

Um triângulo retângulo tem um cateto cuja medida é igual à metade do outro, sendo a medida da hipotenusa igual a 10 cm.

Quanto mede o maior cateto desse triângulo?

a) $2\sqrt{5}$ cm

b) 5 cm

c) $\frac{10\sqrt{3}}{3}$ cm

d) $4\sqrt{5}$ cm

e) 10 cm

Questão 26

Em um jogo eletrônico, um carro está representado na origem de um plano cartesiano. Sob comandos específicos, ele percorre 3 unidades para a direita, 3 unidades para cima, 6 unidades para a esquerda e, finalmente, 6 unidades para baixo.

A figura a seguir ilustra as possíveis localizações finais desse carro no plano.

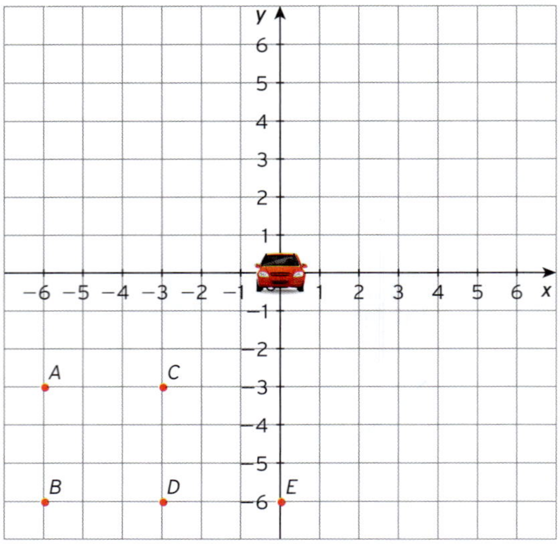

OracicArt/ID/BR

A única posição final correta é a representada pelo ponto:

a) *A*.

b) *B*.

c) *C*.

d) *D*.

e) *E*.

Questão 27

Uma empresa internacional de dados de rastreamento de voos fornece soluções globais a operadores de aeronaves e empresas de serviços, bem como a milhões de passageiros.

Observe a imagem que representa uma movimentação do tráfego aéreo de certo local.

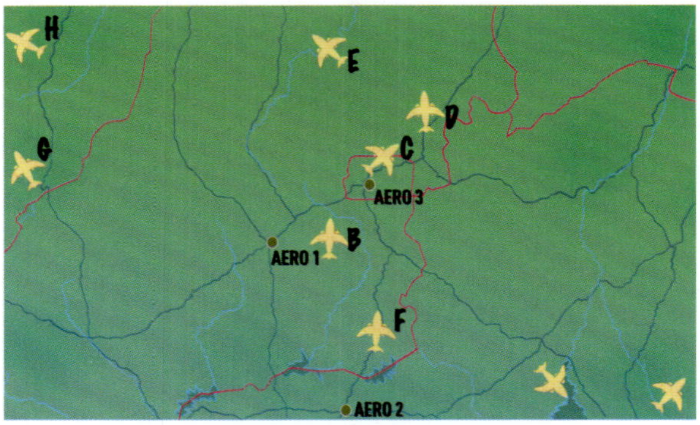

Ana Katharine Frota/ID/BR

Para os aviões *B* e *C*, foi estabelecida uma posição no sistema de coordenadas cartesianas, conforme o quadro a seguir.

B	(0, 0)
C	(12, 16)

A medida da distância, em quilômetro, entre os aviões *B* e *C* é igual a:

a) 4.

b) 20.

c) 28.

d) 112.

e) 200.

Questão 28

Um plano cartesiano foi utilizado para a representação de dois pátios de um colégio. O pátio *A* está localizado no ponto $A(-3, -6)$. No ponto médio entre o pátio *A* e o pátio *B* está o banheiro *C*, localizado no ponto $C(4, 8)$.

Quais são as coordenadas do pátio *B*?

a) $\left(-\frac{3}{2}, -3\right)$

b) $\left(\frac{1}{2}, 1\right)$

c) (1, 2)

d) (8, 16)

e) (11, 22)

Questão 29

O projeto a seguir representa o contorno de uma arte que será confeccionada em uma placa de madeira para um logo empresarial. Na malha quadriculada, a medida do lado de cada quadradinho representa 1 dm de medida de comprimento na arte.

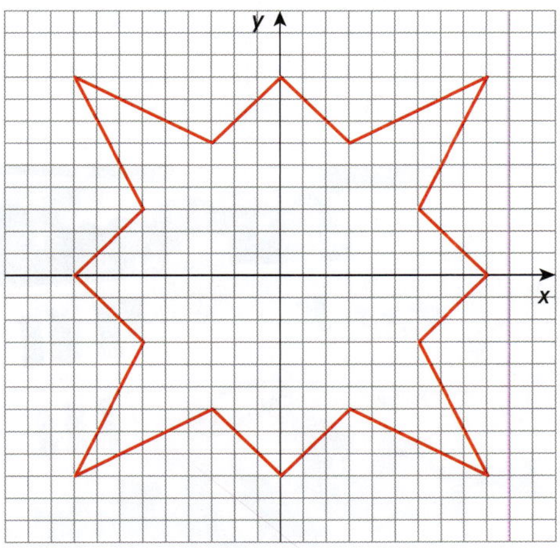

OracicArt/ID/BR

A arte em madeira terá uma área que mede:

a) 108 dm^2.

b) 162 dm^2.

c) 216 dm^2.

d) 324 dm^2.

e) 432 dm^2.

Questão 30

Em uma escola, foi organizada uma saída de estudos para o Museu de Arte Moderna. Para o transporte de estudantes e funcionários, foi contratado um ônibus com capacidade para 50 passageiros com preço de R$ 100,00 por passageiro, com uma observação de que, para cada lugar desocupado no ônibus no dia da saída de estudos, seriam acrescidos R$ 7,00 por passageiro.

Qual das funções abaixo pode ser a lei da função que representa o valor arrecadado $P(x)$ em função do número de pessoas (x) que foram a essa saída de estudos?

a) $P(x) = 5000x$

b) $P(x) = -7x^2 + 250x + 5000$

c) $P(x) = 450x - 7x^2$

d) $P(x) = 450x + 7x^2$

e) $P(x) = 5350x$

Questão 31

Um palco para um evento especial do Dia das Crianças foi montado em uma praça circular de uma cidade. O esquema a seguir apresenta a localização do palco (região rosada) e de duas câmeras filmadoras digitais que farão vídeos de toda a programação. As câmeras foram estrategicamente posicionadas nos pontos representados por A e B, em que A é um ponto da circunferência, que representa o contorno da praça, e B é o centro dessa circunferência.

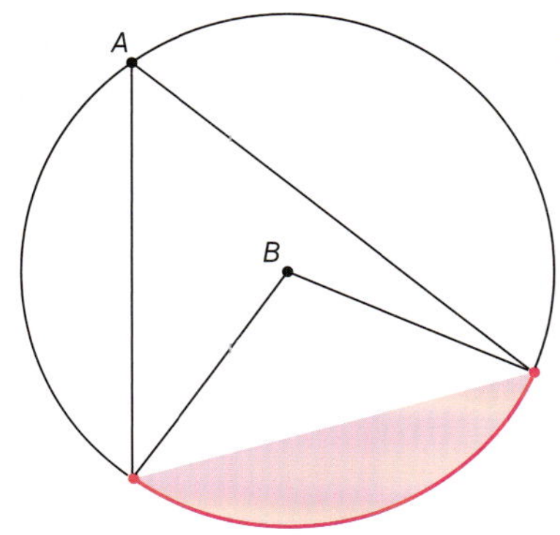

OracicArt/ID/BR

Sobre os ângulos $\widehat{A}$ e $\widehat{B}$ da circunferência, que focarão o mesmo palco, com $\widehat{A}$ inscrito na circunferência e $\widehat{B}$ central, pode-se afirmar que:

a) eles são congruentes.

b) eles são suplementares.

c) a medida do ângulo inscrito é o dobro da medida do ângulo central.

d) a medida do ângulo central é o dobro da medida do ângulo inscrito.

e) a medida do ângulo central é o triplo da medida do ângulo inscrito.

Questão 32

O italiano Galileu Galilei foi físico, matemático, astrônomo e filósofo. Por meio de experimentos, provavelmente feitos com esferas (chamadas corpos) e superfícies planas com diferentes inclinações, observou que, sob certas condições, a medida da massa de um corpo não influenciava em seu deslocamento. De modo simplificado, podemos dizer que se um corpo é solto no ar (no planeta Terra e em queda livre), a medida da distância $d(t)$ percorrida por ele durante um intervalo de tempo t é dada pela expressão $d(t) = 5t^2$, em que $d(t)$ é dada em metro e t em segundo.

Qual é a medida da distância percorrida por um corpo em queda livre durante um intervalo de tempo de 5 segundos?

a) 25 metros.

b) 75 metros.

c) 125 metros.

d) 150 metros.

e) 250 metros.

Questão 33

Para vender seus produtos, um fabricante de queijos produz embalagens em formato de cilindro circular reto, com as medidas do raio da base e da altura iguais a 8 cm e 15 cm, respectivamente, conforme mostra a figura a seguir.

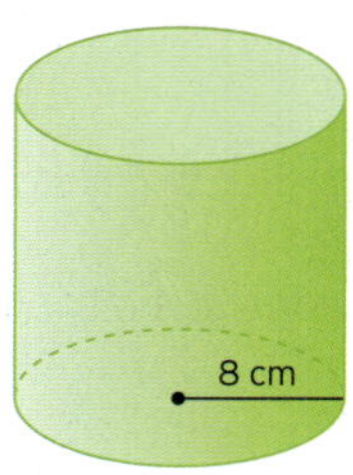

OracicArt/ID/BR

Na intenção de produzir uma embalagem com medida de volume 10% menor que a do cilindro de 15 cm de altura, mas com o mesmo formato e a mesma medida de raio da base (8 cm), o fabricante de queijos deverá usar a medida da altura, em centímetro, do cilindro menor ou igual a:

a) 1,5.

b) 7,2.

c) 10.

d) 13,5.

e) 15.

Questão 34

Você sabia que o número que você calça também está relacionado à Matemática? Em cada país, existe uma fórmula que relaciona o número do sapato que você calça e a medida do comprimento do seu pé. No Brasil, a fórmula é:

$$S = \frac{5p + 28}{4}$$

em que S é o número do sapato e p é a medida do comprimento do pé, em centímetro.

JackF/iStock/Getty Images

▲ **Mulheres comprando sapatos em uma loja.**

De acordo com essa fórmula, qual é número do sapato de uma pessoa cujo comprimento do pé mede 28 cm?

a) 28

b) 35

c) 40

d) 42

e) 44

Questão 35

As limpezas e manutenções periódicas das fachadas de edifícios são muito importantes para os frequentadores, não só para o bem-estar, mas também para uma melhor primeira impressão do local. Geralmente, esse trabalho é feito com o auxílio de plataformas aéreas.

Um edifício tem 60 metros de medida de altura e sua fachada externa é toda revestida com vidro espelhado. Veja, no gráfico a seguir, o esboço de uma função que indica, durante a movimentação de uma plataforma aérea, a relação entre a medida da altura (*y*), em metro, em que está a plataforma, e o tempo (*x*), em minuto, que ela leva para subir.

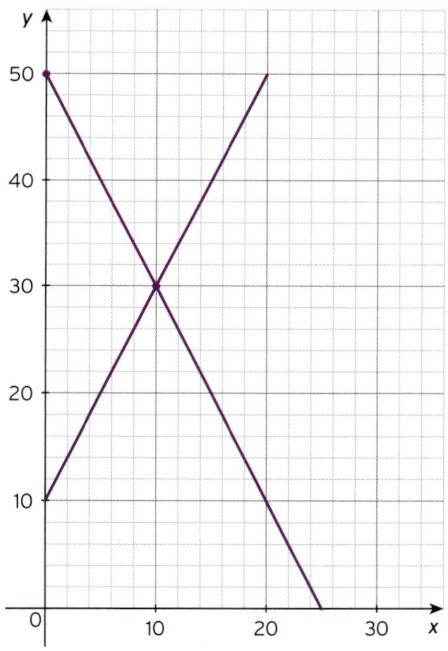

OracicArt/ID/BR

Nessas condições, a partir do momento em que o tempo começou a ser medido, essa plataforma atingiu 40 metros de altura após:

a) 50 minutos.

b) 25 minutos.

c) 20 minutos.

d) 15 minutos.

e) 10 minutos.

Questão 36

Uma empresa de *delivery* pagava R$ 12,00 por entrega a cada entregador, independentemente da distância percorrida. Após uma análise, os administradores dessa empresa concluíram que o modelo de cobrança e de pagamento estava desatualizado. O novo modelo considera a distância total percorrida, com um custo de R$ 0,85 por quilômetro, e uma taxa fixa de R$ 8,00.

Qual expressão algébrica abaixo pode representar a quantia $Q(x)$, em real, que um entregador recebe em função da quantidade de quilômetros *x* percorridos por entrega?

a) $Q(x) = 8 + 0,85x$

b) $Q(x) = 8 - 0,85x$

c) $Q(x) = -8 + 85x$

d) $Q(x) = 8 + 85x$

e) $Q(x) = 12 + 0,85x$

Questão 37

Uma agência de modelos possui um cadastro com as características físicas de todos os seus profissionais associados, como cor dos olhos, medida da altura, cor do cabelo, tom de pele, etc.

Veja, na tabela, algumas características de 65 modelos associados a essa agência.

Associados da agência		
Cor dos olhos / Cor dos cabelos	Castanhos	Verdes
Pretos ou castanhos	20	10
Ruivos ou loiros	30	5

Dados fornecidos pela administração da agência de modelos.

Escolhendo um associado ao acaso, qual é a probabilidade de ele ter cabelos pretos ou castanhos, sabendo que ele tem olhos verdes?

a) $\frac{10}{65}$

b) $\frac{15}{65}$

c) $\frac{10}{30}$

d) $\frac{15}{30}$

e) $\frac{10}{15}$

Questão 38

Um modelo de carro consome 8 litros de gasolina a cada 1 quilômetro percorrido. Assim, para esse modelo de carro, podemos dizer que a lei da função que relaciona a quantidade *y* de combustível consumido (em litro) com a quantidade de quilômetros percorridos *x* é indicada por $y = 8x$. Qual dos gráficos a seguir representa essa função?

a) 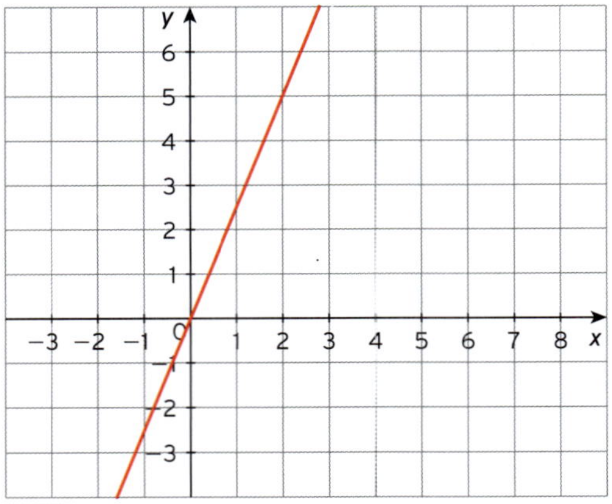

d) 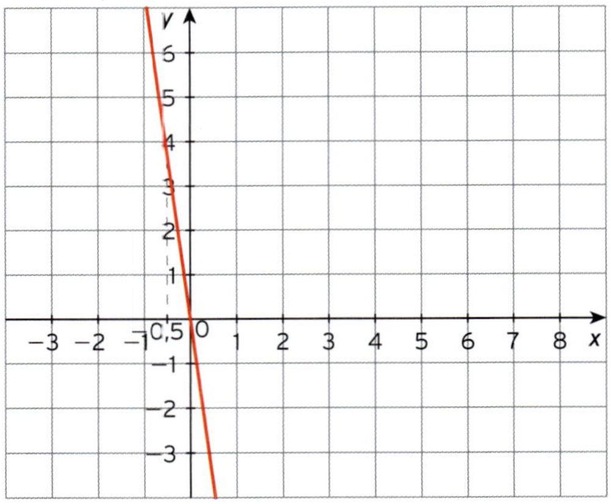

Ilustrações: OracicArt/ID/BR

b) 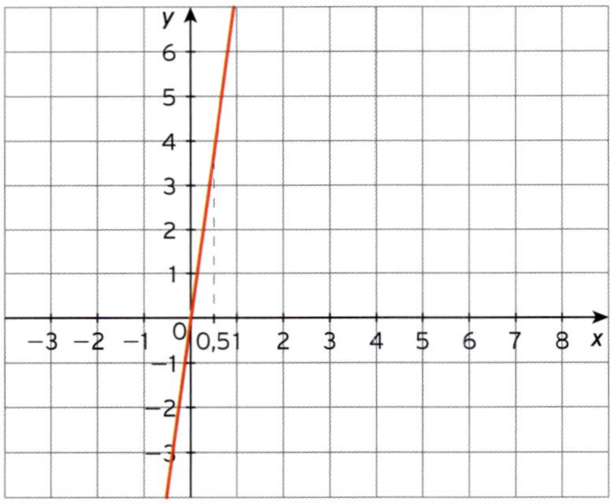

e) 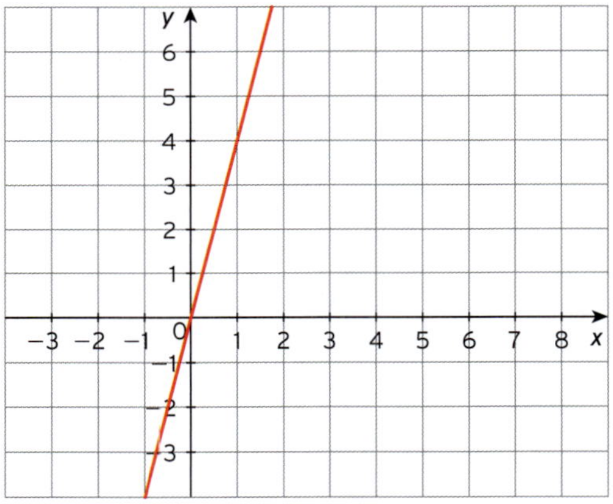

c) 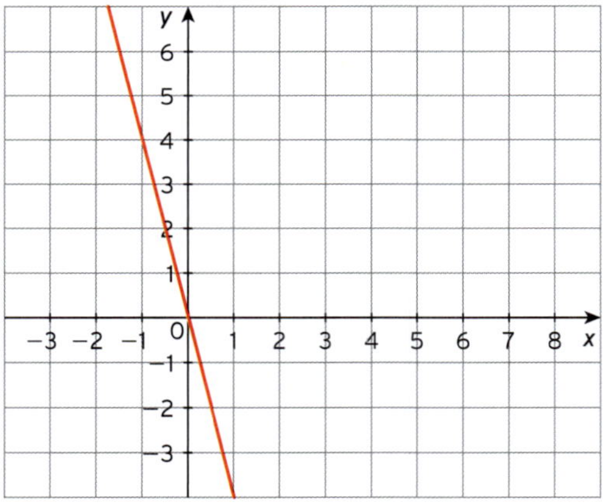

Questão 39

A seleção norte-americana de basquetebol, que representa os Estados Unidos da América em competições internacionais organizadas pela Federação Internacional de Basquetebol (FIBA), é muito famosa pelas conquistas em campeonatos e olimpíadas. Observe, na tabela, as medidas da altura dos jogadores da seleção que conquistou a medalha de ouro nos Jogos Olímpicos de 2020, no Japão.

Basquete masculino – Estados Unidos Jogos Olímpicos de Tóquio 2020		
Nome	**Posição**	**Medida da altura (m)**
K. Durant	Ala/Ala-Pivô	2,08
J. Tatum	Ala	2,03
D. Lillard	Armador	1,88
J. Holiday	Armador/Ala-armador	1,93
B. Adebayo	Pivô	2,06
Z. LaVine	Ala/Armador	1,96
K. Middleton	Ala	2,01
D. Booker	Ala/Armador	1,96
D. Green	Ala	1,98
B. Beal	Ala/Armador	1,93
J. Grant	Ala/Ala-Pivô	2,03
K. Love	Ala/Pivô	2,03

Kevin C. Cox/Getty Images

▲ **Seleção estadunidense em cerimônia de entrega de medalha do basquete masculino nos Jogos Olímpicos de Tóquio 2020, no Japão.**

Fontes de pesquisa: https://www.uol.com.br/esporte/olimpiadas/ultimas-noticias/2021/06/23/com-durant-e-sem-lebron-eua-divulga-lista-do-basquete-para-as-olimpiadas.htm e https://www.espn.com.br/nba/estatisticas. Acessos em: 16 jun. 2023.

A mediana das medidas da altura dos jogadores, em metro, é igual a:

a) 1,98.

b) 1,99.

c) 1,995.

d) 2,01.

e) 2,03.

Questão 40

O governo da Arábia Saudita apresentou o conceito do *Mukaab*, o mais recente projeto de um arranha-céu que lembra um cubo e que pretende ser a maior estrutura já construída pelo ser humano. Localizado em Riyadh, esse arranha-céu terá 400 metros de medida de altura e a mesma medida de largura e de comprimento.

Qual será a medida do volume desse arranha-céu, em metro cúbico?

a) 400

b) 1 200

c) 160 000

d) 960 000

e) 64 000 000

Questão 41

Leia a reportagem a seguir, publicada em 16 de junho de 2021.

Quais países produzem mais lixo eletrônico no mundo? Veja como está o Brasil neste *ranking*

A era da tecnologia trouxe para o mundo mais um problema: os resíduos eletrônicos, ou lixo eletrônico, como são mais popularmente conhecidos.

Ou seja, quando um equipamento eletrônico ou elétrico perde sua capacidade de nos ajudar (seja pela perda de sua utilidade, por causa de mudanças na sociedade ou por não funcionar mais), é necessário fazer o descarte dele.

Apenas no ano de 2019, o mundo viu 53,6 milhões de toneladas de aparelhos eletroeletrônicos sendo descartados (um crescimento de 21% nos últimos 5 anos!). Dessa quantidade, apesar de tudo poder ser reciclado, apenas 17,4% se tornaram matéria-prima novamente para outros produtos.

E o resto? Infelizmente foram descartados da forma incorreta e foram parar em aterros sanitários ou lixões irregulares, principalmente em países pobres, afetando a saúde dos seres humanos nesses locais e até mesmo podendo contaminar o meio ambiente.

O tema merece ainda mais atenção e destaque ao considerarmos que o Brasil foi o quinto país que mais gerou lixo eletrônico no mundo em 2019.

[...]

[...] Se considerarmos apenas os países da América Latina, o Brasil é o primeiro no *ranking* dos geradores.

[...]

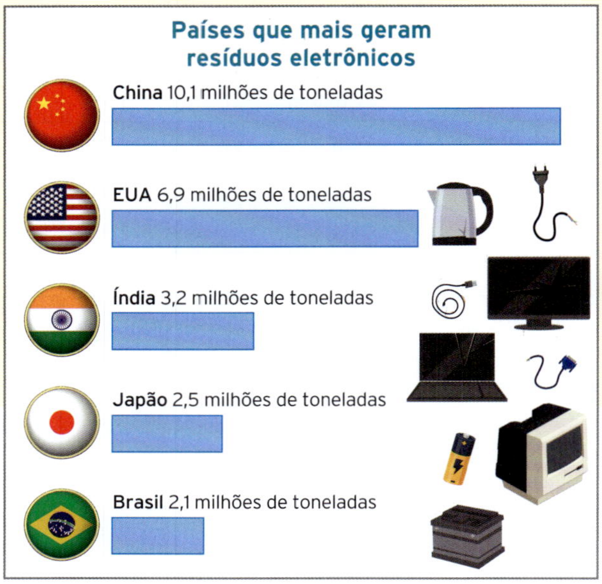

Quais países produzem mais lixo eletrônico no mundo? Veja como está o Brasil neste *ranking*. *Green Eletron*. Disponível em: https://greeneletron.org.br/blog/quais-paises-produzem-mais-lixo-eletronico-no-mundo-veja- como-esta-o-brasil-neste-ranking/. Acesso em: 16 jun. 2023.

A média de quantidade de lixo eletrônico produzida em 2019, em milhões de tonelada/ano, dos cinco países citados no gráfico é igual a:

a) 5,00.

b) 4,96.

c) 3,2.

d) 2.

e) 2,1.

Questão 42

Leia a reportagem.

Sagitário A* (ou Sgr A*) é um objeto astronômico de massa 4 milhões de vezes maior que a do nosso Sol que fica no centro da Via Láctea. Fonte de especulação e intensos estudos há décadas, a teoria mais popular entre os astrônomos era de que fosse um buraco negro, mas as evidências disso eram indiretas. Até agora.

Hoje, dia 12 de maio de 2022, a equipe do Event Horizon Telescope Collaboration anunciou a primeira imagem do Sgr A*, obtida através da colaboração de mais de 300 pesquisadores, oito instituições e oito telescópios espalhados ao redor do globo. Em 2019, o grupo já havia divulgado a imagem de um outro buraco negro supermassivo no centro da galáxia Messier 87 (M87*), a primeira imagem de um buraco negro da história.

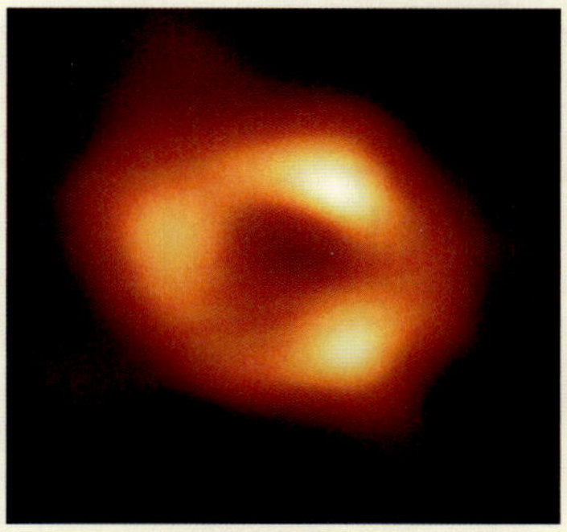

Dai Tianfang/Xinhua/AFP

Primeira imagem do buraco negro supermassivo no centro da Via Láctea. Foto de 2022.

[...]

O Sgr A* é 1 500 vezes menor do que o M87*, mas 2 000 vezes mais próximo da Terra, o que faz com que as imagens dos dois sejam relativamente parecidas. [...]

Sebastião Moura. Rede internacional de telescópios capta primeira imagem do buraco negro que fica no centro da Via Láctea. *Jornal da USP*, 15 maio 2022. Disponível em: https://jornal.usp.br/ciencias/rede-internacional-de-telescopios-capta-primeira-imagem-do-buraco-negro-que-fica-no-centro-da-via-lactea/. Acesso em: 16 jun. 2023.

Sabendo que o Sgr A* está a 25 640 anos-luz da Terra e que 1 ano-luz equivale a, aproximadamente, $9{,}46 \cdot 10^{12}$ km, quanto mede a distância, aproximadamente, do buraco negro M87* à Terra, em quilômetro?

a) $1{,}21 \cdot 10^{14}$

b) $9{,}46 \cdot 10^{12}$

c) $2{,}56 \cdot 10^{16}$

d) $2{,}42 \cdot 10^{17}$

e) $4{,}84 \cdot 10^{20}$

Questão 43

A medida da massa do Sol é estimada em $1{,}98892 \cdot 10^{30}$ quilogramas.

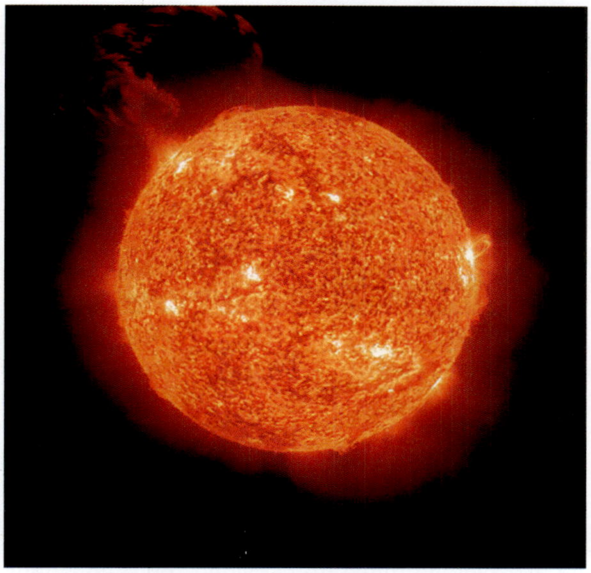

AC NewsPhoto/Alamy/Fotoarena

Grande explosão solar registrada em fevereiro de 2022.

Sabendo que uma tonelada equivale a 1 000 kg, a medida estimada da massa do Sol, em tonelada, é:

a) 1 988 920 000 000 000 000 000 000 000 000 000.

b) 1 988 920 000 000 000 000 000 000 000 000.

c) 198 892 000 000 000 000 000 000 000 000.

d) 19 889 200 000 000 000 000 000 000 000.

e) 1 988 920 000 000 000 000 000 000 000.

Questão 44

Usamos medidas em muitas situações do nosso dia a dia: medidas de massa, de capacidade, de tempo, etc. A unidade de medida adequada para cada medição depende do que se quer medir. Com computadores não é diferente, também medimos a capacidade de armazenamento de informações ou de processamento de dados com algumas unidades de medida como *bit*, *byte*, *kilobyte*, *megabyte*, *gigabyte* e *terabyte*. Veja, no quadro a seguir, algumas equivalências entre essas medidas.

Unidade de medida	Capacidade de armazenamento
1 *byte* (B)	8 *bits*
1 *kilobyte* (KB)	1 024 *bytes*
1 *megabyte* (MB)	1 024 *kilobytes*
1 *gigabyte* (GB)	1 024 *megabytes*
1 *terabyte* (TB)	1 024 *gigabytes*

O tamanho máximo permitido para transferência de arquivos de mídia (fotos, vídeos ou mensagens de voz) entre usuários de uma rede social é de 16 MB, em qualquer plataforma em que ela esteja sendo utilizada. Esse valor, quando mencionado em *kilobytes*, será:

a) 16 777 216.

b) 262 144.

c) 16 384.

d) 16 000.

e) 1 024.

Questão 45

A Catedral Metropolitana Basílica Menor Nossa Senhora da Glória é símbolo de Maringá pela arquitetura moderna e arrojada. Foi idealizada por Dom Jaime Luiz Coelho e projetada pelo arquiteto José Augusto Belucci. A construção foi de 1959 a 1972. Com capacidade para 3 500 pessoas, esse monumento, que lembra o formato de um cone, possui diâmetro externo com 50 metros de medida e uma base circular com diâmetro interno que mede 38 metros. A medida da altura desse monumento é 114 metros, sem contar a cruz que há no topo, que mede 10 metros de altura.

Adriano Kirihara/Pulsar Imagens

Vista da Catedral Metropolitana Basílica Menor Nossa Senhora da Glória, em Maringá (PR). Foto de 2023.

Considerando $\pi = 3$, a medida do volume interno da Catedral de Maringá, em metro cúbico, é igual a:

a) 2 166.

b) 4 332.

c) 12 996.

d) 41 154.

e) 164 616.

RESPOSTAS

Unidade 1

CAPÍTULO 1

Atividades – página 20

1. a) $\sqrt{25}$
   b) $\sqrt{25}$ e -5.
   c) $\sqrt{25}$, -5, $\frac{1}{5}$ e 0,5.
   d) $\sqrt{5}$ e $\frac{\pi}{5}$.
2. a) VI
   b) III e V.
   c) I
   d) VI
   e) II e VII.
   f) VII
   g) III e V.
   h) III e V.
3. 1,5. Racional.
4. a) 3,46
   b) 6,16
   c) 9,85
   d) 10,58
5. a) 16,956 m
   b) 113,04 cm
   c) 10 cm
6. a) 207,24 cm
   b) 2072,4 cm
7. a) 3 e 4.
   b) -2 e -1.
   c) 2 e 3.
   d) 4 e 5.
   e) -3 e -2.
   f) 6 e 7.
8. Alternativa **b**.
9. a) 32,5 m
   b) 204,1 m

Atividades – página 24

10. a) 1, 2 e $\frac{27}{3}$.
    b) $-\frac{365}{5874}$, 1, $1,3\overline{45}$, 2, $3,25\overline{65}$ e $\frac{27}{3}$.
    c) $\sqrt{7}$, $\sqrt{13}$ e $\frac{\sqrt{2}}{2}$.
    d) Todos.

Mais atividades – página 25

1. a) 1001 e $\sqrt{169}$.
   b) -15, 1001 e $\sqrt{169}$.
   c) -15, 1001 e $\sqrt{169}$.
   d) $\sqrt{53}$, $(\sqrt{7})^{\frac{5}{4}}$ e $\sqrt{20}$.
   e) Todos.
2. 5 e 6.
4. a) Falsa.
   b) Verdadeira.
   c) Falsa.
   d) Verdadeira.
5. a) 23 e 24.
   b) 0
   c) -65
6. a) 6
   b) 7
   c) 64
7. Alternativa **c**.
8. 1500 m
9. 5024 m
10. a) $<$
    b) $<$
    c) $<$
    d) $<$
    e) $>$
    f) $>$
11. a) Verdadeira.
    b) Falsa.
    c) Verdadeira.
    d) Falsa.
    e) Verdadeira.
    f) Falsa.
12. Menor que $\sqrt{3}$.
13. $3,\overline{62} > \pi > \sqrt{6} > \frac{3}{2} > 1,15 > 1,1$

CAPÍTULO 2

Atividades – página 29

1. a) Potência de um quociente.
   b) Potência de uma potência.
   c) Quociente de potências de mesma base.
   d) Produto de potências de mesma base.
   e) Potência de um produto.
2. a) 4^3
   b) $(0,2)^{-4}$
   c) 8
   d) a^{16}
   e) 2^{13}
   f) b^{3m+6}
3. a) 3^{-5}
   b) 3^{10}
   c) 3^{-12}
   d) 3^{-12}
4. a) 43 046 721
   b) 6 561
5. a) $\left(\frac{1}{3}\right)^6$
   b) $\left(\frac{1}{4}\right)^4$
   c) $\frac{1}{5}$
   d) $\left(\frac{1}{6}\right)^4$
   e) $\left(\frac{1}{14}\right)^{-18}$
   f) $\left(\frac{1}{23}\right)^{10}$
6. A bactéria.

Atividades – página 31

7. a) Falsa.
   b) Falsa.
   c) Verdadeira.
   d) Falsa.
8. A do item **a**.
9. Alternativa **b**.
10. a) 2
    b) 3
    c) 2

Atividades – página 36

11. a) $\sqrt[5]{3}$
    b) 16
    c) 1000
12. a) $\sqrt{3} < \sqrt{6} < \sqrt{7} < \sqrt{19}$
    b) $\sqrt[3]{1} < \sqrt[3]{2} < \sqrt[3]{5} < \sqrt[3]{9} < \sqrt[3]{10}$

c) $\sqrt[3]{\frac{1}{8}} < \sqrt[3]{\frac{5}{9}} < \sqrt[3]{\frac{3}{5}} < \sqrt[6]{0,81}$

d) $\sqrt[6]{15} < \sqrt[3]{2^2} < \sqrt[2]{3^3}$

e) $\sqrt[3]{9} < \sqrt{9} < \sqrt{40}$

13. a) $\sqrt{7}$

b) $\frac{1}{2}$

c) $\sqrt[3]{5,2}$

d) $\sqrt{2}$

e) $\sqrt[4]{3^5}$

f) $\sqrt[3]{\left(\frac{4}{5}\right)^2}$

14. a) Não são semelhantes.

b) Não são semelhantes.

c) Não são semelhantes.

d) São semelhantes.

Atividades – página 38

15. a) $-7\sqrt[3]{18}$

b) $2\sqrt{2}$

c) $\sqrt{6}$

d) $-\sqrt{5}$

e) $7\sqrt{3} - 3\sqrt{5}$

16. a) 6,93

b) 5,91

c) 4,89

d) −0,49

17. a) $6\sqrt{7}$

b) $7\sqrt{2}$

c) $4\sqrt[3]{5}$

18. a) $10\sqrt{3}$ cm

b) $6\sqrt{7}$ cm

Atividades – página 40

19. a) $\frac{1}{3}$

b) $\frac{1}{3}$

c) 2

d) $\sqrt[6]{7}$

e) 3

f) $\sqrt[6]{108}$

g) $\sqrt[30]{2^{27} \cdot 3^{10}}$

h) $\sqrt{3}$

20. A região retangular verde.

Atividades – página 44

21. Medida da área: 49 cm^2; medida do perímetro: $25\sqrt{2}$ cm.

22. a) $\sqrt[6]{2\,401}$

b) $2\sqrt[3]{2}$

c) $6\sqrt{6}$

d) $25\sqrt[3]{25}$

e) $3\sqrt[5]{27}$

f) $36\sqrt[4]{6}$

23. a) $\frac{2\sqrt{5}}{15}$

b) $\frac{3\sqrt{6}}{2}$

c) $\frac{13\sqrt{15}}{315}$

d) $\frac{5\sqrt{10}}{6}$

e) $4\sqrt[3]{4}$

f) $2\sqrt[4]{343}$

g) $\frac{10\sqrt[5]{3}}{3}$

h) $\frac{\sqrt[4]{108}}{6}$

24. a-II; b-I; c-III.

25. a) $\frac{4(5 - \sqrt{5})}{5}$

b) $3 + \sqrt{2}$

c) $-\sqrt{7} - 4$

d) $\frac{4 + \sqrt{2}}{7}$

e) $\frac{3}{4}$

f) $\frac{10 + 5\sqrt{10}}{3}$

g) $7\sqrt{3} + 7\sqrt{2}$

h) $-24\sqrt{2} + 8\sqrt{21}$

26. a) O caminho I.

b) Em 12 minutos.

27. a) 3 600 baldes.

b) 300 horas.

Mais atividades – página 45

1. 228 metros.

2. $a^2\sqrt{a}$

3. Alternativa **c**.

4. a) $14\sqrt{5}$

b) $\frac{13\sqrt{10}}{4} + 2\sqrt{2}$

c) $\sqrt[12]{10}$

d) $\sqrt[10]{2^7} - 5\sqrt[5]{2} - 2\sqrt{2} + 10$

e) $\sqrt[6]{108}$

5. a) 49

b) $\frac{11}{2}$

c) 2

d) 4

6. a) $\left(\frac{3}{5}\right)^2$

b) $\left(\frac{9}{25}\right)^{\frac{1}{2}}$

7. $-\frac{\sqrt{3}}{3}$

8. $\frac{1}{2}$

9. a) Verdadeira.

b) Falsa.

c) Verdadeira.

d) Verdadeira.

10. 7

Atividades integradas – página 48

1. a) I, III, IV e VI.

b) II e V.

c) Todos.

2. a) $\frac{151}{99}$

b) $\frac{91}{99}$

c) $\frac{30}{121}$

3. a) Falsa.

b) Verdadeira.

c) Falsa.

d) Falsa.

4. a) 1

b) 0

c) 0,09

d) $\frac{\pi}{2}$

e) $-\frac{1}{125}$

f) $\frac{1}{625}$

g) 32

h) $\frac{1}{4}$

5. a) $12^{\frac{1}{2}}$

b) $2{,}7^{\frac{1}{2}}$

c) $0{,}5^{\frac{1}{3}}$

d) $7^{\frac{3}{5}}$

e) $\left(\frac{2}{3}\right)^{\frac{3}{4}}$

f) $\left(\frac{1}{8}\right)^{\frac{1}{3}}$

g) $2^{\frac{1}{2}}$

h) $\left(\frac{9}{4}\right)^{\frac{4}{3}}$

6. a) 8^5

b) 12^8

c) 14^{-2}

d) 3^{18}

e) 6^{-2}

f) 4^5

g) 7^{12}

h) 2^{12}

7. a) $1{,}045 \cdot 10^4$

b) $1{,}00361 \cdot 10^{-1}$

c) $3{,}05 \cdot 10^5$

d) $7{,}39968 \cdot 10^{-1}$

e) $1{,}189 \cdot 10^{-2}$

f) $1{,}68204 \cdot 10$

g) $1{,}4 \cdot 10^6$

h) $1{,}28109 \cdot 10^{-12}$

8. Ela é menor somente se o número for maior que 1.

9. 12 m

10. 84 aulas.

11. $(36 + 16\sqrt{5})$ cm^2

12. 384 cm^3

13. 11 pessoas.

14. a) $\sqrt{48}$

b) $\sqrt{12}$

c) $\sqrt[4]{80}$

d) $\sqrt{36}$

e) $\sqrt{9^5}$

f) $\sqrt[5]{7^4}$

g) $\sqrt[4]{4^5}$

h) $\sqrt[4]{4^6}$

15. Aproximadamente 192 cm.

16. a) $12\sqrt{2}$

b) $-7\sqrt{3} - 7$

c) $35\sqrt{5}$

d) $-38\sqrt[3]{3}$

e) $4\sqrt{5} - 20 - 18\sqrt{10}$

f) $5\sqrt{7} + 6\sqrt{5}$

17. Alternativa **c**.

18. $19^{21} - \sqrt{21} - 35$

19. Isabela acertou.

20. Alternativa **a**.

21. a) 20 m/s

b) De 180 m.

23. Alternativa **c**.

24. Alternativa **d**.

Unidade 2

CAPÍTULO 1

Atividades – página 58

1. Homens: $\frac{2}{5}$, 0,4 e 40%.

   Mulheres: $\frac{3}{5}$, 0,6 e 60%.

2. Aproximadamente 1,7 m/s.
3. 8,74 g/cm^3
4. 300 km^2
5. 10,40 metros.
6. 1 117,5 km

Atividades – página 66

7. 3 latas de creme de leite e 1 500 gramas de chocolate em barra.

8. a) 10 km
   b) 2 horas e 24 minutos.

9. 9 horas.

10. 22 dias.

11. 4 horas.

12. 25 dias.

13. R$ 3 600,00

14. 18 dias.

15. 18 kWh

16. 9 barras.

17. 28, 42 e 70, respectivamente.

18. R$ 24 000,00, R$ 30 000,00 e R$ 42 000,00, respectivamente.

19. R$ 240 000,00, R$ 160 000,00, R$ 96 000,00, R$ 80 000,00 e R$ 60 000,00, respectivamente.

Mais atividades – página 67

1. a) Diretamente proporcionais e $k = \frac{1}{20}$.
   b) Inversamente proporcionais e $k = 24$.

2. a) 2,5 kg
   b) 12 000 pães.

3. a) 7,3 copos.
   b) 43 copos.

4. 21 600 caixas.

5. 64 kWh

6. 54 kg

7. 3 impressoras.

8. a) 10 horas por dia.
   b) Essa produção é impossível.

9. 24 operários.

10. a) 15 cm
    b) $\frac{4}{5}$
    c) $\frac{16}{25}$
    d) As razões não formam uma proporção.

11. Alberto: R$ 480,00; Beatriz: R$ 600,00 e Cléber: R$ 1 200,00.

CAPÍTULO 2

Atividades – página 73

1. Não, o reajuste foi de aproximadamente 22,5%.

2. R$ 36 800,00

3. R$ 374,40

4. R$ 2 400,00

5. R$ 32,34

6. Aproximadamente 13%.

7. R$ 215,46

Atividades – página 76

8. 7% ao mês.

9. a) R$ 1 908,00
   b) R$ 1 909,62

10. R$ 2 039,61

11. R$ 31 836,24

12. R$ 1 583,37

13. 15,47%

14. A aplicação mais vantajosa para Adriana é a poupança.

Mais atividades – página 77

1. R$ 192,50

2. R$ 272,00

3. 25%

4. 7,2%

5. a) Não, pois o segundo reajuste foi em cima do valor já alterado após o primeiro reajuste.
   b) 7,12%.

6. R$ 1 929,86

7. a) 30%
   b) 40%
   c) 65%

8. R$ 9 600,00

9. R$ 5 000,00

10. a) 7,43%
    b) R$ 1 523,16

Atividades integradas – página 80

1. 4 minutos.
2. a) 180 m/min
   b) 150 m/min
   c) Usain Bolt: 10,44 m/s; Aílton: 3 m/s e Patrícia: 2,5 m/s.
3. b) 8 g
   c) 9 g
   d) Sim, pois são grandezas diretamente proporcionais.
4. Alternativa **b**.
5. Alternativa **e**.
6. Alternativa **e**.
7. Alternativa **e**.
8. Alternativa **d**.
9. Alternativa **a**.
10. Alternativa **d**.
11. Alternativa **d**.

Unidade 3

CAPÍTULO 1

Atividades – página 91

1. a) $\hat{a}$ e $\hat{d}$.
   b) $\hat{b}$ e $\hat{c}$.
2. a) 70°
   b) 105°
3. a) 125°
   b) 40°
   c) 50°
   d) 30°
4. b) Suplementares.
   c) 128° e 52°.

Atividades – página 92

6. a) $\frac{1}{2}$
   b) 2
   c) $\frac{1}{2}$
   d) $\frac{7}{2}$
   e) 1
   f) $\frac{13}{7}$
7. $\frac{AB}{CD} = \frac{BC}{CE}$
8. 48 cm
9. $z = 32$ cm; $w = 40$ cm

Atividades – página 100

10. 2,4
13. $BC = 7,5$ m
14. 22,8 m

Atividades – página 102

15. $AC = 96$ cm
16. a) $x = 4$
    b) Os lados $\overline{AB}$, $\overline{AE}$ e $\overline{BE}$ medem, respectivamente, 18 cm, 12 cm e 15 cm.
17. 15 cm
18. $x = 5$
19. $CD = 2,5$ cm
20. a) 81 cm
    b) 132 cm
21. a) $x = 4$; $y = 8$
    b) $x = 15$; $y = 10$
    c) $x = \frac{84}{13}$; $y = \frac{98}{13}$

Mais atividades – página 103

1. a) 25 cm
   b) $\frac{1}{3}$
   c) $\frac{1}{4}$
   d) $\frac{1}{2}$
2. a) $\frac{1}{3}$; $\frac{1}{3}$
   b) Amarelo: 16 m; azul: 96 m
   c) $\frac{1}{6}$
   d) Amarelo: 12 m^2; azul: 432 m^2
   e) $\frac{1}{36}$
3. $MN = 32$ cm; $NP = 40$ cm
4. $x = \frac{20}{3}$
5. $y = 24$
6. a) 12 cm
   b) 45 cm

7. $x = 3$

8. a) $x = \frac{40}{7}$
   b) $x = 14$

CAPÍTULO 2

Atividades – página 107

1. a) Sim.
   b) Sim.
   c) Não.

4. a) Não.
   b) Não.
   c) Sim.
   d) Não é possível afirmar.

5. Não.

6. a) 2,4 cm
   b) 1,5 cm

7. A proporção da imagem não será preservada.

Atividades – página 110

9. a) 2
   b) 3 cm, 5 cm e 4 cm.
   c) 24 cm

10. $P_{\triangle ABC} = 32{,}5$; $P_{\triangle AMN} = 13$.

11. b) 152 cm

12. a) $\frac{1}{4}$
    b) 2,4 cm
    c) 4 cm^2

13. 4 cm

14. 20 cm, 24 cm e 30 cm.

15. 75 cm^2

Atividades – página 115

16. a) LLL
    b) AA

17. Os triângulos *ABD* e *CBA* são semelhantes.

18. $x = 14$; $y = 18$

Mais atividades – página 116

2. A razão é $\frac{1}{3}$.

3. a) Falsa.
   b) Verdadeira.
   c) Falsa.
   d) Verdadeira.

4. Não.

5. Sim, os triângulos são semelhantes. Os lados correspondentes são $\overline{AC}$, $\overline{AE}$ e $\overline{EC}$ com $\overline{CD}$, $\overline{BD}$ e $\overline{BC}$, respectivamente.

6. a) 0,72
   b) 5,04 cm

7. a) 4,5 cm
   b) Os segmentos são paralelos.

8. a) $\frac{5}{2}$
   b) 130°
   c) $a = 12$ cm; $b = 6{,}4$ cm
   d) $\frac{5}{2}$

9. 67,5 cm^2

10. $x = 24$ cm; $y = 5$ cm

11. $x = 2$ cm; $y = 7$ cm

12. a) 8 cm
    b) 18 cm

13. $AE = \frac{10}{3}$ cm

CAPÍTULO 3

Atividades – página 122

2. $x = 3\sqrt{13}$ m; $y = 2\sqrt{13}$ m; $z = 6$ m

3. 3 m

4. 12 dm

5. a) $BD = 10$ cm
   b) $EF = 2{,}8$ cm

Atividades – página 127

6. a) 5 cm
   b) 13 cm
   c) 7 cm
   d) 8 cm

7. 108 cm

8. a) 39 m
   b) 60 m

9. 56 cm^2

10. $\sqrt{5}$ cm

Atividades – página 130

11. a) 9 cm
b) 81 cm^2

12. $x = 5\sqrt{10}$ cm

13. a) 8 cm
b) $4\sqrt{3}$ cm
c) $16\sqrt{3}$ cm^2

14. a) 6 cm
b) 28 cm
c) 48 cm^2

16. 15 cm

17. 12 cm

18. 10 cm

19. 432 cm^2

20. a) 7 cm
b) $(42 + 7\sqrt{2})$ cm
c) 24,5 cm^2
d) 122,5 cm^2

Mais atividades – página 131

2. a) 3,6 cm e 6,4 cm
b) 4,8 cm
c) 24 cm

3. 12 cm

4. 5,4 cm e 9,6 cm

5. 4 dm

6. 120 cm

7. 12 cm

8. $3\sqrt{2}$ m

9. $3\sqrt{3}$ m

10. 6 cm

11. $96\sqrt{3}$ cm^2

12. a) 18
b) 12

Atividades integradas – página 134

1. Alternativa **d**.

2. $x = 1,6; y = 7,5$

3. Alternativa **d**.

4. $6\sqrt{3}$ cm

5. a) $x = 110,5; y = 29,25$
b) $x = 4; y = 28$

6. 40 cm

7. $BC = 10$ cm; $CD = 15$ cm

8. $\frac{1}{4}$

9. a) 12 cm
b) 25 cm
c) 9 cm

10. $x = 16; y = 80$

11. 3,2 m

12. 32 cm^2

13. Alternativa **d**.

Unidade 4

CAPÍTULO 1

Atividades – página 144

1. a) $y^2 + 2y - 1$
b) $4 + 4y + y^2$
c) $16p^2 + 40p + 25$
d) $\frac{4x^2}{9} + 8x^5 - 36x^8$

2. $4a^2 + 16a + 16$; 49 cm^2

3. a) x^2 m^2
b) $(x^2 + 8x + 16)$ m^2
c) $(8x + 16)$ m^2
d) $(6x + 16)$ m

4. a) $x^2 - 2x + 1$
b) $16x^2 - 88x + 121$
c) $4 - 4z + z^2$
d) $\frac{x^4}{9} - \frac{x^2}{3} + \frac{1}{4}$

5. a) $y^2 - 36$
b) $4c^2 - 9$
c) $16h^4 - 9y^6$
d) $x^2y^2 - z^6$

6. a) b^2
b) $-x^3 - 1$
c) 12

8. Alternativa **c**.

9. $(a + b)(a + b) = 1$; $(a + b)(a - b) = 5$

10. Alternativa **e**.

11. ★ é $88 - 8p$.

● é $8p + 20$.

♦ é $68 - 16p$.

Atividades – página 146

12. a) $y^3 + 9y^2 + 27y + 27$

b) $8x^3 + 12x^2z^2 + 6xz^4 + z^6$

c) $a^6 + 12a^4b + 48a^2b^2 + 64b^3$

d) $\frac{a^3}{27} + \frac{a^2b}{3} + ab^2 + b^3$

13. $(p - q)$ dm

14. $(135xy^2)$ u.v.

Atividades – página 151

15. a) a^2

b) 2

c) $x^4y^4z^3$

16. a) $x(a^2 - c^3 - 5)$

b) $4(2t^2 - 3u)$

c) $y^2(y^3 + 2y - 7z)$

d) $2x(2x^2 + 5x - 8)$

17. a) $(x + y)(p + b)$

b) $(a - b)(k^2 + 6)$

c) $(5h + 3)(g + 8)$

d) $(x - y)(a - b)$

18. a) 1

b) 481

19. a) $(a + 1)(a - 1)$

b) $(2x + 3z)(2x - 3z)$

c) $(a^2 + 4)(a + 2)(a - 2)$

d) $(4 + 5x^2y^3)(4 - 5x^2y^3)$

20. a) 10 000

b) 10

c) -200

21. a) $7x(2y - 3z)$

b) $(c - 1)(y + x)$

c) $(x - 4)(a + 6)$

22. Itens **b** e **c**.

23. a) $9a^2 - 121$

b) $a^2 - 81$

c) $a^4 - 81$

d) Porque Júnior fatorou $(a^2 - 9)$ e Fernanda, não.

Atividades – página 154

24. a) 400

b) 2 500

c) 10 000

d) 100

e) 900

f) 1

25. I-d; II-c; III-a; IV-e; V-f; VI-b.

26. a) 9

b) $8m$

c) $4x^2$

d) $-12xy$

e) $\frac{xy}{3}$

f) $\frac{y^4}{4}$

27. a) $(m + 3)(m^2 - 3m + 9)$

b) $(p - 10)(p^2 + 10p + 100)$

c) $(4x + 1)(16x^2 - 4x + 1)$

d) $(5y - 6z)(25y^2 + 30yz + 36z^2)$

28. a) $(x + 4)^2$

b) $(2z - 1)^2$

c) $(3 + a^2b)^2$

d) $(2x^2 - 7y^3)^2$

29. Itens **b** e **d**.

30. I: $x^2 + 8x + 16$; II: $b^2 - 6bc + 9c^2$; III: $z^2 + z + \frac{1}{4}$; IV: $4a^2 - 12a + 9$

31. A-III; B-I; C-IV; D-II.

Mais atividades – pagina 155

1. a) $3x$ u.c. e 4 u.c.

b) $12x$ u.a.

c) $9x^2 + 24x + 16$

2. a) $(2y + 5)$ u.c.

b) $(4y^2 + 20y + 25)$ u.a.

3. a) $11z^2 + 3$

b) 4

4. 18

5. a) $h - 4$

b) $(h^3 - 8h^2 + 16h)$ u.v.

c) $(6h^2 - 32h + 32)$ u.a.

6. $(a - b)$ dm

7. $6x^2 + 12x - 8$

8. $(x + y)^2$

CAPÍTULO 2

Atividades – página 158

1. a) $\frac{4b^6}{3a^5}$
   b) $y^2 - 2$
   c) $\frac{1}{y - 5}$
   d) $\frac{t - 1}{t}$
   e) $\frac{x - 2y}{x + 2}$
   f) $\frac{b - 2}{a}$
   g) $\frac{x - 3}{2x + 3y}$

2. a) 2
   b) $\frac{1}{2}$
   c) $\frac{10}{3}$
   d) $-\frac{7}{3}$

3. a) $x \neq 0$
   b) $x \neq 3$
   c) $x \neq -\frac{2}{3}$
   d) $x \neq 0$ e $x \neq 4$

4. Alternativa **c**.

5. a) $b(a - b)$
   b) 6 u.a.

6. 5

7. a) Cada filho de Pedro: $\frac{y}{x}$; cada filho de Celso: $\frac{2y}{x + 1}$.
   b) R$ 15,00
   c) Pedro: 1 filho; Celso: 2 filhos.

8. a) $2(x + 4)$
   b) 2 cm

Atividades – página 162

9. a) $\frac{2 - 3x}{x(x + 2)}$
   b) $\frac{t^2 + 1}{(t + 2)(t - 2)}$
   c) $\frac{3x^2 + x + 2}{x(x + 1)(x - 1)}$
   d) $\frac{7}{(y + 1)(y - 1)}$

10. a) $\frac{-x}{x^2 + 3x + 2}$
    b) $\frac{2}{x + 1}$
    c) $\frac{3x + 4}{x^2 + 3x + 2}$
    d) $\frac{x}{x^2 + 3x + 2}$

11. a) $\frac{7y^3}{s}$
    b) $\frac{a - b}{4x}$
    c) $\frac{x - 4}{x + 4}$
    d) $\frac{5a^3}{8p^3}$

12. a) $\frac{4x + 5}{4x - 2}$
    b) $\frac{3a^2 - 3ab - a - b}{a - b}$
    c) $\frac{3y^2 + xy^2}{10}$
    d) $\frac{x^5 + x}{x^3 - x^2 - x + 1}$
    e) $x^3 + 3x$
    f) $\frac{b^2c^2}{8a^2}$

13. $\frac{12z + 8}{(z - 2)(z + 2)}$

14. a) $\frac{a}{a + 3}$
    b) $\frac{b - 4}{a + 1}$
    c) $2x^2 + 9x - 5$
    d) $\frac{c^2 + 1}{c + 1}$

15. a) $\frac{3x - 9}{y^2}$
    b) $\frac{2x - 6}{y^2}$
    c) $\frac{-2y^2 + x - 3}{y^2}$

16. $\frac{x^2 - 2x - 5}{x(x + 1)}$; $-\frac{1}{6}$.

17. $\frac{2a - 3}{y(a - 1)}$; $\frac{5}{6}$.

18. Alternativa **c**.

19. a) $\frac{1 + 2t^3}{t}$

b) $\frac{3}{2x}$

20. a) Para qualquer valor desde que $x \neq 0$.

b) 4 para ambos os valores.

c) 4

Mais atividades – página 163

1. $\frac{-p^2 + p + 2}{(p + 1)(p - 1)}$

2. a) $\frac{10y^4 + 10y^3 + 9}{15y^3}$

b) $\frac{29}{15}$

3. $\frac{21b^2}{2a^5}$

4. $A = \frac{x + 2}{x - 2}$

5. $\frac{(m - n)^2}{m^2 + n^2}$

6. $M = \frac{N}{6}$

7. Carol e Luís.

8. 3

CAPÍTULO 3

Atividades – página 167

1. Itens **b**, **g** e **h**.

2. a) Incompleta; $a = 3$, $b = 6$ e $c = 0$.

b) Completa; $a = 1$, $b = 2$ e $c = -1$.

c) Incompleta; $a = 1$, $b = 0$ e $c = 2$.

d) Completa; $a = 1$, $b = -5$ e $c = -1$.

e) Completa; $a = 4$, $b = 24$ e $c = 5$.

3. a) $-3x^2 + 12x - 13 = 0$; é uma equação do 2º grau.

b) $2x^2 - x = 0$; é uma equação do 2º grau.

c) $2x^3 - x^2 + 17x - 49 = 0$; não é uma equação do 2º grau.

d) $-6x - 1 = 0$; não é uma equação do 2º grau.

4. Linha 1 e 2: nenhum dos números. linha 3: 4; linha 5: -6.

6. Itens **c** e **d**.

7. a) $a = 4$, $b = \frac{2}{5}$, $c = 0$.

b) 0

c) Incompleta.

d) $-\frac{1}{10}$ e 0.

9. $k = 15$

Atividades – página 171

10. a) 0 e -5.

b) Não tem solução real.

c) 0 e 1.

d) -5 e 5.

e) -6 e 6.

11. -7

12. Quadro laranja: -2 e 2; -3 e 3; $-\sqrt{10}$ e $\sqrt{10}$. Quadro azul: em todos os casos, não existe solução nos reais.

a) Quadro laranja: equações incompletas; suas soluções são reais e opostas. Quadro azul: equações incompletas; não têm soluções reais.

b) $x^2 + 8 = 0$

$x^2 + 3 = 0$

$x^2 + 5 = 0$

$3x^2 + 25 = 0$

13. a) 200

b) 0

c) 1

14. 3

15. 0 e 3.

16. -4 e -3 ou 4 e 5.

17. a) 3 u.c.

b) 82 u.c.

18. Para $p = 80$.

Atividades – página 175

19. a) $(2x^2 - 1)^2$

b) $\left(x + \frac{5}{2}\right)^2$

20. a-VI; b-I; c-IV; d-V; e-II; f-III.

21. a) -1 e 9.

b) -10 e -4.

c) -4 e 8.

d) -7 e 1.

22. a) 5
b) 3
c) $-\frac{3}{2}$
d) 4
e) -6
f) 1

23. a) 4
b) $10b$
c) 10
d) $12y$

24. a) 5 e 9.
b) -12 e 2.
c) -4 e 2.
d) -1 e 9.
e) -8 e 6.
f) 1 e 7.
g) Não tem solução real.
h) $2 - \sqrt{5}$ e $2 + \sqrt{5}$.

25. $x^2 + 30x - 1800 = 0$; $x = 30$.

26. -11 ou 9.

27. 21 anos.

Atividades – página 182

28. a) I
b) III
c) II

29. 1 e 4.

30. $a < -1$

31. a) $k = 3$
b) $k < -8\sqrt{2}$ ou $k > 8\sqrt{2}$
c) $k = -8$ ou $k = 8$
d) $k > 9$

32. $c < \frac{2}{5}$

33. 32

34. a) $S = 3$; $P = \frac{4}{3}$.
b) $S = -4$; $P = 9$.
c) $S = -\frac{3}{2}$; $P = -1$.
d) $S = 6$; $P = -16$.
e) $S = -4$; $P = 4$.
f) $S = 7$; $P = 5$.

35. 5

37. a) $\frac{11}{3}$
b) $\frac{4}{3}$
c) $\frac{11}{4}$
d) $\frac{44}{9}$

38. $m = 4$; $n = 2$.

39. a) $(x + 4)(x + 1)$
b) $(x - 9)(x + 6)$
c) $4(x - 2)\left(x - \frac{1}{4}\right)$
d) $2\left(x - \frac{1}{2}\right)(x + 2)$
e) $x(x + 3)(x - 4)$
f) $18x\left(x + \frac{1}{3}\right)(x - 3)$

40. a) -1 e -1.
b) 3 e 4.
c) -7 e 4.

41. a) $4x^2 - 12x + 5 = 0$
b) Somente $\frac{1}{2}$ é solução.
c) 64
d) $S = 3$; $P = \frac{5}{4}$.

Atividades – página 186

42. a) $(9, 7)$ e $(7, -25)$.
b) $(2, 2)$ e $\left(3, \frac{4}{3}\right)$.
c) $(2, 3)$ e $\left(-\frac{3}{2}, -4\right)$.
d) $(2, -1)$ e $\left(-\frac{1}{2}, \frac{3}{2}\right)$.
e) $(0, 0)$ e $\left(\frac{23}{40}, \frac{23}{40}\right)$.
f) $(15, -10)$ e $(2, 3)$.
g) $(1, 2)$ e $\left(-\frac{3}{8}, -\frac{3}{4}\right)$.

43. $\frac{1}{2}$ e $\frac{1}{5}$ ou $\frac{3}{35}$ e $-\frac{3}{14}$.

44. Quadrado 1: a área mede 36 cm^2 e o perímetro mede 24 cm; quadrado 2: a área mede 16 cm^2 e o perímetro mede 16 cm.

45. 15 m por 20 m

46. a) Verdadeira.
b) Falsa.
c) Verdadeira.
d) Falsa.

47. $x = 8$ u.c. e $y = 2$ u.c.

Mais atividades – página 187

1. $2x^2 + 5x - 133 = 0$
2. a) $x^2 + 6x - 247 = 0$
   b) 169 cm^2
3. $\frac{9}{4}$
4. 3
5. 2 ou 5.
6. Icoságono.
7. 2
8. a) $\sqrt{x}$ cm; $\sqrt{x+5}$ cm
   b) $4\sqrt{x}$ cm; $4\sqrt{x+5}$ cm
   c) 4 cm
9. $x = 6\sqrt{2}$ cm
   $y = 2\sqrt{2}$ cm

Atividades integradas – página 192

1. a) $(5 - 3x)(5 + 3x)$
   b) $(x - 4)^2$
   c) $a(2a + 1)$
   d) $x(2x - 1)(2x + 1)$
2. a) 13
   b) $a = 8$ e $b = 5$.
3. 12
4. a) 0 e p.
   b) $x^2 + 5x - 14 = 0$
   c) $p = 63$
   d) As raízes são iguais.
5. $2L(65 - 2L)$
6. 12 m
7. Alternativa **e**.
8. Alternativa **a**.
9. Alternativa **b**.
10. 6
11. Alternativa **a**.
12. Alternativa **a**.
13. Adriana: 22 anos; Ana: 17 anos.
14. 27 mulheres e 23 homens.
15. Osmar utilizou duas vezes a ampulheta de 11 minutos e subtraiu uma vez a ampulheta de 7 minutos.
16. R$ 3,00; 8 garrafas.
17. 2 e $\frac{1}{3}$.
18. 5 anos e 7 anos.
19. 3 e 6.
20. 50 m por 66 m.
21. Alternativa **c**.
22. 16 ou 48 macacos.

Unidade 5

CAPÍTULO 1

Atividades – página 201

2. $d(A, B) = 2\sqrt{13}$ u.c.
3. a) 3,8
   b) $2\sqrt{3}$
4. a) $A(-2, -2)$; $B(3, 1)$; $C(-2, 3)$; $D(6, 1)$; $E(4, 4)$; $F(4, 0)$; $G(6, -2)$
   b) $d(A, C) = 5$ u.c.; $d(B, D) = 3$ u.c.; $d(E, F) = 4$ u.c.; $d(A, G) = 8$ u.c.

Atividades – página 204

5. $(4, -1)$, $(1, -4)$ e $(4, -4)$.
6. a) $M(5,5; 2,5)$
   b) $M(1, 2)$
7. a) Losango.
   b) 12 u.a.
   c) $4\sqrt{13}$ u.c.
8. a) 5 u.c., 4 u.c. e $\sqrt{41}$ u.c.
   b) Triângulo retângulo.
   c) 10 u.a.; $(9 + \sqrt{41})$ u.c.
9. 10,5 u.a.; $(10 + 3\sqrt{2})$ u.c.

Mais atividades – página 205

1. a) 5 u.c.
   b) 5 u.c.
   c) $3\sqrt{2}$ u.c.
2. a) $A(1, 2)$; $B(5, 5)$.
   b) 4 u.c. e 3 u.c.
   c) 5 u.c.
3. b) Trapézio retângulo.
   c) $(9 + \sqrt{13})$ u.c.; 9 u.a.

4. a) $M(2, 1)$
   b) $M(2,5; -6,5)$

5. $B(-5, 4)$

6. a) $B(4, 2)$
   b) $B(3, 6)$

7. a) $D(-1, 5)$
   b) $4\sqrt{2}$ u.c.; $4\sqrt{2}$ u.c.
   c) $M(1, 3)$

8. a) (2, 0); (3, 0); (2, 6); (3, 6)

CAPÍTULO 2

Atividades – página 207

1. 180°

2. a) 93°
   b) 110°

3. $\text{med}(\widehat{AD}) = 110°$; $\text{med}(\widehat{DC}) = 70°$; $\text{med}(\widehat{CB}) = 110°$.

Atividades – página 211

4. a) 55°
   b) 72°

5. $x = 126°$; $y = 63°$

6. $x = 35°$; $y = 70°$; $z = 35°$

7. a) $x = 10°$; ângulo central: 150°
   b) $x = 20°$; ângulo central: 92°; ângulo inscrito: 46°

8. 70°

9. 12°

10. Alternativa **b**.

11. a) 58°
    b) 23°

Mais atividades – página 216

2. 210°

3. 34°

4. 87°

5. 30°

6. 180°

7. 180°

8. 15 cm

9. a) 30°
   b) $x = 45°$; $y = 15°$; $z = 45°$

10. 10 cm

11. 60°

CAPÍTULO 3

Atividades – página 220

12. a) III; b) IV; c) II; d) I

13. a) Vista I: figura B; vista II: figura C; vista III: figura A.

14. A figura B (esfera).

Atividades – página 224

15. Figuras 2 e 3.

16. Nas figuras dos itens **c** e **d**.

17. a) Abaixo da linha do horizonte.
    b) Acima da linha do horizonte.
    c) Abaixo da linha do horizonte.
    d) Acima da linha do horizonte.

Mais atividades – página 225

1. Alternativa **e**.

2. Nas figuras A, B e D.

3. Alternativa **e**.

Atividades integradas – página 228

1. Alternativa **c**.

2. Alternativa **a**.

3. a) 3 u.c.
   b) $3 + 2\sqrt{11,25}$ u.c.
   c) 4,5 u.a.

4. 60°

5. 36°

6. $x = 8$; $y = 17$

7. Alternativa **e**.

8. Os ângulos têm medidas iguais.

9. a) $x = 72°$; $y = 72°$; $z = 36°$; $w = 108°$
   b) São segmentos paralelos.

10. a) Ambos são triângulos isósceles.
    b) $\text{med}(O\hat{C}A) = a$; $\text{med}(O\hat{C}B) = b$

11. Alternativa **e**.

Unidade 6

CAPÍTULO 1

Atividades – página 237

1. a) Distância *D* e tempo *t*.
b) *D*
c) *t*

2. a) Variável dependente: *b*; variável independente: *a*.
b) Variável dependente: *g*; variável independente: *h*.
c) Variável dependente: *t*; variável independente: *x*.

3. a) 6 cm; 10,5 cm; (3*x*) cm
b) $P(x) = 3x, x \in \mathbb{R}_+^*$

5. a) $c = 4m + 2$, com *m* natural não nulo.
b) 12 mesas.

6. a) *m* é a variável dependente e *n* é a variável independente.
b) $g(n) = 3n + 2$

7. $A(x) = 900 - x^2$, com *x* real maior que zero.

Atividades – página 238

8. $f(0) = -4$; $f(2) = 10$; $f(-3) = 5$

9. a) −35
b) 27

10. a) A medida do perímetro é o quádruplo da medida do lado.
b) $p(\ell) = 4\ell$, em que ℓ é um número real positivo.
c) 14 cm

Atividades – página 241

11. a) 1
b) 3

12. a) Verdadeira.
b) Verdadeira.
c) Falsa.
d) Falsa.
e) Verdadeira.
f) Verdadeira.

Mais atividades – página 242

2. a) 80 minutos.
b) 20 minutos.
c) 4 quilômetros.
d) 5 quilômetros.

3. Gráfico do item **a**.

4. Variável independente: tempo *t* que Eva levará para tomar todo o remédio; variável dependente: quantidade *q* de remédio que ainda há no frasco. Eva levará 2 dias para tomar todo o remédio do frasco.

5. a) 120 km
b) Em 3,5 horas.

6. a) $f(x) = 6x + 4$
b) $g(x) = 2x^2 + 3x + 1$

7. −6

8. a) 6 m^3
b) 0,5 m
c) 1,5 m^3

9. b) $T_n = (n + 2)^2$; $B_n = 4n$; $P_n = n^2 + 4$, com $n \in \mathbb{N}^*$.

10. a) $f(2) = -1$; $f(5) = 2$.
b) 3
c) 1 e 5.
d) Para dois valores de *x*.

11. a) R$ 6 300,00
b) R$ 78 750,00
c) $S(t) = 1\,500 + 0{,}08t$, com *t* real maior que zero.

12. a) R$ 130,00
b) 125 quilômetros.
c) $p(x) = 0{,}8x + 50$, com *x* real maior que zero.

CAPÍTULO 2

Atividades – página 246

1. São funções afins: **a**, **c**, **d**, **e**; funções polinomiais do 1º grau: **a**, **c**, **d**; função constante: **e**.

2. a) −2
b) 8
c) 23
d) 0

3. a) $p(n) = 25n + 6$
b) Sim; função polinomial do 1º grau.
c) R$ 81,00
d) 7 *calzones*.

4. a) −19
b) 0

Atividades – página 249

5. a) Verdadeira.
b) Falsa.
c) Falsa.

6. a) Função constante.
b) Função linear.
c) Função polinomial do 1º grau.

7. a) Eixo x: (1, 0); eixo y: (0, −1).
b) 1

8. a) $y = 2x - 5$
c) Não.
d) Não.

10. a) (−1, 1)
b) (1, 0)
c) (0, 0)
d) Não há ponto de intersecção nesses gráficos.

11. b) −4
c) O gráfico seria uma reta paralela ao eixo x e que corta o eixo y no ponto (0, 4). A função seria $g(x) = 4$ e passaria por todos os pontos da forma $(x, 4)$.

Atividades – página 251

12. a) −2
b) 2
c) 0
d) A função não tem zero.

13. a) −6
b) $x = 2$
c) 2

14. a) 0
b) Não tem.
c) −100
d) 0

15. a) $y_1 = 0,5$
b) $g(0,5) = -0,25$
c) Não.

16. a) $a = -10$ e $b = 15$.
b) 45
c) $x = -1$

17. $k = 2$

18. e) A abscissa do ponto de intersecção do gráfico com o eixo x é o zero da função.

Atividades – página 254

19. a) Crescente.
b) Constante.
c) Decrescente.

20. a) Decrescente.
b) Crescente.
c) Decrescente.
d) Crescente.
e) Crescente.

21. a) $x = -1$
b) $x > -1$
c) $x < -1$
d) $x = 0$

22. a) $f(x) = 0$, para $x = 0$; $f(x) > 0$, para $x < 0$; $f(x) < 0$, para $x > 0$.
b) $g(x) = 0$, para $x = 0$; $g(x) > 0$, para $x > 0$; $g(x) < 0$, para $x < 0$.
c) $p(x) = 0$ para todo x real; $p(x) > 0$, para nenhum x real; $p(x) < 0$, para nenhum x real.
d) $q(x) = 0$ para $x = 0$; $q(x) > 0$, para $x > 0$; $q(x) < 0$, para $x < 0$.

23. a) $h(x) > 0$ para nenhum x real; $h(x) < 0$ para todo x real.
b) $h(x) > 0$ para $x < 0$; $h(x) < 0$ para $x > 0$.
c) $h(x) > 0$ para $x > -1$; $h(x) < 0$ para $x < -1$.
d) $h(x) > 0$ para $x < -1$; $h(x) < 0$ para $x > -1$.

24. $m > 0$

25. a) Crescente.
b) $g(x) = 0$, para $x = \frac{3}{8}$; $g(x) > 0$, para $x > \frac{3}{8}$; $g(x) < 0$, para $x < \frac{3}{8}$.
c) Sim.

26. $p = 0$ e $q < 0$.

Atividades – página 256

27. Itens **b** e **c**.

28. b) Sim.
c) $f(x) = 60x$

Mais atividades – página 257

1. $y = x - 1$; crescente.

2. b) Crescente.

3.
- Sim.
- O valor de p triplicou.
- Eles representam grandezas diretamente proporcionais.

4. a) Opção 1: $f(d) = 1,2d + 4$; opção 2: $g(d) = 2,35d$.
b) A opção 1.
c) A opção 2.

Atividades integradas – página 260

1. $\frac{11}{3}$
2. $a = 0$; $b = 2$; a função não tem zero.
3. a) $p = 0$
   b) 0
4. (15, 27)
5. Alternativa **a**.
6. a) $g(x)$ e $h(x)$.
   b) $f(x)$
   c) $f(x)$
   d) $h(x)$
7. a) 0; decrescente.
   b) 2; crescente.
   c) 1,5; crescente.
   d) 2; crescente.
   e) 0,5; decrescente.
   f) 6; crescente.
8. a) $g(x) = -10x + 15$; $a = -10$ e $b = 15$.
   b) 45
   c) $-0,5$
   d) Decrescente.
9. a) 0; 4
   b) $h(x) = 4x$. É uma função afim.
   c) $a = 4$; $b = 0$.
   e) Crescente.
10. a) O ponto de intersecção do gráfico com o eixo y.
    b) Se a função é crescente ($a > 0$), decrescente ($a < 0$), ou constante ($a = 0$).
    c) O ponto de intersecção do gráfico com o eixo x.
11. a) III
    $f(x) = 0$, para $x = 0$
    $f(x) > 0$, para $x < 0$
    $f(x) < 0$, para $x > 0$
    b) I
    $f(x) = 0$, para $x = 0$
    $f(x) > 0$, para $x > 0$
    $f(x) < 0$, para $x < 0$
    c) IV
    $f(x) = 0$, para $x = 0$
    $f(x) > 0$, para $x > 0$
    $f(x) < 0$, para $x < 0$
    d) II
    $f(x) = 0$, para $x = 0$
    $f(x) > 0$, para $x < 0$
    $f(x) < 0$, para $x > 0$

Unidade 7

CAPÍTULO 1

Atividades – página 270

1. a) $\frac{15}{30}$ ou 50%.
   b) $\frac{10}{30}$ ou, aproximadamente, 33,3%.
   c) $\frac{5}{30}$ ou, aproximadamente, 16,6%.
   d) $\frac{5}{15}$ ou, aproximadamente, 33,3%.
2. a) $\frac{100}{800}$ ou 0,125%.
   b) $\frac{50}{450}$ ou, aproximadamente, 11%.

Mais atividades – página 271

1. a) 3 resultados favoráveis.
   b) $\frac{3}{10}$ ou 30%.
   c) $\frac{5}{10}$ ou 50%.
   d) $\frac{7}{10}$ ou 70%.
2. a) $\frac{15}{90}$ ou, aproximadamente, 16,7%.
   b) $\frac{75}{90}$ ou, aproximadamente, 83,3%.
3. a) $\frac{9}{15}$ ou 60%.
   b) 0 ou 0%.
   c) $\frac{1}{15}$ ou, aproximadamente, 6,7%.
   d) 1 ou 100%.
4. a) Os resultados possíveis são: (cara, cara), (coroa, cara), (cara, coroa) e (coroa, coroa)
   b) Quatro resultados possíveis.
   c) $A = \{$(cara, cara); (cara, coroa); (coroa, cara)$\}$
   d) $B = \{$(cara, cara); (coroa, coroa)$\}$
   e) $\frac{1}{3}$ ou, aproximadamente, 33,3%.
   f) Os eventos A e B são dependentes.
5. a) $\frac{15}{45}$ ou, aproximadamente, 33,3%.
   b) Não.

6. a) 1 ou 100%.
   b) $\frac{3}{6}$ ou 50%.

7. a) 2 possibilidades; 2 possibilidades.
   b) $\frac{3}{5}$ ou 60%.
   c) $\frac{2}{5}$ ou 40%.
   d) $\frac{2}{5}$ ou 40%.
   e) Sim.

CAPÍTULO 2

Atividade – página 276

1. a) A média aritmética é 161 cm, a moda é 161 cm e a mediana é 161 cm.
   b) A amplitude é 20 cm, a variância é 27,4 e o desvio-padrão é aproximadamente 5,23.

Atividades – página 284

3. a) 472 estudantes.
   b) $MA \simeq 2{,}26$ horas; $Mo = 1$ hora; $Md = 2$ horas.
   c) Aproximadamente 70%.

4. b) 3,2 estudantes.
   c) *Md*: 3 estudantes; *Mo*: 2 estudantes e 5 estudantes.

5. a) $MA = 44{,}4$ km/h;
   $Md = 40$ km/h.
   b) Sim.

6. a) $MA \simeq 6$; $Mo = 5$.

7. a) Aproximadamente R$ 2 906,67; não.
   b) 3 funcionários.

Atividade – página 287

8. a) O ano. A porcentagem da população brasileira de 6 a 14 anos que frequentava ou que já tinha concluído o Ensino Fundamental.
   b) Não.

Mais atividades – página 290

1. a) Tupi.
   b) Não.

2. a) 69 anos.
   b) $Mo = 60$ anos; $Md = 65$ anos.
   c) 27 idosos; 28 idosos.

3. a) Ele está acima da média.
   b) 7,2 livros por ano.
   c) 2,2 livros.

4. a) 2,66 kg
   b) 1,5 kg
   c) $D(2{,}5) = -0{,}16$; $D(3{,}2) = 0{,}54$; $D(1{,}7) = -0{,}96$; $D(2{,}8) = 0{,}14$; $D(3{,}1) = 0{,}44$.
   d) Aproximadamente 0,54 kg.

5. a) 1 541 pais.
   b) 184 pais.

6. b) $MA \simeq 454{,}29$
   c) Terça-feira, quarta-feira e quinta-feira.

7. b) Sim.
   c) Não.
   d) Aproximadamente 29,17 *notebooks*.

Atividades integradas – página 294

1. Alternativa **e**.

2. b) $\frac{7}{20}$
   c) $\frac{10}{53}$

3. a) 614 estudantes.
   b) $\frac{89}{376}$
   c) $\frac{87}{187}$

4. a) Aproximadamente 8,4.
   b) B, C, D e F.
   c) 3
   d) Sim.

5. O atleta C. O atleta E.

6. Alternativa **b**.

7. Alternativa **b**.

8. Alternativa **d**.

Unidade 8

CAPÍTULO 1

Atividades – página 303

2. a) $1{,}5 \cdot 10^{8}$
   b) $2{,}3 \cdot 10^{16}$
   c) $2{,}7 \cdot 10^{-11}$
   d) $5{,}87 \cdot 10^{-24}$

Atividades – página 304

3. a) 72,5 μg
   b) 3 200 μg
   c) 40 μg
   d) 8 μg

4. 9 vezes maior.

Atividades – página 306

5. a) 8 GB e 2 TB.
   b) 2 199 023 255 552 caracteres.

6. a) O dispositivo que tem a maior capacidade de armazenamento de dados é o HD externo, e o que tem a menor capacidade é o DVD-R.
   b) 4 *pen-drives*.

Mais atividades – página 307

1. a) 0,00002 mm a 0,0002 mm.
   b) 1,99999998 m
   c) Sim.

2. $7{,}5 \cdot 10^{10}$ m

3. a) 131 072
   b) 8; 8 388 608.
   c) 2 048
   d) 2 097 152; 2.

5. 2 nm; 3,6 nm.

6. Não. 307,2 MB.

7. No máximo 16 vídeos.

CAPÍTULO 2

Atividades – página 312

1. $2430\sqrt{3}$ cm^3

2. 90 cm^3

Atividades – página 313

3. 216 cm^3

4. a) 600 cm^2
   b) $10\sqrt{2}$ cm

Atividades – página 316

5. a) 75 cm^2
   b) 175 cm^3

6. Área da base: 400π cm^2; raio: 20 cm.

Mais atividades – página 317

1. 2 868,75 cm^3

2. 48 cm^3

3. A pirâmide de base quadrada.

4. A vela em formato de cone.

5. 6 m

6. 15,7521 m^3

7. $15\sqrt{3}$ cm^3

Atividades integradas – página 322

1. Alternativa **c**.

2. $1440\sqrt{3}$ cm^3

3. $25\sqrt{3}$ cm^3

4. Alternativa **c**.

5. Alternativa **c**.

6. 230 m^3

7. Deve ser aumentada em 1 m.

8. Alternativa **c**.

9. Alternativa **c**.

10. A segunda embalagem.

11. Alternativa **a**.

12. 8 750 cm^3

13. Alternativa **e**.

14. 1 900 cm^3

RESPOSTAS

Prepare-se!

1. Alternativa **a**.
2. Alternativa **b**.
3. Alternativa **c**.
4. Alternativa **d**.
5. Alternativa **c**.
6. Alternativa **d**
7. Alternativa **c**
8. Alternativa **b**.
9. Alternativa **d**.
10. Alternativa **d**.
11. Alternativa **c**.
12. Alternativa **c**.
13. Alternativa **a**.
14. Alternativa **c**.
15. Alternativa **d**.
16. Alternativa **e**.
17. Alternativa **a**.
18. Alternativa **e**.
19. Alternativa **c**.
20. Alternativa **c**.
21. Alternativa **d**.
22. Alternativa **b**.
23. Alternativa **c**.
24. Alternativa **d**.
25. Alternativa **d**.
26. Alternativa **c**.
27. Alternativa **b**.
28. Alternativa **e**.
29. Alternativa **c**.
30. Alternativa **c**.
31. Alternativa **d**.
32. Alternativa **c**.
33. Alternativa **d**.
34. Alternativa **d**.
35. Alternativa **b**
36. Alternativa **a**.
37. Alternativa **e**.
38. Alternativa **b**.
39. Alternativa **c**.
40. Alternativa **e**.
41. Alternativa **b**.
42. Alternativa **e**.
43. Alternativa **e**.
44. Alternativa **c**.
45. Alternativa **d**.

LISTA DE SIGLAS

Cesgranrio-RJ	Centro de Seleção de Candidatos ao Ensino Superior do Grande Rio
CMB-DF	Colégio Militar de Brasília
Enem	Exame Nacional do Ensino Médio
ESPM-SP	Escola Superior de Propaganda e Marketing
Etec-SP	Escola Técnica Estadual
FMU-SP	Faculdades Metropolitanas Unidas
Fuvest-SP	Fundação Universitária para o Vestibular
OBM	Olimpíada Brasileira de Matemática
Obmep	Olimpíada Brasileira de Matemática das Escolas Públicas
Prova Brasil	Avaliação Nacional do Rendimento Escolar
PUC-Campinas-SP	Pontifícia Universidade Católica de Campinas
PUC-MG	Pontifícia Universidade Católica de Minas Gerais
PUC-RJ	Pontifícia Universidade Católica do Rio de Janeiro
Uece	Universidade Estadual do Ceará
UEL-PR	Universidade Estadual de Londrina
Ufes	Universidade Federal do Espírito Santo
UFRN	Universidade Federal do Rio Grande do Norte
Unifor-CE	Universidade de Fortaleza

BIBLIOGRAFIA COMENTADA

BACICH, L.; HOLANDA, L. *STEAM em sala de aula*: a aprendizagem baseada em projetos integrando conhecimentos na educação básica. Porto Alegre: Penso, 2020.

Os estudos na área da educação convergem para a adoção de propostas que coloquem o estudante em um papel investigativo. Nesse sentido, a abordagem *STEAM* (sigla em inglês para Ciência, Tecnologia, Engenharia, Arte e Matemática) é uma ferramenta valiosa que serve de inspiração para a elaboração de diversas propostas pedagógicas.

BENDICK, J. *Pesos e medidas*. Tradução: Djalmir Ferreira de Mello. Rio de Janeiro: Fundo de Cultura, 1960 (Coleção *O Mundo e Nós*).

O livro aborda ideias e conceitos acerca de pesos e medidas.

BOALER, J. *Mentalidades matemáticas*: estimulando o potencial dos estudantes por meio da matemática criativa, das mensagens inspiradoras e do ensino inovador. Tradução: Daniel Bueno. Porto Alegre: Penso, 2018.

Nesse livro, a autora apresenta técnicas e atividades que mostram como tornar a aprendizagem da Matemática mais agradável e acessível a todos os estudantes.

BOYER, C. B.; MERZBACH, U. C. *História da Matemática*. Tradução: Helena Castro. São Paulo: Blucher, 2012.

A obra trata da história da Matemática e da relação entre a humanidade e o conhecimento matemático.

BRASIL. Ministério da Educação. Instituto Nacional de Estudos e Pesquisas Educacionais Anísio Teixeira (Inep). *Matriz de avaliação de Matemática – Pisa 2012*. Disponível em: http://download.inep.gov.br/acoes_internacionais/pisa/marcos_referenciais/2013/matriz_avaliacao_matematica.pdf. Acesso em: 30 mar. 2023.

O Programa Internacional de Avaliação de Estudantes (Pisa) traz informações sobre o desempenho de estudantes na faixa etária de 15 anos. Nesse documento, é possível conhecer a matriz de avaliação de Matemática do programa.

BRASIL. Ministério da Educação. Instituto Nacional de Estudos e Pesquisas Educacionais Anísio Teixeira (Inep). *Matriz de referência de Matemática*. Brasília: MEC/Inep, 1999. Disponível em: https://download.inep.gov.br/educacao_basica/saeb/matriz-de-referencia-de-matematica_BNCC.pdf. Acesso em: 29 mar. 2023.

O Saeb é um conjunto de avaliações que permite ao Inep diagnosticar a educação básica brasileira e os fatores que podem estar relacionados ao desempenho dos estudantes. Essas avaliações são elaboradas com base em matrizes de referência.

BRASIL. Ministério da Educação. Instituto Nacional de Estudos e Pesquisas Educacionais Anísio Teixeira (Inep). *Matriz de referência Enem*. Brasília: MEC/Inep, 2012. Disponível em: https://download.inep.gov.br/download/enem/matriz_referencia.pdf. Acesso em: 30 mar. 2023.

O Exame Nacional do Ensino Médio (Enem) é uma prova do nacional que avalia o desempenho individual dos participantes. A matriz de referência do Enem apresenta as competências e as habilidades que são exigidas nesse exame.

BRASIL. Ministério da Educação. Secretaria de Alfabetização. *PNA*: Política Nacional de Alfabetização. Brasília: MEC/Sealf, 2019. Disponível em: http://portal.mec.gov.br/images/banners/caderno_pna.pdf. Acesso em: 29 mar. 2023.

A Política Nacional de Alfabetização (PNA) foi instituída com o objetivo de melhorar a qualidade da alfabetização no Brasil e combater o analfabetismo no país. O documento aborda conceitos como alfabetização, literacia e numeracia.

BRASIL. Ministério da Educação. Secretaria de Educação Básica. *Base Nacional Comum Curricular*: educação é a base. Brasília: MEC/SEB, 2018. Disponível em: http://basenacionalcomum.mec.gov.br/. Acesso em: 29 mar. 2023.

Elaborada pelo Ministério da Educação de acordo com a Lei de Diretrizes e Bases da Educação Nacional, de 1996, a Base Nacional Comum Curricular (BNCC) é um documento normativo que estabelece os conhecimentos, as competências e as habilidades que se espera que os estudantes desenvolvam ao longo da Educação Básica.

BRASIL. Ministério da Educação. Secretaria de Educação Básica. *Competências socioemocionais como fator de proteção à saúde mental e ao* bullying. Brasília: MEC/SEB, 2020. Disponível em: http://basenacionalcomum.mec.gov.br/implementacao/praticas/caderno-de-praticas/aprofundamentos/195-competencias-socioemocionaiscomo-fator-de-protecao-a-saude-mental-e-ao-bullying. Acesso em: 29 mar. 2023.

Nesse material, é possível compreender como as competências socioemocionais estão presentes nas dez competências gerais descritas pela BNCC. O documento serviu como base para a elaboração de diversas propostas desta coleção.

BRASIL. Ministério da Educação. Secretaria de Educação Básica. Diretoria de Currículos e Educação Integral. *Diretrizes Curriculares Nacionais para Educação Básica*. Brasília: MEC/SEB/Dicei, 2013. Disponível em: http://portal.mec.gov.br/docman/julho-2013-pdf/13677-diretrizes-educacao-basica-2013-pdf/file. Acesso em: 29 mar. 2023.

O documento traz as diretrizes que estabelecem uma base nacional comum, responsável por orientar a organização, a articulação o desenvolvimento e a avaliação de propostas pedagógicas para todas as redes de ensino brasileiras.

BRASIL. Ministério da Educação. Secretaria de Educação Básica. *Ensino Fundamental de nove anos*: orientações para a inclusão da criança de seis anos de idade. Brasília: MEC/SEB, 2007. Disponível em: portal.mec.gov.br/seb/arquivos/pdf/Ensfund/ensifund9anobasefinal.pdf. Acesso em: 29 mar. 2023.

O documento foi elaborado com base no diálogo com gestores dos sistemas de ensino e tem como propósito desenvolver uma metodologia de trabalho voltada à ampliação do programa do Ensino Fundamental de oito para nove anos.

BRASIL. Ministério da Educação. Secretaria de Educação Básica. *Temas Contemporâneos Transversais na BNCC*: proposta de práticas de implementação. Brasília: MEC/SEB, 2019. Disponível em: http://basenacionalcomum.mec.gov.br/images/implementacao/guia_pratico_temas_contemporaneos.pdf. Acesso em: 29 mar. 2023.

O trabalho com os Temas Contemporâneos Transversais (TCTs) possibilita aos estudantes concluir a educação formal reconhecendo e aprendendo os temas que são relevantes para sua atuação na sociedade. Esse documento apresenta os TCTs e traz propostas de práticas de implementação nos âmbitos do trabalho pedagógico.

BUSSAB, W. O.; MORETTIN, P. A. *Estatística básica*. São Paulo: Saraiva, 2017.

O livro é dividido em três partes: a primeira trata da análise de dados uni e bidimensionais; a segunda traz conceitos básicos de probabilidade e variáveis aleatórias; por fim, a terceira trata dos principais tópicos da inferência estatística.

EVES, H. *Introdução à história da Matemática*. Tradução: Hygino H. Domingues. 5. ed. Campinas (SP): Ed. da Unicamp, 2011.

A obra narra a história da Matemática desde a Antiguidade até a atualidade, por meio da observação da cultura de cada época retratada.

IEZZI, G. *et al. Fundamentos de Matemática Elementar*. São Paulo: Atual, 2013. v. 1 a 11.

Os livros dessa coleção foram utilizados como referenciais teóricos para a apresentação de diversos temas e conteúdos desta obra.

JANUÁRIO, A. J. *Desenho geométrico*. 4. ed. Florianópolis: Ed. da UFSC, 2019.

O livro aborda, de maneira simples, conteúdos de desenho geométrico. Muitas das propostas apresentadas nele inspiraram os autores na elaboração dos conteúdos de desenho geométrico desta coleção.

MAGALHÃES, M. N.; LIMA, A. C. P. *Noções de probabilidade e estatística*. São Paulo: Edusp, 2015.

O livro apresenta uma introdução à probabilidade e à estatística. Os conceitos de estatística descritiva são tratados em paralelo com outras teorias, possibilitando estabelecer uma relação entre estatística descritiva, probabilidade e variáveis aleatórias.

MEYER, P. L. *Probabilidade*: aplicações à estatística. Tradução: Ruy de C. B. Lourenço Filho. 2. ed. Rio de Janeiro: LTC, 2006.

Os conceitos, os teoremas e os comentários sobre probabilidade e estatística apresentados nesse material serviram de inspiração para a elaboração das unidades referentes ao eixo temático Probabilidade e Estatística desta obra.

MILIES, C. P.; COELHO, S. P. *Números*: uma introdução à Matemática. 3. ed. São Paulo: Edusp, 2013.

O livro apresenta a teoria dos números inteiros e mostra como o conjunto dos números racionais se constrói com base nos números inteiros. Além disso, trabalha com uma apresentação axiomática de Peano para os números naturais.

MORAES, C. A. P. *Avaliação em Matemática*: pontos de vista dos sujeitos envolvidos na Educação Básica. Jundiaí (SP): Paco Editorial, 2012.

O livro investiga as concepções da avaliação em Matemática na Educação Básica. A leitura da obra permite um amplo aprofundamento nas teorias da avaliação e a compreensão dos processos utilizados pelo Sistema de Avaliação da Educação Básica (Saeb) e pelo Sistema de Avaliação de Rendimento Escolar do Estado de São Paulo (Saresp).

MOREIRA, T.; SANTOS, R. S. S. (ed.). *Educação para o desenvolvimento sustentável na escola*: caderno introdutório. Brasília: Unesco, 2020. Disponível em: https://unesdoc.unesco.org/ark:/48223/pf0000375076. Acesso em: 13 abr. 2023.

O material nasceu da colaboração entre a Unesco no Brasil e o Ministério da Educação para a produção de conteúdo sobre Educação Ambiental e Educação para o Desenvolvimento Sustentável.

PIMENTEL, G. S. R. *O Brasil e os desafios da educação e dos educadores na Agenda 2030 da ONU*. Revista *Nova Paideia – Revista Interdisciplinar em Educação e Pesquisa*, [*s. l.*], v. 1, n. 3, p. 22-33, 2019. Disponível em: https://ojs.novapaideia.org/index.php/RIEP/article/view/35. Acesso em: 29 mar. 2023.

O trabalho apresenta os Objetivos de Desenvolvimento Sustentável (ODS) estabelecidos pela ONU (com foco no ODS 4 – Educação de qualidade) e mostra de que maneira eles podem ser relacionados ao contexto educacional brasileiro.

POLYA, G. *A arte de resolver problemas*: um novo aspecto do método matemático. Tradução: Heitor Lisboa de Araújo. Rio de Janeiro: Interciência, 2006.

A resolução de problemas possibilita aos estudantes desenvolver o pensamento matemático de maneira ativa. Nesse livro, é possível encontrar diversas contribuições sobre o tema, que serviram de inspiração para o projeto e a elaboração das situações abordadas na seção *Resolvendo problemas*.

REZENDE, E. Q. F.; QUEIROZ, M. L. B. *Geometria euclidiana plana e construções geométricas*. 2. ed. Campinas (SP): Ed. da Unicamp, 2008.

O livro contribui para a descoberta e a compreensão da Geometria associada às demais áreas do conhecimento, e para a organização do raciocínio lógico.

RUSSELL, M. K.; AIRASIAN, P. W. *Avaliação em sala de aula*: conceitos e aplicações. Tradução: Marcelo de Abreu Almeida. 7. ed. Porto Alegre: AMGH, 2013.

No livro, os autores propõem uma reflexão sobre o processo avaliativo – da elaboração à correção e atribuição de notas – e a importância de associá-los aos diferentes componentes e métodos pedagógicos adotados no dia a dia escolar.

SKOVSMOSE, O. *Um convite à educação matemática crítica*. Tradução: Orlando de Andrade Figueiredo. Campinas (SP): Papirus, 2014.

O autor aborda conceitos cruciais à área de educação matemática crítica e apresenta diferentes cenários para a investigação e a Matemática em ação.

STEWART, I. *Almanaque das curiosidades matemáticas*. Rio de Janeiro: Zahar, 2009.

O material, uma coletânea de casos curiosos da Matemática, serviu como inspiração para a elaboração de algumas informações apresentadas nesta coleção.

SURENDRA, V. *Ideias geniais*: os principais teoremas, teorias, leis e princípios científicos de todos os tempos. Tradução: Carlos Irineu da Costa. Belo Horizonte: Gutenberg, 2011.

A obra traz princípios, equações, teorias, teoremas e afins que formam os fundamentos da ciência.